Neue
Kleine Bibliothek 145

In memoriam Paul Neuhöffer

Eberhard Czichon / Heinz Marohn

Das Geschenk

Die DDR im Perestroika-Ausverkauf

Ein Report

PapyRossa Verlag

Frage an Walter Womacka: Was finden Sie liebenswert an diesem Jahrhundert?
»Daß es 40 Jahre die DDR gegeben hat«

»Quidquid id est. Timeo danaos et dona ferentes.«*
Publius Vergilius Maro (Vergil)
* wir zitieren die freie Übersetzung von Hanfried Müller: »Was auch immer es ist, ich fürchte die Feinde, selbst wenn sie Geschenke bringen.«

»Schön, ich gab die DDR weg … ich finde, ich verdiene Lob«
Michail Gorbatschow, in: Der Spiegel, Hamburg (1995) 40, S. 66

Editorische Notiz
Vorliegender Text ist gegenüber der ersten Auflage inhaltlich unverändert. Es wurden lediglich orthographische Korrekturen vorgenommen. Auf eine Aktualisierung wurde hingegen verzichtet, so daß der Inhalt sowie Bezüge auf »heute« dem Stand von 1999 entsprechen.

2., gekürzte und korrigierte Auflage
© 1999/2009 by PapyRossa Verlags GmbH & Co. KG, Köln
Luxemburger Str. 202, 50937 Köln
Tel.:   ++49 (0) 221 – 44 85 45
Fax: ++49 (0) 221 – 44 43 05
E-Mail: mail@papyrossa.de
Internet: www.papyrossa.de

Umschlag: Willi Hölzel, Lux siebenzwo
Druck: Interpress

Die Deutsche Bibliothek verzeichnet diese Publikation in der
Deutschen Nationalbibliografie; detaillierte bibliografische
Daten sind im Internet über http://dnb.ddb.de abrufbar

ISBN 978-3-89438-419-7

Inhalt

Vorwort

Ermittlungen über die
»demokratische Revolution« von 1989

> »Die Forschung hat den Stoff sich im Detail anzueignen,
> seine verschiedenen Entwicklungsformen zu analysieren
> und deren innres Band aufzuspüren«.
> *Karl Marx, Das Kapital, Bd 1;*
> *in: Karl Marx/Friedrich Engels, Werke, Bd 23, S. 27*

Mit diesem Report versuchen wir Antworten zu finden auf die Frage, wie und warum die DDR zerstört werden konnte und wo die Ursachen dafür lagen, aber auch aufzudecken, wie die ideologischen und diplomatischen Demolierungs-Mechanismen in den Herbst- und Wintermonaten 1989/1990 funktionierten.

Wir wollen uns dieser Aufgabe als Analysten nähern. Doch wir sind zugleich Zeitzeugen und gehörten zu jenen, die nach 1985 von der KPdSU-Führung unter Michail Gorbatschow Orientierungen erwarteten, wie die in den sozialistischen Ländern Osteuropas entstandenen ökonomischen und politischen Probleme zu lösen wären, wie es den realsozialistischen Ländern gelingen könnte, ihren Weg erfolgreich fortzusetzen, was Gorbatschow den Menschen auch versprochen hatte[1]. Darum fragen wir, welche Rolle der KPdSU-Generalsekretär mit seiner Politik, die er als Perestroika bezeichnete, beim Untergang der DDR spielte.

Aus dieser Sicht werden wir die Frage diskutieren, inwieweit die dramatischen Herbst- und Winterereignisse 1989/90 in der DDR eine »demokratische Revolution« waren oder gar die historisch herangereifte Lösung einer »deutschen Frage« darstellten, wie Michail Gorbatschow der Weltöffentlichkeit verkündete[2]. Jedenfalls versichern Horst Teltschik, der enge Berater des Bundeskanzlers, und Anatoli Tschernajew, der Berater des Generalsekretärs des ZK der KPdSU, übereinstimmend, daß es ohne Gorbatschow und seine Perestroika keine deutsche Einheit gegeben hätte[3]. Und Valentin Falin, sowjetischer Botschafter in Bonn und letzter Leiter der Internationalen Abteilung des ZK der KPdSU, äußerte, »… er (Gorbatschow; d. Aut.) hat wirklich den

Deutschen als Nation die Einheit geschenkt.«[4] Der politisierende Pfarrer Rainer Eppelmann indes beklagt, daß viele Deutsche und Europäer den Wert dieses »unerwarteten Geschenks« noch gar nicht begriffen hätten[5]. Das mag sein, aber ihm wäre entgegenzuhalten, daß dieses »unerwartete Geschenk« vielen DDR-Bürgern ihr Berufsleben zerstört hat, daß zahlreiche andere es als Obdachlose, als Sozialhilfeempfänger, Arbeitslose und vielfach als politisch Ausgegrenzte erleben, daß ihre gewohnten Arbeitskollektive zerschlagen und die Betriebe, in denen sie einen gesicherten Arbeitsplatz hatten, verhökert wurden. Einige Werktätige der DDR durften in ABM-Beschäftigung ihre eigenen Werke demontieren. Das war eine Demütigung ehemals freier Produzenten durch das nun wieder herrschende Großkapital. So fragen wir auch danach, *wem* Gorbatschow *was* schenkte.

Unser Anliegen ist es, die Ursachen dafür zu ermitteln, warum die DDR von Gorbatschow »verschenkt« werden konnte. Im Gegensatz zu anderen Interpretationen dieses Prozesses wollen wir diesen Vorgang nicht aus den internationalen Zusammenhängen herauslösen. Dazu wird es erforderlich sein, neben der Krise des »realen Sozialismus« in Osteuropa auch jene Kräfte zu benennen, die in den Jahren des Kalten Krieges langfristig ihre Politik bereits darauf orientierten, die sozialistischen Länder zu beseitigen. So wird vor allem zu analysieren sein, wie sie im Spannungsfeld von 1989 die Chance nutzten, um ihre alten machtpolitischen Intentionen durchzusetzen.

Verschiedene Zeitzeugen, mit denen wir sprachen, wiesen uns darauf hin, daß wir unsere Untersuchung so kritisch und nüchtern durchführen sollten, wie Marx und Lenin die Niederlage der Pariser Kommune analysierten[6]. Dadurch sahen wir uns veranlaßt, auch einige theoretische Probleme aufzugreifen, um zu versuchen, politische Verhaltensweisen und Entscheidungsprozesse zu erklären. Damit ergaben sich eine Reihe komplizierter Fragestellungen, wie die nach der Genese des Sozialismus und den Bedingungen seiner realen Entwicklung, nach den Gründen, warum in seinem politischen System entwicklungsbedingte Widersprüche nicht oder nur schwer gelöst werden konnten, nach seiner Reformfähigkeit in der Krise und vor allem nach der Abhängigkeit der Existenz der DDR von der UdSSR und vom Erfolg der Perestroika des Michail Gorbatschow. Auch die Rolle der Persönlichkeit in der Geschichte soll kritisch hinterfragt werden[7].

Die »Mainstream-Ideologie« der heutigen Gesellschaft versucht, die DDR, die sich als erster deutscher Arbeiter-und Bauernstaat verstand, als »Un-

rechtsstaat« und »SED-Diktatur« politisch zu diskreditieren[8]. Eine Enquete-
Kommission des Deutschen Bundestages wollte mit ihren Prämissen dazu
neue »ewige Wahrheiten« durchsetzen[9]. Das entspricht nun einmal der Moral der herrschenden bürgerlichen Elite: »Le plus fort absorbe le plus faible«,
»der Stärkere verschlingt den Schwächeren«, wie der französische Historiker
François Pierre Guizot es formulierte. Dieser Anspruch gehört zu ihrem Bestreben, den Sieg über die antikapitalistische deutsche Republik selbstgefällig
zu feiern. Helga Königsdorf bemerkte dazu treffend: »Und das Geschichts-
bild muß schon wieder zur Legitimation herhalten. Weil eine Vision fehlt.«[10]
Doch welche Vision für die Menschheit sollte der Kapitalismus mit seinem
Heer von weltweit 800 Millionen Arbeitslosen auch ausstrahlen?[11]

Folglich werden wir uns auch nicht an einer aktuell-politischen »Aufarbeitung« von Geschichte beteiligen, die heute weitgehend nur eine Umdeutung historischer Fakten im Sinn der gegenwärtigen hegemonialen Ideologie
darstellt. Wir versuchen eine Analyse und lassen uns dabei von dem Gedanken Brechts leiten: »Nur belehrt von der Wirklichkeit, können wir die Wirklichkeit verändern«. Unter diesem Aspekt fragen wir zugleich, ob und inwieweit es gerechtfertigt ist, daß selbst ein Teil der sozialistischen Linken die
historische Entwicklung der UdSSR, die sich nur unter großen und schweren Opfern in einer imperialistischen Umkreisung und in einem erbitterten
Überlebenskampf gegen den barbarischen Faschismus durchzusetzen vermochte, heute global als »Stalinismus« abwertet[12]. Im Gegensatz dazu werden
wir die heute weit verbreitete Formel vom »Stalinismus« grundsätzlich nicht
verwenden. Einmal, weil sie politisch irritiert und ideologisch die Geschichte
verzerrt, und zweitens, weil uns dieser Begriff für eine differenzierende histo-
risch-kritische Analyse sozialistisch geprägter Formationen wissenschaftlich-
methodisch nicht anwendbar erscheint, ja sie blockiert. Allerdings halten wir
jeden Versuch, Stalins Politik und seine Verbrechen wie auch immer zu rechtfertigen oder auch nur zu verharmlosen und seine Ideologie als Lenins Erbe
zu interpretieren, wissenschaftlich und politisch ebenso für unverantwortlich
wie wir jede Anstrengung als unhistorisch zurückweisen, die Ursachen für die
eingetretenen Deformationen beim Aufbau einer sozialistischen Gesellschaft
auf Lenin zurückführen zu wollen. Historisch hat sich erwiesen, daß Stalins
Politik zu einer verhängnisvollen Deformation beim sozialistischen Aufbau
führte, daß aber diese Deformierungskräfte nur einen Aspekt innerhalb der
sozialistischen Entwicklung darstellten, nicht die Gesellschaft selbst[13]. Un-

bestritten bleibt, daß die Wechselwirkungen zwischen Gesellschaftssystem und politischen Deformationskräften noch gesondert zu untersuchen sind. Dennoch sind die nach dem russischen Oktober 1917 entstandenen antikapitalistischen und sozialistischen Gesellschaften ebenso wie die opferreichen Leistungen der Werktätigen in diesen Jahren nun einmal allein nicht mit dem Begriff des »Stalinismus« zu charakterisieren.

Wir verstehen daher unsere Ermittlungen zugleich auch als einen Beitrag zu der gegenwärtig erbittert geführten Diskussion um die historische wie politische Bewertung des Sozialismus und damit über den Charakter der DDR. In diesem Zusammenhang werden wir uns auch mit einer Reihe von Varianten einer »aufarbeitenden« Historiographie zum Ende der DDR auseinandersetzen[14], darunter auch mit Thesen einiger sich als reformsozialistisch verstehender Politiker und Historiker[15]. Wir meinen, daß Geschichtsschreibung nicht in einem politisch neutralen Raum stattfindet, sondern unter Bedingungen konträrer ideologischer Auseinandersetzungen in dieser freiheitlich-demokratischen Geld- und Profitgesellschaft, und daß »Geschichtsaufarbeitung« unter diesen Bedingungen vielfach nur eine ideologische Umdeutung darstellt.

In unserem Bericht, den wir nicht als eine geschlossene historische Darstellung verstehen wollen, werden wir Meinungen von Zeitzeugen zitieren, aber auch eigene Ansichten einfügen und Thesen vertreten, die strittig sind, Meinungen vortragen, die provozieren. Wir wissen, daß unser Report zeitgebunden und damit in etlichen Fragen offen bleibt, durch die Lücken und Tücken unserer Erkenntnismöglichkeiten und vielleicht auch durch Analysefehler von uns verursacht. Das halten wir für normal. Wir erheben also keinen Anspruch auf endgültige Erkenntnisse, hoffen aber dennoch, einen Diskussionsbeitrag erarbeitet zu haben, der sich historischen Realitäten annähert. Verschiedene unserer Bewertungen werden Widerspruch hervorrufen. Das ist beabsichtigt, denn wir wollen über historische Zusammenhänge wie über politische Nachwirkungen der Zerstörung der DDR streiten. Wenn wir nicht diskutieren, werden auch keine Erkenntnisse ausreifen.

Für unsere Ermittlungen haben wir alle relevanten erreichbaren schriftlichen Quellen, Erinnerungen und Aktenpublikationen, herangezogen, auch jene aus dem Bundeskanzleramt, die das Bundesministerium des Innern neuerdings hat publizieren lassen[16]. Wir haben aber vor allem Zeitzeugen befragt. Ohne Akten zu unterschätzen, halten wir ihr Wissen für ebenso bedeutungsvoll, zumal in wenigen Jahren von ihnen keine Auskünfte mehr zu erhalten sein werden. Nicht alle Zeitzeugen, mit denen wir sprachen, waren mit unseren Auffassungen einverstanden, halfen uns aber mit ihrer Kritik, unsere Einsicht in die historisch-politischen Zusammenhänge zu vertiefen. Wir bedanken uns bei allen Gesprächspartnern, besonders bei jenen, die mit Geduld unsere Nachfragen beantworteten: bei Kurt Hager, Oskar Fischer, Wolfgang Herger und Hans-Joachim Willerding, Werner Eberlein, Hans Modrow, Frank-Joachim Herrmann und Wjatscheslaw Kotschemassow (Moskau). Wir sind jenen besonders Dank schuldig, die uns trotz ihrer Verfolgung durch die bundesdeutsche Justiz zur Verfügung standen, wie Egon Krenz, Armeegeneral a. D. Heinz Keßler und Generaloberst a. D. Fritz Streletz.

Einige der Befragten stellten uns Dokumente und Materialien aus ihrem privaten Besitz sowie persönliche Aufzeichnungen zur Verfügung. Für jene, die sich nicht äußern wollten, haben wir Verständnis und auch dafür, daß wir unter den gegenwärtigen »freiheitlichen« Bedingungen dieser Republik Gesprächspartner dann nicht benennen, wenn wir von ihnen darum gebeten wurden. Unsere Leser werden dies verstehen. Einen besonderen Dank sprechen wir denen aus, die unser Manuskript vorab einer eingehenden Kritik unterzogen: Willi Gerns in Bremen, Paul Neuhöffer in De Koog sowie Heinz Geggel und Heinz Mirtschin in Berlin, aber auch Lew Ginzberg in Moskau, mit dem wir unsere Thesen kontrovers diskutierten. Wir bedanken uns nicht zuletzt bei unseren kritischen Helferinnen Inge Junginger und Ruth Czichon sowie bei den Mitarbeitern des Archivs des Parteivorstandes der PDS für ihre Unterstützung.

Die Autoren

Einleitung

Die Analyse der Perestroika in Washington

Gorbatschows neuer Ansatz »gibt uns Einflußmöglichkeiten, die
wir vor acht Jahren noch nicht für möglich gehalten hätten«
(Lagebericht NSR-3 des US-State Department vom 14.3.1989)

Siebzig Jahre nach der Oktoberrevolution erkannten einflußreiche »Sowjet-experten« antisozialistischer Forschungs- und Ideologiezentren in den USA aus ihren Analysen der sowjetischen Politik sehr schnell, daß sich aus den »klassenkampffreien« Positionen des »neuen Denkens« für ihre politischen Ziele neue Handlungsorientierungen und Möglichkeiten einer modernisierten antisozialistischen Strategie ergeben könnten[1]. USA-Politiker in der Reagan-Administration sahen zwar in Gorbatschow noch immer ängstlich den »Wolf im Schafspelz«. Sie bewerteten Schewardnadses Außenpolitik als einen hinterlistigen und geschickten Schachzug der sowjetischen Führung, um aus der politischen Isolation herauszukommen. Die Perestroika bezeichneten sie daher als »Peredischka«, als eine von der Führung der UdSSR angestrebte notwendige Atempause[2]. Doch sie überschätzten die Fähigkeiten der Gorbatschow-Gruppe bei weitem. Im Gegensatz zu ihnen bewerteten Sowjetexperten um Condoleezza Rice und Philip Zelikow vom Nationalen Sicherheitsrat der USA das »neue Denken« und die darauf basierende Außenpolitik sowie die innenpolitische Situation in der UdSSR realistischer. Sie schätzten Gorbatschows Politik als eine historische Chance des Westens ein. Sie meinten, die Perestroika sei keine »Peredischka«, sondern vielmehr ein »Perechod«, ein möglicher Übergang zum Kapitalismus, der von den USA unbedingt zu unterstützen wäre.

Nachdem George Bush im Dezember 1989 in Nachfolge von Ronald Reagan zum neuen Präsidenten der USA gewählt worden war, bedrängten ihn die Perechod-Politiker, die Außenpolitik der USA rasch auf die außerordentlich günstigen internationalen Bedingungen einzustellen, die von der Perestroika und dem »neuen Denken« geschaffen worden waren. Sie schlugen vor, dafür eine neue strategische Orientierung des Nationalen Sicherheitsrates der USA (des NSC-Stabes) ausarbeiten zu lassen[3]. Der Präsident sondierte erst einmal. Er sandte nach seinem Amtsantritt umgehend Henry Kissinger nach Moskau, der bereits am 16. Januar 1989 mit Jakowlew und zwei Tage später mit Gorbatschow zusammentraf[4]. Nach seiner Rückkehr und aufgrund seines ausführlichen Berichtes, in dem Kissinger die Vorschläge der Perechod-Politiker unterstützte, ließ George Bush zum 12. Februar 1989 ein »Brainstorming zur Perestroika« mit handverlesenen Sowjetexperten in sein Ferienhaus nach Kennebunkport einberufen. Die Teilnehmer waren: Marshal Goldmann vom Wellesley College, Ed Hewett von der Brookings Institution, Adam Ulan von der Harvard University, Stephan Meyer vom Massachusetts Institute of Technology und Robert Pfaltzgraff. Condoleezza Rice, die UdSSR-Spezialistin der Stanford University und Mitarbeiterin im NSC-Stab, hatte sie ausgesucht. Die Runde debattierte gemeinsam mit dem Sicherheitsberater des Präsidenten General Brent Scowcroft die weitere Strategie gegenüber Gorbatschows Politik. Die Teilnehmer kamen nicht zu dem Schluß, auf Gorbatschows »neues Denken« nunmehr mit einer offenen Contra-Strategie zu reagieren, sondern schlugen vielmehr die taktische Überlegung vor, die Perestroika zu unterstützen. Auch meinten die Experten, es wäre unklug, diese »USA-Reaktion« so zu gestalten, als wolle man sich die erkennbaren Schwächen der Sowjetunion demonstrativ zunutze machen[5]. Nach diesem Ergebnis erteilte Bush drei Tage später den Auftrag, eine Direktive zur grundsätzlichen Umstrukturierung der US-Außenpolitik auszuarbeiten. Robert Blackwill vom Nationalen Sicherheitsrat und Sonderberater des Präsidenten für europäische Angelegenheiten übermittelte ihn offiziell dem State Department, das James Baker leitete. Der Außenminister wies seine Mitarbeiter an, bis zum 15. März 1989 einen entsprechenden »Revisionsbericht« zu erarbeiten.

In das US-Außenministerium waren inzwischen weitere neue leitende Beamte eingezogen, die bereit waren, die Vorschläge von Scowcroft und Rice zu einer »Perechod-Strategie« zu unterstützen. Dazu gehörten die Unterstaatssekretäre Dennis Ross als Chef des außenpolitischen Planungsstabes, Robert Kimmitt, verantwortlich für politische Angelegenheiten, Robert Zoellick sowie Margaret Tutwiler als Pressesprecherin. Im Gegensatz zum USA-Botschafter in Moskau, John Matlock, schloß sich ihnen auch der stellvertretende Leiter der Europaabteilung im State Department, James Dobbins, an. Der im Ergebnis von Bushs Anweisung im State Department vor allem von Rozanne Ridgway ausgearbeitete Entwurf der »Direktive NSR-3« über die strategische

Revision der US-Außenpolitik lag am 14. März 1989 dem Präsidenten vor. In ihr wurde festgestellt[6]:

> Die Perestroika liege »... in unserem Interesse... Die Vereinigten Staaten müßten alles tun, um die Reformen in der Sowjetunion ›unumkehrbar zu machen‹«, wobei jedoch gleichzeitig darauf zu achten wäre, »... keinen unumkehrbahren Kurswechsel der eigenen Politik vorzunehmen«.

Dazu war von Ridgway angeregt worden, daß die USA bei der »Institutionalisierung der sowjetischen Reformen« aktiv mithelfen müßten. Baker war mit dieser Ausarbeitung unzufrieden und distanzierte sich von diesem Entwurf. Auch Brent Scowcroft verwarf ihn, weil die Direktive lediglich ein »Status-quo-plus«-Konzept darstelle und nicht kreativ genug auf die internationalen Chancen reagiere, die Gorbatschows »neues Denken« böten. Ross und Zoellick vertraten sogar in der Debatte über die Vorlage die Ansicht[7], daß

> »... zu Glasnost und zum neuen Denken neue Lebensanschauungen gehörten, die wir gut nützen können, um Gorbatschow in jene Richtung zu drängen, in der wir ihn haben wollten.«

Brent Scowcroft erklärte am 24. März 1989 auf einer Tagung des Nationalen Sicherheitsrates dem Präsidenten gegenüber[8]:

> »... daß zum erstenmal die Gelegenheit gekommen sei, das zu vollbringen, wovon frühere Präsidenten hätten nur träumen können – Osteuropa in den Schoß des Westens zurückzuführen.«

Im Detail: Scowcroft fehlten in der vorgeschlagenen Direktive vor allem kreative Gedanken, wie mit finanziellen Hilfsprogrammen in die Perestroika-Prozesse Osteuropas eingegriffen werden könnte. Daher wies er dem Präsidenten gegenüber auch die Bedenken des Finanzministers Nicholas Brady entschieden zurück, »... daß wir uns das nicht leisten können«, und betonte:

> »Was wir uns in Wirklichkeit nicht leisten können, ist, diese Chance ungenutzt vorübergehen zu lassen.«

Brady wußte, wie teuer ihm bisher die amerikanischen Investitionen im ›reformkommunistischen Polen‹ gekommen waren. Dennoch forderte Scowcroft, assistiert von Robert Blackwill und Condoleezza Rice, vom Finanzminister, daß die USA den osteuropäischen Ländern »wirtschaftliche Belohnungen« anbieten müßten, »damit die Gorbatschowschen Reformen nicht zum Stillstand« kommen. Nachdem auch George Kennan als »Doyen«

Tafel 1 – Die George-Bush-Administration (1989-1993) (Auszug)

Weißes Haus, Washington D. C.
Bush, George (*1924); Präsident der USA (1989-1993)
Quayle, Dan (*1947); Vizepräsident der USA (1989-1993
Sununu, John H. (*1939); Stabschef des Weißen Hauses
Fitzwater, Marlin (*1942); Sprecherin des Weißen Hauses
Blackwill, Robert; Sonderberater des Präsidenten für europäische Angelegenheiten
    und für die UdSSR
Kanter, Arnold; Sonderberater des Präsidenten für politische Angelegenheiten
Rice, Condoleezza (*1935); Sonderbeauftragte des Präsidenten für sowjetische An-
    gelegenheiten im NSC-Stab
Cheney, Richard (*1941); Verteidigungsminister der USA;

National Security Council (Nationaler Sicherheitsrat)
Scowcroft, Brent (*1925); Generalleutnant, Sicherheitsberater des Präsidenten,
    Direktor des NSC-Stabes
Gates, Robert; Stellvertretender Sicherheitsberater des Präsidenten, Stellv. Direktor
    des NSC-Stabes; CIA-Analytiker für die kommunistische Welt, Stellv. Leiter
    der Abt. Aufklärung der CIA
Blackwill, Robert; Mitglied des NSC für europäische und sowjetische Angelegen-
    heiten
Rice, Condoleezza (*1935); Mitglied des NSC, dort für die UdSSR-Politik zu-
    ständig
Zelikow, Philip; Mitglied des NSC, dort für die Europa-Politik zuständig

State Department (Außenministerium) Washington
Baker, James (*1930); Außenminister
Ross, Dennis; Politischer Berater von James Baker, Direktor des Politischen Pla-
    nungsstabes
Zoellick, Robert (*1953); Pol. Berater von James Baker, Unterstaatssekretär
Tutwiler, Margaret (*1950); Beraterin von James Baker, Pressesprecherin des State
    Department
Eagleburger, Lawrence (*1930); Stellvertretender Außenminister
Kimmitt, Robert (*1947); Unterstaatssekretär für Politische Angelegenheiten
Dobbins, James; Stellvertretender Direktor der Europäischen Abteilung
Fukuyama, Francis; Stellvertretender Direktor des Politischen Planungsstabes
Walters, Vernon (*1917); Botschafter der USA in der BRD (ehemals CIA-Direktor)
Werschbow, Alexander; Leiter der Abteilung Sowjetunion
Matlock, John (*1929); Botschafter der USA in der UdSSR

Central Intelligence Agency (CIA) Langley
Webster, William; Direktor des CIA
Kolt, George; Direktor der Sowjet-Abteilung (SOWA) der CIA
Blackwell, Robert; CIA-Experte für die Sowjetunion

der amerikanischen Sowjetexperten und der Verteidigungsminister Richard
Cheney der »Perechod-Strategie« ihre Unterstützung zugesichert hatten[9], erhielten Condoleezza Rice und Robert Blackwill von Scowcroft im Namen
des Präsidenten den Auftrag, die farblose Direktive NSR-3 nunmehr »über
die Eindämmung hinaus ... aufzupeppen« und »vorwärtsweisender einzurichten«.

Beide Experten entwarfen umgehend eine neue (streng geheime) Präsi-
denten-Direktive, die Bush unter der Bezeichnung NSD-23 widerspruchslos
unterzeichnete[10]. Sie wurde als »Perechod-Direktive über ein Containment
hinaus« die entscheidende antisozialistische Strategie gegen die UdSSR und
die osteuropäischen realsozialistischen Länder. Noch nie erreichte einer der
zahlreichen Versuche von Präsidenten der USA, den Sozialismus niederzuringen, einen solchen Erfolg, wie diese von Rice und Blackwill ausgearbeitete
»Umarmungs-Direktive« von George Bush. Und es gab seit 1945 verschiedene Varianten der amerikanischen Außenpolitik, um die UdSSR zu zerschlagen – von der Containment (Truman)-Doktrin über die roll-back-Politik bis
zu den »intersystemaren Strategien« von John F. Kennedy[11].

Die fatale Unfähigkeit der sowjetischen Partei-Führung gegenüber den
politischen Realitäten, die sie selbst mit ihrem »neuen Denken« verursacht
hatte, entwaffnete sie im Umgang mit dieser USA-Strategie. Gorbatschow
ließ sich im Frühjahr 1989 von einer angeblich abwartenden amerikanischen
Außenpolitik ebenso täuschen wie von CIA-Desinformationen[12] und lieferte
in seinem Illusionismus die frühsozialistischen Länder Osteuropas und sich
selbst den Zielen der USA-Politik aus. In diesem Prozeß demontierte der
Generalsekretär des ZK der KPdSU nicht nur systematisch die international
stabilisierende Position einer sozialistischen Weltmacht, er gab dabei auch die
Ergebnisse des im zweiten Weltkrieg mit weit über 27 Millionen Menschen-
leben erkämpften Sieges gegen den Faschismus auf. Als James Baker ihm ein
Jahr später, am 9. Februar 1990, im Kreml gegenübersaß, konnte der USA-
Außenminister bereits vermerken[13]:

> »Zum erstenmal erlebte ich, ... daß Gorbatschow eine wesentlich bedeutendere Gege-
> benheit nicht wahrhaben wollte: den Niedergang der Sowjetunion als Großmacht.«

Es geht uns nicht darum, Gorbatschow, den Falin als einen Politiker charakterisiert, den die Macht verdorben hat[14], oder dem »Gorbatschowismus« die
Schuld anzulasten für die Krise des frühen Sozialismus. Das wäre historisch

falsch. Es geht uns vor allem darum, den politischen Zusammenhang zwischen dem Scheitern der Perestroika als einer Umgestaltung des Sozialismus und der Zerstörung der DDR zu verdeutlichen. Und wir wollen aufzeigen, wie Gorbatschow im Rahmen seiner illusionären Politik, die UdSSR zu ihrer Sanierung in ein »gesamteuropäisches Haus« einzubringen, die sozialistische DDR geopfert hat. Wir sind in der Diskussion mit unseren Zeitzeugen von ihnen vielfach gefragt worden, wann die Perestroika gescheitert war. Diese Zäsur ist schwer festzulegen, denn in ihr vollzog sich die Aufhebung der Ambivalenz ihres Ansatzes, sie bestimmt gewissermaßen den Punkt der Wende von der sozialistischen Umgestaltung zur Agonie, der Konkursverwaltung ihrer eigenen Politik durch die Gorbatschow-Führung. Wir schätzen ein, daß sich dieser Prozeß spätestens im Verlauf des Jahres 1987 vollzog. Dafür wären eine ganze Reihe von Argumenten anzuführen. Als jedenfalls George Bush im Frühjahr 1989 seine Umarmungs-Direktive »über ein Containment« hinaus unterzeichnete, hatte die Washingtoner-Administration den Charakter der Niedergangsphase, in der sich die Perestroika bereits befand, realistisch analysiert und das entstandene Kräfteverhältnis vollkommen richtig eingeschätzt.

Die Ursachen für das Scheitern der Perestroika liegen nach unserer Meinung nicht in der Krise des frühen Sozialismus. Wir bestreiten das fatalistische Dogma: die Krise des Sozialismus war existent und führte automatisch zum Zusammenbruch, zur Implosion, des Sozialismus. Das wäre die Umkehrung des Stalinschen Dogmas vom Selbstzusammenbruch des Imperialismus. Und es kann auch nicht überzeugen, wenn Gorbatschows Perestroika als ein »historischer Versuch« bezeichnet wird, der in einer last-minute-Aktion endlich »Sozialismus mit Demokratie« verbinden wollte, womit seine Perestroika letztlich wenigstens noch eine »Ehrenrettung für den Sozialismus« darstelle, wie bei Heinrich Bortfeldt zu lesen ist[15]. Eine solche »Ehrenrettung« von Gorbatschows Perestroika – die auch verschiedene Reformsozialisten vertreten – ist historisch gesehen unhaltbar. James Baker schätzte die Perestroika in seiner Rede vor dem Commonwealth Club am 16. Oktober 1989 in San Francisco viel nüchterner ein, als er sagte[16]:

> »... es wäre eine Verrücktheit (folly; d. Aut.), die Gelegenheit für den Erfolg der Perestroika zu verpassen.«

Wir betonen unsere These: die Ursache für das Scheitern der Perestroika liegt vor allem in der Abkehr Gorbatschows von der Arbeiterklasse, den werktätigen Menschen, in seinem Versuch, den Marxismus und Lenins theoretisches Erbe mit seinem »neuen Denken«[17] zu überwinden. Diese Politik verursachte das Ende der Perestroika und verschärfte damit die Krise des Sozialismus, die mit ihr überwunden werden sollte.

Gorbatschows Bewertungen seiner politischen Gegner unterlagen nicht nur einem falschen Epochenbewußtsein, sondern nach 1987 immer deutlicher einer politischen Mystifikation. Mit ihr hat er eine Weltmacht ideologisch und materiell entwaffnet und es den USA-Strategen ermöglicht, die UdSSR niederzuringen und das internationale Kräfteverhältnis am Ende dieses Jahrhunderts wieder zu ihren Gunsten zu verändern. Auf dem Wege zu diesem Ziel stellte die DDR unzweifelhaft eine entscheidende strategische Position dar. Die zielgerichtete Unterstützung aller Bestrebungen zu ihrer Ausschaltung und Eingliederung in die BRD durch die Washingtoner Administration ist primär aus diesem machtpolitischen Kalkül zu beurteilen.

Kapitel I

Die Reflexion
der Perestroika in der DDR

> »Die Bildung der Deutschen Demokratischen friedliebenden
> Republik ist ein Wendepunkt in der Geschichte Europas.«
> *(J. W. Stalin, Aus der Botschaft an den Präsidenten
> der DDR, Wilhelm Pieck, vom 13.10.1949)*

Die DDR entstand am 7. Oktober 1949 auf dem Territorium der Sowjetischen Besatzungszone Deutschlands, nachdem zuvor die BRD gebildet worden war. Die DDR ist ursächlich nicht aus einem emanzipatorisch-revolutionären Prozeß hervorgegangen, sie war aber auch keine Stabsaufgabe der Sowjetischen Militäradministration in Deutschland oder der KPdSU-Führung unter Stalin. Auch die Auffassung, die DDR allein als Ergebnis des Kalten Krieges zu bewerten, trifft nicht die ganze Realität. Es ist schon so, wie Rosa Luxemburg einmal bemerkte, die wirkliche Geschichte ist weitaus komplizierter. Und so treffen einzelne dieser angeführten Aspekte zwar zu, jedoch nur tendenziell und in ihrer Komplexität. Zwei Faktoren dominierten. Die DDR entstand formal als völkerrechtliche Antwort auf die Konstituierung der BRD, die von den westalliierten Trägern der deutschen Hoheitsrechte aus dem territorialen Substrat gebildet worden war, nachdem die vier Mächte der Antihitler-Koalition im Jahre 1945 infolge der Kapitulation Deutschlands die »supreme authority« in Anspruch genommen hatten[1].

Die DDR war damit eine politische Reaktion auf den Bruch der Potsdamer Übereinkunft[2] durch antisowjetische Kräfte der westlichen Besatzungsmächte. Sie entstand aber zugleich auch aus einer in diesen Jahren wachsenden emanzipatorischen Willensbildung der ostdeutschen Bevölkerung, alle Wurzeln des deutschen Faschismus endgültig zu überwinden[3]. Der Anspruch der BRD, die Rechtsnachfolge des Deutschen Reiches angetreten zu haben, blieb völkerrechtlich eine politische Fiktion. Die DDR war in den ersten Jahren eine antifaschistische und antikapitalistische Gesellschaft mit dem Anspruch, gemeinsam mit der BRD einen neuen deutschen Nationalstaat auf der Grundlage der historischen Erfahrungen der deutschen Geschichte und der

Grundsätze des Potsdamer Abkommens zu bilden. Erst nachdem die Westalliierten im Zuge des Kalten Krieges nicht bereit waren, diesem Anspruch zu
entsprechen, wurden nach 1952 auf dem Boden der DDR Voraussetzungen
für eine sozialistische Gesellschaft geschaffen, entstand der erste Arbeiter-
und Bauernstaat auf deutschem Boden, der in eine solidarische Gemeinschaft
frühsozialistischer Staaten hineinwuchs und in ihr bald als geachteter Partner
galt. Die DDR stützte sich in ihrem Aufbau auf eine vielfach feierlich beschworene »unverbrüchliche Freundschaft« mit der Sowjetunion, mit der die
Zusammenarbeit in verbindlichen Verträgen geregelt war[4]. Wie sich die DDR
als einer der wichtigsten Außenhandelspartner und militärischen Verbündeten der UdSSR entwickelte, so garantierte die UdSSR ihrerseits der DDR ihre
ökonomischen und sicherheitspolitischen Prämissen.

1. Die DDR in der sowjetischen Außenpolitik

Die »unverbrüchliche Freundschaft« zwischen der UdSSR und der DDR
täuschte jedoch über einige unberechenbare politische Instabilitäten hinweg,
die lange nicht erkennbar waren. Dies war einmal die sich entfaltende Krise
der frühsozialistischen Entwicklung, deren Ursachen beim Aufbau der Grundlagen des Sozialismus in der DDR übernommen wurden, und zum anderen
ihre frühzeitige Einordnung in die sowjetische Wirtschafts- und Außenpolitik. Günter Sieber, der Leiter der Abteilung Internationale Verbindungen im
ZK der SED, weist darauf hin, daß es unter diesen Aspekten in der KPdSU
schon immer zwei Linien gegenüber der DDR gegeben habe: die eine Linie
vertraten jene, die – wie Stalin – die sozialistische DDR nur als ein Proviso-
rium ansahen, mit dem auf internationaler Ebene politisch wie ökonomisch
operiert werden konnte; die anderen waren jene, die fest entschlossen waren,
die DDR als einen im sozialistischen Lager fest integrierten und gleichberechtigten Staat auszubauen[5]. So ungewohnt diese Meinung zunächst auch sein
mag, steht sie jedoch nicht isoliert. Egon Krenz, der letzte Generalsekretär des
ZK der SED, schätzt die sowjetische Außenpolitik gegenüber der DDR nicht
mehr anders ein[6]. Verschiedene neue Forschungen und Veröffentlichungen
von Memoiren sowjetischer Politiker bestätigen diese Zusammenhänge[7]. Um
das Verhältnis Gorbatschows zur DDR, das sich aus den Grundsätzen seines
»neuen Denkens« ergab, verstehen zu können, wollen wir mit der Darlegung

der komplizierten Wechselbeziehungen dieser beiden »Linien« der sowjetischen Außenpolitik in der »deutschen Frage« beginnen.

1.1 Zwei Strategien in der KPdSU gegenüber der DDR

Stalin wollte keine Spaltung Deutschlands. Falin vertrit die Ansicht, daß Stalin seit 1944 und nach dem Sieg über das faschistische Deutschland ohne Vorbehalte darauf orientiert habe, zur Sicherheit der UdSSR in Europa einen »Cordon sanitaire« zu schaffen, der von einem neutralen deutschen Staat und einem ebenfalls neutralen Österreich gebildet werden sollte[8]. Das war Stalins machtpolitisches Kalkül. Er stimmte der Bildung der DDR 1949 erst zu, nachdem die Westalliierten aus ihren Besatzungszonen einen deutschen Teilstaat gebildet und damit Deutschland gespalten hatten. Stalin blieb aber selbst nach der Gründung der DDR bereit, wie er Pietro Nenni einmal versicherte, sie als »Opfer« für einen politischen Kompromiß einzubringen[9]. Diese Bereitschaft lag auch seiner Initiative vom 10. März 1952 mit dem Entwurf eines Friedensvertrages für Deutschland zugrunde[10]. Doch die inzwischen dominierenden antikommunistischen Kräfte innerhalb der Westmächte waren, von Konrad Adenauer aktiv unterstützt, nicht willens, den Vorschlag aus Moskau zu akzeptieren[11]. Sie wollten der UdSSR keinen »Cordon sanitaire« in Europa zugestehen und lehnten daher einen neutralen deutschen Nationalstaat zugunsten ihrer Politik der weiteren Konfrontation im Kalten Krieg entschieden ab. Stattdessen setzten sie ihre eingeschlagene Politik fort, und Adenauer entwickelte das Prinzip, lieber das halbe Deutschland als europäische Ordnungskraft gegenüber der UdSSR im Rahmen der westlichen Allianz wieder aufzurüsten, als einen neutralen und antimilitaristischen Nationalstaat zu bilden. So wurde die reale Chance zur Erhaltung der nationalen Einheit Deutschlands sowohl von den Eliten des deutschen Großbürgertums als auch von führenden Politikern in den USA aus Gründen ihrer militant antisozialistischen Strategien immer wieder ausgeschlagen.

Eine große Mehrheit der Bevölkerung nicht nur in der Sowjetischen Besatzungszone Deutschlands strebte nach den bitteren Erfahrungen des letzten Krieges nach Lebensbedingungen, die eine Wiederholung des deutschen Faschismus und seiner Verbrechen ausschlossen. Die Argumentation von Kommunisten und Sozialdemokraten, es komme darauf an, in Deutschland eine sozial gerechte Gesellschaft zu errichten, die eine stabile Friedenspolitik garantiert, fand daher weitgehende Zustimmung. Ihr entsprochen zu haben, diese historische Legitimation kann der DDR nicht entzogen werden. Eine Orientierung für den Aufbau des Sozialismus in der DDR, die besonders von Walter Ulbricht nach 1950 vertreten wurde[12], stieß auf erhebliche Vorbehalte der Sowjetischen Kontrollkommission [die Sowjetische Militäradministration in Deutschland war nach der Gründung der DDR am 11. November 1949 offiziell aufgelöst worden]. Dazu berichtet Wladimir Semjonow als Leiter der Kontrollkommission, daß Stalin den ostdeutschen Teilstaat weiterhin primär als ein Faustpfand in seiner internationalen Strategie verstehen wollte. Dennoch hatte er auf die kritische Haltung Semjonows vom Herbst 1951 zu »Ulbrichts Linie«, die der Kontrollkommissar in einem Brief an Stalin als »Nationalismus« kritisierte, nicht reagiert. Auch auf den persönlichen Vortrag Semjonows im Frühjahr 1952 zu dieser Problematik ging er lediglich mit der lapidaren Bemerkung ein, man müsse Walter Ulbricht, der kein gründlicher Theoretiker sei, eben helfen[13]. Erst nachdem die ehemals alliierten Westmächte im Mai 1952 Stalins Friedensvertrag-Initiative abermals abgelehnt hatten, stimmte das Politbüro des ZK der KPdSU am 8. Juli 1952 dem Vorschlag der SED-Führung endgültig zu[14], in der DDR aus der antifaschistisch-demokratischen Ordnung heraus eine sozialistische Gesellschaft aufzubauen.

Diese Entscheidung Stalins war eine Zustimmung zu den Bestrebungen der Gruppe um Ulbricht. Diese ließ daraufhin auf der bereits vorbereiteten 2. Parteikonferenz der SED, die vom 9.-12. Juli 1952 in Berlin tagte, den »Aufbau des Sozialismus zur grundlegenden Aufgabe in der DDR« beschließen[15]. Der Übergang zum sozialistischen Aufbau war jedoch nicht mit den Werktätigen in der DDR diskutiert worden. Solches Verhalten widersprach grundsätzlich dem Anliegen kommunistischer Strategie. Doch Walter Ulbricht vertrat in seinem Referat die durchaus berechtigte Ansicht, daß in der DDR zunächst einmal die Voraussetzungen für eine sozialistische Gesellschaft zu schaffen wären[16], eine Orientierung, die wenigstens einige Hinweise Lenins berücksichtigte.

Gleich nach dem Tod Stalins im März 1953 wurde die Lage der jungen DDR brisant, als Lawrenti Berija bereits im Mai Stalins Idee von 1952 aufgriff, den ostdeutschen Teilstaat international auszuspielen. Er wollte die DDR jedoch nicht – wie Stalin – als Sicherheitspfand für einen neutralen deutschen Nationalstaat abgeben, sondern er versuchte, gemeinsam mit Georgi Malenkow und (zeitweilig) mit Wjatscheslaw Molotow sowie mit

Hilfe des NKWD, die DDR für ökonomische Zugeständnisse einzutauschen[17]. Um diesen Deal vorzubereiten, ging es Berija darum, zunächst den beschlossenen sozialistischen Aufbau in der DDR zu stoppen, und sie dann mit der BRD zu vereinigen. Er wollte – wie der Leiter des Ersten Direktorats im Ministerium für Staatssicherheit der UdSSR, Generalleutnant a. D. Pawel Sudoplatow, mitteilt – dafür in Übereinkunft mit den Westmächten eine finanzielle Unterstützung zur Bewältigung der ökonomischen Kriegsfolgen in der Sowjetunion erhalten. Mit dem »Spuk des ›Aufbau des Sozialismus‹ in der DDR« sei aufzuräumen, soll Berija damals geäußert haben. Er war – so Sudoplatow – geradezu von der »Vorstellung besessen«, für die DDR »... zehn Milliarden Dollar für den Wiederaufbau der Sowjetunion zu bekommen«[18] Weiter schreibt Sudoplatow[19]:

> »Er (Berija, d. Aut.) erklärte mir, man sei im Kreml der Ansicht, die Schaffung eines neutralen, vereinigten Deutschland unter einer Koalitionsregierung sei der beste Weg, unsere Positionen in der Welt zu stärken.«

Die DDR war, kaum gegründet, so als »sozialistischer Staat« von ihren »treuesten Verbündeten« bedenkenlos gegen harte Devisen als Verfügungsmasse eingesetzt und zur Disposition gestellt worden.

Diese Genese der DDR im Spannungsfeld zwischen dem Faustpfand-Konzept Stalins und Berijas und dem Versuch, in der Sowjetischen Besatzungszone Deutschlands einen sozialistischen Staat aufzubauen, hat die damalige SED-Führungsgruppe unter Ulbricht zu ihren (ohnehin nicht ausgewogenen) ursprünglichen Zielsetzungen auch noch zu hastigen, übereilten und dabei tragischen Fehlentscheidungen verführt. Sie gab im Frühjahr 1953 das Konzept des schrittweisen Aufbaus der Grundlagen des Sozialismus auf und ließ sich dazu verleiten, den Aufbau des Sozialismus zu beschleunigen, ohne Rücksicht auf die Interessen der Werktätigen und deren Meinung zu hören. Denkbar – wie einige Zeitzeugen meinen – mit der Absicht, gegenüber den Plänen der Stalin-Nachfolger Tatsachen zu schaffen, die in einem einheitlichen Deutschland nicht mehr ohne weiteres rückgängig zu machen gewesen wären. Walter Ulbricht – berichtete einer von ihnen – rechnete in jenen Monaten (trotz seines massiven Widerstandes gegen solche Pläne) mit einer nicht mehr abwendbaren Vereinigung und wollte möglichst viele »sozialistische Voraussetzungen« in das »neue Deutschland« einbringen. Doch mit dieser Absicht verletzte die SED-Führung grob und unbedacht soziale Interessen der Werktätigen und verstand es nicht, vor allem die Arbeiter und

Bauern von ihrer Politik zu überzeugen[20]. Diese tiefgreifenden politischen Fehler nutzten die Gegner der DDR, die ihrerseits ihren Wirtschafts- und Finanzkrieg forcierten. Es kam zu einer anwachsenden Massenflucht über die offene Grenze in Berlin in die BRD[21]. Die schwierige Lage der SED-Führung nahmen Malenkow, Molotow und Berija zum Vorwand, um die Ulbricht-Gruppe unter Druck zu setzen. Anfang Juni 1953 wurden Walter Ulbricht und Otto Grotewohl nach Moskau gerufen und von der sowjetischen Führung offiziell über die »deutschlandpolitische Wende« informiert[22], die sie Ende Mai 1953 im Präsidium des Ministerrats der UdSSR durchgesetzt hatten. Neben Iwan Iljitschow, dem Leiter der Diplomatischen Mission der UdSSR in der DDR, war Wladimir Semjonow zum »Hohen Kommissar der UdSSR in Deutschland« berufen und zu seinem Stellvertreter Pawel Judin (als NKWD-Berater) ernannt worden. Semjonows Aufgabe war es von nun an, auf den Sitzungen des Politbüros des ZK der SED die neuen Beschlüsse des Präsidiums des Ministerrats der UdSSR »Punkt für Punkt gegen die Konzeption der Ulbricht-Führung durchzukämpfen.«[23]

Unter diesem »Druck aus Moskau« hatten sich in der Führungsspitze der SED die Meinungsverschiedenheiten über das Tempo und die Methoden des »sozialistischen Aufbaus« aber auch über dessen Zielstellung selbst vertieft. Dabei unterstützte Wilhelm Zaisser, der erste Minister für Staatssicherheit der DDR, vorbehaltlos die von Berija initiierte Wende in der sowjetischen Außenpolitik zur »Wieder«vereinigung Deutschlands und sprach sich offen für eine »Liquidierung der DDR« aus[24], zugleich kritisierte Rudolf Herrnstadt scharf den administrativen innerparteilichen Führungsstil Ulbrichts. Die Auseinandersetzungen im SED-Politbüro mit dieser Anti-Ulbricht-Opposition, zu der auch Karl Schirdewan gehörte[25], führten zu einer akuten politischen Führungskrise in der SED. Ulbricht, der nicht widerspruchslos bereit war, dem Konzept Malenkows, Berijas und Molotows zu folgen, mußte am 11. Juni 1953 seinen bisherigen Kurs korrigieren[26]. In diese Auseinandersetzungen hinein kam es am 17. Juni 1953 in der gesamten DDR zu logistisch ausgelösten und geführten Massendemonstrationen und Streiks, die in Berlin am 16. Juni begannen[27].

Über diesen 17. Juni 1953 sind viele Legenden und manche Halbwahrheiten verbreitet. Forschungen, die alle politischen Interessen und wirkenden Kräftekonstellationen analysiert hätten, liegen bisher nicht vor. Wir gewannen folgende Sicht: Konrad Adenauer wollte zwar auf die Bereitschaft der sowjetischen Führung eingehen, die beiden deutschen Staaten zu vereinigen, jedoch den Preis für die DDR den Berija verlangte, nicht zahlen. Seine Strategie bestand vielmehr darin, die Schwäche der UdSSR zu nutzen und die DDR über eine »Volksrevolution« preiswerter »heimzuholen«. Er gedachte, dazu die in der DDR vorhandenen Widersprüche auszubeuten, und zwar die Unzufriedenheit in der Bevölkerung wie die interne Führungskrise in der SED. Diese Haltung entsprach seinem Kalkül: entweder ein geeintes Deutschland – als Ergebnis »aus einer freien Entscheidung des gesamten deutschen Volkes«, in die westliche Allianz zu integrieren – oder auf Ostdeutschland erst einmal zu verzichten[28]. Der »Aufstand« war also keineswegs nur spontan. Für ihn ist berechtigte Kritik vieler Arbeiter an der DDR-Führung instrumentalisiert worden. Markus Wolf schreibt dazu[29]:

> »So gut wie alle wußten, daß die Ursachen (der Demonstrationen, d. Aut.) hausgemachter Natur waren, so wenig ließ sich übersehen, daß das Aufbegehren von West-Berlin aus nach Kräften geschürt worden war, daß agents provocateurs nach Ost-Berlin gekommen waren, um die Stimmung aufzuheizen. Aus Informationen meines Dienstes … ein Material zusammenzustellen dem sich entnehmen ließ, daß Pläne bestanden, die DDR zu liquidieren, war ein Kinderspiel.«

Die »Anführer« der Rebellierenden – so meint Sudoplatow – »hielten die Regierung (der DDR, d. Aut.) für handlungsunfähig«[30]. Heute berichten einige von ihnen, so die Demonstranten Sandow und Mentzel (beide im »Arbeitskreis 17. Juni« organisiert), über ihre damalige Hast, als sie am 17. Juni 1953 bereits vor dem Haus der Ministerien in Berlin den Rücktritt von Ulbricht und Grotewohl gefordert hatten, noch bevor beispielsweise der Arbeiter Buley im Kabelwerk Köpenick zum Streik aufrufen konnte. An diesem Tag war es dem »Anführer Müller« gelungen, in Halle einen Sturm auf den »Roten Ochsen« zu organisieren, um die »Politischen«, darunter die ehemalige KZ-Aufseherin Ilse Koch, zu befreien[31]. Sudoplatow schätzt den politischen Hintergrund dieses »Volksaufstandes« so ein[32]:

> »Man gab sich (im Westen, d. Aut.) der Illusion hin, die Russen würden die Regierung Ulbricht nicht unterstützen und nicht gegen die Streikenden vorgehen.«

Berija fühlte sich durch solche »Diplomatie« Adenauers hintergangen und erteilte – wie Sudoplatow und Semjonow in ihren Memoiren übereinstimmend mitteilen – über den Armeegeneral Andrej Gretschko den Befehl zum Einsatz sowjetischer Panzer gegen die Demonstranten[33]. »Mit dieser Demonstration der Macht«, schreibt der enge Mitarbeiter Berijas[34],

»… hoffte er (Berija, d. Aut.) unsere Aussichten auf einen Kompromiß mit den
Westmächten zu verbessern. Der Westen sollte der Illusion beraubt werden, die
sowjetische Herrschaft lasse sich durch einen Volksaufstand vertreiben.«

Die Hoffnung von Berija auf einen Kompromiß erwies sich aber als Fehl-
schluß. Die Westmächte brachen nach dem Panzereinsatz alle bereits eingeleiteten Verhandlungen brüsk ab.

Die Historiker der Bürgerbewegung Stefan Wolle und Armin Mitter
bestreiten heute nicht, daß es sich bei diesen Vorgängen um den 17. Juni
1953, bei den Streiks und Massendemonstrationen, also am »Tag X«, um
einen gescheiterten Versuch gehandelt habe, den Aufbau der Grundlagen des
Sozialismus mit einer »demokratischen Revolution« zu stoppen, die DDR zu
zerschlagen und mit der BRD zu vereinigen[35]. Klaus Schroeder schreibt in der
Frankfurter Allgemeinen Zeitung dazu[36], daß es durchaus zutreffend wäre,
von einer Volkserhebung zu sprechen,

»… die sich zu einer ›Revolution‹ entwickelt, zur Abschaffung des Sozialismus und
über freie Wahlen zur Wiedervereinigung geführt hätte.«

Wie klar das formuliert ist. Die damalige Einschätzung der SED, daß es sich
bei diesen Ereignissen um einen konterrevolutionären Putsch handelte[37], halten wir aus dieser bemerkenswerten Sicht nicht für abwegig. Die politischen
Entschuldigungen der Vorsitzenden des Landesverbandes Berlin der PDS, Petra Pau, oder von Lothar Bisky zu diesen Vorgängen[38] können wir nicht teilen,
André Bries verbale Beleidigung derjenigen, die eine solche Meinung nicht
billigen[39] halten wir für arrogant und für einen erneuten Versuch, wieder ein
dogmatisches Wahrheitsmonopol errichten zu wollen.

Der ganze 17. Juni 1953 war mehr ein machtpolitisches Poker um die
DDR als ein »spontaner Volksaufstand«. Doch halten wir es für einen ernsten
Fehler der SED-Führung die Ursachen und die politischen Fehlentscheidun-
gen, auf denen sich der politische Deal entfalten konnte und die es antisozialistischen Kräften inner- und außerhalb der DDR ermöglichten, für diesen
»Volksaufstand« berechtigte Interessen und Proteste von Produktions- und
Bauarbeitern, von Bauern und Angehörigen der Mittelschichten im Kalten
Krieg zu instrumentalisieren, nicht gründlich analysiert und nicht offen diskutiert zu haben. Diese fehlende Analyse der Ereignisse um den 17. Juni 1953
und die Offenlegung ihrer Ursachen hat der Entwicklung der DDR und ihres
sozialistischen Aufbaus schwer geschadet.

Mit der Ausschaltung Berijas durch Nikita Chruschtschow im Juli 1953[40] war der weitere Weg für die Schaffung eines eigenständigen sozialistischen Staates in Ostdeutschland wieder freigegeben. Das Entwicklungstempo blieb jedoch zurückgenommen,[41] und der »provisorische Charakter« der DDR war nicht überwunden. Die sowjetische Führung behielt ihre Option auf eine Neutralisierung Deutschlands noch bei. Und so wurde das für die DDR typische Charakteristikum, daß sich mit ihr erstmals seit der Oktoberrevolution eine Gesellschaft mit sozialistischem Anspruch in einem der Zentren des Kapitalismus konstituierte, auch weiterhin unzureichend berücksichtigt. So war die DDR noch einige Jahre hindurch für die sowjetische Außenpolitik eine stets parate Verhandlungsofferte in ihrer Europapolitik. Auch deshalb konnten vielfach die »staatssozialistischen« Vorteile der DDR für ihren industriellen und sozialen Aufbau nicht voll genutzt werden, und deren Bedingungen für die Schaffung einer industrialisierten sozialistischen Gesellschaft blieben in diesen entscheidenden Jahren kompliziert. Hinzu kam, daß die DDR noch immer eine offene Grenze hatte, über die sie große volkswirtschaftliche Verluste erlitt, und daß sie mit ihren Reparationen an die UdSSR einen hohen Tribut im Kalten Krieg zahlen mußte[42]. Infolgedessen unterblieben wichtige Neuinvestitionen zur Entwicklung moderner Produktivkräfte und das nachdem sich mit Marshall-Plan-Milliarden in der BRD die alten Kräfte des deutschen Großkapitals eine hochmoderne Industrie hatten rekonstruieren können. Damit gingen der DDR – so stellte durchaus berechtigt Valentin Falin fest – wichtige Positionen im Wettbewerb mit der BRD verloren. Sie büßte gegenüber Westdeutschland entscheidende Startvoraussetzungen ein, die unter der scharfen Weltkonkurrenz in den folgenden Jahren nicht mehr ausgeglichen werden konnten. Die UdSSR schwächte mit ihrer Politik einen ihrer wichtigsten Verbündeten[43]. Hier dominierte weiterhin Stalins altes machtpolitisches Konzept, das immer krasser mit den Erfordernissen der frühen sozialistischen Entwicklung kollidierte. Dieses grundlegende Problem vermochte auch Chruschtschow trotz seiner scharfen Kritik an Stalins Personenkult[44] nicht zu lösen.

Nach dem XX. Parteitag der KPdSU versuchte die sowjetische Außenpolitik vor allem im Frühjahr 1957, die DDR international noch einmal politisch auszuspielen und mit dem Angebot einer deutsch-deutschen Konföderation die weitere Westintegration der BRD in die NATO und ihre Remilitarisierung zu blockieren – ein Angebot, das in dieser Situation von der SED-Führung politisch mitgetragen wurde[45]. Doch auch dieser Versuch scheiterte am Widerstand der Westmächte und Adenauers, die nicht bereit waren, auf die Integration der BRD in die NATO zu verzichten und ihrerseits als Preis dafür »Ostdeutschland« endgültig in den politischen Einflußbereich der UdSSR abgaben[46]. Erst nach dieser Entscheidung setzte sich in der sowjetischen Außenpolitik jene Linie durch, die seit längerer Zeit den konsequenten Aufbau eines sozialistischen Staates in der DDR befürwortete. Dieser Prozeß fand schließlich nach dem Treffen von Nikita Chruschtschow mit Präsident John F. Kennedy im Juni 1961 in Wien[47] seinen Abschluß. Das Ergebnis war der 13. August 1961, als die Westgrenzen der DDR von der UdSSR in Übereinstimmung mit der DDR und getragen von einem gemeinsamen Beschluß der Staaten des Warschauer Vertrages militärisch geschlossen wurden. Erst mit dieser Entscheidung war die DDR endgültig als Bestandteil in die Gemeinschaft frühsozialistischer Länder voll integriert. Die »Mauer in Berlin«[48] wurde so zum Erscheinungsbild des Kalten Krieges gegen den frühen Sozialismus. Insofern war sie – wie auch Egon Bahr bestätigte[49] – weitgehend als ein internationales Gentlemen's Agreement akzeptiert. An dieser Stelle wollen wir einige Gedanken zur DDR einfügen.

Was war die DDR?

Die DDR war und bleibt die größte Niederlage des Kapitalismus in der deutschen Geschichte. Sie besaß aufgrund ihrer Produktivkraftentwicklung – neben der ČSSR – die hoffnungsvollste Chance, sich aus einer frühsozialistischen Phase in eine sozialistische Gesellschaft zu entwickeln. Sie basierte auf der demokratischen Bodenreform und der Enteignung der faschistisch-monopolistischen Kriegsverbrecher. Aber sie hatte als Teil einer Nation auch eine empfindliche politisch-emotionale Flanke. Und sie blieb trotz aller staatlichen Souveränität grundsätzlich ökonomisch und militärisch und damit auch weitgehend politisch abhängig von der UdSSR. Es gelang der »sozialistischen Staatengemeinschaft« nicht, und noch weniger der DDR allein, einen den sozialistischen Ansprüchen adäquaten Typ der Produktionsverhältnisse innerhalb der kapitalistischen Welt zu schaffen. Die Mehrheit der Werktätigen der DDR konnte nicht dauerhaft für sozialistische Werte gewonnen werden.

Gewiß, es handelte sich auch in den besten Jahren der DDR nicht um eine ausgebildete sozialistische Gesellschaft. Das konnte in einer historisch so kurzen Zeit nicht erreicht werden. Dazu fehlten viele Voraussetzungen, ökonomische wie politische. Die These vom entwickelten Sozialismus war falsch. Die Gesellschaft der DDR war ein frühsozialistischer Staat geblieben und sie steckte – wie die UdSSR und andere osteuropäische Länder – vielfach in ungelösten Widersprüchen. Zwar suchten die Parteiführungen unter Ulbricht und Honecker nach Wegen, um die von ihnen durchaus erkannten ökonomischen und manche politischen Defizite zu überwinden, nur fanden sie kein überzeugendes Konzept, wie die entstandenen Gegensätze gemeinsam mit den Werktätigen und im Konsens mit der UdSSR zu lösen waren. Hierin sehen wir eine der Ursachen, die in der DDR zur politischen Krise vom Herbst 1989 führten.

Zeitzeugen bemerkten, daß es vielen Menschen aus der heutigen sozialen und politischen Erfahrung durchaus verständlich ist, warum Honecker der Perestroika-Politik Gorbatschows zunehmend mit Mißtrauen gegenüberstand. Heinz Keßler weist darauf hin, daß der SED-Generalsekretär den Widerspruch zwischen seinem Mißtrauen gegenüber Gorbatschows Politik und der Tatsache, daß die Ansichten des KPdSU-Generalsekretärs in der Bevölkerung der DDR und auch unter einigen Mitgliedern des Politbüros Zustimmung fand, politisch nicht bewältigte[50]. Dabei verdrängte er bedrohlich wirkende Signale aus der Gesellschaft und flüchtete sich zuletzt in seine Wunschvorstellungen von einer positiven Haltung der Mehrheit der Bevölkerung.

Der Streit über die Beurteilung der DDR wird gegenwärtig selbst unter Linken nicht wissenschaftlich, sondern vordergründig ideologisch geführt. Die These beispielsweise, die DDR-Bürger hätten mit dem Verlust ihres Staates nichts weiter verloren als ihre Ketten[51], zeugt jedenfalls von einem arroganten Unvermögen, reale Verhältnisse zu analysieren und Menschen in ihren Lebenszielen zu verstehen. Verschiedene führende PDS-Repräsentanten versuchen, ihre individuelle Stellung zur DDR zum Moralmonopol linker Strategie zu erheben. Vielleicht liegen solchen Bestrebungen subjektiv-psychologische Probleme einer nicht bewältigten eigenen Biographie zugrunde. Gleichwohl, wer die Legitimität der DDR – in der doch so manche ihrer heutigen »linken« Kritiker ihre nicht unbedeutende persönliche Karriere fanden – und ihren sozialistischen Anspruch bestreitet, stiehlt sich aus seiner Geschichte und glaubt vielleicht, damit Fluchtwege aus der persönlichen Verantwortung für diese frühsozialistischen Jahre gegenüber dem nun wieder gesamtdeutsch herrschenden Kapital zu finden. Besonders abstoßend ist aber jene Gemeinsame Erklärung der PDS-Fraktion im Sächsischen Landtag und des Landesvorstandes der PDS Sachsen, in der die DDR als »kommunistische Gewaltherrschaft« diffamiert wird[52].

Was war die DDR wirklich? Was ist in ihren 40 Jahren an der Seite der UdSSR erreicht worden? Ist es der DDR-Gesellschaft gelungen, Grundlagen für den Aufbau einer sozialistischen Gesellschaft aufzubauen? Welche Erfahrungen werden von der frühsozialistischen DDR unverzichtbar bleiben? Die 40 Jahre DDR waren für viele Menschen in diesem Staat ein engagiert gelebtes Leben um soziale Gerechtigkeit, auch dann, wenn manche BürgerrechtlerInnen und Reformsozialisten und -sozialistinnen das heute wegreden wollen[53]. Die DDR war eine antifaschistische Gesellschaft, wobei selbst ein »verordneter Antifaschismus« stets besser als ein wachsender Neonazismus gewesen wäre. Aber die Ausrottung der politischen und sozialökonomischen Ursachen des Faschismus bleibt eine große Leistung der DDR, in der die Dialektik von Klassenkampf und Menschheitsfortschritt real ihren Ausdruck fand. Die DDR war zugleich eine antikapitalistische Gesellschaft, von deren Bürgern sich viele sozialistischen Zielen und Werten verpflichtet fühlten und deren Führung sich in praktischer Politik darum bemühte, für jeden soziale Sicherheit und eine soziale Grundsicherung zu schaffen. Sie war, wie Michael Schumann feststellte[54],

> »… eine legitime Alternative angesichts des katastrophalen Versagens der bürgerlichen deutschen Eliten und der Restauration der alten Machtverhältnisse in Westdeutschland. Das Engagement Hunderttausender für diese Alternative bedarf keiner Entschuldigung.«

Die DDR war kinderfreundlich, sie überwand Bildungsprivilegien, ermöglichte ohne Quoten und Formalien die Förderung der Berufsarbeit der Frauen und ihre soziale Gleichstellung. Sie befreite – trotz mancher oftmals nicht verständlicher administrativ-bürokratischer Eingriffe – die Kulturpolitik vom Profitmechanismus. Alle Werktätigen hatten Zugang zur Kultur. Es gab ein einheitliches und für alle Bürger kostenfreies Gesundheitswesen. Der Schutz der Arbeitskraft stand unter gesellschaftlicher Kontrolle. Die Arbeit wurde vielfach Sinngehalt des Lebens. Es gab in der DDR keine Arbeits- und keine Obdachlosigkeit. In ihr entstanden neue menschliche Werte: wie Solidarität und Gemeinschaftsverantwortung, weitgehende Teilnahme an der Mitgestaltung gesellschaftlicher Prozesse, Werte, die in den Betrieben zu einer demokratischen Mitbestimmung führten, die es in keiner Kapitalgesellschaft gibt und die selbst eine sozialdemokratische Regierungsverantwortung in der BRD bisher nicht erreichen konnte. Diese sozialpolitischen Kriterien der DDR konnten nur durchgesetzt werden, weil das Privateigentum an Produktionsmitteln aufgehoben, die Macht von Großbanken und Konzernen beseitigt war[55]. Auch wenn zunächst eine Verstaatlichung dieser Produktionsmittel an Stelle einer realen Vergesellschaftung stand – sollte das kein historisch wie gesellschaftlich relevanter Fortschritt gewesen sein? War das keine Verwirklichung von Menschenrechten?[56] Daß diese Politik nicht allen gefiel, besonders nicht jenen, die 1945 als Kriegsverbrecher enteignet worden waren, ist ebenso zu verstehen wie der CDU-Politiker Heinrich Lummer, der einmal auf die Frage, was er an der DDR am schlimmsten finde, ehrlich antwortete: »Das sie existierte«.

Diejenigen in der PDS, die heute laut über Demokratie-Defizite in der DDR klagen, waren überwiegend nicht in gewerkschaftlichen Funktionen. Sie standen und stehen noch heute – wie sie auch offen bekunden – der Arbeiterklasse fremd gegenüber. Inge Viett, die als Gast in der DDR lebte, sieht die »andere Republik« so[57]:

> »Als ich in die DDR kam, war ich im höchsten Maße verblüfft von dem Selbstbewußtsein, der Lockerheit und der Souveränität, mit der sich die DDR-BürgerInnen in ihren Arbeits- und Funktionsbereichen bewegten. Wie sie darin *lebten*. Ich rede hier nicht von den Leitungs- und Funktionärsebenen, da sieht's wieder anders aus, sondern von meinen Erfahrungen in den Basiskollektiven der Produktion und der Verwaltung. Dieses Verhältnis zur Arbeit erklärte sich mir bald aus der Befreiung von Konkurrenz und Existenzangst und dem hohen gesellschaftlichen Stellenwert der Arbeit im moralischen Sinn. Die soziale Sicherheit war die Grundqualität des Seins in der DDR. … Ein weiterer Teil war der humanistische Anspruch der DDR, denn wer konnte sich nicht mit Zielen identifizieren wie die Schaffung einer Gesellschaft, in der keiner zurückbleibt, Chancengleichheit für alle, Solidarität mit den unterdrückten Völkern, Kampf gegen Faschismus, gegen Krieg – doch nur ausgemachte Lumpen und Egoisten. Dies waren Erziehungsinhalte, in welcher Form auch immer.«

Aber auch der damalige Vorsitzende des Rates der Vorsitzenden der Anwaltskollegien der DDR Dr. Gregor Gysi, meinte Ende Juli 1989 in einem Gespräch[58]:

> »Natürlich sei jedem (Bürger der DDR, d. Aut.) klar, daß wir mit vielem, was den Westen anziehend mache (z. B. Autoproduktion), was die Fassade glitzern lasse, nicht mithalten können. Gerade daraus ergebe sich, daß wir noch weit stärker unsere Vorzüge, die Vorzüge unserer Gesellschaftsordnung, im Bewußtsein der Bürger zur Geltung zu bringen und sie fortentwickeln müßten. Der entscheidende Vorzug neben menschlicher Wärme in sozialer Geborgenheit sei die Möglichkeit des Bür-

gers zur Mitbestimmung, die Möglichkeit der Einflußnahme zur Veränderung in
Betrieb und Gesellschaft. Diese Möglichkeiten gäbe es in der westlichen Welt nicht,
auch das sei natürlich jedem klar.«

Zweifellos gab es Einschränkungen individueller Freiheiten: einmal hinsichtlich des Besitzes und der Eigentumsverfügung an Produktionsmitteln,
begründet im legitimen sozialen Gefüge dieser Gesellschaft, politisch un-
gerechtfertigte Enteignungen für den Mittelstand, aber auch bürokratische
Bevormundungen in bezug auf Freiheitsräume und temporär engstirnige
Maßregelungen im kulturellen Bereich. Eine offene Diskussion gesellschaftlicher Entwicklungsprobleme fehlte infolge vielfacher dogmatischer Blok-
kaden.

Und auch in den bestehenden demokratischen Kontrollmechanismen gab
es ernsthafte Defekte, was teilweise massive Verletzungen der sozialistischen
Rechtsnormen ermöglichte und zu einer Reduktion sozialistischer Normen
führte. Diese und andere Defizite waren vor allem Ergebnis latent bestehen-
der Widersprüche und einer noch unzureichend entwickelten sozialistischen
Demokratie. Darauf hat Kurt Hager – wenn auch zu spät – hingewiesen[59].
Sie entstanden aber auch aus einem Sicherheitsbedürfnis, das sich unter einem permanenten politischen und ökonomischen Druck des äußeren Gegners herausgebildet hatte, dem sich die DDR ständig ausgesetzt sah und mit
Repressivmaßnahmen reagierte. Hinzu kam ein gravitätischer Hochmut bei
Teilen der neuen Intelligenz und bei einem Teil von Partei- und Staatsfunktionären gegenüber den Interessen der Werktätigen und in der SED-Führung
gab es die dogmatische Illusion, diese Interessen seien allein durch sie administrativ plan- und vertretbar. In dieser Beziehung wurde die durch Stalins
Ideologie indoktrinierte Überheblichkeit besonders deutlich.

Die ökonomische Politik und die Methoden der Wirtschaftsleitung blieben weitgehend abhängig von der UdSSR. Diese Beziehungen beförderten
anfangs die Entwicklung der DDR-Wirtschaft und hemmten sie später. So
konnte die DDR auch nicht ein Niveau der Arbeitsproduktivität erreichen,
das eine Versorgung der Bevölkerung mit Waren ermöglichte, die zumindest
quantitativ der Warenversorgung entwickelter kapitalistischer Länder gleichkam[60]. Dabei wirkte sich auch die zentralistisch-administrative Wirtschafts-
lenkung negativ aus. Trotz verschiedener positiver Ansätze konnte insgesamt
kein stabil wirkendes Bewußtsein bei den Werktätigen erreicht werden, daß
sie Eigentümer der volkseigenen Betriebe waren[61].

Diese Formen frühsozialistischer Realität waren jedoch keine statischen Erscheinungen. Sie setzten den humanistischen Grundcharakter dieser Gesellschaft nicht außer Kraft, obwohl die teilweisen Deformationen sozialistischer Werte[62] in der täglichen Praxis des Aufbauprozesses bestehen blieben. Die DDR übte weitgehende Solidarität mit Kuba, Chile, Vietnam und Angola. Sie unterstützte diese Länder und antikoloniale Befreiungsbewegungen mit nicht unbeträchtlichen materiellen Mitteln. Damit stand sie zu den Grundsätzen einer antiimperialistischen Solidarität.

Doch den frühen Sozialismus nur allgemein abwertend als »Staatssozialismus« oder als »Irrweg eines extremen Autoritarismus«[63] zu kennzeichnen ist eine unzulässige Verkürzung und eine Verkennung konkret-historischer Zusammenhänge, die an sozialen und politischen Realitäten vorbei geht. Die Frage, wie sich eine antikapitalistische Gesellschaft inmitten einer aggressiv agierenden imperialistischen Umgebung, in einem System von zwei sich feindlich gegenüberstehenden Militärblöcken hätte organisieren müssen, ist politisch wie theoretisch eine durchaus noch zu untersuchende Frage, die »linke Kritiker« der DDR bisher auch nicht beantwortet haben. Zutreffend bleibt, daß die Dialektik zwischen staatlicher Organisation und dem Anspruch auf persönliche Selbstbestimmung im frühen Sozialismus ein noch nicht gelöstes Problem war.

Stefan Heym, der die DDR als seine politische Heimat empfand, schrieb im Oktober 1989[64]:

> »Eine Deutsche Demokratische Republik, aber eine bessere als die real existierende, ist notwendig, schon als Gegengewicht gegen die Daimler-Messerschmid-Bölkow-Blohm-BASF-Hoechst-Deutsche-Bank-Republik auf der anderen Seite der Elbe; notwendig ist ein sozialistischer Staat auf deutschem Boden, der seinen Bürgern Freiheit und alle Rechte garantiert, die freien Bürgern zustehen.«

Wenn heute auch von Reformsozialisten argumentiert wird, daß keiner der DDR-Bürger »die DDR« zurückhaben möchte, äußert sich darin zumindest ein statisch-konservatives Denken und lediglich ein Mitmachen im antikommunistischen Mainstream. Wieso sollten Menschen ein Gemeinwesen mit Widersprüchen rekonstruieren wollen, wenn es ihnen doch darum gegangen war, gerade diese Widersprüche zu überwinden? Was sie wollten, war nicht die unvollkommene DDR, sie wollten sie vollkommener – besser, sie wollten mehr Sozialismus, und das hätte auch mehr Demokratie bedeutet, wie es durchaus möglich gewesen wäre. Und war es nicht genau das, was jene, die im Herbst 1989 und im Januar 1990 objektiv mithalfen die DDR zu beseitigen, versprochen hatten? Aus der zitierten ideologischen Verkürzung den Schluß zu ziehen, für die DDR-Bürger wäre die heutige Gesellschaft, die Bundes-Deutsche-Bank-Daimler-Benz-Republik, besser, ist ein Versuch, die antikapitalistische Opposition ideologisch zu enthaupten.

Wir halten es auch politisch für peinlich, wenn der ehemalige Minister-präsident der DDR, Hans Modrow, sie (in seinem Namen von Hans-Dieter Schütt) als

> »... ein Staat der hängenden Köpfe, der schweren Augenlider, der zugeschnürten Kehlen, der gelähmten Zungen, der gekrümmten Schultern«

charakterisieren läßt[65]. Wägt man demgegenüber heute sachlich und nüchtern die Errungenschaften der DDR-Entwicklung und ihre Nachteile gegeneinander ab und beurteilt sie selbst aus der Differenz, wird dieser sozialistische Ansatz – trotz aller Deformationen und Unzulänglichkeiten – noch immer überzeugender vor der Geschichte bestehen als die Gesellschaft, die millionenfach Arbeits- und Obdachlosigkeit produziert.

Die Herrschenden der Bundesrepublik sind eben »Fleisch vom Fleische« jener Kapitaleigentümer, die Hitler an die Macht gebracht[66] und die an seinem Raubkrieg millionenfach profitiert hatten. In der DDR war ihnen 40 Jahre lang die Möglichkeit entzogen worden, Menschen auszubeuten, neue Kriege anzuzetteln und politische Macht auszuüben. Diese »Freiheit« war ihnen nicht gewährt worden. Aus dieser Sicht ist die Aggressivität der Gegner der DDR verständlich, wenn von ihnen der sozialistische Staat als »SED-Diktatur« bezeichnet wird und wenn ihre Repräsentanten kriminalisiert werden. Denn jedes Anknüpfen an die DDR-Vergangenheit, schreibt Uwe-Jens Heuer, »und sei sie noch so kritisch, erscheint heute als Bedrohung der bestehenden Gesellschaftsordnung«[67]. Doch wer sich für diese Politik der DDR heute entschuldigt, demütigt sich vor den Kapitaleliten selbst. Eine solche politische Selbstkasteiung ist für Antifaschisten und Werktätige, die ihr Leben bewußt für eine sozialistische Alternative zum Kapitalismus eingesetzt haben politisch unakzeptabel. Historisch bewertet bleiben die sozialen und kulturellen Errungenschaften der DDR, trotz aller Deformationen, ein zivilisatorischer Wert. Und es ist geradezu unglaublich arrogant und geschichtsfälschend, wenn André Brie behauptet, die DDR mußte erst die Zustimmung der Bevölkerung zu ihrer Politik »erzwingen«[68]

1.2 Gorbatschows »neue Deutschlandpolitik«

Während die sowjetische Parteiführung ihre Deutschlandpolitik stets mit der SED-Spitze absprach, revidierte Gorbatschow nach 1987 auch dieses Verfahren. Sein Verhalten gegenüber der DDR nahm zunehmend einen unehrlichen Charakter an. In dieser Phase wurde in der Leitung des sowjetischen Außenministeriums und in KPdSU-Führungsgremien die alte Sicht Berijas wieder aufgegriffen, die DDR als Verhandlungsobjekt zu reaktivieren. Diesmal jedoch gut abgetarnt gegenüber der SED-Führung. Informationen darüber, die Erich Honecker erreichten, wurden jedoch nicht einmal vom DDR-Botschafter in Moskau ernst genommen[69].

Die Wiederaufnahme der alten Faustpfand-Diskussion aus dem Jahre 1953 mag damit zusammenhängen, daß es ab 1987 immer sichtbarer wurde, daß sich die Perestroika-Politik Gorbatschows in ihren eigenen Widersprüchen verfing, wobei sich ihre Ambivalenz schrittweise verlor[70]. Zwei Jahre waren seit der Proklamation der Umgestaltung vergangen und kein strategisches Konzept lag vor. Auch vom XXVII. Parteitag der KPdSU, der den neuen Fünfjahrplan bis 1990 beraten und beschlossen hatte[71], waren keine mobilisierenden Reform-Impulse ausgegangen, und auf den folgenden ZK-Tagungen kam ebenfalls kein sozialistisches Krisenmanagement zustande. Gorbatschow schreckte sogar davor zurück, die dem ZK der KPdSU von Wissenschaftlern der Akademie der Wissenschaften der UdSSR eingereichten Vorschläge für ein Umgestaltungs-Konzept öffentlich diskutieren zu lassen. Tschernajew schildert, wie infolgedessen die Meinungsverschiedenheiten im Politbüro des ZK der KPdSU selbst unter den Perestroika-Repräsentanten zunahmen, und auch die Arbeit des Ministerrats der UdSSR unter Nikolai Ryshkow behindert wurde[72]. Das Tragischste aber war: unter den Werktätigen der UdSSR wuchs das Mißtrauen gegen die Politik der KPdSU-Führung, und deren Generalsekretär stand dieser ganzen innenpolitischen Entwicklung persönlich immer hilfloser gegenüber[73]. Dafür versuchte Gorbatschow, die wachsenden innenpolitischen Defizite außenpolitisch zu überspielen. Er präsentierte sich der Weltöffentlichkeit als modisch gekleideter, lächelnder Jungdynamiker und unterbreitete ihr den publikumswirksamen Vorschlag der vollständigen Beseitigung der Kernwaffen bis zur Jahrtausendwende. Seine Rechnung ging auf. Er hatte erst einmal einen nachhaltigen Public-Relations-Erfolg. Sein persönliches Auftreten war ebenso beeindruckend wie seine geschmeidige

Argumentation. Im Gegensatz zur Stimmungslage in der UdSSR fand Gorbatschow international bei vielen Menschen weitgehende Zustimmung, denn
es schien, als wäre der UdSSR eine große Friedensinitiative gelungen. So gingen viele Kommunistinnen und Kommunisten in der Sowjetunion und auch
im Ausland zunächst davon aus, daß Gorbatschow das Ziel verfolge, günstige
Rahmenbedingungen für demokratische Lösungen der internen Probleme bei
der Verwirklichung der Perestroika zu schaffen. Selbst die zuständige Sowjet-
unionabteilung im State Department der Reagan-Administration und die Sowjetexperten der CIA vermuteten diesen Hintergrund[74]. Doch diese Annahme erwies sich als dramatische Fehldiagnose. Der vielfach bejubelte und mit
diplomatischen Einladungen international fast überforderte Generalsekretär
verdeckte mit diesen vordergründigen außenpolitischen Präsentationen nur
den Umfang und die Tiefe wachsender innenpolitischer Mißerfolge. Und im
Gegensatz zu seinem internationalen Auftreten beschritt er in der KPdSU
den traditionellen Weg Stalins: statt strategische Meinungsverschiedenheiten
auszudiskutieren, wurden sie vorwiegend administrativ über Kaderentscheidungen gelöst[75].

    In den Politbüro-Sitzungen des ZK der KPdSU ging es in diesen Mona-
ten nicht so sehr um Auseinandersetzungen mit den Perestroika-Gegnern,
sondern zunehmend um gegenseitige Differenzen der Perestroikianer, um die
ausbleibenden Erfolge. Während sich Gorbatschow und seine Berater in ihren außenpolitischen »Anerkennungen« sonnten, forderten Nikolai Ryshkow
und Anatoli Lukjanow vor allem die Lösung der innenpolitischen Probleme[76].
Aber auch sie legten kein alternatives Konzept dazu vor, jedenfalls ist keines
öffentlich bekannt geworden. So unterlagen sie in diesem »Richtungskampf«.
Gewiß, Gorbatschow ließ seine politischen Gegner in dieser Auseinandersetzung nicht um ihre Sicherheit fürchten, er liberalisierte Stalins Umgang
mit seinen Widersachern: er entmachtete sie intern und schrittweise unter
verschiedenen Vorwänden. Am gebräuchlichsten wurde es, sie öffentlich als
konservativ und als nicht »reformfreudig« genug zu denunzieren. Der Generalsekretär beherrschte perfekt die seit Stalins Zeiten tradierten machtpolitischen Methoden.

    Bereits auf dem Januar-Plenum 1987 des ZK der KPdSU hatte Gor-
batschow ein Kaderkonzept als Ausdruck der Erneuerung der KPdSU verkündet[77] und nach dem Plenum damit begonnen, in entscheidenden Leitungsbe-
reichen ein Kader-Revirement einzuleiten, in dem auf administrativen Wegen

und ohne politische Diskussion eine Verschiebung von innen- zu außenpolitischen Prioritäten angestrebt wurde. Gleichzeitig aber gaben Gorbatschows Berater nicht auf, nach einem Ausweg aus der innenpolitischen Sackgasse zu suchen. Wie Tschernajew meint, wollte der KPdSU-Generalsekretär dazu einige entscheidende Anstöße auf der Beratung von Parteien und Bewegungen bekommen haben, die im November 1987 nach den Feierlichkeiten zum 70. Jahrestag der Oktoberrevolution in Moskau stattfand und an der auch erstmals sozialdemokratische Parteien teilnahmen[78]. Die begeisterten Zustimmungen gerade ihrer Vertreter zur Perestroika hätten Gorbatschow tief beeindruckt, und ihre Ratschläge seien es dann auch gewesen, die in die inhaltliche Vorbereitung der XIX. Parteikonferenz der KPdSU 1988 eingeflossen seien[79]. Der mit diesem Bericht Tschernajews unternommene schüchterne Versuch, das Scheitern der Perestroikapolitik faktisch mit sozialdemokratischen Einflüssen zu erklären, ist indes doch zu dürftig. Die Perestroika hob sich zwar schrittweise als eine sozialistische Umgestaltung auf, aber wir zweifeln stark daran, daß dies nur auf sozialdemokratische Einflüsse zurückzuführen war, wenngleich es solche in der KPdSU auch zunehmend gab.

Um die unbequemen Kritiker der Gorbatschowschen Katastrophenpolitik vollends auszuschalten, nutzte die Mehrheit des Politbüros ihre Chance. Sie ließ nach der XIX. Parteikonferenz vom ZK-Plenum im Juli 1988 einen Beschluß über die »Hauptrichtungen der Umgestaltung des Parteiapparates« fassen, der das Politbüro beauftragte, bis zum Jahresende eine umfassende Reorganisation dieses Apparats vorzunehmen[80]. Von diesem Beschluß ausgehend wurden bis zum März 1989 die Abteilungsstruktur des ZK verändert und 40 Prozent der 1.940 politischen Mitarbeiter und Spezialisten entlassen. Zu den Entlassenen gehörten all jene, die als »Konservative« stigmatisiert waren oder auch nur kritisch der Politik von Gorbatschow gegenüberstanden[81]. Dieses rigorose Personalrevirement, das Tschernajew durchaus zutreffend als einen »Mini-Staatsstreich« bewertet[82], rief in der Partei und in den Sowjetorganen Unruhe, Verwirrung und Besorgnis hervor, zumal sich parallel dazu in der Öffentlichkeit – als Auswirkung der »Glasnost«-Politik – die antisozialistischen Angriffe auf den Partei- und Staatsapparat verstärkten[83].

Nun wäre es tatsächlich ein nützliches Anliegen gewesen, den Parteiapparat so umzugestalten, daß seine administrativen, seine Verwaltungsfunktionen – wie von Lenin einst gefordert – endlich auf demokratische Gremien, wie die Sowjets, übertragen worden wären. Und diese Reorganisation wäre

Tafel 2 – Führungsgremien des ZK der KPdSU
(Stand nach dem Plenum des ZK der KPdSU am 19. und 20.9.1989)

Mitglieder des Politbüros des ZK der KPdSU

Michail Gorbatschow (*1931), Generalsekretär des ZK der KPdSU

Alexander Jakowlew (*1923), = Sekretär des ZK der KPdSU

Wladimir Krjutschkow (*1924), Vorsitzender des KGB ++

Jegor Ligatschow (*1920), = Sekretär des ZK der KPdSU

Jurij Masljukow (*1937), 1. Stellv. Vorsitzender des Ministerrats der UdSSR ++

Wadim Medwedew (*1929), = Sekretär des ZK der KPdSU +

Nikolai Ryshkow (*1929), Vorsitzender des Ministerrats der UdSSR

Lew Saikow (*1923), = Sekretär des ZK der KPdSU

Eduard Schewardnadse (*1928), Außenminister der UdSSR

Nikolai Slunkow (*1929), = Sekretär des ZK der KPdSU

Witali Worotnikow (*1926), Vorsitzender des Präsidiums des Obersten Sowjets der
    RSFSR

Kandidaten des Politbüros des ZK der KPdSU:

Alexandra Birjukowa (*1929), Stellv. Vorsitzender des Ministerrats der UdSSR +

Dmitri Jasow (*1923), Marschall der UdSSR, Verteidigungsminister der UdSSR

Anatoli Lukjanow (*1930), 1. Stellv. des Vors. des Präsidiums des Obersten Sowjets
    der UdSSR +

Jewgeni Primakow (*1929), Vors. des Unionssowjets des Obersten Sowjets der
    UdSSR ++

Boris Pugo (*1937), Vorsitzender des Komitees für Parteikontrolle ++

Georgi Rasumowski (*1936), Sekretär des ZK der KPdSU

Alexander Wlassow (*1932), Innenminister der UdSSR +

Mitglieder des Sekretariats des ZK der KPdSU

Michail Gorbatschow (*1931) = Mitglied des Politbüros des ZK der KPdSU

Andrej Girenko (*1936) +

Jegor Ligatschow (*1920), = Mitglied des Politbüros des ZK der KPdSU

Alexander Jakowlew (*1923), = Mitglied des Politbüros des ZK der KPdSU

Jurij Manajenkow (*1936) +

Wadim Medwedew (*1929), = Mitglied des Politbüros des ZK der KPdSU

Georgi Rasumowski (*1936), = Kandidat des Politbüros des ZK der KPdSU

Lew Saikow (*1923), = Mitglied des Politbüros des ZK der KPdSU

Jegor Strojew (*1937) +

Nikolaj Slunkow (*1929), = Mitglied des Politbüros des ZK der KPdSU

Oleg Baklanow (*1932), bis 1991 (militärisch-industrieller Komplex/Chemie)

Gumer Usmanow (*1932) +

+ = am 30.9.1988 auf dem Plenum des ZK der KPdSU in diese Funktion gewählt

++ = am 20.9.1989 auf dem Plenum des ZK der KPdSU in diese Funktion gewählt

Abteilungen für Auslandsarbeit des ZK der KPdSU (1988/1989)

Abteilung für internationale Angelegenheiten (Zuständig für kapitalistische Länder)
1986-1988 Leiter: Anatoli Dobrynin; Sekretär des ZK der KPdSU (bis Sept. 1988
1970-1986 Stellv. Leiter: Anatoli Tschernajew (ab 1988: Berater von Gorbatschow)

*Abteilung für Beziehungen zu kommunistischen und Arbeiterparteien
sozialistischer Länder*
1986-1988 Leiter: Medwedew, Wadim; Sekretär des ZK der KPdSU, Mitglied des
      Politbüros
bis 1988 1. Stellv. Leiter: Rafael Fjodorow
bis 1988 Stellv. Leiter: Georgi Schachnasarow (ab 1988: Berater von Gorbatschow)

Internationale Abteilung (vom November 1988 bis 1991)
1988-1991 Leiter: Valentin Falin (Mitglied des ZK der KPdSU)
1988-1991 1. Stellv. Leiter: Rafael Fjodorow
1988-1991 Stellv. Leiter: Georgi Kornienko
1988-1991 Valentin Koptelzew, Bereich DDR
1988-1991 Nikolai Portugalow, Bereich BRD, Österreich und Schweiz

mit den Werktätigen und der Parteibasis zu beraten gewesen. Doch auch die »Umgestaltung des Parteiapparates« erfolgte im tradierten Stalinschen Stil – administrativ. Die Verwaltungsfunktionen der 22 ZK-Abteilungen blieben grundsätzlich erhalten, sie waren lediglich zu 10 Hauptabteilungen mit entsprechenden Unterabteilungen zusammengelegt worden. Der ganze »Mini-Staatsstreich« hatte vor allem den Effekt, daß nahezu alle Kritiker der Gorbatschowschen Politik aus dem zentralen Parteiapparat entlassen wurden und daß die politische Unsicherheit im Lande zunahm, weil die Werktätigen das ganze Vorhaben überhaupt nicht verstanden. Infolgedessen verlor die KPdSU weiter an Vertrauen, vor allem aber die Fähigkeit zur politischen Führung einer revolutionären Umgestaltung des Sozialismus.

Den »Glanzpunkt« seines »neuen Denkens« und seiner nunmehr dominierenden außenpolitischen Orientierung setzte Gorbatschow dann im Spätherbst 1988 mit seiner Rede vor der UNO-Vollversammlung in New York[84]. Hier verkündete der Generalsekretär einseitig die Entideologisierung der zwischenstaatlichen Beziehungen. Er begründete sie emphatisch mit der »Priorität der allgemein-menschlichen Ideen über die Vielzahl von zentrifugalen, wenn auch legitimen egoistischen Motiven« und doktrinierte sie als Ausgangspunkt der neuen sowjetischen Außenpolitik. Mit ihr werde – rief

Gorbatschow von sich selbst begeistert aus –, die Weltgemeinschaft in eine »grundsätzlich neue Geschichtsepoche« treten. Solche Art von Vision fand einen beeindruckenden Beifall, und Gorbatschows Eitelkeit verführte ihn, sich nunmehr selbst weltmännisch als einen »Politiker des neuen Typs« zu sehen. Doch Gorbatschow bekannte in dieser Rede auch seine Hoffnung, daß die »angesprochene internationale Gemeinschaft« ihm – sozusagen im Gegenzug – helfen werde, »... den zunehmenden Widerstand im Inland (gegen seine Perestroika-Politik, d. Aut.) zu überwinden.« Das war ein (wenn auch versteckter) Appell an die imperialistischen Strategen, ihn doch innenpolitisch gegen seine Kritiker, also gegen seine eigenen Genossen, zu unterstützen. Anatoli Tschernajew bekennt, daß mit dieser außergewöhnlichen Rede das »neue Denken« endgültig den Marxismus-Leninismus verlassen und die Klassentheorie überwunden hatte[85]. Insofern halten wir den Vorwurf von Jegor Ligatschow für zutreffend, der KPdSU-Generalsekretär habe seine eigenen Genossen verraten[86], zumal er dazu überging, nun auch die »sozialistische Umgestaltung« im Land selbst zu »entideologisieren«.

Mit dem großen Kader-Revirement war jedoch noch ein weiterer Effekt verbunden. Der Einfluß der Beratergruppe des Generalsekretärs war gegenüber den gewählten Gremien, Politbüro und Sekretariat, weiter gewachsen, wobei die Zugehörigkeit zu Politbüro oder Sekretariat – wie zu Stalins Zeiten – ohnehin von dessen Entscheidung abhängig blieb[87]. Gorbatschows Berater – Anatoli Tschernajew, Georgi Schachnasarow und Wadim Sagladin – haben nicht nur seine außen- und innenpolitischen Entscheidungen vorbereitet, sondern wesentlich dazu beigetragen, auch seine immer deutlicher hervortretenden autokratischen Ambitionen zu befördern[88].

Diesen Exkurs zur »innerparteilichen Entwicklung« der KPdSU-Führung schalteten wir hier ein, weil mit Gorbatschows ideologischer »Transformation über den Marxismus hinaus« und den machtpolitisch-administrativen Veränderungen im Parteiapparat jener politische Paradigmenwechsel deutlich wurde, der das Scheitern der Perestroika charakterisierte. Es begann nunmehr jene Phase in der Geschichte der KPdSU und der UdSSR, die ihren Niedergang, ihre Zerstörung einleitete. Um nicht mißverstanden zu werden, wiederholen wir, daß wir nicht infrage stellen wollen, daß es erforderlich gewesen wäre, die KPdSU zu reformieren. Kritikwürdig finden wir jedoch die Zielstellung der »Parteireform« und die Methoden, mit denen Gorbatschow dabei vorging. Er wollte den Parteiapparat nicht politisch effektiver gestalten, sondern ihn bedingungslos seiner gewandelten »Parteilinie« unterordnen. Damit wäre zu erklären, warum er diese »Reform« in der Partei nicht hat diskutieren lassen. Im Verlauf der Kaderveränderungen hatte Gorbatschow im November 1988 Falin beauftragt, die beiden Internationalen Abteilungen des ZK zusammenzufassen und ihre Leitung zu übernehmen[89]. Nach dieser Entscheidung kam es in der neuen »Internationalen Abteilung« Falins wieder zur Aufnahme der »Faustpfand-Diskussion« über die DDR.

In diesem Zusammenhang haben wir uns für die Zuständigkeit in dieser ZK-Abteilung für die DDR interessiert. Es ergab sich folgendes: Der langjährige Leiter des Sektors DDR in der ehemaligen Abteilung für Beziehungen zu kommunistischen und Arbeiterparteien sozialistischer Länder, Alexander Martynow, wurde abgelöst und in der aus den beiden internationalen Abteilungen hervorgegangenen neuen »Falin-Abteilung« durch Valentin Koptelzew ersetzt. Koptelzew hatte diplomatische Erfahrungen in der Botschaft der UdSSR in Berlin und im Außenministerium der UdSSR gesammelt. Ihm zur Seite stand Nikolai Portugalow, der für die BRD und Österreich sowie die Schweiz zuständig wurde. Er war nach einem zeitweiligen Aufenthalt in der DDR Mitarbeiter der sowjetischen Botschaft in Bonn, als Falin sie leitete, und stand in dem Ruf, bei Gorbatschow ein hohes Maß an persönlichem Vertrauen zu genießen[90].

Die Mehrzahl der neuen leitenden Kader, die jetzt auf die Deutschland-Politik der UdSSR an Einfluß gewannen, kamen aus einer »Denkschule« der sowjetischen Außenpolitik, die – wie Eduard Schewardnadse – davon ausging, daß die UdSSR »ideologiefrei« langfristig auf die ökonomisch stärkere BRD, statt auf die DDR setzen sollte. Falin war der prominenteste Vertreter dieser »Germanistenfraktion«, wie sie sich selbst bezeichnete[91]. Mit ihrem Einfluß begann das neue Nachdenken über eine »veränderte Deutschlandpolitik« der UdSSR. Es gab unter ihnen kaum Überlegungen darüber, wie die erkennbare politische Krise in der DDR im solidarischen Miteinander und im Interesse beider sozialistischen Länder überwunden werden könnte. Diskutiert wurde dagegen vor allem, ob und wie die DDR als Gabe für ein Wohnrecht der UdSSR in dem anvisierten gesamteuropäischen Haus einzubringen wäre. In der nüchternen Politik lief dieses »Nachdenken« also auf eine Wiederholung des Versuchs Stalins und Berijas hinaus, die DDR als eine freie Verfügungsmasse auf dem »internationalen Markt« zu behandeln. Nur, im Unterschied zu 1953, wurden diese Überlegungen der DDR-Führung nicht dargelegt,

sondern als eine »geheime Stabsarbeit« des Gorbatschow-Apparates behandelt. Der aufmerksame DDR-Botschafter in Moskau, Gerd König, bewertete
ebenso wie Erich Honecker die sie erreichenden Informationen über den sich
anbahnenden »Wandel« zunächst als Provokationen, um die ohnehin gespannten Beziehungen zwischen beiden Staaten weiter zu belasten[92]. Zudem
bestärkte der sowjetische Botschafter in Berlin, Kotschemassow, Honecker
in dieser Auffassung. Schewardnadse bezeichnete bei seinem Aufenthalt im
Sommer 1989 in Berlin sowohl gegenüber Oskar Fischer als auch gegenüber
Erich Honecker in persönlichen Gesprächen die Beziehungen zwischen der
DDR und der UdSSR sogar als eine »fast beispiellose vertrauensvolle und
aufrichtige Zusammenarbeit«[93].

Wenn der Begriff »beispiellos« zutraf, dann allerdings für Heuchelei. Aber
es war weit mehr. Die sowjetische Politik gegenüber der DDR stellte eine bewußte politische Täuschung eines Bundesgenossen dar, die als Verrat bewertet
werden muß. Kwizinskij, der sowjetische Botschafter in Bonn, registrierte in
diesen Monaten »seltsame Vorgänge« in Moskau und notierte[94]:

> »Professor Daschitschew forderte immer häufiger, die DDR sollte ihre Grenzen öff-
> nen. Er spielte sich als Berater Gorbatschows auf, was nicht zutraf, was aber von
> niemandem dementiert wurde. Mehr noch, auch in Erklärungen und Interviews
> des Leiters der Internationalen Abteilung des ZK der KPdSU, Falin, und seiner
> engsten Mitarbeiter tauchten ähnliche Gedanken auf.«

Falin bestreitet heute diese Überlegungen nicht, und jener Wjatscheslaw Daschitschew vom Institut für Ökonomie des sozialistischen Weltsystems der
Akademie der Wissenschaften der UdSSR brüstet sich heute damit, frühzeitig Vordenker der »Wiedervereinigung Deutschlands« gewesen zu sein[95]. Mit
seinem ehemaligen Studienkollegen Tschernajew stritt er in einer TV-Sendung darüber, wer von ihnen den größten Einfluß auf Gorbatschows »neue
Deutschlandpolitik« gewonnen hätte. Während in diesem bemerkenswerten
Disput Portugalow bestreitet, daß Daschitschews Vorschläge Gorbatschow
überhaupt erreicht hätten, erwiderte Tschernajew, daß sowohl er selbst als
auch der Generalsekretär die »Niederschriften« des »kompetenten Deutschland-Experten« Daschitschew gelesen hätten und Gorbatschows Entschlüsse
zur Deutschland-Politik von ihnen nicht unwesentlich beeinflußt worden
seien[96].

Dazu nun doch noch im Detail: Nachdem Daschitschew als »kompetenter
Deutschland-Experte« im April 1987 Vorsitzender des »Wissenschaftlichen

Beirates Sozialistische Länder Europas« beim Außenministerium der UdSSR geworden war, habe er – so teilte er in der schon zitierten TV-Sendung mit – bereits im Juli 1987 versucht, die »deutsche Frage« in seinem Beirat diskutieren zu lassen. Unter der »deutschen Frage« will er damals die »Idee der ›Wiedervereinigung‹« verstanden haben, denn ohne sie – so argumentierte er – würde es seiner Ansicht nach kein gesamteuropäisches Haus mit der UdSSR geben können. Bemerkenswert ist, daß dieser »Experte« in seinen Wiedervereinigungs-Elogen weder die weiterhin bestehenden Hoheitsrechte der vier Alliierten beachtete noch der Frage Aufmerksamkeit schenkte, in welchen Grenzen sich diese »Wiedervereinigung« vollziehen sollte. In den Grenzen von 1937? Jedenfalls sei eine Beiratssitzung zum Thema »Wiedervereinigung«, so beklagte Daschitschew, im Sommer 1987 vom ZK der KPdSU verhindert worden. Daraufhin habe er seinen für diese Sitzung vorbereiteten Vortrag in 30 Ausfertigungen »an die betreffenden Stellen« verteilt. Später fand diese Beirats-Sitzung zur »deutschen Frage« schließlich doch noch statt. Am 27. November 1987 tagte das genannte Gremium zur »deutschen Frage«. Allerdings, so berichtet Daschitschew weiter, habe er sich auf dieser Sitzung unbeliebt gemacht, und seine Vorschläge seien von den »konservativen Status-Quo-Denkern« scharf zurückgewiesen worden[97]. Tschernajew versucht diese Ablehnung damit zu erklären, daß zu dieser Zeit die DDR noch als ein sehr wichtiger wirtschaftlicher Partner der UdSSR galt[98]. Horst Teltschik, zu dieser Zeit Leiter der Abteilung »Auswärtige und innerdeutsche Beziehungen« im Bonner Kanzleramt, gestand in der gleichen TV-Sendung fast selbstkritisch ein, daß er damals den Initiativen und Denkmodellen von Daschitschew zur »deutschen Frage« zu wenig Aufmerksamkeit entgegengebracht habe[99].

Dennoch, genau ein Jahr nach dieser Beratung im sowjetischen Außenministerium und nachdem Falin die Leitung der neu formierten Internationalen Abteilung im ZK der KPdSU übernommen hatte, fand am 14. November 1988 eine nunmehr von dieser ZK-Abteilung organisierte Konferenz über das »gemeinsame Haus Europa« statt, auf der Daschitschew nochmals seine Thesen vortragen konnte. Auch diesmal stießen sie auf den Widerspruch von Falin[100]. Als Nikolai Portugalow befragt wurde, weshalb ausgerechnet Falin widersprochen hätte, erklärte er nüchtern[101]:

»...was er (Daschitschew; d. Aut.) gesagt hat, stimmte bereits in etwa sehr wohl mit dem überein, was wir uns viel früher überlegt hatten«.

Weiter meinte Portugalow, es habe zu diesem Zeitpunkt aber nur kontraproduktiv gewirkt, daß Daschitschew seine Thesen so offen vortrug, und er fügte
hinzu:

> »… In der damaligen Situation bestand die einzige Chance der Germanisten darin,
> im Stillen zu arbeiten, in Überzeugungsarbeit nach oben, und wenn einer kommt
> (wie Daschitschew, d. Aut.) und auf diese Weise ungeschminkt das Interesse der
> Gegenseite zu vertreten versucht, … hat das nur unsere Kreise gestört.«

Diese Mitteilungen sind bemerkenswert offen. Interessant dabei ist, daß
Daschitschews »riskantes und hartnäckiges Streben, Deutschland zu vereinigen« – so Tschernajew über seinen Freund[102] –, in jenen Wochen in Falins
ZK-Abteilung nur noch als »taktisch unklug« empfunden wurde. Falin hielt
für ein offenes Aufwerfen dieser Fragen nur die Zeit für nicht reif, weil – so
argumentierten Insider – in jenen Monaten noch die Gefahr bestand, daß
viele Mitglieder des ZK der KPdSU dieser Politik nicht folgen würden. Und
die »Germanistenfraktion« wollte zu diesem Zeitpunkt noch nicht deutlich
erkennen lassen, daß es für sie in einem »gesamteuropäischen Haus« bereits
nur Platz für ein Deutschland gab. Gegenüber den Vertretern der DDR, so
bestätigte uns auch Peter Florin, wurde weiterhin der Schein gewahrt, als
würde die UdSSR deren Position unterstützen, beide deutsche Staaten seien
in einem vereinten Europa souveräne gleichberechtigte Wohnungsinhaber[103].
Falins »Zurückhaltung« ist aber auch darauf zurückzuführen, daß für ihn die
Haltung der »Westmächte«, also die Frage der weiterhin bestehenden alliierten »Hoheitsrechte«, der supreme authority, noch nicht ausreichend geklärt
war. Im sowjetischen Außenministerium herrschte die Ansicht vor, die USA,
Frankreich und England würden einen solchen Schritt der UdSSR möglicherweise nicht verstehen[104]. Das aber hätte die außenpolitische Vertrauensbasis
von Gorbatschow infrage stellen können. Aus dieser Erwägung heraus war
Falins Widerspruch verständlich. Daß aber auch er über einen solchen Lösungsweg in der »deutschen Frage« bereits nachgedacht hatte, bestätigt nicht
nur Portugalow, sondern auch Hans-Joachim Willerding, der Sekretär für internationale Beziehungen im Zentralrat der FDJ, der – ebenso wie Markus
Wolf – mit Falin schon seit 1988 diese Problematik diskutierte[105]. Als der
Leiter der Abteilung für Internationale Verbindungen im ZK der SED, Günter Sieber, seinen ›Amts‹-Kollegen im Spätsommer 1988 in Moskau besuchte
und ihn vertrauensvoll über die Lage in der DDR informierte, hat es Falin
unterlassen, ihn und über ihn die SED-Führung offiziell über diese internen

Überlegungen über die Zukunft der DDR im Apparat des ZK der KPdSU zu informieren[106].

Falin begründet seine Überlegungen zur »Lösung der deutschen Frage« heute damit, daß seiner damaligen Ansicht nach die DDR bereits Anfang 1988 in ihrer ökonomisch-politischen Entwicklung die »kritische Grenze« überschritten hätte, und folglich die Gefahr entstand, daß der daraus folgende politische Destabilisierungsprozeß bald eine Eigendynamik annehmen und – nolens volens – die instabile Lage der UdSSR belasten würde. Die ersten Gedanken dazu hätte er bereits am 17. August 1986 in einem »Brief zur deutschen Einheit« an Gorbatschow vorgetragen, weil aus seiner Sicht die DDR als selbständiger Staat bald nicht mehr zu halten gewesen wäre[107]. In der Argumentation Falins drängt sich nun eine verblüffende Analogie zu der von Berija und Malenkow vom Mai und Juni 1953 auf. Offenbar spielte auch er bereits mit dem Gedanken, nicht nur den wirtschaftlichen Partner DDR durch die ökonomisch stärkere BRD zu ersetzen, sondern für die Übergabe der DDR vor allem ökonomische Vorteile vom Westen auszuhandeln[108]. Damals habe – so Falin – Gorbatschow auf seinen Brief offiziell nicht reagiert, ihn jedoch mit der Neubildung der Internationalen Abteilung beauftragt.

Kwizinskij meint im Ergebnis seiner Beobachtung: ›daß sich das Schicksal der DDR irgendwann im Spätsommer 1989 entschied‹, daß dieses Verhängnis noch erleichtert wurde[109], weil der

> »… blinde Glaube der DDR-Führung an die Aufrichtigkeit Moskaus im Jahr 1989 sie dazu verführte, nicht rechtzeitig zu begreifen, daß man es inzwischen mit einem ganz anderen Moskau, mit einer ganz anderen Sicht auf die DDR … zu tun hatte.«

In diesen Sommertagen des Jahres 1989 reiste der ehemalige DDR-Geheimdienstler Wolf privat und als »bekannter Buchautor« in die sowjetische Metropole. Er wollte – so schreibt er – dort nur die russische Ausgabe seines Buches mit seinem Verleger besprechen und dabei seine Schwester Lena treffen. Dennoch wurde seine »private Reise« mit der sowjetischen Botschaft in Berlin »auf Wunsch des Zentrums« sorgfältig abgestimmt[110]. Und schon am Abend seiner Ankunft in Moskau, am 17. Juli, traf Wolf im »Oktjabrskaja«, dem Gästehaus des ZK der KPdSU, mit seinen Genossen vom ehemaligen Partnerdienst zusammen. Sein engster Freund war damals Wladimir Krjutschkow. Er leitete inzwischen den KGB[111]. Wolf berichtet über dieses Abendgespräch[112]:

»Ich schildere ganz ungeschminkt die Lage (in der DDR, d. Aut.) mit dem Resümee, daß von dieser Führung keine Erneuerung mehr zu erwarten und eine Alternative nicht in Sicht ist. Die Freunde hören sehr aufmerksam zu und stellen am Schluß die für mich etwas überraschende Frage, wie ich die Perspektive der westdeutschen Konzeption einer Wiedervereinigung und des Abbaus der Mauer sehe. Dieses sei doch schon im Gange.«

Markus Wolf teilt uns in seinem Tagebuch seine Antwort nicht mit, die er seinen Freunden gegeben hat. Am folgenden Abend, der Tag war mit Verhandlungen im Progress-Verlag sowie mit Familienangelegenheiten ausgefüllt, sprach er mehrere Stunden mit Koptelzew und Portugalow, den beiden Mitarbeitern Falins. In den Tagebuchaufzeichnungen, die Wolf über dieses Gespräch veröffentlicht hat, heißt es[113]:

»Ich wurde alles los, was ich mir notiert hatte. Mehrmals kam Falins Lieblingsthese von der Einheit der Nation zur Sprache, auf welche die SED leichtfertig verzichtet habe. Die Frage nach personellen Alternativen wurde gestellt, ich konnte sie nicht beantworten… Beide (Nikolai Portugalow und Valentin Koptelzew, d. Aut.) sprachen von der DDR als dem schwächsten Glied des sozialistischen Lagers.«

Am 20. Juli 1989 traf Wolf schließlich mit Falin im Haus des ZK der KPdSU am Staraja Plostschad zusammen. Es war, wie Falin bestätigt, nicht ihr erstes Zusammentreffen. Markus Wolf erinnert sich:[114]

»Falin hielt sich nicht lange bei der Vorrede auf und stellte *wie immer* (kursiv von d. Aut.) präzise Fragen. Dazu wurde ich noch einmal, in Kurzfassung, meine DDR-Analyse los, ungeschminkt, ohne personelle Alternative. Seine beiden Mitarbeiter, mit denen ich am Vorabend ausführlicher gesprochen hatte, schrieben eifrig mit. Danach Falin: … Ein westdeutscher Politiker habe ihm gesagt, sie könnten die DDR innerhalb von zwei Wochen destabilisieren, wenn sie es wollten. Sie wollten dies aber nicht, da die Entwicklung, so wie sie verlaufe, für sie aussichtsreicher sei. Wir vereinbarten, weiter in Kontakt zu bleiben.«

Valentin Falin, von uns nach dieser Unterredung befragt, bestätigte den Vorgang, bemerkte dazu jedoch sehr zurückhaltend, daß dies aber keine Diskussion über eine Konföderation als eine perspektivische Lösung gewesen sei[115]. In den Tagebuchnotizen von Wolf ist dazu nachzulesen, daß er solche Überlegungen aus früheren Begegnungen mit Falin bereits kannte, daß er aber die Tragweite der

»tiefgründigen Analysen … zur deutschen Frage, zur Notwendigkeit ihrer Lösung als folgerichtige Konsequenz des neuen Gorbatschow-Kurses auf Entspannung in Europa und in der Welt…«

bisher so nicht bewertet hätte. Angemerkt sei, daß Falin sich in diesen Monaten
für seine »tiefgründigen Analysen« von Sudoplatow, dem ehemaligen Bürochef
von Berija, ein entsprechendes Memorandum hatte ausarbeiten lassen[116].
Markus Wolf, der Falin als einen Vordenker der sowjetischen Außenpolitik schätzte, will dessen Gedanken in ihrer Unterredung am 20. Juli 1989
(jedenfalls nach seinen Tagebucheintragungen) so verstanden haben, daß die
»sowjetische Seite« nunmehr stärker bereit sei, den »Willen vieler Menschen in
der DDR nach Überwindung der Trennung der deutschen Nation« zu berücksichtigen. Und er interpretierte seinen Gesprächspartner: Falin habe eben nur
noch die Möglichkeit gesehen, die »deutsche Frage« in einem »kontrollierten
Prozeß, über Reformen in der DDR« bei einer gleichzeitigen und allmähli-
chen Annäherung der beiden deutschen Staaten bis hin zu einer Konföderation »zu entschärfen«. Als Grundlage dieser Konzeption Falins, wollte Wolf die
Einschätzung sowjetischer Experten so verstanden haben, daß sie ein »Nach-
lassen des Wachstumstempos der Wirtschaft der DDR und ihres technischen
Standes« im Vergleich zur BRD festgestellt und daraus die Schlußfolgerungen
gezogen hätten, für die Wirtschaft der DDR würden »im Zusammenhang
mit der Demokratisierung ihrer Gesellschaft« nunmehr Marktmechanismen
erforderlich[117]. Diese Schlußfolgerungen stammen immerhin aus Kreisen,
die öffentlich verkündet hatten, sich in die inneren Angelegenheiten anderer
Länder nicht einzumischen. Doch Wolf war nicht der einzige, mit dem Falin
im Sommer 1989 solche Gedanken intern austauschte.

Auch zwischen Falin und Hans-Joachim Willerding – wir verwiesen schon
darauf – hatte es im Sommer 1989 in Moskau solche Diskussionen gegeben.
Dabei habe Falin ihm gesagt, daß man doch »Deutschland als Ganzes« sehen
müsse. »Das war für mich, der ich in der DDR geboren war, eine völlig neue
Sicht«, sagte uns Willerding und erinnerte sich[118]:

> »In diesen Gesprächen gewann ich die Überzeugung, daß Falin die DDR aber nicht
> auf ›dem Markt‹ leichthin verkaufen wollte. Aus Falins analytischer Sicht hatte sich
> das Verhältnis zwischen der DDR und der UdSSR so entwickelt, daß die DDR
> – aus sowjetischen Interessen heraus – ökonomisch und politisch nicht mehr zu
> halten war. Die DDR konnte aber, aus der Sicht Falins, neben der BRD ohne die
> UdSSR als selbständiger Staat nicht existieren. Daher dachte Falin frühzeitig über
> eine Form nach, wie dieses Problem zu lösen sei und diskutierte mit mir im Sommer
> 1989 auch über den Weg in eine Konföderation beider deutschen Staaten.«

Markus Wolf notierte aus seiner Unterredung mit Falin noch einen weiteren
Gedanken: Die DDR-Führung habe mit der Lossagung von ihrem in der

ersten Verfassung der DDR verankerten Ziel der deutschen Einheit politisch auch die Chance auf die Einbringung einer sozialistischen Alternative in eine mögliche Konföderations-Option preisgegeben[119].

Zu der in Moskau so heiß diskutierten Frage, welche Auswirkungen die Perestroika auf die DDR letztlich haben werde, hat weder Gorbatschow mit Honecker geredet noch Schewardnadse mit seinem DDR-Amtskollegen Oskar Fischer[120]. Zu einer solchen Information gegenüber ihren DDR-Kollegen waren nicht einmal die Berater des KGB im Ministerium für Staatssicherheit bereit[121], die ihrerseits jedoch alle internen Materialien der DDR erhielten. Aber auch Wolf hat weder die SED-Führung, weder Egon Krenz, mit dem er immerhin eine vertrauensvolle Verbindung suchte, noch Erich Mielke, mit dem er weiterhin einen engen Kontakt unterhielt, über sein Gespräch mit Falin und über seine Erkenntnisse aus diesem Gespräch informiert. Das nannten alle Beteiligten offiziell »Vertrauen« und »Glastnost«. Nur Willerding schrieb einen Bericht über seine Unterredungen in Moskau an Hermann Axen. Ob ihn Axen zur Kenntnis nahm oder wen er darüber informierte, konnte nicht ermittelt werden. Bekannt ist, daß Honecker solche Informationen erreichten, er ihnen aber keinen Glauben schenkte, weil – wie uns sein Sekretär Frank-Joachim Herrmann bestätigte – jeder Gedanke daran, daß die DDR eines Tages durch die KPdSU oder durch Gorbatschow an die Bundesrepublik ausgeliefert werden würde, bei aller Kritik an dem KPdSU-Generalsekretär in Honeckers Vorstellungsvermögen keinen Platz hatte[122].

In den Chefetagen der deutschen Konzerne wurde offenbar realer nachgedacht, wie die Kompromißbereitschaft Gorbatschows hinsichtlich seiner Politik eines »gesamteuropäischen Hauses« zur Liquidierung der DDR genutzt werden könnte. Der Wirtschaftsjurist Wolfgang Seiffert – bis 1977 Professor an Hochschulen in der DDR und ein Kontaktmann von Günter Mittag –, der 1978 die DDR verlassen und eine Professur an der Universität in Kiel erhalten hatte, berichtete in der bereits genannten TV- Diskussion, daß er am 26. August 1989 in einem Artikel der Frankfurter Allgemeinen Zeitung dafür plädiert habe, daß man angesichts der Krise der DDR direkt auf eine Wiedervereinigung nach Artikel 23 des Grundgesetzes ohne alle Zwischenlösungen, wie Konföderation, hinwirken sollte. Daraufhin hätten sich Industrielle mit dem Vorschlag an ihn gewandt, er möge zu dieser Frage ein Memorandum an Gorbatschow verfassen. Seifferts Brief an Gorbatschow, den er als »Szenarium für die Beendigung der Teilung Europas und die Wiedervereinigung Deutsch-

lands« bezeichnete, hätte den Vorschlag enthalten, der UdSSR die DDR für
500 Milliarden DM, verteilt auf 10-15 Jahre in Form von Dienstleistungen,
Warenlieferungen und zweckgebundenen Krediten, abzukaufen[123]. Dieses
»Memorandum« sei Portugalow zugespielt worden, der es Falin übergeben
hätte. Beide bestätigen diesen Vorgang. Portugalow berichtet, daß Falin, als
er diesen Brief erhielt, jedoch nur ungläubig mit den Schultern zuckte und
entschieden habe, Gorbatschow mit diesem »unseriösen« Schreiben nicht zu
behelligen[124]. Immerhin eine bemerkenswerte Szene. Später hat Falin, wie bereits mitgeteilt, dann bitter beklagt, daß Gorbatschow die Einheit den Deutschen leider »verschenkt« habe.

Zur Einsatzgruppe »Lutsch« und zu anderen Diensten

Zur Einschätzung von Gorbatschows »neuer Deutschlandpolitik« gehört
auch das Gespenst einer »KGB-Einsatzgruppe ›Lutsch‹« (Strahl). In seinen
autobiographischen Notizen schreibt Gregor Gysi[125]:

> »Nach glaubwürdigen Aussagen soll in der Berliner sowjetischen Botschaft eine
> Gruppe ›Lutsch‹ (Strahl), vom KGB geführt, bestanden haben, deren Aufgabe es
> gewesen sein soll, Kräfte in der DDR zu protegieren, die positiv zu Gorbatschows
> Perestroika standen. Jenseits der üblichen KGB- und MfS-Strukturen und von die-
> sen auch unbemerkt, sollten diese Geheimdienstleute angeblich das Veränderungs-
> potential stärken, Honeckers Ablösung betreiben und damit – auch im Hinblick
> auf die sowjetische Außenpolitik Richtung Westen – günstigere internationale Be-
> dingungen schaffen würde.«

Wir haben Gysi nach der Quelle seiner Information befragt, und er hat uns
geantwortet[126]:

> »Die ... ›glaubwürdigen Aussagen‹ erhielt ich von ehemaligen Mitarbeitern des ZK
> der SED. Ich weiß, daß in einer Beratung darüber gesprochen wurde, kann ... aber
> heute nicht mehr sagen, wer genau diese Auskünfte gegeben hat.«

Eine ähnliche Behauptung über »Lutsch« ist aber auch in einem streng geheimen Bericht des BND enthalten, der auszugsweise von den Journalisten
Ralf Georg Reuth und Andreas Bönte kommentiert publiziert wurde und auf
den wir uns weiterhin beziehen[127]. Nach diesem Bericht soll 1987 – der KGB
wurde noch von Viktor Tschebrikow geleitet – von der Deutschland-Abteilung (unter Leitung von Anatoli Nowikow) in der 1. Hauptverwaltung des
KGB eine Sonderarbeitsgruppe unter dem Code »Lutsch« in der sowjetischen
Botschaft in Berlin geschaffen worden sein[128]. Ihre Aufgabe sei es gewesen, so

wollen die Dienstler aus Pullach wissen, vor allem DDR-Bürger in Leitungsfunktionen von Wissenschaft, Technik und Kultur anzusprechen, um über
sie zusätzliche Informationen zu relevanten Prozessen und internen Vorgängen in der DDR zu erlangen. Diese angenommene Aufgabe von »Lutsch«
überzeugt nicht so recht. Wolfgang Schwanitz, einer der Stellvertreter von
Mielke, sagte uns, daß der KGB-Führung in Moskau über ihre internen Verbindungsoffiziere im Ministerium für Staatssicherheit alle Informationen zur
Verfügung standen, die von der Zentralen Auswertungs- und Informations-
gruppe des Ministeriums (ZAIG) unter Verantwortung von Generalleutnant
Werner Irmler für die Partei- und Staatsführung der DDR erarbeitet wurden.
Und diese Informationen waren, wie in den Archiv-Unterlagen der Gauck-
Behörde nachzulesen ist, sehr umfassend und detailliert[129].

Nun ist seit der Veröffentlichung dieser Version des BND-Berichts die
»KGB-Gruppe Lutsch« sozusagen öffentlich ins Gerede gekommen. Im Mit-
teldeutschen Fernsehen outeten sich sogar (natürlich optisch verdeckt) zwei
angebliche Mitstreiter von »Lutsch«. Und auch die Enquete-Kommission des
Deutschen Bundestages nahm eine Information über den geheimen »Strahl«
zur Kenntnis. Ihr war der Hinweis beigegeben, daß solche KGB-Bestrebungen
bisher nur aus der »früheren Tschechoslowakei« bekannt gewesen seien[130].
Dagegen stellt André Brie die »Gruppe Lutsch« mit Verve als eine Erfindung
von »linken und rechten Legendenbildnern« hin, weil diese sich angeblich
nicht vorstellen könnten, daß »Menschen selbstbewußt und selbstbestimmt
handeln.«[131] Daß André Brie der Enquete-Kommission widerspricht, ist immerhin bemerkenswert, daß er aber ausgerechnet in dieser Frage Gregor Gysi
so unsachlich als »Legendenbildner« rügt, verstehen wir nicht. Wir haben uns
ernsthafter um die Existenz dieses »KGB-Phänomens« bemüht und bisher
folgende relevante Zusammenhänge eruiert.

Vom BND wird die Bildung der »KGB-Sonderarbeitsgruppe Lutsch«
zu einer Zeit angenommen, als in Moskau die großen Kaderumbesetzungen
stattfanden. In diesem Zeitraum besuchte Wladimir Krjutschkow Dresden.
Am 18. Juni 1987 traf er sich mit Manfred von Ardenne in dessen Haus. Der
KGB-Chef wollte mit ihm, einem führenden Wissenschaftler der DDR, über
mögliche Reformen in der SED sprechen[132]. Günter Schabowski vermutet
für diese Zeit weitere Gespräche Krjutschkows mit Hans Modrow, Wolfgang
Berghofer und Markus Wolf in Dresden[133]. Die Vermutung ist zwar zutreffend, aber eigentlich politisch nicht so aufregend, denn »man« war sich in

Dresden realistischerweise ohnehin darüber einig, daß die Zeit in der DDR »noch nicht reif für Reformen« gewesen sei.

Günter Sieber machte in einem Gespräch, das wir mit ihm führten, darauf aufmerksam, daß zwischen den sozialistischen Ländern Abkommen darüber bestanden, untereinander keine geheime Aufklärung oder politische Beeinflussungen über Dienste zu betreiben, was uns auch Oskar Fischer, der Außenminister der DDR, bestätigte. Günter Sieber räumte allerdings ein, daß es geheim gehaltene Ausnahmen durchaus gegeben haben kann. Der sowjetische Botschafter in der DDR, Kotschemassow, bestätigt in seinen Erinnerungen: »Da wir umfangreiche Kontakte unterhielten, hatten wir auch die Möglichkeit, das Wichtigste herauszufinden«[134]. Und dennoch, ein Informant teilte uns mit, daß sich ein »Persönlicher Referent« von Hermann Axen geäußert habe, er sei von diesen sowjetischen »Freunden« angesprochen worden und ihnen dienstbar gewesen. Nun wäre es aber höchst ungewöhnlich, wenn sich die »Lutsch«-Dienstler ausgerechnet ihm vorgestellt hätten. Genau so ungewöhnlich wäre aber auch die Annahme, daß andere Dienste ihre »Mitarbeiter« nicht im Apparat des ZK der SED auch nach 1966[135] erfolgreich plaziert gehabt hätten.

Aber zurück zu »Lutsch«. Falin, selbst ehemaliger Geheimdienstler, bestätigte uns gegenüber die Existenz der »Sonderarbeitsgruppe Lutsch«. Er bemerkt dazu, sie sei der Aktivität von Organen zuzurechnen, die auf der höchsten Ebene offiziell nicht sanktioniert waren[136]. Auch andere Informanten bestätigten uns diese Konstruktion und wiesen darauf hin, daß die Gruppe »Lutsch« zwar aus hohen KGB-Offizieren bestand, ihres Wissens nach aber der Beratergruppe von Gorbatschow politisch unterstellt gewesen sei, und eben nicht nur in der DDR operiert habe. Tschernajew beispielsweise – so wurde uns von Insidern berichtet – kannte solche internen Kanäle. Er habe auch in persönlichen Gesprächen zunehmend die Meinung vertreten, daß eine deutsche »Wiedervereinigung« unvermeidlich sei. Dennoch soll nicht er, wie verschiedentlich vermutet wurde, unter Gorbatschows Beratern für »Lutsch« zuständig gewesen sein. Im ZK der KPdSU gab es eine Abteilung für Auslandsinformationen, die bis 1986 Leonid Samjatin leitete. Ihre Aufgaben wurden in die seit 1987 von Waleri Boldin geleitete Allgemeine Abteilung integriert, als dieser für die persönlichen Informationen des Generalsekretärs zuständig war. Bald aber übernahm Vitali Ignatenko diese Aufgabe.

Manfred Stolpe erinnert sich, und wir wollen diese Erinnerungen ausschließlich nur im Zusammenhang mit der Tätigkeit der sowjetischen Botschaft in der DDR zitieren, daß in diesen Monaten sowjetische Diplomaten mit ihm mehrfach über verschiedene Varianten in der Deutschlandfrage sprachen. Wörtlich schreibt er[137]:

> »Sie hatten nicht das geringste Vertrauen in die Aussagen der SED-Führung über die Stabilität des Landes. Von 1988 an sprach man mit mir mehrfach über die hypothetische Frage, ob eine demokratische DDR mit frei gewähltem Parlament, Reisefreiheit und einschneidenden wirtschaftlichen Veränderungen auch eigenständig bleiben und im Verhältnis zur Bundesrepublik einen Weg wie Österreich gehen könnte. Ich konnte es mir gut vorstellen, wobei ich eine Fortsetzung wirtschaftlicher und militärischer Zusammenarbeit mit der Sowjetunion einschloß. Das wäre auf eine Finnlandisierung der DDR hinausgelaufen und hätte innere Freiheit und ein marktwirtschaftliches System bei gleichzeitig fortbestehender sowjetischer Truppenpräsenz bedeutet: aus damaliger Sicht ein erheblicher, nur in kühnen Träumen vorzustellender Erfolg. Die Sowjets veranstalteten offenbar ihre Planspiele mit Ostdeutschland. Ich vermute, daß solche Varianten und die damit verbundenen Hoffnungen Anfang 1990 die Moskauer Entscheidungen erleichtert haben.«

Zu dieser Zeit beschäftigte sich der KGB eingehend mit der Geschichte und den Erfahrungen der Geheimdienstoperationen in Deutschland und führte dazu im KGB-Zentrum Jasenewo südlich von Moskau eine spezielle Konferenz durch. Für entsprechende Geheimdienstdossiers interessierte sich nicht nur Falin, sondern auch Gorbatschow[138]. Unbestritten dürfte jedenfalls sein, daß die »Lutsch«-Offiziere aus jenem KGB-Direktorium für Sonderaufgaben kamen, das Generalmajor Wassili Schadrin unterstand. Es gehörte zu ihrem »Outfit«, entweder als Diplomaten oder Journalisten aufzutreten. Sie hatten in der DDR nicht die Aufgabe, Mitarbeiter für den KGB zu werben, und sie durften sich auch ihren deutschen Partnern gegenüber nicht zu erkennen geben. Die Aufgaben dieser »Lutsch«-Akteure sollen, folgen wir der Berichtsversion aus Pullach weiter, später dahingehend konkretisiert worden sein, daß von ihnen auch Kader aus der Partei- und Staatsführung, der Leitung der FDJ und aus anderen gesellschaftlichen Organisationen, sowie aus den Reihen der Kirche angesprochen und als »menschliche Quellen abgeschöpft« werden durften. Nach Meinung von Insidern, deren Angaben wir nicht überprüfen konnten, hielten diese geheimen »Gorbatschow-Aufklärer« besonders Verbindungen zu Kreisen der bürgerlichen und der Perestroika-Opposition in der SED. Den Auszügen aus dem BND-Bericht zufolge soll es nach 1988 sogar ihre Aufgabe gewesen sein, vor allem das bestehende aktive Oppositionspotential gegen die SED-Führung zu unterstützen. Reuth und Bönte schreiben hierzu:

»Da ein Sturz wie der Walter Ulbrichts so nicht mehr möglich war, mußten deshalb verdeckte Mittel und Wege gewählt werden, sich der Verweigerer in Ost-Berlin und anderswo zu entledigen. Die Arbeit der Gruppe »Lu(ts)ch war eines dieser Mittel.«

Der NKWD-Generalleutnant a. D. Pawel Sudoplatow, der als Rentner zu dieser Zeit wieder Verbindung zu Falin und über Wassili Schadrin auch zu Gorbatschow aufgenommen hatte, meint, daß der KPdSU-Generalsekretär im Jahre 1989 die Absicht hatte, Honecker die »Macht zu entziehen, in der Hoffnung, dadurch den Sozialismus (in der DDR, d. Aut.) zu stärken«[139]. Daschitschew bestätigte jedenfalls in einer Diskussion[140]:

»Man suchte fieberhaft nach einem Politiker in der DDR, der die Perestroika in die Wege leiten und die DDR als einen sozialistischen Staat profilieren lassen könnte.«

Möglicherweise mag das alles so gewesen sein und »Lutsch« hätte als »informeller Kanal« zunächst auch den Auftrag gehabt, an der »Suche« teilzunehmen. Es würde Gorbatschows politische Heuchelei nur bestätigen. Wir sehen daher keinen Grund, Gysis »zuverlässigen Informationen« zu widersprechen, schon deswegen nicht, weil »Lutsch« eben nicht das einzige Dienstler-Team war, das sich um die Unzufriedenen in der DDR und um die Anti-Honecker-Opposition bemühte. Außer »Lutsch« war es nicht so sehr die CIA-Dependance in der Berliner USA-Botschaft unter Leitung von David Patrick Rolph, sondern, das soll nach den Ermittlungen der Hauptabteilung II des MfS – der von Generalleutnant a. D. Günther Kratsch geleiteten Spionageabwehr – vor allem der Nachrichtendienst des Washingtoner State Department gewesen sein[141].

Bleiben wir einmal bei dieser Annahme. Im Außenministerium der USA arbeitet das Bureau of Intelligence and Research (INR), das von einem stellvertretenden Außenminister geleitet wird. Es hat 16 Ämter, darunter (jedenfalls bis 1991) das Amt für Analyse der Sowjetunion und Osteuropas. In diesen INR-Ämtern sind Experten mit dem Sammeln und Auswerten von Nachrichten befaßt, die vor allem aus dem »Abschöpfen menschlicher Quellen« stammen. Solche »menschlichen Quellen« sind keine geworbenen oder bezahlten Agenten, sondern normale Informationsträger im »Gastland«.

Die INR-Dienstler fungierten in bezug auf diese Informationsträger als »Gesprächsaufklärer«. Sie waren Diplomaten oder legale Mitarbeiter von Botschaften und Konsulaten, aber auch offiziell akkreditierte Journalisten von Presse- und Korrespondentenbüros. Sie warben keine Spione oder Agenten an, sondern blieben bestrebt, im persönlich-freundschaftlichen Gespräch

Informationen zu erhalten, also den Gesprächspartner unauffällig »abzuschöpfen«. Wie die Untersuchungen der Hauptabteilung II des MfS ergaben, wurden in der DDR von den INR-Leuten in Wahrnehmung ihrer diplomatischen oder journalistischen Funktion Gespräche mit Kontaktpartnern verschiedener »Zielgruppen« geführt. Wie die Ermittlungen dokumentieren, waren sie immer freundlich und hilfsbereit, gegenüber Kircheneinrichtungen karitativ und auch an der Arbeit von Kunst- und Kulturschaffenden äußerst interessiert. Sie zeigten sich auch gegenüber den Sorgen und Nöten ihrer Gesprächspartner stets aufgeschlossen. So erreichten die INR-Dienstler vielfach stabile persönliche Verbindungen zu Angehörigen staatlicher Institutionen, gesellschaftlicher Organisationen, wissenschaftlicher Einrichtungen, zu Presseorganen ebenso wie eben auch zu oppositionellen Gruppen. In den MfS-Unterlagen wird weiterhin behauptet, daß die INR-Dienstler in der DDR ein breites Netz von stabilen Informanten (ebenso wie das MfS) zumindest in der bürgerlichen Opposition aufgebaut hatten, in die weitgehend Mitarbeiter der Berliner Korrespondentenbüros von ARD, ZDF, »stern« und »Spiegel« einbezogen gewesen sein sollen[142]. Warum nun sollen die »Lutsch«-Dienstler schlechter gearbeitet haben als ihre amerikanischen Kollegen, zumal das Sekretariat des ZK der KPdSU bereits im Dezember 1986 auf Vorschlag der Abteilung Parteiorgane (deren Leiter Nikolaj Sawinkin war) Auslandseinsätze von KGB-Mitarbeitern ab 1987 verstärkte, um »konkrete operative Aufträge zu erfüllen«[143].

Während der DDR-Führung die Arbeit der INR-Aufklärer offiziell bekannt war, traute sie der Gorbatschow-Crew eine solche Arbeitsweise lange nicht zu. Honecker meinte allerdings später in seinen Betrachtungen, auch Mielke hätte schließlich »beim KGB mitgemacht«. Doch er nahm an, daß sich Mielke auf die »sowjetischen Berater in seinem Ministerium« stützte und erhob den – unserer Meinung nach unbegründeten – Vorwurf, daß Mielke mit einigen seiner Mitarbeiter eine Konspiration gegen den Einfluß des Generalsekretärs organisiert oder mitgetragen habe. »Das ist schon kein Hintergehen mehr«, schreibt Honecker verbittert, »sondern das war die Vorbereitung eines innerparteilichen und auch staatlichen Putsches!«[144] Unbestritten ist indes die Tatsache, daß Erich Mielke zu jener Gruppe von Politbüromitgliedern gehörte, die später mit Egon Krenz und Günter Schabowski die Ablösung Erich Honeckers vorbereitete. Wolfgang Schwanitz, der diese Aktivitäten seines Chefs bestätigt, bestreitet aber, daß sie auf eine sowjetische »Einflußnahme« zurückzuführen waren, und schätzt ein, daß Mielke wohl aus eigener Einsicht in das entstandene Kräfteverhältnis gehandelt habe.

Formal betrachtet, wäre also mit der Abberufung Honeckers das Ziel von Gorbatschow und seinen privat operierenden Sonder-Dienstlern erreicht gewesen. Aber die Gruppe wurde nicht aufgelöst. Dennoch sollte ihre politische Wirkung nicht überschätzt werden. Hier widersprechen wir Holger Becker, der unserer Meinung nach die Arbeit dieser Dienstler überbewertete[145]. Aber eine detaillierte Aufklärung der »Arbeit« von »Lutsch« könnte trotzdem verschiedene schwer erklärbare Details im heißen Herbst der DDR verständlicher machen. Dazu müßten jedoch andere Zeitzeugen bereit sein, ihre Erfahrungen zu offenbaren. Daß sie damit zögern, ist uns durchaus verständlich. Zu beantworten wäre beispielsweise, wieweit die »Lutsch«-Dienstler nach der Abwahl Honeckers begannen, eine weitere Differenzierung in der SED-Opposition zu befördern, um sie für Entscheidungsfindungen der Berater Gorbatschows zu nutzen. Wadim Medwedew jedenfalls räumte ein, stets gut über die internen Vorgänge in der SED und der Bürgerbewegung der DDR informiert gewesen zu sein[146]. Interessant wäre es freilich auch, ob und wieweit es den »Lutsch«-Dienstlern gelang, selbst in das INR-Verbindungsnetz zur Bürgerbewegung einzudringen. Non liquet. Wir meinen, daß es bei der Aufklärung dieser Vorgänge überhaupt nicht um eine Agenten-Phobie gehen sollte, wovor Thomas Falkner mit moralischer Entrüstung glaubte warnen zu müssen, oder darum, »andersdenkende Genossen« als Agenten zu denunzieren[147]. Es ginge schlicht um die Offenlegung von Wirkungsmechanismen. Und hierfür bestünde gewiß wissenschaftliches Interesse. Wir wollen jedoch in keiner Weise Menschen zu nahe treten, die aus ehrlicher politischer Überzeugung versuchten, die sowjetische Führung über die DDR zu informieren, weil sie hofften, auf diese Weise mitzuhelfen, die politische Lage zu stabilisieren. Die Empörung von André Brie jedoch, die Journalisten Reuth und Bönte hätten behauptet, er und sein Bruder hätten im Auftrag des KGB »die DDR an die BRD ausliefern« sollen[148] ist vor allem deshalb merkwürdig, weil dieser Vorwurf gar nicht erhoben wird. Wenn soviel Erregung öffentlich angesagt ist, sollte wenigstens exakt zitiert werden. Wir gehen davon aus, daß die Gruppe »Lutsch«, bei allen von ihr entwickelten Aktivitäten, keinen politisch entscheidenden Einfluß auf die Zerstörung der DDR gewann.

2. Die Perestroika-Opposition in der DDR formiert sich

Mitte der 80er Jahre entwickelte sich in der DDR erneut eine wachsende
Unzufriedenheit sowohl unter den Werktätigen als auch – und besonders
ausgeprägt – unter Intellektuellen. Sie erfaßte nach 1986 zunehmend auch
Partei-, Gewerkschafts-, Staats- und Wirtschaftsfunktionäre und reflektierte
sich in kirchlichen wie kleinbürgerlichen Kreisen. Diese breite Mißstimmung
hatte unterschiedliche Ursachen. Sie beruhte jedenfalls nicht nur auf Ver-
sorgungsengpässen[149], sondern wurde auch durch die vom XI. Parteitag der
SED im April 1986 wiederum ignorierten und überspielten Widersprüche
in der ökonomischen und politischen Entwicklung der DDR verursacht[150].
Außerdem verstärkte sich das seit längerem zu beobachtende bürokratisierte
Politikverständnis der SED-Führung unter Honecker gegenüber den Interessen der Werktätigen.

In dieser Situation fiel das Versprechen Gorbatschows, mit seiner Perestroika-Politik einen besseren Sozialismus zu erreichen, in der DDR auf
fruchtbaren Boden. Unter seinem ideologischen Einfluß erwuchs nach 1987,
als sich das Politbüro des ZK der SED (aus welchen ideologischen Motiven
auch immer) gegen die Perestroika sperrte und sich weigerte, seine Haltung
öffentlich zu begründen, eine in verschiedenen sozialen Schichten der DDR-
Bevölkerung bestehende oppositionelle Perestroika-Stimmung. Innerhalb
dieser »Opposition« bildeten sich vom Ansatz her jedoch unterschiedliche
Richtungen heraus, deren soziale Träger politisch ungleich und verschieden
motiviert waren. Und sie visierten jeweils andere Oppositionsziele an, wenngleich sie sich vorerst noch alle unter einem einheitlichen ideologischen Nen-
ner, der Perestroika Gorbatschows, artikulierten.

Die eine Richtung entstand unter Mitgliedern und Funktionären der
SED. In ihr versuchten jene, die über die in der Gesellschaft bestehenden
Widersprüche informiert waren[151], zunächst die positiven Visionen der Pere-
stroika für die Lösung der Probleme in der DDR zu nutzen. Diese Perestroika-
Befürworter in der SED – von uns als Perestroikianer bezeichnet – strebten
ohne Zweifel eine Überwindung der Widersprüche und Deformationen im
Sozialismus an. Viele von ihnen wollten vor allem einer drohenden politischen
Destabilisierung der DDR entgegenwirken, die – ihrer Meinung nach – aus der
sich anbahnenden gesellschaftlichen Krise entstand. Sie steuerten eine Reform
der Ökonomie und des politischen Lebens an, eine neue Wirtschaftspolitik

und einen weiteren Ausbau der sozialistischen Demokratie. Allerdings gingen sie dabei von einer stabilen und erfolgreichen Entwicklung der Perestroika in der UdSSR aus und meinten, es genüge, die von ihnen vermutete »Konzeption der Umgestaltung« von Gorbatschow für die DDR kritiklos übernehmen zu können[152]. Dies ergab sich aus einer völligen Fehleinschätzung des Zustandes der UdSSR. Von der SED-Führungsspitze wurde diese Partei-Strömung mit wachsendem Unmut und Mißtrauen beobachtet[153].

In einer zweiten Richtung fanden sich mehrere kleinbürgerliche und kirchliche Kreise zusammen, die vielfach bereits seit langem in Opposition zur DDR und zur SED standen, wie das von ihnen später auch vor der Enquete-Kommission des Deutschen Bundestages dargelegt worden ist[154]. Unter ihnen gab es viele antisozialistische Oppositionelle, die sich 1986 im »Fortsetzungs-ausschuß des Netzwerkes oppositioneller Gruppen ›Frieden konkret‹«, wie beispielsweise um den Pfarrer Hans-Jochen Tschiche (von der Evangelischen Akademie Magdeburg) und Ulrike Poppe zusammengeschlossen hatten, zu der auch Vera Wollenberger (»Kirche von unten«) gehörte. Sie wollten lediglich die klassenindifferente Demokratie-Losung bei Gorbatschow und die weit verbreitete Perestroika-Euphorie in der DDR-Bevölkerung für ihre alten Zielstellungen nutzen, die deutsche Zweistaatlichkeit zu überwinden und mit ihr den frühen Sozialismus auf deutschem Boden aufzuheben[155]. Daneben gab es viele Werktätige in den Betrieben und Gewerkschaften, die sich der Politik der SED-Führung gegenüber kritisch verhielten, weil sie tagtäglich deren wachsende Hilflosigkeit erkannten, sie blieben aber zur Perestroika wie auch zur kirchlich orientierten Bürgerbewegung noch auf Distanz.

In diesem Report ist es nicht möglich, das Entstehen der gesamten Breite der Oppositionsströmungen in der DDR darzustellen. Wir werden uns daher vorwiegend auf die Perestroika-»Rebellion« innerhalb der SED im Sommer 1989 konzentrieren und die bürgerbewegten Gruppen nur hinsichtlich ihrer Wechselwirkung mit den Vorgängen in der SED sowie in ihrer öffentlichen Wirksamkeit einbeziehen.

2.1 Eine vergebene Chance? – Um ein neues Sozialismuskonzept

In dem Umfang, wie die SED-Führung unter Erich Honecker nach 1987 im Gegensatz zu vielen Parteimitgliedern und Funktionären der Perestroika-Politik Gorbatschows mit wachsendem Mißtrauen gegenüberstand, vermochte sie es aus alter Tradition nicht, zwischen den innerparteilichen Reformstimmungen und der bürgerlichen Opposition zu unterscheiden. Sie vermochte nicht, deren grundsätzlich unterschiedliche Zielstellungen und Motivationen zu erkennen. Uns gelang es nicht zu ermitteln, wieweit es hierzu im ZK der SED überhaupt den Versuch einer Analyse gab. Bestätigt dagegen fanden wir, daß sich die SED-Führung geradezu sperrte, die neue Qualität der innerparteilichen Diskussion und ihre Wirkung zu erkennen[156], die im Gegensatz zu früheren oppositionellen Bewegungen nicht auf einen kleinen Kreis von Parteimitgliedern oder auf eine organisierte Fraktion beschränkt blieben[157]. In diese Perestroika-Diskussion waren diesmal große Teile der DDR-Elite, aber auch viele Parteimitglieder in den Grundorganisationen der SED einbezogen, die vielfach von Gewerkschaftlern unterstützt wurden. Honecker war sich seiner widersprüchlichen Situation offensichtlich bewußt. Doch er vermochte es nicht, einen Ausweg aus ihr zu finden. Zwei Denkrichtungen wurden Ende 1988 bei ihm deutlich: Einerseits widersprach Gorbatschows Katastrophen-Politik immer stärker seinen politischen Erfahrungen, andererseits erkannte er die Notwendigkeit, aus den bestehenden Widersprüchen heraus ein modernes Konzept des Sozialismus zu entwickeln. Dieses suchte er jedoch jenseits der Perestroika, fand aber keinen Ansatz dafür. Das war nicht nur Realitätsverlust, sondern gleichzeitig kam darin auch seine theoretische Schwäche zum Ausdruck. Aus dieser Haltung heraus traf er einige in der Öffentlichkeit der DDR unverständlich wirkende Entscheidungen. Dazu gehörten sein Sputnik-Verbot[158] und, damit verbunden, der Versuch einer – wenn auch (gemessen an früheren Reaktionen) gemäßigten – Disziplinierung jener Parteimitglieder durch die Parteikontrollkommissionen, die gegen diese Maßnahme protestierten. Infolgedessen verstärkte sich bei vielen Werktätigen der Verdacht, daß sich die SED-Führung jeder Reform des Sozialismus entziehen wolle, was noch durch die bekannte Metapher Kurt Hagers bestätigt schien. Hager sagte, daß es nicht erforderlich sei, seine Wohnung zu tapezieren, nur weil dies der Nachbar täte[159].

Der Versuch einiger SED-Funktionäre, über diese Fragen wenigstens in einen innerparteilichen Dialog einzutreten, scheiterte nicht nur an der Mehrheitsmeinung im Politbüro. Vor allem Honecker zeigte keine Neigung für Diskussionen über die Probleme der Perestroika. Diese Haltung aber rief weiteren Widerspruch hervor. So kam es beispielsweise Anfang Februar 1989 in Dresden unter Intellektuellen und Jugendlichen zu öffentlichen Protesten gegen die »konservative Haltung der Parteiführung«, wodurch die SED-Bezirksleitung und ihr Erster Sekretär Hans Modrow in die Kritik des Politbüros gerieten. Nun war Modrow schon dadurch belastet, daß Günter Mittag über kritische Bemerkungen der Dresdner Bezirksleitung zu seiner Wirtschaftspolitik verärgert war. Jetzt versuchte er, sich in einer Intrige dafür zu rächen.

Honecker ging jedoch auf Mittags Intrige nicht ein. Am 28. Februar 1989 kritisierte er vor dem SED-Politbüro[160] zwar die defensive ideologische Haltung der SED-Bezirksleitung Dresden, verwies aber zugleich darauf, daß es in der Vorbereitung auf den Anfang Dezember 1988 vom 7. Plenum des ZK der SED einberufenen XII. Parteitag doch eine Reihe von grundsätzlichen Problemen zu lösen gebe. Und hier deutete sich die zweite Denkrichtung des SED-Generalsekretärs an, als er sagte:

> »Unsere sozialistische Demokratie muß für die Bürger, mit den Bürgern und durch die Bürger erlebbar gestaltet werden«.

So zutreffend diese Forderung, wie andere Bemerkungen in seiner Rede, auch war, blieb sie doch im Politbüro »eingeschlossen« und erreichte nicht die Adressaten, die Bürger. Das gleiche Schicksal hatte bereits sein Grundsatzreferat vor dem 7. Plenum des ZK der SED ereilt. In ihm hatte Honecker die Aufgabe gestellt, bis zum Mai 1990 – für diesen Termin war der XII. Parteitag der SED einberufen worden – alle Aufgaben gemeinsam »mit dem Volk« zu lösen[161]. Er faßte diesen Auftrag unter der Losung »Dialektik von Kontinuität und Erneuerung« zusammen. Dazu gehörte, daß er von einer »entwickelten sozialistischen Gesellschaft« ausging, die seiner Meinung nach lediglich weiterer Ausgestaltung bedurfte. Honecker betonte[162]:

> »Wir reduzieren die internationalen Beziehungen nicht auf ein vereinfachtes Klassenkampfschema. Aber wir wissen und erfahren tagtäglich aufs neue, daß der Kampf der Klassen, der Widerstreit ihrer Interessen die Hauptrichtung des Weltgeschehens bleibt.«

Er stellte dann den Gesellschaftswissenschaftlern der DDR die Aufgabe, die dialektischen Widersprüche im Sozialismus zu erforschen und bis zum XII. Parteitag der SED eine »Konzeption des modernen Sozialismus« auszuarbeiten. Honecker war in seinem Referat auch auf Probleme der Entwicklung der Demokratie in der DDR eingegangen. Er kündigte hierzu eine weitere Verstärkung der Mitbestimmung der Gewerkschaften in den Betrieben an. Seine Überlegung, das System der Betriebsräte in der DDR wieder einzufüh-

ren formulierte er jedoch noch nicht öffentlich[163]. Im kommunalpolitischen
Bereich hielt Honecker den »demokratischen Zentralismus« weiterhin für ein
»erfolgreiches Modell«, das nicht in Frage zu stellen wäre. Nun war nicht
nur der demokratische Zentralismus in die Kritik geraten, sondern vor allem
seine inneren Bezugsmomente, die Realität sozialistischer Demokratie und
die Wirksamkeit gewählter Kontrollorgane, deren Erhöhung bereits Lenin in
seinen letzten Arbeiten zwingend angemahnt hatte[164]. Eine derartige Aufgabenstellung vermochte Honecker nicht zu thematisieren.

Dennoch war mit der auf diesem ZK-Plenum gegebenen Orientierung
für die Gesellschaftswissenschaftler in der DDR eine optimistische Arbeits-
richtung skizziert. Und noch ein Aspekt ist bemerkenswert. Mit diesem
Konzept hatte Honecker Gedanken aufgegriffen, die von Wadim Medwedew, dem Leiter der neu gebildeten ideologischen Kommission des ZK der
KPdSU[165], in einem Interview[166] sowie auf einer internationalen wissenschaftlichen Konferenz Anfang Oktober 1988 in Moskau zur Konzeption des Sozialismus[167] vorgetragen worden waren. Der SED-Generalsekretär hatte auf
dem 7. ZK-Plenum noch ausdrücklich betont, die »Konzeption eines modernen Sozialismus« gemeinsam mit der KPdSU ausarbeiten zu wollen. So
beachtlich sein Eingehen auf Überlegungen sowjetischer Wissenschaftler für
eine weitere Entwicklung der sozialistischen Gesellschaft auch war, sprach
Honecker jedoch mit dieser knappen und zudem globalen Formulierung
nicht die Menschen an. Sie erwarteten von der SED-Führung überzeugende
Antworten auf die Frage, wie die Probleme in der DDR, wie die deutlicher
werdenden Krisenerscheinungen schnellstens bewältigt werden könnten.
Aber die aktuell drängenden Probleme waren auch auf diesem Plenum nicht
einmal angesprochen worden. Es war daher alles in allem ideologische Rou-
tine, was die Mitglieder des ZK in der Aussprache zum Rechenschaftsbericht
und zur Einberufung des XII. Parteitages absolvierten. Und so gingen die von
Honecker skizzierten neuen strategischen Vorschläge letztlich in der auf dem
Plenum wieder dominierenden stereotypen Erfolgsberichterstattung unter.
Selbst Hans Modrow trug in seinem Diskussionsbeitrag keine grundlegend
orientierenden Reformgedanken vor[168]. Die Ursache dafür ist wohl darin zu
suchen, daß die Parteitagsorientierung auf keiner gesellschaftlichen Analyse beruhte[169]. Und so blieb dieser schüchterne und zaghafte Vorschlag für
einen modernen Sozialismus in der Öffentlichkeit weithin unbeachtet und
er verblaßte auch angesichts der immer wieder neu vorgetragenen blumigen

Versprechungen des sowjetischen Generalsekretärs mit seinen Perestroika-Visionen und einer geradezu üppigen Diskussion von Professoren über ein neues Konzept des Sozialismus in der sowjetischen Presse.

Unter dem Einfluß der sowjetischen Veröffentlichungen[170] gab es jedoch auch in der DDR eine Diskussion, nur fand sie intern, in elitären Gruppen statt. So entstanden nach dem 7. Plenum des ZK der SED, vom Politbüro angeregt und von den verschiedenen ZK-Abteilungen initiiert, Arbeitsgruppen von Wissenschaftlern und Praktikern zur Vorbereitung des XII. Parteitages, um die gestellte Aufgabe zu erfüllen: die Widersprüche im Sozialismus zu analysieren und eine Konzeption für einen »modernen Sozialismus« auszuarbeiten[171]. In diesen Arbeitsgruppen wurden im Frühjahr 1989 zu einer ganzen Reihe von Problemfeldern umfangreiche Analysen, aber auch einzelne fachbezogene Reformvorschläge ausgearbeitet und vorgelegt. Auch Gregor Gysi beteiligte sich mit interessanten Anregungen an dieser Diskussion[172]. Die Ergebnisse der Arbeitsgruppen, ihre durchaus klugen wie ideenreichen Vorschläge blieben jedoch in der Öffentlichkeit unbekannt, sie standen, wie Kurt Hager und Wolfgang Herger bestätigen, lediglich den Mitgliedern des ZK der SED und des Ministerrats der DDR als Arbeitsmaterialien zur Verfügung[173]. Doch ein in sich geschlossenes Gesamtkonzept stellten sie nicht dar, wenn auch Otto Reinhold bereits eine Zusammenfassung ausgearbeitet hatte.

Es gehörte zum Denk- und Arbeitsstil der SED-Führung, daß solche grundsätzlichen Überlegungen zunächst unter »Fachleuten« bzw. »Experten« ausreifen sollten, um sie anschließend in den Beschlußgremien der Partei »abzusegnen«. Erst dann konnten sie mit Arbeitern, Angestellten und Genossenschaftsbauern sowie mit der Intelligenz diskutiert werden. In dieses »protokollarische Szenario« paßte kein Gedanke, die Probleme von Anfang an gemeinsam mit den Werktätigen zu beraten. Die Parteiführung befürchtete, daß eine offene Diskussion der Probleme unter dem – tatsächlich existierenden – politischen Druck des Klassengegners destabilisierend wirken könnte. Daher orientierte Honecker den Parteiapparat auch darauf, bis zum 40. Jahrestag der DDR zunächst den erfolgreichen Kurs der DDR zu propagieren. Von der Erfolgsbilanz ausgehend, die für den Staatsfeiertag vorgesehen war, sollte die Diskussion über das Konzept eines modernen Sozialismus als Gesellschaftsstrategie des XII. SED-Parteitages beginnen[174]. Zwischenzeitlich wurde ein »Sozialismus in den Farben der DDR« propagiert. Diese Politik einer »terminierten Ignoranz« gegenüber der aktuellen politischen Realität erwies

sich jedoch als irreparabler Fehler. Die Auswirkungen sahen so aus: Die SED-
Führung hatte die Fähigkeit verloren, Menschen, die sich bewußt für eine
sozialistische Gesellschaft engagierten, für eine Mitarbeit bei der Überwindung der Krise zu mobilisieren. Mit diesem Defekt gab sie ihre immer wieder
beanspruchte »führende Rolle« faktisch selbst auf. Sie begünstigte damit die
Herausbildung gesellschaftlicher Bedingungen, in denen sich genau das vollzog, was sie vermeiden wollte: eine Destabilisierung der DDR. Hierin lag eine
der Hauptursachen dafür, daß ein halbes Jahr später, nach dem 8. Plenum des
ZK der SED, dann sehr schnell ein Macht- und Führungsverlust von Partei
und Regierung eintreten konnte.

So nahm vom Frühjahr 1989 an die Enttäuschung vieler Werktätiger über
die unzureichende Perspektive zu, die aus ihrer Sicht auch der Einberufung
des XII. Parteitages der SED zugrunde lag. Dieser Unmut wurde bei den
Kommunalwahlen am 7. Mai 1989 deutlich. Erich Honecker hatte auf dem
7. ZK-Plenum der SED diese Wahlen als einen weiteren Schritt zur Vervollkommnung der sozialistischen Demokratie bezeichnet. Die politische Praxis
dagegen offenbarte grobe Verfassungsverstöße, die in den folgenden Wochen
auch noch von den Staatsanwaltschaften ignoriert, also gedeckt wurden. Eine
solche rechtswidrige und zugleich verklemmte Haltung zu den politisch un-
sinnigen Verfälschungen der Ergebnisse der Kommunalwahlen hoben auch
noch die letzten bescheidenen positiven Ansätze des 7. ZK-Plenums im Bewußtsein der Öffentlichkeit auf[175]. Die Fälschungen der Wahlergebnisse verstärkten die oppositionelle Stimmung, sowohl in den SED-Grundorganisationen als auch und besonders in der bürgerlichen Opposition. Sie aktivierten
geradezu die kirchlichen Friedenskreise und ließen neue Oppositionszirkel
und widerständlerische »Basisgruppen« entstehen.

In den internen Lage-Einschätzungen zur innenpolitischen Situation der
DDR, wurde vom MfS den Mitgliedern des Politbüros der SED regelmäßig eine realistische Situationsbeschreibung der Stimmung der Bevölkerung
und deren Meinung zur Politik von Partei- und Staatsführung mitgeteilt.
Seit Juni 1989 wurde in ihnen darüber berichtet, daß in weiten Kreisen der
Bevölkerung die Unzufriedenheit über die politische Lage zunahm und daß
diese Mißstimmung von den bürgerlichen Opponenten genutzt wurde, um
sich als ihr Sprachrohr zu etablieren. Weiterhin wurden die Mitglieder des
SED-Politbüros darüber informiert, daß maßgebliche Repräsentanten dieser
»Bürgeropposition« unter der Losung der Demokratisierung der Gesellschaft

eine »innere« Oppositionsfront mit dem Ziel legalisieren wollten, die DDR politisch zu destabilisieren. Nach Meinung der MfS-Auswerter gehörten dazu namentlich Rainer Eppelmann, Bärbel Bohley, Vera Wollenberger und Christoph Wonneberger[176]. Die Bürgeropposition bestand zu dieser Zeit aus über 35 kirchlichen Friedens-, 39 Umwelt- oder Ökologiegruppen und 10 sonstigen thematischen Arbeitskreisen und Zirkeln, in denen ca. 2.500 Bürgerrechtler aktiv waren. Über 600 von ihnen nahmen in diesen Zusammenschlüssen Leitungsfunktionen ein. Fast alle dieser Gruppen standen im Schutz der Kirchen, vor allem des Bundes der Evangelischen Kirchen[177]. Die bürgerliche Opposition hatte sich bereits frühzeitig in einem »Fortsetzungsausschuß des Netzwerkes oppositioneller Gruppen ›Frieden konkret‹« ein organisatorisches Zentrum geschaffen, das spätestens im Frühjahr 1989 über Kontakttelefone sowie einen gut organisierten Kurierdienst mit funktionierendem Verbindungs- und Nachrichtensystem zu den einzelnen Zusammenschlüssen in den Städten und Bezirken der DDR verfügte. Und sie hatten – wie das MfS weiterhin ermittelte – auch eigenständige Kommunikationsstrukturen zu Führungskräften politischer Parteien und Organisationen in der BRD und Westberlin, von denen sie – nach diesen internen Informationen – auch finanziell und materiell unterstützt wurden[178]. Manfred Stolpe berichtet, daß »als Vorsorge für die Zukunft« in der Zionsgemeinde in Berlin vom Konsistorium ein Mahnwachenbüro eingerichtet worden war, das die kirchlichen Telefone ebenso wie ihre Video- und Drucktechnik benutzen konnte und das Verbindung zur ARD unterhielt[179]. Auf der 3. Session der Ökumenischen Versammlung im April 1989 in Dresden hatte sich die Bürgerbewegung auch eine gemeinsame programmatische Plattform geschaffen, um eine »Wende in der DDR« anzustreben[180].

Als Ende Juni 1989 das 8. Plenum des ZK der SED zusammentrat[181], erwarteten, wie wir aus eigener Erfahrung wissen, viele SED-Mitglieder und Gewerkschafter Impulse, wie die drohende Krise zu bewältigen wäre. Doch als auf dem Plenum nicht einmal die »Erneuerungs-Orientierungen« des 7. ZK-Plenums erwähnt, geschweige denn weiter konkretisiert wurden (wie ursprünglich vorgesehen[182]) und der Rechenschaftsbericht des Politbüros die drängenden ökonomischen Unzulänglichkeiten der DDR schönredete sowie die aktuellen innenpolitischen Probleme souverän ignorierte, war die Enttäuschung groß. Viele Werktätige, Parteimitglieder und parteilose Gewerkschafter meinten, daß sich die SED-Führung letztlich doch politisch als unfähig

Tafel 3 – Die wichtigsten Gruppen der bürgerlichen Opposition
(Juni 1989)

Bund der Evangelischen Kirchen (BEK): Bischof Christoph Stier, seit 1986 leiten-
   der Bischof der Vereinigten Ev.-Luth. Kirche (VELK) hat 1987 die Aufgaben von VELK auf den Bund der Evangelischen Kirchen übertragen und
   sich für ein gesellschaftspolitisches Engagement der Kirchen in der Friedens-
   und Menschenrechtsarbeit eingesetzt.
   Beim BEK bestand der Arbeitskreis Theologie und Philosophie mit Ibrahim
   Böhme, Martin Gutzeit, Markus Meckel und Stephan Hilsburg
   Beim BEK arbeitete das Netzwerk oppositioneller Friedens- und Men-
   schenrechts-Gruppen »Frieden konkret«, von dem Dresdner Landes-
   jugendpfarrer Harald Brettschneider und dem Pfarrer an der Leipziger
   Nikolai-Kirche Christian Führer unterstützt, an dem u. a. Günter Nooke
   (Cottbus), Pfarrer Peter Bickhardt (Neuenhagen) aktiv mitarbeiteten. Die
   Koordination der Arbeit der oppositionellen Gruppen übernahm nach
   1984 ein »Fortsetzungsausschuß«, dem u. a. Silvia Müller, Ulrike Poppe,
   Hans-Jochen Tschiche, Christoph Wonneberger, Joachim Garstecki und
   Vera Wollenberger angehörten.
(Menschenrechts)Gruppe »Gegenstimmen«: Silvia Müller, Marion Seelig, Reinhard
   Schult und Vera Wollenberger
Umweltbibliothek der Zionskirche, Zionsgemeinde Berlin: Wolfgang Rüddenklau,
   Siegbert Schefke
Grün-ökologisches Netzwerk Arche (bei der Umweltbibliothek der Zionskirche in
   Berlin): Carlo Jordan
Kirche von unten (mit 4 Regionalgruppen): Pfarrer Walter Schilling, Marion Seelig,
   Reinhard Schult
Arbeitskreis Solidarische Kirche (mit 7 Regionalgruppen): Freya Klier, Harald
   Wagner
Netzwerk Frauen für den Frieden (mit 7 Gruppen): Bärbel Bohley
Initiative Menschenrechte und Justiz: Martin Böttger
Freundeskreis Wehrdiensttotalverweigerer: Pastor Heiko Lietz (Güstrow)
Ärzte für den Frieden (Christliche Ärztekreise): Peter Bickhardt, Christian Natter-
   mann, Sebastian Pflugbeil, Jutta und Eberhard Seidel

Bei einzelnen Kirchen bestanden »Friedenskreise«, so u. a.
in Berlin: bei der Samaritergemeinde um den Pfarrer Rainer Eppelmann
bei der Auferstehungsgemeinde um die Pastorin Sengespeik
In Leipzig bei der Nikolai-Kirche um die Pfarrer Christoph Kähler und Christian
   Führer
Nicht direkt in den BEK eingeschlossen: Initiative Frieden und Menschenrechte,
   Ralf Hirsch, Sprecher; Gerd Poppe, Sprecher (1989/1990), Stephan Bickhardt, Martin Böttger, Bärbel Bohley, Katrin Eigenfeld (Halle), Werner Fischer (Verbindung zu Guntolf Herzberg, Berlin-West), Ulrike Poppe, Wolfgang Templin, Reinhard Weißhuhn, Manfred Böhme.

zeigte, die bestehenden Probleme in den Griff zu bekommen. Es entstand, wie ein Geheimdienstbericht aus der BRD über die innere Lage der DDR nach dem 8. ZK-Plenum informierte, bei vielen DDR-Bürgern »das Gefühl der Ausweglosigkeit und der Frustration« und die pessimistische Meinung, »daß sich auch über den XII. Parteitag hinaus nichts ändern wird.«[183] Insofern mußte das Plenum nach dem politischen Desaster mit den Kommunalwahlen vom 7. Mai 1989 wie ein totaler Offenbarungseid des SED-Politbüros unter Führung von Honecker wirken.

Die Partei- und Staatsführung der DDR erkannte diesen Vertrauensschwund viel zu spät und begriff weder den Ernst der rasch eskalierenden Prozesse noch ihr Tempo. Was für einen großen Teil der Bürger der DDR eine tiefe Enttäuschung war, erwies sich jedoch für die antisozialistischen Kräfte nicht nur als »aktuelle Hoffnungen«, sondern – wie in dem bereits zitierten Geheimbericht durchaus zutreffend erwähnt – zugleich auch als eine reale strategische Orientierung. Die Mitglieder des SED-Politbüros verkannten völlig, daß sie mit diesem nichtssagenden Juni-Plenum ihre letzte Chance gegenüber der wachsenden Opposition verspielt hatten. Honeckers späteres Erstaunen darüber, daß die vom 7. ZK-Plenum gestellten Weichen zu einer entscheidenden schrittweisen Veränderung in der DDR von der Bevölkerung nicht er- und anerkannt worden sind, bestätigt nur seine gestörte Wahrnehmung der Realität. Noch im Rückblick schrieb er[184]:

> »Als ich aus der SU zurück kam, hörte ich, daß das (Juni; d. Aut.) Plenum wenig Widerhall gefunden hatte, daß man in der Partei und in der Öffentlichkeit mehr erwartet hätte. Gemeint war offensichtlich, daß zu wenig Antwort gegeben wurde auf Fragen, die nach den Kommunalwahlen immer stärker in den Vordergrund rückten. Es ging um Probleme, die wir auf dem 7. Plenum schon behandelt hatten…«.

Honecker hatte, wie dieses Zitat belegt, nicht verstanden, daß es nicht nur darauf ankam, ein Problemfeld im ZK zu behandeln, sondern daß es vielmehr notwendig gewesen wäre, die aufgetretenen Fragen mit den Werktätigen zu beraten. Genau das unterlassen zu haben, beförderte Mißmut und Mißtrauen. Und so ist es nicht verwunderlich, daß in dieser Situation Geheimdienstler verschiedener Couleur in der zunehmenden Bedrücktheit vieler Bürger der DDR und in der recht unterschiedlich strukturierten Opposition einen »fruchtbaren Boden« für ihre vielfältige und illustre Tätigkeit vorfanden. Und so vertiefte sich in den Sommermonaten dieses Jahres die Kluft zwischen einer untätigen und selbstgefälligen Parteiführung und den Interessen

der Werktätigen sehr schnell. In den so entstandenen politischen Freiraum
gelang es der bürgerlichen Opposition vor allem mit ihren kirchlichen Gruppen einzudringen und sich politisch zu entfalten. Sie protestierten nicht nur
– durchaus berechtigt – aktiv gegen die Verletzung der Verfassung der DDR
durch die Fälschungen der Kommunalwahlen, sondern sie versuchten gleichzeitig auch, die Ereignisse auf dem Tien-Anmien, dem »Platz des Himmlischen Friedens«, in Peking gegen die DDR auszunutzen. Mit geräuschvollem
Trommelfasten (mit einer und mit zwei Kesselpauken, wie in der Elisabeth-
kirchgemeinde in Berlin-Lichtenberg und der Elisabethkirche in Berlin-Mit-
te) und mit demonstrativen Klagegottesdiensten (so in der Hoffnungskirche
in Berlin-Pankow und der Samariterkirche in Berlin-Friedrichshain) meldeten sie sich nun unüberhörbar zu Wort. Daß an solchen Friedensgebeten und
Fürbittandachten auch der Pfarrer Rainer Eppelmann teilnahm, war seine
»Aufgabe«, daß er dabei anwesenden Westberliner Massenmedien freimütig
Interviews gab[185], war gewiß nicht zufällig. Doch weder das Politbüro der
SED noch der Ministerrat der DDR reagierten politisch auf ein solches re-
ligionsfremdes Auftreten der Kirchen und auf die Aktivitäten der bürgerbewegten kirchlichen Opposition, die – wie der Politikwissenschaftler Glaeßner
nicht unberechtigt feststellt – in diesen Wochen immer mehr zum »Ferment
des Wandels« werden sollte[186]. Die Politbüromitglieder nahmen die MfS-
Informationen über das Anwachsen nichtsozialistischer Kräfte zur Kenntnis,
ohne irgendwelche politischen Schlußfolgerungen zu ziehen. Am 7. Juni und
am 7. Juli 1989 wurden in Berlin vor dem Staatsrat und auf dem Alexanderplatz lediglich Demonstrationen gegen die Fälschungen der Ergebnisse der
Kommunalwahlen durch die Sicherheitskräfte unterbunden[187].

Die Reflexionen der Perestroika in der DDR führten dazu, daß an den
Universitäten Berlin, Halle, Leipzig und Jena, in einer Reihe von Instituten
der Akademie der Wissenschaften der DDR, an der Militärakademie »Friedrich Engels« in Dresden und an der Akademie für Gesellschaftswissenschaften
beim ZK der SED Arbeitszusammenhänge entstanden, in denen über Fragen
einer Krisenbewältigung im Sozialismus, über die Wechselbeziehungen von
ganzheitlichen Menschheits- und Klasseninteressen und – nolens volens –
über Reformansätze für einen »modernen« Sozialismus teilweise erbittert
diskutiert wurde[188]. Solche Debatten gab es auch in vielen SED-Parteiorga-
nisationen. Ein systematischer Reformdiskurs hatte sich an der Humboldt-
Universität in Berlin um das Forschungsprojekt »Moderner Sozialismus«

entwickelt, das – unter der Verantwortung des Prorektors für Gesellschaftswissenschaften Dieter Klein – vorwiegend von Michael Brie geleitet wurde. An der Akademie für Gesellschaftswissenschaften bestand ein Diskussionszusammenhang um Otto Reinhold und Rolf Reißig. Die letztere Gruppe hatte sich unter dem Einfluß der Debatte mit der Grundwertekommission der SPD entwickelt, deren Ergebnisse im gemeinsamen Dokument zum »Streit der Ideologien« bekannt geworden waren[189]. Diese theoretischen Diskussionen um einen modernen Sozialismus standen sowohl in der UdSSR wie in der DDR zunächst stark unter der Wirkung der kritischen Auseinandersetzung mit der von Stalin geprägten »Modell-Konzeption« des Sozialismus[190]. Jedoch zeichneten sich zunehmend Einflüsse ab, wie Frank Wilhelmy analysiert, die sowohl vom »neuen Denken« als auch von bürgerlichen Moderne-Theoretikern ausgingen. Er meint, daß solche Positionen vor allem Rainer Land und Michael Brie vertraten[191]. Während Alfred Kosing darum bemüht blieb, marxistische Positionen zu verteidigen[192], diskutierte Erich Hahn schon »das geschichtliche Subjekt (des) ›neuen politischen Denkens‹« und kam zu der Überzeugung, daß es sich »erst im Prozeß des Werdens« befinde[193]. Andere DDR-Wissenschaftler, wie Dieter Klein – und auch einige Vertreter der Oppositionsfraktion in der DKP um Wolfgang Gehrcke – gelangten sogar zu der Auffassung, daß der Kapitalismus respektive der Imperialismus unter den globalen Aspekten zunehmend »friedensfähig« werde[194].

Die im Juli 1989 als Ergebnis solcher reformerischer Bemühungen von der Projektgruppe »moderner Sozialismus« an der Berliner Humboldt-Universität formulierte »Studie«[195] stellte jedoch keine »gepfefferte Analyse« dar, wie Manfred Wekwerth sie bewertet[196], sondern sie war ordentlich und diszipliniert dem ZK der SED zur Vorbereitung des XII. Parteitages eingereicht worden. Die Studie war eigentlich nur ein Verschnitt bürgerlicher Modernisierungstheorie und erreichte nicht im geringsten das Niveau eines eigenständigen DDR-Reformbeitrages. Wenn André Brie (in seinen Erinnerungen) meint, das »Projekt« wäre nur möglich gewesen, weil Dieter Klein, der Prorektor für Gesellschaftswissenschaften, »seine Hände schützend über die Gruppe hielt«, wodurch die in diesem Kreis erarbeiteten Materialien, als »eine Art Geheimtip« unter Intellektuellen, »als Kopien von Kopien« zirkulieren konnten[197], kokettiert er freilich mit einem zarten Hauch von John le Carré.

Im allgemeinen orientierten sich die DDR-Studien zur Vorbereitung des XII. Parteitages der SED, wie die analogen früheren Beiträge der sowjetischen Wissenschaftler, zunächst darauf, Lenins Auffassungen von den Grundwerten einer sozialistischen Gesellschaft zurückzugewinnen[198]. Wadim Medwedew hatte noch im November 1988 gesagt: »Wir kehren zu Lenin, zur Leninschen Auffassung vom Sozialismus zurück«, um sie im »Gesamtzusammenhang der gegenwärtigen Entwicklung in der Welt … neu zu durchdenken.« Doch im Sommer 1989 – und hier ist der Beurteilung des Beraters von Gorbatschow, Schachnasarow, durchaus zuzustimmen – hatte das »neue Denken« in der sowjetischen Parteiführung bereits weitgehend das Theoriegebäude des Marxismus verlassen[199]. Was allerdings von vielen Mitgliedern sowohl in der KPdSU als auch in der SED nicht erkannt wurde und wohl auch nicht erkannt werden konnte. Wie viele sowjetische Wissenschaftler, hegten auch ihre DDR-Kollegen noch immer die Hoffnung, daß sie mit ihren Ideen und Vorschlägen dazu beitragen könnten, auf der Grundlage des Marxismus und des theoretischen Erbes Lenins die Krise in den realsozialistischen Ländern zu bewältigen. Doch in der Diskussion sowohl in der UdSSR als auch in der DDR wurden schon Tendenzen erkennbar, daß jeder Widerspruch zum »neuen Denken«, jede Kritik an Gorbatschow rigoros in die Kategorie des »Konservatismus« eingeordnet wurde. Den dogmatischen Monopolanspruch auf die absolute Wahrheit beanspruchten zunehmend die »Reformer«. Darin eingeschlossen war in sowjetischen Publikationen auch schon vereinzelt der Versuch, die Ursachen von Stalins Politik und Ideologie bei Lenin auszumachen, um mit Lenin schrittweise auch schon Marx zu überwinden[200].

Die Suche nach Wegen, um die Widersprüche im Leben der DDR-Gesellschaft zu meistern, kennzeichneten im Sommer 1989 viele Versammlungen von Grundorganisationen der SED und von Gewerkschaftsgruppen. In ihnen wurde vielfach nicht nur gegen die Wahlfälschungen protestiert, sondern vor allem geltend gemacht, daß sich die Parteiführung nicht länger grundsätzlichen Reformen verschließen sollte, um die krisenhaften Erscheinungen schnell und gründlich zu korrigieren[201]. Damit standen die Perestroikianer an der Basis der SED nicht nur im strikten Gegensatz zur Mehrheit der bürgerlichen und kirchlichen DDR-Opponenten, sondern auch zu jenen Ideologie-Teams, die in Übereinstimmung mit Gorbatschows »neuem Denken« bereits objektiv eine »Lockerung der Legitimität der DDR« beförderten. Manche nachträglichen Beteuerungen von SED-Reformern, daß ihre Vorschläge ausschließlich darauf gerichtet gewesen seien, die sozialistische Gesellschaft weiterzuentwickeln, dürften nicht zu bestreiten sein, denn es kann angenommen werden, daß sie in dieser Situation nicht vermochten, die politisch präventive Wirkung ihrer Denkmodelle abzuschätzen. Stefan Heym gehörte zu jenen DDR-Bürgern, die darauf hofften, daß es in der SED und in ihrem Umfeld Einzelpersonen und Institute gab, die Konzepte für einen brauchbaren Sozialismus in der DDR entwickelt hätten[202].

In diesen Monaten, als die politischen Überlegungen in der sowjetischen Führung über die weitere Existenz der DDR ihrem Höhepunkt zustrebten und gleichzeitig – als Ergebnis der Unterordnung von Klassenpolitik unter die Menschheitsfragen – die theoretischen Debatten sowjetischer und DDR-Wissenschaftler über die Integration von Zivilisations- und Modernebegriff in einen »reformierten« Sozialismus stattfanden, besuchte Gorbatschow vom 12. bis zum 15. Juni 1989 die BRD. Er traf zweimal mit Helmut Kohl zu Vier-Augen-Gesprächen zusammen und besuchte gemeinsam mit Helmut Schmidt, Hans-Jochen Vogel und Willy Brandt die Hoesch-Werke in Dortmund. Doch die protokollarischen Formalien waren nicht so relevant wie das persönliche Verhältnis, das sich zwischen Gorbatschow und Kohl in jenen Tagen herausbildete. Horst Teltschik berichtet[203], daß beim Aufenthalt Gorbatschows in Bonn – wie er es formuliert – eine »Männerfreundschaft« entstanden war, was auch der Bundeskanzler betont sentimental bestätigte. Und auch Gorbatschow erinnert sich wehmütig an den lauwarmen Sommerabend auf der Balustrade des Kanzlerbungalows am Rheinufer, den Kohl »innerlich bewegt« wie folgt schildert[204]:

»Dort setzten wir uns auf die Mauer, von der aus man diesen schönen Blick auf den vorbeifließenden Strom und das gegenüberliegende Siebengebirge hat... Unterhalb der kleinen Mauer schlenderten die Spaziergänger vorbei und waren überrascht, dort oben Gorbatschow zu sehen. Aufgeschlossen wie er ist, kam er mit den jungen Leuten auch gleich ins Gespräch, scherzte mit ihnen. Sie überschütteten ihn mit Komplimenten, was er sehr genoß. Es war die ideale Voraussetzung für ein sehr offenes, freundschaftliches Gespräch.«

Gorbatschow schwärmte noch Jahre später von dieser »Sitzung am Rhein«. Im Jahre 1993 sagte er im Gespräch zur Vorbereitung des TV-Films »Gorbatschow und die deutsche Einheit«[205]:

»... Wir haben schnell zueinander gefunden... Alles fügte sich so, daß uns dieses Treffen auf eine andere Ebene bringen sollte – auf die Ebene des Vertrauens... Ja, damals haben wir nicht nur als Partner miteinander gesprochen, sondern wie Menschen, die einander vertrauen.«

Teltschik meint, daß es dem Bundeskanzler in diesem Gespräch gelungen sei, »...den Schlüssel zum Herzen Gorbatschows« zu finden. Dann fügte er feinsinnig hinzu[206]:

> »Sie wissen ja, wie Gorbatschow ist, ein sehr emotionaler, sehr gefühlsbetonter Mensch, was ihn ja auch zum Teil so sympathisch macht, dynamisch, gefühlsbetont...«.

Man war sozusagen unisono. Und im Ergebnis dieser ›dynamischen Männerfreundschaft‹ stimmte der Generalsekretär des ZK der KPdSU auch der Aufnahme des Begriffs »Selbstbestimmung« in die gemeinsame Erklärung zu, die er am 13. Juni 1989 mit Kohl unterzeichnete[207]. Teltschik erläuterte die politische Bedeutung, die der Bundeskanzler dem beimaß[208]:

> »Natürlich ist der Begriff etwas eingepackt gewesen, aber die Russen mußten wissen, das wußten sie auch, daß, wenn wir einen solchen Begriff in ein Dokument hineinschreiben, was wir meinen, daß wir das nicht losgelöst von der deutschen Frage sehen...«.

Weiterhin stimmte Gorbatschow in dieser Erklärung auch der Formel zu, daß das Völkerrecht Vorrang vor dem nationalen Recht habe. Das – so wurde argumentiert – erfordere allein schon das neue politische Denken. Besonders diese Formulierung hielt Teltschik für einen Erfolg des Bundeskanzlers gegenüber dem KPdSU-Generalsekretär. Hier sein Kommentar[209]:

> »Das andere war, daß es uns gelungen ist, zum erstenmal die Sowjets dazu zu bewegen anzuerkennen, daß das Völkerrecht für einen Staat nach innen wie nach außen gleichermaßen wirken muß, und im Völkerrecht sind ja auch Grundprinzipien verankert, die ja in der deutschen Frage für uns wichtig waren...«.

Bemerkenswert offen bewertet auch Tschernajew das Ergebnis dieser Begegnung Gorbatschows mit Kohl. Wir lesen bei ihm[210]:

> »Auch in der DDR wurde oben und unten verstanden, daß in der sowjetischen Deutschlandpolitik jetzt die Bundesrepublik Priorität haben werde. ... Das Fazit für die Ostdeutschen lag auf der Hand: Die Sowjetunion verhindert die Einigung nicht mehr, also kann man handeln – was die Menschen in der DDR alsbald taten.«

Aus den heutigen Erfahrungen, so meinen verschiedene von uns befragte Zeitzeugen, wäre durchaus die Ansicht berechtigt, daß es dem Bundeskanzler bei diesem Besuch gelungen ist, einen wirtschaftlich wie politisch bereits bankrotten Gorbatschow »über den Tisch zu ziehen« und mit der »Selbstbestimmung« die Tür zur »deutschen Einheit« zu öffnen. Ist es also verwunderlich, wenn Kohl die offene Tür benutzte, wenn er fortan die Menschen in der DDR animierte, durch sie hindurchzugehen? Ist es verwunderlich, wenn der Bundeskanzler bemüht blieb, seine innige Freundschaft zum »sowjetischen Generalsekretär« mit politischer Sensibilität und mit einer demonstrativ zur Schau getragenen Herzlichkeit als historische Chance pfleglichst zu behandeln?

Knapp zwei Wochen später, am 27. Juni 1989, reiste Honecker in die UdSSR zu einem Traditionstreffen anläßlich des Jubiläums des Metallurgiekombinats »Lenin« in Magnitogorsk. Er hatte im Sommer 1931 in einem mehrwöchigen Arbeitseinsatz am Aufbau des Kombinats mitgearbeitet[211] und war nun von der Kombinatsleitung und von Arbeiterveteranen zu diesem Jubiläum eingeladen worden[212]. Vor seiner Abreise war er von Schewardnadse über das Besuchsprogramm Gorbatschows in der BRD sowie über die politischen Probleme in der UdSSR informiert worden. In diesem Gespräch unterrichtete der SED-Generalsekretär seinen sowjetischen Gast seinerseits darüber, daß in der DDR viele Kommissionen an einer Konzeption des »Sozialismus von morgen« arbeiten, die auf dem XII. Parteitag auf der Tagesordnung stehen würde[213].

Honecker flog über Moskau. Er traf dort am 28. Juni mit Gorbatschow zusammen. Die deutsche Niederschrift dieser Unterredung[214] läßt jedoch keine Einsicht des Generalsekretärs des ZK der SED in die stetig ernster werdenden Probleme der DDR und keine konstruktiven perspektivischen Gedanken zu ihrer Lösung erkennen. Ebensowenig wie eine solidarische Reaktion von Gorbatschow auf die Situation in der DDR, die ihm – wie der sowjetische Botschafter ausdrücklich bestätigt – vollständig bekannt war[215]. Selbst jene Grundvorstellungen, die »kühnen Gedanken«, kamen nicht zur Sprache, die Honecker auf dem 7. Plenum des ZK der SED hinsichtlich der Erforschung von Widersprüchen in der DDR und zur Ausarbeitung einer Konzeption eines modernen Sozialismus entwickelt und über die er kurz zuvor noch Schewardnadse informiert hatte. Daran wurde in der DDR ja tatsächlich auch gearbeitet, doch sie fielen einem Erfolgsrausch zum Opfer, in den sich Honecker gegenüber Gorbatschow hineinredete. Die Selbsttäuschung des SED-Generalsekretärs fand schließlich ihren Höhepunkt, als er in diesem Gespräch behauptete, daß es dem Klassengegner trotz der westlichen Fernsehprogramme nicht gelungen sei, die DDR zu erschüttern. »Sie (ist) fest in den Herzen des Volkes verankert«, behauptete er ungebrochen. Hingegen berichtete Gorbatschow von Problemen bei der Durchsetzung der Perestroika in der UdSSR, mahnte aber seinerseits Reformen in der DDR nicht an, wie man-

cherorts nachträglich gern behauptet wird. Im Gegenteil, Gorbatschow unterstützte die Selbstzufriedenheit Honeckers. Er ließ seinem »Amtskollegen«
sogar nach dessen Rückkehr aus Magnitogorsk als diplomatische Geste durch
den sowjetischen Botschafter noch ausdrücklich seine Genugtuung über das
Gespräch und über Honeckers Reden in Magnitogorsk übermitteln[216].

War diese doppelbödige Haltung Gorbatschows keine bewußte Täuschung Honeckers? Gewiß, Honecker hat angesichts des inneren Verfalls der
UdSSR die Politik Gorbatschows mit zunehmend kritischer Aufmerksamkeit
verfolgt[217], doch er hat aus seiner kritischen Haltung weder gegenüber dem
Generalsekretär des ZK der KPdSU noch in seinen Gesprächen mit Kotschemassow einen Hehl gemacht. Das bestätigen nicht nur die vorliegenden
Gesprächsniederschriften zwischen beiden Generalsekretären, sondern auch
die Erinnerungen des sowjetischen Botschafters[218]. Es ist richtig, Honecker
war im Sommer 1989 endgültig zu der Ansicht gelangt, daß die Perestroika-
Politik Gorbatschows an die Grenze ihrer eigenen Widersprüche gekommen
war und begann, die UdSSR zu destabilisieren[219]. Diese Einschätzung war
realistisch. Sie vertiefte sein Mißtrauen durchaus berechtigt, sie verführte ihn aber auch dazu, erneut gegenüber jeder »Reform des Sozialismus« in
der DDR weiterhin eine abwartende Haltung einzunehmen. Nun berichtet
Heinz Keßler, daß Honecker sich darauf vorbereitet habe, beim Treffen der
Generalsekretäre anläßlich der Tagung des Politisch-Beratenden Ausschusses
des Warschauer Paktes am 8. Juli 1989 in Bukarest kritische Fragen zur Sprache zu bringen[220]. Das soll nicht in Zweifel gezogen werden, nur sind diese
Fragen bisher nicht bekannt geworden, und wir können daher das Ziel nicht
erkennen, das Honecker anstrebte.

Sein vielfach gebrauchtes Argument: ›Bei dem besonderen Gewicht der
Beziehungen der DDR zur Sowjetunion wollte man die unterschiedlichen
Auffassungen zwischen beiden Parteiführungen nicht in der Öffentlichkeit
diskutieren‹, ist aus seinem Strategieverständnis zum Verhältnis beider Staaten nachvollziehbar. Doch dieses Argument war bereits unrealistisch. Die
Situation hatte sich in Moskau verändert. Und das schien Honecker eben
nur schwer begreifen zu können. Vielleicht deswegen wich er auf die hilflose
Vorstellung aus, das Wichtigste für die DDR in dieser Situation sei es, das
Erreichte zu erhalten[221]. Bei diesem Denkkonstrukt übersah Honecker, daß
gerade dieses defensive Verharren in der Bevölkerung zunehmend Unsicherheit erzeugte und eben jenen Prozeß beschleunigte, den er doch verhindern

wollte. Das Politbüro der SED folgte ihm in dieser politischen Hilflosigkeit
kritiklos. Verschiedene Zeitzeugen vertraten uns gegenüber die Meinung, daß
dessen Mitglieder damit weitgehend ihr Unvermögen zur selbständigen politischen Entscheidung dokumentiert hätten[222]. Dieses Unvermögen wurde
dramatisch, als Erich Honecker während der Tagung in Bukarest in der Nacht
zum 9. Juli 1989 schwer erkrankte, danach operiert wurde und sich bis Ende
September in ärztlicher Behandlung und Rekonvaleszenz befand. Es waren
gerade jene Wochen, in denen sich die innenpolitischen Gegensätze schnell
zuspitzten und der außenpolitische Druck auf die DDR rasch zunahm. Bis
zum 15. August 1989 leitete nun Egon Krenz die Sitzungen des politisch-
administrativen Zentrums der DDR, danach Günter Mittag.

Markus Wolf und sein Buch »Die Troika«

An dieser Stelle unseres Berichts fügen wir einige Bemerkungen zu Markus
Wolf ein. Uns interessieren in diesem Zusammenhang seine politischen Aktivitäten im Sommer und im Herbst 1989 vor allem deshalb, weil ihm vielfach
unterstellt wird, er habe den Ehrgeiz gehabt, ebenso wie Juri Andropow, Generalsekretär zu werden, um in einer solchen Funktion an der Seite von Gorbatschow eine DDR-Variante der Perestroika durchzusetzen. Wir berichten
über ihn und sein Troika-Buch auch darum, weil er sich als SED-Reformer
entschieden für die Reformierung des Sozialismus und für den Erhalt einer
souveränen DDR einsetzte und Lesungen aus seinem Buch im Sommer 1989
nutzte, um die Perestroika-Opposition in der DDR zu stärken und – vielleicht auch zu koordinieren.

Aufgefallen ist uns zunächst, daß im Spannungsfeld zwischen politischer
Ignoranz der SED-Führung gegenüber der Krise des frühen Sozialismus und
der Installierung der Sondereinheit »Lutsch« auch die Deutschland-Abteilung
des KGB ihre Strategie in der DDR änderte. In diesem Zeitraum schied Wolf
aus dem aktiven Dienst des Ministeriums für Staatssicherheit aus. Es wird
darüber spekuliert, inwieweit der Zeitpunkt seines Ausscheidens Zufall war.
Er hatte zweifellos Kenntnis von allen sowjetischen Strategien, war er doch
mit Wladimir Krjutschkow eng befreundet, und hatte zudem vertrauensvolle
Beziehungen zu Falin, von dem Wolf, selbst noch als Rentner, ausführlich
über die neuesten deutschlandpolitischen Überlegungen der KPdSU-Führung
informiert wurde. Mehr noch, der Abteilungsleiter im ZK der KPdSU hatte
sich, nach seiner Tagebuch-Darstellung, sogar mit ihm über die Lage in der

DDR und über kaderpolitische Alternativen beraten. Mit dem zuständigen Abteilungsleiter im ZK der SED konsultierte sich Falin zu diesen, beide Länder und Parteien existentiell betreffenden Problemfeldern nicht[223]. Wolf war, so wollen wir die Meinung vieler Zeitzeugen zusammenfassen, der »Vertrauensmann« der Moskauer Gorbatschow-Riege.

Warum Wolf aus dem Ministerium ausgeschieden ist[224], aus politischen oder aus privaten Gründen, halten wir nur biographisch für interessant. Es mag sein, daß mehrere Gründe zusammengetroffen waren. Jedenfalls wandte sich der »verdienstvolle DDR-Aufklärer« – bei seinem Ausscheiden wurde ihm der Karl-Marx-Orden überreicht – als Rentner schriftstellerischen Arbeiten zu, so wie er sich das vorgenommen hatte. Die damalige Chefredakteurin der »Wochenpost«, Brigitte Zimmermann (bis vor kurzem stellvertretende Chefredakteurin des »Neuen Deutschland«), erinnert sich, daß Wolf schon 1986 in der Redaktion der »Wochenpost« geäußert habe, daß er aus dem Staatsdienst ausscheiden und ein Buch schreiben werde, in dem er kritische Fragen der Entwicklung des Sozialismus ansprechen möchte, wie sie auch Gorbatschow aufgeworfen habe. Von der Politik der SED-Führung, so meint Brigitte Zimmermann ihn damals verstanden zu haben, habe er die »Nase voll« gehabt[225].

Markus Wolf beschrieb in seinem »Perestroika-Buch« eine Freundschaft, die er als klassenübergreifendes, allgemein-menschliches Motiv verstanden sehen wollte[226], was in dieser Situation politisch gewiß auch so wirkte. Die »Wochenpost« veröffentlichte 1988 Vorabdrucke. Das Manuskript stieß auf Widerspruch, weil es in seiner Konzeption das »neue Denken« Gorbatschows unterstützte. Heinz Geggel, der Abteilungsleiter für Agitation im ZK der SED, erhob Einspruch gegen die Veröffentlichung. Er, der sich hart und eindeutig von Stalins Politik distanzierte, lehnte das »neue Denken« Gorbatschows als in Widerspruch zu Lenins Auffassungen stehend ab und bewertete die Politik des KPdSU-Generalsekretärs als politisch verhängnisvoll[227]. Dennoch kam es zu keiner Unterbindung der Vorabdrucke. Unter solchen Umständen bekam das Buch im Sommer 1989 den von Wolf erwarteten innenpolitischen Stellenwert[228]. Seine Lesungen und öffentlichen Diskussionen wurden in der BRD mit großer Aufmerksamkeit verfolgt. Von Journalisten überregionaler westdeutscher Tageszeitungen wurde Wolf bald als »Repräsentant der SED-Opposition« und vielfach auch als »Hoffnungsträger« bezeichnet. Wolf hat diese Bewertung in seinem Tagebuch auch vergnüglich zur Kenntnis genommen[229].

Wolfgang Herger, der für Sicherheitsfragen zuständige Abteilungsleiter im ZK der SED und enger Mitarbeiter von Egon Krenz, erinnert sich, daß es gegen die Lesungen von Wolf mit anschließenden Diskussionen in verschiedenen Bezirken der DDR seitens der Ersten Sekretäre der SED-Bezirksleitungen Proteste gab. Daraufhin lud Krenz, der zu dieser Zeit Honecker vertrat, am 3. August 1989 Wolf zu einer Aussprache ein. Auch Wolf erinnert sich an dieses Gespräch. Er meint, daß er Krenz dabei seine reformerischen Vorstellungen überreicht habe. Doch in dieser Unterhaltung informierte er seinen Genossen Krenz als amtierenden Generalsekretär des ZK nicht über seinen Gedankenaustausch mit Falin und dessen Überlegungen zu einer möglichen Vereinigung beider deutschen Staaten. Das bestätigte uns Wolfgang Herger, der an der Zusammenkunft von Krenz und Wolf teilnahm[230]. Für Wolf gab es auch nach diesem Gespräch keine Beschränkung hinsichtlich weiterer Lesungen. Selbst Interviews für westdeutsche Medien waren ihm nach wie vor ohne Schwierigkeiten möglich. Nicht einmal Mielke untersagte sie ihm. Das waren immerhin »Privilegien«, die nur wenige Bürger der DDR in Anspruch nehmen konnten.

2.2 Die »Operation Massenflucht«

Nach der Aufnahme der Formel über die »Selbstbestimmung der Deutschen« in die Gemeinsame Erklärung von Gorbatschow und Kohl im Juni 1989 trat nicht nur die Bürgeropposition in der DDR selbstbewußter auf, sondern es entwickelte sich Ende Juli/Anfang August plötzlich auch eine stürmische Ausreisewelle. Solche »spontanen Ausreisewellen« waren in der Geschichte der DDR nicht neu. Von den vorangegangenen wissen wir, daß sie so spontan nicht gewesen, daß sie schon ein wenig »angeschoben« worden waren. Auffallend bleibt, dieses »Phänomen« trat in der Geschichte der DDR immer dann auf, wenn es innenpolitisch akut »kriselte«. Die Spezifik der nun beginnenden Massenflucht bestand darin, daß sie den Zielen der Germanistenfraktion im sowjetischen Außenministerium und in der Falin-Abteilung des ZK der KPdSU in die Hand arbeitete[231].

Die Bundesregierung hatte nach dem Besuch Gorbatschows in Bonn relativ schnell erkannt, daß der KPdSU-Generalsekretär die DDR nicht länger in der »deutschen Frage« bedingungslos unterstützen und damit den »Weg in die deutsche Einheit« über kurz oder lang freigeben werde. Diese Haltung

Gorbatschows kam der Strategie Bushs entgegen, über die Kohl Ende Mai, vor der NATO-Ratstagung in Brüssel, informiert worden war. Jedenfalls traten nach dem Gorbatschow-Besuch in Bonn die für dieses Problem zuständigen Arbeitsgruppen zusammen, um nach dem Auftrag zu handeln, dem sie gemäß Grundgesetz verpflichtet waren, »... in freier Selbstbestimmung die Einheit und Freiheit Deutschlands zu vollenden.«[232]

Aus dieser Sicht gehen wir von einem politischen Zusammenhang zwischen dem »Wegbeten der DDR«[233] in den unterschiedlichen Kirchengemeinden Ende Juli/Anfang August und der gleichzeitig »spontan« ansteigenden Flucht von DDR-Bürgern in die BRD-Botschaften nach Prag und Budapest aus. Auch die innenpolitischen Gegner der frühsozialistischen DDR erkannten in diesen Wochen, daß sich für ihre politische Zielstellung günstige Voraussetzungen entwickelt hatten: einmal eine wachsende Unzufriedenheit in der Bevölkerung und zum anderen günstige außenpolitische Bedingungen. Und so begann das »Szenario Wiedervereinigung«, das, ähnlich wie 1953, wie eine demokratische Massenbewegung aussehen sollte. Dazu schien eine Massenflucht als Initialzünder sehr geeignet. Für ein solches Outfit waren die Initiatoren auch ihren mißtrauischen Verbündeten in Paris und London gegenüber genötigt. Diese hatten zwar in offiziellen Erklärungen die Bundesregierung in ihrem Streben nach einer deutsch-deutschen Einigung formal immer unterstützt, jedoch vielfach in der Hoffnung, wie das beispielsweise Margaret Thatcher später formulierte, daß die UdSSR einer solchen Einigung ohnehin nicht zustimmen werde[234]. Doch auch Margaret Thatcher hatte Gorbatschow falsch eingeschätzt, und die Aktion »demokratische Revolution« begann zum zweitenmal. Diesmal jedoch – im Vergleich zum Juni 1953 – mit einer sensibleren Taktik, die Fehler von 1953 vermeidend, die konkreten Prozesse in Moskau berücksichtigend und mit dem State Department stets abgestimmt. Die zweite »Revolution« sollte »gewaltfrei« und weitgehend »selbstbestimmt« verlaufen.

Die damaligen us-amerikanischen Diplomaten Philip Zelikow und Condoleezza Rice vertreten die Ansicht, daß Bundeskanzler Kohl sich spätestens im Herbst 1989 vom Präsidenten der USA unterstützt, vom »ostpolitischen Paradigma des ›Wandels durch Annäherung‹ abwandte« und auf den Grundsatz Adenauers vom »Wandel durch Stärke« zurückgriff[235]. Wir meinen, daß Kohl bereits nach seinem geheimen Gespräch mit Robert Gates und Lawrence Eagleburger Ende Mai 1989[236] und nach dem Bonner Besuch Gorbatschows dazu überging, seine Deutschlandpolitik neu zu durchdenken und den »ostpolitischen Konsens« langsam und schrittweise der NSR-3-Direktive des USA-Präsidenten anzugleichen. Dabei besannen sich Bonner Politiker wieder auf bewährte politische Erfahrungen aus der Zeit Adenauers, wie auf die Initiierung von »Fluchtwellen«. Bonn wußte, die DDR war mit dieser Strategie am empfindlichsten zu treffen.

Manfred Stolpe berichtet, daß es innerhalb der Bürgerbewegung taktische Meinungsunterschiede gab, wie die »Macht der Partei« mit dem »gewaltigen Potential der Ausreisewilligen« zu erschüttern wäre. Einerseits beabsichtigten die Ausreise-Bürgerrechtler einen Run der Fluchtwilligen zu stimulieren, andere Bürgerrechtler aber wollten in der DDR bleiben, um von innen heraus eine »Wende« zu erreichen[237]. Es gab in dieser Diskussion offenbar keine Entscheidung, jedenfalls teilt Stolpe sie nicht mit. Denkbar ist, daß beide Strategien in Washington gebraucht wurden. Und so mögen die einen Bürgerrechtler sich als Ausreise-Initiatoren und die anderen wohl zu aktiven Wegbeitern an der inneren Oppositionsfront profiliert haben.

In dem bereits zitierten Geheimbericht aus der BRD war als »Indikator für die enttäuschten Hoffnungen auf Veränderungen in der DDR« bereits ein großer Ausreisedruck hochgerechnet worden[238]. Und der begann, wie erwartet, Anfang August 1989 mit der Besetzung der BRD-Botschaften in Budapest und Prag. Am 3. August 1989 waren es zunächst nur 130 Personen in Budapest und 20 Ausreisewillige in Prag. Achtzig Ausreisewillige hielten sich zu dieser Zeit in der BRD-Vertretung in Berlin auf[239]. Bereits am folgenden Tag wußte der USA-Botschafter in der DDR, Richard Barkley, das State Department darauf aufmerksam zu machen, daß das wachsende Flüchtlingsproblem nunmehr zu einer »stillen Krise« der DDR gemacht werden könne, um damit möglicherweise den Weg zu inneren Reformen à la Gorbatschow zu erreichen[240]. Da waren schon »Planungsstäbe« am Werk.

Als Grund für die nun einsetzende neue Fluchtwelle wird vielfach die »Öffnung der ungarischen Grenze« am 2. Mai 1989 und die anbrechende Urlaubsperiode geltend gemacht[241]. Richtig ist lediglich, daß sich beide Faktoren nur als günstige Voraussetzungen für die Operation erwiesen, zumal die Fluchtwelle selbst – und das ist dokumentarisch belegbar – grundsätzlich und qualitativ von der »ständigen Ausreise« von Bürgern der DDR in den Monaten zuvor unterschied[242]. Systemanalytiker unterscheiden »Initialzündungen« von manipulierbaren Folgeerscheinungen, denen unterschiedliche Motivatio-

nen und Zielstellungen zugrunde liegen. Und so lief das Szenario auch ab:
Nach der »Inititialzündung« überwiegend junger, fluchtbereiter DDR-Bürger
schalteten sich im richtigen Timing vor allem die elektronischen Massenmedien der BRD ein. Sie berichteten täglich über die Belagerung der BRD-
Botschaften in Prag und Budapest (leicht mit jedem Trabbi zu erreichen). Die
Berichte wurden immer ausführlicher und dramatischer. Ein wenig erinnerten sie an Mephistos Ratschlag aus Goethes »Faust«:

> *»Beliebt's Euch überall zu naschen,*
> *Im Fliehen etwas zu erhaschen,*
> *Bekommt's Euch wohl, was Euch ergetzt,*
> *Nur greift mir zu und seid nicht blöde.«*

Die TV-Medien informierten psychologisch gestylt, aufregend, mit opti-
schen Reizen wurde nicht gespart. Die ARD- und ZDF-Teams arbeiteten
auf Hochtouren. Sie meldeten jeden Abend die aktuelle »Frontlage«. Action
Shots kamen direkt aus dem Innern der verschiedenen Botschaften. Der
USA-Deutschlandexperte der Universität von North Carolina, Konrad H.
Jarausch, schreibt dazu[243]:

> »Das Medienbild von westlicher ›Reisefreiheit, höherem Lebensstandard, Mei-
> nungsfreiheit und Pluralismus‹ übte eine äußerst starke Anziehungskraft aus …
> Viele, die bis dahin die Ausreise für zu gefährlich gehalten hatten, wurden von den
> Fernsehbildern einer warmen Aufnahme der Flüchtlinge im Westen mitgerissen.«

So erfuhren auch die noch ahnungslos zu Hause Gebliebenen, wie sie die
»von ihnen schon so lange erhoffte Freiheit« endlich erreichen könnten. Dazu
wurde ihnen versichert, daß zwar in den ersehnten »Fluchtburgen« in Prag
und Budapest alles ein wenig beengt sei, aber für die Freiheit werden nun einmal Opfer gefordert. Übrigens sei aber die Versorgung in der »heimatlichen
Botschaft« selbst für Babys garantiert. Die suggestiven Einladungen waren
unüberhörbar. Sie wurden zum täglichen TV-Dauerstreß, bis schließlich der
Bundesaußenminister am Samstagabend, dem 30. September 1989 um 18.58
Uhr, vom Balkon der Prager BRD-Botschaft, dem Palais Lobkowicz, im grel-
len Scheinwerferlicht und in Siegerpose die Ausreise der »Botschaftsbesetzer«
verkündete. Übergeblendet nach Bayern: Eine Reportage, wie hier schon in
grüner Au wunderschöne Zeltstädte für die erwarteten »Heimkehrer« entstehen. Das Herz jedes Campers mußte da doch höher schlagen. »Und die Bil-

der dieses Augenblicks«, notiert Frank Elbe, der Leiter des Büros von Hans-Dietrich Genscher in Bonn, »gingen um die ganze Welt«[244]. Es ist Heinz Jung zuzustimmen, daß die »Medienklasse der BRD« damit ein Meisterstück vollbrachte und gezeigt hat, wie Menschen »geführt« werden können, um mit ihnen Politik zu gestalten[245]. Wer diesen Massenexodus aber auch immer inszenieren konnte, seine Ursachen lagen in den inneren Zuständen der DDR. »Er war der Höhepunkt ihrer wirtschaftlichen und ökonomischen Krise und stellte für die DDR eine verheerende politische und moralische Niederlage dar«, beurteilte Kurt Hager diese Situation[246].

Parallel zu diesem stabsmäßig perfekt inszenierten TV-Spektakel trat in der DDR die bürgerliche Opposition aus dem Schutz der Kirche heraus. Aus den im »Fortsetzungsausschuß des Netzwerkes oppositioneller Gruppen ›Frieden konkret‹« vereinigten Zirkeln und Arbeitskreisen entstanden in diesen Augustwochen, ein wenig im Schatten des Ausreisespektakels, straffere Organisationsformen, wobei – nebenbei bemerkt – diese Bestrebungen über verschiedene in der DDR akkreditierte Journalisten aus der BRD unterstützt wurden[247]. Wenn diese Neugründungen von bürgerlichen Parteien auch unter Beobachtung von Informellen Mitarbeitern (IMs) des Ministeriums für Staatssicherheit standen, unternahm das Ministerium nichts, um diesen Prozeß zu verhindern. Aber auch das Politbüro der SED, über diese Vorgänge bis ins Detail informiert[248], behinderte diese Aktivitäten nicht.

Das betraf die seit 1985 illegal bestehende Initiative Frieden und Menschenrechte um Wolfgang Templin, Martin Böttger und Gerd Poppe ebenso wie die am 14. Juni 1989 in Niederndodeleben (Kreis Wolmirstedt) gebildete Initiativgruppe zur Gründung einer sozialdemokratischen Partei und die aus ihr hervorgegangene Sammlungsbewegung des Pfarrers Markus Meckel, des Pastors Martin Gutzeit und von Ibrahim Böhme, die am 26. August 1989 im Pfarrhaus der Golgatha-Gemeinde in Berlin erste Überlegungen zur Parteienbildung erörterten[249]. Ohne jede Behinderung bereiteten auch der Pfarrer Rainer Eppelmann zusammen mit dem Rechtsanwalt Wolfgang Schnur (Mitglied der Synode des Bundes der Evangelischen Kirchen) die Bildung der Partei »Demokratischer Aufbruch« und der Pfarrer und Kirchenhistoriker Wolfgang Ullmann zusammen mit Ulrike Poppe und dem Dokumentarfilmer der DEFA Konrad Weiß die Gründung der Partei »Demokratie jetzt« vor. Weiterhin entstand aus dem »Netzwerk oppositioneller Gruppen« in diesen Augustwochen eine neue bürgerliche Sammlungsbewegung, die sich

als »Aufbruch '89 – Neues Forum« bezeichnete. Zu ihr gehörten die Male-
rin Bärbel Bohley, der Rechtsanwalt Rolf Henrich, das Mitglied der »Kirche
von unten« Reinhard Schult und der Biomathematiker Prof. Dr. Jens Reich.
Die Gruppe konstituierte sich am 1. September 1989 offiziell als »Neues Forum«. Ihr Anliegen wurde von mehreren Schauspielern und Rockmusikern
der DDR unterstützt, so von Toni Krahl, Tamara Danz und Gerhard Schöne,
sowie von Frank Schöbel und Kurt Demmler[250]. Ihre juristische Vertretung
übernahm bald der Berliner Rechtsanwalt Dr. Gregor Gysi. Parallel dazu bemühten sich Karl-Heinz (Carlo) Jordan vom Grün-ökologischen Netzwerk
Arche der Umweltbibliothek der Zionskirche in Berlin[251], Vera Wollenberger
und der Biomediziner Matthias Platzeck von der Potsdamer Bürgerinitiative
Argus um die Gründung einer Grünen Partei. Zur gleichen Zeit versuchten
Jutta Braband (mit ihren Verbindungen zum Osteuropakomitee der Sozialistischen Internationale) und Thomas Klein (Böhlener Plattform) gemeinsam
mit Bernd Gehrke und Hans-Peter Krüger einen Zusammenschluß von Arbeitern, Gewerkschaftern und oppositionellen SED-Mitgliedern zu konstituieren, den sie als »Vereinigte Linke« bezeichneten. In der Information des
Ministeriums für Staatssicherheit vom 19. September 1989 wird zu diesen
Bemühungen der »neuen Kräfte« aufgrund »zuverlässiger Hinweise« mitgeteilt[252], daß

> »… die Mehrheit der Vorgenannten stabile und intensive Verbindungen zu Vertre-
> tern politischer Parteien in der BRD und Westberlin …, zu antikommunistischen
> Führungskräften der westeuropäischen Friedensbewegung und nicht zuletzt zu
> in der DDR akkreditierten Korrespondenten westlicher Medien sowie zu anti-
> sozialistischen Kräften in anderen sozialistischen Staaten (unterhalten; d. Aut.).
> Erkennbar sind in diesem Zusammenhang zunehmende Bestrebungen dieser
> feindlichen, oppositionellen DDR-Bürger, ihr strategisches und taktisches sowie
> inhaltliches und methodisches Vorgehen mit ihren Kontaktpartnern zu beraten
> und abzustimmen.«

Das dürfte eine zutreffende Beobachtung gewesen sein. Doch alle diese Ge-
heiminformationen der Zentralen Informations- und Auswertungsgruppe
(ZIAG) im MfS enthielten lediglich ermitteltes Faktenmaterial und keine
Analysen. Dieses Material lag – über die Verbindungsoffiziere im MfS – auch
dem KGB in Moskau vor. Die Vermutung von Kotschemassow, daß die Politbüromitglieder – da aus diesem Kollegium keine Reaktion kam – über die
Vorgänge in der Bürgeropposition keine Kenntnis gehabt hätten[253], ist völlig unzutreffend. Wir fragten Wolfgang Schwanitz, weshalb die ZIAG in ih-

ren Informationen lediglich nüchtern beschreibend blieb und von ihr keine tieferen politischen Zusammenhänge analysiert wurden. Er antwortete uns, daß von den Autoren der Berichte eine solche analytische Auswertung seitens der politischen Führung erwartet worden sei. Sie unterblieb. Ein Umstand, der die Mitarbeiter des Ministeriums für Staatssicherheit verwunderte[254]. Kotschemassow fragt in diesem Zusammenhang in seinen Erinnerungen danach, ob es denn im ZK der SED kein Analysezentrum gab[255]. Wir stellten Wolfgang Herger diese Frage. Er antwortete uns: Es gab kein solches Zentrum und in dem Zeitraum, als Egon Krenz oder Günter Mittag das Führungskollektiv der SED leiteten, auch keine vom Politbüro veranlaßte innen- oder außenpolitische Analyse[256].

Nun haben verschiedene Zeitzeugen bemerkt, daß ein noch so gut arbeitendes analytisches Institut ohnehin keine politische Wirkung mehr hätte erreichen können. Das mag angesichts der Haltung Gorbatschows zur DDR richtig sein. Dennoch sind in jeder politischen Situation analytische und nüchterne Untersuchungen zur Wechselwirkung der gesellschaftlich agierenden Kräfte und ihrer Zielstellung erforderlich. Darin war der NSC-Stab in Washington ebenso wie das Bundeskanzleramt in Bonn in diesen Wochen weitaus aktiver. Warum haben Politiker einer sich marxistisch verstehenden Partei, die vor grundlegenden Entscheidungen standen, auf einen solchen Arbeitsstil verzichtet? Analysen unterlassen zu haben, war nicht nur eine Führungsschwäche, sondern es war zugleich eine unzureichende Wahrnahme politischer Verantwortung.

Kapitel II
»Die Perestroika auf deutschem Boden«

> »Wer auch nur ein wenig, nur ein Stück der Macht aus der Hand
> gibt, ist im internationalen Klassenkampf verloren.
> Und es ist Klassenkampf.«
> *(Fidel Castro am 16. Oktober 1989 zu Heinz Keßler;*
> *Heinz Keßler, Zur Sache und Person, S. 272)*

Erich Honecker wurde nach dem 40. Jahrestag der DDR von den Mitgliedern des Politbüros des ZK der SED abgewählt, weil er nicht mehr in der Lage war, den politischen Kurs der Partei und der DDR zu ändern, um die Folgen der gesellschaftlichen Krise abzufangen. Er hatte nach Meinung einer Mehrheitsgruppe im Politbüro jedes Verhältnis zur politischen Realität verloren.

Analysieren wir rückblickend die Situation, befand sich Honecker, Generalsekretär des ZK der SED, in einem Widerspruch, aus dem er keinen Ausweg fand. Seiner durchaus zutreffenden Erkenntnis nach war die Perestroika-Politik Gorbatschows spätestens im Sommer 1989 gescheitert[1], gleichzeitig suchte er weiterhin nach einer Sozialismuskonzeption »jenseits der Perestroika« als Gesellschaftsstrategie für den XII. SED-Parteitag. Er sprach mit Kurt Hager mehrmals darüber, daß es dringend notwendig sei, die auf dem 7. Plenum des ZK im Dezember 1988 dazu beschlossene Aufgabe voranzutreiben[2]. Doch Honeckers persönliches Problem bestand offenbar darin, daß er alle Überlegungen zu einer Reform des realen Sozialismus letztlich immer wieder mit der Perestroika identifizierte. So blieb er in der Öffentlichkeit der Reformgegner. Auch Hager, dem Verantwortlichen im ZK für Wissenschaft und Kultur, war es nicht gelungen, das 8. ZK-Plenum im Juni 1989 für diese Grundsatzdiskussion einer gesellschaftspolitischen Strategie der Partei zu nutzen und hierfür die bereits vorbereiteten Studien und Analysen[3] auszuwerten. Zeitzeugen erinnerten sich, daß die im Juli 1989 in der Prawda geführte Diskussion über eine Neugestaltung des Sozialismus[4] Honecker auch nicht gerade davon überzeugt habe, daß es leicht sein würde, eine solche Debatte in der DDR zu führen. Und so wurde die Aufgabe auf das 9. ZK-Plenum vertagt, das nach dem 40. Jahrestag der DDR für Anfang November 1989 einberufen werden sollte[5]. Doch selbst die Vorbereitungen auf dieses Plenum stagnierten nach der Erkrankung Honeckers, und die bisher ausgearbeiteten Studien und Analysen – es gab annähernd 100 von ihnen – waren im September 1989, wie Zeitzeugen berichten, nur von Otto Reinhold lediglich in einer Übersicht zusammengefaßt worden. Jedenfalls lagen Anfang Oktober nicht einmal, wie üblich, vorbereitete Thesen für eine Diskussion im Politbüro vor, die für den 11. und 12. Oktober 1989 beabsichtigt war[6]. Aber ohne eine analytisch-theoretische Verarbeitung des umfangreichen Materials waren verschiedene Politbüromitglieder überfordert. Während Egon Krenz, so wird von Hager bestätigt, fast alle Studien und Analysen mit großer Aufmerksamkeit gelesen hatte[7], berichtete uns Alfred Neumann, daß es ihm nicht möglich war, sie alle durchzuarbeiten[8]. Anderen Politbüromitgliedern ging es ähnlich. Die meisten von ihnen waren ohnehin in diesen Wochen in den Sommerurlaub gefahren, verschiedene kamen nicht dazu, die Materialien zu lesen, weil sie entweder mit der Vorbereitung des 40. Jahrestages oder mit Problemen beschäftigt waren, die sich aus der aktuellen politischen Situation der DDR ergaben.

Im Nachhinein hat Honecker zwar kritisch vermerkt, daß es ein schwerwiegender Fehler gewesen sei, die Beschlüsse des 7. ZK-Plenums nicht konsequent genug verfolgt zu haben[9], doch gerade diesen Fehler hatte er selbst verursacht. Die Diskussion über eine neue Gesellschaftsstrategie der Partei – so hatte er das Politbüro orientiert – sollte nicht in seiner Abwesenheit, also nicht während seiner Krankheit, geführt werden[10]. Nur Hager drängte dennoch im September und Oktober 1989 im Politbüro auf diese Diskussion, setzte sich aber nicht durch[11], und als er am 13. Oktober 1989 mit dem Politbüromitglied und Sekretär für ideologische Fragen des ZK der KPdSU, Wadim Medwedew in Moskau zusammentraf, informierte er diesen darüber, daß auf dem vorgesehenen November-Plenum 1989 des ZK der SED eine umfassende Debatte zu gesellschaftspolitischen Fragen in der DDR stattfinden werde[12].

1. Die Führungskrise der SED

Die politische Zurückhaltung Honeckers im Sommer 1989, sein Zögern, die beschlossene Grundsatzdiskussion zur Gesellschaftsstrategie für den XII. Parteitag im Politbüro zu beginnen, resultierte – unserer Ansicht nach – vor allem aus seiner Ratlosigkeit gegenüber der politischen Entwicklung in der UdSSR, die er nicht mehr voll verstehen konnte. In dieser Verfaßtheit traf er am 15. August 1989 auf der Politbürositzung die Entscheidung, Egon Krenz von seiner Vertretung als Generalsekretär auszuschalten und während seiner Krankenhausbehandlung Günter Mittag mit dieser Funktion zu betrauen[13]. Offenbar meinte Honecker – wie sein Sekretär Frank-Joachim Herrmann diesen Entschluß einschätzt[14] –, daß Mittag für ihn in dieser Situation die »politisch sicherste Bank« darstellte. Oskar Fischer meinte, daß diese Entscheidung eigentlich nicht überraschend kam. Er verwies auf seine Beobachtung, daß Honecker zuletzt keine Entscheidung traf, ohne sie mit Mittag beraten zu haben. Und Mittag habe seiner Ansicht nach Honecker weitgehend betrogen und desinformiert[15]. Jedenfalls erfüllte Mittag im September 1989 die von Honecker in ihn gesetzten Erwartungen. Er hielt sich ungeachtet der sich kritisch entwickelnden außen- und innenpolitischen Situation der DDR strikt an die ihm erteilte Weisung und unternahm während der Abwesenheit Honeckers politisch nichts. Unter seiner »Leitung« war somit das politische Macht- und Führungszentrum der DDR bis Ende September 1989 handlungsunfähig.

In der Öffentlichkeit entstand der Eindruck politischer Sprachlosigkeit, die für viele Parteimitglieder und für viele Bürger völlig unverständlich blieb. Mittags nachträgliche Argumentation, daß er[16]

> »Auch um den Preis, daß es eine Zeitlang keine öffentliche Reaktion der Führung gab ... die Dinge nicht zuspitzen, sondern mit Besonnenheit und Vernunft« handeln wollte, weil sein »Denken bereits vom Geist europäischer Zusammenarbeit geformt« gewesen sei,

belegt zumindest die Bewertung, daß er für die ihm vom Generalsekretär übertragene Führungsaufgabe völlig unfähig war. Seine angebliche »Besonnenheit« wird allein durch seine Unterredung mit Gyula Horn (auf die wir noch eingehen) widerlegt, und die internen Verhandlungen mit der ungarischen Regierung Ende August 1989 lagen ohnehin in der Verantwortung von Oskar Fischer. Und was in dieser Situation »vernünftig« und dazu noch für wen es vernünftig gewesen wäre, bliebe noch zu diskutieren. Die ihn entlasten sollende Behauptung, erst er veranlaßte, »... daß das gesamte Politbüro die vorhandenen relevanten Informationen zur Lage erhielt ...«[17], gehört gleichfalls zu Mittags exkulpatorischer Legendenbildung. Wie die bisher publizierten Dokumente des MfS ausweisen, waren die Politbüromitglieder weitge-

hend über die Entwicklung der innenpolitischen Lage informiert[18]. Mit dieser
Feststellung soll die politisch unverantwortliche selektive Informationspolitik
der SED-Führung durchaus nicht verteidigt werden[19], denn selbst die Abteilungsleiter im ZK der SED und ihre politischen Mitarbeiter blieben von
diesen Informationen weitgehend ausgeschlossen[20]. Doch an diesem grundlegenden Problem im ZK der SED hat eben auch Mittag nichts geändert.

Die kritische Bemerkung eines Insiders, daß der Generalsekretär einer regierenden kommunistischen und Arbeiterpartei in einer Krisensituation auch
erkrankt (Honecker befand sich nach seiner Operation im September lediglich im Rekonvaleszenzurlaub bei Berlin) mit seinem Führungskollektiv hätte
zusammenarbeiten müssen, charakterisiert die zunehmende Mißstimmung
auch im ZK-Apparat. Solche Erwartungen setzten aber eine aktiv-politische
Führungs- und Analysefähigkeit des Generalsekretärs voraus, die – wie nun
auch Honeckers »Moabiter Notizen« ausweisen[21] – nicht mehr gegeben war.

1.1 Das Politbüros ist sprachlos

Mit der Entscheidung des SED-Generalsekretärs über seine Krankheits-
Vertretung wurden zudem ernsthafte Mängel der innerparteilichen Demokratie deutlich, wenn er auch hoffte, diese Vertretung nur für kurze Zeit
regeln zu müssen. Bei aller persönlichen Integrität Honeckers widersprach
sein Autoritätsverständnis (»Der Stärkste ist am mächtigsten allein«) jedoch
demokratischen Anforderungen an den kollektiven Leitungsstil einer sich als
marxistisch verstehenden Partei und auch dem Leninschen Parteiverständ-
nis[22]. Diese Haltung kam vor allem im Dominat des Generalsekretärs gegenüber den Mitgliedern des Politbüros zum Ausdruck, wodurch wohl deren
weitgehende Selbstbeschränkung mitverursacht wurde. Es wird von Zeitzeugen darauf verwiesen, daß Grundsatz- und Problemdiskussionen in diesem
Gremium, im Gegensatz zu früheren Zeiten, in den letzten Jahren kaum noch
stattgefunden hatten[23].

Dieses Verhalten mit einer zunehmenden »Sklerotisierung« erklären zu
wollen[24], ist oberflächlich. Hier übertrug sich vielmehr eine völlig falsch
verstandene Disziplinauffassung auf den Führungsstil. Wie verhängnisvoll
diese Entwicklung war, bewiesen dann die Wochen unter Mittags Vorsitz.
Das zentrale SED-Leitungsgremium verlor endgültig seine politische Füh-
rungsfähigkeit. Es war ja nicht so, daß einzelne Politbüromitglieder (trotz

ihrer Isolierung in der Waldsiedlung Wandlitz) über die reale Lage und über die Gefahr, die sich in der DDR entwickelte, uninformiert waren[25], aber sie warteten – wenn auch mit wachsender Unruhe – mit Entscheidungen auf die Rückkehr des Generalsekretärs. Damit übernahmen sie aber die politische Verantwortung dafür, daß die SED zunehmend in eine politische Isolierung gegenüber der Bevölkerung geriet und den antisozialistischen Kräften in diesen Wochen ein immer größer werdender politischer Freiraum überlassen wurde. Wir erheben nicht den Vorwurf, daß diesen Kräften nicht mit administrativen Mitteln entgegengetreten worden ist, wir halten militärische oder polizeiliche Gewalt nicht für ein Mittel der Politik, wir kritisieren vielmehr die Unterlassung einer rechtzeitigen aktiven politischen und ideologischen Auseinandersetzung.

Von Zeitzeugen wurde eingewandt, daß ein konstruktiver Führungsstil die Lage der DDR nicht mehr geändert hätte. Wir wenden uns entschieden gegen jede mechanistische Auffassung, daß die DDR ohnehin zusammengebrochen wäre[26], und meinen, daß politische Prozesse immer das Ergebnis von aktiven Handlungen sind. Gewiß fügen sich diese Handlungen in objektive Rahmenbedingungen ein, doch politikgestaltend bleibt die Handhabung ihrer Wechselbeziehungen zueinander. Das aktive politische Eingreifen kann auch diese Rahmenbedingungen verändern. Das war, ist und bleibt letztlich der Inhalt und das Ziel von Politik. Wenn es eines historischen Beweises dafür bedürfte, dann wäre dies die Politik des USA-Präsidenten George Bush, dem es mit seiner »Umarmungsstrategie« gelang, in wenigen Wochen gegen alle Bedenken und Widersprüche in Rom, Tel Aviv, Paris und London, die Rahmenbedingungen für die Überwindung der deutschen Zweistaatlichkeit grundlegend zu verändern[27]. Zudem läuft jeder Versuch, allein objektive Bedingungen für Niederlagen verantwortlich zu machen, nur darauf hinaus, die eigene politische Verantwortung und das eigene Versagen vor der Zukunft zu entschuldigen. Ein solch »leidendes Verhalten« ist in Mode gekommen, und Michail Gorbatschow ist beispielsweise inzwischen dafür geradezu eine international anerkannte Koryphäe geworden.

Wir sind uns selbstverständlich auch dessen bewußt, daß Historiker objektiv zu Richtern in der Geschichte werden, und daß sie deswegen »ihre Urteile« sorgfältig abwägen und ihre Meinungen vorsichtig formulieren sollten. Dennoch meinen wir heute, es wäre nützlicher für die DDR gewesen, die Vorbereitungen Honeckers für den DDR-Jahrestag durch einen Politbüro-

Beschluß abzubrechen und mit den Werktätigen den Dialog über die innenpolitische Lage aufzunehmen. Der Klassengegner hätte es möglicherweise bedeutend schwerer gehabt, die DDR »sturmreif zu schießen«. Offenbar hatten einige der Politbüromitglieder »vergessen«, daß die SED den historisch begründeten Anspruch erhob die sozialen und politischen Interessen der Werktätigen dieses Landes, der Arbeiter, Genossenschaftsbauern und der Intelligenz, zu vertreten. Wie anders aber wären in dieser Situation wachsender Instabilität diese Interessen wahrzunehmen, als in einem offenen Dialog mit den Bürgern? Die Entscheidung der Mitglieder des Politbüros, der Weisung des Generalsekretärs kritiklos zu folgen und bis zu seiner Rückkehr »besonnen zu schweigen«, erwies sich nicht nur als unvernünftig, sondern vor allem als eine eklatante politische Mißachtung dieser Verantwortung.

Es wäre nun tatsächlich unverständlich gewesen, hätten die antisozialistischen Kräfte innerhalb der DDR und in der BRD diese für sie günstige Situation nicht ausgenutzt. Die verkrampfte und ziellose Haltung der führenden Funktionäre in der SED und der Regierung der DDR bleibt um so unverständlicher, als doch die Erfahrungen aus dem Jahre 1953 vorlagen[28]. Warum sollten die Gegner der DDR, als sich für sie eine »zweite Chance« ergab, auf diese verzichten? Nun ist es aber auch so: Der Angriff des politischen Gegners wurde von Politbüromitgliedern – wie einige Mitschriften von Politbürositzungen ausweisen – durchaus erkannt, doch einige von ihnen stigmatisierten vor allem die »Reformbewegung« als gegnerisches Kampfinstrument. Damit dokumentierten sie ihre Unfähigkeit, die Diskussion um die Überwindung der innenpolitischen Schwierigkeiten und für die Ausarbeitung einer »modernen Sozialismuskonzeption« differenziert zu bewerten. Werner Krolikowski sagte auf der Politbürositzung am 29. August 1989: Unsere Feinde wollen uns »eine zerstörerische Diskussion aufzwingen«, und Harry Tisch assistierte ihm mit dem Argument, daß es das Ziel des Gegners sei, »... in der DDR eine Psychose zu entwickeln, eine Reformbewegung zu schaffen. Seine Wut ist es, daß das bei uns nicht zieht« und »... daß wir Betonköpfe bleiben, wie er meint.«[29] Aber gerade das war eine falsche Einschätzung der Strategie der Gegner der DDR, eine tradierte dogmatische Sicht auf die eigenen Probleme.

So erleichterte es die »besonnen schweigende« Führung der SED im September 1989 tatsächlich ihren politischen Gegnern und denen der DDR, sich an die Spitze des wachsenden Unmutes der Bevölkerung zu stellen und ihn schrittweise in ihre ideologischen Bahnen zu lenken. Die Opposition in der SED, die Perestroikianer der Parteibasis, viele Parteimitglieder und Funktionäre, aber auch viele, die der Gorbatschow-Perestroika kritisch gegenüberstanden, kämpften in diesen Septemberwochen verbissen darum, die Parteiführung schnell zur Überwindung ihrer verhängnisvollen Sprachlosigkeit und gleichzeitig zu einer politischen Kursänderung zu bewegen, um noch in letzter Minute eine Stabilisierung der innenpolitischen Lage zu erreichen. Wenn auch einzelne unter ihnen den Weg des offenen Dialogs mit den Werktätigen fanden[30], reichte das nicht aus, um den wachsenden Einfluß der antisozialistischen bürgerlichen Opposition auszugleichen, ihr ernsthaft die Hegemonie in der Diskussion streitig zu machen, die sie zunehmend gewann. Wir meinen, und darin unterstützen uns auch die ehemaligen ZK-Mitglieder Bernhard Quandt und Heinz Geggel als Zeitzeugen[31], daß es spätestens in dieser Situation die Aufgabe einer marxistischen Führung gewesen wäre, endlich offen mit den Werktätigen in den Betrieben, Genossenschaften und Instituten, mit den unmittelbaren Produzenten, mit den Wissenschaftlern und Künstlern, über die entstandene Lage und über Gedanken zu diskutieren, wie die Widersprüche gemeinsam gelöst werden könnten. Das wäre die effektivste Vorbereitung des 40. Jahrestages der DDR gewesen. Dagegen stand aber die starre Meinung des erkrankten Generalsekretärs, der Michail Gorbatschow bei seinem erwarteten Besuch eine intakte DDR vorzeigen wollte.

1.2 Ungarn öffnet seine Grenzen

Wolfgang Herger macht als Mitglied des letzten SED-Politbüros darauf aufmerksam, daß eine Signalwirkung bereits vom Mai 1989 ausging, als die ungarische Regierung schon vor der späteren Grenzöffnung die Demontage der Grenzbefestigungen nach Österreich ankündigte[32]. Die damit begonnene Auflösung der Westgrenze des Warschauer Vertrages erfolgte mit Billigung Gorbatschows. Bei seinem Besuch am 3. März 1989 in Moskau hatte Miklós Németh Gorbatschow über die Absicht informiert, die Sicherungsanlagen an der Grenze nach Österreich abzubauen: »Wir müssen der Welt nicht nur die Fenster, sondern auch die Türen öffnen«, begründete Németh diese Absicht. Es gab dazu kein sowjetisches Veto[33]. Am 24. März besuchte Károly Grósz den KPdSU-Generalsekretär, der dem Vorsitzenden der USAP noch einmal versicherte, daß jede Bruderpartei für die Lösung der eigenen Probleme selbst verantwortlich sei[34].

Nachdem die ungarische Regierung am 2. Mai 1989 damit begonnen hatte, die Grenzdemontage einzuleiten, sprach George Bush am 15. Mai 1989
an der A&M University in Texas, wo er offiziell seine Strategie »jenseits der
Eindämmung« (über ein Containment hinaus) begründete. Zwei Tage später hatte der US-Präsident ein Gespräch mit seinem Außenminister, an dem
auch Robert Zoellick teilnahm[35]. Es ging um die Vorbereitung des NATO-
Gipfels am 29. und 30. Mai in Brüssel und um die Frage, wie im Rahmen der
neuen »Umarmungsstrategie« auch die deutsche Einheit hergestellt werden
könnte, denn dieses Problem, so der Präsident, werde auch das Hauptthema
seiner Europa-Reise im Juli sein. Und dazu konkretisierten Philip Zelikow
und Robert Blackwill die neue »Deutschland-Politik« der USA, über deren
Zielstellung Lawrence Eagleburger und Robert Gates noch vor der NATO-
Ratstagung in einer Geheimmission Helmut Kohl informierten[36]. In seiner
Rede am 31. Mai in der Rheingoldhalle in Mainz verkündete Bush dann öffentlich als nächstes Ziel der USA-Politik, »ein ungeteiltes und freies Europa
zu schaffen«. Er fügte hinzu[37]:

> »So wie in Ungarn müssen überall in Osteuropa die Grenzen fallen«, und sagte
> dann: »Let Berlin be next! – Let Berlin be next! … Diese Mauer ist ein Monument
> des Versagens des Kommunismus. Sie muß fallen.«

Einen Monat später, es war der 27. Juni, schnitt der im Mai 1989 neu er-
nannte ungarische Außenminister Gyula Horn in Anwesenheit des österreichischen Außenministers Alois Mock und hunderter Medienvertreter mit
einer Drahtschere demonstrativ den Stacheldrahtzaun zu Österreich durch.
Ein Stück davon überreichte er dem amerikanischen Präsidenten bei dessen
Besuch am 10. Juli in Budapest[38]. Anfang August hielten sich dann auch die
ersten DDR-Flüchtlinge in der Budapester BRD-Botschaft auf, und bereits
am 13. August 1989 lehnte Gyula Horn gegenüber dem DDR-Botschafter
Vehres die Erfüllung des gültigen bilateralen Reiseabkommens zwischen der
DDR und der Ungarischen Volksrepublik mit den Worten ab[39]:

> »Dieses Abkommen wurde nicht von der heutigen Führung abgeschlossen. Diejeni-
> gen, die damals Partner für eine solch schändliche Vereinbarung waren, sind doch
> längst von der Bühne abgetreten.«

Ungarn war im März 1989 der Genfer Flüchtlingskonvention beigetreten,
was am 12. Juni 1989 gültig wurde[40]. Offenbar bewertete Horn diese Konvention höher als geltende bilaterale Verträge. Doch dieser Umgang mit dem
Völkerrecht stellte bereits nur ein politisches Kalkül dar, denn noch am glei-

chen Abend empfing Horn den Staatssekretär im Auswärtigen Amt der BRD Jürgen Sudhoff, dem er verbindlich versprach[41]:

> »Ich lasse Herrn Genscher ausrichten, daß wir die Angelegenheit der paar Hundert Menschen lösen werden. Bitte unternehmen auch Sie Schritte in Genf, daß man uns einen Sonderbeauftragten mit mehreren hundert Blanko-›Laissez-passer‹ herschickt.«

Horn hielt sein Versprechen. Eine Woche später, in der Nacht vom 19. zum 20. August, fand bei Sopron ein »Paneuropäisches Picknick« statt, das unter der Schirmherrschaft von Otto von Habsburg und dem Staatsminister Imre Pozsgay stand, bei dem 661 Bürger der DDR die Grenze nach Österreich ungehindert überschreiten konnten. Die ungarischen Grenztruppen waren zuvor angewiesen worden, dies zuzulassen. Vier Tage später reisten mit Hilfe des Internationalen Roten Kreuzes und mit Unterstützung von Imre Kozma, des Präsidenten des Ungarischen Malteser Caritas-Dienstes, weitere DDR-Bürger aus.

In diesen Tagen stellte der ungarische Ministerpräsident fest, daß es in seinem Land wirtschaftliche Probleme gäbe, die nicht mit Hilfe der UdSSR gelöst werden könnten. Eines dieser Probleme bestand für Németh in der hohen Nettoverschuldung Ungarns, die sich seit 1985 verdoppelt habe und 20 Mrd. Dollar betrug und die seinem Bestreben, die Mitgliedschaft Ungarns im Internationalen Währungsfonds zu erreichen, im Wege stand[42]. Deshalb regte er ein Treffen mit dem deutschen Bundeskanzler an. Es sollte aber geheim bleiben. Bonn war dazu sofort bereit und lud Miklós Németh und Gyula Horn zum 25. August 1989 nach Bonn ein, wo beide Delegationen im streng abgeschirmten Schloß Gymnich zusammentrafen[43]. Anwesend waren noch Horst Teltschik, Eduard Ackermann, Rudolf Seiters und Juliane Weber sowie der ungarische Botschafter in Bonn István Horváth. Bei diesem Treffen gab es die Zusage einer Finanzhilfe der Bundesrepublik Deutschland an Ungarn in Höhe von 500 Millionen DM, berichtet Helmut Kohl[44], und die Zusage von Németh: »Es sei beabsichtigt, ›alle Deutschen‹ bis Mitte September ausreisen zu lassen.« Der Bundeskanzler schien von diesem Entgegenkommen der Ungarn ganz gerührt – »Mir stiegen die Tränen in die Augen« –, doch listig fügte er hinzu[45]:

> »Mir wurde in diesem Moment deutlicher denn je bewußt, wie wichtig und richtig es gewesen war, daß wir all die langen Jahre an der einen deutschen Staatsbürgerschaft festgehalten haben.«

Der Bundeskanzler dementierte später entschieden jedes Junktim zwischen der Finanzhilfe der Bundesregierung an Ungarn und dessen Bereitschaft, die Bürger der DDR über Österreich in die BRD ausreisen zu lassen.

Am 28. August 1989 überreichte Horn dem DDR-Botschafter Vehres eine offizielle Note des ungarischen Ministeriums für Auswärtige Angelegenheiten, in der er ankündigte, das bilaterale Abkommen mit der DDR offiziell ohne Einhaltung der vorgesehenen Frist zu kündigen, wenn die DDR die Ausreise ihrer Bürger aus Budapest nicht genehmige. Für diesen Fall – so teilte der Außenminister mit – werde die ungarische Regierung die DDR-Flüchtlinge in den nächsten Tagen legal in ein drittes Land ausreisen lassen[46]. Den »Ablaufplan« dazu hatte Horn (wie er selbst berichtet) mit Németh am Vortag, dem 27. August, ausgearbeitet und den Termin der Ausreise der DDR-Bürger »unter größter Geheimhaltung« auf die Nacht vom 10. zum 11. September bereits festgesetzt. Noch an diesem Abend bat Gyula Horn telefonisch den bundesdeutschen Außenminister, umgehend seinen Staatssekretär nach Budapest zu entsenden, der dort dann auch in der Nacht zum 28. August eintraf und am Morgen über den Ablauf der beabsichtigten Aktion informiert wurde. »Das ist ja phantastisch«, soll Jürgen Sudhoff begeistert ausgerufen haben. Doch als er sofort eine Chiffre-Depesche nach Bonn schicken wollte, riet ihm Horn erst einmal wegen der erforderlichen Geheimhaltung dringend davon ab, denn die Absprache sollte noch nicht bekannt werden. Horn wollte die DDR zunächst offiziell auf diplomatischem Wege informieren. Noch sollte in der ungarischen Öffentlichkeit ein offener Bruch mit der DDR vermieden werden, der wohl in der Bevölkerung nicht verstanden worden wäre. Und dann begann ein bemerkenswertes politisches Verwirrspiel.

Das SED-Politbüro, von Vehres via Oskar Fischer über die ungarische Note informiert, reagierte am 29. August 1989 mit einer Problemdiskussion und zugleich hilflos[47]. Seine Mitglieder erkannten den Verrat der ungarischen Seite, doch sie wollten ihrerseits keinen Bruch mit Ungarn. Hermann Axen machte zudem auf »Schwankungen in der KPdSU« aufmerksam, Werner Krolikowski forderte demgegenüber die Festigung des Bruderbundes mit der UdSSR. Günter Schabowski verlangte eine bessere Argumentation in der Presse, und Willi Stoph meinte, daß die Menschen wieder argumentieren lernen müßten. Aber wie in dieser Situation zu argumentieren war, das blieb von allen unbeantwortet. Zwei Tage später kam Gyula Horn nach Berlin zu Oskar Fischer, anschließend sprach er mit Mittag. Er verlangte die Zustimmung der DDR zur Ausreise ihrer Bürger nach Österreich und wiederholte, daß seine Regierung sonst die beiderseits getroffenen Vereinbarungen über den Reiseverkehr vom Juni 1969 aussetzen werde. Günter Mittag wies eine solche Regelung als für die DDR unannehmbar zurück und machte (gewissermaßen drohend) darauf aufmerksam, daß die DDR doch zu den drei größten Außenhandelspartnern Ungarns gehöre. Doch unbeeindruckt von solchen »diplomatischen Anspielungen« erklärte der ungarische Außenminister (die Finanzhilfe-Zusage Kohls bereits »in der Tasche«), daß die DDR bis zum 11. September noch Zeit habe, mit ihren Bürgern in den ungarischen Lagern zu sprechen, dann werde Ungarn die Grenzen öffnen. Schließlich schlug Horn vor, die DDR-Bürger mit Pässen des Internationalen Roten Kreuzes ausreisen zu lassen, was Mittag strikt ablehnte[48].

Einen Tag später übergab Gorald Gorinowitsch, als Vertreter der sowjetischen Botschaft in der DDR, einen Brief von Eduard Schewardnadse an Oskar Fischer zur entstandenen »Flüchtlinsfrage«. Darin empfahl der sowjetische Außenminister der Regierung der DDR, sie möge sich angesichts der gegebenen Lage in Bonn selbst verstärkt um die Anerkennung der DDR-Staatsbürgerschaft bemühen, wenn es auch »sehr, sehr schwer sein wird, die BRD von den von ihr eingenommenen Positionen abzubringen«. Schewardnadse argumentierte, wenn diese Anerkennung durchgesetzt werden könnte, würden die DDR-Immigranten sich »in der Lage der üblichen Ausländer« befinden. Schließlich gab er dem DDR-Außenminister noch den »guten Rat«, dem Bundeskanzler vertraulich mitzuteilen, daß sich die DDR gezwungen sehe, die offizielle Ausreise ihrer Bürger zu reduzieren, wenn Bonn nicht umgehend die entfachte Anti-DDR-Kampagne einstelle[49]. Nun war diese Argumentation diplomatisch zumindest außerordentlich naiv, wenn nicht hinterhältig. Denn Schewardnadse wußte, und das geht aus dem genannten Schreiben selbst hervor, daß gerade diese Position der Regierung der BRD ihren stärksten politischen Besitzstand gegenüber der DDR darstellte und daß sie keine Veranlassung hatte, noch dazu in dieser für sie günstigen Situation, freiwillig auf ihn zu verzichten. Der Brief wurde vom SED-Politbüro am 5. September 1989 diskutiert[50].

Fischer verwies noch darauf, daß selbst Gorinowitsch bei der Übergabe des Briefes die Meinung geäußert habe, daß eigentlich »die sowjetische Seite sicher weitaus mehr Möglichkeiten habe«, als die gegebenen Ratschläge. Doch dem Vorschlag Fischers, zu dieser Frage das Außenministerkomitee des

Warschauer Vertrages einzuberufen, habe Gorinowitsch keine Chance eingeräumt, zumal die Ungarn – so der sowjetische Diplomat – »nicht mit offenen Karten« spielten. Dennoch unterstützten die Politbüromitglieder den Vorschlag Fischers, in Moskau zu beantragen, zu dieser Frage das Komitee der Außenminister des Warschauer Vertrages einzuberufen. Dieser Antrag wurde noch am gleichen Tag der Botschaft der UdSSR in Berlin übermittelt[51]. Schon zwei Tage später teilte der sowjetische Botschafter im Auftrage seines Außenministeriums dem DDR-Außenminister in einer Unterredung die Ablehnung des Antrages der DDR mit[52]. Sozusagen als »Trost« dafür unterrichtete Kotschemassow die DDR-Seite über eine (unverbindliche) Intervention der UdSSR-Botschafter gegenüber den BRD-Vertretern in Budapest und Bonn. In Bonn habe Rudolf Seiters zu den Vorhaltungen von Julij Kwizinskij über Äußerungen von Mitgliedern der Bundesregierung, daß die Tage der DDR gezählt seien und nunmehr die Wiedervereinigung Deutschlands auf der Tagesordnung der Politik stehe, lediglich mit den Schultern gezuckt[53]. Eine wirksame politische Hilfe waren solche diplomatischen Abmahnungen angesichts der Ablehnung der Einberufung des Komitees der Außenminister des Warschauer Vertrages nicht. Vielmehr hatten sie – auch nach der Ansicht von Fischer – nur eine politische Alibifunktion der Gorbatschow-Führung gegenüber der DDR. Es ist daher nicht verwunderlich, wenn Kotschemassow angesichts dieser Vorgänge irritiert fragt: »... was ist ein Verbündeter eigentlich wert, der die eigenen politischen Interessen über die Bündnissolidarität stellt«, und nach der Ursache dafür sucht, warum sich ausgerechnet in diesem Moment »... die Mechanismen des Warschauer Vertrages als unwirksam« erwiesen?[54]

Am Morgen des 10. September 1989 empfing der – nach dem Tod von János Kádár – neu gewählte Vorsitzende der USAP Rezsö Nyers den DDR-Botschafter in Ungarn. Nyers hatte sich bereits in seinem Statement auf der Tagung des Politisch-Beratenden Ausschusses des Warschauer Vertrages am 7. Juli 1989 in Bukarest vom bisherigen sozialistischen Kurs losgesagt[55]. Der Berater des USAP-Parteivorsitzenden, Imre Degen, hatte kurz zuvor dem DDR-Botschafter ein offizielles Schreiben Nyers' an Honecker ausgehändigt. Darin waren alle Vorschläge der DDR zur Lösung der Flüchtlingsfrage mit freundlichem Bedauern abgelehnt und die Entscheidung der ungarischen Regierung bestätigt worden, die Artikel 6 und 8 des Abkommens zum visafreien Reiseverkehr von 1969 zwischen der DDR und der UVR sowie die Vereinba-

rungen des nichtveröffentlichten Protokolls zu diesem Abkommen aufzuheben[56]. Nyers teilte dem DDR-Botschafter in der anschließenden Unterredung
ergänzend mit, daß Ungarn »in eine Zwangslage, in eine Falle geraten« sei
und keinen anderen Ausweg wählen könne als »zwischen schlecht und weniger schlecht«. Imre Degen bemerkte dazu noch, als er Vehres zum Ausgang
begleitete, daß diese Entscheidung bereits während des Geheimtreffens von
Ministerpräsident Németh und Außenminister Horn am 25. August 1989
in Bonn vereinbart worden und auch in Ungarn vielfach auf Kritik gestoßen sei[57]. Vehres teilte in seinem Schreiben an Außenminister Fischer noch
ergänzend mit, daß die ungarische Seite nicht nur »die Partner des MfS« in
der UVR umgangen und aus diesem »inneren Entscheidungsprozeß« heraus-
gehalten habe, sondern auch bestrebt geblieben war, die DDR bewußt zu täuschen. Die ungarischen Organe gestatteten seit einiger Zeit, so berichtete der
DDR-Botschafter weiter, die Tätigkeit von Organisationen aus der BRD und
aus Österreich, um DDR-Bürger über die Grenze zu schleusen. Sie zahlten
sogar hohe Tagesverpflegungssätze in Forint an DDR-Bürger in den Flücht-
lingslagern aus, um ihren Aufenthalt zu überbrücken, und duldeten deren
konsularische Betreuung durch die BRD-Botschaft. Der Vorgang ist, schreibt
Vehres, »ein Ausdruck des Strebens, die Fahrkarte in Richtung Westen zu
erwerben, d. h. (sie) bezahlbar zu machen«.[58]

Die Grenzöffnung der UVR zu Österreich und Jugoslawien, beginnend
mit dem 11. September 1989 00.00 Uhr, wurde am 10. September um
19 Uhr in Ungarn öffentlich bekannt gegeben. Fünfzehn Minuten später
wies Horn in einem Fernsehinterview jegliche Verantwortung der UVR für
diese Entscheidung zurück. Nach dem vorliegenden internen Bericht des
DDR-Botschafters begann ab 21 Uhr im Lager Zanka die Zusammenstellung
von PKW-Konvois mit westdeutschen Führungsfahrzeugen und TV-Teams.
Gleichzeitig wurde von ungarischer Seite die Ausreise mit Zugtransporten
vorbereitet[59]. Markus Wolf schreibt dazu unter dem 11. September 1989 in
seinem Tagebuch[60]:

> »Wer wollte dies den Ungarn verübeln. Sollen sie noch länger die Geschäfte unserer
> Regierung besorgen? ... Keine Frage nach den Ursachen (bei ›unseren Oberen‹; d.
> Aut.). Als ob dieser Ausdruck von Enttäuschung und Verzweiflung nur das Ergebnis
> bösartiger Hetze und einer ›gesteuerten Abwerbung‹ wäre.«

Wir halten das für eine Bewertung, die von einem »erfolgreichen Aufklärer«
einigermaßen verblüfft.

Das SED-Politbüro nahm auf seiner Sitzung am 12. September 1989 zu der entstandenen Lage Stellung[61]. Es erwies sich wiederum als konzeptions- und völlig hilflos. Der Gegner hatte die DDR-Führung an einer entscheidenden Stelle getroffen: einerseits konnte die Regierung der DDR den Vertragsbruch Ungarns nicht akzeptieren, andererseits war sie nicht in der Lage, ihm mit ökonomischen Sanktionen zu begegnen, die Gegenseite zahlte in Devisen. Einerseits wollte die politische Führung der DDR keinen Bruch mit Ungarn heraufbeschwören, andererseits aber dem geschaffenen Ausreisekanal entgegenwirken. Auch war das Politbüro nicht zu Maßnahmen bereit, die sich gegen die Bevölkerung richteten. Es war also eine Situation der »Quadratur des Kreises« entstanden. Mittag und Mielke wiesen in der Debatte nunmehr auf eine dringliche Analyse der Ursachen hin, die zu dieser Ausreisewelle geführt hätten, doch eine Aufgabe wurde daraus nicht abgeleitet; nur Hager betonte nochmals, daß der Vorgang deutlich mache, daß es nicht angehe, den XII. Parteitag nur mit Kontinuität vorzubereiten. Er mahnte endlich qualitative Schritte der Erneuerung an, so wie Honecker das auf dem 7. ZK-Plenum ausgeführt habe. Doch Horst Dohlus widersprach ihm sofort mit den Worten: »An der Grundtendenz wird sich nichts ändern.« Und so ging das politische Führungsgremium an diesem Tag zwar zutiefst verbittert, aber tatenlos auseinander. Der sowjetische Botschafter konstatierte zu dieser Ratlosigkeit, daß nunmehr klar geworden war, »... daß die DDR-Führung keine wirklichen Hebel zur Beeinflussung der Lage« mehr habe.[62]

Wie war es möglich, daß dem Politbüro der SED, das stets einen hohen Sicherheitsstandard für die DDR beanspruchte, in dieser Situation die sich anbahnenden, ja, die sich bereits vollziehenden Veränderungen des internationalen Kräfteverhältnisses entgehen konnten? Die meisten der von uns befragten Zeitzeugen fanden darauf keine überzeugende Antwort. Aber es gibt unserer Ansicht nach eine, und auf sie hat uns nur Werner Eberlein verwiesen: Die meisten Mitglieder des Politbüros waren gegenüber den Veränderungen in der UdSSR blind, sie wollten nicht wahrhaben, daß die gewohnte »unverbrüchliche Freundschaft« langsam, aber mit einer sich beschleunigenden Tendenz erodierte[63]. Ein anderer Zeitzeuge formulierte die entstandene Problematik noch schärfer so: Die SED-Führung sollte von Gorbatschow über die ungarische Flanke gezwungen werden, für die Politik des gesamteuropäischen Hauses die eigene Grenze zu öffnen. Ungarn schien mit seiner Politik und mit seiner geopolitischen Lage und als begehrtes Reiseziel der DDR dazu am besten geeignet. Natürlich war diese Absicht solange nicht zu erreichen, wie Honecker an der Spitze der DDR stand.

Mit der ungarischen Grenzöffnung setzte eine neue Phase der zielgerichteten Destabilisierung der DDR von außen ein, der die SED-Führung nichts entgegenzusetzen wußte. Die Ursache dafür liegt gewiß in dem Umstand begründet, daß von den Mitgliedern des Politbüros die Krise der Gesellschaft trotz des vorhandenen Tatsachenwissens in ihrer Ursache und deren Tiefe nicht erkannt worden war. Selbst der wohl am besten informierte Mielke verwies immer wieder nur auf die wachsende Unzufriedenheit in der Bevölkerung, auf deren Ursache oder auf die Strategie und Taktik des politischen Gegners ging auch er nicht analysierend ein. Hermann Axen wußte auf der Politbürositzung am 12. September 1989 lediglich etwas hilflos anzumerken, daß doch Ungarn nicht »unser Feind« sei. Daher ist es eigentlich nicht erstaunlich, daß die politisch Führenden der DDR nicht bereit waren, umgehend ein Krisenmanagement anzuregen, obgleich ihnen allen seit dem 4. September durch die Information des Ministeriums für Staatssicherheit ZAIG-Nr. 386/89 bekannt war, wieweit sich die antisozialistische Opposition bereits organisiert hatte und woher sie finanzielle und organisatorische, aber auch Führungshilfe erhielt. Zudem hatte Mielke auf der Politbürositzung über die Vorbereitungen zur Gründung einer DDR-SPD gesondert informiert[64].

1.3 Die SED-Reformer im September 1989

Wenn Egon Krenz und Wolfgang Herger auch noch aus heutiger Sicht meinen, es habe 1989 keine »Opposition in der SED« gegeben, macht dies deutlich, wieweit sie die Stimmung in der Partei verkannten. Gewiß, es gab keine organisierte politische Gorbatschow-Fraktion wie in der DKP unter Wolfgang Gehrcke. Die Ansicht, daß sich die SED-Reformer als unfähig für den Aufbau einer organisierten Reformbewegung erwiesen, halten wir für zutreffend. Dennoch gewannen in den Wochen des »besonnenen Schweigens« die innerparteilichen Perestroika-Vertreter mit ihren Forderungen nach Reformen à la Gorbatschow in den Parteiorganisationen zunehmend an ideologischem Einfluß. Das wurde auch in den Troika-Lesungen von Markus Wolf erkennbar. Unser Zeitzeuge Wolfgang Schwanitz meint, daß in diesen Wochen die Kritik an der Gesellschaftskonzeption der SED und Zweifel an der Richtigkeit ihrer Politik rasch zunahmen, wobei die politische Führung selbst bei Mitarbeitern des Ministeriums für Staatssicherheit an Vertrauen verlor[65]. Auch die in verschiedenen wissenschaftlichen und kulturellen Einrichtungen entstandenen Diskussionsgruppen innerhalb der SED-Grundorganisationen wurden aktiver, sie besaßen jedoch im Gegensatz zu der bereits hochorganisierten Bürgerbewegung keine organisatorische und bis zum September 1989 nur eine sehr geringe informelle Vernetzung.

In den Grundorganisationen der SED war die Vorbereitung auf den XII. Parteitag nicht nur mit der Neuwahl aller Leitungen verbunden, sondern auch mit dem Umtausch der Parteimitgliedsbücher. Erich Honecker soll damit die Absicht verfolgt haben, den Problemen der Massenpartei mit einer weiteren Reduzierung der Mitgliederzahl zu begegnen. Doch der Versuch, dies bei den persönlichen Gesprächen mit den Mitgliedern während des Umtausches zu erreichen, scheiterte gründlich[66]. Die Gespräche ergaben aber eine umfassende Einsicht in die Stimmung der Parteimitglieder. Ihre Mehrheit kritisierte hart die »Fälschungen der Kommunalwahlen« vom Mai 1989 und forderte demokratische Reformen in der DDR, viele am Beispiel der Sowjetunion. Aber auch jene, die der Politik Gorbatschows kritisch gegenüberstanden, vertraten die Ansicht, daß eine ganze Reihe von Problemen der DDR endlich über eine erneuerte Gesellschaftsstrategie gelöst werden müßten. Insgesamt herrschte in den Grundorganisationen große Unzufriedenheit mit der Politik der Parteiführung, besonders hinsichtlich ihrer Schweigsamkeit zu wichtigen innenpolitischen Fragen. Gewiß gewannen auch die Versorgungsschwierigkeiten an Bedeutung, doch das Verhältnis zwischen Parteibasis und Führung wurde vor allem davon geprägt, wieweit es dem Politbüro gelang, auf die Fragen aus den Parteikollektiven überzeugende Antworten für die politische Arbeit mit den Werktätigen zu geben. In dem Umfang aber, wie diese Antworten in einer zunehmend schwierigen Situation ausblieben, entstanden Unsicherheit, Unmut und Verärgerung, weil die Parteimitglieder den Fragen der Werktätigen gegenüber selbst in die Defensive gerieten. Ende September lag dem Politbüro der interne Bericht der Abteilung Parteiorgane zum Stand der persönlichen Gespräche vor. Der Bericht wurde von diesem als zu negativ zurückgewiesen[67].

Solche Stimmungen hatten sich parallel zu vielen SED-Grundorganisationen auch in Gewerkschaftsgruppen und Arbeitsbrigaden sowie in der FDJ herausgebildet. Und das wußten die Mitglieder des Politbüros aus der internen Parteiinformation[68] ebenso wie aus den Berichten der ZIAG des Ministeriums für Staatssicherheit. Auch im Apparat des ZK der SED gab es, wie uns verschiedene Zeitzeugen ausdrücklich bestätigten, eine Reihe von politischen Mitarbeitern, von Sektoren- und Abteilungsleitern, die nicht nur die Probleme in der Gesellschaft gut überschauten, sondern auch die Stimmung in vielen Grundorganisationen der Partei ernst nahmen. Ohne sich offiziell zu den SED-Perestroikianern zu rechnen, versuchten sie in ihrem politischen Verantwortungsbereich, die vom 7. Plenum des ZK der SED beschlossene Politik der »Kontinuität und Erneuerung« zu nutzen, um für den anstehenden XII. Parteitag Reformen vorzubereiten. Die meisten von ihnen sahen, wie sie uns mitteilten, zunächst in Krenz die personelle und politische Alternative zu Honecker. Hierzu gehörten u. a. der Leiter der Abteilung Sicherheitsfragen, Wolfgang Herger, und der Leiter der Abteilung Internationale Verbindungen, Günter Sieber, mit einigen ihrer politischen Mitarbeitern, sowie der Abteilungsleiter Jugend, Gerd Schulz. Auch der Leiter der Abteilung Agitation, Heinz Geggel, gehörte zu denen, die trotz ihrer Ablehnung des Perestroika-Konzepts versuchten, wie Günter Sieber schreibt, »…Wege zu finden, um von der DDR drohende Gefahren abzuwenden«[69]. Werner Hübner – aus der Abteilung Sicherheitsfragen – hat von seiner zunehmenden persönlichen Unruhe berichtet, die für ihn aus der sichtbaren Handlungsunfähigkeit der Parteiführung und angesichts des wachsenden politischen Drucks auf die DDR und die SED erwuchs[70]. Wolfgang Herger und Frank-Joachim Herrmann[71] sprachen über ihre damaligen Befürchtungen in der Zeit des »besonnenen Schweigens«, daß die politische Macht der DDR infolge der politischen Untätigkeit der Partei- und Staatsführung und durch das Vordringen der antisozialistischen Kräfte irreparabel demontiert werden könnte. Einige Erste Sekretäre der SED-Bezirksleitungen, wie Hans Modrow in Dresden, Werner Eberlein in Magdeburg, Siegfried Lorenz in Karl-Marx-Stadt, Günther Jahn in Potsdam oder der zweite Sekretär der SED-Bezirksleitung Schwerin, Erich Postler, versuchten umgehend, über einen Dialog mit den Werktätigen der drohenden Gefahr der politischen Destabilisierung zu begegnen. Sie wurden von verschiedenen Funktionären aus dem Zentralrat der FDJ unterstützt. Zu ihnen gehörten Eberhard Aurich und Hans-Joachim Willerding[72]. Sollte dieses Verhalten nur »Verrat von Mitarbeitern« des ZK-Apparates gewesen sein, wie Honecker das nachträglich einschätzte[73], oder war es nicht ernste Sorge um die Stabilität der DDR und die Politikfähigkeit der SED?

Die SED-Reformer befanden sich in einer tragischen Situation. Sie bemühten sich um eine Perestroika, die zu diesem Zeitpunkt in der UdSSR
bereits völlig gescheitert war. Dort hatten sich inzwischen ihre Ambivalenz
und damit ihr Reformansatz aufgehoben. Aus der strategischen Korrektur
war zunehmend eine »Umgestaltung des Sozialismus als System« geworden.
Als die SED-Perestroikianer noch hofften, mit Gorbatschow für einen besseren Sozialismus kämpfen zu können, hatte dieser den Weg zum Sozialismus
längst verlassen. Der führende Funktionär der Kommunistischen Partei der
USA, Victor Perlo, bemerkte dazu[74]:

>»Beginnend mit dem Jahr 1989 wendet sich die Perestroika dazu, schrittweise kapi-
talistische Beziehungen einzuführen und einer neuen Kapitalistenklasse den Boden
zu bereiten. Bis zu einem gewissen Punkt war jeder Schritt begleitet von Versicherungen, daß es sich um wirklich sozialistische Maßnahmen handelt.«

Wie viele der von uns befragten Zeitzeugen nahezu übereinstimmend berichteten, schätzten alle SED-Reformer zu diesem Zeitpunkt die innenpolitische
Lage in der UdSSR unkritisch positiv ein und meinten, die Krise in der DDR
durch einen »Schulterschluß« mit Gorbatschow überwinden zu können.
Dazu sei ihrer Einschätzung nach aber ein Wechsel in der Führung der SED
unabdingbar, denn sie hofften, daß mit diesem Führungswechsel und dem
Einschwenken der DDR auf die Konzeption Gorbatschows das Vertrauen
der Werktätigen rasch zurückzugewinnen sein werde. Damit stimmten sie
zumindest in einer Frage mit den außenpolitischen Beratern des KPdSU-
Generalsekretärs überein, in der Frage der Notwendigkeit eines personellen
Wechsels an der Spitze der SED. Vielfach wird behauptet, daß verschiedene
SED-Oppositionelle solche »Ratschläge« von sowjetischen Freunden erhalten
hätten. Auch wenn das stimmt, ist es politisch nicht relevant. Es war bereits
unübersehbar, daß sowohl in der SED, und zwar von ihren Mitgliedern, als
auch in der Bevölkerung dringend personelle Änderungen in der Partei- und
Staatsführung erwartet wurden.

Wolfgang Herger bestätigt, daß der Beurteilung der Situation in der
DDR durch die SED-Reformer eine Einschätzung der Kräfte zugrunde lag,
die innen- wie außenpolitisch unrealistisch war. Es war richtig, daß viele
SED-Mitglieder wie parteilose Bürger auf einen Reformkurs hofften, der sich
an Gorbatschows Perestroika-Postulaten orientierte, doch inzwischen wurden unter diesen Reform-Theoremen auch in der DDR bereits nicht mehr
nur ein besserer Sozialismus und eine reformierte DDR verstanden. Wie

Gorbatschow hatten auch manche SED-Perestroikianer die Forderung nach einem besseren Sozialismus längst aufgegeben. Die Mehrheit der Bürgerbewegung in der DDR kämpfte, wie der amerikanische Historiker Konrad H. Jarausch feststellte, bereits für die Herstellung einer »Zivilgesellschaft« und darum, das »SED-Regime« zu stürzen[75]. Insofern erwies sich das »ungebrochene Vertrauen« der SED-Perestroikianer in den anscheinend reformfreudigen KPdSU-Generalsekretär politisch als kontraproduktiv. Wie sich erweisen sollte waren sie zu einer kritischen Verarbeitung der Realitäten nicht in der Lage, da viele von ihnen – wie ihr Vorbild – selbst dazu übergegangen waren, das marxistische Analyseinstrumentarium aufzugeben. Zudem waren ihnen (bis auf wenige Ausnahmen, zu denen Wolf, Willerding und auch Schalck-Golodkowski gehörten) – wie uns immer wieder versichert wurde – die hartnäckigen Bestrebungen der »Germanistenfraktion« im Außenministerium der UdSSR und in der Internationalen Abteilung des ZK der KPdSU für eine mögliche Vereinigung beider deutscher Staaten weitgehend unbekannt. Über die Gesamtbreite der Diskussion in der UdSSR zur »Lösung der deutschen Frage« als Herstellung der deutschen Einheit will – wie uns Wolfgang Schwanitz berichtet – nicht einmal die Leitung des MfS unterrichtet gewesen sein[76]. Und noch ein Aspekt ist anzumerken: Wäre die Mehrheit der SED-Mitglieder über diese Vorgänge und Diskussionen in der UdSSR informiert worden, hätten sie ebenso wie Honecker reagiert und solche Informationen als »Verleumdung von Gorbatschow« bewertet und ihnen einfach nicht geglaubt. Jeder Versuch von SED-Perestroikianern, über diese Frage offen zu diskutieren, hätte sie auch angesichts dieser dominierenden Meinung zweifellos in ein politisches Desaster geführt und ihre Glaubwürdigkeit nicht nur in der Partei grundsätzlich infrage gestellt, sondern vor allem bei vielen Parteilosen. Deshalb hat keine der sich formierenden Perestroika-Gruppen in der SED über solche deutsch-deutschen »Möglichkeiten« öffentlich auch nur nachgedacht.

Inzwischen hatte sich mit dem Scheitern der Perestroika auch die Sozialismus-Diskussion in der UdSSR gewandelt. Von ihrem ursprünglichen Anliegen, Lenins Sozialismuskonzept wiederherzustellen, war die Debatte in die Forderung transformiert worden, Lenins Gesellschaftsvorstellungen durch das »neue Denken« zu ergänzen und dessen Grundsätze in die zu entwickelnden »modernen« Sozialismus-Modelle einzubeziehen. Solche Forderungen waren im Juli 1989 in der »Prawda« in einer entsprechenden Artikeltriade erhoben worden[77]. Zu ihnen gehörte vor allem das Primat der internationalen

Stellung des Sozialismus, also seine Beziehungen zum Imperialismus, als Voraussetzung seiner inneren Entwicklung, womit die »allgemeinmenschlichen« Interessen den sozialen Interessen der Werktätigen übergeordnet wurden. Zum zweiten verteidigten die Autoren in der »Prawda« die These, daß nicht objektive ökonomische Parameter und unterschiedliche konkret-historische Bedingungen verschiedene Formen sozialistischer Gemeinschaften entstehen lassen, sondern daß diese jeweils vom Verständnis des »historischen Subjekts« abhängig seien. Was darunter zu verstehen gewesen wäre, blieb jedoch undefiniert. Schließlich wurde diesen mysteriösen Wesen auch noch unterstellt, »Inhalt und Funktion der neuen Ordnung unterschiedlich« verstehen zu können. Im Ergebnis solcher Prawda-Thesen war die Arbeiterklasse als handelndes Subjekt aufgegeben und die Tolerierung antisozialistischer Ideologie legitimiert. In dieser Artikel-Triade reflektierten sich zwar einige Ideen des Eurokommunismus[78], doch entscheidender war, daß mit ihr nunmehr versucht wurde, den dialektischen Materialismus und mit ihm die Leninsche Sozialismus-Konzeption grundsätzlich zu revidieren. Daher entbehrte es auch nicht einer inneren Logik, wenn diese »modernen Reformer« nun überraschend behaupteten, daß Sozialismus und Kapitalismus keine antagonistischen Gesellschaften mehr seien, sondern unterschiedliche Formationen einer Schicksalsgemeinschaft der ganzheitlichen Weltzivilisation.

Einer der Autoren der Artikeltriade, Anatoli Butenko, Professor an der Moskauer Lomonossow-Universität, präzisierte in einem gesonderten Aufsatz in der »Prawda« seine Auffassung von der neuen Qualität seiner »modernen Sozialismus«-Vision. Er schrieb, daß von einem »wirklichen Sozialismus« nur dann zu sprechen wäre, wenn »... vor allem die wirtschaftlichen Grundlagen der Freiheit jeder Persönlichkeit« gesichert seien, wozu er einen Eigentumspluralismus forderte, in dem er vor allem das »individuelle Eigentum« an Produktionsmitteln wiederhergestellt sehen wollte[79]. Daß eine solche Auffassung von einem »modernen Sozialismus« Honecker ebenso unverständlich blieb wie anderen Mitgliedern des SED-Politbüros, ist nachvollziehbar. Hier war der »Gorbatschowismus« tatsächlich schon zu einem ideologischen System der Rechtfertigung des Scheiterns der Perestroika ausgereift. Gewiß gab es alle Ansätze dafür bereits im Konstrukt des »neuen Denkens«, doch nach der XIX. Parteikonferenz der KPdSU im Sommer 1988[80] und dem folgenden September-Plenum des ZK der KPdSU waren diese ideologischen Tendenzen zu einer strategischen Linie des neuen Politbüros ausgebaut worden. Mit

ihnen wurde in den folgenden Monaten der Rückwärtsgang in den Kapitalismus ideologisch vorbereitet. Insofern stellt die XIX. Parteikonferenz eine
entscheidende Zäsur in der Perestroika dar.

Es mag für »Reform-Dogmatiker« ein befreiendes und »emanzipatori-
sches« Erlebnis – auf das André Brie so großen Wert legt[81] – gewesen sein, in
der »Prawda« solchen »modernen Marxismus« zu lesen. Das ist verständlich
angesichts der Tatsache, daß die Projektgruppe »moderner Sozialismus« um
Michael Brie, Dieter Klein und Rainer Land offenbar zu dieser Zeit bereits
an analogen Fragen arbeitete und dazu mit dem interdisziplinären Arbeitskreis für Kommunikationsforschung von Hans-Peter Krüger am Institut für
Wissenschaftstheorie der Akademie der Wissenschaften der DDR kooperier-
te. Krüger seinerseits unterhielt Verbindung zu Bernd Gehrke, der in konspirativen Zirkeln mitarbeitete, um die SED von »links zu unterwandern«.
Krügers kommunikationstheoretische Arbeiten zielten, wie er das selbst sieht,
auf eine Überwindung der »Grenzen marxistischer Gesellschaftstheorie und
Geschichtsphilosophie« durch »die Moderne«. Einzelne Mitglieder dieser
Projektgruppe hatten offenbar auch politische Beziehungen zu Markus Wolf,
andere versuchten Verbindungen zu Perestroikianern in verschiedenen Parteigruppen der Akademie der Wissenschaften der DDR und zur Akademie für
Gesellschaftswissenschaften beim ZK der SED aufzubauen. Von der Akademie der Wissenschaften stießen Michail Nelken, Helmut Steiner, Christian
Hempel und Jörn Schütrumpf zu ihnen, von der Akademie für Gesellschaftswissenschaften engagierte sich vor allem Dieter Segert. Insgesamt entwickelte
die Projektgruppe in den folgenden Wochen zunehmend eine zentralisieren-
de ideologische Tätigkeit für die SED-Perestroikianer auf der Grundlage einer
zunehmenden informellen Vernetzung. Kurt Hager bewertete ihre Tätigkeit
schlicht als »konterrevolutionär«[82]. Ebenso wie Wolf mit seinen Lesungen traten Mitglieder der Projektgruppe im September und Oktober 1989 auch in
Versammlungen von Grundorganisationen der SED mit Vorträgen auf und
erläuterten ihre Thesen. Hier wurde versucht, so sieht Rainer Land das heute,
nunmehr ganz bewußt eine ideologische Oppositionsfront gegen das ZK der
SED aufzubauen[83]. Man kann darin eine Bestätigung für Hagers Einschätzung sehen.

Das politische Dilemma der SED-Perestroikianer bestand darin, daß sie
mit ihren Thesen zu spät kamen, um sich noch an die Spitze der allgemeinen
»Unzufriedenheit« zu setzen und in der sich formierenden »Anti-Honecker-

Fronde« die ideologische Hegemonie zu erobern. Dies war inzwischen der
Bürgerbewegung gelungen. Sie hatte es verstanden – wie das Jens Reich sah
– für die zunächst theoretisch schwache Reformbewegung innerhalb der SED
»einzuspringen«. Diese Sicht darf aber nicht darüber hinwegtäuschen, daß
andere Schichten der DDR-Bevölkerung die diffuse Bürgeropposition zu
diesem Zeitpunkt noch nicht akzeptierten. Jedenfalls war das, was die Perestroikianer um Michael Brie und Dieter Klein Anfang Oktober 1989 als
»Reformkonzeption« vorlegten, nicht nur zu intellektualistisch, sondern
gleichzeitig auch zu unausgereift, wie das ihnen heute auch von einigen sozialdemokratischen Historikern bescheinigt wird[84], um sozialen Interessen der
Werktätigen zu entsprechen und sie zu überzeugen. Hierzu verweisen wir auf
das am 8. Oktober 1989 veröffentlichte Papier, das als Autoren André und
Michael Brie gemeinsam mit Wilfried Ette auswies, und unter der Firmierung
des Berliner Universitäts-»Forschungsprojekts« Thesen zum Diskussionsstand
über die »gegenwärtige Lage der DDR und Konsequenzen für die Gestaltung
der Politik der SED« umfaßte[85]. Im veröffentlichten Textteil des Dokuments
wird nicht nur die politische Sicherung der Souveränität der DDR verteidigt, sondern auch die führende Rolle der SED ebenso vorausgesetzt wie das
»ausbeutungsfreie Volkseigentum« und eine staatliche Planung. Auch wird
eine weitere Entfaltung der sozialistischen Struktur der DDR gefordert. Dazu
heißt es bereits in der ersten These: »Die Erneuerung des sozialistischen Ent-
wicklungsweges« habe eine »fundamentale Bedeutung«. Diese schließe ein:

> »… die konsequente Durchsetzung und weitere Festigung solcher grundlegenden
> Entwicklungsbedingungen wie führende Rolle der Partei, sozialistisches ausbeu-
> tungsfreies Volkseigentum, staatliche Planung und eine auf die Durchsetzung von
> Gerechtigkeit und Fähigkeitsentwicklung orientierte Sozialpolitik.«

Die Verfasser wollten in diesem nicht ganz widerspruchsfreien Papier auch
alle »Errungenschaften der ökonomischen, sozialen, politischen und geistigen
Entwicklung der DDR« bewahrt sehen. Ausgehend von der Feststellung, daß
»trotz beachtlicher wissenschaftlich-technischer, ökonomischer und sozialer
Erfolge … grundlegende Zielstellungen des XI. Parteitages der SED nicht
realisiert werden« konnten, konstatierten sie allein daraus eine »massenhafte Unzufriedenheit und Frustration«, die zu einer »latenten Krisensituation«
geführt habe. Diese würde in den nächsten zwei bis drei Jahren – sollten
keine »fundamentalen Reformen« erfolgen – zu einer »Krise des gesamten Re-
produktionsmechanismus« führen. Solche Formulierungen hatte schon Falin

drei Jahre zuvor in seinem bereits zitierten Schreiben an Gorbatschow über
den Zustand der DDR verwandt.

Streiten wir aus heutiger Sicht nicht über die Enge und Befangenheit einer solchen »Analyse« und übergehen wir nachsichtig die auffallende Nähe
der Argumentation mit Falin, aber auch die wiederholte Betonung der Verteidigung des »Avantgardismus-Anspruchs der SED«, den zwei ihrer Verfasser
später scharf als »stalinistisch« verurteilen sollten. Wichtiger ist, welche Kriterien als »fundamentale Erneuerung« des Sozialismus in diesem Dokument
vorgeschlagen wurden, weil sich die Möglichkeiten einer »Politik partieller
Reformen« in der DDR bereits endgültig erschöpft hätten. Wir versuchen im
folgenden eine referierende Zusammenfassung zu geben.

Als Ausgangskriterien formulierten sie ein klares Bekenntnis zur Erneuerung des Sozialismus an der Seite der UdSSR, die Fähigkeit der DDR zur
aktiven Teilnahme an Gorbatschows Globalisierungs- und Europäisierungs-
prozessen, um sich in die »Kooperation europäischer Staaten einzubringen«,
was eine weitgehende »Öffnung der Gesellschaft« erfordert, die sowohl einen
Pluralismus von Sozialismus-Konzeptionen ermöglicht als auch den Oppo-
sitionskräften einen – begrenzten – Raum »unter der unverzichtbaren Führung der Partei« einräumt. Dazu heißt es dann im Begründungsteil: »Die
Funktion von sogenannten ›oppositionellen‹ Gruppen ist auf das Gebiet
der öffentlichen Diskussion einzuschränken, damit organisiertes Handeln
gegen den Sozialismus ausgeschlossen wird«. Die anvisierten Reformen des
DDR-Sozialismus sollten alle gesellschaftlichen Bereiche umfassen und zur
Herausbildung lernfähiger demokratischer Formen der Auseinandersetzung
und Mechanismen zur Erarbeitung und Durchsetzung politischer Strategie-
bildung führen.

Auf der Grundlage der im Juli 1989 eingereichten und von uns bereits
zitierten »Parteitags-Studie« des Berliner Universitäts-Forschungsprojekts regten die drei Verfasser der Thesen dann ein »Sofortprogramm strategischer Radikalität« für einen neuen Kurs einer »veränderten Politik« an, die prinzipiell
mit dem bestehenden Sozialismus vereinbar wäre und für die sie folgende
Forderungen (von uns knapp zusammengefaßt) aufstellten:

1. Es wäre notwendig, einen offenen Dialog zu führen, in dem sich von
   Interessenverbänden und Diskussionsgruppen mannigfaltige und in-
   tegrierbare Auffassungen zur Politik artikulieren können, wobei sich
   auch die Arbeit der Massenmedien grundsätzlich verändern müsse.

2. Die Ökologie müßte zu einem Integrationsfeld von Ökonomie, Sozialpolitik und Machtausübung gestaltet werden, in dem sich sozialistische Lernprozesse vollziehen könnten.

3. Für einen beherrschbaren Öffnungsprozeß müßten schnell die geltenden rechtlichen Regelungen – auf der Grundlage der Erfahrungen anderer sozialistischer Staaten – erlassen bzw. bestehende Regelungen überarbeitet werden; dabei sollten zugleich rechtlich durchsetzbare Garantien für die Verwirklichung wesentlicher Verfassungsgrundsätze geschaffen werden.

4. Die Rechtssubjektivität des Bürgers gegenüber dem Staat und die Einklagbarkeit der Verletzung von Verfassungsgrundsätzen seien anzuerkennen.

5. Das Wahlsystem wäre »bei Beibehaltung des Systems der Nationalen Front« insofern zu verändern, als in öffentlichen Diskussionen zu Grundfragen zukünftig verschiedene Kandidaten aufgestellt werden könnten.

6. Die Offenlegung der Gehälter der führenden Staats- und Parteifunktionäre und die Abschaffung aller »Privilegien (Sonderversorgung mit Waren, Dienstleistungen, Erholungsmöglichkeiten und anderes)« wird für notwendig erachtet.

7. Verlangt wird: »die Einführung einer Ökosteuer und die öffentliche Verwaltung des damit zu bildenden Investitionsfonds«, sowie

8. »… eine Neuregelung der Subventionen (zum Beispiel für Wasser und anderes), die sowohl veränderte Konsuminteressen und -gewohnheiten als auch veränderte ökologische Bedingungen berücksichtigt«.

9. Gefordert wird schließlich: »eine allgemeine rechtliche Regelung der Reisen in den Westen, unabhängig von Verwandtschaftsbeziehungen, sowie die rechtliche Regelung einer Rückkehr in die DDR nach ständiger Ausreise«; und

10. eine »Neuregelung des Zugangs zu Valutamitteln insbesondere für Ausreisen«.

In dem damals nicht veröffentlichten »Begründungsteil« gibt es noch weitere bemerkenswerte Feststellungen und Befunde. So, daß die hochintensive Landwirtschaft der LPGs die »Ackerkrume« in der DDR zerstöre und das Grundwasser belaste, ferner der Befund, die DDR müsse sich einem tiefgreifenden Wertewandel anschließen, »der sich heute vollzieht«.

Wo sich ein »tiefgreifender Wertewandel« vollzieht und wohin, das wird vorsichtshalber nicht ausgesprochen, ebensowenig welche Werte sich wandeln. Sollten sich soziale Werte wie Vollbeschäftigung und soziale Sicherheit in die gleichzeitig angemahnten »allgemeinen Werte« auflösen, wie Eigenständigkeit, Selbstgestaltung des persönlichen Lebens, individuelle Freiheit und eine »Freiheit der Wahl«? Waren das schon Auswirkungen der Überwindung marxistischer Gesellschaftstheorie? Unklar bleibt in diesem »Konzept« auch, unter welchen sozialen Bedingungen sich die »neuen Werte« herausbilden könnten. Wir meinen, daß hier die politischen Folgen kapitalistischer Marktpolitik bzw. von »Marktlogik« idealisiert vorweggenommen worden sind, denn zugleich wird von den Autoren die »Fürsorgefunktion« des Staates als Ursache »eines parasitären Verhältnisses« (der Werktätigen) zum Staat eingeschätzt, womit viele Werktätige arrogant verleumdet wurden. Damit kamen sie der Gorbatschowschen negativen Haltung zur Arbeiterklasse sehr nahe.

Dieses »Reformpapier« entspringt einer »politischen Logik«, die wir schwer verstehen. Vielleicht aber, möchten wir mal ironisch einfügen, verhilft uns dazu ein Gedicht von André Brie aus jenen Tagen, das er in seinen Erinnerungen veröffentlichte[86]:

>*In meiner Glotze sinkt mal wieder alles*
>*Auch das Niveau sinkt immer tiefer*
>*Doch meine Sessel sind aus echtem Nappaleder*
>*Die Flasche ist schon wieder leer.«*

Diesen Reformvorstellungen schlossen sich letztlich auch die Perestroikaner der Akademie für Gesellschaftswissenschaften beim ZK der SED und von verschiedenen Instituten der Akademie der Wissenschaften der DDR an, die wohl keine eigenständigen Programme entwickelten, jedenfalls sind uns keine bekannt geworden. Die angestrebte informelle Vernetzung der Reformer erfolgte über die SED-Grundorganisation des Zentrums für wissenschaftlichen Gerätebau der Akademie der Wissenschaften und über fachliche Verbindungen zum Rundfunk der DDR sowie zum VEB Werk für Fernsehelektronik in Berlin-Köpenick (WF). In der Leitung der SED-Parteiorganisation dieses Werkes vertraten im Frühherbst 1989 vor allem Robert Kreibig, Lutz Eichhorn und Andreas Thun Perestroika-Vorstellungen. Günter Schabowski schreibt zu seinen Kontakten zu dieser SED-Parteiorganisation, daß die

»Genossen ohne Hemmung ihre« kritischen Ansichten vorgetragen und das offene Streitgespräch mit der Parteiführung gefordert hätten[87]. Auch Lothar Bisky wurde von der Parteileitung des Köpenicker Werkes mehrmals als Referent zu Versammlungen der SED-Grundorganisation eingeladen. Er berichtet, daß an der Hochschule für Film und Fernsehen »Konrad Wolf« in Potsdam-Babelsberg, deren Rektor er war, frühzeitig die von Gorbatschow ausgehenden Gedanken zu einer demokratischen Reform der sozialistischen Gesellschaft aufgegriffen worden waren und daß er in seiner kritischen Haltung Unterstützung bei Klaus Höpcke sowie bei einigen Redakteuren im Rundfunkkomitee der DDR gefunden habe. Von ihnen wurde er zu Versammlungen der BPO, der Betriebsparteiorganisationen der SED im Rundfunkkomitee sowie von der Redaktion der Wochenpost, namentlich von deren Chefredakteurin Brigitte Zimmermann, verschiedentlich als Referent eingeladen. Durch die Redakteure beim Rundfunkkomitee bekam er auch Verbindung zur Parteileitung des Werkes für Fernsehelektronik[88].

Zum »Perestroika-Aktiv« in der SED-Grundorganisation des Staatlichen Komitees für Rundfunk der DDR gehörten: Thomas Falkner, Wernfried Maltusch und Horst Hirt. Falkner, der später als Mitarbeiter von Lothar Bisky im Brandenburgischen Landtag arbeitete und heute einer der Kommentatoren des PDS-Parteiprogramms ist[89]. Er beschreibt in seinem Erinnerungs-Buch (das er gemeinsam mit Gregor Gysi publizierte)[90], wie von den SED-Reformern der Sturz der SED-Führung systematisch vorbereitet wurde. So berichtet er, daß er im August 1989 mit einer Reihe von Vorträgen zu den Ursachen des anschwellenden Flüchtlingsstroms begonnen hätte. In seinen Vorträgen habe er die Ansicht vertreten, daß der »Real-Sozialismus innerhalb der DDR an die Grenzen seiner Leistungskraft gestoßen sei« und daß die Erfahrungen in anderen osteuropäischen Ländern bereits die Schranken seiner Reformierbarkeit aufzeigen würden. Trotzdem, so erinnert sich Falkner weiter, hielt er damals die Möglichkeit, die DDR noch zu reformieren, nicht für undenkbar. Jedenfalls habe er als Ursache der DDR-Misere in seinen Vorträgen immer wieder auf die geringe Effizienz der geistig-ideologischen Verhältnisse der DDR und auf die fehlenden Bewegungsformen in ihrer politischen Sphäre aufmerksam gemacht, in denen sich die Vielgestaltigkeit der Gesellschaft und die daraus resultierenden unterschiedlichen Interessen nicht realisieren konnten. Dann zitiert er aus einem seiner Vortragsmanuskripte:

>Die Menschen empfanden den politischen Alltag (der DDR, d. Aut.) – zu Recht
– nicht als Möglichkeit, auf die Bewegung der Gesellschaft einzuwirken, über den
eigenen Dunstkreis hinaus Aktivität zu entfalten, sich einzubringen. Weit verbreitet
ist das Gefühl, regiert zu werden und nicht wirklich selbst regieren zu können.«

Schließlich hätte er in seinen Vorträgen neben einer verbreiteten Privilegien-
Wirtschaft auch die erdrückende Gleichmacherei und willkürliche Bevorzu-
gung oder Benachteiligung einzelner Beschäftigungsgruppen hart kritisiert.

Diese Perestroika-Opposition verfügte besonders unter den Berliner
Künstlern über ein weites Wirkungsspektrum. Es reichte vom Ministerium
für Kultur mit Klaus Höpcke, Dietmar Keller und Hartmut König bis zu
den Rockmusikern der Gruppe Silly und Tamara Danz[91]. Forderungen nach
dringenden Reformen des Sozialismus kamen vom Schriftstellerverband um
Helga Königsdorf[92] und vom Präsidium der Akademie der Künste der DDR.

Horst Singer, der Stellvertretende Vorsitzende der Gewerkschaft Kunst,
berichtet[93], daß sich unter den gewerkschaftlichen Vertrauensleuten der Berliner Theater im September ebenfalls zunehmend Unmut über die politische
Situation verbreitete und daß das Neue Forum unter ihnen einen wachsenden
Einfluß gewann. Der Antrag auf Zulassung des Neuen Forums wurde daher
von verschiedenen Theaterleuten unterstützt. Sie forderten vor allem die Realisierung der Presse- und Koalitionsfreiheit nach Artikel 27 und 28 der Verfassung der DDR und regten an, dazu eine Kundgebung zu veranstalten. Der
Vorstand der Gewerkschaft Kunst bot dieser Initiative seine organisatorische
Hilfe an und stellte seine Bürotechnik zur Verfügung, was einige Schauspieler
zunächst ablehnten, weil sie sich von der Gewerkschaft Kunst distanzieren
wollten. Jutta Wachowiak schlug vor, alles ohne die Gewerkschaft zu organisieren. Beschlossen wurde, eine Initiativgruppe von 40 Kolleginnen und Kollegen und einen kleinen Sprecherrat zu bilden. Die Initiativgruppe tagte im
Berliner Club »Die Möwe« in der Hermann-Matern-(heute: Luisen-)Straße.

Zusammenfassend kann eingeschätzt werden, daß sich im September
1989 in Berlin die Ansätze einer Parteiopposition auf der Grundlage der ideologischen Konzeption der Projektgruppe »Moderner Sozialismus« der Humboldt-Universität herausbildeten. Sie konnte sich zwar nicht auf die Berliner
Arbeiterklasse, aber weitgehend auf Intellektuelle, Journalisten, Wissenschaftler, Künstler und Theaterleute stützen. Der Konsens dieser heterogenen Opposition bestand offenbar auf zwei Ebenen: einmal darin, daß es notwendig
sei, Erich Honecker als Generalsekretär abzulösen, weil in großen Teilen auch

der Parteibasis die Meinung vorherrschte, daß Honecker nicht mehr in der
Lage sein werde, die bestehende Krisensituation politisch zu beherrschen; und
zum anderen darin, daß von einer neuen Parteiführung erwartet wurde, daß
sie durch politische und ökonomische Reformen die gesellschaftliche Stabilität der DDR wieder sichern und den Sozialismus an der Seite Gorbatschows
weiterentwickeln würde. Wieweit jedoch dieser Anspruch der Parteioppo-
nenten durch die politischen Überlegungen im ZK der KPdSU über das gesamteuropäische Haus und die darin schon eingebettete Idee, beide deutsche
Staaten wieder zu vereinigen, politisch bereits völlig überholt war, haben wir
schon deutlich gemacht. An der Seite Gorbatschows gab es zu diesem Zeitpunkt keinen Aufbruch mehr zu neuen »sozialistischen Ufern«.

Eine brisante taktische Frage bestand darin, wieweit es hinsichtlich der
Beherrschbarkeit gesellschaftlicher Prozesse politisch überhaupt ratsam war,
in krisenhaften Situationen die Führung auszuwechseln. Und: wieweit konnte
der Führungswechsel, wenn er wie in diesem Fall sich als unabdingbar erwies,
mit einer überzeugenden Perspektive verbunden werden, um einer Destabilisierung entgegenzuwirken, die bereits an Eigendynamik gewann. Solche
Überlegungen, so erfuhren wir von Zeitzeugen, dominierten nicht. Und wo
sie vereinzelt aufkamen, traten sie weitgehend hinter die Diskussion um die
anstehenden personellen Entscheidung zurück. In der Frage, wer die Nachfolge Honeckers antreten sollte, herrschte unter den SED-Perestroikanern
kein Konsens. Hier versuchten schon westdeutsche Medien (nicht erfolglos)
einzelne führende SED-Oppositionelle gegeneinander auszuspielen: Egon
Krenz gegen Hans Modrow, Hans Modrow gegen Markus Wolf …

1.4 Der offene Angriff der Bürgeropposition

Nachdem Erich Honecker am 25. September 1989 wieder die Leitung des Politbüros übernommen hatte, versuchte er erst einmal die unerträglich gewordenen TV-Fluchtstories zu beenden. Das Politbüro beschloß auf einer Sondersitzung am 29. September, der Regierung der DDR »anheimzustellen«, die
Ausreise aller 6.000 DDR-Bürger zu genehmigen, die sich inzwischen in den
bundesdeutschen Botschaften in Prag und Warschau aufhielten[94]. Der Beschluß enthielt jedoch die Bedingung, die Ausreise mit Zügen der Deutschen
Reichsbahn über das Territorium der DDR, über Dresden, durchzuführen.
Doch die Entscheidung kam zu spät. Das strategische Ziel der »Operation

Massenflucht« war längst erreicht: Von einem lärmenden TV-Spektakel um
flüchtende Familien mit Kleinkindern flankiert, hatte es die im Sommer noch
relativ zaghaft auftretende Bürgeropposition in den Wochen der politischen
Sprachlosigkeit des Politbüros inzwischen geschafft, sich unbehelligt von der
»Staatsmacht« feste Organisationsformen zu schaffen und sie zu legalisieren.
Weder das Politbüro der SED noch sein Generalsekretär erkannten in dieser
Entwicklung eine sich anbahnende Gefahr. Die Partei- und Staatsführung
ging noch immer selbstsicher davon aus, daß die staatliche Existenz der DDR
– auch in ihrer Krise – durch die Sowjetunion und die mit ihr bestehenden
Verträge gesichert wäre. Das war jedoch nicht mehr der einzige Irrtum, dem
Honecker unterlag. Er vermochte es auch nicht mehr politische Prioritäten
zu begreifen. Ungeachtet aller dunklen Wolken wurde der 40. Jahrestag des
ersten deutschen Arbeiter- und Bauernstaates protokollarisch vorbereitet, als
gäbe es keine politische Krise, keinen angriffsbereiten politischen Gegner. Damit bewies Honecker seine Realitätsferne, in der er blindlings weiterhin auf
jenes Drama zusteuerte, das er eigentlich verhindern wollte.

Am 4. Oktober 1989 trafen sich Vertreter von sieben politischen Organisationen der Bürgerbewegung, die sich im August und September als »neue
Parteien« gegründet hatten, und bildeten eine »Kontaktgruppe«, deren Vertreter nach dem 30. Oktober 1989 wöchentlich bis zum 1. Dezember 1989
unter konspirativen Bedingungen zusammentraten und fortan den »Widerstand« gegen die Partei- und Staatsführung der DDR (das Ancien régime, wie
sie es nannten) organisierten und koordinierten[95]. Von dieser Kontaktgruppe
gingen auch die meisten Initiativen zu den Demonstrationen und Kundgebungen in den folgenden Wochen und Monaten aus. Ihre Arbeit und ihre
»logistischen Verbindungen« sind bisher wenig geklärt. Auch die Eppelmann-
Kommission zeigte nur ein auffallend geringes Interesse daran.

Am Vormittag des 6. Oktober 1989 traf Michail Gorbatschow in Berlin
ein. Er kam zu den Feierlichkeiten anläßlich des 40. Jahrestages der DDR
und sprach am späten Nachmittag auf der Festveranstaltung der Partei- und
Staatsführung im Palast der Republik. Anschließend veranstaltete die FDJ
einen Fackelzug. Dabei wurde Gorbatschow von den FDJlern immer wieder
mit demonstrativem Beifall begrüßt, zweifellos aus Sympathie für seine »Re-
formfreudigkeit«. Nach der Ehrenparade der Nationalen Volksarmee am folgenden Vormittag traf der KPdSU-Generalsekretär mit Honecker im Schloß
Niederschönhausen zu einem »Vier-Augen-Gespräch« zusammen und sprach

anschließend vor dem Politbüro der SED. An beide Gespräche knüpften die
SED-Reformer hohe Erwartungen.

Die deutschsprachigen Gesprächsniederschriften sind heute veröffentlicht
und können nachgelesen werden[96]. Gorbatschow blieb in seinem Gespräch
mit Honecker, an dem von der sowjetischen Seite Georgi Schachnasarow
teilnahm, gegenüber Honecker auffallend unkritisch und formulierte – nach
dieser Niederschrift – kein aktuelles Problem. Er schätzte die DDR als einen
wichtigen Verbündeten ein und betonte, daß die Beziehungen beider Länder
»durchdrungen sind vom gegenseitigen Vertrauen«. Auch habe ihm die Ansprache Honeckers auf der Festveranstaltung »sehr gut« gefallen, sie habe den
von der SED zurückgelegten Weg und auch ihre Erfolge sehr überzeugend
gezeigt und es freue ihn sehr, daß der Blick auch in die Zukunft gerichtet
worden wäre. Dann betonte Gorbatschow noch, daß »das Wesen der Sowjetmacht« in der »Führung durch die Arbeiterpartei« bestehe, und sagte: »...
wer ihre Rolle schmälert, kämpft gegen die Partei.« Honecker verwies dagegen auf kritische Fragen. Sie betrafen die Haltung Ungarns hinsichtlich der
Grenzöffnung und die Veröffentlichungen »von Demagogen in sowjetischen
Zeitungen«. Er betonte, die SED habe in der Arbeiterklasse feste Positionen.
Auf die politische Krise der DDR ging er aber nicht ein. Weiterhin verteidigte Honecker das Wohnungsbauprogramm und sprach sich optimistisch
darüber aus, daß in der DDR die Probleme des wissenschaftlich-technischen
Fortschritts beherrscht werden. Er unterstützte Gorbatschows Äußerung zur
führenden Rolle der Partei und sagte, daß die SED die Vorbereitung des XII.
Parteitages auf der nächsten Politbürositzung schon am Dienstag fortsetzen
und dann die gesamte Bevölkerung in die Diskussion einbeziehen werde.
Gorbatschow zeigte sich über dieses Gespräch sehr zufrieden[97]. Schachnasarow veröffentlichte später Auszüge seiner privaten »Mitschrift der Unterredung«. In ihnen behauptet er, Gorbatschow habe höflich versucht, seinen
Gesprächspartner an den Gedanken heranzuführen, daß Veränderungen in
der DDR erforderlich wären. Die von Schachnasarow dazu vorgelegten Zitate
aus den Darlegungen Gorbatschows haben in der uns vorliegenden deutschsprachigen vollständigen Niederschrift jedoch einen weitgehend anderen Zusammenhang[98]. Auch die Äußerung von Schabowski, daß aus der Haltung
Erich Honeckers nach dem Gespräch zu schließen gewesen wäre, »daß das
ganze Tête-à-tête nicht sehr gut verlaufen war«[99], wird durch die Niederschrift
nicht bestätigt.

Anschließend sprach der KPdSU-Generalsekretär vor den Mitgliedern des Politbüros. An diesem Gespräch nahmen auch Falin und Koptelzew teil. In dieser Rede wiederholte Gorbatschow das Lob auf die Ansprache Honeckers bei der Festveranstaltung. Wörtlich sagte er:

> »Das, was die DDR heute ist, ist eine hervorragende Krönung des langwierigen Weges bis zur Gründung des Arbeiter- und Bauernstaates auf deutschem Boden.«

Und an die Mitglieder des Politbüros gewandt:

> »Sie können mit Recht jetzt das Gefühl der Befriedigung haben.«

Dann griff Gorbatschow den Gedanken Honeckers zur Vorbereitung des XII. Parteitages auf, daß es notwendig sei, die Gesellschaft tiefgreifend zu verändern: »… was Basis, Überbau und Demokratie betrifft, mit dem Akzent auf die umfangreichere Einbeziehung der Menschen in die vor sich gehenden Prozesse« und wörtlich: »Es war für mich sehr wichtig, das zu hören.« Dann sprach er über die Schwierigkeiten der Umgestaltung in der UdSSR und versicherte den Politbüromitgliedern, »daß es Ihnen (in der DDR, d. Aut.) leichter fallen wird, Umgestaltungen durchzuführen, weil sie keine solche Spannungen im sozialökonomischen Bereich haben.« Honecker ging in seiner Antwort nochmals auf die beabsichtigte Vorbereitung des XII. Parteitages ein. Er verwies nicht nur auf die persönlichen Gespräche mit den Parteimitgliedern, aus denen sich wertvolle Impulse für die Arbeit ergeben hätten, sondern hob die von den eingesetzten Kommissionen zusammengetragenen Materialien und Studien hervor und erklärte: die müssen wir nun gründlich durcharbeiten, und wir sind schon dabei. Die Aussprache verlief außerordentlich herzlich: Gorbatschow sagte: »All die 40 Jahre zeigen, was möglich war, und was erreicht wurde, war möglich, weil wir eng zusammenstanden. Und vom Guten sucht man…« (Honecker wirft ein: »Nur das Beste«). Gorbatschow reagierte verbindlich: »Also, wir verstehen, was wir meinen, auch ohne Dolmetscher. Das charakterisiert ebenfalls unsere Beziehungen.« Schachnasarow zitiert Gorbatschow jedoch noch mit den Worten[100]:

> »Es wäre besser, die Reformen von oben zu veranlassen, als solange zu warten, bis feindlich gesinnte politische Kräfte das Banner der Veränderungen an sich reißen.«

In dem vorliegenden deutschsprachigen Stenogramm ist dieses Zitat auch inhaltsgleich nicht zu finden. Mehrere Zeitzeugen, die an diesem Gespräch teilgenommen haben, bestätigen uns, eine solche Abmahnung nicht gehört zu haben[101]. Die weitere Behauptung von Schachnasarow[102]: »Wohl in keinem anderen Gespräch mit Führern osteuropäischer Staaten legte Gorbatschow eine solche Unverblümtheit und Härte an den Tag«, muß von uns als ein Versuch bewertet werden, liebevoll an einer verfälschenden Legende für Gorbatschow zu weben, um dessen politische Doppelzüngigkeit zu vertuschen. Markus Wolf schreibt in seinen Erinnerungen, daß der DDR-»Protokollchef« (Franz Jahsnowski)[103] ihm kurz vor dem Aufbruch der sowjetischen Delegation nach dem Festempfang im Palast der Republik ein Treffen mit Falin und Koptelzew ermöglichte, und vermerkt darüber[104]:

> »Es wurde ein kurzes, sehr freundschaftliches Gespräch … Ich gab eine kurze, sehr drastische Darstellung unserer Lage, der Kessel habe Überdruck. Geordnete Veränderungen, wie ich sie noch bei unserer letzten Begegnung für möglich gehalten hätte (im Juli 1989 in Moskau, d. Aut.), seien mit dieser Führung nicht mehr möglich. Personelle Veränderungen wären dringend geboten.« Falin soll gefragt haben: »Was können wir noch tun?«

Doch Falin konnte sich, nach dieser Unterredung befragt, auf sie nicht so recht besinnen. Er schreibt[105]:

> »Ich hatte kein Gespräch mit Markus Wolf. Wir haben uns nur freundschaftlich begrüßt.«

Während an diesem Abend in den Stadtbezirken Berlins Volksfeste abliefen, organisierte die selbstbewußt gewordene Bürgerbewegung die Konfrontation. Sie organisierte zeitgleich eine nicht zugelassene Demonstration. Gewiß kannten ihre Organisatoren die getroffenen Sicherheitsmaßnahmen der DDR, und es wäre nicht unbedingt eine Unterstellung, wenn wir die Meinung vertreten würden, daß einige der Initiatoren Zusammenstöße mit den eingesetzten Ordnungskräften orteten, zumal westdeutsche TV-Teams zur rechten Zeit und am rechten Ort parat standen. Es gehört aber zur Tragik der DDR, daß ihre Führung nicht in der Lage war, diese offensichtliche politische Provokation auszuhalten. Wir wollen nicht über die Einsatzleitung an diesem Abend richten, sie unterlag der politischen Führung. Aber sie hätte im Rahmen ihrer Vollmachten umsichtiger und klüger reagieren können, zumal sie wußte, daß die eingesetzten Ordnungskräfte für einen solchen Fall nicht ausgebildet waren und keine Erfahrungen besaßen.

Gegen 17 Uhr trafen sich in Berlin auf dem Alexanderplatz – parallele Demonstrationen gab es auch in anderen Städten der DDR, so in Leipzig,

Dresden, Karl-Marx-Stadt, Halle, Erfurt, Plauen, Ilmenau und Arnstadt – jene Demonstranten, die mit den Rufen »Gorbi, Gorbi« und »Wir sind das Volk« (was gewiß eine arrogante Losung war) versuchten zum Palast der Republik durchzubrechen. Als ihnen das nicht gelang, es war inzwischen 18 Uhr, schwenkten sie in Richtung Prenzlauer Berg, zur Gethsemane-Kirche um. Auf der Höhe des ADN-Büros riefen sie dann »Lügner, Lügner« und »Pressefreiheit – Meinungsfreiheit«. Als die ersten Mannschaftswagen der Volkspolizei heranfuhren und die Straßen absperrten, riefen die Demonstranten plötzlich: »Keine Gewalt«. Gegen 21 Uhr hatten dann jene ihr Ziel erreicht, die eine Gewalt offensichtlich gewollt hatten. Es begann eine bis in den frühen Morgen des 8. Oktober 1989 andauernde Straßenauseinandersetzung mit allen negativen Erscheinungen.

Wenn wir heute aus der täglichen Erfahrung des Einsatzes des staatlichen Gewaltmonopols in der bundesdeutschen Wirklichkeit, das von verschiedenen ehemaligen Bürgerrechtlern als »legal« akzeptiert wird, auf jene Vorgänge am 6. und 7. Oktober 1989 zurückblicken, ist es schwer, an die Ehrlichkeit ihrer damaligen lautstarken Empörung zu glauben, zumal sie angesichts der Erfahrungen mit dem bundesdeutschen Gewaltmonopol in der Gegenwart[106] schweigen. Jedenfalls gibt es von den Vorgängen am Abend des 6. Oktober 1989 nicht nur unzählige Fotos, sondern auch hervorragend aufgenommene Dokumentarfilme und spektakuläre Vernehmungs- und Gedächtnisprotokolle, in denen jeder Übergriff von Polizisten akkurat festgehalten wurde[107]. Eine breite Welle einer durchaus geschickt manipulierten Entrüstung richtete sich gegen alle Volkspolizisten, die verunsichert werden sollten. Um Fehlschlüsse zu vermeiden: wir meinen, daß die DDR-Führung keinen Grund hatte, sich einen solchen politischen Eklat einzuhandeln und ihren Gegnern weitere Argumente zu liefern. Ihre Reaktion auf den Angriff der bürgerlichen Opposition war nicht nur unklug, sie war geradezu hysterisch.

Die beabsichtigte Herausforderung der DDR-Staatsmacht begann im richtigen Timing und war von der antisozialistischen Bürgeropposition, deren stärksten Faktor in der »Kontaktgruppe« wohl das Neue Forum darstellte, organisiert. Der Zeitpunkt war hervorragend gewählt: der Besuch des ›weltweit beliebten Reformers‹ Michail Gorbatschow und anderer Repräsentanten sozialistischer Länder, zu dem gleichzeitig ein repräsentatives Aufgebot internationaler Medien-Berichterstatter akkreditiert werden konnte. Hoffte »man« auf eine Berliner Auflage der Vorgänge auf dem Tian'an Men Guanchang, dem

»Platz des Himmlischen Friedens«, als sich der Generalsekretär des ZK der KPdSU in Beijing (Peking) aufhielt? Gorbatschow will von diesen Ereignissen nichts gehört haben. Markus Wolf meint, er selbst habe diesen Aufbruch »noch viele Wochen lang als den Beginn einer revolutionären Veränderung in Richtung auf sozialistische Demokratie« verstanden[108]. Eine bemerkenswert naive Interpretation.

Unter diesem Eindruck will Markus Wolf an diesem Abend ein »Konzept einer radikalen Reform« für den DDR-Sozialismus entworfen haben, die seiner Ansicht nach, auf einem dringend einzuberufenden ZK-Plenum beraten und beschlossen werden müßte[109]. Hier seine Version: Als Voraussetzung eines solchen Reformprogrammes sollte deutlich gesagt werden, daß die bisher praktizierte Einheit von Wirtschafts- und Sozialpolitik die ökonomischen Reserven der DDR aufgezehrt habe. Mit dieser Feststellung wäre dann eine offene Diskussion mit der Bevölkerung über »Kernfragen« und über die weitere Entwicklung der sozialistischen Demokratie zu beginnen. Im einzelnen entwarf Wolf folgende Grundsätze für seine Reformabsichten:

1. Es sollte ermöglicht werden, den Prozeß einer demokratischen Meinungsbildung in der Partei auf der Grundlage des »demokratischen Zentralismus im Leninschen Sinne« durchzusetzen, d. h. eine Meinungsbildung von unten und die Kritik ohne Ansehen der Person sowie Diskussion und einen Meinungsstreit über alternative Lösungen zu befördern, zudem ist die Rolle des ZK zu stärken und die führende Rolle der Partei durch Überzeugung zu realisieren.

2. Notwendig ist es, eine radikale Wendung in der Medienpolitik herbeizuführen, wobei Offenheit und die Abschaffung von administrativ angeordneten Tabus und Sprachregelungen die Voraussetzungen darstellen.

3. Es sind Vorschläge für neue Regelungen zur Einbeziehung »breiterer Kreise der Gesellschaft« in die politischen Entscheidungen zu entwikkeln, eine Änderung der Stellung der Blockparteien, des FDGB und der FDJ anzustreben, selbständige Initiativen, auch grundsätzlicher Art u. a. in der Volkskammer sowie in den Räten der Bezirke, Kreise und Gemeinden sind zu fördern, zugleich sollte in der DDR ein neues Wahlsystem mit mehreren Kandidaten eingeführt werden.

4. Es sind Voraussetzungen für eine offene Diskussion der Umweltprobleme mit der Bevölkerung zu schaffen.

Weiterhin regte Wolf an, auf diesem »Reform-Plenum« zu beraten, wie Wirtschaft, Kultur und Geschichte theoretisch stärker zu durchdringen wären. Daran sollten alle SED-Mitglieder teilnehmen, statt administrativen Beschlüssen zu unterliegen. Er regte weiterhin an, daß langfristig zu realisierende Regelungen von Reisen in den Westen ausgearbeitet werden sollten und schlug vor, Bürgern dafür den Zugang zu Valutamitteln zu ermöglichen. Schließlich sollten die Arbeitsmaterialien der Arbeitsgruppen zur Vorbereitung des XII. Parteitages der SED zur Diskussion mit der Bevölkerung veröffentlicht werden.

Doch Wolfs Vorstellungen für eine »radikale Reform« der sozialistischen Gesellschaft in der DDR klammerte weitgehend den sozialen Bereich und die Interessen der Produzenten aus. Kein Wort zur Mitbestimmung der Werktätigen und ihrer Gewerkschaften in den Betrieben, kein Gedanke darüber, wie die Sozialpolitik mit dem bestehenden Investitionsdefizit in Einklang gebracht werden könnte. Keine Frage zur Lohnpolitik. Das in den Betrieben drängende Problem der Materialversorgung schien ihm ebenso unbekannt gewesen zu sein, wie die Probleme der Gewerkschaften. Damit wurde ein Problem der gesamten Perestroika-Opposition der SED deutlich: Die Mißachtung sozialer Interessen allgemein und speziell die der Werktätigen. Und so unterschied sich das Wolfsche »Reformkonzept« nur in einigen Formulierungen von den analogen Forderungen, die einen Tag später Michael und André Brie zusammen mit Wilfried Ette als Sofortprogramm »strategischer Radikalität« für einen neuen Kurs einer »veränderten Politik« publizierten. Markus Wolf übernahm ebenso wie offensichtlich die Brüder Brie grundsätzlich die gleichen, sich als falsch erweisenden Reformvorstellungen von Gorbatschow. Formuliert wurden zu lösende Einzelprobleme des Überbaus, durchaus berechtigt, doch bei der Wiederherstellung der von Marx, Engels und Lenin formulierten Kriterien für eine sozialistische Gesellschaft ging es um wesentlich komplexere Probleme, und diese lagen in ihrer ökonomischen Basis und in deren Wechselbeziehung zum Überbau, vor allem aber in der Wahrnahme der Interessen der Werktätigen. Und gerade sie fehlte in diesen »emanzipatorischen Erneuerungsvisionen«, die hier als »Reformsozialismus« fernab von der sozialökonomischen Realität der DDR ausgedacht worden waren. Es waren nur zusammengestellte Abschriften einzelner Passagen aus der Moskauer »Sozialismus«-Diskussion. Wolf gesteht selbst ein, daß sein Programm auf eine »nach sowjetischem Vorbild zu erfolgenden Wende« orientiert war, auf eine »Wende von oben«. Vielleicht aber sind die sozialpolitischen Defizite zumindest bei ihm damit zu erklären, daß zumindest er wußte, daß in Moskau spätestens seit dem Juli 1989 nicht mehr daran gedacht war, in der DDR einen »Reformsozialismus« zu erreichen, sondern daß dort ein Weg diskutiert wurde, der über kurz oder lang in die »deutsche Einheit« führen sollte. So konnten mit diesen »Reformdokumenten« weder die Arbeiter noch die Genossenschaftsbauern der DDR mobilisiert und überzeugt werden. Auch kleinbürgerliche Schichten waren mit solcherart Reformen nicht anzusprechen. Sie folgten teilweise vielmehr bereits der Argumentation von »Weg-Ebnern« eines Anschlusses an die Bundesrepublik, jenen Kräften, die sich in der Kontaktgruppe zusammengefunden hatten.

Weitab von jeglichen Demonstrationen konstituierte sich zu diesem Zeitpunkt in dem kleinen Berliner Vorort Schwante die seit langem vorbereitete Sozialdemokratische Partei der DDR[110]. Ihr Geschäftsführer wurde der Historiker Ibrahim Böhme, der perfekt die russische Sprache beherrschte und sich in Geheimdienstkreisen bestens auskannte. Die Mitglieder des Politbüros der SED waren jedenfalls über die Vorbereitung der Gründung spätestens seit dem 4. September 1989 informiert. Es würde uns nicht wundern, wenn in irgendeiner akuten politischen Kontroverse die Behauptung aufgestellt würde, daß hierbei Dienstler von »Lutsch« am Werke gewesen seien. Eine solche Vermutung müßte jedoch ordentlich belegt sein. Jedenfalls vermutete der sowjetische Botschafter, daß man im ZK der SED dieser Gründung »keine ernstliche Beachtung« schenkte. Er aber nahm umgehend mit Vertretern der SdP der DDR Verbindung auf und wußte, daß der Partei Wochen später schon fast 70.000 Mitglieder angehörten, einschließlich vieler ehemaliger Mitglieder der SED – wie ihm versichert worden sei[111].

Was hatte tatsächlich an diesem Abend begonnen? Die Veränderung in Richtung auf sozialistische Demokratie? Oder wohin ging die Veränderung und wer führte die »Verändernden«? Die SED-Perestroikianer oder jene Weg-Bereiter aus der Kontaktgruppe? Kotschemassow stellte fest[112]:

> »Im Oktober 1989 trat die politische Situation in der DDR in eine qualitativ neue Phase. Von nun an häuften sich immer größere Demonstrationen und Kundgebungen der Bevölkerung«,

und der Botschafter fragte durchaus berechtigt:

> »Wer trat unter welchen Losungen auf, woher kamen die Bewegungen und was wollten sie? Die DDR-Führung mußte wählen – administrative Maßnahmen oder der Versuch, die Andersdenkenden zu verstehen.« Und weiter: »... Wer trat nun als Organisator der Massendemonstrationen und Kundgebungen auf?«

1.5 Die Abwahl Erich Honeckers – Das 9. Plenum des ZK der SED

Es wird vielfach die Ansicht vertreten, daß die Rede Gorbatschows vor dem Politbüro der SED das Startsignal gewesen sei, um Honecker abzulösen. Zu dieser Annahme gibt die vorliegende Niederschrift der Zusammenkunft Gorbatschows mit den Mitgliedern des Politbüros formal keinen Anlaß. Dagegen ist richtig, daß seit langem geplant war, nach dem 40. Jahrestag der DDR im Politbüro in Vorbereitung auf den bevorstehenden XII. Parteitag eine umfassende Grundsatzdiskussion über ein modernes Sozialismuskonzept zu führen. Honecker hatte dies in seinem Gespräch mit Gorbatschow am 7. Oktober nochmals wiederholt.[113] Doch inzwischen hatte sich bis zu diesem Zeitpunkt bei einer Gruppe von Politbüromitgliedern – Gerhard Schürer bezeichnet sie als den »Engeren Kreis«[114] – die Ansicht durchgesetzt, diesen Weg mit Honecker nicht mehr gehen zu können. Als das Politbüro am 10. Oktober zu seiner turnusmäßigen Sitzung zusammentrat, wollte Honecker auch das 9. Plenum des ZK der SED zur Frage einer neuen Gesellschaftsstrategie mit einer umfassenden Diskussion vorbereiten[115]. Es war beabsichtigt, mit diesem Plenum jene Aufgaben nachzuholen, deren Diskussion auf dem 8. ZK-Plenum im Juni versäumt worden war. Doch angemerkt werden muß, daß immer noch keine Analyse der eingereichten Studien und kein Entwurf von Thesen für eine solche Diskussion vorlagen. Eine solche Diskussion wäre – meinen Zeitzeugen – zu diesem Zeitpunkt ohnehin zu spät gekommen. Wir haben bisher auch nicht klären können, wieweit die Vorstellung von Honecker, eine DDR-Sozialismus-Konzeption als Alternative zur Perestroika zu entwickeln, die von Moskau ausgehende Opposition gegen ihn nur noch verstärkt hat.

Die Vorbereitung der anstehenden Politbürositzung begann am Sonntag, dem 8. Oktober. Am Vormittag fand eine interne Lagebesprechung im Ministerium für Staatssicherheit in der Normannenstraße statt[116]. Nach Aussagen von Beteiligten nahmen neben Erich Mielke, Friedrich Dickel, dem Berliner Polizeipräsidenten Friedhelm Rausch und von Generalen des MfS (u. a. Wolfgang Schwanitz) auch Wolfgang Herger, Egon Krenz und Günter Schabowski an der Beratung teil. Auf ihr kam es zu keiner Festlegung einer Gegenstrategie der Sicherheitsorgane hinsichtlich der Demonstrationen der Bürgeropposition. Beschlossen wurden lediglich defensive Maßnahmen, die Mielke in einem Fernschreiben an alle Leiter der Diensteinheiten zusammenfaßte. Dazu ordnete der Minister die »volle Dienstbereitschaft« und Maßnah-

men an, denen zufolge alle Waffenkammern und Waffenlager unter Aufsicht
der Sicherheitsorgane verblieben, und legte Richtlinien fest, um die »poli-
tisch-operative Lage« weiter aufzuklären[117]. Die Anwesenden waren davon
überzeugt, daß sie die »Rädelsführer« der Opposition unter Kontrolle hätten,
und gingen von der Einschätzung aus, daß sie noch immer die politische Hegemonie besäßen. Das aber war offensichtlich eine völlige Fehleinschätzung
des inzwischen erreichten Organisationsniveaus und des erlangten politischen
Einflusses der Bürgerbewegung. Auf dieser Sitzung verständigten sich Schabowski und Krenz auch darüber, daß es notwendig sei, zur bevorstehenden
Politbürositzung eine Erklärung vorzubereiten, mit der endlich die Sprachlosigkeit der Parteiführung beendet werden sollte und in der deutlich Lösungen für die brisante kritische Lage der DDR anzusprechen wären. Ein Entwurf für eine derartige Erklärung lag bereits vor. Beide Politbüromitglieder
vereinbarten, die Erklärung anschließend im ZK nochmals zu redigieren.

Herger hatte bereits Ende September in Vorbereitung auf die vorgesehene
Generaldebatte im Politbüro nach den Feiern zum 40. Jahrestag der DDR
an seinen Stellvertreter Peter Miethe den Auftrag gegeben, eine Politbüro-
Erklärung zu entwerfen, zu deren Ausarbeitung der Sektorenleiter Werner
Hübner herangezogen wurde. Als Krenz am 2. Oktober 1989 von seiner Reise
aus der Volksrepublik China zurückgekommen war, brachte er zudem Notizen für eine solche Erklärung mit. Hager vermutet, daß er sie bei seinem Zwi-
schenaufenthalt in Moskau »mit Vertretern der KPdSU besprochen« habe[118].
Drei Tage später lag der erste Entwurf der Erklärung vor. Sie sollte vor allem
das Ziel haben, mit einer Analyse der Situation das Vertrauen der Werktätigen
zurückzugewinnen und Lösungswege vorschlagen, wie die Krise überwunden
und der Sozialismus im Hinblick auf die bevorstehenden Beratungen auf dem
XII. Parteitag weiter entwickelt werden könnte. Sozusagen als »Ersatz« für die
fehlenden Grundsatzthesen. Gleichzeitig wollten ihre Autoren (wie Herger
meint) mit dieser Erklärung testen, wieweit Honecker wirklich bereit war,
neue Wege bei der Vorbereitung des XII. Parteitages zu gehen[119]. Im Ergebnis
der Politbürositzung und des beabsichtigten ZK-Plenums sollte dann die gesamte Partei mobilisiert werden. Soweit die Absicht der Gruppe um Krenz.

Honecker war an diesem Sonntag gleichfalls aktiv. Er wandte sich mit
einem Fernschreiben an die Ersten Sekretäre der SED-Bezirksleitungen und
schlug das Zusammentreten der Bezirkseinsatzleitungen sowie die Mobili-
sierung gesellschaftlicher Kräfte wie der Partei-, Gewerkschafts- und FDJ-

Funktionäre vor, um weiteren »Krawallen« vorzubeugen bzw. sie politisch zu beherrschen[120]. Aber auch diesem Fernschreiben lag eine Lagebeurteilung zugrunde, die schon weitgehend an den Realitäten vorbeiging und dazu auf eine administrative und nicht auf eine politische Reaktion der Partei orientierte. Honecker dachte nicht daran, sich unmittelbar mit einer Erklärung an die Menschen im Lande zu wenden.

Hermann Kant, ZK-Mitglied, meldete am Montagmorgen in der »Jungen Welt« Reformen in der DDR als zwingend notwendig an und mahnte[121]:

> »Wenn wir nicht möchten, daß uns die, denen wir uns weggenommen haben und die uns wiederhaben wollen, sukzessive wiederkriegen, müssen wir uns mit uns selbst verständigen.«

Am gleichen Tag wird im Rundfunk der DDR Kurt Hager zitiert, der gegenüber sowjetischen Journalisten erklärt hatte, daß die SED-Führung vor der Aufgabe stehe, »in allernächster Zeit« eine präzise Konzeption für die Verwirklichung erforderlicher Neuerungen auszuarbeiten, in der die Bevölkerung aktiv mit einbezogen werden solle. Dabei bezog er sich auf die Vorbereitung des geplanten ZK-Plenums zur Gesellschaftsstrategie, auf das er ja selbst immer wieder gedrängt hatte. Ausgangspunkt der Meldung war, daß Hager am 7. Oktober nach der Beendigung der Zusammenkunft des Politbüros mit Gorbatschow Korrespondenten der »Moskowskije Nowosti« geantwortet hatte, daß auch in der DDR demokratische Reformen unumgänglich seien und daß es dringlich erforderlich werde, nunmehr ihre Ausarbeitung in Angriff zu nehmen[122]. Hager hätte diese Meinung in Anwesenheit von Gorbatschow aussprechen sollen, aber sein Redebeitrag in der Sitzung beschränkte sich auf die Mitteilung, daß er beabsichtige, wenige Tage später gemeinsam mit Wadim Medwedew »… die Fragen der weiteren Entwicklung des Sozialismus« zu beraten[123].

Im Gegensatz zu Krenz, Schabowski und Hager war Honecker nicht bereit, öffentlich auf die Notwendigkeit von Reformen hinzuweisen. Der Generalsekretär blieb in seinem Apparat-Denken befangen und verkannte völlig die Dringlichkeit eines öffentlich begründeten politischen Handelns. Das wurde deutlich, als Krenz ihm an diesem Montagnachmittag, also einen Tag vor der beabsichtigten »Generaldebatte« im Politbüro, den Entwurf der von ihm und Schabowski redigierten Erklärung als eine »Stellungnahme des Politbüros zur gegenwärtigen Situation« (später als »Wende-Papier« bezeichnet) sowie ein Material des Sekretariats des Zentralrates der FDJ zur Stimmung unter den Jugendlichen[124] übergab. Der Generalsekretär lehnte den ihm überreichten Entwurf der Politischen Erklärung entschieden als »politisch falsch« ab und war über das FDJ-Material sogar empört. Egon Krenz nahm die FDJ-Studie zurück und übergab aber seinen Entwurf der Politischen Erklärung dem Leiter des Büros des Politbüros, Edwin Schwertner, mit dem Hinweis, ihn als Beratungsgegenstand am nächsten Tag auf die Tagesordnung des Politbüros zu setzen[125].

Am Abend dieses Tages kam es in Leipzig zu einer neuen Demonstration von 70.000 Teilnehmern, die von der Kontaktgruppe der Bürgeropposition initiiert worden war und an der auch Bürger aus anderen Bezirken der DDR teilnahmen. In Losungen wurde der »Zusammenschluß aller demokratischen Kräfte« sowie ein »aktives Handeln der Reformkräfte in der SED« gefordert[126]. Auch SED-Mitglieder demonstrierten mit, nachdem es am Nachmittag zu einer Übereinkunft mit drei Sekretären der SED-Bezirksleitung gekommen war, die Demonstration nicht zu verbieten und gegen sie keine Polizei einzusetzen. Dieser Vereinbarung hatte auch Egon Krenz zugestimmt[127]. Sie wurde später als das »Wunder von Leipzig« hochstilisiert, weil mit ihr die »legendären« Leipziger Montagsdemonstrationen begannen, mit denen es der Bürgeropposition gelang, die Straßen zunehmend für sich zu erobern, um damit die DDR systematisch zu destabilisieren[128].

Als am nächsten Morgen, am Dienstag, dem 10. Oktober 1989, das Politbüro zur »Generaldebatte« zusammentrat, lag seinen Mitgliedern eine ausführliche Information ›Über die weitere Formierung DDR-weiter oppositioneller Sammlungsbewegungen‹ vor. Mielke fügte ihr eine detaillierte Einschätzung ›Über Reaktionen progressiver Kräfte auf die gegenwärtige innenpolitische Lage in der DDR‹ bei, in der unmißverständlich festgestellt wurde, daß

> »… nach vorliegenden Hinweisen aus der Hauptstadt und allen Bezirken der DDR … viele progressive Kräfte, insbesondere Mitglieder der SED« die Meinung vertreten, »daß die sozialistische Staats- und Gesellschaftsordnung in der DDR ernsthaft in Gefahr ist.«

Weiter heißt es in dieser MfS-Information an die Politbüromitglieder, daß unter den Werktätigen

> »… Zweifel an der Perspektive des Sozialismus in der DDR« wachsen und daß sie befürchten, »daß es zu großen Erschütterungen in der Gesellschaft komme, die von der Partei nicht mehr beherrschbar seien …« und: »Bereits jetzt … befände sich die DDR in einer Situation wie kurz vor den konterrevolutionären Ereignissen am 17. Juni 1953.«

Außerdem wird in der ZAIG-Information mitgeteilt, daß zahlreiche Mitglieder und Funktionäre der Partei die Meinung vertreten,

> »... daß die Partei- und Staatsführung nicht mehr fähig sei, die Lage real einzuschätzen, um entsprechende Maßnahmen für dringend erforderliche Veränderungen durchzusetzen.«

Schon in den nächsten 24 Stunden sollte sich diese kritische Prognose bestätigen. Der Information war auch die Gemeinsame Erklärung der neuen Parteien vom 4. Oktober 1989 beigefügt, die als »Kontaktgruppe«ein Wahlbündnis geschlossen hatten[129].

Auf der Sitzung des Politbüros, das bestätigen die von uns befragten Zeitzeugen und das belegen auch die persönlichen Aufzeichnungen von Gerhard Schürer von dieser Sitzung[130], setzte sich zwar eine realistischere Beurteilung der innenpolitischen Situation als vor dem 40. Jahrestag der DDR durch, die jedoch – so Heinz Keßler – »keineswegs allumfassend und bestimmt nicht gründlich genug war und noch nicht einmal ansatzweise die Widersprüche« zutage brachte[131]. Nach den persönlichen Aufzeichnungen von Schürer von dieser Sitzung trug Honecker gemäß dem geplanten Anliegen zunächst auch seine Gedanken zu einer neuen Gesellschaftsstrategie der SED vor, die er mit der Kritik an der von Krenz eingereichten Vorlage verband. Diese Vorschläge Honeckers wurden von allen Beteiligten, die sich bisher über diese Sitzung äußerten, verschwiegen. Gerhard Schürer bestätigte uns gegenüber den Inhalt seiner Aufzeichnungen[132], die er uns so zusammenfaßte:

Honecker hielt zunächst weiterhin an der Einheit von Wirtschafts- und Sozialpolitik als Basis zur Vorbereitung des XII. Parteitages der SED fest und bekräftigte die Sicht eines »Sozialismus in den Farben der DDR«, das heißt, er wollte eine Reform »jenseits der Perestroika«. Er warnte dabei vor negativen Erscheinungen, die infolge der Perestroika in der UdSSR und der Ereignisse in Ungarn aufgetreten waren, und stellte die Frage, wie die SED in der DDR das Problem Kontinuität und Erneuerung lösen wolle. Zu der von Krenz vorgelegten Erklärung bemerkte Honecker, daß die Erklärung nicht dazu angetan sei, diese Frage zu beantworten und die innenpolitische Lage zu entschärfen sowie die Ausreisewelle aufzuhalten. »Selbstkritik hilft nicht«, fügte er hinzu, sondern nur ein Erneuerungskonzept.

Dann trug Honecker – nach den genannten Aufzeichnungen Schürers – seine Gedanken zur angestrebten Erneuerung des Sozialismus in der DDR vor, die er als Vorbereitung zur Ausarbeitung der Gesellschaftsstrategie für den XII. Parteitag verstand. Dazu bezog er sich auf die eingereichten Studien und Analysen und formulierte seine Vorschläge auf folgende Schwerpunkte:

1. Die SED solle sich aus der administrativen Leitung staatlicher Funktionen zurückziehen.

2. Parlament (Volkskammer) und der Staatsapparat wären zu trennen.

3. Es ist ein Oberster Gerichtshof zu schaffen.

4. Das Wahlsystem müsse verbessert, aber nicht geändert werden, dabei sei die Arbeit der Volksvertretungen zu beleben.

5. Die politische Eigenständigkeit der befreundeten Parteien wäre zu erhöhen.

6. Die Vertretung der Interessen der Werktätigen durch den FDGB müsse verstärkt werden.

7. Die Eigenverantwortlichkeit der Medien müsse erhöht werden.

8. Jedem Bürger ist ein Reisepaß auszuhändigen, um das Problem der Reisefreiheit zu lösen; für die Sicherung von Reisedevisen sollte ein Übereinkommen mit der BRD angestrebt werden.

9. Der Sicherheitsapparat wäre zu reduzieren.

Insgesamt sollte nach Ansicht des SED-Generalsekretärs die Autorität der Staatsmacht zwar erhöht, der staatliche Aufbau aber nicht verändert werden.

Werner Eberlein und Kurt Hager, als Zeitzeugen befragt, bestätigten diese Reformvorschläge des Generalsekretärs, die er den Politbüromitgliedern vortrug. Hager erinnerte sich, daß Honecker nach dem 7. ZK-Plenum sich mit ihm mehrmals über die Frage unterhalten habe, was auf dem XII. Parteitag unter einer angestrebten Erneuerung im Rahmen der gegebenen Kontinuität vorgeschlagen werden müßte. Dabei habe ihn das Problem der Demokratisierung in den Betrieben besonders beschäftigt. Auch sein Sekretär Frank-Joachim Herrmann bestätigt solche Gespräche. Doch es war bis zur Erkrankung Honeckers im Juli 1989 zu keiner Ausarbeitung von Thesen oder einer anderen Diskussionsgrundlage gekommen. Und nach der Wiederaufnahme seiner Arbeit im ZK, Ende September, konzentrierte sich der Generalsekretär eben ausschließlich auf die Festveranstaltung zum 40. Jahrestag der DDR – und das bedeutete für ihn vor allem die Frage der Kontinuität. Nun wandte er sich der Frage der Vorbereitung des XII. Parteitages zu. Wir befragten Frank-Joachim Herrmann, wer diese Rede ausgearbeitet habe. Er antwortete, daß Honecker sie im Politbüro offensichtlich nur nach Notizen hielt, da er sie nicht im Büro hatte schreiben lassen[133]. Und Schürer meinte, daß diese Reformvorschläge möglicherweise auch die Ursache dafür waren, daß der »Engere Kreis« im Politbüro, der zunächst entschlossen gewesen war, Erich Honecker bereits auf dieser Sitzung des Politbüros abzuberufen, seine Absicht nicht verwirklichte. Willi Stoph stellte keinen Abwahlantrag, wie von ihm erwartet worden war, und so kam es lediglich zu einer allgemeinen politischen Debatte über die innenpolitische Lage in der DDR. Wie die Notizen von Schürer belegen, trug in dieser Debatte kein Politbüro-Mitglied selbst einen Vorschlag für ein langfristiges Reformkonzept vor, das über das »Wende«-Papier von Egon Krenz hinausging. Werner Eberlein bestätigte diese diffuse Diskussion und die vorherrschende Konzeptionslosigkeit[134].

In der Diskussion zum Referat von Honecker (folgen wir Schürers Notizen) forderte Hager eine tiefgründige Analyse ein und sagte, daß es erforderlich sei, das Plenum des ZK zur Ausarbeitung der neuen Gesellschaftsstrategie so rasch wie möglich einzuberufen, weil die Partei nur mit einer klaren Perspektive der Dauerkampagne des politischen Gegners erfolgreich begegnen könne. Stoph unterstützte die vorgelegte Erklärung von Krenz, kritisierte die fehlende Analyse der Ursachen, die zur Fluchtbewegung führten, und verwies auch auf unzureichende Analysen zu ökonomischen Problemen. Er führte weiter aus, daß die Auslandsverschuldung zu hoch angewachsen sei, und vermerkte, daß die Nettogeldeinnahmen (der Bevölkerung) doppelt so schnell gestiegen seien wie die Einnahmen aus dem Außenhandel. Dann gab er zu bedenken, die Subventionen im Wohnungsbau zu überprüfen. Krenz verteidigte die Notwendigkeit seiner eingereichten Erklärung mit dem Argument, daß »… uns viele im Volk nicht« mehr verstehen, »… die Menschen sind unsicher, und der Einfluß des Gegners nimmt zu«. Auch Harry Tisch ging auf diese Erscheinungen ein. Er sagte:

> »Wir haben den Einfluß unserer Medien auf die öffentliche Meinung überschätzt, die Grundstimmung in der Bevölkerung hat sich verändert. Der Vertrauensverlust der Partei reicht bis in die Arbeitskollektive. Zugleich ist es den Gegnern gelungen, daß die soziale Sicherheit ihre Wirkung verloren hat und andere Bedürfnisse entstanden sind und in den Vordergrund treten, die in der BRD besser befriedigt werden.«

Tisch schlug außerdem vor zu überlegen, wie die sozialistische Demokratie weiter ausgestaltet werden könne. Dazu unterstützte er den Vorschlag von Honecker, die Wirksamkeit der Gewerkschaften in den Betrieben zu erhöhen.

Insgesamt aber verzettelte sich die Diskussion auf einzelne kritische Probleme, wie auf Waren- und Materialengpässe oder auf Warnungen über die

Angriffe des Gegners. Der plötzliche Vorschlag von Alfred Neumann, Günter Mittag abzuberufen, fand bei Horst Dohlus und Erich Mückenberger entschiedenen Widerspruch, Heinz Keßler fand ihn überdenkenswert. Abgestimmt darüber wurde aber nicht. Interessant bleibt ein weiteres Detail: Krenz hatte in seinem Diskussionsbeitrag die Bemerkung einfließen lassen, daß künftighin das Wahlgesetz konsequent einzuhalten sei. Honecker reagierte darauf empört: Krenz solle endlich sagen, ob Wahlfälschungen vorgekommen seien oder nicht. In seinem Schlußwort griff Honecker diese Frage noch einmal auf: Das Politbüro sei nicht informiert gewesen, stellte er (offenbar gegen Krenz gerichtet) ärgerlich fest und kündigte »schärfste Maßnahmen gegen Wahlfälschungen an«. Doch das entscheidende Anliegen der Sitzung war, wie schon im Juni vor dem 8. ZK-Plenum, nicht gründlich vorbereitet gewesen. Die Generaldebatte für eine neue »Gesellschaftsstrategie« war zu einer konfusen Krisendiskussion geraten. Was das Politbüro in dieser »Debatte« leistete, entsprach nicht einmal den aktuellen Anforderungen der Tagespolitik, geschweige denn der Vorbereitung für ein strategisches ZK-Plenum. Diese Verzettelung wurde auch in dem Schlußwort deutlich, das Erich Honecker am zweiten Tag der Sitzung hielt. Er erinnerte zwar an die Niederschlagung der Konterrevolution von 1953 in der DDR und 1956 in Ungarn und forderte die Entschlossenheit der Parteiführung bei der Verteidigung des Sozialismus ein. Doch die Forderung blieb nur Mahnung. Er selbst hatte keine politische Gegenstrategie anzubieten und kam nicht einmal auf seine eigenen Reformvorschläge zurück.

Am Ende des ersten Beratungstages war beschlossen worden, dem von Krenz eingereichten Entwurf einer Erklärung grundsätzlich zuzustimmen, aber auch dem Vorschlag des Generalsekretärs zu entsprechen und sie noch einmal redaktionell umzuarbeiten. Die Neufassung wurde dann am zweiten Tag der Sitzung angenommen, ebenso wie der Beschluß, das 9. Plenum zum 15. bis 17. November 1989 zur Diskussion der Gesellschaftsstrategie der SED zum XII. Parteitag einzuberufen[135]. In der redigierten Erklärung des Politbüros wurde allen Bürgern der DDR, die den Sozialismus in den neunziger Jahren weiter voranbringen wollten, der offene Dialog angeboten. Eingefordert wurden Vorschläge für einen »attraktiven Sozialismus« und die Warnung ausgesprochen, daß sich die Bürger nicht zu »konterrevolutionären Attacken« mißbrauchen lassen sollten[136]. Das entsprach in der gegebenen Situation und angesichts des offenen Angriffs der antisozialistischen Kräfte,

gelinde gesagt, nicht den Erwartungen, die an ein »klassenkampfgestähltes«
Führungsgremium einer marxistischen Partei gestellt werden mußten, oder
wie Hans Modrow (aus späterer Erkenntnis) feststellte, »… weder (wurde;
d. Aut.) die Lage realistisch eingeschätzt noch eine Reformkonzeption vor-
gelegt«[137]. Nun muß natürlich angesichts eines solchen Vorwurfs auch ge-
sagt werden, daß Modrow bis zu diesem Zeitpunkt selbst über keine solche
Reformkonzeption verfügte. Die spätere Einschätzung Honeckers, daß die
»Wendekonzeption« von Krenz ebenso eine Fehlkonstruktion darstellte wie
»Perestroika und Glasnost selbst«[138] ist richtig, sie zeigt aber gleichzeitig sein
Eingeständnis, daß ihm an diesen zwei Tagen endgültig der Einfluß auf das
SED-Politbüro verloren gegangen war.

Dennoch versuchte Honecker noch einmal, die Situation sozusagen »administrativ« in den Griff zu bekommen. Er berief zum folgenden Tag, dem
12. Oktober, die Ersten Sekretäre der Bezirksleitungen zu einer internen
Beratung der Lage nach Berlin. Auf der Zusammenkunft wurde jedoch nur
noch einmal erkennbar, daß die SED-Führung dem Angriff ihres Gegners
politisch hilflos gegenüberstand. Das machte der Generalsekretär in seinem
zweistündigen Referat ebenso deutlich, wie die anschließende Debatte der
Bezirksvertreter. Ein Protokoll der Zusammenkunft lag uns nicht vor, so können wir uns nur auf Aussagen von Zeitzeugen berufen.

Der sowjetische Botschafter in der DDR bemerkte zum Referat
Honeckers, über das er zeitgleich mündlich informiert wurde, daß in dieser
Rede nichts, aber auch gar nichts auf den Wunsch hindeutete, zumindest
das Geschehene gründlich zu überdenken und Konzeptionen einer Umgestaltung vorzuschlagen. Weiter war er intern unterrichtet worden, es habe
im Referat keine ernsthafte Analyse gegeben und es »wurde nichts über
einen Ausweg aus der Krise gesagt.« Die einzige Erklärung, die Honecker
für die bestehende Misere gab, waren »die Bestrebungen der anderen Seite«,
die angesichts ihrer Erfolge die DDR als »stabilen Faktor im ohnehin ange-
schlagenen sozialistischen Lager isolieren« und destabilisieren wollten. Kotschemassow meinte feststellen zu können: Es war klar, »… daß Honecker
nichts ändern wollte oder nicht konnte. Wahrscheinlich beides.«[139]. Diese
Meinung des Botschafters zur Rede Honeckers ging – wie heute bekannt ist
– noch während der Beratung der Bezirkssekretäre direkt mit einem Fernschreiben umgehend an Gorbatschow. Es muß aber auch gesagt werden,
daß die Bewertung der gegnerischen Strategie durch Honecker gewiß nicht

falsch war. Doch ohne eine kritische Einschätzung der eigenen Probleme, ging sie an der inzwischen vorherrschenden Stimmung unter den Werktätigen dennoch vorbei.

Wie sich Zeitzeugen erinnern, schilderten in der Diskussion der Beratung verschiedene Bezirkssekretäre, wie Johannes Chemnitzer aus Neubrandenburg, Siegfried Lorenz aus Karl-Marx-Stadt und Werner Walde aus Cottbus, sehr kritisch, wie sich »Lage und Stimmung in ihren Bezirken verschlechterte«. Günther Jahn aus Potsdam soll als einziger Honecker direkt aufgefordert haben zurückzutreten[140]. Andere Bezirkssekretäre vermieden zwar eine offene Kritik, doch sie machten »ihre Besorgnisse« zur Haltung des Politbüros geltend. Worauf es indes angekommen wäre, daß wenigstens sie, die Bezirkssekretäre, ihrerseits Vorschläge für notwendige Handlungsorientierungen vorgetragen hätten, wie die Partei schnellstens zu einer Gegenoffensive übergehen könnte, unterblieb. Und so dürfte es durchaus zutreffend sein, daß Honecker den Eindruck gewann, die Mehrheit der Bezirkssekretäre wäre noch in der Lage, die Situation in den Bezirken »meistern zu können«. Eine politikfähige Alternative legte nicht einmal Modrow, der Erste Bezirkssekretär aus Dresden, vor. Er forderte zwar berechtigt – wenn wir seinem Redemanuskript folgen –, daß die Partei im Interesse der Erhaltung des Sozialismus in der DDR unbedingt die Initiative wieder zurückgewinnen müßte, orientierte aber lediglich auf das ohnehin bevorstehende Plenum des ZK, das endlich die neue Gesellschaftsstrategie debattieren müsse. Eine programmatische Orientierung dafür trug er nicht vor. Doch er erinnerte an die vom 7. Plenum des ZK der SED beschlossene Erneuerung bei der weiteren Gestaltung eines modernen Sozialismus und benannte dazu folgende Schwerpunkte: erstens müsse eine neue Qualität der sozialistischen Demokratie »im Leninschen Sinne« erreicht, zweitens sollte der sozialistische Rechtsstaat »bis hin zum Wirken der Volkskammer als oberste sozialistische Volksvertretung« weiter ausgestaltet werden und drittens wäre die Informationspolitik grundlegend zu verbessern. Schließlich regte Hans Modrow an, die Planwirtschaft schneller zu entwikkeln, und sagte, daß auch Maßnahmen zu diskutieren wären, wie die Versorgung der Bevölkerung mit einem ausreichenden Konfektions- und Schuhangebot und mit Südfrüchten gesichert werden könne[141]. Charakteristisch für die Situation war, daß diese Vorschläge noch hinter denen zurückblieben, die Honecker selbst auf der Politbürositzung zwei Tage zuvor vorgetragen hatte, die aber Modrow nicht kennen konnte.

Dem sowjetischen Botschafter war aus der Diskussion der Bezirkssekretäre noch während der Beratung mitgeteilt worden, daß Modrow, Chemnitzer und Jahn »die Dinge beim Namen« genannt und gefordert hätten, der Partei und dem Volk die Wahrheit zu sagen. Dem Botschafter war auch berichtet worden, daß Modrow in Grundzügen ein Programm der Umgestaltungen vorgetragen habe, dessen »Diskussion aber bei stillschweigendem Einverständnis der Teilnehmer der Beratung unterbunden wurde.« Auch diese Information ging umgehend an Gorbatschow. Kotschemassow schreibt in seinen Erinnerungen hierzu: »Da haben wir die magische Kraft des ersten Mannes.«[142] Die Informationen an den sowjetischen Botschafter waren ungenau, und wir gehen davon aus, daß dies so gewollt war.

Verschiedene der von uns befragten Zeitzeugen neigen zu der Ansicht, daß dennoch erst diese Beratung der Bezirkssekretäre und die krasse Lagebeurteilung des Ministeriums für Staatssicherheit Honecker das Ausmaß der Krise der DDR bewußt machten und ihn erahnen ließen, daß die alten Konzepte, die ihm zur Lösung von kritischen Situationen vertraut waren, in der bestehenden Situation nicht mehr anwendbar waren. Wir haben seinen Sekretär gefragt, warum Honecker in diesem dramatischen Moment nicht in die politische Offensive gegangen sei und den Ersten Bezirkssekretären seine Reform-Gedanken und Vorschläge zur Vorbereitung des beschlossenen Plenums zur Gesellschaftsstrategie nicht dargelegt habe, die er zwei Tage zuvor den Mitgliedern des Politbüros unterbreitet hatte. Frank-Joachim Herrmann antwortete uns, daß ein solches Verhalten bei ihm nicht üblich war. Aus seinem traditionellen Politikverständnis heraus konnte er den Ersten Bezirkssekretären keine Vorschläge unterbreiten, die das Politbüro noch nicht gebilligt hatte. Und diese Vorschläge waren im Politbüro nicht einmal diskutiert worden. Diese Vorschläge, so meint Frank-Joachim Herrmann weiter, kannte er als Sekretär des Generalsekretärs selbst nicht, sie hätten aber – seiner Auffassung nach – Honeckers langen Überlegungen zur Frage einer Erneuerung entsprochen, über die er sich im Sommer mehrfach geäußert hatte. Doch der Generalsekretär habe nicht mehr erkannt, daß diese »kühnen« Überlegungen nach dem 40. Jahrestag der DDR zu spät kamen. Herrmann sagte auch[143]:

»Wenn Erich Honecker in der Lage gewesen wäre, diese Vorschläge spätestens ein Jahr früher und in Verbindung mit der Einberufung des XII. Parteitages zur Diskussion zu unterbreiten, hätte er einen bedeutenden Einfluß auf die Meinung der Parteimitglieder gewonnen, dann hätten sich zwar heftige

Diskussionen in der Partei und in der Öffentlichkeit entwickelt, aber das Vertrauen in die Parteiführung wäre nicht in dem Umfang verfallen, wie dies im
Herbst 1989 geschehen ist.«

Und noch eine Überlegung kann den Generalsekretär davon abgehalten
haben, seine Reformvorschläge für eine neue Gesellschaftsstrategie in seinem
Schlußwort auf der Politbürositzung zu wiederholen und sie als Diskussions-
vorlage einzubringen. Er suchte noch immer nach einem Gesamtkonzept.
Und er wollte die Ersten Bezirkssekretäre auf der Beratung angesichts der
angespannten innenpolitischen Lage mit solchen »unausgereiften Reform-
vorschlägen« nicht noch verunsichern. Seine Vorschläge sollten ja auf dem
inzwischen einberufenen 9. Plenum debattiert werden. Und bis dahin griff
er lieber auf die gewohnten Methoden der Kontinuität zurück. An diesem
Abend des 12. Oktober strahlte BBC-London ein Interview mit Markus Wolf
aus, in dem er sich demonstrativ weigerte, eine Auskunft über die Zukunft
Honeckers zu geben[144].

Es ist noch zu recherchieren, wann Honecker als Vorsitzender des Nationalen Verteidigungsrates der DDR die Position von Gorbatschow verbindlich
erreichte, daß die UdSSR nicht mehr – wie im Juni 1953 – bereit war, bei
»inneren Konflikten« militärische Hilfe zu leisten. Kotschemassow erinnert
sich zwar, daß sich die Führung der DDR auf keiner Ebene mit einer solchen
»Bitte an uns« gewandt hatte, er behauptet aber gleichzeitig, daß es »eine
Bereitschaft unsererseits« dazu auch nicht gab[145]. Doch was die Frage der militärischen Sicherung der DDR durch die UdSSR betrifft, bestand bei der
Führung der Westgruppe der Sowjetarmee offenbar eine andere Ansicht als
in der sowjetischen Botschaft. Jedenfalls meinen das Heinz Keßler als Verteidigungsminister der DDR und Fritz Streletz als Chef des Hauptstabes der
NVA[146]. Nikolai Portugalow behauptete später, daß Gorbatschow im Spätsommer gegen den Protest von Armeegeneral Boris Snedkow, des Oberbe-
fehlshabers der in der DDR stationierten sowjetischen Truppen, einen Befehl
durchgesetzt hätte, daß die Westgruppe bei allen Konflikten in der DDR
in den Kasernen zu bleiben habe. Während Manfred Gerlach aussagt, über
diesen Befehl im September 1989 vom sowjetischen Botschafter informiert
worden zu sein, worüber er froh gewesen sei, besteht Krenz darauf, daß er als
Nachfolger Honeckers im Vorsitz des Nationalen Verteidigungsrates einen
solchen Befehl nicht kannte[147].

Wie auch immer, die Rede Honeckers vor den Ersten Bezirkssekretären

wirkte, wie Werner Eberlein bestätigt, auf die Politbüromitglieder ernüchternd. Sie kamen in den nächsten Tagen – wohl ebenso wie die Berater
Gorbatschows in Moskau – zu der Überzeugung, daß eine weitere Führung
der SED und der DDR durch Honecker nicht mehr möglich wäre. Zu berücksichtigen ist aber wohl auch, daß Honecker selbst nach dieser Beratung
mit den Ersten Bezirkssekretären – wie sein Sekretär berichtet – müde und
abgespannt wirkte und sich immer mehr »in sich selbst zurückzog«[148]. Der
Generalsekretär, der auf der Sitzung des Politbüros am 10. Oktober die Partei noch zur entschiedenen Abwehr der Konterrevolution ermahnt hatte,
reagierte nach dem 12. Oktober 1989 nur noch defensiv. Nun mag es sein,
daß dies auch eine Folge seiner schweren Erkrankung war, die ihn angesichts
der komplizierten Situation und der Bürde, die auf ihm lastete, schneller als
früher ermüden ließ. Das wäre psychologisch durchaus nachvollziehbar, politisch erwies sich eine solche persönliche Haltung in einer akuten Krise aber
als verhängnisvoll. In dieser Situation davon zu sprechen, gegen ihn habe
ein innerparteilicher Putsch stattgefunden, der von Mielke mit Hilfe seiner
KGB-Verbindungen inszeniert worden sei[149], ist unsinnig. In diesem Punkt
teilen wir die Ansicht von Modrow[150]. Angesichts der objektiven Situation
und seiner defensiven Haltung war Honeckers Rücktritt ein politisches Gebot. Als Kommunist hätte er ihn von sich aus anbieten müssen. Zwar war im
Statut der SED eine solche Möglichkeit formal nicht vorgesehen, aber auch
nicht ausgeschlossen. Doch weit schwerer wog, daß ein solcher Schritt im Bewußtsein Honeckers nicht abrufbar war, als er ratlos vor einer Situation stand,
der er sich nicht mehr gewachsen fühlte. Wir halten es daher für normal und
legitim, daß unter diesen Umständen verschiedene Politbüromitglieder darüber nachdachten, wie dieses Problem gelöst werden könnte. Das aber als eine
»Verschwörung von Stoph« zu bezeichnen, könne – wie das ein Zeitzeuge
formulierte – nur »kranken Gehirnen« entstammen.

Am folgenden Tag, es war Freitag, der 13. Oktober, unterschrieb Erich
Honecker als Vorsitzender des Nationalen Verteidigungsrates noch einen von
Krenz und Streletz vorbereiteten Befehl, daß bei allen politischen Auseinandersetzungen, wie bei Kundgebungen und Demonstrationen, für die Sicherheitskräfte der Einsatz der Schußwaffe strikt verboten sei[151]. Und er unterschrieb auch die Einladung für das 9. ZK-Plenum, das zum 15.-17.11.1989
einberufen wurde, um »Thesen zur Gesellschaftsstrategie« für den einberufenen XII. Parteitag zu diskutieren, die noch immer nicht vorlagen[152]. Dann traf

er sich, begleitet von Joachim Herrmann und Günter Mittag, mit den Vorsitzenden der Blockparteien[153]. Doch zu diesem Zeitpunkt war sein politisches Schicksal bereits besiegelt. Insider bestätigten uns, daß in der Beratergruppe Gorbatschows, nunmehr intensiv über seinen Nachfolger diskutiert wurde: Krenz oder Modrow. Die Frage dabei war, wer die Krise in der DDR am besten lösen könnte. Was aber in dem Moskauer »Küchenkabinett« als akzeptable Krisenlösung erwartet wurde, soll – diesen Informationen zufolge – bereits darauf hinausgelaufen sein, denjenigen als Nachfolger zu favorisieren, der die Bereitschaft mitbrachte, »auf Sicht« eine Form der Vereinigung der beiden deutschen Staaten zu ermöglichen. Der »Wunschkandidat« Gorbatschows soll – so vermuten verschiedene Zeitzeugen vielleicht nicht ganz unberechtigt – Modrow gewesen sein. Uns wurde versichert, daß es »im Kreml« aber noch keine feste Vorstellung dazu gab, wie und in welchem Zeitraum sich eine Vereinigung der DDR mit der BRD vollziehen könnte. Daß sie dann so schnell »vollzogen« wurde, war selbst im engen Beraterkreis um Gorbatschow nicht erwartet worden. Offenbar hatte der KPdSU-Generalsekretär George Bush und seinem Stab eine so zügige »Handlungsfreudigkeit« nicht zugetraut.

Unter den Mitgliedern des Politbüros der SED begann am Wochenende die Verständigung darüber, Honecker auf der kommenden Sitzung endgültig abzuwählen. Beteiligte Zeitzeugen versicherten uns, daß die meisten von ihnen aus eigener Einschätzung der politischen Situation handelten. Einige standen in dieser Frage zweifellos mit der sowjetischen Botschaft, einzelne über nicht diplomatische Kanäle sogar direkt mit dem Gorbatschowschen Beraterkreis in Verbindung. Nach Meinung Schürers gehörten neben Schabowski auch Werner Krolikowski und Günther Kleiber zu jenen, die Informationsverbindungen zu Mitarbeitern von Kotschemassow hatten. Er selbst, erzählte uns Schürer, wurde vom sowjetischen Botschafter immer wieder mal zum Essen eingeladen und dabei vorsichtig über ZK-Interna ausgefragt[154]. Kotschemassow will jederzeit über Details des Standes der Meinungsbildung der einzelnen Politbüromitglieder in dieser Situation informiert gewesen sein. Doch als wir versuchten, diesen Meinungsbildungsprozeß unter den Beteiligten nachzuvollziehen, kamen wir zu der Ansicht, daß der Botschafter die aktuellen Vorgänge nicht immer gekannt haben kann. So habe er – wie er in seinen »Erinnerungen« berichtet – zeitweilig sogar befürchtet, daß die »Gruppe« der »Gegner des Honecker-Kurses« (nach Schürer also der »Engere Kreis«) noch kein zahlenmäßiges Übergewicht im Politbüro gehabt habe[155].

Nun wissen wir nicht im Detail, *wer* die sowjetische Botschaft in diesen Tagen über Politbüro-Interna so eifrig unterrichtete. Wieweit sowjetische
»Emissäre«, wie beispielsweise die »Lutsch«-Dienstler, an diesem Wochenende als clevere Agitationsgruppe aktiv wurden, als der sowjetische Botschafter (mit Gorbatschow) um die Mehrheitsbildung im SED-Politbüro bangte,
bleibt zunächst einmal nicht recherchierbar. Aber selbst wenn dies der Fall
gewesen wäre (wir bleiben hier bewußt beim Konjunktiv), würde das Eingehen von Politbüromitgliedern auf einen solchen »Wunsch der Freunde« eben
nur ein biographisches Detail darstellen. Schürer sagte uns, daß Bemühungen
sowjetischer Emissäre für eine Mehrheitsbildung gegen Honecker im Politbüro nicht erforderlich gewesen wären. Und er erinnert sich, daß Krenz in seiner
Anwesenheit verschiedene Politbüromitglieder angerufen hatte, um sich mit
ihnen für die nächste Politbürositzung zu verständigen, so mit Axen. Hager
betonte ebenso wie Eberlein, daß sie zu ihrer Entscheidung in dieser Frage keinen »Rat« – von wem auch immer – benötigt hätten[156]. Dennoch soll
Mielke die beabsichtigte Politbüro-Entscheidung in der Hinsicht abgesichert
haben, daß der Vorsitzende des Nationalen Verteidigungsrates in diesen Stunden keine Befehlsgewalt hätte ausüben können. Mag sein, daß dies stimmt, es
wird von Herger wie von Schwanitz bestätigt. Sie wollten damit lediglich die
Folgen einer möglichen Überreaktion Honeckers abfangen. Zudem wurde
Harry Tisch auf einer Zusammenkunft von Politbüromitgliedern in Wandlitz beauftragt, seine bereits geplante Reise nach Moskau am Montag, dem
16. Oktober 1989, dazu zu nutzen, Michail Gorbatschow von der Absicht zu
informieren, Honecker auf der nächsten Sitzung des Politbüros abzuwählen.
Diese Sitzung fand routinemäßig am Dienstag, dem 17. Oktober statt.

Tisch hatte nach seiner Ankunft in Moskau auch sofort Zutritt zum
KPdSU-Generalsekretär[157]. Danach war er pünktlich wieder zur Politbürositzung am nächsten Tag in Berlin. Wie Schabowski in seinen »Erinnerungen«
berichtet, habe er in der Zwischenzeit (auf russisch, wie er nicht ohne Stolz
mitteilt) den »lieben Genossen Wjatscheslaw Iwanowitsch (Kotschemassow,
d. Aut.)« persönlich über eine Hochfrequenzleitung (per W-tsch-Apparat)
über den Stand der Dinge informiert und ihn noch eindringlich gebeten,
seinen Einfluß auf Stoph »in unserem gemeinsamen Interesse geltend zu machen«. Selbstverständlich versicherte er dem Botschafter, daß er ihn als Diplomaten nicht nötigen wolle, sich »in DDR-Interna einzumischen«. Kotschemassow soll geantwortet haben: »Ich habe Sie verstanden.« Als Schabowski

dieses Gespräch mit der sowjetischen Botschaft aus dem Zimmer von Helmut Müller in der SED-Bezirksleitung Berlin führte, saßen auch einige Sekretäre der Bezirksleitung im Raum. Schabowski bemerkt dazu: »Sie waren in meine Angelegenheiten eingeweiht. Ich konnte ohne weitere Erklärung unbefangen handeln.«[158] Wir halten diese Darstellung Schabowskis für bemerkenswert.

Bis zu diesem Montag waren vom ZAIG des MfS den Politbüromitgliedern weitere ausführliche Informationen zur innenpolitischen Lage in der DDR übergeben worden. Erstens gab es ein zusammenfassendes Material darüber, daß Austrittserklärungen aus der SED und aus den Kampfgruppen zunähmen und es in den Kampfgruppen offene Befehlsverweigerungen, auch von Gruppenführern, für Ordnungs- und Sicherungseinsätze gebe.[159] Zweitens wurde über eine Versammlung von Studenten und Wissenschaftlern am 12. Oktober an der Humboldt-Universität informiert, auf der gefordert wurde, das marxistisch-leninistische Grundlagenstudium und das Lehrfach Geschichte der SED abzuschaffen, »freie Wandzeitungen als Diskussionsforum« zuzulassen und ein Studentenparlament einzurichten[160].

Drittens lag eine Information über Reaktionen der Bevölkerung auf die Erklärung des Politbüros vom 11. Oktober vor. Darin wurde mitgeteilt, daß die Politbüro-Erklärung von vielen Mitgliedern der Partei und anderen progressiven Kräften in den Betrieben zwar als »langerwartetes Zeichen der Partei« betrachtet wurde, doch es werde von ihnen auch gesagt, daß dieses Zeichen zu spät gekommen und zu wenig faßbar sei, »keine klare Antworten auf die langjährig angestauten Fragen zur ökonomischen Situation« gebe und in ihm »vor allem das Aufzeigen konstruktiver Lösungswege« fehle. Weiterhin heißt es: die Verantwortung für die innenpolitische Situation »wird weitgehend der Parteiführung der SED angelastet«, die – selbst nach Ansicht vieler SED-Mitglieder – immer weniger in der Lage sei, ihre Verantwortung wahrzunehmen. Als Ursache dafür werde – auch von parteilosen Bürgern – das »starre Festhalten (der Partei) an einer offensichtlich nicht umsetzbaren Linie« gesehen. Vielfach werde auch geltend gemacht, daß die Parteiführung durch ihr politisches Schweigen seit August dieses Jahres »schweren politischen Schaden für die SED und die DDR herbeigeführt« habe. Selbst von Arbeitern in den Betrieben werde der »Reformwille« der Parteiführung angezweifelt, von manchen sogar in Abrede gestellt. Dem Politbüro der SED werde vorgehalten, die Verbindung zum Volk verloren zu haben. Vor allem an Herrmann und Mittag werde heftige Kritik vorgetragen, auch von Mitarbeitern zentraler staatlicher und wirtschaftsleitender Organe. Beide würden »für die Stagnation in der Volkswirtschaft und den Vertrauensverlust in der Bevölkerung durch die Gestaltung der Medien- und Informationspolitik« verantwortlich gemacht. Schließlich heißt es: »Wenn sich nicht kurzfristig etwas ändere, ... müsse mit entsprechenden Reaktionen auch der Arbeiter gerechnet werden.«[161]

An diesem Vorabend der Politbürositzung diskutieren Werner Eberlein, Mitglied des Politbüros, und Wolfgang Mitzinger, Minister für Kohle und Energie, mit Arbeitern in Magdeburg. Wie sie berichtet auch Kurt Schneider (der letzte Parteisekretär des ZK) aus seinen Erfahrungen von Diskussionen mit Betonwerkern, daß viele Arbeiter noch immer bereit waren, eine entschlossene Reformpolitik der SED-Führung zu unterstützen[162]. Doch das öffentliche Stimmungsbild an diesem Montagabend wurde geprägt von den Demonstrationen nach den »Friedensgebeten« in den Kirchen Leipzigs, in der Marktkirche in Halle, im Magdeburger Dom, in den Kirchen in Dresden und Zwickau. In Leipzig waren es 120.000 Menschen, die Reformen und eine demokratische Erneuerung forderten[163].

Als am folgenden Vormittag das Politbüro zusammentrat, hatte sich die Lage in der DDR trotz der »Wende«-Erklärung weiter verschärft, was die Einschätzung Honeckers auf der Politbürositzung vom 10. Oktober bestätigte, daß diese Erklärung nichts bringen werde. Da er selbst vor den Ersten Bezirkssekretären aber keine politische Alternative zu dieser Erklärung vorgetragen hatte, gab es für die Politbüro-Mitglieder keine andere Wahl mehr, als ihren Generalsekretär mit der Hoffnung aus seinen Funktionen abzuberufen, damit wenigstens »ein Zeichen zu setzen« und öffentlich den Reformwillen der SED zu bekunden. Dabei ist es unbedeutend, mit welchen dramatischen oder skurrilen Dienstler-Methoden versucht wurde auf die Vorbereitungen für diesen (wie Schabowski das formuliert) »point of no return« Einfluß zu nehmen. Über den Verlauf dieser Sitzung liegen ebenfalls persönliche Aufzeichnungen von Schürer vor, denen wir in der Darstellung folgen[164].

Danach stellte Stoph zu Beginn der Sitzung den Antrag, Honecker aus seinen Funktionen abzuberufen und den ZK-Mitgliedern zu empfehlen, Krenz als seinen Nachfolger zu wählen. Hager unterstützte umgehend diesen Antrag, Krolikowski sagte, daß das Leben in der DDR über die Arbeit von Honecker hinweggegangen sei und er durch seine politische Ignoranz den Vertrauensverlust in der Partei und der Bevölkerung hervorgerufen habe.

Tisch bestätigte dies mit dem Hinweis, daß die Partei auch unter den Werktätigen, in den Betrieben und den Arbeitskollektiven, unglaubwürdig geworden sei. Alfred Neumann äußerte, daß die Partei einen Teil der Führung verloren habe, und fügte hinzu: »Die Lage ist so beschissen, wie sie noch nie in der SED war.« Lorenz, Axen, Sindermann und andere Politbüromitglieder, selbst Mittag und Herrmann, folgten dem Antrag von Stoph. Im Verlauf der Diskussion wurde von Kleiber gefordert, auch Herrmann als Mitglied des Politbüros abzulösen. Inge Lange erweiterte diese Forderung auf die Abberufung von Mittag. Allen drei Anträgen wurde schließlich zugestimmt. Doch die Neuwahl eines Generalsekretärs und die offizielle Abwahl von Politbüromitgliedern konnten nach dem Statut der SED nur die Mitglieder des ZK legitimieren. Deshalb wurden sie für den nächsten Vormittag zur 9. Tagung zusammengerufen.

Honecker war an diesem Dienstagmorgen wohl nicht so ganz ahnungslos zur Politbürositzung gekommen, die er – wie Eberlein berichtet – mit »steinernem Blick« leitete. Er widersprach den gestellten Anträgen nicht. Möglicherweise empfand er die Entscheidung des Gremiums persönlich sogar als befreiend. So meldete er sich nach der Politbürositzung auch »ordnungsgemäß« beim sowjetischen Botschafter ab, der – wie er berichtet – mit Spannung an seinem Telefon auf den Ausgang der Diskussion gewartet hatte. Als ihm Honecker das Ergebnis der Sitzung mitteilte, fragte der Botschafter erstaunt: »Wie bitte, haben Sie auch für Ihre Ablösung gestimmt?« Und Honecker antwortete: »Ja, ich habe so gestimmt, wie alle«. Doch Kotschemassow war nicht der Einzige, der mit gespannter Aufmerksamkeit der Haltung Honeckers entgegensah. Gorbatschow wollte in Moskau zu jeder Zeit des Tages persönlich informiert werden, »... wie sich die Ereignisse entwickeln«. Nach der Politbürositzung wurde er dann umgehend über eine Sonderleitung aus der sowjetischen Botschaft über das Ergebnis informiert. Auch er fragte, wie sich Honecker verhalten habe, und war ebenso überrascht, daß der bisherigen SED-Generalsekretär für seine eigene Abberufung gestimmt hatte[165].

Der Legende nach soll nun auch die einberufene 9. Tagung des ZK der SED »stabsmäßig vorbereitet« gewesen sein. Allein das wäre nicht von Dienstag auf Mittwoch zu erledigen gewesen. Einige ZK-Mitglieder müssen – wenn diese Berichte stimmen – damit noch vor der entscheidenden Politbürositzung, also am Wochenende, begonnen haben. Modrow jedenfalls teilt mit, daß Hager den »Auftrag mit Entschiedenheit abgelehnt hat«, »... die Schriftsteller und Künstler unter den ZK-Mitgliedern in diesem Sinne anzusprechen«. Hager bestreitet, in dieser Frage überhaupt angesprochen worden zu sein[166]. Gab es tatsächlich bereits vor der ZK-Sitzung ein entsprechendes Szenario? Vielleicht ist es auch nur Sensationshascherei, was in dieser Beziehung von Schabowski so geschrieben wird. Er teilt mit, daß Hermann Kant die Aufgabe übernommen hätte, die Kurt Hager ausgeschlagen habe, daß Wolfgang Herger sich der Zustimmung der Militärs im ZK vergewissert und Helmut Müller den Auftrag gehabt habe, mit den Berliner ZK-Mitgliedern zu sprechen. Schließlich habe sich Willi Stoph für die Zustimmung der Mehrzahl der Minister, die im ZK saßen, verbürgt und Moritz Mebel habe es übernommen, die Wissenschaftler im ZK zu überzeugen[167].

Selbst wenn manches formal so verlaufen wäre und es Gespräche und Verständigungen unter ZK-Mitgliedern gegeben hat, stellte dies bei solchen grundsätzlichen Entscheidungen ein ganz normales Verhalten dar. Nur ein KGB-Mann vom Schlage Iwan Kusmin kann dies als eine »Verschwörung« verstehen[168].

Die Mitglieder des ZK der SED verabschiedeten ihren langjährigen Generalsekretär stehend, in Ehren und mit Beifall. Nur Moritz Mebel ist sitzen geblieben[169]. Er war der nicht unberechtigten Ansicht, daß Honecker ein gerütteltes Maß Schuld an der Lage in der DDR trug. Modrow meint, daß die gleichzeitige Abwahl von Mittag und Herrmann vor allem als »Beseitigung der Hausmacht Honeckers« verstanden wurde[170], was andere Zeitzeugen so nicht verstanden haben wollen. Als Honecker den Raum verlassen hatte, stand das Politbüros vor der Aufgabe, sein Erbe zu übernehmen und das Beste daraus zu machen. Doch es sollte an seiner Aufgabe scheitern. Das begann damit, daß die anschließend erfolgte Wahl von Krenz zum neuen Generalsekretär von Hans-Peter Minetti – wie er in seinen Memoiren schreibt – als eine »miese kleine Palastrevolution« empfunden wurde, weil es zu keiner alternativen Abstimmung mit einem zweiten Kandidaten wie Modrow gekommen sei[171]. Er selbst hat diesen Vorschlag jedoch nicht unterbreitet. Die Mitglieder des ZK waren auch nicht darauf vorbereitet, auf der Grundlage des von Krenz gehaltenen Referats, wie unzureichend dieses auch gewesen sein mag, endlich eine Generaldebatte über Lösungswege zu den anstehenden Aufgaben zu beginnen.

Nach dem vorliegenden Protokoll dieser ZK-Sitzung[172], sprach Mebel als erster zur Diskussion. Er unterstützte das Referat von Krenz und rief die ZK-Mitglieder zu mehr Selbstkritik und das ZK zu mehr Transparenz bei der Vorbereitung seines nachfolgenden Plenums auf. Dann regte er an, die notwendige Generaldebatte auf das nächste ZK-Plenum zu vertagen. Mebel wurde von Manfred Ewald und Modrow unterstützt. Und so stimmte das ZK einmütig der Rede des neuen Generalsekretärs und seinem Vorschlag zu, sie am Abend wörtlich im Fernsehen der DDR zu verlesen. Hans-Peter Minetti hatte keine alternative Abstimmung beantragt und sich nicht zu Wort gemeldet. Jedoch nicht die Wahl von Krenz zu Honeckers Nachfolger war unserer Meinung »der entscheidende Fehler«, auch wenn diese Wahl, wie Kotschemassow berichtet, »widersprüchliche Reaktionen« auslöste[173], sondern der Verzicht darauf, die Ablösung des Generalsekretärs in einer akuten Krisensituation mit einem Sofortprogramm zu verbinden. Die Vorstellung der Parteiführung, man habe noch Zeit, ein solches Programm gründlich auszuarbeiten, zeugte von einer nach wie vor dominierenden unrealistischen Selbstsicherheit.

War die Mehrheit der ZK-Mitglieder wirklich politisch so kurzsichtig, die Ursache der Krise allein auf Honeckers Führungsstil verkürzen zu können? War für sie nicht erkennbar, daß mit der Abberufung Honeckers allein diese Krise nicht mehr beherrschbar war? Die in der DDR ablaufenden Prozesse fanden doch nicht in einem neutralen Raum statt. Antisozialistische Kräfte hatten auf den inzwischen eingesetzten Destabilisierungsprozeß einen nicht zu unterschätzenden Einfluß genommen. Wir haben verschiedene Zeitzeugen befragt, die damals politische Verantwortung in der DDR trugen, warum sie nicht wenigstens reagiert haben, als Helmut Kohl schon auf dem CDU-Parteitag im September 1989 offen ausgesprochen hatte, daß die Vereinigung Deutschlands nunmehr eine Aufgabe der Tagespolitik sei[174].

Immerhin wirkte dieser Auftritt des Bundeskanzlers auf den sowjetischen Botschafter in Bonn Kwizinskij wie ein Alarmsignal[175]. Wir bekamen nur verlegene Reaktionen. Daß die SED-Reformer nicht erkannten, wie Helmut Kohl (nach der Brüsseler NATO-Ratstagung)[176] zur alten Doktrin Adenauers zurückkehrte[177] und wie die Politik Michail Gorbatschows in Wechselwirkung zu dieser Doktrin und der Perestroika-Umarmungsstrategie von Bush immer deutlicher zu einer Gefahr für die Souveränität der DDR wurde, bleibt für uns unverständlich. Es gehörte nun wirklich keine hohe Schule des Klassenkampfes dazu, um wahrzunehmen, daß der politische Gegner in diesen Wochen ganz real auf der Straße und »vor der Tür« stand und die DDR in die Deutsche-Bank-Daimler-Benz-Republik zurückführen wollte, wie Stefan Heym den kapitalistischen deutschen Staat in jenen Wochen treffend charakterisierte[178].

Notwendig wäre gewesen, sofort vom ZK-Plenum aus vor allem den Dialog mit der Arbeiterklasse und den Genossenschaftsbauern einzuleiten, der schon lange auf der politischen Tagesordnung stand. Aber die Diskussion darüber, ob Modrow nicht eine klügere Lösung in der »Erbschaftsfolge« gewesen wäre als Krenz, war angesichts einer notwendigen schnellen Stabilisierungspolitik für viele Menschen, die auf ihre bangen Fragen nach der weiteren Existenz der DDR Antworten suchten, von untergeordneter Bedeutung. Darauf will Schürer in einem persönlichen Gespräch Modrow auch aufmerksam gemacht haben: Seine Aufgabe als künftiger Ministerpräsident, so will Schürer dabei argumentiert haben, wäre in dieser für die DDR komplizierten innen- wie außenpolitischen Lage weit wichtiger als die eines Generalsekretärs, weil der Ministerrat in den nächsten Wochen gegenüber dem Politbüro ohnehin an Einfluß und Bedeutung gewinnen werde[179]. Als Kotschemassow seinen Generalsekretär noch spät in der Nacht auf dessen Datsche anrief, um ihn über die Ergebnisse des ZK-Plenums der SED zu informieren, reagierte auch Gorbatschow mit den Worten: »Nun, was tun – das ist die Wahl, und man muß darauf Rücksicht nehmen.«[180]

Erich Honecker

Als Erich Honecker zurücktrat, hinterließ er ein schweres politisches Erbe. Die Partei, die er fast zwei Jahrzehnte geführt hatte, war zerrüttet. Der Staat, der unter seiner Leitung große internationale Anerkennung erringen konnte, war erfolgreichen Angriffen seiner Gegner ausgesetzt. Er fand in dieser Situation keine überzeugenden Lösungen für die entstandene Krise, zu weit hatte er sich von den Interessen der Arbeiterklasse und der Genossenschaftsbauern entfernt, die ihm deswegen ein wachsendes Mißtrauen entgegen gebracht hatten. Er hatte eine grundlegende Prämisse kommunistischer Gesellschaftsstrategie sträflich verletzt[181], daß

> »… die Führer mit der Klasse und mit den Massen zu einem Ganzen, zu etwas Untrennbarem« verbunden bleiben müssen.

Honeckers politische Rolle kann aber nicht auf dieses politische Versagen reduziert werden. Sein Name wird trotz aller Widersprüche, in denen er stand und wirkte, mit den Anstrengungen verbunden bleiben, im Zentrum Europas eine Gesellschaftsordnung zu errichten, in der die Ausbeutung des Menschen durch den Menschen überwunden werden sollte. Es war das Ziel eines

Kommunisten, durch Beseitigung des Profitmechanismus menschenwürdige Lebensbedingungen und damit eine reale Alternative zur kapitalistischen Klassengesellschaft zu schaffen. Es war das Ziel eines aufrechten Antifaschisten, durch Zerschlagung der politischen und sozialökonomischen Ursachen, die den Faschismus begünstigten und hervorbrachten, die Erhaltung des Friedens in Europa zu sichern. Aber Honecker konnte dieses Ziel nicht erreichen. Und auch das muß hinzugefügt werden: mit seinem Namen verband sich eine feste und ehrliche Freundschaft mit den Völkern der UdSSR, dem ersten Arbeiter- und Bauernstaat. Selbst als er dem Generalsekretär des ZK der KPdSU – wie sich erwies berechtigt – kritisch gegenüberstand. Diese Unverbrüchlichkeit bezog er auch auf die Führung der KPdSU und vernachlässigte dabei die unentbehrliche Erkenntnis im Klassenkampf stets kritisch und wachsam zu bleiben. Nicht unzutreffend ist es, was ihm ein Arbeiter später nach Moabit ins Gefängnis schrieb:[182]

> »Ja, die DDR könnte noch heute existieren, wenn man auf das Wort der Arbeiter gehört hätte.«

So sind mit der Politik Honeckers zugleich Krisenerscheinungen in der frühsozialistischen Entwicklung verbunden, wie auch ein administrativer Dogmatismus, der demokratische Entscheidungsprozesse ernsthaft behinderte und letztlich zu nicht wenigen folgenschweren politischen Fehlentscheidungen führte. Daher bleibt – wie Günther Jahn sagte – unbestritten mit seinem Namen zugleich ein reicher wie widersprüchlicher Erfahrungsfundus dieses ersten alternativen Gesellschaftsmodells zum Kapitalismus verbunden[183].

Honecker war eingebunden in objektive Klassenkampfbedingungen und komplizierte internationale Prozesse, die er offenbar nicht immer gründlich genug zu analysieren vermochte. Einmal, weil er oft zu stark in vereinfachenden Denkstrukturen befangen blieb, zum anderen, weil er in manchen Fragen das Wissen, die Meinung und die Erfahrungen von Freunden und Genossen unterschätzte und mißachtete. Somit gelang es ihm nicht, ein Führungskollektiv zusammenzuführen, das in der Lage gewesen wäre, kreativ strategische Alternativen zu erarbeiten. Die Tragik seines Lebens besteht darin, wesentlich zur Destabilisierung des eigenen Lebenswerkes beigetragen zu haben, so daß es vom Klassengegner letztlich vernichtet werden konnte. Erich Honecker vermochte nicht, rechtzeitig zurückzutreten. Er wurde von der Mehrheit des Politbüros der SED und von dessen Zentralkomitee ehrenhaft abgewählt.

Wenn er diesen Vorgang als einen innerparteilichen Putsch empfand, so trug er daran selbst nicht geringe Schuld: Sein persönliches Verhalten und sein unzureichend entwickeltes Verständnis von innerparteilicher Demokratie waren die Ursache für das mangelnde Vertrauen der anderen Politbüromitglieder ihm gegenüber. Sein Ausschluß aus der SED durch jene, die ihn Jahrzehnte kritiklos politisch begleitet haben, erfolgte jedoch in einem politisch wie moralisch unwürdigen Haß und unter Verletzung des geltenden Parteistatuts. Jene, die ihn ausschlossen, haben eine notwendige politische Auseinandersetzung mit ihm gefürchtet und damit nur versucht, sich der eigenen politischen Verantwortung zu entziehen.

Der Versuch seiner Kriminalisierung durch die bundesdeutsche Justiz zielte auf die Delegitimierung der DDR. Es war eine Form der Rache des Klassengegners und sollte zugleich eine Demütigung des höchsten Repräsentanten einer sozialistischen Gesellschaft darstellen[183a]. Doch in der Geschichte unserer Zivilisation werden die Produzenten des gesellschaftlichen Reichtums das ursprüngliche Anliegen Erich Honeckers aufgreifen, wenn sie ihr Selbstvertrauen zurückgewonnen und wenn sie aus seinen und auch ihren Fehlern gelernt haben. Rosa Luxemburg meinte, verloren sei der Sozialismus nur dann, wenn das internationale Proletariat die Tiefe seiner Niederlage nicht ermessen und aus ihr nicht zu lernen vermöge[184].

2. Die »halbherzige« DDR-Perestroika

Mit der Wahl von Egon Krenz zum Generalsekretär des ZK der SED übernahm der Repräsentant einer neuen Generation die Führung der Partei. Er galt im Parteiapparat als Mittler zwischen den Generationen; zwischen jenen, die aus dem Klassenkampf der Weimarer Republik und dem Widerstand gegen den Faschismus gekommen waren, die den zweiten Weltkrieg überlebt und unter schwierigen Bedingungen die DDR aufgebaut hatten und jenen, die nach dem Krieg geboren und in die Entwicklungsprobleme und Widersprüche der DDR hineingewachsen waren. Um Widersprüche durch eine demokratische Ausgestaltung der sozialistischen Gesellschaft zu lösen, stellte sich nunmehr der neue Generalsekretär des ZK der SED kompromißlos, aber zugleich blindlings und unkritisch an die Seite des noch immer weltweit umjubelten Michail Gorbatschow, der scheinbar den Sozialismus attraktiver und den Frieden sicherer machen wollte – und dem viele Menschen noch immer glaubten. Krenz tat das in der Überzeugung, daß die SED und die DDR an der Seite der in der »Umgestaltung befindlichen Sowjetunion« schnell den Weg aus der Krise finden würden. Er wollte den »Schulterschluß« mit Gorbatschow und erkannte nicht, daß sich die Perestroika als sozialistische Umgestaltung schon längst in der Agonie befand, seit Monaten bereits in ihr Gegenteil umgeschlagen war und begonnen hatte, die sozialistische Gesellschaft zu zerstören.

Auch die neue politische Führung der SED war nicht darüber informiert, daß die DDR für die Führung der KPdSU militärisch wie ökonomisch und damit politisch schon längst an strategischer Bedeutung verloren hatte[185]. Wie Erich Honecker wollte der neue SED-Generalsekretär nicht zur Kenntnis nehmen, daß Gorbatschow inzwischen grundsätzlich bereit war, die DDR gegen den Eintritt in das »gesamteuropäische Haus« für ein einheitliches kapitalistisches Deutschland freizugeben. Krenz wußte auch nicht (oder maß dem keine Bedeutung bei), daß die Berater Gorbatschows ihm mit Mißtrauen gegenüberstanden, weil sie durchaus berechtigt vermuteten, daß er wohl nicht willens sein werde, diesen Weg widerstandslos mitzugehen. Kotschemassow vermerkte daher, daß »… alles entscheidend von seinen (Egon Krenz, d. Aut.) praktischen Schritten« abhängen werde[186]. Nur sagte der sowjetische Botschafter nicht, *welche* »praktischen Schritte« er meinte.

Krenz und seine Mitarbeiter schätzten nicht nur die Lage in der UdSSR und das Vertrauensverhältnis der sowjetischen Führung ihnen gegenüber falsch ein, sondern sie hegten zugleich auch die illusionäre Hoffnung, daß es genüge, sich demonstrativ auf die Seite des in der Bevölkerung so beliebten Gorbatschow zu stellen, um deren Vertrauen zurückzugewinnen und die innenpolitische Lage der DDR zu stabilisieren[187]. Das erwies sich bald als eine gravierende Fehleinschätzung des inzwischen entstandenen innenpolitischen Kräfteverhältnisses und als ein tragischer Irrtum. Aus dieser falschen Beurteilung der Stimmung in der Bevölkerung entstanden weitere politische Fehler des neuen Generalsekretärs. Der erste war seine Fernsehansprache nach seiner Wahl. Die dabei verfolgte Absicht, keine Differenz mehr zuzulassen zwischen dem, was im ZK und was öffentlich gesagt wurde, fand in der Öffentlichkeit kein Verständnis. Die ungeschickte Anrede in der TV-Ansprache »Liebe Genossinnen und Genossen« wurde ihm sofort bösartig als Unfähigkeit ausgelegt. Sein zweiter Fehler bestand darin, daß er sich selbstzufrieden und in gewohnter Tradition am 24. Oktober 1989 von der Volkskammer der DDR zum Vorsitzenden des Staatsrates und des Nationalen Verteidigungsrates wählen ließ. Damit untergrub er sein Anliegen, die sozialistische Demokratie auszubauen, und erleichterte seinen politischen Gegnern die Argumentation, es werde ja sowieso alles »beim Alten bleiben«. Diese Unbedachtsamkeit wurde ein entscheidendes Argument der antisozialistischen Kräfte, um – noch unter dem Deckmantel des Ringens für eine »bessere DDR« – die Werktätigen gegenüber der neuen Partei- und Staatsführung weiterhin zu verunsichern und für die eigenen Argumente zu gewinnen. Insofern fand ihr Vorwurf der Unfähigkeit gegenüber Krenz auch vielfach Gehör. Selbst sein engerer Mitarbeiterstab war zudem über den vom neuen Staatsratsvorsitzenden gepflegten »staatsmännischen Habitus« zunächst irritiert.

Dieses Verhalten war nicht nur unklug, es zeigte unbestritten auch Formen der Selbstgefälligkeit und war wohl auch ein Ausdruck von »übernommener Realitätsferne«. Mielke dagegen hatte, nach der Abwahl Honeckers, am 21. Oktober warnend festgestellt, »... daß wir völlig veränderten Kräftegruppierungen gegenüberstehen« und hinzugefügt: »... Wir können heute noch nicht beantworten, wie wir mit diesen Veränderungen – die noch zunehmen können – zukünftig ›fertig‹ werden wollen und müssen.«[188] Krenz und alle Mitglieder des Politbüros und des Sekretariats des ZK der SED wurden zwei Tage später von der ZIAG des MfS außerdem darüber informiert, daß sich die Strukturen der antisozialistischen Gruppen und Organisationen inzwischen flächendeckend ausgebildet und gefestigt habe und daß diese es geschafft hatten, ihre vielfältigen Kommunikationsverbindungen weiter auszubauen, daß es ihnen überdies gelungen war, »... ein beachtliches Potential der Bevölkerung der DDR, vor allem jüngere Bürger, in ihrem Sinne zu beeinflussen.« Weiterhin hieß es in dieser internen Information, daß der Mitbegründer des Neuen Forums, der Pfarrer Hans-Jochen Tschiche, die antisozialistische Opposition darauf orientiere, Partei- und Staatsmacht weiter durch die »Straße zu drängen, ... bis deren Machtmonopol gebrochen ist.« Nach diesem MfS-Material soll Tschiche auch die Meinung vertreten haben, »... die SED dürfe in der ›künftigen Gesellschaft‹ keine Rolle mehr spielen.« Andere Bürgerrechtler, wie Prof. Dr. Jens Reich vom Zentralinstitut für Molekularbiologie der Akademie der Wissenschaften der DDR, »... entwickelten Vorstellungen, (um) den ›Aktionsraum‹ des ›Neuen Forums‹ durch ›Infiltration‹ des FDGB und Ausnutzung der Blockparteien CDU und LDPD zu erweitern.«[189]

Das waren sehr ernst zu nehmende politische Signale. Von ihnen ausgehend hätten doch alle politischen Entscheidungen, die jetzt von der neuen Parteiführung zu treffen waren, sowohl auf einer gründlichen Analyse der inneren Klassenkräfte sowie einer nüchternen Einschätzung des Bewußtseins- und Reifegrades der Arbeiterklasse als auch auf einer kritischen Beurteilung der Reaktion der Bundesregierung auf diese Situation in der DDR basieren müssen. Eine konkrete und streng objektive Einschätzung aller Klassenkräfte gehört zum Rüstzeug marxistischer Politik. Aber eine solche Analyse unterließ die neue Partei- und Staatsführung. Ihre Handlungsorientierungen verharrten in einem – dem kritischen Historiker unverständlichen – politisch-naiven Praktizismus. Vielfach wurden wir gefragt, wo wir die Ursachen für dieses Verhalten des neuen Generalsekretärs sehen. Wir konnten diese Frage zunächst nicht beantworten. Später aber, im Verlauf weiterer Diskussionen, kamen wir zu der Überzeugung, daß auch Krenz – wie viele der DDR-Perestroikaner – bereits zu stark in der Denkweise Gorbatschows vom »neuen Denken« verfangen war. Es war nicht nur ein »Kollaps der alten Garde«, es war zugleich auch das Versagen jener Pragmatiker, die sich kritiklos als Gorbatschow-Reformer verstanden. Der »genetische Defekt« des Gorbatschowismus war geklont worden. Wie ihr Idol besaßen die SED-Perestroikaner kein strategisches Reformkonzept und hatten auch kein Vertrauen in die Arbeiterklasse. Die Folge war eine Beschleunigung des Verfalls der Autorität der sozialistischen Idee und mit ihr der Staatsmacht.

Bereits in diesen Tagen wurden Dienststellen der Deutschen Volkspolizei bedroht und Partei- wie Staatsfunktionäre erhielten Briefe, in denen sie mit der Ankündigung von Bomben- und Brandanschlägen eingeschüchtert werden sollten[190]. Doch alles, was Egon Krenz zu diesem anlaufenden kriminellen Szenarium am 24. Oktober 1989 in einem Fernschreiben an die Ersten Sekretäre der SED-Bezirks- und Kreisleitungen mitteilen ließ, war, daß sich der Staatsrat der DDR mit der Wahrung der Rechtsstaatlichkeit beschäftigt habe und davon ausgehe, daß »… alle Probleme mit politischen Mitteln gelöst werden«[191]. Das war zwar eine deutliche Absage an jeden Einsatz von Waffengewalt, aber wieweit es politisch richtig war, vor dem sich anbahnenden antistaatlichen Terror sich gewaltlos zurückzuziehen, ist eine ganz andere Frage. Zudem war die im Appell von Krenz angesprochene Sicherung der Planerfüllung in den Betrieben keine Antwort auf die drängenden Fragen der Werktätigen. Sein Appell an die Plandisziplin mußte in dieser Situation dazu führen, daß sich diese anerzogene Disziplin politisch aufhob und begann, in ihr Gegenteil umzuschlagen.

2.1 Die Spaltung der SED-Perestroikianer –
Die Reformer und die »neue Opposition«

Die Hoffnung der neuen Führung, das Vertrauen der DDR-Bürger noch einmal zurückzugewinnen, war zu diesem Zeitpunkt nicht unbegründet. Die
Mehrheit der Bevölkerung, der Arbeiter, Genossenschaftsbauern, Angestellten und der Intelligenz erwartete von einer Politik, die sich an Gorbatschows
Perestroika orientierte, einen besseren Sozialismus, das hieß aus ihrer Sicht sowohl eine effektivere Wirtschaft als auch eine größere demokratische Mitbestimmung in einer souveränen DDR. Daher hatten alle SED-Perestroikianer
nach der Abwahl Honeckers ihre politische Zukunft mit der Politik des
Michail Gorbatschow verbunden.

Wir haben uns aus vielen Gesprächen mit Zeitzeugen die Meinung gebildet, daß den SED-Perestroikianern in diesem Augenblick nicht nur ein
fast übermenschliches Maß an Nüchternheit und kühler Vorstellungskraft
abverlangt wurde, sondern auch Kenntnisse, über die sie offensichtlich nicht
verfügten. Wir müssen ihre Zeit-Sicht berücksichtigen, wenn wir mit unseren
heutigen Kenntnissen rückblickend ihr Handeln bewerten. Nur so ist Geschichte zu begreifen. Zu berücksichtigen ist weiterhin, daß auch die Mehrheit der DDR-Bürger einschließlich der SED-Mitglieder den Niedergang der
Perestroika in der UdSSR, die erreichte Phase ihrer zerstörerischen »Katastroika«, nicht zu erkennen vermochte. Zwischen dem Hoffen der DDR-Bürger
und der SED-Führung auf die Möglichkeiten der Perestroika und deren politischer Realität hatte sich ein tiefer Widerspruch herausgebildet. Selbst die
noch am besten informierten DDR-Politiker wagten in diesen Tagen nicht,
an die Konsequenzen zu denken, die sich für ihr Land aus der »Katastroika«-
Phase der Perestroika ergeben könnten.

Dennoch wäre es angesichts der instabilen innenpolitischen Lage in
der DDR notwendig gewesen, daß alle Kräfte der SED zusammengestan-
den hätten, die entschlossen waren, eine souveräne DDR zu erhalten und
deren sozialistische Grundlagen zu verteidigen. Zu diesem Ziel hatten sich
alle SED-Perestroikianer bekannt. Es wäre auch eine offene Diskussion mit
all den Menschen notwendig gewesen, die sich zur DDR bekannten, über
die bestehenden Schwierigkeiten, über ein Konzept der Partei- und Staatsführung, und wie diese Probleme schrittweise zu lösen sind. Es kann nicht
in Abrede gestellt werden, daß eine solche Orientierung bei vielen DDR-

Bürgern Zustimmung gefunden hätte. Aus der Zeitsicht beurteilt, schien das eine reale Chance für die DDR zu sein. Doch die SED-Perestroikianer haben sie nicht verstanden. Vordergründig gesehen, zerstritten sie sich schon in den ersten Tagen nach dem 9. Plenum des ZK der SED über die Frage, wer von ihnen am besten die Perestroika in der DDR umsetzen, wer sich als DDR-Gorbatschow profilieren könnte: Egon Krenz, Hans Modrow oder Markus Wolf. Diese persönliche Konkurrenz und teilweise gegenseitige Ausgrenzung löste nunmehr jene innere Erosion der SED aus, die es ihren Gegnern erleichterte, sie politisch auszuschalten[192].

Worin lagen die unter den SED-Perestroikianern ausbrechenden Differenzen begründet? Ging es dabei wirklich nur um persönliche Abneigungen, oder resultierten diese Meinungsverschiedenheiten nicht doch aus unterschiedlicher Wahrnehmung der objektiv schwierigen politischen Sachverhalte? Wir haben in unseren Gesprächen und Diskussionen mit den Zeitzeugen den Eindruck gewonnen, daß sich nach dem 9. ZK-Plenum der SED unter den Perestroikianern zunächst zwei Hauptströmungen herausbildeten, die sich nicht in der Beurteilung der Perestroika, aber in ihren Schlußfolgerungen für die DDR unterschieden. Wir haben bisher die Sicht jener SED-Perestroikianer charakterisiert, die sich um Krenz zusammengefunden hatten und eine Reform des realen Sozialismus anstrebten. Von ihnen distanzierte sich nach dem 9. ZK-Plenum eine Gruppe von SED-Reformern um Markus Wolf, zu der Dieter Klein, Michael Brie und zeitweilig auch Hans Modrow gehörten. Sie wurden von verschiedenen ZK-Mitgliedern unterstützt, so von dem international geschätzten Arzt Moritz Mebel, dem Minister für Kultur der DDR Hans-Joachim Hoffmann und auch von Gerd Schulz, Abteilungsleiter für Jugend im ZK der SED, Hans-Joachim Willerding, Sekretär des Zentralrates der FDJ, sowie von Otto Reinhold, dem Rektor der Akademie für Gesellschaftswissenschaften beim ZK der SED. Ihnen schloß sich auch der Rechtsanwalt Gregor Gysi an. Diese gegen Krenz opponierenden Reformer meinten, daß der neue Generalsekretär die Perestroika des Gorbatschow nicht konsequent genug angehe, und nannten seine Politik deshalb »halbherzig«.

Eine solche Auffassung wirft aus unserer heutigen Sicht zwei grundsätzliche Fragen auf. Die erste Frage wäre, was im Oktober 1989 von der Perestroika noch brauchbar war, wieweit das »sowjetische Vorbild« überhaupt für eine demokratische Reform des Sozialismus in der DDR politisch noch genutzt werden konnte? Wir haben diese Frage mit heutiger Sicht negativ beantwortet. Doch sie wurde von beiden Perestroika-Strömungen, sowohl von der Gruppe um Krenz als auch von seinen Opponenten positiv und optimistisch beantwortet. Übereinstimmend schätzten sie ein, daß mit einer schnellen Übernahme der »modernen sowjetischen Erfahrungen« die Probleme in der DDR zu lösen wären. In dieser grundsätzlichen Frage ergaben sich zwischen ihnen keine erkennbaren Differenzen. Ihr gemeinsamer Optimismus sollte sich aber schließlich als gemeinsamer fataler politischer Irrtum erweisen, denn jeder Versuch der Übernahme der Gorbatschowschen Politik konnte zu diesem Zeitpunkt nur noch eine »Kopie« der inzwischen ausgereiften »Katastroika« sein.

Dazu eine Anmerkung: Wir hielten den Tapetenwechsel-Vergleich Kurt Hagers in seinem Stern-Interview[193] damals für eine unkluge Formulierung. Dem Sinn nach, das muß heute auch gesagt werden, hat Hager jedoch recht behalten, so »konservativ-nostalgisch« das auch klingen mag. Wer von den SED-Perestroikianern im Herbst 1989 kritiklos den Weg Gorbatschows gehen wollte, wer mit diesem den engen Schulterschluß suchte, mußte mit seinen eigenen Hoffnungen auf einen besseren Sozialismus in der DDR in Widerspruch geraten. Das hat Krenz ebenso bitter erfahren müssen, wie später Wolf und zuletzt auch Modrow[194]. Es ist jedoch nicht so, daß wir heute erst in der Bewertung der Perestroika klüger sind als 1989. Eine reale und kritisch-nüchterne Beurteilung lag seit dem Frühjahr 1989 vor. Sie war von den Strategen des Nationalen Sicherheitsrates der USA und vom Planungsamt im State Department erarbeitet und seit Mai 1989 von der Bush-Administration teilweise auch veröffentlicht worden. Doch kein SED-Perestroikianer hatte sie beachtet, keiner der DDR-Politiker wandte Zeit auf, um darüber nachzudenken, was die bedingungslose, ja geradezu »begeisterte« Zustimmung des amerikanischen Präsidenten zur Perestroika bedeutete, welche praktischen Folgen für die Lage der DDR die neue Strategie der Washingtoner Administration haben könnte.

Unsere zweite Frage zielt darauf, was unter diesen Umständen und zu diesem Zeitpunkt mit einer Übernahme der Perestroika-Politik in der DDR überhaupt noch zu erreichen war. Hierauf gab es von beiden Strömungen unterschiedliche Antworten. Und genau hierin bestanden ihre eigentlichen Differenzen. Jene SED-Reformer, die nach dem 9. Plenum des ZK der SED zur neuen Führung schrittweise in Opposition gingen, wir bezeichnen sie als »neue Opposition« (Zeitzeugen bezeichnen sie als »Freundeskreis Wolf«), sprachen Krenz letztlich überhaupt den Reformwillen ab. Sie beanspruchten das Monopol darauf, Gorbatschow-Reformer zu sein, und betonten immer wieder, daß sie die Gorbatschowschen Ideen konsequenter, eben »fundamentaler« vertreten würden[195]. Aber auch ihr Problem bestand darin, daß sie eigentlich nicht zu formulieren vermochten, was sie darunter verstanden. Außer den bereits zitierten Veröffentlichungen wie dem Thesenpapier der Brüder Brie und den Tagebuchnotizen von Markus Wolf (von Anfang Oktober 1989 lag von ihnen kein Konzept vor, wie diese Ziele zu erreichen waren. Und was vorlag, war nach Ansicht von Zeitzeugen politisch nicht handhabbar[196].

Ohne ihre Hinweise überprüfen zu können, wurden wir von einigen Zeitzeugen noch darauf hingewiesen, daß sich die Berater Gorbatschows mit ihren »Lutsch«-Emissären im Spannungsfeld dieser sich entwickelnden Meinungsverschiedenheiten zwischen Krenz und der »neuen Opposition« bewegt hätten. Diese Emissäre sollen an der zunehmenden Polarität der SED-Perestroika-Strömungen nicht ganz unbeteiligt gewesen sein. Weiter wurde uns gesagt, daß sie dabei jene Perestroikianer favorisiert hätten, von denen sie annahmen, daß sie der inzwischen immer komplizierter werdenden Gorbatschowschen Politik am bedingungslosesten folgen würden. Und genau das hätten diese Berater Gorbatschows seinem Amtskollegen Krenz nicht zugetraut. Einige Umstände könnten diese »Gerüchte« stützen. Auch hier wäre weitere Aufklärung außerordentlich interessant. Dennoch wäre es sicher falsch, die »neue Opposition« ausschließlich am Gängelband von Gorbatschows engerer Umgebung zu sehen. Ihre Repräsentanten waren gewiß von der Selbstbestimmtheit ihrer eigenen Position überzeugt. In der Politik ist es nun einmal so, daß sich politische Handlungen immer aus mehreren Aspekten und deren unterschiedlichen Wechselwirkungen zusammensetzen.

Dennoch, in diesem brisanten Kräftespiel verschiedener innen- wie außenpolitischer Interessen gab es in den Herbstmonaten 1989 unzweifelhaft unterschiedliche Versuche, einzelne Interessen durchzusetzen. Wir schließen daher nicht aus, daß »Lutsch«-Dienstler dabei eine der in diesem Feldbereich agierenden informellen politischen Interessensvarianten waren, aber sie dürfte nur als ein Faktor unter verschiedenen anderen zu bewerten sein. Interessant ist jedenfalls die Meinung von Kotschemassow, der hinsichtlich solcher Zusammenhänge bemerkt[197]:

> »Überhaupt entstehen viele Fragen zur Rolle der Geheimdienste in der Geschichte der DDR, ihrer Tätigkeit in den Staats- und Parteistrukturen der Gesellschaft. Auf manche kennen wir noch keine Antwort.«

Wir beschäftigen uns mit diesen unbestätigten Informationen so ausführlich, weil zunächst öffentlich nicht erkennbar war, worin tatsächlich sachlich begründete unterschiedliche Auffassungen zwischen den Egon-Krenz-Reformern und denen der »neuen Opposition« bestanden. Nachträglich wurde interpretiert, die Differenzen wären entstanden, weil Krenz schon nach wenigen Tagen den »möglichen Kredit der neuen Führung« verspielt habe[198], weil er nicht bereit gewesen war, mit einer weiteren Demokratisierung der DDR den Staatssozialismus zu überwinden, dem – so Michael und André Brie, Dieter Segert und Rainer Land – »... die Tendenz zur Stagnation und Fäulnis wesensimmanent« gewesen sei[199]. Eine solche Bewertung besaß, wie sich in einigen Wochen bald herausstellen sollte, einen ambivalenten Charakter. Sie bestand darin, daß eine demokratische Ausgestaltung des realen Sozialismus zwar unstrittig unabdingbar war, die Überwindung des Staatssozialismus in der praktischen Politik und Theorie der Fundamental-Perestroikianer aber zur Aufhebung des Sozialismus überhaupt führte. In dieser Hinsicht entsprach die »neue Opposition« dann tatsächlich am fundamentalsten und konsequentesten der Politik Gorbatschows.

Zur Begründung ihres Verhaltens führen die Vertreter dieser Strömung an, daß der Sozialismus nicht reformierbar gewesen sei. Und dieser Selbstverteidigung ihrer eigenen politischen »Katastroika« fügen sie hinzu, daß der moderne Kapitalismus ohnehin eine bessere und demokratischere Gesellschaft darstelle als der reale Sozialismus[200]. Gregor Gysi sagte dazu im Oktober 1990 in einem Interview[201]:

> »... Wir sagen, daß wir z. B. (durch den Beitritt zur Bundesrepublik; d. Aut.) partiell auch in fortschrittlichere Verhältnisse kommen, weil demokratischer, weil freiheitlicher...«

Mithin bestanden die Differenzen zwischen den Krenz-Reformern und der »neuen Opposition« im Kernpunkt darin, daß Krenz und seine Mitstreiter einen Weg suchten, um die Souveränität der DDR und deren sozialistische Gesellschaftsordnung zu erhalten und zu reformieren, während die »neue Opposition« bereits »freiheitliche Verhältnisse« einer neuen »Zivilgesellschaft«, also den »rheinischen Kapitalismus« anvisierte. Deren Vertreter waren nur so unehrlich, dieses Ziel nicht öffentlich darzulegen. Sie traten unverfroren mit der Behauptung auf, sie brächten mit ihrer Politik den Willen und das Wollen der Parteibasis, also der Mitglieder in den Grundorganisationen der SED, zum Ausdruck.

Nun haben Zeitzeugen uns gegenüber die Ansicht vertreten, diese Konzeption der »neuen Opposition« wäre letztlich doch realistischer gewesen als die Illusion von Krenz, da Gorbatschow nach dem Scheitern seiner Perestroika ohnehin nur noch sein eigener politischer Konkursverwalter gewesen sei und die DDR zudem aufgegeben habe. Diese Meinung halten wir durchaus für diskussionswürdig, doch ist sie kein historisches Alibi dafür, Hilfestellung dabei zu leisten, die DDR-Bürger zu hintergehen und die DDR selbst zu zerstören und in den Kapitalismus zurückzustufen.

Bei unseren Untersuchungen über die Methode der Zerstörung der DDR und die Ausarbeitung einer entsprechenden Rechtfertigungsideologie durch einige Vertreter der »neuen Opposition« (Rainer Land, Dieter Klein, Michael und André Brie) ist es der historischen Wahrheit halber notwendig, auch die politische Aufspaltung oder »Pluralisierung« der SED-Perestroikianer zu beachten. Einerseits hatte dieser Prozeß keine massenpolitische Auswirkung mehr, beide Perestroika-Hauptströmungen begriffen sich ohnehin lediglich als »Führungsstäbe«, deren unterschiedliche Positionen nicht einmal von der Mehrheit der Mitgliedschaft der SED und noch weniger in den Arbeitskollektiven der Betriebe und den Gewerkschaftsgruppen verstanden wurden. Andererseits beobachtete die Bürgeropposition diesen Differenzierungsprozeß jedoch um so genauer. Auch die Deutschlandexperten im Kanzlerbungalow in Bonn und jene in der UdSSR-Führung verfolgten und, wie wir heute wissen, analysierten ihn mit größter Aufmerksamkeit.

Gehen wir aber zunächst auf die These der »neuen Opposition« ein, ihre Politik werde von der Mehrheit der Genossinnen und Genossen in den Betrieben und deren Parteiorganisationen getragen und unterstützt. Für diese kühne Rechtfertigungsbehauptung einen überzeugenden Beweis zu finden, dürfte sehr kompliziert sein, und er ist bisher auch nicht geliefert worden. Um nicht falsch gedeutet zu werden, wir halten es für unbestritten, daß die »neue Opposition« bestimmte Meinungen artikulierte, die es in der Partei gab, doch wir bestreiten entschieden, daß sie die Meinung der Mehrheit der Parteimitglieder zum Ausdruck brachte. Wir meinen vielmehr, daß die Haltung der Parteimitglieder in diesen Wochen einem raschen Wandel unterlag, zumal viele von ihnen nicht nur aus Karrieregründen (die es unbestritten gab), sondern wegen der Mißachtung ihrer Interessen begannen, aus der SED auszutreten. Allein schon deshalb ist es schwierig, ein übersichtliches Meinungsbild zu erstellen[202]. In dieser Entwicklung kommt erst einmal zum

Ausdruck, daß sich die SED unter dem entstandenen politischen Druck eben nicht als eine »Gemeinschaft politisch Gleichgesinnter« erwies, sondern, trotz aller Versuche der Durchsetzung einer »straffen Parteidisziplin« für die Einhaltung der »Parteilinie« (das war stets die vom ZK abgesegnete Beschlußlage des Politbüros), immer eine Interessenskoalition verschiedener sozialer Schichten war, unter denen es auch Karrieristen gab.

Betrachten wir also die soziologische Struktur der SED-Mitgliedschaft und ihre politische Haltung im Herbst 1989. Das Problem einer regierenden kommunistisch-sozialistischen (Einheits-)Partei bestand darin, daß sich ihre ursprüngliche Arbeiterbasis in Zeitabschnitten strukturell differenzierte: aus unmittelbaren Produzenten wurden Partei- und Verwaltungsangestellte, erwuchs eine neue Intelligenz. Produzenten wurden nicht zuletzt auch Führungskader der Wirtschaft und der Armee. Aus der Arbeiterklasse heraus formierte sich eine neue Führungselite. Die Entwicklung entsprach real vor sich gehenden sozialen Verschiebungen in den Klassen und Schichten der Gesellschaft. Die soziale Struktur der Arbeiterklasse wandelte sich. Es ist daher nicht wahr, wenn Dietmar Wittich behauptet, daß der Arbeiteranteil der SED nur eine »dekorative Funktion« gehabt habe. Dieser Bewertung liegt eine erheblich sektiererische Auffassung, zugleich aber auch arrogante Haltung gegenüber der Arbeiterklasse zugrunde. Wir halten es für interessant, zwischen der sozialen Struktur und politischen den Trägergruppen[203] innerhalb der SED zu unterscheiden, um den politischen Bewußtseinsstand ihrer Mitgliedschaft beurteilen zu können. Es erwies sich, daß es in der SED neben leicht fluktuierenden Interessengruppen einen politischen Block sowohl in der Mitgliederbasis als auch im Funktionärsapparat gab, der sich weitgehend mit der Partei identifizierte und sie verteidigte. Teile der Funktionärsschicht in gerontologischer Sichtweise als »Altkader« oder als »Aufbau-Generation« zu bezeichnen, ist ein ideologischer Versuch, sie gegenüber der jüngeren DDR-Generation negativ zu belasten und auszuspielen.

Soziologische Analysen zur SED[204] lassen den Schluß zu, daß die Mitgliedschaft und der mittlere Funktionärsapparat der SED aus unterschiedlichen Trägergruppen bestanden und daß sich daher die politische Führungskrise in den Strukturen der Partei sehr differenziert reflektierte. Die zeitweilige politische Handlungsunfähigkeit der Parteiführung vom August bis zum September 1989 gefährdete primär das soziale Interesse der Arbeiter (43 % der Mitgliedschaft) und irritierte zugleich die zumeist aus der Arbeiterschaft stammenden

Verwaltungsangestellten (22 % der Mitglieder), d. h. vor allem aber die Träger der Staats- und Wirtschaftsverwaltung. Wir meinen, daß gerade die sozialen Interessen der Arbeiter und der Angestellten von der »neuen Opposition« nicht reflektiert wurden, wie das später einer ihrer Repräsentanten, Thomas Falkner, auch eingestanden hat[205]. Woher nahm also die »neue Opposition« die Legitimation der »Parteibasis« für ihre politischen Ambitionen? Der Historiker Bortfeldt stellt zudem fest, daß nach dem 9. Plenum des ZK der SED »durch die Reihen der Parteimitglieder zunächst ein erleichtertes Aufatmen« ging[206], was der Leiter der Abteilung Parteiorgane im ZK der SED in seinem Bericht vom 30. Oktober 1989 an das Politbüro ebenso eingeschätzt hatte[207]. Wir weisen nochmals darauf hin und betonen aus unserer eigenen Erfahrung in diesen Wochen, daß die Mehrheit der Parteimitglieder vielfach den Unterschied zwischen den beiden Perestroika-Strömungen, wenn sie diese überhaupt zur Kenntnis nahm, nicht erkannte.

Aus dieser soziologisch-politischen Situation heraus ließ sich die »emanzipatorische« Abspaltung der »Fundamental-Opponenten« von den Krenz-Reformern nicht legitimieren. Zu berücksichtigen ist aber, daß 26 % der SED-Mitglieder zur neuen Intelligenz gehörten. Auch wenn sie vielfach der Arbeiterklasse entstammten, bildeten sie dennoch eine spezielle Trägergruppe mit einem eigenständigen Sozial- und Politikverständnis. Aus dieser Gruppe kamen nachweisbar die meisten Vertreter der »neuen Opposition«: die Professoren Dieter Klein und Michael Brie sowie sein Bruder André, die Professoren Lothar Bisky, Dieter Segert, weiterhin Rainer Land, Klaus Höpcke und schließlich auch Gregor Gysi. Sie alle hatten eine ungebrochene politische Erfolgskarriere in der DDR gemacht. Politisch standen zu ihnen u. a. auch Helga Königsdorf, Stefan Heym, Tamara Danz, Volker Braun und viele Theaterleute. Nicht die IG Metall im FDGB unterstützte ihre Bemühungen, sondern die Gewerkschaft Kunst, die Gewerkschaft der Kulturschaffenden. Die Bestrebungen – vor allem seitens der Gruppe der »Vereinigten Linken«[208] –, vom FDGB »unabhängige Gewerkschaften zu installieren«, die Bortfeldt als Forderung von »immer mehr Gewerkschaftsmitgliedern« ausgemacht haben will[209], blieben im wesentlichen isoliert.

In der zweiten Oktoberhälfte entstanden, nach Rainer Land, verschiedene weitere Perestroika-Aktive, die »innerhalb der SED die Kraft« wurden, »die die Stabilisierung der Krenz-Führung nach dem Sturz von Honecker verhindert« habe[210]. Es ist wirklich ehrlich, daß dies einmal so deutlich ausge-

Tafel 4 –
Einige Aspekte der Sozial- und Organisationsstruktur der SED[211]

Mit dem Zusammenschluß von KPD und SPD zur SED wurde das Konzept einer proletarisch-kommunistischen Kaderpartei aufgegeben und die SED zu einer politischen Massenpartei ausgebaut. Sie definierte sich in ihrem Programm und Statut als eine Partei der Arbeiterklasse und des ganzen werktätigen Volkes. Dabei war es der SED gelungen, nicht nur ihre Mitglieder, sondern auch viele nicht parteigebundene Bürger für die Grundanliegen ihrer Politik zu gewinnen: für die Friedens- und Entspannungspolitik, für die internationale Solidarität, für die Politik einer stabilen sozialen Sicherheit und einer solidarischen Gesellschaft.

Beim XI. Parteitag der SED (1986) waren 2.304.121 Werktätige Mitglied der Partei, davon 64.000 Kandidaten. Im Jahre 1971 beim VIII. Parteitag waren es 1.909.859 Mitglieder gewesen. Der Verlust an Parteimitgliedern durch Tod oder durch Ausschluß wurde bis 1988 vollständig durch Neuaufnahmen ausgeglichen. Seit dem VIII. Parteitag der SED im Juni 1971 waren 1.058.789 Kandidaten, vorwiegend im Alter bis 25 Jahre, aufgenommen worden. Darunter befanden sich:

> 767.352 Produktionsarbeiter
> 37.701 Genossenschaftsbauern
> 109.754 Angehörige der Intelligenz

Zur Zusammensetzung der SED-Mitgliedschaft nach sozialen Kategorien nach dem XI. Parteitag (1986). Von den 2.304.121 Mitgliedern waren:

> 37,1 % Produktionsarbeiter
> 20,7 % Partei- und Offizierskader,
> > die vielfach aus Produktionsarbeitern hervorgingen
> 4,9 % Genossenschaftsbauern
> 22,4 % Angehörige der Intelligenz
> 7,2 % Angestellte
> 2,2 % Studenten/Schüler
> 6,5 % Hausfrauen/Rentner

Aus der Arbeiterklasse (Produktionsarbeiter und Angestellte) sind hervorgegangen:

> 69 % der Generaldirektoren der Kombinate
> 71 % der Staatsanwälte
> 64 % der Richter
> 76 % der Offiziere der Nationalen Volksarmee

Die SED-Mitglieder waren 1988 in 59.103 Grundorganisationen, Betriebs- bzw. Wohnparteiorganisationen, organisiert. 4.673 Betriebsparteiorganisationen waren weiter in 29.493 Abteilungsparteiorganisationen untergliedert. Insgesamt bestanden in den Grundorganisationen 94.694 Parteigruppen. Die Grundorganisationen wurden von 262 Kreisleitungen geführt, darunter 231 territoriale, sowie Industrie- und nichtterritoriale Kreisleitungen, die 15 territorialen Bezirksleitungen und der Gebietsleitung Wismut unterstanden.

sprochen wurde. Daher muß auch gefragt werden dürfen, welchen Interessen nun die Sezession der »neuen Opposition« diente und was Rainer Land und seine Freunde mit dem von ihnen zugegebenen Ziel einer Destabilisierung der Partei- und Staatsführung der DDR erreichen wollten. Lag ihr Streben im Interesse der Werktätigen der DDR oder entsprach es bereits anderen Zielvorstellungen als denen, die von ihnen öffentlich vorgegeben wurden? Nahmen sie vielleicht nur taktische Rücksicht darauf, daß die »meisten SED-Mitglieder »… noch an den vorübergehenden Charakter der gegenwärtigen Krise (glaubten)« und in ihrer Sicht davon ausgingen, daß die Schwierigkeiten lösbar wären, wie das Bortfeldt sieht?[212] Wenn einige Repräsentanten der »neuen Opposition« die Lage bereits anders einschätzten, was Rainer Land später auch zugestand, so äußerten sie das jedenfalls in jenen Wochen nicht. Sie getrauten sich damals noch nicht, den Mitgliedern in den SED-Grundorganisationen und den Gewerkschaftern in den Betrieben offen die Wahrheit zu sagen, daß sie die Stabilisierung der »Krenz-Führung« deswegen verhindern wollten, weil sie bereits meinten, in der Altbundesrepublik ankommen zu müssen – diese Ankunft als das Ziel ihres »Aufbruchs … in die Neuzeit«, wie es Thomas Falkner so schön visionär-verschwommen zu formulieren vermochte[213]. Wir gestehen zu, daß personell und zeitlich sehr zu differenzieren ist, *wann* einzelne Repräsentanten der »neuen Opponenten« begannen, mit ihren Vorschlägen keinen umgestalteten Sozialismus mehr anzuvisieren, sondern einen demokratischen Kapitalismus, und wann sie selbst – ebenso wie Gorbatschow – keinen Unterschied zwischen beiden mehr wahrnahmen[214]. Den Arbeitern und den Genossenschaftsbauern der DDR sowie den SED-Mitgliedern gegenüber haben sie jedenfalls diese Variante des »neuen Denkens« – so lange es ihnen möglich war – verschwiegen. Sie haben damit ebenso wie Gorbatschow einen grandiosen politischen Etikettenschwindel betrieben. Das muß deutlich gesagt werden. Und auch das: die ganze politische Anti-Krenz-Bewegung der »neuen Opposition« hatte keine reale Konzeption zur Erhaltung des Sozialismus in der DDR. Schon ihre Sprache wurde zunehmend problemvernebelnd. Insofern ist Stefan Heym voll zuzustimmen, wenn er die Kopf- und Konzeptionslosigkeit der SED-Opposition im Herbst 1989 beklagt[215].

Nur aus dieser Zielstellung eines Aufbruches in den »rheinischen Kapitalismus« ist es auch verständlich, daß die »neue Opposition« Ende Oktober 1989 versuchte, unabhängig von der für sie teilweise doch unberechenbaren Haltung der Parteibasis in der antisozialistischen Bürgeropposition einen Bündnispartner gegen die eigene Parteiführung zu gewinnen. Andere Motivationen für diese zynische Politik sind kaum zu finden. Bisher vorliegende fabulierende Erklärungsversuche sind lediglich nachträgliche Rechtfertigungen: André Brie meint, diesen politischen Schwenk damit zu legitimieren, daß er – ebenso wie Markus Wolf – der Parteiführung unter Krenz einfach und schlicht und ohne jedes Argument, den Reformwillen abspricht[216]. Nur Rainer Land hat sich bemüht, für diese heimtückische Wende nachträglich eine Rechtfertigungstheorie auszuarbeiten[217]. Sie ist in ihrer argumentativen Moderne-Konstruktion zwar wenig überzeugend und politisch konservativ-steril, aber insofern aufschlußreich, als sie einmal mehr beweist, daß sich diese »radikalen Reformer« bereits frühzeitig auf die Überwindung der deutschen Zweistaatlichkeit orientiert hatten. Wenn André Brie ausdrücklich und wiederholt betont, zu solchen »Visionen« keine Anregungen von sowjetischen Freunden bekommen zu haben[218], würden wir ihm das fast glauben. Land hält heute seinen ehemaligen Mitstreitern vor, sie hätten bei ihrer Taktik eine Reihe politischer Fehler begangen, weshalb das angestrebte Bündnis mit der Bürgeropposition mißlang. Welche Fehler der »neuen Opposition« meint Land? Zunächst sei es ein Fehler gewesen, daß sie bei dem Versuch, den Dialog mit der Bürgerbewegung (die er nicht als antisozialistisch bewertet) zu erreichen, versagt habe. Dann spricht er offen aus, was andere bis heute politisch zu verbergen suchen: Die Reformer befürchteten, daß es Krenz gelingen könnte, »... mit ein paar intelligenten Reformthesen à la Gorbatschow die junge Opposition an die Wand« zu drücken. Und dies wollten sie, die »Genossen« aus der »Gewi-Akademie des ZK der SED« und vom »Sozialismus-Projekt« der Humboldt-Universität, verhindern. Nochmals: Das ist doch endlich einmal »Glasnost«, jene Offenheit, vor der andere Mitstreiter von Land bisher zurückschreckten.

Es ging der »neuen Opposition« nach der Abwahl Honeckers also gar nicht mehr um die Perestroika im Sinne einer Weiterentwicklung des Sozialismus, sondern es ging ihren Repräsentanten, wie Land, Klein und Brie, schon um den Weg in die Moderne, und das war (um diesen en vogue-Begriff einmal zu entschlüsseln) lediglich die ideologische Verklärung für den Weg in einen neuen »gesamtdeutschen« Kapitalismus an der Seite der »Bürgeropposition«.

Worin bestanden nun die anderen »Fehler« bei dieser Bündnissuche, die

Land seinen Oppositionspartnern anlastet? Er kritisiert sie für vier weitere Unterlassungen. Einmal wäre sozusagen der Stab der »neuen Opposition« noch nicht bereit gewesen, seinen Hegemonie-Anspruch gegenüber der Bürgerbewegung aufzugeben. Das betraf auch (wir zitieren Land) »ihren moralisierenden Pragmatiker als Ministerpräsidenten«. Zum zweiten hätten sie es vermieden, mit der Bürgerbewegung sofort zu einer »echten Machtteilung« zu kommen. Dieses Verhalten kreidet Land ihnen drittens auch noch als »Avantgardismus« an, der sie schließlich dazu verführt habe, gegenüber der Bevölkerung der DDR noch immer den Anschein aufrechtzuerhalten, daß sie nach einer praktischen Strategie für einen funktionierenden Staats- und Wirtschaftsmechanismus (für einen Markt-Sozialismus) suchten, was die Bürgerbewegung als »Rekonstruktion der Macht« gedeutet und wofür sie kein Verständnis mehr aufgebracht habe. Zumindest in diesem Punkt ist ihm nicht zu widersprechen. Und viertens wirft Land seinen ehemaligen Reform-Kollegen vor, daß sie es nicht verstanden hätten, die Berliner Demonstration am 4. November 1989 zum Sturz von Krenz zu nutzen. Wenden wir uns der letzten Vorhaltung von Land besonders zu, auch wenn wir damit der Chronologie ein wenig vorgreifen.

Gysi rühmt sich, daß er die große Demonstration am 4. November 1989 auf dem Berliner Alexanderplatz angeregt habe, um gegen das Verbot des »Neuen Forums« zu protestieren[219], dessen Interessen er als Rechtsanwalt vertrat[220]. Doch diese Legende vom Ursprung der Demonstration greift nicht. Gysis Behauptung ist ein wenig Showdown. Horst Singer, der stellvertretende Vorsitzende der Gewerkschaft Kunst, berichtet, daß die Demonstration aus einem Vorschlag der Schauspielerin Marianne Wünscher entstand, den 40. Jahrestag der DDR einmal anders zu begehen als bisher mit offiziellen Feiern. Sie habe angeregt, eine Initiativgruppe gewerkschaftlicher Vertrauensleute von Berliner Theatern zu bilden, die eine Kundgebung mit dem Ziel vorbereiten sollten, für eine »reale Verfassungswirklichkeit« in der DDR einzutreten[221]. Erst später, auf einem Treffen dieser Initiativgruppe in der »Möwe« entstand die Idee zu einer Demonstration, und wie Horst Singer berichtet, aus einem Gedanken heraus, den Hans-Joachim Hoffmann, der Kulturminister der DDR, vortrug. Horst Singer erinnert sich:

Hoffmann war gerade von einem Besuch der BRD zurückgekommen, als er an dem Treffen in der »Möwe« als Gast teilnahm und über ein Gespräch mit Johannes Rau berichtete. In diesem Gespräch habe der gestandene Sozialdemokrat seinem ostdeutschen Besucher über verschiedene Erfahrungen im Umgang mit der Opposition berichtet. Darunter auch dies: Emotionsgeladene Proteste verbietet ein kluger Politiker nicht, er läßt sie sich sozusagen geordnet entladen. Am besten man stellt sich an ihre Spitze. Einer Kundgebung beispielsweise läßt man eine Demonstration vorangehen, so 2 bis 3 km müßten das schon sein, soll Rau sachkundig mitgeteilt haben. Während dieser Zeit sprechen die Menschen miteinander und dabei geht dann schon eine Menge Frust verloren. Hans-Joachim Hoffman sagte dazu im Club, man sollte auf solche Erfahrungen doch nicht verzichten. Als so die Idee von der »Kundgebung mit Demonstration« in die Debatte kam, wurde ihr mehrheitlich auch sofort zugestimmt. Sie sollte sich aber nicht mit den vom Neuen Forum organisierten Demonstrationen zum 40. Jahrestag der DDR überschneiden. Gregor Gysi wurde erst später hinzugezogen, als es um die Formalitäten polizeilicher Anmeldungen einer solchen Demonstration ging.

Als Gysi im Deutschen Theater sprach, »natürlich überzeugender« als Hans-Peter Minetti, wie er seinen Auftritt selbst beschreibt[222], bestand bereits die Initiativgruppe der Theaterleute, und der Vorschlag einer Demonstration mit der Kundgebung war schon gemacht. So Legende und Wirklichkeit. Beides, Kundgebung und Demonstration, wurde am 17. Oktober 1989 von Wolfgang Holz bei der Abteilung Erlaubniswesen der VP-Inspektion Mitte im Namen der gewerkschaftlichen Vertrauensleute verschiedener Berliner Theater für den Platz der Akademie (Gendarmenmarkt) angemeldet[223]. Danach kam es zu einer Rücksprache beim Berliner Polizeipräsidenten Friedhelm Rausch. Er erinnert sich[224]:

> »Nachdem wir die Demonstration und Kundgebung genehmigt hatten, fanden am 26. Oktober 1989 zwei Gesprächsrunden im Polizeipräsidium statt: einmal mit Hans-Peter Minetti, dem Präsidenten des Verbandes der Theaterschaffenden der DDR, Giesela Steineckert, der Präsidentin des Komitees für Unterhaltungskunst der DDR und Horst Singer, dem stellvertretenden Vorsitzenden der Gewerkschaft Kunst, zum anderen mit Vertretern des Initiativkomitees, Wolfgang Holz, Angelika Perdelwitz, Thomas Neumann und anderen Schauspielern. Möglicherweise gehörten auch Steffi Spira und Henning Schaller vom Maxim Gorki-Theater dazu. Die Diskussion mit ihnen war sehr konträr, doch konnten wir eine Übereinkunft für eine Sicherheitspartnerschaft erzielen. Von uns ging auch die Initiative aus, die Kundgebung vom Platz der Akademie zum Alexanderplatz zu verlagern. Einmal um sie aus der Nähe des Check Point wegzubekommen, zum anderen rechneten wir bereits mit einigen hunderttausend Teilnehmern, da für die Kundgebung vom Neuen Forum in der ganzen DDR geworben wurde. Auch die vorgeschlagene Demonstration von der Mollstraße/Ecke Prenzlauer Allee als Sammelpunkt, über

die Karl-Liebknecht-Straße, den Marx-Engels-Platz, vorbei am Gebäude des Staatsrates war mit ihnen abgesprochen und genehmigt. Für die Transparente übernahm das Initiativkomitee die Verantwortung. Zwischen uns und dem Ministerium für Staatssicherheit gab es eine Übereinkunft, daß wir die Sicherheitspartnerschaft verantworten und sie sich nicht einmischen werden. Das schloß nicht aus, daß sie für sich Maßnahmen einleiteten. Doch alle diese Maßnahmen waren lediglich darauf gerichtet, Provokationen zu verhindern, wie sie dem Gegner am 7. Oktober gelungen waren, und gewaltbereite Kräfte rechtzeitig zu isolieren und einen ordnungsgemäßen Verlauf der Demonstration zu sichern. Die Sicherheitspartnerschaft hat sich an diesem Tag bewährt, und die Losungen der Demonstranten trugen keinen konterrevolutionären Charakter. Zwischen dieser Berliner Demonstration und den Montagsdemonstrationen in Leipzig bestand ein grundsätzlicher politischer Unterschied.«

Im Gegensatz zur Meinung von Horst Singer vertreten wir die Ansicht, daß diese Demonstration und Kundgebung dennoch von der Bürgeropposition dominiert und auch instrumentalisiert wurde, und zwar mit dem Ziel, die neue SED-Führung zu stürzen, wie Land das ja auch eingesteht. Die »neue Opposition« hatte sich aber offenbar dieser Zielstellung nicht angeschlossen, darin wäre Horst Singer zuzustimmen. Sie hatte sich aber bereit erklärt, mit Rednern auf der Kundgebung vertreten zu sein. Horst Singer berichtete uns dazu dies[225]:

»Von der Initiativgruppe waren im Vorfeld verschiedene Persönlichkeiten als Kundgebungsredner eingeladen worden. Wer sprechen würde, blieb aber lange Zeit unübersichtlich. Johanna Schall sprach mit Markus Wolf, andere schlugen Michael Brie vor, und so kamen immer neue Vorschläge. Die Liste wurde mehrmals verändert, neu zusammengestellt. Eine Frage blieb offen: wer spricht von der Bezirksleitung der SED. Es gab den Vorschlag: Günter Schabowski. Doch Ellen Brombacher teilte uns am 3. November mit, darüber sei noch nicht entschieden. So blieb die Endfassung der Rednerliste in gewisser Hinsicht offen. Eines steht fest, wer entschlossen war, auf sie Einfluß zu nehmen, hatte es leicht. Die Initiativgruppe war keine geschlossene Gesellschaft, sie tagte immer öffentlich, und wer kam, war eben da und sagte etwas oder nicht. Daß sich darunter KGB-Leute ebenso befanden wie getarnte Mitarbeiter des MfS oder die anderer Dienste, kann nicht ausgeschlossen werden, sonst wären die Dienste ja unfähig gewesen. Aber das hatte meiner Ansicht nach keine entscheidende Bedeutung. Mir hat damals Friedrich Schorlemmer gefallen, der sich entschieden für einen reformierten Sozialismus in der DDR einsetzte.(…) Warum ich mich und warum andere Kollegen und Kolleginnen unseres Vorstandes, wie Martin Vogler oder Hella Kleinschmidt sich bereit fanden, die Vorbereitung der Kundgebung zu unterstützen? Wie viele glaubten sie, glaubten wir daran, daß Michail Gorbatschow jene Probleme werde lösen können, die sich in der Entwicklung der realsozialistischen Länder in den letzten Jahren angesammelt hatten. Unserer Ansicht nach war diese Kundgebung ein Erfolg jener Kräfte, die ein Bündnis zwischen den SED-Reformern und der Bürgerbewegung anstrebten.«

Doch dieses »zarte« Bündnis hielt lediglich bis zum Ende der Kundgebung. Der erste, der dies bemerkte, war Markus Wolf. Er schrieb vor der Kundgebung in sein Tagebuch[226]:

> »… saßen (wir) alle im »Expresso« zusammen: Rainer Eppelmann, Friedrich Schorlemmer Stefan Heym, Ibrahim Böhme, Bärbel Bohley und Jens Reich.«

Aber nach seiner Rede, bei der er ausgepfiffen worden war, mußte er als Reaktion der Bürger»rechtler« zur Kenntnis nehmen, daß sie zu ihm auf Distanz gingen. Nunmehr notierte er:

> »Plötzlich sagte einer zu mir: Du warst vom Stasi-General zum Hoffnungsträger geworden, und jetzt gehst du den Weg zurück zum Stasi-General.«

Damit war diese Kundgebung das »Aus« der politischen Karriere des Radikalreformers Markus Wolf. Er, der legendäre Aufklärer, der monatelang aktiv mit Lesungen aus seinem Buch ›Die Troika‹ bemüht war, »viele Menschen« zu ermutigen, »couragiert für Glasnost und Perestroika auch bei uns einzustehen…«[227], stand plötzlich vor seinem eigenem politischen Desaster. Klagend kommentierte er die von ihm nicht erwartete Situation: »…den Perestroika-Reformern wurde kein Sabbat gegönnt«[228]. Er, der vielfach von den Westmedien zum »Hoffnungsträger« gestylte, war an diesem Tag an der bereits deutlich erkennbaren antisozialistischen Politik der Bürgeropposition (die er nicht bemerken wollte) gescheitert. Er wurde fortan – wie lange Zeit später auch Gregor Gysi – von ihr kalt ausgegrenzt.

2.2 Das 10. Plenum des ZK der SED

Die Demonstration am 4. November 1989 muß auch im Gesamtbild der Vorbereitung auf die 10. Tagung des ZK der SED gesehen werden. Die Perestroika-Reformer um Egon Krenz wollten auf dieser Tagung das nachholen, was das ZK seit dem Juni-Plenum 1989 versäumt hatte und wozu auch auf dem 9. Plenum die Debatte abgebrochen worden war, und endlich ein Erneuerungs-Konzept vorlegen. Insofern stellte das 10. Plenum – wie Markus Wolf vermerkt – tatsächlich »eine Art Zäsur« dar[229].

Das ZK-Plenum wurde vom Politbüro auf verschiedenen Ebenen vorbereitet. Einmal hinsichtlich der Beziehungen zum ZK der KPdSU: Krenz war bereit, die Perestroika Gorbatschows bedingungslos zu unterstützen und flog verabredungsgemäß noch vor dem Plenum nach Moskau. Zum zweiten, sollte auf dem Plenum ein Aktionsprogramm als umfassendes Reformkonzept diskutiert und beschlossen werden, drittens war an eine Umbildung des DDR-Ministerrats gedacht und schließlich war beabsichtigt, die Volkskammer weiter demokratisch auszugestalten. Dann war noch eine demokratische Neuwahl des Politbüros vorgesehen, und endlich sollte bis zum Plenum eine Regelung gefunden werden, die es jedem DDR-Bürger ermöglichte aus- und wieder einzureisen. Eine außerordentliche Parteikonferenz der SED sollte letztlich die strategische Bedeutung des Gesamtreformkonzepts sozusagen als »Erneuerungs-Kurs« für die weitere Ausgestaltung der (früh)sozialistischen Gesellschaft und zur Vorbereitung des XII. Parteitages der SED krönen.

Dieses Erneuerungskonzept übertraf in entscheidenden Kriterien alle bisherigen Vorschläge und programmatischen Deklarationen der »neuen Opposition«. An die letzten Vorschläge Honeckers auf der Politbürositzung am 10. Oktober knüpfte es ebenso an, wie es die Anregungen aufgriff, die Modrow auf der Beratung der Ersten Bezirkssekretäre vorgetragen hatte. Außerdem waren auch jene Forderungen mit einbezogen, die von der Gruppe um Michael Brie und Markus Wolf vorgetragen worden waren. Das entscheidende Problem war unserer Meinung nach wieder, daß dieses Konzept eine Stabsarbeit war und nicht in der Öffentlichkeit zur Diskussion gestellt wurde. Ein derartiger Schritt hätte gewiß einen bedeutenden Vertrauenszuwachs für die Partei- und Staatsführung gebracht und die Partei aktiviert. Doch statt sofort mit seinen Vorschlägen zur Erneuerung an die Öffentlichkeit zu gehen, sie in den Betrieben zu erläutern und bis zum Plenum die Meinung der Werktätigen einzuholen, begann das Politbüro einen zähen »Dialog« mit der antisozialistischen Bürgerbewegung »auf der Straße«. Und dieser Dialog mußte defensiv geführt werden, weil die Erneuerungsziele den Parteiaktivisten und den Werktätigen nicht bekannt waren. Die Bürgerbewegung, angeführt vom Neuen Forum, nutzte diese Chance sofort aus, um der SED keine Zeit zu lassen und sie immer wieder als reformunfähig zu diskreditieren. Viele der mittleren SED-Kader, die wenig Erfahrung in solchen Diskussionen hatten, waren durchaus bereit, ehrlich und selbstkritisch öffentlich aufzutreten und Fragen zu beantworten. Sie wurden aber häufig provokativ mit falschen Behauptungen konfrontiert, bei deren Richtigstellung sie oftmals vorsätzlich und bewußt unbegründet der Verdunkelung von Amtsmißbrauch oder von Privilegien verdächtigt wurden. Die Autoren kennen solche zielgerichtete Diskussionsführung aus Westberlin und aus den Tagen um den 17. Juni 1953. Sie verstehen durchaus, daß weder die SED-Funktionäre noch die Mehrheit der DDR-Bürger diese vielfach angewandte Kampftaktik des politischen Gegners erkennen konnten. Der Dialog wäre vermutlich anders verlaufen, wenn die Partei- und Staatsfunktionäre, die sich ihm ehrlich stellten, das in Arbeit befindliche Reform-Konzept zur Debatte parat gehabt oder wenn sie sogar den Dialog mit dem Ziel initiiert hätten, jetzt mit den Menschen zu beraten, wie man gemeinsam die brennenden Probleme lösen könnte. Daß dies nicht geschehen ist, muß nach Meinung von Zeitzeugen als entscheidender Fehler der Parteiführung unter Krenz gewertet werden.

Auch die »neue Opposition« nutzte diese offene Flanke der Parteiführung gegen sie aus. Verschiedene Zeitzeugen wandten ein, daß die neuen Opponenten ebenfalls nicht über die Arbeiten am »Reformprojekt« und über dessen politische Qualität informiert waren, weil der damit beschäftigte Stab keine Initiative entwickelte, um sie selbst in die Vorbereitungen des Plenums einzubeziehen. Diese Argumentation halten wir durchaus für stichhaltig, weil die Reformer um Krenz damit ihre Fehler noch erweiterten. Andererseits hat jedoch die »neue Opposition« kein Angebot zur Mitarbeit gemacht, sondern versucht, das Plenum fraktionsmäßig und konfrontativ vorzubereiten[230].

Die Koordinierung der Aktivitäten der »neuen Opposition« hinsichtlich des Plenums hatte Markus Wolf übernommen. Glauben wir seinem Tagebuch, hielt er zu beinahe allen Krenz-Opponenten Verbindung. Dabei – so schreibt er – wäre er sich vorgekommen »wie in einem Verschwörerdrama aus der Zeit der Medici«.[231] Was verstand Wolf nun als »Verschwörung« gegen Krenz? Am 24. Oktober 1989 traf er sich im Haus der Jungen Talente zu einem offenen Forum mit Hartmut König, Bärbel Bohley, Christoph Hein und Jens Reich. Mit dabei waren – nolens volens – Dieter Segert und Michael Brie, die ihre »Denkmodelle für einen modernen Sozialismus und die von ihnen vorausgedachten Reformen« vorstellten[232]. Einige Tage später veröffentlichte das Neue Deutschland ein Interview mit Markus Wolf, in dem er für einen »menschlichen Sozialismus« plädierte[233]. Am 28. Oktober erreichte ihn der »Wunsch Berliner Künstler«, er möge auf der Protestdemonstration am 4. November auf dem Alexanderplatz sprechen. Nun überschlugen sich die Ereignisse, schreibt er unter dem 30. Oktober und fragt sich in seinem Tagebuch selbst[234]:

»Was hast du bloß getan, um von vielen als ›Hoffnungsträger‹ gesehen und behandelt zu werden?«

Am Nachmittag des Tages suchte ihn der Kulturminister der DDR auf, der sich »im schönen alten Palais« mit einer Runde von Freunden getroffen hatte und nun den Rücktritt der Regierung verlangen wollte, »um das Vaterland vor Schlimmerem zu bewahren« (wir wissen nicht, was Hoffmann unter dem Vaterlands-Begriff verstand und vor welchem »Schlimmeren« er es bewahren wollte). Hoffmann vertrat die Ansicht, daß das »neue Politbüro einschließlich seines Generalsekretärs Egon Krenz nichts begriffen hat«.[235] Auch hier fehlt ein Hinweis darauf, was Hoffmann meinte, was Krenz seiner Ansicht nach nicht begriffen habe.

Das Politbüro war am Vortag, also am Sonntag, dem 29. Oktober, in Wandlitz zu einer Sondersitzung zusammengetreten und hatte die 10. Tagung des ZK zum 8.-10. November 1989 nach Berlin einberufen, um das Erneuerungs-Konzept zu diskutieren und zu beschließen. Es hatte außerdem die Vorbereitungen der Reise von Krenz nach Moskau, zum Treffen mit Gorbatschow zur Kenntnis genommen[236]. Am 31. Oktober würde die Debatte zu diesen Fragen fortgesetzt. Dem Politbüro lagen neben einer »Analyse der ökonomischen Lage der DDR mit Schlußfolgerungen« zwei weitere »Grundsatzdokumente« vor, die der Vorbereitung des Referats von Krenz und des Aktionsprogramms dienten: eine ausführliche Information »Zur aktuellen politischen Lage in der DDR« (vom 30.10.1989, die Heinz Mirtschin ausgearbeitet hatte) und eine Argumentation für ein Reisegesetz[237]. Sie basierte auf den bereits am 24. Oktober von Egon Krenz, Friedrich Dickel, Oskar Fischer im Politbüro eingebrachten und auf der Sitzung beschlossenen »Grundsätzen für den Entwurf eines Gesetzes zu Reisen von Bürgern der DDR ins Ausland«[238] Mit der Ausarbeitung des Aktionsprogramms wurde Siegfried Lorenz beauftragt.

In dem Bericht zur politischen Lage wird eingeschätzt, daß sich in den Parteigrundorganisationen der Formierungsprozeß »noch sehr langsam« vollziehe und an der Parteibasis »Zweifel und Mißtrauen zur erfolgreichen und dauerhaften Wende und zur Arbeit des Politbüros nicht überwunden« seien. Weiterhin wird mitgeteilt, daß seit September 36.209 Mitglieder und Kandidaten den Austritt aus der SED erklärt haben, und vor allem »in Grundorganisationen mit hohem Intelligenzanteil« Forderungen vertreten werden, »die denen des ›Neuen Forums‹ entsprechen oder nahe kommen … In Teilen der Partei«, so heißt es weiter, wie in der Grundorganisation »der Hochschule für Film und Fernsehen ›Konrad Wolf‹ Potsdam-Babelsberg (Rektor war zu dieser Zeit Prof. Dr. Lothar Bisky, d. Aut.) sind parteiliche Positionen völlig verlassen worden.«[239]

Als Grundsätze für das Reisegesetz wurden vom Politbüro vorgegeben:

1. Jeder Bürger der DDR hat das Recht auf Reisen ins Ausland ohne Vorliegen verwandtschaftlicher Verhältnisse oder anderer bisher geforderter Reisegründe und das Recht zur Rückkehr in die DDR.

2. Das Recht der Bürger auf Reisen schließt auch ihr Recht auf ständige Ausreise ein.

3. Um staatliche Interessen durchzusetzen, wird das Ausreisevisum eingeführt, das bei Vorliegen von Gründen, wie z. B. bei »Geheimnisträgern«, versagt werden kann, bisher bestehende Sperrfristen für ehemalige Angehörige bewaffneter Organe sollten auf ein notwendiges Minimum reduziert werden.

4. Mit dem Visum können Privatreisen befristet werden. Wer jedoch nicht fristgerecht von einer Auslandsreise zurückkehrt, wird nicht mehr strafrechtlich zur Verantwortung gezogen.

5. Ein Ausreisevisum begründet keinen Anspruch auf den Erwerb von Reisezahlungsmitteln.

In der ökonomischen Analyse der DDR, die Gerhard Schürer, Gerhard Beil und Alexander Schalck-Golodkowski den Politbüromitgliedern vorlegten und die mit ihren Schlußfolgerungen auf der Sitzung gebilligt wurde[240], ging es darum, wie Gerhard Schürer berichtet, eine ökonomische Plattform für die Erneuerungspolitik zu schaffen. Ihre Schlußfolgerungen zielten auf eine Wirtschaftsreform, mit der eine »… an Marktbedingungen orientierte sozialistische Planwirtschaft bei optimaler Ausgestaltung des demokratischen Zentralismus« entwickelt werden sollte. Gerhard Schürer griff dabei auf Überlegungen zurück, die er bereits im Mai 1988 an Honecker übergeben hatte[241]. Die Vorlage ging von einigen Grundthesen zur ökonomischen Lage der DDR aus: In ihnen wurde festgestellt, daß die Wirtschaft der DDR bedeutende Erfolge erzielt habe. Sie erreichte ein dynamisches Wachstum des Nationaleinkommens von ca. 4 % jährlich und konnte auch den Boykott in der Entwicklung der Schlüsseltechnologien durchbrechen. Sie wies steigende Leistungen in der pflanzlichen und tierischen Produktion auf, die den wachsenden Verbrauch der Bevölkerung mit Grundnahrungsmitteln sowie die Versorgung der Industrie mit Rohstoffen gewährleistete. Auch das Realeinkommen der Bevölkerung verbesserte sich seit 1980 um 4,4 % jährlich. In diesem Zeitraum wurden über 3 Millionen Wohnungen gebaut. Diesem Ergebnissen standen jedoch negative Tendenzen gegenüber, die Gerhard Schürer so charakterisiert:

Seit 1970:

- hat sich das Wachstum der Wirtschaft insgesamt bedeutend abgeschwächt,
- betrugen die Kosten der Mikroelektronik ein Mehrfaches der Kosten des Weltmarktes,
- entwickelte sich der Verbrauch in der DDR schneller als die Leistungen, und in diesem Umfang stiegen auch die Schulden an,
- ist die Akkumulationsrate enorm abgesunken, die Rate der produktiven Akkumulation fiel von 16,1 % 1970 auf 9,9 % im Jahre 1989 zurück,
- stieg die (Brutto-)Auslandsverschuldung in diesem Zeitraum von 2 Milliarden auf 49 Milliarden Verrechnungsmark und die innere Verschuldung von 12 Milliarden Mark der DDR auf 123 Milliarden Mark.

Dazu wurde ergänzend in der Analyse festgestellt, daß eine Reihe von Reformen in der Volkswirtschaft ihre intensive Entwicklung in den Hauptbereichen sichern konnte, aber das Gesamtsystem der Leitung und Planung einer strengen Prüfung nicht standhalte. Zudem wurden viele Disproportionen durch subjektive Entscheidungen verursacht, die einen übermäßigen Planungs- und Verwaltungsaufwand hervorbrachten. Als Kriterien der Wirtschaftsreform legte das Politbüro durch Beschluß fest:

1. Künftig ist die produktive Akkumulation vorrangig in den exportintensiven Zweigen zu entwickeln, um so die Liquidität der DDR zu sichern.

2. Das Arbeitskräftepotential ist umzustrukturieren, die Disproportionen zwischen dem produktiven und dem verwaltungstechnischen Bereich sind zu überwinden und jede Erhöhung von Einnahmen an höhere Leistungen zu binden.

3. Für die Erhaltungs-, Modernisierungs- und Rationalisierungsmaßnahmen sind größere Investitionen einzusetzen.

4. Die kaufkraftgebundenen Subventionen sind umzugestalten, die für den Wohnungsbau eingesetzten Ressourcen müssen reduziert werden, die Werterhaltung der vorhandenen Wohnsubstanz ist vorrangig zu sichern.

Langfristig war beabsichtigt, die Aufgaben des Staatsplanes Wissenschaft und Technik auf Prioritätsprojekte zu konzentrieren, die Staatsaufträge wesentlich einzuschränken, die Eigenverantwortung der Kombinate zu erhöhen, bessere materielle Voraussetzungen für die Klein- und Mittelbetriebe zu schaffen, ihre Modernisierung zu ermöglichen sowie das Handwerk und Gewerbe zu unterstützen. Die Konversion von Betrieben der Verteidigungsindustrie war zu fördern. Das Geld sollte stärker als bisher zum Maßstab für die Leistung werden. Die beschlossene Reformvorlage sah außerdem Maßnahmen vor, die Auslandsverschuldung zu stoppen, sie refinanzierbar zu machen und dazu die wirtschaftliche Zusammenarbeit mit der BRD und anderen kapitalistischen Ländern zu erweitern. »Dabei schließt die DDR«, heißt es abschließend, »… jede Idee von Wiedervereinigung mit der BRD oder der Schaffung einer Konföderation aus.«

Die vorgelegte Analyse war keine Bankrotterklärung der DDR, wie das vielfach und gern ausgelegt und behauptet wird. Der Historiker und Gutachter der Enquete-Kommission des Deutschen Bundestages H.-H. Hertle spricht sogar »vom Anblick einer Leiche«[242]. Dennoch war die reale Lageeinschätzung, wie Schürer sie vornahm, ein Schock für jene, die lange Zeit die Widersprüche in der DDR schöngeredet und die reale Lage ignoriert hatten und jetzt vor der Aufgabe standen, mit den Werktätigen über bestehende Probleme reden zu müssen. Wir wollen die entstandene Verschuldung der DDR nicht kleinreden, aber angesichts der gegenwärtigen Schuldenberge der BRD waren dies nun wirklich »peanuts«.

Markus Wolf berichtet, wie er »die Verschwörung gegen Krenz« weiterführte. An diesem Abend des 31. Oktober trafen sich in seiner Wohnung »ein paar Mitarbeiter aus dem Zentralkomitee«, die »sich schon lange in Opposition zur Führung befanden« und berichtet: sie kamen mit einem Bündel von Vorschlägen und einschneidenden personellen Veränderungen, und er will Ratschläge gegeben und andere ZK-Mitglieder benannt haben, »die für eine solche Aktion zu gewinnen wären«.[243]

Einen Tag nach der Politbürositzung, auf der das Erneuerungs-Konzept für das 10. Plenum bestätigt worden war, flog Krenz nach Moskau, um sich mit Gorbatschow zu treffen. Nach der vorliegenden und veröffentlichten Niederschrift dieser Unterredung[244], an der auch der außenpolitische Berater Gorbatschows, Schachnasarow, teilnahm, trug Krenz die Grundzüge des Erneuerungs-Konzepts für das ZK-Plenum vor. Krenz fand dafür die volle Zustimmung des KPdSU-Generalsekretärs. Krenz informierte gleichfalls über die beschlossenen Prinzipien des vorbereiteten Reisegesetzes, und Gorbatschow regte in diesem Zusammenhang an, daß, um genügend Valutamittel für die Reisen der Bürger zur Verfügung stellen zu können,

> »…ein Weg (dazu) die allmähliche Herstellung der Konvertierbarkeit der Mark der DDR wäre.«

Krenz bat Gorbatschow anschließend darum, »… klarer darzulegen, welchen Platz die Sowjetunion der BRD und der DDR im gesamteuropäischen Haus einräumt.« Der sowjetische Generalsekretär wich zunächst einer direkten Antwort aus, referierte dafür aber ausführlich darüber, daß von Zbigniew Brzezinski (mit dem Alexander Jakowlew gesprochen hätte) bis Willy Brandt ebenso wie auch Margaret Thatcher, François Mitterrand oder Giulio Andreotti, alle Politiker der Meinung seien, die Realitäten der Nachkriegszeit einschließlich der Existenz zweier deutscher Staaten zu bewahren. Er wisse aber, fügte er hinzu, daß es unter den Verbündeten der BRD viele Diskussionen gäbe und »man« in Worten mit »den Sorgen der BRD über das geteilte Deutschland« sympathisiere. »Diese Aussagen…«, warf Schachnasarow dazwischen, »… seien doch wohl mehr für das breite Publikum bestimmt.«

War solche Argumentation Naivität und Unvermögen oder eine bewußte Täuschung? Jedenfalls stimmte Gorbatschow dem Einwurf zu und meinte, daß es am besten sei, zu betonen, »daß die gegenwärtige Lage ein Ergebnis der geschichtlichen Entwicklung sei«. Weiter meinte er, es müsse auch berücksichtigt werden,

> »… daß zwischen beiden deutschen Staaten mannigfaltige menschliche Kontakte bestehen. Die könnten und sollten nicht verhindert werden, man solle sie unter Kontrolle halten und steuern.«

Schließlich sagte Gorbatschow, der Niederschrift zufolge:

> »Es gebe keinen Grund, Vermutungen anzustellen, wie sich die deutsche Frage einmal lösen wird.«

Dann lobte er die Rede von Krenz vor der Volkskammer der DDR, die besser gewesen sei als die auf dem 9. ZK-Plenum der SED[245]. Krenz trug anschließend weitere Details seines beabsichtigten Erneuerungs-Programmes vor. Er informierte den KPdSU-Generalsekretär darüber, daß:

1. die DDR versuchen werde, zukünftig jeden Schußwaffengebrauch an der Grenze zu verhindern,

2. auf dem bevorstehenden ZK-Plenum neben einem Aktionsprogramm auch über eine »radikale Wirtschaftsreform« diskutiert werde,

3. eine Reihe von Gesetzen vorgesehen seien, um die sozialistische Demokratie zu entfalten, zur Realisierung der Pressefreiheit sowie zur Wahrung der Freiheit und der Würde der Persönlichkeit,

4. daran gearbeitet werde, Veränderungen am Parteistatut vorzunehmen, z. B. wäre eine Begrenzung der Amtsperiode des Generalsekretärs und für weitere hohe Funktionen vorzusehen.

Schließlich teilte Krenz mit, daß auch tiefgreifende Kaderveränderungen in der Führung der SED vorgesehen seien. Mielke wäre als erster zum Rücktritt bereit gewesen. Alfred Neumann, Erich Mückenberger, Kurt Hager und Hermann Axen hätten ebenfalls ihren Rücktritt eingereicht. In der Gesprächsniederschrift heißt es dazu:

> »... Genosse Gorbatschow hob hervor, daß er alle geäußerten Gedanken des Genossen Krenz teile, sie seien von der realen Situation diktiert. Für die SED sei es jetzt sehr wichtig, nicht die Initiative zu verlieren. ...«

Gorbatschow äußerte dann:

> »Krenz stehe in dem Ruf, ein mutiger Mensch zu sein.«

Anschließend informierte Gorbatschow seinen DDR-Kollegen ausführlich über die inneren Probleme der Sowjetunion, die er als außerordentlich kompliziert einschätzte. Krenz trug seinerseits einige Fragen zur Vertiefung der beiderseitigen ökonomischen Zusammenarbeit vor, auf die Gorbatschow jedoch nicht reagierte[246]. Später erinnerte er sich, daß ihn diese Reaktion tief enttäuscht und zugleich davon überzeugt habe, daß von der Sowjetunion keine weitere ökonomische Hilfe zu erhalten wäre.

Der sowjetische Botschafter in Berlin gewann jedoch den Eindruck, daß Krenz bei Gorbatschow kein neues konzeptionelles Herangehen vorgetragen hätte[247],

> »... obwohl die Gesprächspartner das behandelten, was im Mittelpunkt der Aufmerksamkeit des ZK der SED ... stehen sollte. Krenz schlug nicht klar das vor, was man von ihm in der DDR erwartete. ... Die Alternative zum früheren Kurs war bei ihm aber nicht radikal genug, um den dringenden Notwendigkeiten zu entsprechen...«

Kotschemassow blieb uns die Antwort darüber schuldig, in welchen Fragen Krenz nicht den Erwartungen entsprach. Aus den vorliegenden Gesprächsniederschriften läßt sich dieses Urteil des sowjetischen Botschafters über dieses Gespräch nicht erklären. Dafür ist aber auffallend, daß der Leiter der Außenpolitischen Abteilung der UdSSR-Botschaft, Botschaftsrat Wladimir M. Grinin, in Auswertung der Lage in der DDR und des Besuches von Krenz bei Gorbatschow in einem Gespräch mit Vertretern der britischen Botschaft in Berlin erklärte, daß wenn Krenz scheitert[248],

> »… andere friedliche Entwicklungen von der Sowjetunion akzeptiert werden müßten«. Auch müsse man sich schnell darauf einstellen, »daß binnen einer Woche eine völlig neue Agenda auf dem Tisch liege.«

Als Krenz Moskau verließ, glaubte er die Gewißheit gewonnen zu haben, mit dem KPdSU-Generalsekretär in allen wesentlichen Punkten im »Gleichklang der Herzen« zu stehen. Er sagte im Gespräch mit uns[249]:

> … ich habe aus der Atmosphäre der Unterredung nicht den Eindruck gewonnen, daß Michail Gorbatschow unsere beabsichtigten Reformen für unzureichend hielt.

Man muß schon fragen: hatte Gorbatschow seinen »Amtskollegen« aus der DDR bewußt getäuscht oder war Kotschemassow – wie oft – falsch informiert worden. Wenn letzteres zuträfe, ergäbe sich für die weitere Forschung das Problem, von wem und mit welchem Ziel diese Desinformation des sowjetischen Botschafters erfolgte. Ein weiteres Detail aus dieser gespannten Atmosphäre: Noch während Krenz in Moskau mit Gorbatschow sprach, befand sich Markus Wolf im Deutschen Theater, um mit Johanna Schall im Beisein von Heiner Müller und Jutta Wachowiak die Demonstration am 4. November vorzubereiten. Die Gespräche wurden (nach den Angaben von Wolf) am folgenden Donnerstag in der Wohnung von Stefan Heym fortgesetzt, wobei eine Diskussion mit Christa Wolf und Christoph Hein für den Berliner Rundfunk aufgezeichnet wurde. In dieser Situation verbreitete ein (anonymer) Mitarbeiter des ZK der SED das Gerücht, Gorbatschow habe zu Krenz eindeutig gesagt:

> »Jetzt von der führenden Rolle der Partei zu sprechen, sei ein Verbrechen. Die Führung (der SED, d. Aut.) müsse zurücktreten. Achtzig Prozent des Parteiapparates müßten weg,«

Diese Mitteilung, der Wolf, der langjährige Aufklärer, auch kritiklos glaubte, erwies sich jedoch als völlig aus der Luft gegriffen, als eine Desinformation. Nun muß aber auch gerechterweise daran erinnert werden, daß in diesen Wochen die »Gerüchteküche« im Corps diplomatique in Berlin fast überkochte. Wie Gerüchte und gezielte Desinformationen auf den Verlauf der Ereignisse politisch einwirkten, dafür sind die veröffentlichten Tagebucheintragungen des spanischen Botschafters in der DDR, Alonso Toledo, außerordentlich aufschlußreich[250]. Und solche Gerüchte verfehlten wie bei Toledo offenbar auch bei Kotschemassow und bei Wolf nicht ihre Wirkung. Von diesen angeblichen Gedanken Gorbatschows »beflügelt«, begann Wolf, wie er in seinem Tagebuch berichtet, umgehend seine »fast konspirativen Aktionen« in eine andere Richtung zu lenken. Er wollte nun Alternativen für das einberufene 10. ZK-Plenum vorbereiten. Zu diesen Alternativen gehörte der Rücktritt des gesamten Politbüros und der meisten ZK-Abteilungsleiter. Der »Freundeskreis Wolf« debattierte konspirativ am Nachmittag des 5. November weiter und versuchte eine »konzentrierte Aktion zur bevorstehenden ZK-Tagung zu erreichen«. Das Ziel war: Gemeinsam mit anderen ZK-Mitgliedern sollte auf dem 10. Plenum die Einberufung einer Parteikonferenz gefordert und namentlich Moritz Mebel als Mitglied des ZK für diese Forderungen gewonnen werden[251].

Als Krenz am Abend des 2. November in Berlin-Schönefeld gelandet war, erörterte er mit Wolfgang Herger, der ihn vom Flugplatz abholte, vor allem die Frage, wer den Vorsitz im neuen Ministerrat übernehmen könnte, da Stoph zum Rücktritt bereit war. Krenz erinnerte sich dabei, daß Michail Gorbatschow dem DDR-Ministerpräsidenten hohe Anerkennung zollte. Er hatte in der Unterredung mit Krenz sogar angeregt, Stoph unbedingt im Politbüro zu belassen[252]. Wolfgang Herger berichtet[253]:

> »Für einen neuen Ministerpräsidenten favorisierte ich zunächst Siegfried Lorenz. Da dieser (aber) abgelehnt hatte, schlug ich Hans Modrow vor. Beide standen kritisch zu der inneren Entwicklung in der DDR, kannten die ökonomischen und politischen Probleme und hatten auch vorher schon ihre Kritik stets mit konstruktiven Vorschlägen verbunden. Beide waren integere Genossen.«

Krenz hingegen meinte[254]:

> »Von der fachlichen Kompetenz her wäre Alexander Schalck-Golodkowski als Vorsitzender des Ministerrats die bessere Lösung gewesen, zumal Hans Modrow sich in den ganzen Auseinandersetzungen um einen Reformweg und bei der Abberufung Erich Honeckers sehr zurückgehalten hatte.«

In der Zwischenzeit hatte der Ministerrat der DDR auf seiner turnusmäßigen Donnerstag-Sitzung die Entwürfe des Gesetzes über Reisen von Bürgern der DDR in das Ausland und der Durchführungsverordnung zur öffentlichen Diskussion beschlossen, aber für die Presse noch nicht freigegeben. Es sollte die Rückkehr von Krenz abgewartet werden. Am folgenden Mittag wurde der DDR-Botschafter in der ČSSR, Helmut Ziebart, ins Prager Außenministerium gebeten. Dort wurde ihm gesagt, daß die Regierung der ČSSR für politische Flüchtlinge aus der DDR keine Lager wie in Ungarn einrichten werde. Die Regierung der DDR wurde aber dringend gebeten, den Zustrom an politischen Flüchtlingen zu beenden[255]. Noch am gleichen Abend trat das Politbüro des ZK der SED zu einer Sondersitzung zusammen. Krenz informierte über seine Unterredung mit Gorbatschow. Zur Lage in Prag wurde beschlossen, daß die dortige DDR-Botschaft an alle Bürger Visa zur Ausreise in die BRD erteilen könne, ohne daß die Ausreisenden das Territorium der DDR berührten[256]. Auch wurde beschlossen, nunmehr den Entwurf des Reisegesetzes zu veröffentlichen.

Am Wochenende vom 4. zum 5. November verließen fast 23.000 DDR-Bürger über die ČSSR die DDR. Um keine weitere Zeit zu verlieren, wurden am Morgen des 6. November in der Presse der DDR die Entwürfe des Reisegesetzes und der Durchführungsverordnung veröffentlicht[257]. Damit sollte die innenpolitische Lage beruhigt und einem weiteren Massenexodus entgegengewirkt werden An diesem Vormittag trafen sich Wolf und Mebel, um gemeinsam dessen Diskussionsbeitrag auf dem bevorstehenden ZK-Plenum zu beraten. Moritz Mebel bemerkte in seinem Gespräch mit uns dazu, daß er für seinen Diskussionsbeitrag auf dem Plenum die vorliegenden »Reformvorstellungen« nutzen sollte, die – wie ihm gesagt wurde – »in den Schubladen lagen«. Doch was ihm dann als Reformkonzept übergeben wurde, war seiner Ansicht nach politisch nicht brauchbar[258]. Am Abend verschärfte in Leipzig die Kontaktgruppe der Bürgeropposition mit dem Neuen Forum die »traditionelle Montagsdemonstration« mit für die Demonstranten ausgegebenen Losungen: »SED – das tut weh«, oder: »Wir brauchen keine Gesetze – die Mauer muß weg«. Analog dazu kritisierte im Fernsehen der DDR der Vorsitzende des Rates der Vorsitzenden der Anwaltskollegien Dr. Gregor Gysi den Entwurf des Reisegesetzes als »halbherzig« und »völlig unzulänglich«[259]. Objektiv heizte er damit die kritische Stimmung in der Öffentlichkeit gegen das Politbüro der SED zusätzlich an.

Am nächsten Morgen, dem Vortag der 10. Tagung des ZK der SED (des geplanten »Reformplenums«), am 7. November, trat um 9 Uhr das Politbüro der SED nochmals zu einer mehrstündigen Sitzung zusammen[260]. Krenz legte sein Referat für die Plenartagung des ZK vor. Er regte an, daß sowohl der Ministerrat wie auch das Politbüro zurücktreten sollten, um es den ZK-Mitgliedern zu ermöglichen, das Politbüro neu zu legitimieren und den Abgeordneten der Volkskammer den Weg frei zu machen, einen neuen Ministerrat der DDR zu bilden. Hager, Mielke, Neumann und Mückenberger erklärten offiziell ihren Rücktritt als Politbüromitglieder. Horst Sindermann lehnte seinen Rücktritt zunächst ab und stieß auf die Kritik von Stoph, der – nach seinem Rücktritt als Regierungschef – es ablehnte, das Angebot von Krenz anzunehmen, ohne Verantwortungsbereich im Politbüro zu bleiben. Als Kandidaten für den neu zu wählenden Vorsitzenden des Ministerrats schlug Krenz nunmehr Hans Modrow vor. Unter den weiteren Tagungsordnungspunkten der Sitzung mußte auch eine offizielle Anfrage von Milos Jakés, dem Generalsekretär des ZK der KPČ, behandelt werden, der dringend eine Ausreiseregelung für DDR-Bürger über das Gebiet der DDR und nicht über die Prager Botschaft anregte. Er ließ mitteilen, daß die ČSSR sonst gezwungen wäre, ihre Grenzen zur DDR zu schließen[261]. Daraufhin faßte das Politbüro den Beschluß, einen Teil des Reisegesetzes auf dem Wege einer Verordnung des Ministerrats der DDR umgehend in Kraft zu setzen und den Außenminister der DDR, Oskar Fischer, zu beauftragen, diesen Schritt mit der sowjetischen Partei- und Staatsführung abzustimmen, sowie sowohl die ČSSR-Botschaft als auch die BRD entsprechend zu informieren. Der Beschluß des Politbüros lautete[262]:

> »1. Genosse O. Fischer unterbreitet in Abstimmung mit den Genossen F. Dickel und E. Mielke einen Vorschlag für das ZK, wonach der Teil des Reisegesetzes, der sich mit der ständigen Ausreise befaßt, durch eine Durchführungsbestimmung sofort in Kraft gesetzt wird.
> 2. Genosse O. Fischer informiert den Außerordentlichen und Bevollmächtigten Botschafter der UdSSR in der DDR, Genossen W. Kotschemassow, und die tschechoslowakische Seite über den Vorschlag und den Standpunkt des Politbüros. Gleichzeitig sind Konsultationen mit der BRD zu führen.
> 3. In den Massenmedien ist darauf hinzuwirken, daß die Bürger der DDR ihr Land nicht verlassen. Über Rückkehrer ist zu informieren.
> Verantwortlich: Gen. G. Schabowski.
> 4. Genosse Schabowski wird beauftragt, diese Problematik mit den Vertretern der Blockparteien zu besprechen, um einen gemeinsamen Standpunkt herbeizuführen.«

Noch während der Politbürositzung empfing Oskar Fischer den sowjetischen
Botschafter und informierte ihn über den Beschluß des SED-Politbüros zur
beabsichtigten Reiseregelung. Der Botschafter sicherte, wie der vorliegende
Vermerk über dieses Gespräch ausweist, auch eine schnelle Rückantwort
zu[263]. Die Abstimmung mit der sowjetischen Führung war erforderlich, weil
das Regime an der Westgrenze der DDR nach den vertraglichen Regelungen der Befehlsgewalt des Oberkommandierenden des Warschauer Vertrages
unterlag[264]. Kotschemassow behauptete später dagegen, daß er über den beabsichtigten »Schritt von Krenz« nicht informiert gewesen wäre. Seine Darstellung, was er mit »diesem Schritt« meint, bleibt unklar. Sie ist aber möglicherweise so zu verstehen, als habe Krenz die Grenzöffnung beabsichtigt
und ihn, den Botschafter, nicht informiert[265]. Diese Lesart wäre unzutreffend.
Weder Krenz noch die Mitglieder des SED-Politbüros wollten die Grenze zur
BRD oder nach Westberlin öffnen. Es sollte eine kontrollierbare Aus- und
Einreiseregelung für DDR-Bürger zur BRD getroffen werden, wie sie Krenz
und Gorbatschow in ihrem Gespräch am 1. November abgesprochen hatten
und mit der eine weitere Ausreise von DDR-Bürgern über die ČSSR überflüssig werden würde. Das war dem sowjetischen Botschafter von Oskar Fischer
mitgeteilt worden[266]. Auch der Stellvertreter des Botschafters der UdSSR in
der DDR, der Erste Gesandte Igor Maximytschew, verwickelt sich in Widersprüche. Er hatte zwar an der Unterredung im Außenministerium der
DDR nicht teilgenommen, sei aber – nach seiner Darstellung[267] – wie andere Mitarbeiter der Botschaft von Kotschemassow über die Unterredung mit
Fischer informiert worden. Dabei will er seinen Chef so verstanden haben,
als habe der DDR-Außenminister die sowjetische Seite bis zum Morgen
des 9. November um die Zustimmung zur Einrichtung eines besonderen
Grenzüberganges im Süden der DDR gebeten. Maximytschew nennt das
»Fischers Projekt Loch-in-der-Mauer«. Diese Darstellung, die von dem Historiker H.-H. Hertle übernommen wurde, ist falsch. Über die Einrichtung
einer solchen Grenzübergangsstelle ist am 7. November zwischen Kotschemassow und Fischer überhaupt nicht geredet worden. Das bestätigt Fischer.
Und das wird auch von Maximytschew selbst bestätigt, denn neben seiner
Legende über das Projekt »Loch-in-der-Mauer« erzählt er, daß am folgenden
Tag, also am 8. November 1989, die Mitarbeiter der sowjetischen Botschaft
zusammenkamen um »die Idee von Krenz und Fischer zu beraten«. Und zwar
welche »Idee«? Maximytschew dazu[268]:

»...die vorherrschende Meinung war, wir seien überhaupt nicht berechtigt, einem souveränen Staat vorzuschreiben was er zu tun und zu lassen hat, besonders während einer selbstverschuldeten Krise. Einer der Botschaftsräte wies darauf hin, diese vorherige Konsultation mit uns zeuge lediglich von der Feigheit von Krenz, der sich durchaus im klaren sei, daß die geplante Maßnahme praktisch auf die Grenzöffnung hinauslaufe, was unabsehbare Folgen haben würde. Daher sein Wunsch, die Verantwortung mit uns zu teilen.«

Wenn schon Legenden in die Welt gesetzt werden, sollten sie wenigstens widerspruchsfrei sein. Es ging also doch nicht um das »Projekt ›Loch-in-der-Mauer‹«, sondern um eine geregelte Aus- und Wiedereinreise von DDR-Bürgern über ihre Westgrenze. Es ist nicht glaubhaft, wenn sowjetische Diplomaten nicht verstanden haben wollen, daß die »geplante Maßnahme« von Krenz auf eine vorgezogene Inkraftsetzung eines Teils des Reisegesetzes hinauslaufe. Bezeichnend ist, daß Maximytschew die Anfrage Fischers auch noch als »Rückversicherung der DDR-Führung« wertet und diese so politisch zu diskreditieren sucht. Weiter behauptet der ehemalige sowjetische Diplomat, daß am Vormittag des 9. November die Telefone in der sowjetischen Botschaft in Berlin »pausenlos« läuteten, denn

»... die Mitarbeiter von Krenz wollten die sowjetische Reaktion erkunden und drängten auf eine Antwort. Kotschemassow versuchte vergeblich, Außenminister Eduard Schewardnadse oder Georgi Schachnasarow, Gorbatschows Chefberater für sozialistische Länder, zu erreichen...«.

Der sowjetische Botschafter Kotschemassow hat uns gegenüber bestätigt[269], daß es in der Botschaft der UdSSR in Berlin durchaus verstanden worden war, welches Ziel Außenminister Fischer bei seinem Gespräch am 7. November mit ihm verfolgt habe und worum es dem SED-Politbüro in der Anfrage an die sowjetische Führung ging: jedenfalls nicht vordergründig um eine neue Grenzübergangsstelle, also nicht um ein »Projekt ›Loch-in-der-Mauer‹«. Wenn wir Kotschemassow richtig verstehen, hat er allerdings an eine beabsichtigte Reiseregelung über die Westgrenze der DDR zur BRD gedacht, von der er eine Reiseregelung in Berlin trennen wollte, weil seiner Auffassung nach dies eine Angelegenheit der Signatarstaaten des Westberlin-Abkommens gewesen wäre[270]. Oskar Fischer hatte den sowjetischen Botschafter zwar über die zwingenden Gründe für die Eile der DDR-Führung informiert, die sich für sie aus der Haltung von Milos Jakés ergaben, war aber – wie die entsprechende Aktennotiz ausweist – auf das Problem Westberlin nicht gesondert eingegangen. Die geschilderte Diskussion von Mitarbeitern der Botschaft (wenn sie

so stattgefunden hat, was wir leider für möglich halten), läßt jedoch eine
verfallende politische Moral einiger sowjetischer Diplomaten als Ergebnis des
»neuen Denkens« in der sowjetischen Außenpolitik erkennen. Falin bestätigt
ebenfalls die Meinung des sowjetischen Botschafters. Er schreibt dazu[271]:

> »Wjatscheslaw Kotschemassow ... meldete dem Außenministerium: ›Die Führung
> der DDR will sich über die Möglichkeiten zur Erleichterung im Grenzverkehr mit
> Westberlin beraten.‹ Der Erste Stellvertretende Außenminister, Anatolij Kowaljow,
> gab dem Botschafter die telefonische Anweisung, als unsere Antwort auf die ge-
> stellte Anfrage mitzuteilen: ›Die Grenzregelung sei die Angelegenheit der DDR.‹
> Kotschemassow fand die mündliche Anweisung nicht ausreichend, und forderte
> angesichts der Gewichtigkeit des Problems eine schriftliche Instruktion. Moskau
> schwieg drei oder vier Tage lang. Dann folgte ein Telegramm. Es bestätigte: ›Die
> Grenzregelung ist eine interne Angelegenheit der DDR.‹ Wer hat unterzeichnet?
> Kowaljow oder Schewardnadse?«

Gegenüber dem Journalisten Wolfgang Kenntemich sagte Falin[272]:

> »Der Botschafter hat (über die Anfrage von Egon Krenz; d. Aut.) nach Moskau
> berichtet. Aus Moskau bekam er erst eine mündliche Antwort: Übermitteln Sie
> unseren Freunden, die Lage an der Grenze ist ihre innere Angelegenheit. Der Bot-
> schafter bestand darauf, daß ihm das schriftlich bestätigt wird.«

Auf die Frage: »Wissen Sie, wann das Telegramm gekommen ist, die schriftliche Bestätigung?« antwortete Valentin Falin: »Das war am 8., wenn nicht am
9. November.«

Diese Darstellung dürfte weitgehend stimmen. Am 8. November unter-
richtete Fischer Krenz schriftlich darüber[273], daß er nach seinem Gespräch
mit Kotschemassow auch umgehend den ČSSR-Botschafter und die DDR-
Vertretung in Bonn über die beabsichtigte Reiseregelung informiert habe.
Lothar Glienke als Gesandter der DDR in Bonn habe daraufhin sofort den
Abteilungsleiter im Bundeskanzleramt Claus-Jürgen Duisberg (Arbeitsstab
Deutschlandpolitik) über die beabsichtigte Reiseregelung der DDR in Kennt-
nis gesetzt. Helmut Kohl sei ebenfalls sofort unterrichtet worden.

Nach der Sitzung des Politbüros des ZK der SED am 7. November 1989
trat der Ministerrat der DDR mit Willi Stoph offiziell zurück[274]. Während
so die SED-Reformer um Krenz versuchten, alle Vorschläge zu einem trag-
baren und überzeugenden Reformkonzept zu bündeln, verschärfte die Anti-
Krenz-Opposition ihren politischen Druck auf die Parteiführung weiter. Am
Nachmittag des 7. November traf sich Wolf mit Dieter Segert, und es kam
auch zu einem Gespräch zwischen ihm und Christian Rempel, dem Sekretär

der SED-Grundorganisation im Wissenschaftlichen Gerätebau der Akademie der Wissenschaften der DDR, um anläßlich des 10. Plenums eine Demonstration von SED-Mitgliedern der Akademie und der Humboldt-Universität vor dem ZK-Gebäude zu organisieren, um so die Forderungen der »neuen Opposition« gegen Egon Krenz zu unterstützen[275].

Bereits am 19. und 24. Oktober hatte Alexander Schalck-Golodkowski im Auftrag von Krenz in Bonn Gespräche mit Rudolf Seiters, dem Leiter des Bundeskanzleramtes, und Wolfgang Schäuble[276] über eine engere wirtschaftliche Zusammenarbeit zwischen der DDR und der BRD geführt und auf bevorstehende Reformen in der DDR sowie auf die Absicht verwiesen, ein Reisegesetz zu verabschieden[277]. Nachdem Krenz aus Moskau zurückgekommen war, wo ihm Gorbatschow keine Hoffnung auf eine wirtschaftliche Unterstützung seitens der UdSSR gemacht hatte, war Schalck am 6. November 1989 nochmals nach Bonn gereist und hatte dort um einen Milliarden-Kredit für den »Reisekomplex« nachgesucht[278]. In Bonn wurde die Situation, in der sich Krenz befand, nunmehr sehr exzellent analysiert. Am Abend dieses Tages beriet Kohl mit Seiters und Schäuble, wie die angedeutete Reformbereitschaft von Krenz zu nutzen wäre. Diese Runde schätzte ein, daß die Zeit herangereift wäre, daß die Bundesregierung nunmehr offen auf die deutschlandpolitischen Zielstellungen der Bush-Administration im Rahmen ihrer »Perechod-Strategie«[279] übergehen kann, die dem Bundeskanzler bereits Ende Mai von Eagleburger und Gates in einer Geheimmission mitgeteilt worden waren[280]. Die abendliche Runde am 6. November kam daher überein, sich nun endgültig vom Paradigma des »Wandels durch Annäherung« zu verabschieden und wieder zum Adenauerschen Dogma des »Wandels durch Stärke« zurückzukehren[281] und sich von nun an aktiv in die inneren Angelegenheiten der DDR einzumischen und die DDR systematisch zu destabilisieren. Der Bundeskanzler solle zwei Tage später, am 8. November vor dem Deutschen Bundestag diesen »Wandel« in seiner Rede deutlich aussprechen. »Wir wollen keine unhaltbaren Zustände stabilisieren«, bemerkte Kohl dazu[282]. Als am 8. November in Berlin das 10. Plenum des ZK der SED zusammentrat, gab Kohl in Bonn vor dem Deutschen Bundestag einen Bericht zur »Lage der Nation« ab[283]. Formal gesehen, formulierte der Bundeskanzler in diesem Bericht lediglich jene Voraussetzungen, unter denen er bereit wäre, der DDR neue Kredite zu geben. Er definierte diese Voraussetzungen allerdings als einen unabdingbaren Reformprozeß, als »einen Weg des Wandels« in der DDR. Er wäre »zu einer umfassenden Hilfe bereit«, sagte Kohl, »über eine neue Dimension unserer wirtschaftlichen Hilfe zu sprechen«, unter der Bedingung, daß von der neuen SED-Führung folgende Kriterien erfüllt würden: Sie müsse

- eine grundlegende Reform der politischen Verhältnisse in der DDR verbindlich festlegen,
- auf ihr Machtmonopol verzichten,
- freie Wahlen zusichern und alle Parteien zulassen,
- die Planwirtschaft abbauen und eine »marktwirtschaftliche Ordnung« schaffen.

Der Bundeskanzler führte weiter aus, daß es »unsere nationale Aufgabe« sei, in der DDR einen grundlegenden politischen und wirtschaftlichen Wandel zu fördern. Das aber war die offene Kriegserklärung an die DDR und ihre Gesellschaftsordnung. Diplomaten des State Department werteten diese Rede Kohls daher auch so[284]:

> »Damit hatte Kohl die DDR unter maximalen Druck gesetzt und zugleich klargestellt, daß Bonn – nicht Ost-Berlin und nicht Moskau – darüber befinden würde, wann die politischen Reformen in der DDR weit genug gediehen waren, um diese in den Genuß der Großzügigkeit der Bundesrepublik gelangen zu lassen.«

Solchem »Reformanspruch« aber konnte und wollte Krenz nicht entsprechen. Das Ziel seines Reformkonzepts war nicht, die DDR in die »Markwirtschaft« der BRD zu führen, sondern die sozialistische Gesellschaft zu demokratisieren und zu stabilisieren.

Zeitgleich hatte in Berlin das 10. Plenum des ZK der SED begonnen[285]. Bereits in den Tagen vor dem Plenum waren in den Bezirken Schwerin, Suhl, Gera und Leipzig die Ersten Sekretäre der Bezirksleitungen, die als Mitglieder dem ZK angehörten, zurückgetreten. In Suhl hatte daraufhin Peter Pechauf, in Schwerin Hans-Jürgen Audehn und in Leipzig Roland Wötzel die Leitung der Bezirksorganisationen der SED übernommen. Sie gehörten nicht dem ZK an. In Gera war das ZK-Mitglied Erich Postler (bisher 2. Bezirkssekretär in Schwerin) zum neuen Ersten Bezirkssekretär gewählt worden. Die durch den Kaderwechsel sichtbar gewordene instabile Lage in den Bezirken sollte auch die auf dem Plenum beabsichtigte Neuwahl des Politbüros beeinflussen. Die komplette Neuwahl eines Politbüros während einer Parteitagsperiode war nicht alltäglich in der Geschichte der SED. Sie sollte aber die Absicht von Krenz dokumentieren, den Arbeitsstil der Parteiführung zu verändern. Die Wahl begann mit der Überraschung, daß die 157 stimmberechtigten ZK-

Mitglieder bereits im ersten Wahlgang Günther Kleiber, Horst Dohlus und Gerhard Müller nicht wiederwählten. Die als Mitglieder des Politbüros von Krenz vorgeschlagenen Ersten Bezirkssekretäre Hans-Joachim Böhme (Halle) und Werner Walde (Cottbus) fanden zwar im ZK eine Mehrheit, ihre erneute Wahl ins Politbüro stieß aber in ihren Bezirken auf energischen Widerspruch. Sie konnten infolgedessen ihre Wahl ins Politbüro nicht annehmen. Die Wahl insgesamt ergab einen Erfolg der Reformer um Krenz. Nach weiteren »Korrekturen« waren schließlich in das Politbüro gewählt: Egon Krenz, Werner Eberlein, Wolfgang Herger, Siegfried Lorenz, Günter Schabowski, Werner Jarowinsky, Heinz Keßler, Wolfgang Rauchfuß, Hans Modrow, Gerhard Schürer; Kandidaten wurden: Margarete Müller, Günter Sieber und Hans-Joachim Willerding. Gregor Schirmer und Klaus Höpcke wurden (da sie keine ZK-Mitglieder waren) Leiter von ZK-Kommissionen mit Sitz im Politbüro; Günter Schabowski erhielt die Funktion des Medienverantwortlichen. Günter Mittag und Joachim Herrmann verloren auf Antrag von verschiedenen ZK-Mitgliedern auch ihre Mitgliedschaft im ZK. Für den ausscheidenden Erich Mückenberger wurde Werner Eberlein als Vorsitzender der Zentralen Parteikontrollkommission (ZPKK) gewählt. Hans Modrow erhielt das Vertrauen der ZK-Mitglieder, um ihn der Volkskammer als neuen Ministerpräsidenten vorzuschlagen[286]. Diesen Wahlakt aber als einen »handfesten Eklat« zu bewerten, wie das H. Bortfeldt tut[287], verrät nicht nur eine bezeichnende Auffassung von Demokratie, sondern ist der Versuch, das Plenum im Rückblick zu diskreditieren.

Das der Neuwahl des Politbüros folgende Referat von Krenz[288] hätte nicht nur aus heutige Sicht zumindest eine Diskussionsbasis für die Vorbereitung des XII. Parteitages sein können. Zwar enthielt es keine ausgewogene Analyse, aber kritische und durchaus diskussionswürdige Ansätze dazu, nicht nur für die Mitglieder der Partei. Und wenn jene, die sich immer wieder – und unbestritten zu Recht – gegen die Bevormundung durch die Parteiführung wandten, dieser vorhielten, ihnen keine komplette Analyse vorgesetzt zu haben, kann das nur verwundern. Krenz führte in seinem Referat als Ursachen »zum gegenwärtigen Zustand der Gesellschaft« folgende Erscheinungen an:

- die administrative Auffassung von der führenden Rolle der marxistischen Partei in der Gesellschaft statt einer ideologischen Führung der Gesellschaftsprozesse auf der Grundlage eines wissenschaftlich erarbeiteten Vorlaufs,
- das Zurückbleiben der Entwicklung der vorhandenen Formen der

Demokratie hinter den Bedürfnissen der Bürger, die Unterschätzung ihrer politischen Reife und ihrer Bereitschaft, sich in die Gestaltung der sozialistischen Gesellschaft einzubringen,

- das Verdrängen von Konflikten, statt sie gemeinsam mit den Bürgern zu lösen und sie für eine engagierte Mitarbeit zu gewinnen,
- die falsche und unreale Einschätzung der Lage der DDR durch den XI. Parteitag der SED,
- die nicht rechtzeitige Beachtung neuartiger Prozesse in der Entwicklung der Produktivkräfte sowie weltwirtschaftlicher und weltpolitischer Trends,
- das Zurückbleiben der Wirtschaftspolitik hinter den gegebenen Realitäten.

Krenz ergänzte diese Kritik mit der Feststellung, daß die Parteiführung es bisher nicht verstanden habe, die Probleme aus der »Tiefe der Gesellschaft heraus« zu erfassen, daß sie zu wenig Realitätssinn zeigte, daß besonders das Politbüro auf Signale aus der Mitgliedschaft ungenügend und zu spät reagierte. Weiter kritisierte er das Politbüro als politisches Führungsorgan wegen mangelnder kollektiver Meinungsbildung und unzureichender Zusammenarbeit mit dem Zentralkomitee. Dann begründete der Generalsekretär Grundsätze für eine grundlegende Erneuerung des Sozialismus, der

> »in der Gesellschaft effektiv, im Sozialen gerecht, in der Politik demokratisch, im moralischen Sinne sauber und in allem den Menschen zugewandt ist.«

Er betonte:

> »Eine sozialistische Gesellschaft kann nur eine demokratische Gesellschaft sein. Bei allem, was geschaffen worden ist, erkennen wir heute, daß das demokratische Potential der Arbeiter- und Bauern-Macht und der sozialistischen Produktionsverhältnisse unzureichend erschlossen wurde.«

Die ersten Schritte der Partei in diese Richtung sollten in dem vorbereiteten Aktionsprogramm zusammengefaßt und von der Tagung verabschiedet werden. Eine besondere Redaktionskommission aus ZK-Mitgliedern unter Leitung von Siegfried Lorenz war beauftragt, die Vorlage, die nach dem Politbürobeschluß vom 31. Oktober 1989 von Wolfgang Herger, Werner Hübner, Eberhard Heinrich, Achim Wolf, Klaus Heuer, Günter Bobach und Gregor Schirmer ausgearbeitet worden war, während des Plenums nochmals zu diskutieren und zu überarbeiten. Krenz sprach auch sehr ausführlich über die ökonomische Lage der DDR und über die vom Politbüro beschlossenen Grundsätze einer Wirtschaftsreform. Er stützte sich dabei auf die von Schürer, Beil u. a. dem Politbüro am 31. Oktober vorgelegte Analyse und die daraus gezogenen Schlußfolgerungen.

Der SED-Generalsekretär schlug den ZK-Mitgliedern zunächst ein Programm für die Umgestaltung der Wirtschaft vor. Es sei an einem solchen Wendepunkt erforderlich, sagte er, das »Soll und Haben der Wirtschaft unseres Landes« nüchtern zu prüfen und daraus eine radikale Wirtschaftsreform abzuleiten. Er verwies besonders auf die entstandenen Disproportionen und Widersprüche und auf die Fehlentwicklung der Akkumulationsrate. Zur Auslandsverschuldung der DDR sagte Krenz jedoch nichts. Die Zahlen, die er Gorbatschow mitgeteilt hatte, waren in der »korrigierten Gesprächsniederschrift dieser Unterredung«, die alle ZK-Mitglieder erhalten hatten, sogar gestrichen worden. Offenbar befürchtete Krenz deren »schockierende Wirkung«. Dafür warnte er vor neuen Luftschlössern und leichtfertigen Versprechungen. Krenz skizzierte ausführlich die Wirtschaftsreform und hob hervor, daß es nicht nur um eine »Vervollkommnung« gehe, sondern um eine grundsätzliche Neugestaltung der Wirtschaftsstrategie. Er orientierte auf eine öffentliche Diskussion von Prioritäten und Alternativen bei der Ausarbeitung der Wirtschaftsreform und legte dafür folgende Schwerpunkte vor:

– die Investitionskraft der Volkswirtschaft solle für einen längeren Zeitraum zur Sicherung der erforderlichen Effektivität der Volkswirtschaft Priorität erhalten, was eine Erhöhung der Akkumulationsrate ebenso erfordere wie Kompromißlösungen bei der weiteren Verbesserung des Lebensniveaus der Bevölkerung und zur Erreichung von Exportüberschüssen,

– dennoch sei es unvermeidlich eine Exportoffensive zu entwickeln, weil eine außenwirtschaftliche Stabilisierung lebensnotwendig für das gesamte Wirtschaftsgefüge der DDR sei,

– der wissenschaftlich-technische Fortschritt sei zu beschleunigen und stärker auf die volkswirtschaftlichen Schwerpunkte zu konzentrieren und dabei die Akkumulationskraft auf neuralgische und lebenswichtige Bereiche zu lenken,

– die Subventionspolitik müsse umgestaltet werden, dazu wären nach gründlicher Diskussion ausgewogene und differenzierte Maßnahmen auszuarbeiten, wobei die soziale Sicherheit aller Bürger garantiert bleiben sollte,

– der Wohnungsbau solle künftig stärker auf die Werterhaltung und
Instandsetzung konzentriert werden, da die einseitige Fixierung auf
Neubauzuwachs an den Stadträndern den normalen Reproduktions-
zyklus der gesamten Bausubstanz gestört habe.

Krenz verwies dann darauf, daß ebenso das Volkseigentum die unverzichtbare
Basis des Sozialismus bleiben müsse wie die zentrale Planung, die jedoch mit
den stimulierenden Wirkungen des Marktes in Einklang zu bringen wäre.
Und er betonte die Verantwortung der Gesellschaft gegenüber dem bisher
vernachlässigten Umweltschutz. Auf die von Honecker angeregten Probleme
der Erweiterung der Mitbestimmung der Gewerkschaften in den Betrieben
ging er nicht ein.

In seinem Referat wandte sich der SED-Generalsekretär schließlich auch
»beunruhigenden Tendenzen in der Politik imperialistischer Kräfte« zu, »die
auf die Überwindung des Sozialismus in Europa abzielten«, und auf den
Anteil der DDR am Bau eines gemeinsamen europäischen Hauses. Er sagte
dem Plenum – und seiner Ansicht nach befand er sich darin in voller Übereinstimmung mit Gorbatschow –, daß die unverzichtbare Voraussetzung der
europäischen Zusammenarbeit die »Existenz zweier souveräner, voneinander
unabhängiger deutscher Staaten« sei. Und mit Nachdruck:

> »So wie der Sozialismus in der DDR nicht zur Disposition steht, so können die
> Grenzen zwischen der DDR und der BRD sowie zu Westberlin nicht in Frage ge-
> stellt werden.«

In dieser Frage war er, wie wir heute wissen, der Täuschungspolitik Gorbatschows zum Opfer gefallen. Aber selbst wenn er eine kritische und realistischere Sicht auf die Deutschlandpolitik des KPdSU-Generalsekretärs gehabt
hätte, jeder Versuch, eine distanzierte Haltung zu Gorbatschow einzunehmen, wäre von den ZK-Mitgliedern nicht mehr akzeptiert worden und in
der Bevölkerung auf ein völliges Unverständnis gestoßen. Charakteristisch
für diese Stimmung ist ein Vorfall, über den Herger berichtet[289]. Während
der Diskussion zum Aktionsprogramm in der dazu gewählten Arbeitsgruppe,
schlug plötzlich Alexander Schalck-Golodkowski nach einer Einschätzung
der außenwirtschaftlichen Lage der DDR vor, mit der BRD einen Deal zu
suchen. Die Forderung nach der Konföderation beider deutscher Staaten solle
als ein zu erreichendes Ziel in das Aktionsprogramm aufgenommen werden.
Den Vorschlag unterstützte nur Willerding. Er sagte uns, daß er in dieser

Frage schon davon ausging, daß die sowjetische Führung die DDR bereits
aufgegeben hatte. Ihm, dem in der DDR Geborenen, sei die Erkenntnis
fast unerträglich gewesen, daß es mit dieser zu Ende gehe. Aber der relativ
schmerzloseste Weg schien ihm das Konzept der Konföderation zu sein, wie
Falin das mit ihm bereits mehrfach diskutiert hatte. Doch solche Gedanken
stießen in der Kommission auf den heftigsten Widerspruch. Mebel sprach
sogar von Verrat an der DDR. Er bestätigte uns, daß so die Mehrheit der
Kommissionsmitglieder dachte[290]. Mit dem in der Redaktionskommission
schließlich erarbeiteten Aktionsprogramm[291] hätte die »neue Opposition«
– wäre es ihr tatsächlich um Sachfragen gegangen – mehr als zufrieden sein
können. Die in dieses aufgenommenen Forderungen gingen teilweise über
ihre eigenen Konzeptionen hinaus.

Zum Referat des Generalsekretärs und zum Entwurf des Aktionsprogramms hatten sich über 60 ZK-Mitglieder zu Wort gemeldet. Die Diskussion fand nach langer Zeit wieder kontrovers statt. Auch das charakterisierte
den Versuch eines neuen Leitungsstils. Zunächst sei auf zwei Diskussionsbeiträge verwiesen, auf den von Hans Modrow und den von Moritz Mebel, der
ja mit Markus Wolf und seinem »Freundeskreis« abgesprochen worden war.
Modrow betonte, daß es um die Existenz der Partei und um die Existenz
des Sozialismus »in unserem Lande« gehe. Und er sagte, daß das Plenum
unter einem hohen Erwartungsdruck stehe, zugleich aber an seiner Entschei-
dungsfähigkeit vielfach Zweifel genährt würden. Hierfür würden frühere Fehler und manche Schönfärberei ausgenutzt. Er forderte daher, daß die Partei
sich wieder entschiedener der Arbeiterklasse zuwenden und den Forderungen
nach »freien Wahlen« und nach einem Volksentscheid zur Verfassung stellen
müsse. Modrow verlangte die Umgestaltung der Arbeit der Volkskammer,
»...die mit ihrer Arbeit Zeugnis dafür gibt, daß sozialistische Demokratie
bei uns möglich und gestaltbar ist«. Er verwies dazu auf die Souveränität der
Abgeordneten und forderte, daß künftig »direkte Zugriffe (der Partei; d. Aut.)
auf den Staatsapparat zu unterbinden« sind. Für die Arbeit der Medien regte
Modrow an, daß zu allen wichtigen Fragen der gesellschaftlichen Entwicklung
offene Diskussionen stattfinden müssen, »... einschließlich unterschiedlicher
Meinungen und Varianten der Ausgestaltung des Sozialismus.« Zum Schluß
entwickelte auch er Grundrichtungen für eine Wirtschaftsreform, die jedoch
nicht über die Vorschläge von Krenz hinausgingen[292]. Mebel hatte noch vor
Modrow und mit einem leichten Mißtrauen gegenüber dem Bericht des neu-

en Generalsekretärs gesprochen. Er kritisierte die Unehrlichkeit der alten Parteiführung und forderte ein Aktionsprogramm mit einem »klaren Bekenntnis
zur Erneuerung des Sozialismus in der DDR unter unseren spezifischen nationalen Bedingungen im engen Bündnis mit der UdSSR«. Mebel skizzierte
als Grundsätze einer Erneuerung die Selbstbestimmung der Werktätigen über
ihre Arbeitsbedingungen und über die Organisation der Arbeitsabläufe, die
konsequente Durchsetzung des Leistungsprinzips, eine realistische Medienpolitik, ein »neues Wahlgesetz unter Zulassung mehrerer Kandidaten«, die
Bildung einer Koalitionsregierung und schließlich eine Neuregelung der Subventionspolitik[293]. Uns gegenüber sagte er, der Bericht von Krenz habe ihn
bei aller Kritik beeindruckt, weil der Generalsekretär dazu übergegangen war,
endlich die Probleme offen anzusprechen[294]. Mittag, der aufgefordert worden
war, auf die gegen ihn in der Diskussion vorgetragene Kritik zu antworten,
schwieg. Hager hingegen, über den Schürer berichtet, daß er als einziger gegen das Verbot des »Sputnik« durch Honecker im Politbüro gesprochen hatte,
stellte sich seiner Verantwortung[295]. Er forderte eine gründliche Analyse der
begangenen Fehler und räumte ein, daß er selbst eingestehen müsse, eine
solche Analyse der Situation in der DDR unterlassen zu haben. Daraus resultierten – so Hager – auch die fehlerhafte Einschätzung des Ansatzes und An-
spruches der Perestroika, eine Unterschätzung der Notwendigkeit, eine neue
Qualität des Sozialismus zu erreichen, vor allem aber der Ausgestaltung der
sozialistischen Demokratie. Auf zwei weitere Diskussionsbeiträge wäre besonders hinzuweisen, auf den von Waldemar Liemen[296], dem Parteisekretär im
Kalibetrieb »Werra«, und den von Michael Trutti, einem Schmelzmeister im
VEB Edelstahlwerk Freital[297]. Auf die Haltung der Arbeiterklasse eingehend,
berichteten sie, daß es »haßerfüllte Werktätige« gebe, denen es nicht um sachliche Erörterungen gehe, sondern um Konfrontation, und daß die Parteiaustritte von Arbeitern zunähmen, daß also das Vertrauen zur Partei schwinde.
Beide sagten aber auch übereinstimmend, daß bei den meisten Kolleginnen
und Kollegen sich dennoch die Hoffnung halte, daß es der Partei gelänge, die
Situation zu stabilisieren. Das 10. Plenum, sagte Liemen, »ist dabei wohl auch
ein entscheidendes Zünglein an der Waage«.

Ein Zeitzeuge meinte, die auf dem Plenum diskutierte Konzeption zur
Reform der (früh)sozialistischen Gesellschaft in der DDR, sei nicht ausge-
wogen und bilanziert gewesen. Sie habe ebenso Populismen wie nicht genügend durchdachte Zugeständnisse an »den Zeitgeist« enthalten. Das habe

daran gelegen, daß sie infolge des Tempos der politischen Ereignisse ohne eine ausreichende Analyse der Situation ausgearbeitet worden war oder von Voraussetzungen ausging, die sich bereits als überholt erwiesen. Aber alle diese Orientierungen waren an die Souveränität und Eigenstaatlichkeit der DDR gebunden. Doch gerade sie stand bereits zur Disposition. Einerseits in Bonn und andererseits in Moskau, ein Umstand, den die Mehrheit der ZK-Mitglieder nicht zur Kenntnis nehmen wollte.

In diesen Versuch, den Sozialismus umzugestalten war auch die Erneuerung der Partei eingeschlossen. Sie sollte von einer außerordentlichen Parteikonferenz ausgehen, wie sie von der »neuen Opposition« gefordert worden war. Modrow und Mebel hatten sich dieser Forderung in ihren Diskussionsbeiträgen angeschlossen. Nur Willerding schlug vor, besser sei es, einen außerordentlichen Parteitag einzuberufen, weil es nötig sei, das Zentralkomitee neu zu wählen[298]. Doch das Politbüro und die Redaktionskommission des Plenums unterstützten den Antrag Modrows und Mebels und schlugen dem ZK-Plenum vor, zum Dezember 1989 eine Parteikonferenz einzuberufen.

Aber offenbar ging es der »neuen Opposition« zu diesem Zeitpunkt schon gar nicht mehr um die Erfüllung ihrer Forderungen, sondern bereits mehr um die zielgerichtete Destabilisierung der Parteiführung. Und so stellte sie, als die von ihr verlangte Parteikonferenz beschlossen war, plötzlich die weitergehende Forderung nach der Einberufung eines außerordentlichen Parteitages und mobilisierte dazu einen »Druck auf der Straße«. Es gab eine politische Überlegung, sagte uns Herger, warum sich das neue Politbüro und das ZK für eine Parteikonferenz entschieden: die Mitglieder des Politbüros wollten mehr Zeit für eine gründliche gesellschaftliche Analyse haben und für die Ausarbeitung und Bilanzierung einer neuen Gesellschaftsstrategie. Die notwendigen Entscheidungen für die Erneuerung des Zentralkomitees sollten durch die Parteikonferenz vorbereitet werden[299]. Politisch klüger wäre es in dieser Situation dennoch gewesen, dem Vorschlag von Willerding zu folgen, weil ein solcher Beschluß bei den Parteimitgliedern mehr Vertrauen hätte bilden können. Der »neuen Opposition« wäre zudem ein entscheidendes Argument verloren gegangen.

Während des Plenums hatte die Opposition am Nachmittag des 8. November (um 15 Uhr) Mitglieder verschiedener Berliner Parteiorganisationen aus der Akademie der Wissenschaften und der Berliner Humboldt-Universität zu einer Demonstration vor dem ZK-Gebäude aufgerufen[300]. Die Aktion wurde vom Fernsehen der DDR unterstützt, das die entsprechende Ton-Technik zur Verfügung stellte und mit einem TV-Team zur Stelle war. An der Kundgebung nahmen keine 50.000 Menschen teil, wie Bortfeldt behauptet. Zu den Teilnehmern gehörten auch keine Mitglieder der Partei aus Produktionsbetrieben, die zu dieser Zeit noch arbeiteten. Die Mehrheit der Demonstranten waren mit Flugblättern, die in Instituten der Akademie und an der Berliner Universität verteilt wurden, eingeladen worden. Während sich gegen 14 Uhr die ersten SED-Mitglieder vor dem Haus des ZK sammelten, wurde eine Rednerliste herumgereicht, wer worüber sprechen und wer welche Forderungen stellen sollte. Alle Teilnehmer waren darauf eingestellt, eine Parteikonferenz der SED für eine DDR-Perestroika zu fordern, wie auf der Einladung als Ziel der Kundgebung vorgeschlagen war. Doch plötzlich erschienen Parteimitglieder der Humboldt-Universität mit Michael Brie als Wortführer. Sie argumentierten, man müsse jetzt einen »außerordentlichen Parteitag« fordern, denn nur so könne ein neues ZK gewählt werden. Das wäre nötig, weil von diesem ZK, wie das Plenum beweise, keine Reformimpulse mehr zu erwarten seien. Der Verlauf der Diskussion auf dem ZK-Plenum war aber zu diesem Zeitpunkt noch keinem der Kundgebungsteilnehmer – auch nicht Michael Brie – bekannt[301].

Heute mag eingewandt werden, daß Mitglieder des Politbüros zumindest in dieser Situation die »demonstrierende Parteibasis« umgehend über die Vorschläge und Grundzüge für eine Umgestaltung der DDR »an der Seite der UdSSR« und über den entsprechenden Verlauf der Diskussion hätten informieren müssen. Schabowski und Krenz sprachen auch zu den Demonstranten an diesem Nachmittag. Jedoch der sonst so wortgewaltige Schabowski las nur die Namen der neu gewählten Politbüromitglieder vor und Krenz berichtete über den Beschluß, eine Parteikonferenz für den Dezember 1989 einzuberufen. Er wußte ja nicht, daß die »neue Opposition« inzwischen eine andere Losung ausgegeben hatte. Er war in eine Falle Michael Bries und seiner »Genossen« gegangen. In der angespannten Situation lieferte Krenz dadurch nur Stichworte für vorbedachte Proteste. Von der »neuen Opposition« war mit »gezinkten Karten« gespielt worden. Diese von Land eingestandene Taktik gegen Krenz bezeichnen wir als *Katastrophenpolitik*«, die der Politik der Strategen im NSC-Stab zuarbeitete und wesentlich zur schrittweisen Destabilisierung der DDR beitrug.

Der 9. November 1989

Das neue Reisegesetz war faktisch der erste Angriffspunkt der »neuen Opposition« gegen die neue Partei- und Staatsführung gewesen. Assistiert wurde sie dabei von der nun wahrlich nicht mehr für einen »erneuerten Sozialismus« eintretenden Bürgerbewegung. In der einsetzenden Attacke begann sich der Vorsitzende des Rates der Rechtsanwaltskollegien der DDR politisch zu profilieren. Gregor Gysi, den Markus Wolf – wie er ausdrücklich betont[302] – erst zwei Tage zuvor auf dem Alexanderplatz kennengelernt haben will, argumentierte in der bereits genannten Talk-Show des Fernsehens der DDR, den Thesen des Neuen Forums folgend, vor allem gegen zwei Vorschriften des Gesetzentwurfs: erstens polemisierte er gegen die angeführten möglichen Versagungsgründe, die unübersichtlich seien, und unterstellte der Regierung sogleich, daß sie bürokratisch gehandhabt werden könnten; zweitens wandte sich Gysi gegen jede Befristung der Reisedauer. Der Paß und das Visum sollten seiner Meinung nach ohne Einschränkung alle Bürger berechtigen, jeden Tag die Grenze zu überschreiten, kurzfristig zu Veranstaltungen, Feiern und Besuchen fahren zu können. Mit dieser Talk-Show war der Entwurf in der DDR-Öffentlichkeit endgültig durchgefallen.

Wer auch immer an einer Verschärfung der politischen Situation interessiert gewesen war, es war ihm gelungen, der Partei- und Staatsführung der DDR in einer so angespannten Lage mit der kompromißlosen Forderung nach »Reisefreiheit« ein Problem auf den Tisch zu legen, das sie nicht mehr ignorieren konnte und das ihr angesichts des Massenexodus und der Haltung der UVR- und der ČSSR-Regierungen auch kaum noch einen großen Entscheidungsspielraum ließ. Die Westgrenze der DDR konnte unter diesen Bedingungen und angesichts der Lage nicht länger im gegebenen Zustand gehalten werden. Jetzt kam es nur noch darauf an, welche neue Verfaßtheit möglich und politisch zu verantworten war. Daher strebte das SED-Politbüro durch eine Ministerratsverordnung »eine kontrollierte Regelung menschlicher Kontakte« an, bevor in der Volkskammer ein grundsätzliches Gesetz hierzu beschlossen werden sollte. Mit dieser Verordnung sollte die vom Politbüro bereits am 3. November 1989 beschlossene Kompetenzerweiterung der Botschaft in der ČSSR für die DDR insgesamt übernommen werden[303]. Vor der Beschlußfassung im Ministerrat wollte Krenz die beabsichtigten Maßnahmen noch den ZK-Mitgliedern vortragen. Doch wartete er noch immer auf die zustimmende Antwort aus Moskau, die er über Oskar Fischer eingefordert hatte.

Bei den Neuwahlen auf dem 10. ZK-Plenum am Vormittag des 8. November war Hans-Joachim Willerding zum Kandidaten des Politbüros und als Sekretär des ZK der SED gewählt worden. Er trat damit die Nachfolge von Hermann Axen an und übernahm dessen bisherigen Verantwortungsbereich, die Internationalen Verbindungen[304]. Krenz beauftragte Willerding während der Plenartagung des ZK am 8. November in seiner neuen Funktion, umgehend Gorbatschow über das Ergebnis der Neuwahlen zu informieren. Willerding verließ die Tagung und fuhr in die sowjetische Botschaft, wo bereits Kotschemassow auf seinen Bericht wartete. Gemeinsam formulierten sie ein Telegramm für Moskau und sandten es über die Sonderleitung der Botschaft ab. Bei dieser Gelegenheit ließ Kotschemassow Krenz ausrichten, daß zur Anfrage von Fischer noch keine verbindliche Antwort eingegangen sei. Willerding, der ja an der Politbürositzung vom 7. November nicht teilgenommen hatte, wußte zunächst nicht, worum es ging. Er richtete Krenz aber die Nachricht aus[305].

An diesem Tag wurde in Prag der DDR-Botschafter Helmut Ziebart ins tschechoslowakische Außenministerium bestellt. Der stellvertretende Außenminister erklärte ihm gegenüber das Unverständnis seiner Regierung darüber, daß seit dem 3. November die Ausreise von DDR-Bürgern über die ČSSR erfolge. Er sprach nochmals die Erwartung aus, daß die DDR umgehend eine Regelung treffe, die eine Ausreise von DDR-Bürgern in die BRD direkt und nicht über das Territorium der ČSSR ermögliche. Ziebart entgegnete, daß an dieser Frage bereits intensiv gearbeitet werde und telegrafierte diese Demarche unverzüglich nach Berlin. Der DDR-Außenminister informierte umgehend Krenz[306].

Am 9. November fuhr Willerding erneut in die sowjetische Botschaft, um die KPdSU-Führung über den weiteren Verlauf des ZK-Plenums, über das Referat von Krenz und über die bisherigen Diskussionsbeiträge zu informieren. Wieder wurde ein Telegramm nach Moskau abgesetzt, und Kotschemassow bestellte wieder eine Nachricht an Krenz. In der Erinnerung Willerdings lautete sie so, daß erstens die sowjetische Seite den Eingang der Anfrage offiziell bestätigte und zweitens volles Vertrauen zu den beabsichtigten Maßnahmen habe, die die Genossen der DDR für notwendig hielten. Jetzt wurde Willerding, der noch immer nicht wußte worum es ging, stutzig. Er befragte den sowjetischen Botschafter, doch der antwortete ausweichend, er solle sich das von Krenz erklären lassen[307].

Während Krenz auf die Antwort aus Moskau wartete, hatte am späten Nachmittag des 8. November Oberst Gerhard Lauter, der Leiter der Hauptabteilung Paß- und Meldewesen im Ministerium des Innern der DDR, von Friedrich Dickel den Auftrag erhalten, auf der Grundlage einer interministeriellen Absprache mit Erich Mielke bis zum 9. November 12 Uhr den Text einer Ministerratsverordnung vorzubereiten, um im Vorgriff auf das Reisegesetz eine ständige Ausreise von Bürgern der DDR nach der Bundesrepublik Deutschland und Westberlin zu regeln. Daran mitarbeiten sollten Generalmajor Gotthard Hubrich vom Ministerium des Innern, Oberst Dr. Udo Lemme, Leiter der Rechtsstelle des MfS sowie Oberst Dr. Joachim Krüger, stellvertretender Leiter der Hauptabteilung VII des MfS. Dazu waren eine Pressemitteilung und Anweisungen an die Grenzsicherungseinheiten zu formulieren.

Die Vorgabe entsprach im wesentlichen dem Politbürobeschluß vom 7. November und der Anfrage, die Fischer an diesem Tag über Kotschemassow an die sowjetische Führung gerichtet hatte. Dabei war dem sowjetischen Botschafter vom DDR-Außenmister auch mitgeteilt worden, daß der SED-Generalsekretär die Antwort bis zum 9. November erwarte, weil die neue Verordnung noch auf dem ZK-Plenum beraten werden und am Morgen des 10. November in Kraft treten solle. Der Text der vorgesehenen Reiseverordnung des Ministerrats war von der interministeriellen Arbeitsgruppe auch am Vormittag des 9. Novembers fertig gestellt und dahingehend präzisiert worden, daß die Verordnung auch Privatreisen einschloß und damit eine Rückkehr der DDR-Bürger vorsah[308]. Die ausgearbeiteten Texte – die Verordnung, eine ADN-Mitteilung mit einer Sperrfrist bis zum 10. November 1989, 4 Uhr morgens, sowie die Entwürfe entsprechender Befehle an die Grenztruppen und an die Deutsche Volkspolizei – wurden am 9. November 1989 gegen 12 Uhr dem Vorsitzenden des Ministerrats, den zuständigen Ministern Dickel und Mielke sowie dem Generalsekretär des ZK der SED mit Kurieren zugestellt. Vorgesehen war, daß in der Mittagspause der ZK-Tagung das Politbüro der Verordnung zustimmen sollte. Herger berichtet, daß zwischen 12.00 und 12.30 Uhr Krenz jene Politbüromitglieder die er gerade erreichen konnte, über den Entwurf der Verordnung informierte. Seiner Erinnerung nach war auch Hans Modrow anwesend. Krenz sagte in dieser Zusammenkunft, daß er noch auf die Zustimmung aus der sowjetischen Botschaft warte und daß die Verordnung noch im Verantwortungsbereich der amtierenden Regierung des Ministerpräsidenten Stoph läge, der sie sich in den nächsten Stunden im Umlaufverfahren des Ministerrats bestätigen lassen müsse[309].

Nach der Zustimmung durch das Politbüro wurde von Stoph als amtierenden Vorsitzenden des Ministerrats auch das offizielle Beschlußverfahren für die Verordnung eingeleitet[310]. Offen blieb zu diesem Zeitpunkt noch immer die Bestätigung aus der sowjetischen Botschaft, die erst Willerding bei seiner Rückkehr übermittelte.

Nun waren alle Voraussetzungen für die Inkraftsetzung der Reiseverordnung gegeben: Um 15.30 Uhr unterbrach Krenz die Tagesordnung und teilte mit, daß der amtierende Vorsitzende des Ministerrats eine Verordnung vorgeschlagen habe, die zwar bereits vom Politbüro bestätigt worden sei, die aber von solcher Bedeutung sei, daß er sie nicht ohne Konsultation durch das ZK lassen wolle[311]. Dann verlas er einen Text, dessen wesentlicher Teil lautete:

> »*Ab sofort* treten folgende zeitweilige Übergangsregelungen für Reisen und ständige Ausreisen aus der DDR in das Ausland in Kraft.
>
> a) Privatreisen nach dem Ausland können ohne Vorliegen von Voraussetzungen (Reiseanlässe oder Verwandtschaftsverhältnisse) beantragt werden. Die Genehmigungen werden kurzfristig erteilt. Versagungsgründe werden nur in besonderen Ausnahmefällen angewandt.
> b) Die zuständigen Abteilungen Paß- und Meldewesen der Volkspolizeikreisämter in der DDR sind angewiesen, Visa zur ständigen Ausreise unverzüglich zu erteilen … Die Antragstellung auf ständige Ausreise ist wie bisher auch bei den Abteilungen Innere Angelegenheiten möglich.
> c) Ständige Ausreisen können über alle Grenzübergangsstellen der DDR zur BRD bzw. zu Berlin (West) erfolgen.«

Ergänzend dazu verlas Krenz die vorbereitete Pressemitteilung in folgender Fassung:

> »Wie die Presseabteilung des Ministeriums des Innern mitteilt, hat der Ministerrat der DDR beschlossen, daß bis zum Inkrafttreten einer gesetzlichen Regelung durch die Volkskammer folgende (zeitweilige; d. Aut.) Übergangsregelung für Reisen und ständige Ausreisen ins Ausland in Kraft gesetzt wird.«

Krenz setzte noch hinzu:

> »Ich sage, wie wir es machen, machen wir es verkehrt. Aber das ist die einzige Lösung, die uns die Probleme erspart, alles über Drittstaaten zu machen, was dem internationalen Ansehen der DDR nicht förderlich ist.«

Zum Verordnungstext gab es im Plenum keine grundsätzliche Diskussion. Dickel regte lediglich an, die Pressemitteilung über das Presseamt des Ministerrats zu veröffentlichen, denn sie sei ja eine Mitteilung des Vorsitzenden des Ministerrats. Das wurde so beschlossen.

Das Umlaufverfahren gemäß Geschäftsordnung des Ministerrats der DDR machte es möglich, daß die Verordnung an diesem Tag ab 18 Uhr Rechtskraft erlangen würde, wenn bis zu diesem Zeitpunkt kein grundsätzlicher Widerspruch eines Ministers erfolgt war. Das aber war von Krenz den ZK-Mitgliedern nicht ausdrücklich gesagt worden. Und so wollen einige der 25 anwesenden Minister als Mitglieder des ZK (von 44 Mitgliedern des Ministerrats der DDR) den Text, den ihnen Krenz vorlas, nicht als eine vorgesehene Verordnung des Ministerrats, die im Umlaufverfahren zu bestätigen wäre, verstanden haben. So jedenfalls argumentiert Alfred Neumann[312]. Wir haben uns in verschiedenen Gesprächen davon überzeugt, daß bei einer Reihe von ZK-Mitgliedern tatsächlich Irritationen entstanden waren. Mebel beispielsweise hatte den Eindruck, es handle sich um eine Gesetzesvorlage, die nunmehr der Volkskammer überwiesen werden würde[313]. Andere ZK-Mitglieder betonen, daß sie bei ihrer Zustimmung nicht die politischen Folgen dieser Verordnung überschaut hätten. Es wäre ihnen nicht eingefallen, daß damit in wenigen Stunden die Grenze geöffnet werden könnte. Hager schreibt und gibt damit eine ziemlich weit verbreitete Stimmung unter den ZK-Mitgliedern wieder[314]:

»Egon Krenz hatte gegen Schluß der ZK-Tagung am Abend des 9. November die nach langen Beratungen entstandene Fassung des neuen Reisegesetzes verlesen. Dieser Entwurf sollte der Volkskammer vorgelegt werden. Das war das übliche Verfahren... Das ZK stimmte dem Entwurf zu. Weder ich, noch die anderen ZK-Mitglieder konnten annehmen, daß das Gesetz, das die uneingeschränkte Reisefreiheit vorsah, ohne vorherige Zustimmung der Volkskammer in Kraft treten würde.«

Auch Lorenz meint, daß das Plenum »... die ganze Tragweite des Beschlusses nicht verstanden hat«, ein Eindruck, den auch Werner Eberlein bestätigt[315]. Zur Fehleinschätzung der politischen Situation an diesem Tag durch einzelne ZK-Mitglieder sagte uns einer von ihnen als Zeitzeuge:

»Wir hatten den aufgestauten Drang unserer Bürger, den ›Westen‹ sehen zu wollen, völlig unterschätzt. Ich hatte nicht einmal den Gedanken, daß uns die Leute wegliefen, meine Erfahrungen sagten mir, daß die meisten von ihnen wieder zurück-

kamen, ich befürchtete vielmehr den beginnenden Ausverkauf der DDR. Nur das
hielt ich für gefährlich. Der Gedanke, daß uns Helmut Kohl mit seinen Brigaden
über die nun offene Grenze gefährlich werden könnte, kam mir zwar auch, aber ich
ging davon aus, daß es uns gelingen würde, eine solche Gefährdung der DDR mit
der Hilfe der UdSSR abzuwehren. Die Aufgabe der DDR war aber auch nach der
Grenzöffnung für uns eigentlich kein Thema.«

Änderungen am Text hatten nur zwei Minister beantragt: der Minister für
Kultur und der Minister für Justiz, aber sie veränderten den Text nur ge-
ringfügig, und um 18 Uhr erlangte die neue Reiseverordnung mit Wirkung
vom 10. November 1989 morgens 4 Uhr formelle Rechtskraft. Es war beabsichtigt, auf der Grundlage dieses Ministerratsbeschlusses in den Stunden
zwischen 18 Uhr am 9. November und 4 Uhr morgens am 10. November alle
Volkspolizeidienststellen und über das Ministerium für Staatssicherheit auch
die Grenzübergangsstellen, mit entsprechenden Befehlen zu benachrichtigen.
Doch dieser entscheidende administrative Vorgang, die sogenannte »Durch-
führungskompetenz«, mißlang gründlich[316].

Während die Diskussion auf dem ZK-Plenum weiterging – sie war bis
20³⁰ Uhr vorgesehen –, verlas Günter Schabowski auf einem »Briefing«, einer
internationalen Pressekonferenz, kurz vor 19 Uhr den Text der Verordnung,
deren Zielstellung die Bundesregierung bereits kannte[317]. Nach der Erinnerung von Herger kam Schabowski (als vom Plenum neu gewählter »Medien-
beauftragter«), zwischen 17 Uhr und 17³⁰ Uhr zum Generalsekretär und
fragte ihn, ob er noch etwas für die Pressekonferenz habe, die für 18 Uhr im
Internationalen Pressezentrum in der Mohrenstraße angesetzt war. Er hatte
sich nicht im Beratungssaal befunden, als Krenz den Text der Reiseverordnung verlas. Egon Krenz antwortete: »Ja, das hier, das habe ich verlesen, das
ist ein Knüller für deine Pressekonferenz.« Und er übergab ihm den »Zettel«,
also den Text der Ministerratsverordnung[318], die zu diesem Zeitpunkt noch
nicht formell in Kraft getreten war und die – wie im ZK-Plenum kurz zuvor
festgelegt worden war – über das Presseamt des Ministerrats veröffentlicht
werden sollte. Die Frage von Stefan Heym, wer diesem Schurken, den Zettel
wohl zugesteckt habe[319], ist relativ einfach zu beantworten: Egon Krenz. In
der Diskussion mit Herger haben wir den Einwand erhoben, daß für die Veröffentlichung der Verordnung außerdem doch noch eine Sperrfrist vorgesehen war und demzufolge weder die Verordnung noch die Pressemitteilung auf
dem Briefing hätten bekannt gegeben werden dürfen und daß es eigentlich
von Krenz politisch nicht zu verantworten war, Schabowski den »Zettel« für

das Briefing zu übergeben. Herger bestätigte diese Situation und antwortete uns[320]:

> »… keiner von uns hat an die ›Sperrfrist‹ gedacht… keiner von uns hat auch einen Marsch auf die Grenze erwartet. Egon Krenz war zufrieden, daß er eine der Bevölkerung versprochene Zusage endlich eingelöst hatte.«

Herger bestätigte weiterhin, daß zu diesem Zeitpunkt, als Krenz Schabowski den Verordnungstext übergab,

> »… die vorbereiteten Weisungen an die verschiedenen Grenzdienststellen (noch) nicht unterschrieben worden waren. So lagen bei den GÜST keine Anweisungen vom Chef der Grenztruppen Generaloberst Klaus-Dieter Baumgarten, bzw. vom Chef des Hauptstabes der NVA Generaloberst Fritz Streletz, auch nicht von Generalleutnant Wolfgang Schwanitz vor. … Die Anweisungen dazu waren aber vorbereitet und sollten über das diensthabende System des Innenministeriums und der Deutschen Volkspolizei ausgeführt werden.«

Das ›Diensthabende System‹ der DDR leitete an diesem Abend Generaloberst Kurt Wagner. »Es hätte nur eines Anrufs des Ministers bedurft: ›Okay, es geht los! Dann wäre das automatisch angerollt«, erklärt auch Gerhard Lauter. Da aber die Diskussion im ZK weiterlief, war dieser Anruf zunächst unterlassen worden. Es ist bisher ungeklärt, wer für diese Benachrichtigung zuständig gewesen wäre und wer sie unterlassen hat. Gerhard Lauter berichtet weiter: Es war von uns nicht vorauszusehen,[321]

> »… daß Günter Schabowski das Ding locker aus der Tasche zieht und sagt: ›Hier hab ich doch noch was!‹«

Im Innenministerium war man davon ausgegangen, die Weisungen noch rechtzeitig vor 24 Uhr zu erteilen. Wolfgang Meyer, der Pressesprecher des Ministerrats, hatte den Verordnungstext vom Büro des Ministerrats am Abend ebenfalls erhalten. Er berichtet, daß er diesen Text weisungsgemäß an ADN weitergegeben und daß ADN die Sperrfrist eingehalten habe, die auf der Verordnung stand. Meyer betonte: »Solche Sperrfristen waren eine übliche Handhabung in der gesamten internationalen Presse.«[322] Unbestritten ist, daß zu Beginn des Briefings um 18 Uhr die Reiseverordnung zum 10. November um 4 Uhr morgens in Kraft getreten wäre. Doch ihre Übergabe von Krenz an Schabowski für die Pressekonferenz war ein unbedachter Aktionismus, dessen weitreichende politische Folgen in diesem Moment weder Krenz noch Herger übersahen.

Nun wird oftmals darüber gerätselt, warum Schabowski stutzte, als er den Text verlas. Andere fragen, ob Schabowski überhaupt wußte, was auf dem Zettel stand. Schabowski selbst entwickelte dazu bislang ein selektives Gedächtnis. Er erinnerte sich offenbar der Marktlage entsprechend[323]. Wir sind davon überzeugt, daß er vor der Enquete-Kommission des Deutschen Bundestages am 26. Januar 1993 die Wahrheit sagte, als er eingestand, den »Zettel« auf der Fahrt vom ZK in die Mohrenstraße überflogen zu haben[324].

Dagegen meint nun Hertle, daß die »handschriftliche Aufzeichnung« für den Ablauf seines Presseauftritts, die Günter Schabowski ihm übergab[325], einen »›offensichtlichen Beleg‹ für Schabowskis völlige Unkenntnis des Verordnungstextes« darstellt. Wir meinen, gerade dieser Text beweist das Gegenteil. Auf diesem »Ablaufplan« steht, und so zitiert ihn Hertle:

> »... den *Text der Reiseregelung* (kursiv d. Aut.) erst »kurz vor Schluß am Ende der Debatte« zu verlesen und dabei zu betonen, daß es sich um kein Politbüropapier, sondern um eine echte Ministerratsentscheidung handle.«

Also wußte Schabowski, was ihm Egon Krenz übergeben hatte. Warum aber soll ihm eine »völlige Unkenntnis« angedichtet werden? Sicher, es geht um Erklärungsmuster für sein politisches Verhalten, das ist verständlich. Aber da hätten wir auch einige Möglichkeiten anzubieten. Vor der Enquete-Kommission sagte Schabowski, er sei ungeübt in Pressekonferenzen und habe in seinen Zetteln suchen müssen, bis ihm einer seiner Mitarbeiter »den Zettel« herausgesucht habe[326]. In seinen Memoiren schreibt Schabowski ergänzend, er hätte auf dem Briefing einige Sekunden gezögert, weil ihn der Geltungsbereich der Verordnung irritiert habe, als er sie verlesen wollte[327]. Wieso eigentlich? Er hatte die Verordnung doch im Auto gelesen. Nicht undenkbar ist die Annahme, daß er über den Sperrvermerk den Bruchteil einer Sekunde meditierte. Und dabei mag er sich das ausgedacht haben, was er in seinen Erinnerungen auch niederschrieb: Krenz hatte ihm über einen Sperrvermerk nichts gesagt, und wörtlich[328]:

> »Schließlich kann man nicht Hunderte ›news-hungrige Vertreter der Weltpresse‹ eine solche Jahrhundertmeldung nur schmecken lassen und ihnen dann sagen: ›Aber runterschlucken dürfen Sie es erst in neun Stunden, meine Damen und Herren‹.«

Und so entschied er sich im Bruchteil einer Sekunde für eine historische Selbstdarstellung. Solch eine Chance würde er nie wieder erhalten. Gewiß,

das ist eine Unterstellung, aber wir nehmen an, daß wir damit nicht allzuweit
von der Wahrheit entfernt liegen, wie auch einige Zeitzeugen meinen, eine
derartige Vorstellung nicht ausschließen zu können. Also zelebrierte Schabowski hintergründig die »historische Situation«, die ihm da plötzlich zugefallen war, als ihm Ricardo Ehrmann (von der italienischen Nachrichtenagen-
tur ANSA) im richtigen Timing die Frage nach dem Reisegesetz stellte. Es war
18.53 Uhr: Schabowski argumentierte zunächst betont verlegen und deutete
plötzlich mit dem Wort »allerdings« eine neue Reiseregelung an. Und das sah
so aus, wobei wir nur einen Teil unserer Wortfassung des Video-Mitschnitts
dokumentieren (H.-H. Hertle hat ebenfalls eine Wortfassung der Mitschrift
angefertigt und sie vollständig publiziert)[329]:

> »**Schabowski:** Und deshalb haben wir uns dazu entschlossen, heute eine Regelung
> zu treffen, die es jedem Bürger der DDR möglich macht, über Grenzübergangsstel-
> len der DDR auszureisen.«
> **Frage aus dem Raum:** Ab wann tritt das in Kraft?
> **Schabowski:** Bitte?
> **Fragesteller:** Ab sofort?
> **Schabowski:** (*kratzt sich verlegen am Kopf*) Also, Genossen, mir ist das hier also
> mitgeteilt worden (*und während er weiterspricht, setzt er seine Brille auf, blättert in
> seinen Unterlagen, zieht ein Papier heraus*), daß eine solche Mitteilung heute schon
> verbreitet worden ist. Sie müßte eigentlich in Ihrem Besitz sein. Also (*und nun
> verliest er sehr schnell vom ›Zettel‹ den Verordnungstext*) ... (*Während Schabowski
> liest, blickt er in den Saal und sagt:*) die Paßfrage kann ich jetzt nicht beantworten.
> ...
> **Nun fragt ein Journalist wiederholt:** Wann tritt das in Kraft?
> Jetzt ist der entscheidende Moment für Schabowskis Schachzug:
> **Schabowski** (*blättert, sucht etwas verlegen in seinen Unterlagen und antwortet*): Das
> tritt nach meiner Kenntnis, ist das sofort, unverzüglich (*und blättert weiter in seinen
> Papieren*)
> (*im Saal hält die Unruhe an*)
> **Frage aus dem Raum:** Sie haben nur BRD gesagt, gilt das auch für Westberlin?
> *Nun verlas Schabowski noch die Pressemitteilung. In einem zunehmenden Stimmenge-*
> *wirr hagelt es spontan Fragen aus dem Saal:*
> **Frage:** Gilt das auch für Berlin-West? ... heißt das, daß ab sofort die DDR-Bürger
> ...
> *Schabowski macht wieder einen unsicheren Eindruck. Er zuckt mit den Schultern.*
> **Schabowski** (*wieder verlegen stotternd*): Also, doch, doch ... *und liest vor:*
> ›Die ständige Ausreise kann über alle Grenzübergangsstellen der DDR zur BRD
> bzw. zu Berlin-West erfolgen‹
> *Aus einer steigenden Unruhe im Saal heraus folgen weitere Fragen, in die hinein Scha-*
> *bowski sagt:*
> Wir hoffen, daß sich auf diese Weise diese Bewegung selbst reguliert in dem Sinne
> wie wir das erstreben ...«

Eilig verlassen, wie auf dem Video-Mitschnitt zu beobachten ist, einige Journalisten den Raum. Jetzt erst ist es, wie der Mitschnitt ausweist, 18.57 Uhr.
Und von nun an »*regelte sich die Bewegung selbst.*« Andere Journalisten bedrän-
gen Schabowski, und er wiederholt in einem anschließenden Interview – wie
es von Hertle zitiert wird – für NBC noch einmal[330]:

> »Es ist die Erlaubnis, die DDR zu verlassen.«
> (»…It is a permission for leaving GDR«; d. Aut.)

So hatte der neue Medienverantwortliche des Politbüros seinem Generalsekretär das Konzept verdorben. Sollte dieser »gewiefte Schurke« (wie ihn ein
Zeitzeuge bezeichnete) darauf aus gewesen sein, den Ruhm, die Mauer geöffnet zu haben, der am nächsten Morgen Krenz zugefallen wäre, einzuheimsen?
Honi soit qui mal y pense!

Wenn wir das gesamte politische Umfeld berücksichtigen, können wir
uns freilich genauso vorstellen, daß Schabowski seine dramatische Entscheidung auch bewußter traf. Er kannte den Text, des »Zettels«, den ihm Krenz
gegeben hatte. Er wollte offenbar nicht nur den Ruhm der Maueröffnung
einheimsen, sondern er hatte sich bereits auf die Seite jener geschlagen, die
– wie wir heute wissen – gewillt waren, Krenz politisch zu destabilisieren.
Und vielleicht kannte er, bei seinen intimen Beziehungen zur sowjetischen
Botschaft, auch jene Meinung, die Igor Maximytschew so deutlich ausgesprochen hatte. Hierzu würde eine »unkontrollierte« Grenzöffnung passen. Sie
könnte Krenz in eine politische Zwangslage bringen, seinem Ruf systematisch
schaden. Immerhin, eine Destabilisierung von Krenz war zu dieser Zeit ja
auch das eingestandene Ziel der Berater Gorbatschows. Das also wäre unsere
»politische Variante«.

Es kann aber auch durchaus zutreffen, daß Schabowski beide Aspekte ele-
gant miteinander verband. Für diese ›kühne Annahme‹ spricht nicht zuletzt,
wie der »Medienfachmann« sein Verhalten zum Sperrfrist-Vermerk selbst erklärt. Er schreibt in freundlichem Dünkel: »Dieser Meinung (den gegebenen
Sperrvermerk zu respektieren; d. Aut.) konnte nur sein, wer noch in Vorstellungen von einer aus- und einknipsbaren Befehlspresse befangen war.«[331] Was
Schabowski hier eingesteht, ist, daß er den Sperrvermerk tatsächlich bewußt
ignoriert hatte. Wir glauben ihm nicht, daß ihm, dem »bewährten Chefredakteur« des Neuen Deutschland nicht bekannt war, welche Bedeutung
die Ignorierung eines Sperrvermerks bei dpa, NBC oder Reuters hätte[332]. So

diente ihm seine Ausrede mit der »einknipsbaren Befehlspresse« nur dazu, seine politische Entscheidung gegen Krenz mit ein wenig Effekthascherei zu rechtfertigen. Wir verstehen daher durchaus, wenn einige Zeitzeugen hinter diesem Verhalten andere Geheimnisse wittern. Vielleicht weil sie sich soviel Charakterlosigkeit nicht vorstellen können. So fragt Hager[333]:

> »Hat Schabowski bewußt oder in Panik gehandelt? War es ein Komplott mit bestimmten Kräften im ZK, im MfS und KGB, in Bonn? Ich neige zu dieser Version, kann sie aber nicht beweisen.«

Solche Fragen sind verständlich: Fritz Streletz bestätigte uns, mit Schabowski sei abgesprochen gewesen, auf der Pressekonferenz, dem Briefing nur mitzuteilen, welche Regelungen beabsichtigt seien und wann sie in Kraft treten würden. Das wäre seine Vollmacht gewesen. Sie hat er eben nicht eingehalten und eigenmächtig überschritten[334].

Wir hörten die Frage, die Hager stellte, auch von anderen Zeitzeugen. Also doch ein geplantes Zusammenspiel von Diensten? Die Autoren wollen deren zielgerichtete Mitwirkung bei der Organisierung des Drucks auf die Mauer nicht unbedingt in Abrede stellen, doch hinsichtlich einer »punktuellen Logistik« antwortet Gerhard Lauter: das »… hätte eines hochkomplizierten Timings und Zusammenspiels von mehreren Diensten und vor allem die Kalkulation mehrerer Zufälle bedurft…«[335]. Und dennoch: Die bei Hertle versuchte Exkulpation der Geheimdienste in dieser Frage ist zwar eine hübsche und nette Geste an den KGB, der – wie seine Vertreter eilfertig versichern – von diesen Vorgängen nichts, aber auch gar nichts wußte, dessen leitende Mitarbeiter am 10. November sozusagen ahnungslos aus dem Bett gefallen sind, wie der Berliner KGB-Mitarbeiter Boris Laptow, oder wie Oberst Iwan Kusmin, weil sich der KGB ausgerechnet auf die Aufklärung des 10. ZK-Plenums der SED konzentriert hatte[336]. Solche Berichte sind genauso historischer Nonsens wie einige andere Erzählungen ehemaliger sowjetischer Diplomaten, denen sich verschiedene Historiker eilfertig bedienen.

Krenz wollte nicht die Grenze der DDR bedingungslos öffnen. Und ebenso verständlich war das Unbehagen des sowjetischen Botschafters am folgenden Tag darüber, was am Abend des 9. November 1989 entstanden war, weil auch er diese Folgen auf die Mitteilung aus Moskau, die er selbst Krenz über Willerding übermittelte hatte, nicht erwartete. Krenz sagte uns, und er wiederholte damit schon mehrmals von ihm erklärte Zusammenhänge[337]:

»Eine bedingungslose Grenzöffnung war von uns nicht beabsichtigt. Günter Schabowski hatte lediglich den Auftrag, die vom ZK bestätigte und vom Ministerrat der
DDR beschlossene neue Reiseverordnung auf der internationalen Pressekonferenz so
bekanntzugeben, wie ich sie ihm übergeben hatte. Und diese Verordnung sah vor,
am folgenden Tag einen geregelten Reiseverkehr zu ermöglichen. Seine Bekanntgabe
»sofort« war seine Eigenmächtigkeit. Dieses »sofort« erleichterte jenen Kräften einen
Druck auf die Grenze auszuüben, die die Mauer schon immer überwinden wollten.«

Krenz konnte sich nicht vorstellen, daß sein »Genosse Schabowski« ihm politisch hätte schaden, ihn und die Parteiführung hätte destabilisieren wollen.
Auch das mag naiv gewesen sein, charakterisiert aber zugleich das blinde und
kritiklose Vertrauen des neuen Generalsekretärs.

Die Diskussion auf dem 10. ZK-Plenum war um 20.45 Uhr beendet.
Als letzter Redner hatte Günter Wendland gesprochen. Zeitzeugen schildern
die Situation an diesem Abend so: Heinz Keßler saß in seinem Wagen nach
Strausberg. Er verfügte über kein Autotelefon. Die meisten ZK-Mitglieder
waren ins Gästehaus des ZK zum Abendessen gegangen, wo sie auch über-
nachteten. Einige Mitglieder des Politbüros saßen noch im ZK beisammen,
um über Probleme der vorangegangenen Debatte zu sprechen und erste Gedanken zum nächsten Tag auszutauschen. Herger erinnert sich, daß nach der
heftigen Diskussion im Plenum nun alle entspannt waren. Vom Ministerium
für Staatssicherheit lagen an diesem Tag keine Meldungen vor, daß irgendwie
Druck auf die Grenze ausgeübt werden sollte[338]. Gerhard Lauter hörte im
Palast der Republik Eberhard Esche »Reinecke Fuchs« lesen.

Mehrere Zeitzeugen vertraten die nachvollziehbare Meinung, daß der schnell
entstandene Druck auf die Berliner Grenze, der an diesem Abend nach 20 Uhr
aufgebaut wurde ein außerordentlich geschicktes Wechselspiel von dienstlicher
Logistik und journalistischem Tremolo war. Immerhin war die Bundesregierung von der Reiseregelung vorinformiert gewesen, und Kohl hatte einen Tag
zuvor im Deutschen Bundestag erklärt, daß er gewillt sei, sich fortan in die
inneren Angelegenheiten der DDR einzumischen. Alle interessierten Dienste
wußten, daß die Westgrenze nicht mehr von sowjetischen Truppen militärisch
gesichert wurde und die DDR-Grenztruppen sie nicht mit Waffengewalt verteidigen würden. Um einen Druck von Massen auf diese militärisch nicht mehr
stabile Grenze zu initiieren, dazu brauchte es nicht einmal eine Stunde Vorbereitung – von dem Zeitpunkt an, als die ersten Journalisten eiligst das Briefing
verlassen hatten. Ab 19.03 Uhr verbreiteten Reuters und dpa die Top-Meldung:
Von sofort an können DDR-Bürger über alle Grenzstellen in die BRD ausrei-

sen. Um 19.05 Uhr meldet Associated Press: »Die DDR öffnet – nach Angaben von SED-Politbüromitglied Günter Schabowski – ihre Grenzen.« Und mit der ARD-Tagesschau um 20 Uhr begann der Ansturm auf die Grenze, von innen und von außen. Dabei entstanden zwei Schwerpunkte: die GÜST Bornholmer Straße und Sonnenallee[339]. Kein Mitglied der Partei- und Staatsführung der DDR zog an diesem Abend die Möglichkeit einer solchen Aktion in Erwägung, meint Herger und er muß es wissen. Mielke war nach dem ZK-Plenum in sein Ministerium nach Berlin-Lichtenberg gefahren und fand dort die neuen Lagemeldungen von der Grenze vor[340]. Er rief sofort Krenz an. Der Generalsekretär befand sich mit seinen Mitarbeitern ahnungslos im ZK.

Mielke teilte ihm mit, was sich auf die Grenze zubewege. Kurz darauf berichtete er in einem zweiten Telefonat, daß sich die Lage an einigen Abschnitten der Grenze bedrohlich zuspitze und eine rasche Entscheidung unaufschiebbar sei, auch unter der Bedingung, daß die sowjetischen Organe nicht mehr konsultiert und ihre Zustimmung nicht eingeholt werden könnte. Mielke war nicht einmal von der Zustimmung der sowjetischen Führung zur Reiseverordnung informiert gewesen, die der sowjetische Botschafter übermittelt hatte, da er an der Politbürositzung am Mittag nicht teilgenommen hatte. Krenz reagierte am Telefon mit der Entscheidung, daß auf keinen Fall mit bewaffneter Gewalt vorgegangen und eine Katastrophe heraufzubeschwört werden dürfe. Er sagte weiter: »Wir hatten doch ohnehin die Absicht, die Ausreise unserer Bürger morgen freizugeben. Also ziehen wir die Regelung vor«[341]. Gemeint war aber immer noch, eine Regelung mit gültigen Dokumenten. Zu einer solchen politischen Entscheidung war Krenz in diesem Moment infolge der ihm durch den sowjetischen Botschafter übertragenen Vollmacht der Moskauer Zentrale formal legitimiert. Wir zitieren ihn nochmals aus unseren Notizen. Zu den Bedingungen, unter denen er diese schwerwiegende Entscheidung traf, sagte er[342]:

> »An diesem Abend waren wir nicht mehr in der Lage, dem Druck zu widerstehen. Noch in der Nacht wurde in Absprache mit Wolfgang Herger durch den Befehl 12/89 in meinem Arbeitszimmer im ZK der SED ein operativer Führungsstab des Nationalen Verteidigungsrates unter Leitung von Fritz Streletz gebildet, der direkten Kontakt mit dem Oberkommando der Westgruppe der sowjetischen Streitkräfte in Wünsdorf hielt. Unsere Einschätzung der entstandenen Situation ergab, daß die unbeabsichtigte Grenzöffnung an dieser sensiblen Trennlinie ohne Gewaltanwendung nicht rückgängig gemacht werden konnte und eine solche Gewaltanwendung zu diesem Zeitpunkt nicht möglich war. Wir waren nur noch in der Lage, innerhalb weniger Stunden die von uns vorbereiteten Maßnahmen ordnungsgemäß in Kraft zu setzen.«

In diesem Moment hatte die DDR-Führung tatsächlich keinen Entscheidungsspielraum mehr. Krenz war zu einer Handlung gezwungen, die er
nicht beabsichtigt hatte, zu der er aber in dem Augenblick keine politische
Alternative sah. So erteilte er den Befehl, dem gegen die DDR gerichteten
Druck zu weichen und die Grenzübergangsstellen zu öffnen. Er war, ohne
daß ihm das zum Bewußtsein kam, unserer Meinung nach, in eine politische
Falle gegangen, die er allerdings selbst leichtfertig vorbereitet und in die ihn
sein Genosse Medienverantwortlicher listig hineinmanövriert hatte[343]. Daß
der sowjetische Botschafter eine solche politische Intrige nicht durchschaute,
ist nachvollziehbar. Ihm war zwar bekannt, daß die DDR-Führung für den
kommenden Tag einen offenen Reiseverkehr über ihre Westgrenze vorbereitete, um eine »kontrollierte Regelung menschlicher Kontakte« zu ermöglichen,
doch auch für ihn verband sich damit keine unkontrollierte Grenzöffnung.
Kotschemassow hat am nächsten Tag in einem Telefonat mit Fritz Streletz
behauptet, mit ihm sei nur eine Reiseregelung über die Westgrenze der DDR
verabredet worden, nicht über Berlin, weil es hier eine besondere Rechtslage
der vier Botschafter gegeben habe[344]. Diese Frage ist nun tatsächlich, wie sich
aus allen Unterlagen ergibt, nicht gesondert erörtert worden. Und wie uns
Heinz Keßler mitteilte, wurde der Druck auf die Westgrenze der DDR auch
nur von Westberlin aus massiv ausgeübt. An der Westgrenze zur BRD verlief
der Reiseverkehr zunächst entsprechend der Reiseverordnung[345]. Worum es
den Gegenkräften an diesem Abend ging, war nicht das »menschliche Anliegen« den DDR-Bürgern »Westreisen« zu ermöglichen, sondern die politische Zielstellung, »die Mauer« niederzureißen, wie Bush es im Mai 1989
formuliert hatte: »Let Berlin be next«[346]. Und dieses politische »Signal« zur
Zerstörung der DDR ist ihnen gelungen. Heinz Keßler, der an diesem Abend
in Strausberg eine Kollegiumssitzung seines Ministeriums einberufen hatte,
um über das ZK-Plenum zu berichten, informierte – nachdem ihm Krenz
seine Entscheidung telefonisch mitteilte – sofort den Oberkommandierenden der sowjetischen Truppen in der DDR, Armeegeneral Boris Snetkow.
Von ihm bekam er bestätigt, »daß das Oberkommando der Westgruppe einen
dringenden Befehl erhalten habe, in den Kasernen zu verbleiben und nicht
aktiv zu werden«.[347]

Damit brach in den Stunden nach 21 Uhr am 9. November 1989 das
zwar klug ersonnene, aber nicht konsequent genug durchdachte Reformkonzept des 10. Plenums des ZK zusammen. Strobe Talbott berichtet, als

George Bush in seinem Arbeitszimmer neben dem Oval Office in Washington die Szenen von der Öffnung der Grenze in Berlin sah, »wußte er, was die Stunde geschlagen hatte«. Er kommentierte dieses »historische Ereignis«[348]:

> »Wenn die Sowjets die Kommunisten in Ostdeutschland fallen lassen, meinen sie es wirklich ernst ... ernster als ich geglaubt hatte.«

Das 10. ZK-Plenum der SED, so unzureichend es sich tatsächlich noch zeigte, war – wenn überhaupt – die letzte Chance für die DDR als souveräner Staat gewesen. Gewiß eine außerordentlich sensible Möglichkeit, doch ist mit ihr von den Reformern selbst unvorsichtig, ja politisch leichtfertig umgegangen worden. Als Krenz das ZK-Plenum am 10. November 1989 gegen 13 Uhr beendete, gingen die ZK-Mitglieder dennoch nicht hilflos auseinander, wie Bortfeldt das vermutet. Die meisten von ihnen waren der – zugegeben geringen – Hoffnung, daß es der neuen Parteiführung, der sowohl Reformer wie Vertreter der »neuen Opposition« angehörten, gemeinsam gelingen werde, im Bündnis mit der UdSSR noch eine Stabilisierung der Lage zu erreichen. Auch Herger meinte, daß das 10. ZK-Plenum trotz aller Schwächen zunächst von der Mehrheit der Teilnehmer als ein hoffnungsvoller Auftakt bewertet wurde, und er fügte hinzu[349]:

> »Doch die DDR war eigentlich schon verloren, wenn wir das auch noch nicht zu erkennen vermochten. Das zeigte sich nach dem Plenum, denn trotz aller Anstrengungen konnten die angenommenen Beschlüsse nicht mehr verwirklicht werden ... wir kamen nicht mehr dazu, die neue Situation zu analysieren und eine strategische Konzeption auszuarbeiten, wir wurden in den nächsten Wochen sogar immer stärker daran gehindert.«

Das war die zielgerichtete Politik Kohls. Die Bundesregierung und ihre Verbündeten in der Bürgerbewegung ließen der neuen Partei- und Staatsführung der DDR in den folgenden Wochen keine Zeit, sich zu konsolidieren. Es gelang ihnen sogar, die »neue Opposition« in der SED für dieses Ziel zu instrumentalisieren. Das haben viele erst zu spät wahrgenommen[350].

Dem hoffnungsvollen Konsenskonzept des 10. ZK-Plenums lag zwar ein Prinzip der Vernunft zugrunde, andererseits basierte es auf der Voraussetzung, daß Gorbatschow und die sowjetische Führung zu ihrem Wort und den Verträgen stehen, die sie mit der DDR abgeschlossen hatten. Doch beide Voraussetzungen hatten bereits ihre realen Wirkungsmöglichkeiten verloren.

2.3 Versuche der Stabilisierung: Egon Krenz und Hans Modrow

Die durch die Grenzöffnung um ihre Wirkung gebrachte Reformstrategie des ZK-Plenums, die manche Politiker im nachhinein – dem politischen »Mainstream« folgend – als »halbherzig« bewerteten[351], wollten zwei Politiker trotz des Taumels »go West« in politische Handlungsorientierungen umsetzen: Egon Krenz als Generalsekretär des ZK der SED und Staatsratsvorsitzender und Hans Modrow als designierter Ministerpräsident. Es bleibt unbestritten, daß beide den Willen hatten, eine souveräne sozialistische DDR zu erhalten. Beide Politiker gingen von der UdSSR als politischem Schutzschild aus und waren entschlossen, die in der DDR aufgebrochenen Widersprüche zu lösen, die Diskrepanzen zwischen dem sozialistischen Anspruch und der Realität auch bei einer offenen Grenze zu überwinden. Auf dem Plenum waren zwischen ihren Ansprüchen und Grundsätzen für eine solche sozialistische Umgestaltung keine wesentlichen Meinungsverschiedenheiten erkennbar.

Doch zwischen beiden »Hoffnungsträgern« einer DDR-Perestroika gab es – wie sich herausstellen sollte – erhebliche persönliche Mißverständnisse und subjektive Animositäten, die den politischen Konsens bald spürbar beeinträchtigten. Ob diese »Mißverständnisse« eventuell fremdinszeniert waren, bedarf einer weiteren Aufklärung. Doch sie halfen wesentlich, einen von ihnen, Egon Krenz, weitgehend zu isolieren. Krenz vermutete, daß Modrow gegen ihn ein Komplott schmiedete[352]. Hans Modrow hegte hingegen Mißtrauen gegen Krenz, zu dem ohnehin – von Wolf bis Gorbatschow ungeliebt – kein Vertrauensverhältnis aufkam. Das politische Geschick des neuen SED-Generalsekretärs bestand allerdings auch darin, solche Vorurteile zu nähren. Daß Modrow in diese Szenerie routiniert hineingezogen wurde, ohne daß der nicht immer genügend analysierende Ministerpräsident dies bemerkte, war gewiß politisch beabsichtigt. Ein Zeitzeuge sagte uns:

> »Für tragisch empfinde ich es heute, daß beide in den folgenden Wochen nicht zueinander gefunden haben, was ich damals nicht wußte. Vielleicht ist es auch deshalb nicht gelungen, das Konzept des 10. Plenums des ZK der SED, sein Aktionsprogramm noch umzusetzen und die DDR und ihren Sozialismus zu reformieren. Egon Krenz hatte gehofft, daß er – wenn wir als Partei ehrlich den Menschen gegenübertreten – ihr Vertrauen zurückgewinnen könne. Doch ihm wurde kein Pardon gewährt, und viele – auch seine Genossen – haben auf seine Vorschläge gar nicht hingehört, sondern er wurde von ihnen systematisch demontiert.«

Als am 10. November 1989 bereits hunderttausende DDR-Bürger Westberlin und die BRD überfluteten, achtete tatsächlich keiner von ihnen mehr auf das vom 10. ZK-Plenum noch beschlossene Aktionsprogramm. Zwar ist es bitter, aber 100 Westmark Begrüßungsgeld übten zunächst eine stärkere Faszination aus als die neue Politik der SED. Im Schatten dieser »Wiedervereinigung« begann die »neue Opposition« sehr schnell, den auf dem Plenum erstrittenen Konsens zu verlassen. Diese Taktik setzte sie nach dem Szenario der Intellektuellen-Demonstration vom 8. November vor dem Haus des ZK und zwei Tage später auf der Kundgebung von 150.000 SED-Mitgliedern im Berliner Lustgarten fort, als es ihr gelang, nun auch viele SED-Mitglieder zur Unterstützung ihrer Forderung nach einem außerordentlichen Parteitag zu mobilisieren. Diese Losung war angesichts der Lage für die Stabilität der DDR kontraproduktiv, denn sie blieb darauf gerichtet, Krenz in neue Schwierigkeiten zu bringen. Bereits einen Tag nach dem 10. Plenum, am 11. November 1989, traf Markus Wolf, wie er berichtet[353] nunmehr zu »… ständigen Beratungen mit Genossen über Vorgänge im Apparat des Zentralkomitee« zusammen, um doch noch auf Krenz einzuwirken…«, der sich leider nicht der guten Vorschläge bedient, »die es von Mitarbeitern des Parteiapparates gibt.«

Welche konkreten Vorschläge Wolf hier meint, bleibt unerwähnt. Und weder Krenz noch Herger können sich an solche »guten Vorschläge« erinnern. Aber am nächsten Wochenende, am Sonntag dem 12. November, trat das Politbüro in Wandlitz dennoch zusammen und rief zum kommenden Montag um 20.30 Uhr noch einmal das ZK (zu seiner 11. Tagung) zusammen, um statt der Parteikonferenz nun doch noch einen außerordentlichen Parteitag einzuberufen[354].

Noch während der Tagung des 10. ZK-Plenums war vom Präsidium der Volkskammer bereits die 11. Tagung der 9. Wahlperiode des Parlaments für den 13. November 1989, um 10.30 Uhr, einberufen worden. Sie sollte den Rücktritt der Regierung unter Ministerpräsident Willi Stoph entgegennehmen und einen neuen Ministerpräsidenten sowie einen neuen Präsidenten der Volkskammer wählen, da auch Horst Sindermann sein Amt zur Verfügung gestellt hatte. Der ernsthafte Wille der Reformer um Krenz, die Volkskammer zu einem demokratischen Parlament zu entwickeln, in dem sozialistische Politik gestaltet werden konnte, sollte von dieser Tagung ausgehen. Das kam nicht nur bei der von Hans Jendretzky geleiteten Wahl des Abgeordneten der Demokratischen Bauernpartei Deutschlands Dr. Günther Maleuda zum

Volkskammerpräsidenten zum Ausdruck([355], sondern viel mehr noch in der anschließenden Aussprache über die Ursachen der gesellschaftlichen Krise der DDR. Die Tagung bestätigte, daß die Vorschläge im Aktionsprogramm des 10. Plenums zumindest von den Abgeordneten der Volkskammer aufgegriffen wurden.

Die Wahl Maleudas wurde allgemein als Überraschung empfunden. Sie war aber, wie Modrow schreibt, eine außerordentlich positive Entscheidung. Er hat sein »Amt in hoher politischer Verantwortung, mit menschlicher Wärme und großem Sachverstand ausgeübt«.[356] In der folgenden Debatte der Volkskammer wurden die vom 10. Plenum des ZK der SED getroffenen kritischen Bemerkungen zur ökonomischen und politischen Lage der DDR vielfach vertieft und die Vorschläge zur Umgestaltung des Sozialismus kontrovers diskutiert. So wurde vom Sprecher der LDPD-Fraktion Hans-Dieter Raspe festgestellt: »Was wir schon für Sozialismus hielten, ist erst der Rohbau, sind die Grundmauern einer neuen Gesellschaftsordnung«. Er trat dafür ein, daß mit den Reformen der »Sozialismus auf deutschem Boden eine neue Chance« erhalte[357]. Die Sprecherin der CDU-Fraktion, die Abgeordnete Frau Wieynk, forderte, »… die Befugnisse von Parteien und Staat auf allen Ebenen strikt zu trennen«[358], und Günter Hartmann als Sprecher der NDPD-Fraktion, erwartete, daß die künftige Regierung auf einem Fundament konsequenter Gleichberechtigung aller Parteien zusammenarbeiten sollte[359]. Wie der DBD-Fraktionssprecher Michael Koplanski forderten auch andere Diskussionsredner, den in der DDR-Verfassung festgeschriebenen Führungsanspruch der SED aufzuheben[360].

Von allen Diskussionsrednern wurden eine ganze Reihe von Initiativen angeregt, wie die Normen der Verfassung über eine präzisierte Gesetzgebung durch die Volkskammer weiter realisiert werden sollten: Es wurden ein Reise- bzw. Paßgesetz, ein neues Wahlgesetz und ein Parteiengesetz, sowie gesetzliche Regelungen zur Erweiterung der gewerkschaftlichen Mitbestimmung in den Betrieben sowie ein Mediengesetz vorgeschlagen und das LPG-Recht sollte überarbeitet werden. Weitere Anregungen betrafen die Landeskulturgesetzgebung. Alle eingebrachten Vorschläge zur weiteren Ausgestaltung der Rechtsstaatlichkeit sollten in einem Gesetzgebungsplan zusammengefaßt werden. Als sich der Sprecher der FDJ-Fraktion in seinem Diskussionsbeitrag gegen »… eine Wiedervereinigung und Bevormundung seitens der Bundesrepublik Deutschland« aussprach[361], erhielt er die Zustimmung aller Abgeordneten.

Die Debatte sollte zur Grundlage eines Regierungsprogramms werden, das der neu gewählte Ministerpräsident Modrow auf der folgenden Tagung der Volkskammer am 17. November vorlegen wollte.

Auf Antrag des Generalstaatsanwalts der DDR und von verschiedenen Abgeordneten war zum Schluß der Sitzung erstmals in der Geschichte der Volkskammer ein zeitweiliger parlamentarischer Untersuchungsausschuß eingesetzt worden, dessen Aufgabe es sein sollte, Fälle von Amtsmißbrauch, Korruption und ungerechtfertigter persönlicher Bereicherung im Partei- und Staatsapparat zu überprüfen. Zu seinem Vorsitzenden wurde Heinrich Toeplitz gewählt[362].

Modrow, der nun Mitglied des Politbüros der SED war, ging in den folgenden Wochen auf politischen Gegenkurs zum Generalsekretär. Er wollte, so berichtet er, schon seine Diskussionsrede auf dem 10. ZK-Plenum nicht nur als Regierungserklärung verstanden haben, sondern auch »als eine Auseinandersetzung mit den konzeptionslosen Darlegungen von Krenz.«[363] Wir haben diese Polemik im Stenogramm seiner Rede auf dem 10. Plenum des ZK nicht gefunden, und seine Behauptung, daß es auf der ZK-Tagung keine Reformkonzepte gegeben habe, auf die er sich bei der Ausarbeitung seiner Regierungserklärung hätte stützen können, ist angesichts der Diskussionsbeiträge auf dem Plenum unkorrekt und wenig überzeugend. Selbst die »grundlegende Idee« zur Regierungsbildung, ein Kabinett der Großen Koalition, die Modrow für sich beansprucht, war auf dem Plenum vorgeschlagen und diskutiert worden. Herger urteilt dazu[364]:

> »Hans Modrow … erhielt seinen Auftrag bei einer faktisch offenen Grenze. Sein Ziel war es, die vom 10. Plenum beschlossenen Ideen und Vorschläge für eine bessere, wirklich demokratische DDR und einen grundlegend reformierten Sozialismus trotz der offenen Grenze in überzeugende Regierungspolitik umzusetzen und keine schnelle Vereinigung mit der BRD herbeizuführen, sondern mit ihr eine Vertragsgemeinschaft anzustreben.«

Modrow suchte für die Ausarbeitung seines Regierungsprogramms Ideen und Unterstützung. Er meint, sie von Wissenschaftlern der Humboldt-Universität erhalten zu haben, von der Projektgruppe »Moderner Sozialismus« um Dieter Klein und von Christa Luft von der Hochschule für Ökonomie »Bruno Leuschner«, die er dann auch in sein neu zu bildendes Kabinett als stellvertretende Ministerpräsidentin aufnahm[365]. Seine Regierungserklärung trug er bereits am Freitag dem 17. November der Volkskammer vor. Seine Behauptung, darin die Reformvorschläge der Projektgruppe, also die von Klein und Brie aufgenommen zu haben, ist nicht nachvollziehbar. Dagegen ist die Meinung von Heinz Keßler, daß die Regierungserklärung eine Umsetzung des Aktionsprogramms der SED war, nur konkreter und faßlicher treffend[366]. Nach einer realistischen und schonungslosen Lagebeurteilung der DDR-Wirtschaft, die sofort den Beifall der Bundesregierung erhielt[367], zielten die Reformvorstellungen des DDR-Ministerpräsidenten in drei Richtungen: erstens kündigte er an, eine Wirtschaftsreform einzuleiten; zweitens wollte er das politische System der DDR weiter demokratisieren; drittens schlug er der Regierung der BRD eine umfassende Vertragsgemeinschaft vor, die »weit über den Grundlagenvertrag und die bislang geschlossenen Verträge und Abkommen zwischen beiden Staaten hinausgeht.« Gleichzeitig erteilte der DDR-Ministerpräsident allen »unrealistischen wie gefährlichen Spekulationen über eine Wiedervereinigung« eine entschiedene Absage[368].

Der erste Schritt zur Neugestaltung des politischen Systems der DDR sollte die gleichberechtigte Zusammenarbeit aller Koalitionsparteien sein, die sich im neuen Ministerrat manifestierte. Er war von 44 auf 28 Ministerien reduziert worden. Neun Minister, unter ihnen Außenminister Oskar Fischer, wurden aus dem Kabinett Stoph übernommen. Neben 16 Ministern, die Mitglieder der SED waren, gehörten vier der LDPD, drei der CDU und je zwei der DBD und der NDPD an. Neben Christa Luft (SED) waren Lothar de Maizière (CDU) und Dr. Peter Moreth (LDPD) stellvertretende Vorsitzende des Ministerrats. Zu den aufgelösten Ministerien gehörte auch das Ministerium für Staatssicherheit. An seiner Stelle wurde ein Amt für Nationale Sicherheit gebildet, dessen Leitung als Minister Wolfgang Schwanitz übernahm. Am Vortag hatte die Volkskammerfraktion der SED getagt und den Rücktritt von 27 ihrer Abgeordneten entgegengenommen, darunter auch den Honeckers. Sie wurden von der Fraktion durch Nachfolgekandidaten ersetzt. Nach der Volkskammertagung bildete Modrow zusammen mit de Maizière, Maleuda, Gerlach und Hartmann einen »Koalitionsrat«, von dem nun alle Initiativen und Richtlinien für eine Regierungspolitik ausgingen[369].

Mit der 11. und 12. Tagung der Volkskammer waren entscheidende Forderungen vieler Bürger und SED-Mitglieder im Rahmen sozialistisch rechtsstaatlicher Normen erfüllt worden; das gilt jedenfalls für jene Forderungen, die in den vorhergegangenen Wochen ständig, auch von der »neuen Opposition«, erhoben worden waren. Das Aktionsprogramm des 10. Plenums der SED, die programmatischen Erklärungen der in der Volkskammer vertretenen Parteien und das Regierungsprogramm des neuen Kabinetts stellten unzweifelhaft einen vielversprechenden Anfang für eine Stabilisierung der DDR und für eine demokratische Ausgestaltung der sozialistischen Gesellschaftsordnung dar. Und Modrow gewann ebenso wie das von ihm geführte Kabinett in kurzer Zeit auch die Zustimmung und das Vertrauen der Mehrheit der DDR-Bürger, wie das spätere Meinungsumfragen deutlich machten.

Der nachbetrachtende Historiker wäre geneigt, die Entwicklung der DDR bis zu diesem Zeitpunkt als den Versuch einer »weitgehend korrigierenden Umgestaltung« zu akzeptieren. Doch es gelang den Reformern nicht, die Interessen der Arbeiterklasse und der Genossenschaftsbauern zu artikulieren und sie von ihrer neuen Konzeption zu überzeugen. Hinzu kommt, daß bei der Lösung gesellschaftlicher Widersprüche zu berücksichtigen ist, daß jede Umgestaltung immer auch Gegenkräfte mobilisiert. Solange diese Gegenkräfte keine Hegemonie innerhalb der politischen Prozesse erlangen, bestimmen sie nicht deren Charakter und Zielrichtung. Doch bis zum November 1989 hatten die SED-Reformer die Hegemonie in diesen Abläufen bereits weitgehend verloren. Es wäre daher nun die Aufgabe des Politbüros der SED gewesen, gemeinsam mit dem neuen Ministerrat das mit dem 10. Plenum des ZK der SED noch einmal mühsam erworbene politische Terrain zu festigen und den antisozialistischen Kräften entschlossenen Widerstand entgegen zu stellen, um den eingeleiteten Weg der demokratischen Umgestaltung der sozialistischen Gesellschaft politisch konsequent zu gehen. Eine erfolgreiche Gestaltung dieses Weges hätte es sowohl den Einheitsstrategen in Bonn als auch denen aus dem Beraterkreis um Gorbatschow wesentlich erschwert, die DDR in einem beschleunigten Verfahren zu liquidieren und der BRD einzugliedern.

Trotz der offenen DDR-Grenze war beim Abschluß des 10. ZK-Plenums und bei der Bildung der neuen Regierung politisch noch nicht entschieden, in welchem Zeitraum und in welchen Formen sich die Vereinigung beider deutscher Staaten vollziehen könnte. Auch der Bundeskanzler war sich dieser noch unentschiedenen Situation voll bewußt und zögerte, wie aus den Tagebucheintragungen Horst Teltschiks zu entnehmen ist. Den »deutschlandpolitischen Ambitionen« Bushs und Kohls standen noch immer internationale Vorbehalte entgegen: Margaret Thatcher und François Mitterrand votierten weiterhin gegen jede beschleunigte Wiedervereinigung Deutschlands[370], und auch Yitzhak Shamir erklärte in einem Interview, daß »Israel sehr ernste Zweifel gegenüber einer solchen Veränderung im Status Deutschlands« hätte. Das Interview verärgerte Kohl erheblich[371]. George Bush machte Kohl noch am 17. November 1989 in einem Telefongespräch darauf aufmerksam, daß es gegenüber »seinen Absichten« in der Allianz erhebliche Differenzen über die Beurteilung der Lage (in Deutschland) gäbe und er sich im »Augenblick intensiv auf das Treffen mit Gorbatschow am 2. Dezember vor Malta« vorbereite. Er sagte dann[372]:

> »Deshalb müsse davon abgesehen werden, über die Wiedervereinigung oder (über) einen Zeitplan ... vorzeitig zu reden.«

Als am folgenden Tag Kohl auf einem Essen der EG-Staats- und Regierungschefs im Elysée-Palast trutzig eine Deklaration des Pariser NATO-Gipfels aus dem Jahre 1970 zitierte, in der die Wiedervereinigung befürwortet wurde, antwortete Margaret Thatcher barsch: »Aber diese Deklaration datiert aus einer Zeit, als wir glaubten, sie würde niemals stattfinden.«[373] Zu diesem Zeitpunkt bestanden im westlichen Bündnis in der »deutschen Frage« noch erhebliche »innerimperialistische Widersprüche«, die Gorbatschow auszuspielen gedachte, als er, wie Klaus Blech – damals BRD-Botschafter in Moskau – berichtet, am 14. November 1989 gegenüber dem französischen Außenminister Roland Dumas noch die unbedingte Einhaltung aller bestehenden Verträge und die Vier-Mächte-Verantwortung für Deutschland einforderte[374].

Als Rudolf Seiters nach Gesprächen mit Krenz und Modrow am 21. November nach Bonn zurückkam, berichtete er dem Bundeskanzler, daß Krenz zwar bereit sei, den Führungsanspruch der SED in der DDR-Verfassung zu ändern, aber unverändert die Meinung vertrete, daß die DDR ein sozialistisches und souveränes Land bleiben müsse. Wie Krenz jede Wiedervereinigung ausschließe, tue das auch Modrow. Weiter trug Seiters vor: der DDR-Ministerpräsident bestehe auf seinem Vorschlag einer Vertragsgemeinschaft und auf einer finanziellen Beteiligung der Bundesregierung an dem geplanten Reisefonds. Dazu rechnete Seiters dem Bundeskanzler sofort vor, Modrows Vorschlag würde die BRD für 1990 etwa zwei Milliarden Mark kosten, weitere 1,3 Milliarden Mark Begrüßungsgeld für Besucher aus der DDR kämen noch hinzu. Kohl reagierte auf den Bericht Seiters sehr nachdenklich, berichtet Teltschik[375].

In den vielen Darstellungen zum Ende der DDR ist bisher nicht untersucht worden, wie diese relativ günstige außenpolitische Situation, die Mitte November 1989 noch einmal für die DDR bestand, sehr schnell gekippt und wie eine noch erfolgversprechende, zumindest eine nicht chancenlose Stabilisierung letztlich auch innenpolitisch verhindert werden konnte. Diese Analyse ist noch zu erarbeiten. Wir können die Frage nur problematisieren und auf einige agierende Kräfte verweisen, die an diesem Vorgang maßgeblich beteiligt waren.

Wir führen zwei innenpolitische Faktoren an, die unserer Meinung nach den internationalen Prozeß beschleunigten, die DDR als souveränen sozialistischen Staat aufzugeben. Einmal ist auf die nach dem 10. ZK-Plenum zunehmende Vertiefung der Gegensätze unter den SED-Reformern zu verweisen, zwischen der Gruppe um Krenz und seinen Fundamental-Opponenten, zum anderen auf die inzwischen tatsächlich erreichte politische Stärke der antisozialistischen Opposition, auf deren geschickte Taktik und auf die ihr zur Verfügung stehende Führungshilfe. So tragisch unser Urteil manchem Leser auch scheinen mag, die Vertreter beider Strömungen der SED-Reformer haben die aktuelle Situation nicht nur unzureichend analysiert, sie haben sie auch falsch eingeschätzt. Die Vertreter beider Strömungen bemerkten nach dem 10. ZK-Plenum zwar, daß das noch gemeinsam erarbeitete Reformkonzept nach der Öffnung der Grenze politisch nicht mehr griff. Da aber beide nicht bereit waren, Gorbatschows Politik und ihre Rückwirkung auf die DDR kritisch zu beurteilen, wiesen sie die Schuld am Versagen der DDR-Perestroika jeweils der anderen Seite zu. Damit vertieften sie gleichermaßen – wenn auch mit unterschiedlichen Motiven – ihre Gegensätze weiter, ohne über die Folgen ihrer irrationalen Haltung nachzudenken.

Während sich die SED-Reformer weiter zerstritten und indem sich die »neue Opposition« weiterhin darum bemühte, eine politische Stabilisierung der Parteiführung unter Krenz unbedingt zu verhindern, nutzte die Gegenseite, gebrauchen wir hier ruhig dazu den Begriff vom »Klassengegner«, die offene Grenze. »Demonstrationshelfer« (das ist noch eine zurückhaltende Formulierung, Zeitzeugen sprechen von einem gezielten »bundesdeutschen Polittourismus«) unterstützten zunehmend über die nun einfacher gewordenen Kommunikationen, um sich – wie Kohl das vor dem Deutschen Bundestag am 8.11.1989 formuliert hatte – in die inneren Angelegenheiten der DDR einzumischen und die antisozialistischen Gruppen in ihren Bemühungen zu unterstützen, die DDR zu destabilisieren. Und als in dieser Situation die »neue Opposition« auch noch dazu überging, einen offenen Bruch beider Perestroika-Strömungen anzustreben, war dies ein gefährliches politisches Hasardspiel, eine Kopie der Gorbatschowschen »Katastroika«.

Damit begann erneut ein Zusammenspiel der »neuen Opposition« mit der Bürgerbewegung. Wieder ging es darum – wie bei der Vorbereitung der Demonstration auf dem Berliner Alexanderplatz – den »Druck der Straße« auf die neue SED-Führung zu organisieren. Nach dem 10. November hatte diese Demonstrationsbewegung eine andere Qualität erreicht. Sie brauchte nicht mehr mit Forderungen nach einem erneuerten, einem demokratischen Sozialismus aufzutreten, sie hatte die Freiheit gewonnen, nun den Anschluß an die BRD zu fordern. Wir räumen ein, daß auch unter den neuen Bedingungen nicht alle Bürgerrechtler für diesen Anschluß eintraten und in dieser Frage zunehmend eine Differenzierung in der Bürgerbewegung einsetzte. Dennoch ließen ihre hegemonialen Kräfte zunehmend eine *offen* antisozialistische Zielstellung erkennen. Der Umschlag von Demonstrationen für demokratische Reformen zu Demonstrationen für des »Kanzlers Ziel«, die grundsätzliche Veränderung von der arroganten Losung »*Wir* sind *das* Volk« (die Demonstranten waren ja immer nur eine Minderheit der Bevölkerung) in die nationalistische Losung »Wir sind *ein* Volk« korrespondierte damit, daß der »Druck der Straße« sich jetzt gegen die DDR als sozialistischen Staat richtete.

Dieser Umschlag begann mit der Forderung der Bürgerbewegung, das Ministerium für Staatssicherheit aufzulösen. Mit ihr wurde die erste Stufe auf die Souveränität der DDR eingeleitet, wie Hans Modrow das später selbst einschätzte[376]. In dem Umfang, wie die Vertreter der »neuen Opposition« sich im Kampf gegen die Führung von Krenz mit den Kräften der Bürgeropposition engagierten und sich dabei immer mehr den Forderungen der Demonstranten in Leipzig, Plauen, Halle, Karl-Marx-Stadt und Schwerin und ihrer neuen Helfer annäherten, gerieten auch sie verstärkt in das Geflecht der von den USA gelenkten Bonner Politik und wurden in deren Strategie (ob sie das nun subjektiv wollten oder nicht) integriert. Jene, die euphorisch meinten, sich in einer »demokratischen Revolution emanzipatorisch zu artikulieren«, bemerkten nicht ihre eigene Instrumentalisierung. Es ist überzeugend im Tagebuch von Teltschik nachzulesen, wie die Argumente, die Kohl morgens in der »Kanzlerrunde« im Bonner Bungalow benutzte, abends vielfach schon die Losung von Demonstranten in der DDR waren. Zeitzeugen berichten, wie in den Bezirks- und Kreisstädten der DDR die Demonstrationen vor allem vom Neuen Forum organisiert worden sind[377]. In diesem Zusammenspiel entwickelten viele DDR-Medien (verantwortlich für sie war Schabowski) zunehmend Argumentationshilfen für die Demonstranten. Plötzlich war das Thema Amtsmißbrauch überall in den Medien zu lesen und zu hören, und die Stimmung wurde mit Verdächtigungen über Korruption und Privilegien gegenüber SED-Funktionären hochgeputscht. Schwanitz bemerkt zu dieser Situation[378]:

> »Vor allem Denunziationen hatten Hochkonjunktur. Das Problem kann so gesehen werden, daß der politische Gegner klug und effektiv die bestehenden Schwächen und Fehler nutzte, um in Teilen der DDR-Bevölkerung vor allem die Stimmung gegen die Genossen der Staatssicherheit und der SED-Führung zu verstärken.«

Im Zuge dieser Medienkampagne, die die nahezu stabsmäßig geführten Demonstrationen begleitete, wurden vor allem die »SED-Altkader« (von Rainer Land auch als »Alt-Kommunisten« oder »DDR-Aufbaugeneration« bezeichnet) abgelöst oder zum Rücktritt gezwungen und durch Vertreter der »neuen Opposition« ersetzt. Diese beanspruchte nunmehr für sich das Monopol als »Reformer«. Nach dem 4. November trat mit dem Vertrauensverlust von Wolf bei der Bürgerbewegung an seiner Stelle der Rechtsanwalt Dr. Gregor Gysi in den Vordergrund. Er hatte sich in der »neuen Opposition« um die Zulassung des Neuen Forums bemüht und sich in der Kampagne gegen das erste DDR-Reisegesetz argumentativ bewährt. Seine offizielle »Inthronisation« begann am 16. November 1989 in dem bereits erwähnten Donnerstagsgespräch im DDR-Fernsehen bei Lutz Renner: Gysi und Gerlach, mit Markus Wolf und Gerhard Schürer in einer Talk-Show. Wolf notiert begeistert in sein Tagebuch[379]:

> »Star des Abends war Gregor Gysi, wie immer schlagfertig und als integrer Saubermann, bei immer neuen Privilegien-Sensationen mit Zuschauerfragen überhäuft.«

Gysi startete damit seine politische Karriere, zum politischen Entertainer, der stets gern beliebt sein will, wie er es einige Jahre später charmant einem Redakteur der »Frankfurter Allgemeinen Zeitung« eingestand[380]. Auch wenn Gregor Gysi bis heute viele linke Positionen Schritt für Schritt aufgegeben hat und Thesen übernommen hat, die dem »neuen Denken« Gorbatschows sehr nahe kommen, verkörpert er für den Konservatismus dieser Republik, noch immer eine schmerzhafte Erinnerung an die DDR. Dieses Gedächtnismal versperrt offenbar einigen der politisch Herrschenden vielfach jeden Zugang zur »politischen Normalität«. Diese Fraktion der deutschen großbürgerlichen Elite ist nicht einmal bereit, jene in ihre feinbetuchte democracy-community aufzunehmen, die dazu ein »demokratisches Mandat« nach ihren eigenen Spielregeln erhalten haben. Nun bewerten wir eine solche politische Haltung aus unserer Klassenposition, die Gysi nicht mit uns teilt, und meinen, daß eine »demokratische Normalität« in dieser Gesellschaft illusionär bleibt, es sei denn, daß dieser Kapitalismus als Normalität empfunden wird.

Mitte November kündigte die »neue Opposition« um Markus Wolf und Thomas Falkner, zu der auch Gysi gehörte, der SED-Führung unter Krenz endgültig jede Solidarität auf. Sie bezeichnete das Aktionsprogramm des 10. ZK-Plenums jetzt als »alten Schnee« und die SED-Führung als »senile Parteibürokraten« oder als »Politgötzen«, denen unentwegt politisches Unvermögen bescheinigt und zunehmend nahezu mit Haß Amtsmißbrauch und Privilegienhascherei angelastet wurde. Die ZK-Mitarbeiter und andere Parteifunktionäre wurden von ihren eigenen »Genossen« pauschal als »Partei-Büttel« beschimpft und verleumdet[381]. Wir wissen nicht, woher plötzlich dieses Haß-Vokabular der Wolf-Gysi-Falkner-Frondeure kam, wer ihre schreckliche und für die DDR tödliche Entsolidarisierung in Gang setzte. Wir beobachten nur, daß ergänzend dazu die »neue Opposition« ihre Kritik außerdem auf die SED als Partei ausdehnte, die – wie die Neureformer jetzt argumentierten – »das Volk der DDR in eine so jammervolle Lage gebracht habe«. Falkner agierte sogar mit der Zielstellung, daß die SED-Mitglieder »sich und ihre Partei selber in Frage stellen« sollten[382]. Folglich entstand, wie verschiedene Zeitzeugen bekunden, in den Bezirken sowohl in der Öffentlichkeit als auch in der Parteiorganisation eine »emotional sehr angespannte Lage«. Mißtrauen und Unsicherheit verbreiteten sich. Die »neue Opposition« – deren Historiker diesen Prozeß heute als »Aufbruch« und »als Kampf zwischen Basis und Parteiführung« verklären möchten – begann mit Unterstützung des »Neuen Forums« zur nächsten Stufe des Angriffes auf die Souveränität der DDR überzugehen. Nach den Aktionen gegen das Ministerium für Staatssicherheit richtete sich jetzt der Stoß eindeutig gegen die SED und den Sozialismus. Kohl hatte, wie wir von Teltschik wissen, seine helle Freude daran.

Jetzt ging es auch nicht mehr nur um die »Alt-Kader«, nun wurde der Rücktritt der Funktionsträger der mittleren Ebene gefordert. Die jüngeren SED-Funktionäre wurden systematisch diskreditiert. Auch ihnen schleuderte

Tafel 5 – Führungsgremien des ZK der SED
(Nach dem 10. Plenum des ZK der SED vom 8.-10.11.1989)

Mitglieder des Politbüros
Egon Krenz (*1937), Generalsekretär / Werner Eberlein (*1919), Vorsitzender der ZPKK / Wolfgang Herger (*1935), Sekretär des ZK / Werner Jarowinsky (*1927), Sekretär des ZK / Heinz Keßler (*1920) / Siegfried Lorenz (*1930), Sekretär des ZK / Hans Modrow (*1928), Ministerpräsident der DDR / Wolfgang Rauchfuß (*1931), Sekretär des ZK / Günter Schabowski (*1929), Sekretär des ZK (Medienverantwortlicher) / Gerhard Schürer (*1921), Vorsitzender der Staatlichen Plankommission

Kandidaten des Politbüros
Margarete Müller (*1931), Vorsitzende einer Agrar-Industrie-Vereinigung / Günter Sieber (*1930), Sekretär des ZK / Hans-Joachim Willerding (*1952), Sekretär des ZK

Mitglieder des Sekretariats des ZK der SED
Wolfgang Herger (*1935), Mitglied des Politbüros / Siegfried Lorenz (*1930), Mitglied des Politbüros / Wolfgang Rauchfuß (*1931), Mitglied des Politbüros / Günter Schabowski (*1929), Mitglied des Politbüros / Helmut Semmelmann (*1934) / Günter Sieber (*1930), Kandidat des Politbüros / Hans-Joachim Willerding (*1952), Kandidat des Politbüros

Ständige Gäste des Politbüros und des Sekretariats
Gregor Schirmer (*1932), Vors. d. Kommission Wissenschaft und Bildung
Klaus Höpcke (*1933), Vors. d. Kulturkommission

Die Ablösungen der Erste Sekretäre der SED-Bezirksleitungen im November 1989
Suhl: Am 2.11.1989: Peter Pechauf für Hans Albrecht
Gera: Am 2.11.1989: Erich Postler für Herbert Ziegenhahn
Schwerin: Am 3.11.1989: Hans-Jürgen Audehm für Heinz Ziegner
Leipzig: Am 5.11.1989: Roland Wötzel für Horst Schumann
Halle: Am 10.11.1989: Roland Claus für Hans-Joachim Böhme
Cottbus: Am 10.11.1989: Wolfgang Thiel für Werner Walde
Erfurt: Am 11.11.1989: Dr. Herbert Kroker für Gerhard Müller
Frankfurt/Oder: Am 11.11.1989: Bernd Meier für Hans-Joachim Hertwig
Karl-Marx-Stadt: Am 11.11.1989: Dr. Norbert Kertscher für Siegfried Lorenz
Potsdam: Am 12.11.1989: Heinz Vietze für Günther Jahn
Rostock: Am 12.11.1989: Ulrich Peck für Ernst Timm
Magdeburg: Am 12.11.1989: Wolfgang Pohl für Werner Eberlein
Berlin: Am 14.11.1989: Heinz Albrecht für Günter Schabowski
Dresden: Am 14.11.1989: Prof. Dr. Hansjoachim Hahn für Hans Modrow
Neubrandenburg: Am 14.11.1989: Wolfgang Herrmann für Johannes Chemnitzer

man (ebenfalls vielfach völlig unbewiesen) den Korruptionsvorwurf entgegen oder beschuldigte sie »undemokratischer Leitungsmethoden«. Und so entstand im Kampf gegen die SED-Führung »von unten« ein »Aktionsbündnis« beider »demokratischen« Kräfte, der antisozialistischen »Bürgerbewegung« und der »neuen Opposition«. Land, der sich so ausführlich und kritisch mit der Strategie der »neuen Opposition« beschäftigte, beklagte, daß es nicht gelang, dieses »Bündnis« zu festigen und zu erhalten. Dieses Verhalten der »neuen Opposition« gegen die SED-Führung unter Krenz verfolgte, aus historischer Sicht, in keiner Weise mehr sozialistische Ziele. Lothar de Maizière hat diesen Prozeß schon bestimmter als eine Katharsis formuliert[383], die sich Jahre später in Gysis Forderung manifestierte, die Mitglieder der PDS müßten endlich in der »Zivilgesellschaft« der Bundesrepublik ankommen[384].

Bis Mitte November 1989 waren die meisten Ersten Sekretäre der SED-Bezirksleitungen abgelöst und zumeist durch Nichtmitglieder des ZK ersetzt worden. Die rasche Abwahl der »Garde Honeckers«, die in einer entscheidenden innen- und außenpolitischen Situation nicht in der Lage gewesen war, rechtzeitig ein tragfähiges Reformkonzept für eine weitere politische Perspektive der DDR zu entwickeln, mit dem sich eine Mehrheit von DDR-Bürgern hätte identifizieren können, war noch Bestandteil des auf dem 10. ZK-Plenum getroffenen Konsenses beider Perestroika-Strömungen und sollte ursprünglich auf eine schnelle Stabilisierung der SED zielen[385]. Doch dieser Prozeß erreichte in der komplizierten innenpolitischen Situation der DDR einen entgegengesetzten Effekt. Mit ihm setzte der Verfall der SED ein. Auch die meisten neuen Bezirkssekretäre hatten keine ausreichenden Erfahrungen und standen im Klassenkampf auf einem Problemfeld, dessen auftretenden konkreten Formen sie nicht gewachsen waren. Vom Politbüro erhielten sie auch keine Hilfe. Zum Teil aber gehörten sie schon zur »neuen Opposition«, wie Roland Claus, Herbert Kroker, Hansjoachim Hahn oder Roland Wötzel. Hinzu kam, daß auch der mittlere Funktionärsapparat weitgehend ausgewechselt wurde und vor den gleichen Problemen stand. Die Sekretäre der Kreisleitungen konnten nur sehr schwer Fragen beantworten, die ihnen in den Betrieben und von den Mitgliedern der Partei gestellt wurden. So nahm in den Grundorganisationen der SED die politische Unsicherheit zu, und die Hoffnung, die viele SED-Mitglieder nach dem 10. Plenum des ZK in die neue Parteiführung gesetzt hatten, ging schnell wieder verloren[386]. Der politische Gegner der SED und jene, die auf eine Ablösung von Krenz drängten, standen vor ihrem Ziel.

In dieser brisanten Situation wurde Egon Krenz nunmehr sowohl von der »neuen Opposition« als auch der Bürgerbewegung massiv verdächtigt, die Kommunalwahlen im Mai 1989 gefälscht und bei seinem Besuch im September 1989 in der Volksrepublik China die harte Linie der chinesischen Kommunistischen Partei gegen die »demokratische Bewegung« auf dem »Platz des Himmlischen Friedens« in Beijing gebilligt zu haben. Jetzt wurde öffentlich seine Absetzung gefordert[387]. So emanzipatorisch, wie André Brie meint, war diese Kampagne gegen Krenz nicht. Bereits am 19. November 1989, als der ungarische Ministerpräsident Németh nochmals die BRD besucht und den Bundeskanzler um weitere Wirtschaftshilfe gebeten hatte, weil die UdSSR seit dem 16. November die Erdöllieferungen nach Ungarn stark reduziert habe, sagte er seinem Gastgeber (der ihm natürlich sofort »jede Hilfe« zusagte), vertraulich, Krenz sei nur eine Übergangslösung und werde den kommenden SED-Parteitag nicht überleben. Diese Meinung aber hatte Ende Oktober schon Falin gegenüber Willy Brandt ebenso vertraulich geäußert, als dieser sich in Moskau aufhielt[388].

Doch Krenz und die Mitglieder des neu gewählten Politbüros, so schildert Willerding die Lage, unterließen es, sich gegen solche Angriffe zu wehren. Dieses Gremium kam in der Hektik der politischen Situation nicht einmal dazu, einen Arbeitsplan zur Umsetzung des Aktionsprogramms zu beschließen, denn es war immer stärker gezwungen, punktuell auf aktuelle Probleme zu reagieren. Manche Vorlagen im Politbüro konnten nicht zu Ende diskutiert werden[389]. Die Politbüromitglieder fanden unter diesen Bedingungen keine Zeit, eine Gegenstrategie zu den Angriffen gegen die Partei auszuarbeiten. Aus ihrem unkritischen Verhalten gegenüber der Politik Gorbatschows, schreckten die SED-Reformer um Krenz vor jedem Widerstand gegen antisozialistische Kräfte zurück, weil sie nicht in den Verdacht kommen wollten, die »Demokratie« zu verletzen. Aus dieser Einstellung heraus wurde auf der Politbürositzung am 21. November 1989 schließlich der Vorschlag zur Bildung eines Runden Tisches eingebracht, um mit »allen politischen Kräften« ins Gespräch, in einen großen Dialog, zu kommen. Eine Initiative, auf die die Kontaktgruppe der Bürgeropposition nicht einging[390].

Analysieren wir die Politik des SED-Politbüros in diesen letzten Wochen, können wir uns des Eindrucks nicht erwehren, daß seinem Gesamtverhalten nur noch das »Prinzip Hoffnung« zugrunde lag, eine Hoffnung, die auf eine allgemeinmenschliche »politische Vernunft« fixiert war. Die SED-Reformer um Krenz begingen damit den gleichen philanthropischen Polit-Suizid wie Gorbatschow. Mit dieser defensiven Haltung entzogen sie sich selbst jeden Handlungsspielraum. Klassenkampf, und es war Klassenkampf in einer entscheidenden Phase, war nun einmal mit einer »Demokratie als allgemeinem Wert« nicht zu gewinnen. Auch wenn wir uns wiederholen: Anstatt sich endlich an die Arbeiter zu wenden und sie für ihre eigenen Interessen zu mobilisieren, und die hätten deutlich gemacht werden können, stellte sich Krenz einem TV-Interview mit Fritz Pleitgen und büßte dabei nur noch weiter an öffentlichem Prestige ein[391]. Eine solche Pleite verstärkte wiederum die Argumentation der »neuen Opposition« und die Vorbehalte der Berater Gorbatschows gegen ihn.

Zeitzeugen wiesen darauf hin, daß die SED-Führung von Egon Krenz es nicht vermochte, die neugewählten Kader in einen ökonomisch-politischen Umgestaltungsprozeß zu führen und sie gegen die antisozialistischen Kräfte zu aktivieren. Im Gegenteil, sie desorientierte die Partei und lieferte ihre Mitglieder den zunehmend rüder werdenden Angriffen dieser Kräfte aus. Die SED verlor in diesen Tagen infolge einer solchen grundsätzlich falschen politischen Orientierung, in der nahezu alle Erfahrungen und Grundsätze kommunistischer Strategie vergessen schienen, nicht nur an Mitgliedern, sondern auch weiter an politischer Glaubwürdigkeit. Sie büßte damit die letzte Chance zu einer ideologischen Führung der Gesellschaft ein. Aber auch das ist zu sagen: die »neue Opposition« hatte ihre Aktie an diesem Prozeß. Die politische Lähmung der Partei- und Staatsführung der DDR durch sie nutzte keinem Werktätigen. Und dennoch forcierten die »vereinigten oppositionellen« Kräfte ihre Katastrophenpolitik weiter. Sie forderten jetzt vom Ministerpräsidenten die Auflösung des Amtes für Nationale Sicherheit, dessen Minister er gerade eingeführt hatte[392], und stimulierten nunmehr eine ganze Kampagne gegen Amtsmißbrauch und Korruption.

Diese Destabilisierungs-Phase der DDR-Gegner verlief glänzend: Bis Ende November steigerten sich die »skandalösen Enthüllungen« über vermeintliche Untaten und fürchterliche Privilegien von Mitgliedern des alten SED-Politbüros und des alten Ministerrates. Zeitzeugen vermuten da so manche Hilfe von rheinischen Journalisten mit entsprechenden Erfahrungen. Und so ganz selbstbestimmt haben die Leute vom Neuen Forum die einzelnen zu enthüllenden Objekte und ihr geradezu grandioses Timing gewiß nicht absolviert. Insider berichten, das sie stets rechtzeitig diverse Hinweise von Diensten bekommen hätten, was wir nicht kontrollieren konnten. Aber auszuschließen wäre das nicht. Jedenfalls steigerte sich diese Privilegien-Enthüllungs-Diskussion von Tag zu Tag. Die einzelnen Storys nahmen immer primitivere Formen an. Die Kampagne erreichte schließlich am 28. November ihren Höhepunkt.

Am Abend zuvor hatten 200.000 Demonstranten in Leipzig laut – und nach Vorlagen, die an die Teilnehmer verteilt worden waren – »Deutschland einig Vaterland« skandiert. Die Zettel mit der Losung enthielten einen Bonner CDU-Druckvermerk. Aber wen störte das noch? Zeitzeugen argumentierten sogar, daß dieser Druckvermerk beabsichtigt war, mit dem Ziel: seht, wir sind hier in Leipzig als neue Kraft im Land. Am nächsten Morgen enthüllte dann die DDR-Presse Schreckliches: Erich Honecker besaß bei der Sparkasse Berlin ein Sparguthaben von 211.964 Mark der DDR und Margot Honecker ein ebensolches von 77.502 Mark Die »Berliner Zeitung« deckte zur gleichen Stunde das erschütternde »Versorgungsparadies in Wandlitz« auf: in den Villen der DDR-Prominenz gab es Miele-Waschmaschinen, Farbfernseher aus dem Westen und Import-Einhebel-Wasserhähne. ADN berichtete über das »Anwesen« des ehemaligen DDR-Ministerpräsidenten Stoph im Naturschutzgebiet östlich der Müritz und schilderte genüßlich den Fußmarsch tausender Bürger aus Waren dorthin. Schließlich meldete »Der Demokrat«, daß vom Ministerium für Staatssicherheit jahrelang die gesamte Westpost kontrolliert worden sei. Dazu bestätigte die Pressestelle des FDGB, daß 100 Millionen Mark des zentralen FDGB-Solidaritätsfonds für das Pfingsttreffen der FDJ verwandt wurden. Solche »Sensationen« hinterließen bei vielen – wir sagen es ungeschminkt – biederen DDR-Bürgern (sie hatten ja noch keinen Vergleich mit den Villen, dem Einkommen sowie der Korruption der Prominenz der BRD) ihre Wirkung. Kotschemassow, der diese Entwicklung mit Erstaunen beobachtete, schreibt dazu[393]:

> »Pausenlos folgten ... Publikationen mit ›Enthüllungen‹ über ehemalige Führungsmitglieder der DDR. Man beschuldigte viele von ihnen aller Sünden: Mißbrauch der Macht, Korruption, Aneignung von Mitteln des Staates, Privilegien und selbst der Einrichtung von Valutakonten bei ausländischen Banken. Das Ziel dieser Kampagne war offensichtlich: Diskreditierung der Führungskräfte der SED. Es kam so, daß zu Anfang diese Beschuldigungen oft ohne hinreichende Begründung und Überprüfung erhoben wurden. Bald teilte der Generalstaatsanwalt mit, daß man begonnen habe, gegen Erich Honecker, Erich Mielke, Willi Stoph, Werner Krolikowski und Günther Kleiber zu ermitteln. ... Gerade zu diesem Zeitpunkt rief mich Gorbatschow an. Er erklärte, daß er aufmerksam die Entwicklung in der DDR verfolge...«.

Nun ist es gewiß unbestritten, daß die abgeschottete und bescheiden privilegierte Lebensweise der DDR-Führung nicht den von ihr selbst vertretenen Normen sozialistischer Moral entsprach. Aber wir kommen nicht umhin, die Frage aufzuwerfen, warum und mit welchem Ziel den Bemühungen des Ministerrats der DDR, von Hans Modrow und seinen Kollegen im »Koalitionsrat«, um eine Konsolidierung der wirtschaftlichen wie innenpolitischen Situation von der »vereinigten Opposition« so zielgerichtet entgegengesteuert wurde. Wir können die Beweggründe jener Gruppen der Bürgeropposition verstehen, die die Zerstörung der DDR und die Überwindung der deutschen Zweistaatlichkeit wollten, die bereit und gewillt waren die »SED-Macht« zu beseitigen, was sie später auch offen zugaben[394]. Doch was jene SozialistInnen der »neuen Opposition«, die noch immer vorgaben, einen besseren Sozialismus in der DDR anzustreben, veranlaßt hatte, solche Kräfte zu unterstützen, verstehen wir nicht. Ihre politischen Handlungen widersprachen ihren wortgewaltigen Erklärungen. Wenn Markus Wolf später in seinem Tagebuch in bezug auf diese letzten Tage im November 1989 klagt, daß er in jener Zeit nicht damit gerechnet habe, wie mit der so hochgeputschten Stimmung auch die »positiven Ansätze zu einer Neuorientierung der SED bei den Perestroika-Reformern« kompromittiert und überrollt wurden[395], zeugt das von politischer Ignoranz, wie sie bei einem der angeblich so erfolgreichen Geheimdienstler der Nachkriegszeit nur verwundern kann.

Einige Zeitzeugen argumentierten, daß die Vertreter der »neuen Opposition« Ende November 1989 die reale politische Macht in der DDR allein auf den Ministerrat konzentrieren und die politische Führung der SED von der Staatsmacht abkoppeln wollten. Dieses Argument ist überzeugend, wenn wir ihre spätere Kritik an der DDR lesen. Doch die Neu-Reformer übersahen in ihrer illusionären Gesellschaftssicht, daß in der gegebenen ökonomischen wie politischen Struktur der DDR ein Zusammenwirken von staatlicher Macht und politischer Führungskraft eine unabdingbare Voraussetzung für eine Sicherung der staatlichen Souveränität ebenso wie für eine demokratische und gesamtgesellschaftliche Stabilisierungspolitik blieb. Dies zu mißachten, macht deutlich, daß die »neue Opposition« nicht fähig war, in der bestehenden Krise die Führung in der DDR zu übernehmen. Viele ihrer schön klingenden Theoreme stellten – wie bei Gorbatschow – in der konkreten Wirklichkeit Visionen ohne politischen Wert dar.

Kapitel III

Die DDR im diplomatischen Poker

»Wir haben uns den anderen weggenommen;
sie wollen uns wiederhaben«
(Hermann Kant, Offener Brief
an die Junge Welt vom 9.10.1989, S. 10)

Im Herbst 1989 hatte sich gegenüber 1953 das internationale Kräftegewicht weitgehend verändert. George Bush und sein Nationaler Sicherheitsrat befanden sich gegenüber der UdSSR in der günstigsten Situation seit Beginn des Kalten Krieges. Michail Gorbatschows Perestroika galt in Washington als gescheitert, was der KPdSU-Generalsekretär infolge seines »neuen Denkens« nicht mehr wahrnahm. Die Perestroika offiziell konsequent zu unterstützen, war jetzt die Hauptstoßrichtung jener antisozialistischen Strategien, wie sie der Weltimperialismus seit 1917 im Kampf gegen den frühen Sozialismus verfolgte[1]. Was im Juni 1953 greifbar nahe schien, mit der Exekution der DDR die Sowjetunion wenigstens in Europa zurückzudrängen, das geriet im Herbst 1989 fast zu einer Detailfrage. Jetzt ging es den Strategen im State Department darum, den Sozialismus global zurückzurollen[2].

Wer nun meint, Bundeskanzler Helmut Kohl habe als weitblickender Stratege die Gunst dieser Stunden erkannt und – historisch gesehen – jenes Konzept sozusagen als Fortsetzungsdoktrin realisiert, das Konrad Adenauer bereits 1953 versucht hatte, nämlich die Einheit Deutschlands »...aus der freien Entscheidung des gesamten deutschen Volkes« zu erreichen, der irrt. Wir räumen ein, daß viele Journalisten wie auch Historiker an einer solchen Legende weben. Gewiß, wie die DDR im Herbst 1989 angegriffen wurde, das hatte sehr wohl Parallelen zu den Ereignissen vom Juni 1953: einerseits das Angebot aus Moskau, andererseits die Nutzung einer politischen Krise mit Fluchtwellen und Demonstrationen, ausgewiesen jeweils als »demokratische Revolution«. Dennoch lassen solche Analogien nicht den vereinfachenden Schluß zu, daß Kohl das Erbe Adenauers weitblickend vollstreckte. Er hatte sich seit dem Mai 1989 in die Gesamtstrategie Bushs und seines NCS-Stabes einordnen müssen und unterlag ihrem taktischen Timing. Es ist daher nicht ganz exakt, seine »Erfolge« nur einer Reihe von Glücksfällen zuschreiben zu wollen[3]. Des Alt-Bundeskanzlers Geschick bestand unserer Ansicht nach lediglich darin – und das dokumentiert die unter seiner Ägide sorgfältig ausgewählte Aktenpublikation aus dem Kanzleramt –, die taktischen Vorgaben, wenn zeitweilig auch zögerlich, widerspruchslos akzeptiert zu haben.

Und es gab noch einen bemerkenswerten Unterschied zwischen 1953 und 1989. Das war die Haltung der Arbeiterklasse in der DDR. Während am 16. und 17. Juni 1953 Stahlwerker und Bauarbeiter für Interessen demonstrierten, die durch eine falsche Politik der SED-Führung grob verletzt worden waren, und die Streiks für Adenauers »Politik der nationalen Einheit« instrumentalisiert werden konnten, so war es im Herbst 1989 der Kontaktgruppe der Bürgeropposition nicht gelungen, Streikbewegungen zu initiieren, obgleich das Neue Forum immer wieder dazu aufgerufen hat. An jener »zweiten Wende«, die vom Kern der Bürgeropposition angestrebt wurde, hatten die Arbeiter und Genossenschaftsbauern der DDR keinen aktiven Anteil. Aber sie setzten den Bestrebungen der Kontaktgruppe auch keinen Widerstand entgegen. Sie verhielten sich in ihrer Mehrheit passiv und gegenüber den drohenden neuen sozialen Perspektiven sogar gelähmt. Aber sie als aktives Subjekt in der Auseinandersetzung um die Existenz der DDR ausgeschaltet zu haben, war allein schon ein Erfolg der Gegner der DDR. Das sollte nicht übersehen werden. Viele Arbeiter und Genossenschaftsbauern der DDR waren im Herbst 1989 ebenso unzufrieden wie andere Bevölkerungsschichten. Auch sie forderten Reformen für einen besseren Sozialismus. Sie wollten – nachweisbar bis zum Januar 1990 – keinesfalls eine Rückkehr in die kapitalistische Gesellschaft der Bundesrepublik. Aber auch sie waren weitgehend der Zauberhülle zum Opfer gefallen, die von der Perestroika übriggeblieben war. Und während sie vielfach ihrem Idol noch glaubten, er würde ihrem Staat helfen, dessen ökonomische Probleme zu bewältigen, suchte dieser bereits nach einer populistischen Rechtfertigung, um sie mit ihren Betrieben wieder in den Kapitalismus zurückzuführen. Dieses Verhalten der Arbeiter und Bauern in der DDR war auch das Verschulden der SED-Führung. Sie hatte nicht mehr den Weg zu denen gefunden, deren Interessen sie ihrem eigenen Selbstverständnis zufolge zu vertreten hatte. Und die lautstarken SED-Perestroikaner vergaßen in ihrem Eifer im Kampf gegen die SED-Führung die Arbeiterklasse ohnehin.

Nur wenige leitende SED-Funktionäre mahnten an, sich an die Arbeiter zu wenden. Dazu gehörten Bernhard Quandt, Gerhard Beil, Alfred Neumann und Werner Eberlein. Aber sie taten es zu spät und boten kein überzeugendes Konzept an. Das Subjekt, das die antisozialistische Strategie in der DDR in jenen Wochen transponierte, war neben Intellektuellen-Gruppen (auch in der SED) vor allem das Kleinbürgertum. Es war eben kein »proletarischer Massenaufbruch«, wie Karuscheit glaubt[4]. Es war ein kleinbürgerlicher Aufbruch, in den einzelne Gruppen aus der Arbeiterklasse mit hineingerissen wurden. Der Versuch derjenigen, die mit der Bürgerbewegung eine Wende anstrebten, die sie als »dritten Weg« anvisierten, fand nicht die Unterstützung der Arbeiter und Genossenschaftsbauern.

Wir widersprechen ganz entschieden der Auffassung, daß der frühe Sozialismus bei all seinen Deformationen nicht prinzipiell reformierbar gewesen wäre[5]. Eine derartige Prämisse halten wir für fatalistisch. Sie ist zudem von der Frage zu trennen, ob der Sozialismus in der DDR angesichts der Agonie der Perestroika und der Bereitschaft Gorbatschows, mit dem Sozialismus in der Sowjetunion auch die DDR aufzugeben, noch reformierbar war. Wir halten das für zwei grundsätzlich unterschiedliche Problemfelder. Unserer Ansicht nach war die DDR der Perechod-Strategie in dem Moment bedingungslos ausgeliefert, als Gorbatschow und seine Berater die Perestroika in der UdSSR als reale Umgestaltung des Sozialismus endgültig verspielt hatten. Im Herbst 1989 gab es daher für die DDR – meint Kwizinskij – eigentlich nur noch einen realen Weg: soviel wie möglich der erreichten sozialistischen Errungenschaften für die Werktätigen zu sichern. Noch war das Kräfteverhältnis für den Weg in einen neuen deutschen Einheitsstaat und dessen Zeithorizont nicht entschieden. Aber diese Erkenntnis lag in der Partei- und Staatsführung der DDR weder bei Honecker, noch bei Krenz vor. Und unter den Vertretern der »neuen Opposition« gab es dazu, wenn überhaupt, nur irritative Vorstellungen.

Diese politische Konfusion konnten sich die Strategen im Nationalen Sicherheitsrat in Washington zunutze machen, paßte sie doch in ihre Analyse der Perestroika. Es könnte daher die Meinung entstehen, eigentlich sei es unerheblich zu untersuchen, wieweit die Bürgerbewegung von Bonn aus noch logistisch unterstützt wurde. Doch gerade diese Unterstützung kollidierte zeitweilig erheblich mit dem von Washington erwünschten Timing der Zerstörung der DDR. Bush wollte diesen Prozeß gemeinsam mit Gorbatschow unter Kontrolle halten. Beide bevorzugten die Taktik einer diskreten Vereinigungspolitik, einmal um der Opposition innerhalb der KPdSU keinen Vorwand zu politischen Contra-Reaktionen zu geben, zum anderen aber auch, um den Aufbau einer Einheitsfront der NATO-Verbündeten in Westeuropa gegen eine rasche Vereinigung der beiden Staaten zu verhindern. Nun erwiesen sich nicht alle beteiligten Politiker als so umsichtig. Vernon Walters, der amerikanische Botschafter in Bonn, unterstützte jene Kräfte, die versuchten, die deutsche »Wiedervereinigung« weniger diskret und vor allem lautstark voranzutreiben[6]. Eine andere Gefahr zeigte sich darin – und hier ist Helmut Zwahr zuzustimmen –, daß sich die »Vereinigung« zunehmend in beiden deutschen Staaten unter nationalistischen Losungen abzeichnete[7]. Sie fanden – nach der Lähmung der SED und der Arbeiterklasse – auch in der DDR mit einem relativ weit gefächerten Kleinbürgertum und mit der Sicht auf die D-Mark leicht ein Publikum. Diese »einheitswilligen (nationalistischen) Kräfte« wurden zwar auf Leipzig konzentriert, weit genug vom Machtzentrum der DDR entfernt, verstärkten aber dennoch das Mißtrauen in London, Paris und Jerusalem[8].

Die Logistiker in Washington bemühten sich mit großer Sensibilität, nicht ohne Hilfestellung durch Gorbatschow, die Fehler von 1953 zu vermeiden. Die zweite »demokratische Revolution« sollte keinen gewaltbereiten »Aufstand« auslösen. Der dieser »Freiheitsrevolution« zugrunde liegende Deal, wie Genscher ihn formulierte[9], gelang. Analysieren wir diesen Deal und jene diskrete Taktik, die sich aus ihm ergab.

1. Gorbatschow bietet Kohl die »deutsche Einheit« an

Es ist der 21. November 1989. Um 8.30 Uhr ist Kanzlerlage. Horst Teltschik, der vertraute Berater des Bundeskanzlers (heute im Vorstand von BMW) notiert über die Atmosphäre an diesem Morgen im Bonner Bungalow in sein Tagebuch: »Alle stehen unter dem Eindruck der anhaltenden Massendemonstrationen in der DDR.« Und er fährt fort: »Zum erstenmal ist die Forderung nach Wiedervereinigung unüberhörbar. Die Parole ›Wir sind das Volk‹ ist weiterentwickelt worden. ›Wir sind ein Volk‹ rufen die Menschen jetzt. Der Funke zündet.«[10] Zwei Stunden später ist Teltschik als Leiter der Außen- und Sicherheitspolitik im Kanzleramt mit Nikolai Portugalow, einem Mitarbeiter Falins, verabredet. An der Besprechung nimmt der Botschafter der UdSSR in Bonn, Kwizinskij, wie er uns versicherte, nicht teil. Er ist von dieser Mission des sowjetischen Diplomaten nicht einmal informiert[11]. Seit den Jahren als

Portugalow in der sowjetischen Botschaft in Bonn gearbeitet hatte – damals
war Falin Botschafter der UdSSR in Bonn –, war er mit Teltschik bekannt.
Portugalow operierte im Herbst 1989 als Kurier in einem Sonderkanal, der
über Tschernajew/Falin in Moskau und Teltschik in Bonn lief. Dieser war seit
dem letzten Gorbatschow-Besuch in Bonn eingerichtet worden.

An diesem Vormittag, so beschreibt Teltschik die Situation[12], erschien
Portugalow fast feierlich und übergab ihm, dem Berater des Bundeskanz-
lers ein handschriftliches Papier, dessen erster Teil, wie er sagte, amtlichen
Charakter trage und mit Falin sowie im Auftrage Gorbatschows mit dessen
Berater Tschernajew abgestimmt sei. Der zweite Teil umfasse verschiedene
Überlegungen Falins persönlich. Wir befragten Falin zur diskreten Kurier-
Aufgabe Portugalows. Er antwortete uns[13]:

> »Portugalow traf sich mit H. Teltschik in meinem Auftrag. Es stand die Aufgabe,
> H. Kohl zu überzeugen, den Druck im kochenden Kessel (der DDR; d. Aut.) nicht
> noch mehr zu erhöhen, denn in einem solchen Land hätten die Ereignisse außer
> Kontrolle geraten können.«

Doch der clevere Politiker Teltschik las die ihm übergebenen »Notizen« an
jenem Tag anders. Wir wollen ihn daher wörtlich zitieren[14]:

> »Der amtliche Teil enthält eine Einschätzung der Entwicklung in der DDR. Gor-
> batschow, so lese ich, gehe davon aus, daß es in Bonn keine Zweifel darüber gebe,
> daß die jüngste Entwicklung in der DDR ohne die Sowjetunion und erst recht ge-
> gen sie undenkbar gewesen wäre. ... In Moskau habe man schon sehr früh gewußt,
> ›im Grunde seit der Morgendämmerung der Perestroika‹, daß die Entwicklung so
> kommen werde.«

Der Kanzlerberater empfand diese Mitteilung als »eine kleine Sensation«. Es
folgte anschließend die (von Falin angeführte) Mahnung, daß die deutsch-
deutschen Beziehungen eine unerwünschte und gefährliche Richtung nehmen
könnten, sowie die Frage, wieweit der Bundeskanzler bereit wäre, Modrows
Angebot einer Vertragsgemeinschaft auf der Basis des Grundlagenvertrages als
Modus vivendi anzunehmen. Portugalow fügte bedeutungsvoll hinzu: »Wie
Sie sehen, denken wir in der deutschen Frage alternativ über alles mögliche,
sogar (über) quasi Undenkbares nach.« Konkreter werdend ergänzte er, daß
die »Sowjetunion mittelfristig einer wie immer gearteten Konföderation grü-
nes Licht geben« könnte. Damit war für Teltschik, wie er berichtet, die Sensation perfekt. Er sei »wie elektrisiert« gewesen, schreibt er in sein Tagebuch
und fragte sich (in seinen Notizen):

»Wieweit sind die Überlegungen in der sowjetischen Führung zur deutschen Einheit schon vorangeschritten? Offensichtlich weiter, als wir uns bisher vorstellen konnten.«

Der Bonner Politiker erkannte sehr schnell die Situation und regte umgehend seinen Gesprächspartner an, daß doch unter diesen Aspekten möglichst bald eine persönliche Begegnung zwischen dem Bundeskanzler und Gorbatschow wünschenswert wäre. Abschließend gab Portugalow noch zu verstehen, daß bald mit Modrow als Nachfolger von Krenz zu rechnen sei. Doch diese Meinung sowjetischer Politiker war in Bonn bereits bekannt.

Sofort nach diesem Gespräch eilte Teltschik zum Bundeskanzler und berichtete ihm, daß Gorbatschow und seine Berater Fragen der deutschen Wiedervereinigung diskutierten. Er meinte, es sei höchste Zeit, selbst in die Offensive zu gehen. Dazu vermerkte Teltschik: »… Wir sind uns einig, daß schier Unglaubliches in Gang gekommen ist«. Nun sah die »Lage der Nation« für Kohl doch schon viel optimistischer aus, als dies am Freitag, dem 17. November, nach seinem Telefonat mit George Bush zunächst noch den Anschein hatte[15]. Und da wurden auch die Wermutstropfen, die Rudolf Seiters mit dem Bericht über seine Gespräche mit Modrow und Krenz am Nachmittag dieses Tages in den Wein der Freude schüttete, weil beide DDR-Politiker jede Wiedervereinigung nach wie vor abgelehnt hatten, als nicht mehr so bitter empfunden. Der Bundeskanzler stimmte nun wohlgelaunt auch der Vertragsgemeinschaft zu und kommentierte seine Zustimmung feinsinnig mit den Worten: »Es läge ja (ohnehin) bei der Bundesregierung, wie diese ausgestaltet werde«. Und dann entwickelte Kohl erst einmal die Idee, in der Deutschlandpolitik »stufenweise vorzugehen«. Dazu schlug er gleich Pflöcke ein: »Freie Wahlen« müßten in der DDR sobald wie möglich stattfinden, danach könnten konföderative Strukturen entwickelt werden[16].

In diesen Tagen befand sich Hans-Dietrich Genscher zu Konsultationen mit James Baker und George Bush in Washington. Der Außenminister der BRD wies seine Gesprächspartner darauf hin, daß sich augenblicklich eine »Wiedervereinigung von unten abzeichne«, und sprach sich entschieden gegen eine baldige Viermächtekonferenz über Deutschland und gegen einen Friedensvertrag aus, »… weil damit die Deutschen singularisiert würden«. Bush und Baker machten ihrerseits deutlich, daß sie durchaus »das Anliegen der Deutschen nach ›Selbstbestimmung und Einheit‹« unterstützten und es auch für möglich hielten, daß dieser Prozeß schneller verlaufen könne, als zu-

nächst erwartet. Doch machte der amerikanische Präsident den BRD-Außenminister darauf aufmerksam, daß er dazu bei seinem bevorstehenden Treffen
mit Gorbatschow auf Malta erst einmal die Grenzen von dessen Handlungsfähigkeit in dieser Frage ausloten müsse[17]. In der Ansprache, die Bush zehn
Tage vor seinem beabsichtigten Treffen mit Gorbatschow auf Malta über alle
TV-Sender der USA hielt, betonte er zunächst, daß es keinen größeren Anwalt für die Perestroika gäbe, als ihn, den Präsidenten der Vereinigten Staaten.
Dann fügte er hinzu, daß »den Deutschen« das »Selbstbestimmungsrecht«
eingeräumt werden müsse, das der deutsche Bundeskanzler auch immer gefordert hätte. Zu dieser Ansprache des USA-Präsidenten notierte Teltschik[18]:

> »Neben Gorbatschow wird nur der Bundeskanzler von George Bush namentlich
> und als guter Freund angesprochen, was uns zeigt, daß er (Kohl, nunmehr; d. Aut.)
> mit der vollen Unterstützung des Präsidenten rechnen kann.«

Der Zehn-Punkte-Plan des Bundeskanzlers

An diesem Donnerstag, es ist der 23. November 1989, diskutiert Kohl
abends im Kanzlerbungalow mit seinen engsten Mitarbeitern die Perspektive Deutschlands. Er schätzt ein, daß man diesen gegebenen »Glücksfall der
Geschichte« nicht ungenutzt lassen dürfe, selbst wenn sich der Prozeß der
Einheit bis zur Jahrhundertwende hinziehen würde. Teltschik schlägt in diesem Gespräch vor, »… ein Konzept zu erarbeiten, das einen gangbaren Weg
zur deutschen Einheit aufzeigt«.[19] Dieser Vorschlag löst sofort eine Diskussion über mögliche Rahmenbedingungen für eine solche Initiative aus. In
den darauf folgenden Stunden, also in der Nacht zum 24. November, faßt der
Bundeskanzler – wie Teltschik mitteilt – den Beschluß, auf der Grundlage der
Notizen von Portugalow nun in die Offensive zu gehen und ein Konzept für
den deutsch-deutschen »Einigungsprozeß« auszuarbeiten. Bei der »Kanzlerlage« am nächsten Morgen erläutert Kohl dann die Frage, wieweit der Zeitpunkt für ein solches öffentliches Vorgehen günstig sei. Zunächst gab es noch
Bedenken von Seiters und Claus-Jürgen Duisberg, dem Leiter des Arbeitsstabes Deutschlandpolitik, ob eine solche Initiative zum gegebenen Zeitpunkt
nicht kontraproduktiv wirken könne. Schließlich wird ein »Brainstorming«
einberufen, an dem neben Duisberg auch Rüdiger Kass vom Arbeitsstab
Deutschlandpolitik, Peter Hartmann und Uwe Kaestner als Mitarbeiter des
Büros für Außen- und Sicherheitspolitik des Kanzleramtes sowie die Reden-
schreiber des Bundeskanzlers Norbert Prill und Michael Mertes teilnehmen.

Von ihnen wird nun das »gesamte Umfeld der DDR« eingehend erörtert. Teltschik berichtet:

> »Wir tasten uns an die operativen Schritte heran bis zur Frage einer Konföderation oder konföderativer Strukturen. Allmählich kristallisieren sich die einzelnen Stufen heraus. Am Ende sind es erfreulicherweise zehn Punkte.«

Zu ihrer detaillierten Ausarbeitung werden an diesem Freitagnachmittag konkrete Arbeitsaufträge verteilt und für den Sonnabendvormittag eine eilig geschaffene Arbeitsgruppe zusammengerufen, die einen Referentenentwurf bis Sonnabendnachmittag fertigzustellen hatte. Diesen überbrachte ein Fahrer dem Bundeskanzler, der sich in Ludwigshafen aufhielt. Diesen Entwurf für eine Deutschlandpolitische Initiative der Bundesregierung arbeitete Kohl über das Wochenende gründlich durch. Als am Montagmorgen »Der Spiegel« (exakt zur rechten Zeit) berichtete, daß die Einheit Deutschlands für viele Politiker in Ost und West keine Frage mehr des Ob, sondern nur noch des Wie und vor allem des Wann sei, wußten die Redakteure des Nachrichtenmagazins auch schon:

> »Die Bonner Politiker stellen sich darauf ein, daß der Druck der Bevölkerung der DDR nach Vereinigung der beiden deutschen Staaten immer stärker wird.«

Angesichts solcher »Nachrichtenlage« sah sich der Bundeskanzler geradezu gefordert. In der Morgenlage am Montag erörterte er mit seinem »Zehn-Punkte-Plan« schon eventuelle Folgen der Einheit – wie die »Erblast der SED«, die zu erwartenden ökonomischen und die schwierigen geistig-kulturellen Probleme. Und der Kanzler dachte vorausblickend auch über die Fragen nach, die sich aus der notwendigen Rechtsangleichung in der DDR ergeben könnten.

Doch seine Initiative behandelte der Kanzler erst einmal als »geheime Kommandosache«, selbst Bundesaußenminister Genscher wurde nicht informiert[20]. Um zehn Uhr tagte das CDU-Präsidium, und Kohl erläuterte erst einmal im elitären Kreis seine deutschlandpolitischen Ambitionen, um danach den Bundespräsidenten und George Bush zu informieren. Der US-Präsident war allerdings – wie die Regierungen in Paris und London – zunächst irritiert, weil sich der Bundeskanzler über eine solche Initiative nicht vorher mit ihm konsultiert hatte[21]. In den frühen Abendstunden erhielten dann 23 handverlesene Journalisten Einblick in das Kanzlerpapier. Ihnen erläuterten Seiters und Teltschik vorab, was Kohl am folgenden Tag den Parlamentariern des

Deutschen Bundestages vorzutragen gedachte. Doch einige hatten »davon schon gehört«, wundert sich Teltschik. Vielleicht ist es ebenfalls auf die von ihm beklagte »Löchrigkeit der vertraulichen CDU-Partei- und Fraktions-gremien« zurückzuführen, daß wenige Stunden später in Leipzig annähernd 200.000 Menschen mit schwarz-rot-goldenen Fahnen unter den demagogi-schen Losungen: »Wandlitzland in Volkes Hand« und »Deutschland einig Va-terland« demonstrierten. Jetzt ist sogar Markus Wolf erschrocken und notiert in seinem Tagebuch[22]:

> »Die Anmaßung der BRD-Politiker und der dortigen Medien ist kaum noch zu er-tragen ... genau so wie die täglichen Sensationsberichte über Privilegien, mit denen das Ansehen der SED planmäßig demontiert wird.«

Fassen wir die von Bundeskanzler Kohl vorgeschlagenen zehn Punkte seines »Stufen-Plans zur deutschen Einheit« in ihren Kernaussagen zusammen[23]:

1. Die Bundesrepublik ist zu Hilfsmaßnahmen bereit, hinsichtlich der Bewältigung des Reiseverkehrs, fordert aber die DDR auf, ihre Reisen-den selbst mit den nötigen Devisen auszustatten. Sie wäre allerdings auch bereit, für eine Übergangszeit einen Beitrag zu einem entspre-chenden Fonds zu leisten.

2. Die Bundesregierung wird ihre bisherige Zusammenarbeit mit der DDR in allen Bereichen fortsetzen, die den Menschen auf beiden Sei-ten unmittelbar zugute kommen.

3. Angeboten wird, die Hilfe und Zusammenarbeit der Bundesregierung umfassend auszuweiten, »wenn ein grundlegender Wandel des politi-schen und wirtschaftlichen Systems in der DDR verbindlich beschlos-sen und unumkehrbar in Gang gesetzt wird« und es eine Gesetzgebung der DDR ermöglicht, daß Privatkapital aus der Bundesrepublik »bei möglichst vielen, zahlreichen Unternehmen Platz« greift.

4. Die Bundesrepublik ist bereit, den Vorschlag des Ministerpräsidenten Modrow in seiner Regierungserklärung über eine Vertragsgemeinschaft aufzugreifen, in die (West)Berlin voll einbezogen bleiben muß.

5. Die Bundesregierung ist darüber hinaus bereit, »konföderative Struk-turen zwischen beiden Staaten in Deutschland mit dem Ziel einer Fö-deration zu entwickeln, das heißt eine bundesstaatliche Ordnung in Deutschland zu schaffen. Das aber setzt zwingend eine demokratisch legitimierte Regierung in der DDR voraus.«

6. Die Entwicklung der innerdeutschen Beziehungen bleibt eingebettet in den gesamteuropäischen Prozeß auf der Grundlage der Bauelemente eines gemeinsamen europäischen Hauses, zu denen die Achtung des Selbstbestimmungsrechtes der Völker und die Verwirklichung der Menschenrechte gehören.

7. Die Anziehungs- und Ausstrahlungskraft der Europäischen Gemeinschaft ist und bleibt eine entscheidende Konstante der gesamteuropäischen Entwicklung. Die Bundesregierung befürwortet, daß der DDR der Zugang zum gemeinsamen Markt in der Perspektive erweitert wird. Der Prozeß der Wiedergewinnung der deutschen Einheit wird immer auch als ein europäisches Anliegen verstanden.

8. Der KSZE-Prozeß wird von der Bundesregierung als Herzstück dieser Architektur verstanden.

9. Die Überwindung der Trennung Europas und der Teilung Deutschlands erfordert nach Ansicht der Bundesregierung zügige Schritte der Abrüstung und der Rüstungskontrolle.

10. Um auf den Zustand eines Friedens in Europa hinzuarbeiten, in dem das deutsche Volk in freier Selbstbestimmung seine Einheit wiedererlangen kann, bleibt die Wiedervereinigung, das heißt, die Wiedergewinnung der staatlichen Einheit Deutschlands, das politische Ziel der Bundesregierung.

Abschließend heißt es in diesem Vorschlag, daß jeder gelungene Reformschritt für ganz Europa ein Mehr an Stabilität und Zugewinn an Freiheit und Sicherheit bedeute.

Mit diesem Plan hatte Kohl – so schreibt Falin zutreffend – nun einen »Royal Flash« in der Hand[24], denn mit ihm erreichte der Bundeskanzler sein Ziel vor Gorbatschow die Initiative zur Einheit Deutschlands zu gewinnen. Und die gab er – von Bush unterstützt – nicht mehr aus der Hand. Die USA-Diplomaten Philip Zelikow und Condoleezza Rice kommentierten diesen »Top-Ten-Plan«: »Das im wesentlichen von Teltschik entworfene Konzept war brillant«. Und sie analysierten schnell, daß die »Initiative des Bundeskanzlers« nicht der NSD-Direktive 23 widersprach. Daher schlugen sie vor, daß die USA stärker in Erscheinung treten müßten, um diese Initiative Kohls »zu stützen und ihn vor internationaler Kritik abzuschirmen«[25].

Seit seinem Besuch in Bonn war Gorbatschow, wie wir inzwischen wissen, bereit, über eine deutsch-deutsche Vereinigung nachzudenken, und bis zum Frühherbst hatten ihn seine Berater auch so weit beeinflußt, daß er die Meinung gewann, es sei angesichts der politischen Schräglage der Perestroika und der, damit verbunden, schwieriger werdenden wirtschaftlichen Lage der UdSSR nützlich, die DDR zu opfern und sich auf die BRD als wirtschaftlich stärkeren Partner zu orientieren.[26] Unklar blieb – wie uns Insider berichteten – für den KPdSU-Generalsekretär nur, welcher Weg dazu gangbar wäre. Einen privatwirtschaftlichen Deal einzugehen, wie er ihm im August 1989 von bundesdeutschen Industriellen vorgeschlagen worden war[27], lehnte er ab. Vielmehr neigte er zu einer diplomatischen Lösung. Er wollte die Abwicklung der DDR über eine »entideologisierte« Absprache mit George Bush mittels einer Viermächte-Vereinbarung erreichen. Auch bestand sein Ziel darin, mit einer solchen »Internationalisierung der ›deutschen Frage‹«, den Gegnern einer derartigen Einigung in der KPdSU die Möglichkeit zu entziehen, sich zum Widerstand zu sammeln. Hier gab es eine Interessensgemeinsamkeit mit dem USA-Präsidenten. Unter diesem Aspekt ist auch zu verstehen, daß Gorbatschow (ebenso wie Bush) zunächst offiziell die Politik der Vertragsgemeinschaft unterstützte, wie sie von Modrow vorgeschlagen worden war und der Kohl, wenn auch listig, zugestimmt hatte. Alle diese Überlegungen zur Vereinigung Deutschlands blieben außerdem geheime »Chefsache«. Herger betont daher auch zur Einschätzung Gorbatschows durch das SED-Politbüro[28]:

> »Wir gingen noch alle von dem Bündnis mit der UdSSR aus und wollten an ihrer Seite dem Sozialismus ein neues Gesicht geben. Keiner von uns – auch Egon Krenz nicht – ahnte auch nur, daß Michail Gorbatschow die DDR so schnell aufgeben werde.«

Doch der im Plenum des Deutschen Bundestages demonstrativ vorgetragene Zehn-Punkte-Plan des Bundeskanzlers widersprach der politischen Sensibilität des KPdSU-Generalsekretärs. Ihn, der so laut über Offenheit redete, störte die Öffentlichkeit dieser Einigungsplanung. Sie gefährdete seine »stille Einigungs-Diplomatie« und er war verärgert, daß ihn Kohl überspielt hatte.

Drei Tage nach dem Besuch Portugalows bei Teltschik, am 24. November, kam Falin auf Einladung von Krenz nach Berlin, um sich mit dem DDR-Staatsratsvorsitzenden ganz intern in der sowjetischen Botschaft zu treffen. An diesem Gespräch nahm auch der sowjetische Botschafter teil. Später kam noch Modrow hinzu. Falin, nach dem Inhalt dieser Zusammenkunft befragt, antwortete karg: »Gegenstand der Diskussionen waren die aktuelle Situation und die nächsten Perspektiven.«[29] Modrow und Krenz bestätigten uns, daß

Falin in diesem Gespräch keine Auskunft darüber gab, welche Perspektiven er der DDR damals noch eingeräumt hatte. Beide DDR-Politiker konnten sich nicht erinnern, daß Falin sie über die Geheimmission seines Mitarbeiters Portugalow bei Teltschik informiert hatte. Als wir Modrow auf die Tagebucheintragungen von Teltschik hinwiesen, vertrat dieser die Ansicht, daß Portugalow in Bonn offenbar nur die Meinung Gorbatschows vorgetragen hätte. Insgesamt meinte Modrow[30]:

> »Falin philosophierte unverbindlich über die alten Konföderationspläne zwischen den beiden deutschen Staaten in der sowjetischen Führung in den 50er und 60er Jahren. Von mir wurde in diesem Gespräch mein Konzept der Vertragsgemeinschaft mit der BRD dargelegt. Falin erwiderte, er denke mal laut. Eine solche Vertragsgemeinschaft wird nicht stabil bleiben, sie anzufangen, bedeutet in der Logik doch schließlich bei einer Konföderation zu enden.«

Modrow wollte dabei einen Unterschied zwischen Falins und Gorbatschows politischen Auffassungen registriert haben. Falin allerdings betonte in seinen Antworten auf unsere Fragen, daß er in dieser Zeit keine Differenzen oder Meinungsverschiedenheiten mit Gorbatschow hinsichtlich der DDR gehabt hätte. Krenz zitierte uns gegenüber aus seinen persönlichen Aufzeichnungen über dieses Gespräch. Wir geben hier nur eine knappe Zusammenfassung aus unseren Notizen wieder (es liegt bei Egon Krenz, den exakten Text dieses Dokuments zu veröffentlichen). Wir notierten[31]:

Valentin Falin äußerte in dieser Unterredung die Ansicht, daß zwischen der SED und der KPdSU, »zwischen unseren beiden Parteien«, ein neuer Stil der Zusammenarbeit erreicht werden müsse. Er stimme der Meinung von Egon Krenz zu, daß es bei der weiteren Ausgestaltung des Sozialismus in der UdSSR und in der DDR darauf ankäme, die führende Rolle der Parteien zu verteidigen und sie zu erhöhen. Weiterhin habe Valentin Falin geäußert: in der DDR finde eine Revolution statt, aber jede Revolution enthalte auch Elemente der Konterrevolution. In der BRD würde nun immer stärker versucht werden, den Prozeß der Perestroika zu nutzen, um die DDR infrage zu stellen. Doch seiner Ansicht nach sei das keine Perspektive für die DDR. Auch in Frankreich würde François Mitterrand die Meinung vertreten, man dürfe die DDR nicht so unter massiven Druck setzen. Nach vertraulichen Berichten sowjetischer Genossen gäbe es sogar eine Konkurrenz zwischen der CDU und der SPD um die Gunst der DDR. In einem Gespräch zwischen Alexander Jakowlew und Egon Bahr wäre beispielsweise zum Ausdruck gebracht worden, daß eine Wiedervereinigung Deutschlands keine praktische Gegenwartspolitik sei. Falin habe schließlich davon abgeraten, überhaupt dieses Thema der Wiedervereinigung zu diskutieren. Man solle die DDR nicht ihren Gegnern überlassen und die Verantwortlichen für die Spaltung Deutschlands immer wieder beim Namen nennen und die Politik der Westmächte, die zur Spaltung Deutschlands geführt hat, entlarven. Zur Frage der Konföderation sagte Falin, daß John Foster Dulles damals Konrad Adenauer zu einer solchen Lösung habe überreden wollen, er dabei aber keinen Erfolg hatte. Jedenfalls seien unter den gegenwärtigen Bedingungen keine Voraussetzungen für eine Konföderation beider deutscher Staaten gegeben, weil eine Konföderation eine gemeinsame Außen- und Verteidigungspolitik erfordere, und das würde schon an der NATO-Mitgliedschaft der BRD scheitern.

Wir wissen heute, daß Falin seit langem daran gearbeitet hatte, wie die »deutsche Frage« zu lösen sei. Er selbst erläuterte in zwei Vorträgen im Herbst 1995 in Berlin, daß er die DDR spätestens seit August 1988 für »verloren« hielt und seitdem darüber nachgedacht habe, wie der Weg in die deutsche Einheit erfolgen könnte. In den bereits zitierten Antworten auf Fragen, die wir ihm stellten, macht Falin zwei Aspekte für diese Ansicht geltend. Er schreibt[32]:

> »Meine Notizen an (Michail) Gorbatschow (1986 bis 1988; d. Aut.) betrafen das Aufmerksammachen auf Nichtübereinstimmung der tiefgreifenden Prozesse, die sich u. a. in der DDR vollzogen, mit der praktischen Politik der UdSSR. Fragen der Konföderation als Ausweg aus der entstandenen Situation wurden darin nicht gestellt. Betont wurde die dringende Notwendigkeit einer Modernisierung der bestehenden Systeme mit dem Ziel, die Nichtübereinstimmung von Wort und Tat zu überwinden. ... Die Konföderation (beider deutscher Staaten; d. Aut.) hätte es möglich gemacht, einen entscheidenden Schritt zur Überwindung der Spaltung Europas auf der Basis eines Interessenausgleichs zu tun. Für die DDR hätte dies die Abwendung der Gefahr eines Anschlusses an die BRD bedeutet.«

Vielleicht ist das alles doch kein Widerspruch, und Falin wollte die Bereitschaft der führenden DDR-Politiker in dieser Frage testen. Falin hat politisch gepokert. Kwizinskij berichtet, daß er Ende November oder Anfang Dezember 1989 für kurze Zeit nach Moskau gerufen wurde[33],

> »... wo ich an der Abfassung eines langen und vorsichtigen Papiers für Verhandlungen mit der Regierung der DDR teilnahm. Das Papier enthielt den für geradezu revolutionär gehaltenen Vorschlag, die Regierung der DDR solle die Idee einer deutschen Konföderation wieder aufs Tapet bringen. Diese Ausarbeitung hat jedoch das Politbüro des ZK der KPdSU nach der damals gültigen Ordnung nie erreicht, was notwendig gewesen wäre.«

Und noch etwas aus den letzten Novembertagen in Berlin, als sich Falin mit Krenz und Modrow in der sowjetischen Botschaft zu seinem Geheimtreffen zusammenfand: Wolfgang Schwanitz berichtet, daß Ende November 1989 nach der offiziellen Auflösung des MfS auch der Resident des KGB in Berlin, Generalleutnant Gennadi Titow, abgelöst wurde[34].

> »Völlig überraschend kam Generalmajor Ponemarew von der KGB-Zentrale aus Moskau zum Ministerpräsidenten Hans Modrow und dann zu mir und unterrichtete uns über die getroffene Entscheidung. Ich lud Egon Krenz und Wolfgang Herger zur Verabschiedung von Titow zu einem Abendessen ein. Vor diesem Essen hatte ich in meinem Arbeitszimmer eine Unterhaltung mit Generalmajor Ponemarew, in der er sich ausführlich über unsere Lage informierte und sich auch betroffen über den Umfang der Reduzierung unserer Mitarbeiter zeigte. In diesem Gespräch machte er aber keine Mitteilungen darüber, welche Meinung sich in Moskau über das weitere Schicksal der DDR herausbildete bzw. herausgebildet hatte. Die Nachfolge von Titow trat der ehemalige Leiter der Deutschlandabteilung in der Moskauer KGB-Zentrale Anatoli Nowikow an.«

Dieser Vorgang hätte einen Analysten die Richtung der neuen sowjetischen Deutschlandpolitik durchaus erkennen lassen. Der KGB hatte stets ein feines Gespür dafür, sich rechtzeitig auf politische Veränderungen einzustellen. Er war ja auch am besten informiert. Und daher versuchte er, für den Eintritt Deutschlands in das gesamteuropäische Haus schnellstens eine neue Organisationsform zu finden. Die Residentur in der DDR war überflüssig geworden. Es sollte offenbar eine neue Position für ganz Deutschland aufgebaut werden[35].

Von Moskauer Zeitzeugen wurde darauf hingewiesen, daß sich Gorbatschow in der Deutschlandfrage immer weniger durch einen Beschluß des Politbüros binden lassen wollte und alle Entscheidungen in seinem Beraterkreis treffen ließ. Auch Falin berichtet, daß der Generalsekretär des ZK der KPdSU schließlich immer weniger seine Vorschläge und Memoranden berücksichtigt habe[36]. Gorbatschow, der öffentlich Glasnost forderte, zog gegenüber seinen eigenen Genossen eine Geheimpolitik vor. Als wir Krenz befragten, wie er heute Gorbatschow einschätze, dachte er lange nach. Dann antwortete er. Wir zitieren ihn aus unseren Aufzeichnungen[37]:

> »Michail Gorbatschow war ein unehrlicher Politiker, er hat es nicht geschafft, Politik mit Moral zu verbinden. Seine Fragestellungen vermochte er selbst nicht zu beantworten. Mit ihnen hat er eine Lawine ins Rollen gebracht, einen Mechanismus ausgelöst, den er letztlich nicht bewältigte. Aber er war sich auch nie selbst gegenüber darüber ehrlich. Er versuchte, die eigene Schwäche immer zu vertuschen.

Eigentlich war er kein Politiker. Er konnte die im sozialistischen Lager in der Zeit
von Leonid Breshnew international herangewachsenen Probleme theoretisch nicht
verarbeiten und erreichte nicht das geistige Niveau, um das ZK der KPdSU unter
diesen komplizierten Bedingungen zu führen.«

2. Der Parteiputsch der »neuen Opposition«

Am 20. November 1989, also einen Tag bevor Nikolai Portugalow in Bonn
das Angebot Gorbatschows zur Einheit Deutschlands präsentierte, trafen sich
im Parteisekretariat der SED des VEB Werk für Fernsehelektronik (WF) in
Berlin-Köpenick die »Fundamentalreformer« Andreas Thun und Lutz Eichhorn von der »neuen Opposition«, um einen »Aufstandsstab« gegen die SED-
Führung unter Egon Krenz zu bilden. Sie sollte durch eine »Revolution der
Parteibasis« gestürzt werden. Diese Tatsachen sind, wenn auch wenig bekannt,
unbestritten und gehören heutzutage zu den stolzesten historischen Traditionen jener, die sich einer »demokratischen Revolution« im Herbst 1989 verpflichtet fühlen, wie Thomas Falkner, Michail Nelken, Gregor Gysi, Rainer
Land, Lothar Bisky u. a.[38]. Nun mag das, was wir im folgenden berichten, ein
wenig skurril und aus der heutigen Sicht auch etwas töricht erscheinen, wir
versichern aber, alle beteiligten Akteure an diesem »Aufstand« nahmen und
nehmen sich noch immer sehr ernst[39].

An diesem 20. November 1989 rief Lutz Eichhorn seinen Schulfreund
Falkner an, der als Redakteur beim Rundfunk der DDR arbeitete, informierte
ihn, daß am 28. November eine interne Beratung im SED-Parteibüro des WF
stattfinden sollte, und lud ihn dazu ein. Falkner schreibt[40]:

> »Damit war klar, worum es ging. Endlich um einen Versuch einer größeren Gruppe,
> kritisch reformorientierter Kräfte der SED über die Grenzen der Zufälligkeit und
> Halbherzigkeit hinaus zu einer gewissen Breite zusammenzuschließen.«

Doch es ging um weit mehr. Am 28. November hatten verschiedene DDR-
Medien sich mit skandalösen Enthüllungen über die SED-Führung geradezu
überschlagen. Es war auch der Tag, an dem der Bundeskanzler von der Tri-
büne des Deutschen Bundestages aus der Weltöffentlichkeit seinen Weg zur
Einheit Deutschlands offerierte. Ihm traten am Nachmittag Stefan Heym,
Christa Wolf, Tamara Danz und Bischof Werner Krusche mit dem Aufruf
»Für unser Land« entgegen[41], der mit den Worten schloß:

> »Noch haben wir die Chance, in gleichberechtigter Nachbarschaft zu allen Staaten
> Europas eine sozialistische Alternative zur Bundesrepublik zu entwickeln. Noch
> können wir uns besinnen auf die antifaschistischen und humanistischen Ideale, von
> denen wir einst ausgegangen sind.«

An diesem Tag notierte Markus Wolf in sein Tagebuch[42]:

> »Dieser Aufruf zeigt knapp und klar die Alternative: Entweder Bewahrung der Ei-
> genständigkeit der DDR und Entwicklung einer solidarischen Gesellschaft oder
> Ausverkauf und Vereinnahmung durch die Bundesrepublik.«

Am Vormittag hatte auch das Politbüro der SED getagt, um die Vorbereitung des außerordentlichen Parteitages der SED zu beraten, auf dem die vom
10. Plenum des ZK beschlossene Reform des Sozialismus in der DDR präzisiert und in eine langfristige Gesellschaftsstrategie umgesetzt werden sollte[43].
Doch diesem Anliegen der Parteireformer um Krenz wollte nun die »neue Opposition«, vor allem der »Freundeskreis Wolf« unbedingt zuvorkommen. Ihr
Ziel war es, jetzt selbst die Parteiführung zu übernehmen, dem SED-Politbüro
die Macht zu entreißen, um auf dem bevorstehenden Parteitag ihr Konzept einer Auflösung der SED und ihre »fundamentale Erneuerung« des Sozialismus
in der DDR durchzusetzen. Ein Parteiputsch – das war das Ziel, als sich an
diesem Abend im SED-Büro des Köpenicker Werkes diese Gruppe der »neu-
en Opposition« zusammenfand, um sich als »Aufstandsstab« zu konstituieren.
Dafür wählten sie – so berichtet Thomas Falkner – die organisatorische Form
einer »Plattform in der SED«. Wörtlich schrieb er zu diesem Vorhaben[44]:

> »Wer sich innerhalb einer solchen ... ›Partei neuen Typus‹... mit Gleichgesinnten
> neben der oder gar gegen die Linie der Führungsclique zusammenfand und dies
> sogar noch öffentlich tat, der riskierte im wahrsten Sinne des Wortes Kopf und
> Kragen. Doch das rührte die Anwesenden kaum an.«

Übergehen wir die Heldenpose der mutig-entschlossenen Aufstandsstäbler,
die widerständlerisch gewillt waren, »Kopf und Kragen zu riskieren«, um
Krenz endlich zu stürzen. Sie traten jetzt an, im sozialistischen deutschen
Staat die »Gorbatschow-Revolution« zu organisieren, um – wie sie nachträglich schrieben – aus der »verkrusteten DDR« auszubrechen. Zu ihnen gehörten nur Intellektuelle. Zu den bereits genannten prominenten »demokratischen Revolutionären« kamen noch die Rundfunkredakteure Horst Hirt
und Wernfried Maltusch. Wer an dem »denkwürdigen Tag« weiterhin mit
vom »revolutionary part« war, ist allerdings nur noch biographisch interes-

sant. An diesem Abend wurde beschlossen, die offizielle Gründungsveranstaltung der »Plattform WF« als Signal des »Aufstandes der Parteibasis« zu nehmen. Der Aufstand sollte am 30. November stattfinden. Dazu war der Kleine Saal im WF-Kulturhaus in Berlin-Köpenick vorgesehen. Ein Insider berichtet:

> »Die Plattform WF war eigentlich eine Gruppe von Mitarbeitern der Akademie für Gesellschaftswissenschaften beim ZK der SED um Michael Geiger, die sich das Werk für Fernsehelektronik lediglich als Transportmittel für ihre Konzeption ausgesucht hatten. Mit der Arbeiterklasse und mit den Arbeitern dieses Werkes hatte dies überhaupt nichts zu tun.«

Wir können das schwer beurteilen, aber wir fanden die Arbeiter des Werkes als »handelndes Subjekt« im Aufstandsstab nicht vertreten[45]. Auch die Parteibasis fehlte. Doch sie, die im Sommer 1989 öffentlich angetreten waren, um für eine bessere DDR zu kämpfen, und die sich in den Herbstmonaten vollmundig immer als Repräsentanten der »Parteibasis« ausgegeben hatten, stellten nun plötzlich fest, daß die Partei »an der Basis« ebenso gelähmt sei wie an der Spitze. »Nur hier und da hatte man sich eigene Gedanken gemacht, (aber) die meisten warteten weiter auf Vorgaben von oben« schrieben sie enttäuscht[46], weil ihnen tatsächlich keiner folgte.

Und so ernannten sie sich zu »Avantgardisten« der Parteibasis. Sie kämpften, als die »reinsten demokratischen Revolutionäre« im alleinigen Besitz der absoluten »demokratischen Wahrheit«, für eine »neue Zeit« (die Rainer Land später als »die Moderne« und der PDS-Vorstand als »zivilisatorische Demokratie« verklären werden), darum, »die Fesseln des verordneten Dogmatismus (zu) zerschneiden«. Historisch bewertet, war dieser ganze »Aufstand« gegen die SED-Führung in seiner objektiven Wirkung gegen das sozialistische System der DDR gerichtet und schlicht ein skurriler Parteiputsch. Es war die »hausgemachte« Machtkrise in der DDR, die Kohl Tage später dem USA-Präsidenten als Ergebnis seiner Taktik in der verabredeten Vereinigungsstrategie präsentieren konnte.

Der »Aufstand« der »neuen Opposition« gegen die SED-Führung wurde von den Aufstandsstäblern, die sich stets als entschlossene »Antistalinisten« präsentierten, auch noch als ein Plagiat der Oktoberrevolution angelegt, wie sie der von Stalin beschriebenen Legende entsprach. Einer unserer Zeitzeugen wies uns darauf hin, daß es geschmacklos wäre, wenn wir das auch noch so schildern würden. Daher betonen wir: diese Beschreibung stammt nicht von uns. Gysi und Falkner haben die Aufstands-Posse in ihrem bereits zitierten Buch »Sturm aufs Große Haus« ausführlich selbst und dramatisch genug beschrieben. Für dieses einmalige »historische Zeugnis« sollten wir ihnen eigentlich dankbar sein, denn sonst wäre ihre »Große Demokratische Novemberrevolution« vielleicht schon vergessen worden. Wir werden ihrer Darstellung so genau wie möglich folgen und wenn sie lächerlich klingt, so liegt das nicht an uns.

Wie so ein Aufstand vonstatten geht, hatten die Beteiligten jedenfalls im SED-Parteilehrjahr aus der ›Geschichte der KPdSU (B). Kurzer Lehrgang‹ gut gelernt und noch in bester Erinnerung. Das darin von Stalin vermittelte Aufstandsklischee sah bekanntlich so aus: Am Morgen des 24. Oktober 1917 erschien im »Rabotschi Putj« Stalins Artikel »*Was brauchen wir?*«, der – nach seiner personengebundenen Interpretation der Oktoberrevolution – als Aufruf zum Aufstand galt[47]. Dieser Vorgang wurde von den »demokratischen Revolutionären« kopiert. Am 30. November 1989 erschien am Morgen der »deutschen Revolution« (wörtlich so bei Gysi/Falkner) in der »Berliner Zeitung« ein Artikel von Michael Brie: »*Die Wende wird zur Revolution*«, in dem zur »deutschen Oktoberrevolution des Jahres 1989« und zum »Sturz der SED-Macht« aufgerufen wird (bitte schön, so wörtlich). Dieser Artikel ist zwar irgendwie etwas konfuser als der Stalins, dafür aber auch länger. Wie weiterhin aus dem russischen Oktober bekannt ist, wurde der Aufstand 1917 vom II. Kongreß der Arbeiter- und Soldatendeputierten getragen. Nun hatten die »demokratischen Aufständler« vom November 1989 weder Arbeiter oder Soldaten noch Sowjets zur Hand, und so luden sie sich eben »von Mund zu Mund« »Gleichgesinnte« ins WF-Kulturhaus nach Köpenick ein. Dazu Falkner[48]:

> »… es sollte den nach wie vor fleißigen Überwachern nicht leicht gemacht und auch eine Überfremdung durch SED-Mitglieder verhindert werden, die nicht wenigstens entfernt an den persönlichen Kommunikationssträngen des engeren Kreises hingen«.

Na bitte, Andersdenkende blieben vom elitären »Aufstand der Parteibasis« ausgeschlossen, wie sich das für eine »revolutionäre« Glasnost-Demokratie à la Gorbatschow, also für einen exzellenten Putsch einer avantgardistischen Elite gehört. Dem bewegenden Bericht von Falkner entnehmen wir weitere Passagen über das »revolutionäre« Szenario am Abend des 30. November im WF-Kulturhaus[49]:

»Etwa 150 bis 170 SED-Mitglieder waren gekommen, einige von außerhalb. Zum Beispiel aus Leipzig, der Hochburg der Revolution. ... Begonnen hatte alles mit einer Begrüßung durch Robert Kreibig ... und einem längeren Auftritt von Dieter Segert. ... Segert sprach dann über das von Michael Brie, Rainer Land, ihm selbst und anderen entwickelte Modell eines ›dritten Weges‹ für die DDR ... jenseits von Stalinismus und Kapitalismus.«

Falkner hält auch den Zwischenruf von Wernfried Maltusch fest: »Das steht im neuen SPD-Programm besser und klarer drin«, was Dieter Segert aber heftig bestritt. So offen wollten die Aufstands-Plattformler gegenüber der Parteibasis nun doch nicht als Sozialdemokraten stigmatisiert sein, denn ein solcher Eindruck hätte ihren Einfluß auf die Parteibasis noch weiter verderben können. Dann sprach Michael Geiger. Er stellte einen Statutenentwurf für eine neue Partei vor. Dazu Thomas Falkner weiter:

»Danach bricht eine wilde, ziemlich ziellose und mehr und mehr zerfahrene Debatte los... Mittlerweile ging es auf Mitternacht zu, ohne daß irgend etwas vorangekommen war. Ein Arbeiter aus dem benachbarten Transformatoren-Werk stand auf, später war er auch Delegierter zum Sonderparteitag, ›Das alles interessiert die Arbeiter überhaupt nicht‹, erklärt er den Anwesenden verärgert. ›Wenn ich morgen mit solchen Rändern wiederkomme und nicht richtig arbeiten kann, weil ich wegen der Diskussion hier noch verpennt bin, und ich kann ihnen dann nichts weiter erzählen als das, was bis jetzt gelaufen ist, dann jagen die mich weg‹. Thomas Krause holte die soziale Realität in den inzwischen nicht mehr gar so überfüllten Saal zurück: die ausgepowerten Betriebe mit ihrer weitgehend veralteten Technik, dem stockenden Materialzufluß und der scharfen Konkurrenz aus dem Westen, seit die Mauer gefallen war...« und fragte dann: »Wie geht es nun wirtschaftlich weiter, wie überleben wir? ... Können wir die sozialen Standards halten? Was wird aus Krippe, Kindergarten, Hort, Schulspeisung, Baby-Jahr?«

Die Aufständler in spe hatten darauf nicht nur an diesem Abend keine Antwort. Auch später konnten sie nicht antworten, wenn ihnen konkrete Fragen zur sozialen Zielstellung ihrer »Revolution« gestellt wurden. Am Abend dieses 30. Novembers hatten die »demokratischen Revolutionäre« zudem erst einmal andere Sorgen als die Fragen von Arbeitern zu beantworten.

Die Diskussion verlief nicht nur konfus. Die meisten »Gleichgesinnten« und vor allem die vereinzelten Arbeiter, die gekommen waren, waren längst nach Hause gegangen. Dieter Segert beschwor gegen Mitternacht die noch Ausharrenden, wenigstens formell die Plattform zu gründen und dazu eine »Erklärung« zu beschließen, um darin – so Horst Hirt – »de(n) verantwortungslose(n) Eigensinn, mit dem sich die Führung (der SED, d. Aut.) mit immer abenteuerlicheren Manövern an die Macht klammert«, zu entlarven. Der nächtliche Rest – es waren fast nur die Initiatoren geblieben – gründete eilends als Aufstandstab die »Plattform WF«. Dann nahmen sie noch hastig eine Erklärung an, die als einziger Nichtintellektueller Hans-Gert Lacher vom Kombinat Berliner Verkehrs-Betriebe mitunterzeichnete[50]. Beinahe wäre ihnen in der mitternächtlichen Revolutionshektik noch der Lapsus unterlaufen, zum Sturz der Regierung Modrow aufzurufen. Im ursprünglichen Wortlaut der Aufstands-Erklärung hieß es: »… die jetzige Regierung stürzen wir« – was Michael Geiger noch last minute verhindern konnte. Nun hatten sie es geschafft. Selbstbewußt schreibt Falkner über das vollbrachte Werk, als er nach drei Stunden Schlaf wieder ins Funkhaus kam, mit einer Anmutung an die ›Größe des Augenblicks‹:

> »Nach dieser Plattform-Gründung hatte sich die Welt verändert… Nun hatte der Kampf um die Macht in der Partei begonnen.«

Bei solchem euphorischen Licht besehen reichte den »demokratischen Revolutionären« am Morgen der grandiose Vergleich ihres »Aufstandes« mit der Oktoberrevolution von 1917 nicht mehr aus. Es mußten jetzt noch die französischen Revolutionen von 1789 bis 1871 herhalten. Noch einmal Falkner[51]:

> »Wie die französischen Revolutionen stets in Paris gemacht wurden, so konnte die DDR-Revolution nicht ohne Ostberlin siegen.«

Damit hatten unsere kleinbürgerlichen Revoluzzer nun vollends abgehoben. Am frühen Morgen des 1. Dezember verkündeten sie mit großem Pathos, die Vorbereitung des außerordentlichen SED-Parteitages nunmehr »in die eigene Hand« zu nehmen. Das »Aufstands-Dokument« wurde halbstündlich über einige Sender der DDR verlesen. Noch am gleichen Tag bekannten sich telegrafisch der Erste Sekretär der SED-Bezirksleitung Halle, Roland Claus (heute PDS-Bundestagsabgeordneter), und auch der »Held« der Heldenstadt Leipzig, Roland Wötzel, zur »Plattform WF«[52]. Aber an dem Freitag des »siegreichen Aufstandes« streikte in Berlin kein Betrieb, nicht einmal Demonstrationen fanden statt. Um dieses »Heldenstück« nach der dramatischen Version der Oktoberrevolution in Stalins »Kurzer Lehrgang« vollkommener zu machen, fehlte nur noch der Panzerkreuzer auf der Spree, der drei blinde Schüsse auf das »Große Haus« abgab. Da muß wohl dann doch die Volksmarine nicht mitgespielt haben.

Am Freitagvormittag, dem 1. Dezember, trat die Volkskammer zu ihrer
13. Tagung zusammen und beschloß auf Antrag der SED-Fraktion und nach
einer Begründung von Ministerpräsident Modrow, den Führungsanspruch
der Arbeiterklasse und ihrer marxistisch-leninistischen Partei aus der Verfassung der DDR (Artikel 1, 2. Halbsatz im 2. Satz) zu streichen. Carla Kal-
weit (Neues Forum) sagte: das sei »das Beste, was man erwarten konnte«.[53]
Heinrich Toeplitz gab auf dieser Tagung den ersten Bericht des Ausschusses
zur Untersuchung von Korruption und Amtsmißbrauch. Auf der gleichen
Sitzung forderte der Abgeordnete Manfred von Ardenne, vertrauensvoller
Gesprächspartner des KGB-Chefs Wladimir Krjutschkow, die Regierung auf,
energisch mit dem alten Regierungsapparat aufzuräumen und beantragte, die
im Jahre 1952 abgeschafften Länder Sachsen, Brandenburg, Mecklenburg,
Thüringen und Sachsen-Anhalt wieder herzustellen. Das waren bereits entscheidende Schritte auf dem Wege nach Bonn.

Abends tagte das Politbüro, als ob nichts gewesen wäre. Es setzte seine
Debatte über die Konzeption des außerordentlichen Parteitages fort. Angesichts der inzwischen in allen DDR-Bezirken neu gewählten Ersten Sekretäre
der SED-Bezirksleitungen wurde aber vor allem die Lage in der Partei beraten. Dazu wurde auch die nächste Tagung des ZK-Plenums zum 3. Dezember
1989 einberufen[54]. Wolfgang Schwanitz, der an dieser Politbürositzung zeitweilig teilnahm, berichtet[55]:

> »Ich erinnere mich sehr gut an diese Politbürositzung. Es war die einzige, zu der
> ich geladen war, darum blieb sie mir auch so eindrucksvoll im Gedächtnis. Das
> Land brodelte, aber im Politbüro herrschte eine Lässigkeit, als gäbe es die Krise
> nicht. Gerhard Beil und Heinz Vietze waren ebenfalls anwesend. Es ging um die
> Weiterführung der Wirtschaftsverhandlungen mit der BRD. Alexander Schalck-
> Golodkowski kam und heulte wegen der Bedrohung seiner Familie. Es war etwas
> peinlich. Jedenfalls sagten wir ihm Personenschutz zu, und ich telefonierte dazu
> noch mit Rudi Mittig, der den Schutz organisierte. Auf der Sitzung jedenfalls erhielt
> Schalck seinen Auftrag, umgehend wieder in die BRD zu weiteren Verhandlungen
> zu fahren. Dann kam in der Nacht die Nachricht: ›Der Schalck ist abgehauen‹ – der
> Schock saß auch bei uns tief und verschärfte in der Öffentlichkeit das Mißtrauen
> gegen die SED und gegen die Regierung.«

Am Sonnabend traten in vielen Bezirken der DDR die letzten SED-Kreis-
delegiertenkonferenzen zusammen, um die Delegierten für den außerordentlichen SED-Parteitag zu wählen. An diesem Tag, am Vorabend der 12. Tagung des ZK, trat Willerding als Mitglied des Politbüros und als Sekretär des
ZK öffentlich zurück. Er wird sich später sagen lassen müssen, daß er sich

mit diesem Schritt zugleich einen Platz im neuen Führungsgremium der Partei sichern wollte. Derweil rief Michail Nelken (heute PDS-Parlamentarier) von der SED-Kreisleitung Prenzlauer Berg aus zum Sturz des Politbüros und des ZK der SED auf und organisierte zusammen mit den Mitstreitern vom »Aufstandsstab« sowie der inzwischen neu gewählten Kreisleitung der Akademie der Wissenschaften der DDR zur Unterstützung dieser Forderung noch einmal zu einer Demonstration vor dem ZK-Gebäude auf[56]. Nun durfte auch Gregor Gysi nicht fehlen. Er schreibt dazu, daß ihn ein »Arzt aus der Charité«, der mit ihm in den letzten Wochen über die Notwendigkeit »Gorbatschowscher Reformen in der SED und der DDR diskutiert habe«, mit einem Hinweis auf seine »gewisse Popularität« aufforderte, »auf dieser Kundgebung vor dem ZK zu sprechen«. Dieser Bitte durfte sich Gysi nicht versagen und er trat auch sogleich mit einem feinen Gespür fürs Dramatische auf. Wir zitieren aus seinen Erinnerungen[57]:

> »Der Platz vor dem Großen Haus war bereits voller Menschen als ich eintraf. Scheinwerfer erhellten die Szene, das Fernsehen hatte seine Kameras aufgebaut… Krenz wurde ausgepfiffen… Ich trat ans Mikrofon und forderte seinen und den Rücktritt des gesamten ZK, einschließlich des Politbüros…«

Welch ein Augenblick! Auch Thomas Falkner ist ergriffen. Er notiert[58]: Als der Tag sich neigt, »… wird es immer deutlicher, daß Zentralkomitee, Politbüro und Generalsekretär Krenz nicht mehr zu halten sind«.

Wir dürfen doch heute fragen, ob sich die damaligen Akteure wohl bewußt waren, wen sie eigentlich bedienten und von welcher Mehrheit sie getragen wurden? Wer hatte sie als »Aufständische« legitimiert? Zwei Kreisdelegiertenkonferenzen der SED werden genannt, die vom Prenzlauer Berg und jene der Akademie der Wissenschaften. War das eine Mehrheit der Mitglieder der SED? Welche Betriebe standen hinter diesem »Aufstand«? Und wenn wir Thomas Falkner richtig verstehen, hatten sie sogar Angst vor solchen »konservativen Mehrheiten«[59]. Und weiter: Wer waren die Verbündeten dieser »Aufständischen«? Es waren eben nicht die Berliner Arbeiter oder jene aus Leuna, Bitterfeld oder anderen Orten, es waren vor allem die Bürgerrechtler aus der Koordinierungsgruppe – und neben Gorbatschow-Akteuren, die manche »Lutsch« nennen – und die Strategen der AG Deutschlandpolitik im Bonner Kanzlerbungalow. Besser konnte die Zielstellung des NSC-Stabes in Washington – die in der DDR entstehende Lage dürfe keinesfalls als Folge der Bonner Politik erscheinen – nicht bedient werden. Die dabei verwendete Bezeichnung der »inneren Lage der DDR« als einer »demokratischen Revolution« war und ist lediglich die dem Bundeskanzler von den Putschisten der »neuen Opposition« freundlich gelieferte Hilfestellung, damit er der europäischen Öffentlichkeit gegenüber auf das »Selbstbestimmungsrecht der Deutschen« verweisen und eine gewaltfreie Eingliederung der DDR anstreben konnte. Ob unsere demokratischen Lichtgestalten das heute wahrhaben wollen, mag dahingestellt sein.

Was hatte die Wolf-Gysi-Gruppe in der SED motiviert, sich entgegen aller politischen Vernunft und Realität, bei offener Grenze und bei einem »lachenden Gegner« mit den eigenen Genossinnen und Genossen ein tödliches Duell zu liefern? Wieviel Naivität und welches Maß an Selbstüberhebung – von Dummheit wollen wir erst gar nicht reden – lagen diesem politischen Suizid zugrunde? Wir lassen das Gegenargument von Zeitzeugen gelten, daß die DDR zu diesem Zeitpunkt ohnehin von Gorbatschow schon aufgegeben und politisch nicht mehr zu halten war. Daß dies alles eine »demokratische Ehrenrettung für den Sozialismus« (Bortfeldt) gewesen sein soll, geht indes an der ernsten Seite dieses selbstmörderischen Theaters vorbei.

Der Rücktritt von Politbüro und ZK der SED

In der Nacht nach der vorletzten Politbürositzung, als Alexander Schalck-Golodkowski flüchtete, wurde in der Waldsiedlung Wandlitz[60] über die bisher zurückgetretenen Mitglieder des Politbüros Hausarrest erlassen. Wolfgang Schwanitz sagt dazu[61]:

> »Auf meinen Vorschlag hin hat Egon Krenz als Vorsitzender des Nationalen Verteidigungsrates zwar zögerlich, aber doch eine Anordnung erlassen, daß die zurückgetretenen Mitglieder des Politbüros der SED in der Waldsiedlung Wandlitz vorläufig unter Hausarrest gestellt wurden. Wir wollten damit eine Beruhigung in der Öffentlichkeit erreichen. Diese Maßnahme leiteten wir am Morgen des 3. Dezember 1989 ein. Wir haben die Politbüro-Mitglieder um Verständnis gebeten und postierten vor jedes Haus in Wandlitz zwei Offiziere und kappten zeitweilig auch die Telefonleitungen. Doch die Wirkung, die wir erzielen wollten, trat nicht ein. Die ganze Maßnahme wurde geheimgehalten. Egon Krenz informierte weder die neugewählten Bezirkssekretäre, die am 3. Dezember nach der Politbürositzung zusammenkamen, und verschwieg diese Maßnahme auch den Mitgliedern des ZK, als wir uns um 13 Uhr zum 12. ZK-Plenum eingefunden hatten.«

Gerd Schulz schilderte uns die Meinung jener Mitarbeiter im Apparat des ZK, die sich zur »neuen Opposition« bekannten, so[62]:

»Am ersten Wochenende im Dezember hatte ich im ZK zusammen mit Wolfgang Rauchfuß Dienst. Von überall kamen die Meldungen über die Neuwahlen, und es war erkennbar, daß wir vor einer wichtigen personellen Entscheidung standen. Zur Vorbereitung des Parteitages war zum 3.12.1989 das 12. ZK-Plenum einberufen worden. Es sollten ohnehin hinsichtlich des Parteitages Konzeption und Kadervorschläge diskutiert werden. Egon Krenz war unter dem Druck der Neuwahlen aller Bezirkssekretäre nunmehr auch zum Rücktritt bereit. Wolfgang Rauchfuß schlug vor, nach dem Rücktritt des Politbüros und des ZK ein Arbeitssekretariat aus den neugewählten Bezirkssekretären zu bilden. Es wurde auch überlegt, in dieses Arbeitssekretariat Genossinnen und Genossen aufzunehmen, die als Vertreter der Parteiopposition das Vertrauen in der Partei besaßen. Wolfgang Rauchfuß schlug dabei vor, Herbert Kroker die Leitung einer solchen Arbeitsgruppe zu übertragen. Er war Abgeordneter der Volkskammer und war zum 1. Sekretär der Bezirksleitung Erfurt als Nachfolger von Gerhard Müller gewählt worden. Dabei hatten wir auch den Gedanken, daß wir Egon Krenz die Zusammensetzung des Arbeitssekretariats nicht überlassen sollten. Jetzt sollte wirklich ein neuer Anfang gemacht werden.«

Dann berichtet unser Zeitzeuge weiter:

»Am Sonntagmorgen, es war der 3.12.1989, fuhr ich in das Hotel Johannishof, wo Hans Modrow wohnte. Wir haben uns im Hotel zusammengesetzt und eine Liste für ein solches Arbeitssekretariat zusammengestellt, das dem ZK-Plenum als Beschlußvorlage unterbreitet werden sollte.«

An diesem Sonntag tagte bis 10.30 Uhr das Politbüro der SED. Es ist seine letzte Sitzung[63]. An ihr nehmen teil: Egon Krenz, Werner Eberlein, Wolfgang Herger, Werner Jarowinsky, Heinz Keßler, Siegfried Lorenz, Hans Modrow, Wolfgang Rauchfuß, Günter Schabowski, Gerhard Schürer, Margarete Müller und Günter Sieber sowie als Gäste Klaus Höpcke, Gregor Schirmer, Helmut Semmelmann und Heinz Albrecht. Mit dem Rücktritt von Hans-Joachim Willerding war der offene Bruch der »neuen Opposition« mit dem SED-Politbüro deutlich geworden. Außerdem trafen aus verschiedenen Bezirken und Kreisdelegiertenkonferenzen »in den letzten Stunden« Entschließungen ein, die ebenfalls den Rücktritt des Politbüros und des ZK der SED forderten. Die Parteiführung glaubte zu erkennen, daß es der »neuen Opposition« gelungen war, bedeutende Leitungen der Partei zu majorisieren, und daß sie, ob begründet oder nicht, ihr Vertrauen in die Führungsgruppe um Egon Krenz verloren hatten. Die Behauptung von Falkner, daß die Kreisdelegiertenkonferenzen sich dabei mit der Plattform WF solidarisiert hätten[64], dürfte zu bezweifeln sein. Die Kritik vieler Kreisdelegiertenkonferenzen an das Politbüro richtete sich – wie uns Zeitzeugen bestätigten – vielfach gegen seine Unfähigkeit, die »neue Opposition« zu integrieren. Viele SED-Mitglieder befürchteten, daß dadurch die Einheit der Partei gefährdet werde. Diese Kritik nahmen die Politbüromitglieder an und beschlossen deshalb, kollektiv zurückzutreten und diesen Rücktritt auch den Mitgliedern des Zentralkomitees zu empfehlen. Ob diese Entscheidung in der schwierigen Situation für den Erhalt der DDR jedoch die einzige politische Lösung und dazu noch eine richtige war, ist nicht beantwortet. Aber es war die einzige Lösung, zu der dieses Kollektiv unter dem Einfluß Gorbatschowscher Illusionen fähig blieb.

Noch während der Sitzung des Politbüros rief Herger (als dessen Mitglied) nochmals bei Wolf an und fragte ihn, ob er der Meinung sei, daß das Gremium geschlossen zurücktreten sollte. Als sich Wolf dafür ausgesprochen hatte, sagte ihm Herger, er möge dann am Nachmittag in das ZK kommen[65]. In der Zwischenzeit war das Politbüro bereits dem statutenwidrigen Vorschlag gefolgt, seine Vollmachten und die des ZK auf ein Arbeitssekretariat der Ersten Sekretäre der SED-Bezirksleitungen mit der Aufgabe zu übertragen, nunmehr den außerordentlichen SED-Parteitag vorzubereiten. Es wurde in diesem Beschlußentwurf weiterhin gesagt, daß dem Arbeitssekretariat auch »Genossen angehören könnten, die bisher nicht Mitglieder der Parteiführung waren« und zur »Opposition« gehörten. Unter dem politischen Druck schlug das Politbüro außerdem der 12. Tagung des Zentralkomitees vor, Honecker, Mielke, Stoph, Tisch, Krolikowski und Kleiber aus der SED auszuschließen; unter den Auszuschließenden waren auch jene »Krenz-Reformer«, die die Abwahl Honeckers vorbereitet hatten. Die Parteiausschlüsse von Hans Albrecht, Gerhard Müller und Dieter Müller durch die Zentrale Parteikontrollkommission sollten bestätigt werden[66]. Kurt Hager, Hermann Axen, Erich Mückenberger, Inge Lange, Hans-Joachim Böhme, Werner Walde, Horst Dohlus, Horst Sindermann und Alfred Neumann hatten Anträge eingereicht, sie von ihrer ZK-Funktion zu entbinden.

Ein Zeitzeuge sagte uns rückblickend auf diese letzte Entscheidung des SED-Politbüros:

> »Wir hielten es daher für besser, von den SED-Bezirkssekretären den Parteitag vorbereiten zu lassen und selbst zurückzutreten. Diese Bezirkssekretäre waren im Rahmen der Parteitagsvorbereitungen neu gewählt und hatten zumindest formal das Vertrauen der Parteibasis. ... Das war kein leichtfertiger Beschluß, er sollte sozusagen in letzter Minute ein Signal an alle Mitglieder sein, daß wir fest entschlossen waren, die Partei zu erneuern.«

Wolfgang Herger ergänzt:

>Die Staatsführung blieb von der Parteiführung getrennt: Hans Modrow als Mini-
sterpräsident und Egon Krenz als Staatsratsvorsitzender.«

Ein weiterer Zeitzeuge berichtet:

>Als wir als Bezirkssekretäre diesem Beschluß zustimmten, gingen wir auch davon
aus, daß eigentlich kein politisches Machtvakuum entstehen konnte, es gab ja noch
die Modrow-Regierung und Egon Krenz als Staatsratsvorsitzenden und sie bildeten
sozusagen vorübergehend die Partei- und Staatsführung.«

Er irrte gründlich. Seine Bemerkung verdeutlicht aber, wieweit die politische
Fehleinschätzung verschiedener Bezirkssekretäre ging.

Markus Wolf notierte in seinem Tagebuch, wie er vom Vorschlag, ihn in
den Arbeitsausschuß zu nehmen, erfahren hat[67]:

>Zuhause wurde ich ... von Wolfgang Herger angerufen, ich sollte mittags im Ge-
bäude des ZK sein... Zum angegebenen Termin ... (fand sich) am langen Tisch
des Sitzungssaals neben dem Raum für das gerade zurückgetretene ZK eine bunt
zusammengesetzte Truppe von Bekannten: Klaus Höpcke und Lothar Bisky, Rektor
der Filmhochschule Babelsberg, Gregor Gysi, der inzwischen zum Idol der rebellierenden Parteibasis geworden war, Brigitte Zimmermann... Dieter Klein von der
Humboldt-Universität und Wolfgang Berghofer...«

Brigitte Zimmermann erinnert sich[68]:

>Während der Kreisdelegiertenkonferenz (KDK) erschien, soweit ich mich erin-
nere, gegen Mittag ein mir unbekannter Genosse vom ZK der SED und bat mich
dringend, in das Haus des ZK zu kommen. Gregor Gysi und Ellen Brombacher, die
ebenfalls auf der KDK Mitte der SED anwesend waren, wurden ebenso angesprochen und ins ZK gerufen. Als wir gegen 15 Uhr ins Haus des ZK kamen, informierte
uns Gerd Schulz, Abteilungsleiter für Jugend, über den erfolgten Rücktritt der gesamten Parteiführung. Weiter sagte er, daß ein Arbeitsausschuß der Bezirkssekretäre gebildet worden sei und daß wir vorgeschlagen wurden, in diesem Ausschuß mitzuarbeiten,
um den außerordentlichen Parteitag vorzubereiten. Im Raum des Arbeitsausschusses
kannte ich von den Anwesenden zuerst nur Wolfgang Berghofer, Klaus Höpcke und
Lothar Bisky, der mehrmals in der BPO der SED der Redaktion der »Wochenpost«
gesprochen hatte. Hans Modrow, der Ministerpräsident, kam bald hinzu. Ich erklärte
mich unter der Bedingung zur Mitarbeit bereit, wenn ich von der KDK Mitte ein
Mandat als Parteitagsdelegierte erhalten würde. Ich sagte auch, daß ich dann die Pres-
searbeit bis zum Parteitag übernehmen könnte, jedoch nicht als Kandidat für ein
weiteres Mandat in einem Wahl-Gremium zur Verfügung stehen würde.«

Um 11.00 Uhr traten, noch vor dem ZK-Plenum, die neugewählten SED-Be-
zirkssekretäre mit dem Sekretariat des ZK zusammen, um über die Beschlüsse
des Politbüros und über die Modalitäten für die Übernahme der Parteiführung durch die Bezirkssekretäre zu beraten. Sie bestätigten den Vorschlag des

Politbüros ein Arbeitssekretariat (bald jedoch als »Arbeitsausschuß« bezeichnet) zu bilden, das die Parteiführung bis zu ihrer Neuwahl sowie die Vorbereitung des einberufenen außerordentlichen Parteitages übernehmen sollte.
Während der Beratung der Bezirkssekretäre wird im ZK (von Herger, Lorenz
und Rauchfuß) eine Namensliste von bisher gewählten Parteitagsdelegierten
für den Arbeitsausschuß mit dem Ziel zusammengestellt, zusätzlich Vertreter der »neuen Opposition« in das »Arbeitssekretariat« aufzunehmen. Damit
sollten die Kontinuität der Gesamtpartei gesichert und ihr Zerfall verhindert
werden, zumal es in der »neuen Opposition« Kräfte gab, die versuchten, die
Partei zu spalten. Thomas Falkner bestätigte später, daß er und seine Freunde
das Ziel verfolgten, auf der Grundlage der Plattform WF »den Reformflügel
der SED« abzuspalten und gegen den »konservativen Block in der SED« eine
neue sozialistische Partei zu bilden. Dieses Ziel haben er und seine Freunde
damals der Parteibasis gegenüber jedoch nicht öffentlich ausgesprochen, weil
sie befürchteten, damit in die »politische Isolation« zu kommen[69]. Der »Arbeitsausschuß« sollte diese drohende Spaltung verhindern und aus ihm – so wurde
erwartet – würde auch eine neue Parteiführung hervorgehen. Herger erklärte
uns[70]:

> »Für den Arbeitsausschuß wurden auch andere Genossen vorgeschlagen, so auch
> Lothar Bisky, den ich vorgeschlagen habe. Ich kannte ihn aus dem Leipziger Zentra-
> linstitut für Jugendforschung. Egon Krenz schlug Gregor Gysi vor, den er aus einem
> Gespräch mit ihm kannte.«

So kommen außer den gewählten Bezirkssekretären auf diese Liste: Markus
Wolf, Wolfgang Berghofer, Lothar Bisky, Dieter Klein, Gregor Gysi, Klaus
Höpcke, Eva Maleck-Lewy, Ellen Brombacher und Brigitte Zimmermann.
Als Vertreter des »Aufstandsstabes« wurde später noch Andreas Thun aufgenommen, kein Arbeiter befand sich darunter. Es war wie dem Neuen Forum
auch der »neuen Opposition« nicht gelungen, die Berliner Arbeiter in ihr
Unternehmen einzubeziehen. Es wurde von den Arbeiterinnen und Arbei-
tern der industriellen Zentren der DDR nicht aktiv mitgetragen. Wir betonen nochmals: Die einzelnen Akteure des innerparteilichen Putsches hatten,
wie die Liste überzeugend ausweist, lediglich unter der Intelligenz und in
Teilen des Parteiapparates tätige Unterstützung gefunden. Dabei waren die
»Alt-Kommunisten« unter allerhand Beschuldigungen ausgebootet und ihre
Positionen vielfach mit »Neo-Reformern« aus der »Nachwuchskader-Reserve«
besetzt worden.

Als die 12. (außerordentliche und letzte) Tagung des ZK der SED begann, waren das Zentralkomitee und sein Apparat tatsächlich weitgehend von den Kreisverbänden und den Grundorganisationen isoliert. Das hatte die »neue Opposition« geschafft. Das Zentralkomitee erwies sich als handlungsunfähig und politisch hilflos. Dazu ein Zeitzeuge:

> »Als das 12. Plenum des ZK der SED am 3.12.1989 um 13 Uhr zusammentrat, war alles schon vom Politbüro beschlossen. Die Parteiführung und die Vorbereitung des Außerordentlichen Parteitages sollte nunmehr auf einen zu bildenden Arbeitsausschuß der neu gewählten Bezirkssekretäre übergehen. Um das zu ermöglichen war das Politbüro zum Rücktritt bereit, und der Rücktritt des alten Zentralkomitee sollte gleichfalls den Weg zu Neuwahlen freimachen und gegenüber der Parteibasis vertrauensbildend wirken. Der Rücktritt des ZK stellte unter diesem Gesichtspunkt nur noch einen formaler Akt dar.«

Dennoch entsteht beim Lesen der unredigierten Abschrift des Tonbandmitschnitts dieser letzten ZK-Tagung der SED[71] der Eindruck einer völlig konfusen Kapitulationsstimmung. Das haben uns verschiedene Teilnehmer an dieser Sitzung als Zeitzeugen auch bestätigt. Egon Krenz, der zu Beginn der Tagung durchaus realistisch einschätzte, daß die Existenz der Partei auf dem Spiel stehe und die DDR in Gefahr sei, beherrschte nach Aussagen von Zeitzeugen die Situation auf dem Plenum überhaupt nicht. Er verschwieg die Versuche, die SED zu spalten und bedauerte ausführlich den Rücktritt von Willerding. Wenn der letzte Generalsekretär des ZK der SED zunächst noch von »Möglichkeiten« (im Plural) sprach, die zu debattieren wären, »… die uns aus dieser Lage herausführen könnten«, so hatte er doch – ohne jede Begründung vorzutragen – nur eine Lösungsvariante: den Rücktritt. Und den trug Schabowski vor. Er verlas den Beschluß des Politbüros:

> *Erstens*: Aus dem ZK der SED (das ohnehin zum Rücktritt bereit war) sollen ausgeschlossen werden: Hans Albrecht, Erich Honecker, Werner Krolikowski, Günther Kleiber, Gerhard Müller, Alexander Schalck-Golodkowski, Horst Sindermann, Willi Stoph, Harry Tisch und Dieter Müller. Eine Begründung dafür wurde nicht gegeben. Aufgrund von Forderungen verschiedener Kreisdelegiertenkonferenzen sollten sie aus der SED ausgeschlossen werden.
>
> *Zweitens:* Hans-Joachim Böhme, Johannes Chemnitzer, Günter Ehrensperger, Werner Müller und Herbert Ziegenhahn sollten aus dem ZK ausgeschlossen, gegen alle sollte gleichzeitig ein Parteiverfahren eröffnet werden.

Drittens: Das ZK der SED in seiner Gesamtheit erklärt seinen Rücktritt.
Viertens: Das zum Rücktritt bereite ZK der SED wird gegenüber dem
einberufenen außerordentlichen Parteitag Rechenschaft ablegen. Dazu
wird eine Kommission von Mitgliedern des ZK gebildet.«
Egon Krenz übte keine Kritik an der Haltung der »neuen Opposition«. Er
stellte nur selbstkritisch fest, das Politbüro akzeptiere die Kritik von großen Teilen der Mitgliedschaft, daß es nicht imstande gewesen wäre, den
Auftrag der 9. und 10. ZK-Tagung zu erfüllen, und es zudem auch nicht
vermochte,

> »…das ganze Ausmaß und die Schwere der Verfehlungen von Mitgliedern des ehe-
> maligen Politbüros aufzudecken und daraus die erforderlichen Konsequenzen zu
> ziehen.«

An der ZK-Tagung nahmen auch alle neu gewählten Ersten Sekretäre der
SED-Bezirksleitungen teil, die nicht Mitglieder des ZK waren. In ihrem Namen begründete Roland Wötzel die Konstituierung eines Arbeitsausschusses
zur Vorbereitung des außerordentlichen Parteitages, »bestehend aus Genossen, die konsequent für eine neue SED sind«. Beschlossen wurde die Bildung
eines Parteiuntersuchungsausschusses, der »konsequent Machtmißbrauch
und Privilegien aufdeckt und der die betroffenen Genossen *parteimäßig* zur
Verantwortung zieht«. Danach beantragte Werner Eberlein den Rücktritt der
Zentralen Parteikontrollkommission[72].

In der nun folgenden Diskussion protestierten Johannes Chemnitzer und
Hans-Joachim Böhme, daß gegen sie ein Parteiverfahren eingeleitet werden
sollte. Sie wiesen jede Anschuldigung von Amtsmißbrauch und Korruption
entschieden zurück. Doch keiner hörte auf sie, und es war auch schon nicht
mehr wichtig, ob die vorgebrachten Anschuldigungen begründet wurden
oder nicht. Die politische Moral in diesem Gremium war soweit gesunken,
daß für solche Anträge nicht einmal mehr eine Begründung notwendig
war. Einigen ZK-Mitgliedern ging diese statutenwidrige Verfahrensweise zu
weit. Zu ihnen gehörten Erich Hahn und Otto Arendt, die einen Bericht
der ZPKK einforderten, sowie Herbert Richter und Gerhard Beil, die eine
Fortsetzung der Arbeit der ZPKK verlangten. Dann versuchten Gerhard
Beil[73] und Bernhard Quandt, die ZK-Mitglieder in letzter Minute gegen
den gemeinsamen politischen Gegner zu aktivieren. Sie forderten die ZK-
Mitglieder auf, ehrlich weiterzukämpfen. Bernhard Quandt schlug in einer
sehr emotionalen Rede vor, sich mit einem Aufruf an die Arbeiterklasse der

DDR zu wenden[74]. Sie erhielten zwar Beifall, aber nicht einmal Krenz reagierte auf diese Vorschläge. Er trug nur einen weiteren Beschlußentwurf des Politbüros vor, den Herger und Lorenz ausgearbeitet hatten. In ihm stellten sie erstens eine radikale Erneuerung der Partei von der Basis her fest (womit die Arbeit der »neuen Opposition« sanktioniert wurde) und schlossen sich zweitens auch noch unkritisch der Amts- und Machtmißbrauchs-Kampagne an. Das war die Kapitulation der Reformer um Krenz vor den Gorbatschow-Fundamentalisten. Doch auch dieser Beschlußentwurf wurde nicht mehr diskutiert, denn nun stellte plötzlich Erich Postler einen Antrag zur Geschäftsordnung[75]. Er lautete:

> »Genossen, ich möchte darüber informieren, die Lage ist ernst. Wir müssen uns entscheiden, ... wir dürfen nicht allzuviel Zeit verlieren. Die Berliner sammeln zur Demonstration, sie marschieren auf das Haus zu... Wenn wir jetzt lange diskutieren, kommen wir in eine schwierige Lage ... wir müssen Beschlüsse fassen...«

Als wir ihn nach dem Grund seiner Eile und seines Antrages befragten, antwortete er, ihm sei von Tilo Fischer während der Tagung aus dem Büro des Politbüros ein entsprechender Zettel zugesteckt worden, und es sei sowieso schon alles verloren gewesen[76]. Keines der ZK-Mitglieder kam auf die Idee, mit denen, die auf das Haus zumarschierten, diskutieren zu wollen. Was war eigentlich geschehen, das Tilo Fischer so erschreckte? Wieder einmal war von Vertretern der »neuen Opposition« zu einer Demonstration vor dem Gebäude des ZK aufgerufen worden. Doch zunächst war der Platz dort leer geblieben. Dann kamen die von Michail Nelken organisierten Demonstranten von der Akademie der Wissenschaften[77], und vom Friedrichstadt-Palast näherte sich eine Gruppe ›Berliner Künstler‹, die – wie Gysi meinte – »allesamt auf der Seite des Neuen Forums standen«[78]. Alle hätten – meint Thomas Falkner – »vor Zorn gekocht«[79]. Es ist eigentlich erstaunlich, daß kein Mitglied des ZK es vermochte, diesen »zornigen Intellektuellen« Widerstand zu leisten und um die Partei und die DDR zu kämpfen. Die ZK-Mitglieder sahen sich nur bedrängt und ließen Hals über Kopf die Anträge des Politbüros passieren, die – und das sei ausdrücklich betont – dem Statut der SED widersprachen. Teilnehmer an der Tagung sagten, es sei nicht einmal ordentlich abgestimmt worden. Das mag sein, es charakterisiert nur die Situation. Übrigens hat keines der ZK-Mitglieder auf dem Plenum offen dagegen protestiert. Die Tagung endete um 14.50 Uhr.

H. Bortfeldt kommentierte: »Dieses Politbüro und Zentralkomitee lief sang- und klanglos auseinander...«[80], und Teltschik vermerkte: »Das große Aufräumen geht weiter...«[81]. Zum Verhalten der ZK-Mitglieder müßte hier gefragt werden: War die SED-Führung, das Politbüro und das Zentralkomitee, durch den Druck der Fundamentalreformer oder durch ihre eigenen Versäumnisse und Fehlentscheidungen derart demoralisiert? Was war die Ursache ihrer Kapitulation? Werner Eberlein schätzte uns gegenüber diesen unrühmlichen Abgang des ZK der SED mit den Worten ein[82]:

> »Der kollektive Rücktritt des ZK der SED auf seiner 12. Tagung am 3.12.1989 war einerseits das Ergebnis der Ausweglosigkeit des Politbüros, das nach dem 10. ZK-Plenum keine Konzeption fand, wie die Lage in der DDR zu beherrschen war, und zugleich erfolgte er auf Grund der Forderungen aus den Bezirken. Außerdem hatten wir das Vertrauen der Führungsriege um Michail Gorbatschow verloren. Dazu kam, daß im November auch die Kommunikation zwischen dem zentralen Parteiapparat und den Bezirken nicht mehr klappte. In den Bezirken waren im November alle Ersten Sekretäre der SED-Bezirksleitungen zurückgetreten. Die neu gewählten Ersten Sekretäre gehörten (bis auf eine Ausnahme; d. Aut.) nicht mehr dem ZK an. Insofern war der Rücktritt des Politbüros und des ZK schon eine Kapitulation, auch von Egon Krenz, vor einer Situation, die auch er nicht mehr beherrschte.«

Wir halten zwei der von Eberlein angeführten Gründe für besonders wichtig. Einmal war es den Reformern gelungen, Politbüro und Zentralkomitee von der Parteibasis weitgehend zu isolieren, zum anderen hatte offensichtlich Gorbatschow über seine »Kanäle« wissen lassen, daß nun endlich eine personelle Veränderung in der Parteiführung erforderlich sei, was uns von anderen Zeitzeugen bestätigt wurde.

Der »Sturm aufs Große Haus«, mit dem Tilo Fischer die ZK-Mitglieder unter Druck setzte, fand aber nicht einmal statt. Schabowski verlas vor den Versammelten die ZK-Beschlüsse und gab die Konstituierung des Arbeitsausschusses bekannt, die Anwesenden jubelten oder pfiffen und zerstreuten sich[83]. Nur die Aktivisten der Fundamentalreformer, Nelken, Falkner und Segert, eilten, wie sie selbst berichten, allein in das »Große Haus«, ängstlich darum besorgt, sie kämen zu spät, sie könnten den Erfolg ihres Putsches verpassen, denn schließlich wollten auch sie Mitglied der »neuen Parteiführung« werden[84]. So klopften die »demokratischen Revolutionäre« erst einmal brav an der Eingangstür des Hauses des Zentralkomitees am Werderschen Markt und wurden von »ZK-Beamten« (nach ihrer Diktion) in einem »überheizten Zimmer festgehalten«. Obgleich Segert nun mit »fester, schneidender

Stimme und in unmißverständlichen harten Formulierungen« den Ernst der Lage erklärte, verzog »der Büttel« kein Gesicht. Und noch einmal wird es für einen Augenblick »revolutionär«. Wir zitieren: »Michail Nelken hält die Tür auf. ›Ich bin Parteitagsdelegierter, das hier ist mein Haus‹, ruft er voller Wut…«[85]. Dennoch, die »Büttel« blieben ungerührt. Erst als Gerd Schulz kam, der Abteilungsleiter für Jugend im ZK der SED, ermöglichte er den »demokratischen Revolutionären« den Eintritt in den »Saal ihrer Wünsche«, wo sich gerade der vom zurückgetretenen ZK eingesetzte Arbeitsausschuß zu seiner konstituierenden Sitzung zusammenfand. Und dort sahen sie alle ihre Freunde wieder, Markus Wolf, Michael Brie, Dieter Klein, Roland Claus, Roland Wötzel, Gregor Gysi, und die anderen. Daß Markus Wolf nun der Leiter der Interimsführung der SED war und bis zum Parteitag die Parteiführung anstelle von Krenz übernahm, ist eine illustre Behauptung, die Günter Schabowski verbreitet hat[86].

3. »Dem Gipfel geht es gut« – Der Deutschland-Deal von Malta

Michail Gorbatschow und George Bush hatten im Sommer 1989 in einem besonders vertraulichen Schriftwechsel ein Gipfeltreffen vereinbart. Nach einer langen streng geheim gehaltenen Vorbereitung fand es am 2. und 3. Dezember 1989 in der Marsaxlokk-Bucht im Hafen von La Valletta, der Hauptstadt der Republik Malta, auf dem sowjetischen Kreuzfahrtschiff »Maxim Gorki« statt[87].

Das Treffen war vordergründig zum gegenseitigen Kennenlernen der beiden Politiker gedacht und von der Bush-Administration gründlich und umsichtig vorbereitet worden. Eduard Schewardnadse war im September 1989 während der UNO-Session mit Bush im Weißen Haus und anschließend in Jackson Hole in Wyoming mit Baker zusammengetroffen. Beide US-Politiker gewannen dabei volles Vertrauen zum sowjetischen Außenminister[88]. Bush hatte außerdem über Margaret Thatcher an Gorbatschow ein Schreiben übermittelt, in dem er ihm nochmals seine Unterstützung für die Perestroika versicherte[89]. Zbigniew Brzezinski besuchte im November Moskau und hielt dort an der Diplomatenschule des Außenministeriums einen mit viel Beifall bedachten Vortrag[90]. Und am Abend des 13. November war Bush mit Henry

Kissinger zusammengekommen, um taktische Fragen zu beraten. Dabei hatte Kissinger dem Präsidenten hinsichtlich der »deutschen Frage« erklärt, daß seiner Ansicht nach die Herstellung der Einheit Deutschlands zwar unabwendbar sei, aber seitens der USA nicht mit einer Neutralisierung Deutschlands bezahlt werden dürfe, das hieße, das vereinigte Deutschland müsse in der NATO verbleiben. Darauf solle Bush dringen. Dagegen werde es Widerstand bei Gorbatschow geben, und deshalb sei in dieser Frage ein behutsames Vorgehen auf Malta angeraten[91].

Ende November 1989 waren dem Präsidenten der USA noch einmal die unterschiedlichen Bewertungen der Perestroika in bezug auf das bevorstehende Treffen mit Michail Gorbatschow vorgetragen worden. Robert Blackwill vom NSC-Stab und Robert Blackwell von der CIA legten unterschiedliche Analysen vor. Das Gutachten der CIA, an dem neben George Kolt von der Sowjetunion-Abteilung der CIA (SOVA) auch Grey Hodnett mitgearbeitet hatte und das außerdem Robert Gates und Fritz Ermarth vom NSC-Stab unterstützten, wurde von William Webster, dem CIA-Direktor, dem Präsidenten am 27. November übergeben. In ihm wurde dargelegt, daß die sowjetische Führung die Kontrolle über Osteuropa verloren habe, in der Frage der deutschen Vereinigung zwar außerordentlich unsicher sei, aber keinem vereinigten Deutschland zustimmen werde, das der NATO angehörte. Ihre Schlußfolgerung lautete, der Präsident solle Gorbatschow »... das Leben zwar nicht erschweren«, sich aber letztlich politisch mehr auf Boris Jelzin konzentrieren, der an Einfluß gewinne[92].

Das Papier von Robert Blackwill und Condoleezza Rice (»The Sowjets and the German Question« vom 27.11.1989 wurde dem Präsidenten von Brent Scowcroft zwei Tage später, am 29. November, übergeben. Die Verfasser kamen bei einer etwa analogen Analyse der Lage in der UdSSR im Gegensatz zu dem CIA-Memorandum jedoch zu dem Schluß, Gorbatschow und seiner Perestroika-Politik (und nicht Boris Jelzin) weiterhin die größte Unterstützung der Vereinigten Staaten zukommen zu lassen. Für die Behandlung der Deutschlandfrage auf Malta enthielt das Memorandum einige sehr praktische Orientierungsvarianten: Erstens sollte der Präsident den Vorrang demokratischer Reformen in der DDR und besonders die Selbstbestimmung der Deutschen betonen (gegebenenfalls könnte das Ziel der deutschen Einheit irgendwie bekräftigt werden), eine Viermächte-Konferenz über Deutschland sei aber konsequent abzulehnen. Zweitens solle sich Bush bemühen, die

Unterstützung der Alliierten zum Zehn-Punkte-Plan Kohls zu gewinnen, aber auf einem Verbleiben »der Deutschen« in der NATO beharren, zugleich jedoch auf eine »vernünftige Haltung« der Bundesregierung in der »Grenzfrage« hinwirken. Drittens schließlich müsse der Präsident die bevorstehende Umwälzung in Mitteleuropa in eine »Vision für eine gesamteuropäische Umgestaltung« einkleiden.[93] Bush nahm das CIA-Dokument zur Kenntnis und das NSC-Memorandum als Grundlage seiner Verhandlungen auf Malta. Er faßte am Vorabend des Treffens sein Konzept in dem Satz zusammen: »Alles was ich dort tun werde, tue ich, um Gorbatschow zu zeigen, daß ich hinter ihm stehe.«[94]

Auf sowjetischer Seite demonstrierte Michail Gorbatschow zunächst einmal gegenüber dem kanadischen Premierminister Brian Mulroney seine Verärgerung über den Zehn-Punkte-Plan des Bundeskanzlers in der Absicht, daß Mulroney diese Meinung Bush noch rechtzeitig zutragen werde[95]. Für das Treffen auf Malta hatten Georgi Arbatow[96] und Andrej Kokoschkin für Gorbatschow eine Analyse der Lage innerhalb der Washingtoner Administration erarbeitet. Beide Experten empfahlen Gorbatschow, daß er dem USA-Präsidenten vor allem als gleichwertiger Partner gegenübertreten solle. Er möge diesmal auf jeden öffentlichen »Knüller« verzichten und vor allem bemüht sein, bei Bush um »gegenseitiges Verständnis« zu werben. Weiter hieß es in diesen Vorschlägen, daß Gorbatschow nicht ausdrücklich um amerikanische Wirtschaftshilfe nachsuchen sollte, um sich nicht zusätzlicher Kritik seiner politischen Widersacher im eigenen Politbüro auszusetzen[97]. Tschernajew schätzte in seinem Memorandum an Gorbatschow ein, daß die Amerikaner noch keine endgültige Stellung zur Perestroika bezogen hätten und bei ihnen die Meinung überwiege, man solle sich nicht für sie einsetzen, sondern die Sowjetunion um jeden Preis schwächen und dadurch die USA stärken. Als Ziel des Treffens seitens der UdSSR formulierte er[98]:

>»Die Lage in Europa hatte sich nach den Herbstereignissen in den sozialistischen Ländern von Grund auf geändert. Der Kalte Krieg ging seinem Ende entgegen. … Nach dem Fall der Mauer war jedoch offensichtlich, daß wir die Folgen von Jalta und Stalins Erbe in Europa überwinden mußten. *Die Bilanz der ›Zerschlagung Hitlerdeutschlands‹ mußte revidiert werden.*«

Abgesehen von der erstaunlichen Unkenntnis der Strategie des NSC-Stabes, die in dieser Passage zum Ausdruck kommt, halten wir es für bemerkenswert, wie umstandslos Gorbatschows Crew bereit war, das Abkommen von Jalta[99] und damit die Ergebnisse des gerade von der Sowjetunion so teuer bezahlten Sieges über den deutschen Faschismus preiszugeben.

Am ersten Tag der Begegnung von Bush und Gorbatschow im Hafen von La Valletta am 2. Dezember 1989 fand eine Plenarsitzung beider Delegationen statt. Danach gab es ein »Vier-Augen-Gespräch«, ein sogenanntes Tête-à-tête zwischen Bush und Gorbatschow. Ein geplantes Abendtreffen fiel aus. Der folgende Tag begann wieder mit einem »Plenum« beider Delegationen, dem sich nach dem Mittagessen ein weiteres diplomatisches »Tête-à-tête« der beiden Staatschefs anschloß.

Beim ersten Vier-Augen-Gespräch, dessen Niederschrift bisher noch nicht veröffentlicht wurde, haben – nach den Angaben von Gorbatschow – beide Politiker über die Einheit Deutschlands gesprochen. Wir erinnern uns: Bush hatte dem Bundeskanzler zugesagt, bei dieser Gelegenheit den Handlungsspielraum des sowjetischen Partners in der deutschen Frage auszuleuchten. Gorbatschow schreibt in seinen Erinnerungen, er habe gegenüber Bush den Zehn-Punkte-Plan Kohls angesprochen und kritisiert, weil er geeignet sei, den Gang der Ereignisse zu beschleunigen, und damit die Gefahr heraufbeschwöre, daß »eine behutsame Taktik in der deutschen Frage« – und somit die deutsche Einheit – vereitelt werden könnte. Er schreibt darüber in seinen »Erinnerungen«, ohne in Einzelheiten zu gehen[100]:

> »Ich äußerte meine Besorgnis darüber, daß mit den Ereignissen in *Deutschland (kursiv, d. Aut.)* zu viel Aufsehens gemacht werde. Die Vereinigung sei eine zu ernste Angelegenheit und erfordere umsichtiges Handeln.«

Teltschik erfuhr von Bush[101], daß »Gorbatschow davon gesprochen (habe), daß die Geschichte die deutsche Frage lösen werde. Er habe das Recht des deutschen Volkes auf Selbstbestimmung nicht bestritten«.

Gorbatschow hatte sich seit seinem Besuch in Bonn schon mehrmals auf die taktisch geschickt ausgeklügelte diplomatische »Fangschaltung« einer »deutschen Selbstbestimmung« ohne Vorbehalte eingelassen, womit er die Souveränität der DDR grundsätzlich erst einmal zur Disposition gestellt hatte. Diese Einlassung kam der Strategie des NSC-Stabes ebenso entgegen wie seine Taktik einer »stillen Einigungs-Strategie«. So konnten sich beide Politiker in diesem Gespräch ohne Schwierigkeiten in zwei Punkten in der »deutschen Frage« verständigen: einmal grundsätzlich in bezug auf die Vereinigung der beiden deutschen Staaten und zweitens, zu diesem Zweck eine diskrete Vereinigungspolitik zu verfolgen. Die DDR sollte nach Möglichkeit ohne Aufsehen liquidiert werden.

Am zweiten Tag, auf der Plenarsitzung beider Delegationen, an der auf sowjetischer Seite noch Eduard Schewardnadse, Alexander Jakowlew, Anatoli Dobrynin und Georgi Arbatow sowie auf amerikanischer Seite James Baker, John Sununu, Brent Scowcroft und Robert Zoellick teilnahmen[102], wurde das Thema Deutschland nochmals angesprochen. Dabei kam es zu folgendem Dialog, den wir einer Dokumentation Gorbatschows entnehmen[103]:

> »*George Bush:* Ich glaube nicht, daß wir hier Meinungsverschiedenheiten haben. Wir sind für die Selbstbestimmung und damit einhergehenden Debatten. Ich möchte, daß Sie unsere Position positiv verstehen. Die westlichen Werte bedeuten durchaus nicht, daß wir unser System Rumänien, der Tschechoslowakei, ja nicht einmal der DDR aufzwingen wollen.
>
> *Michail Gorbatschow:* Diese Sicht ist sehr wichtig für uns. Gegenwärtig laufen fundamentale Veränderungen ab, die Völker kommen einander näher. Das ist das Wichtigste. Ich sehe, daß man auf osteuropäischem Boden sich jetzt einige Methoden zur Lösung von Problemen erschließt, die das andere System benutzt – auf wirtschaftlichem, technologischem und anderen Gebieten. Das ist ganz natürlich. Wenn wir eine solche gemeinsame Sicht auf die Dinge haben, dann werden alle praktischen Handlungen für Veränderungen der Lage angemessen sein und positiven Charakter tragen. …
>
> *James Baker:* Ich möchte unsere Haltung zur Selbstbestimmung präzisieren. Wir stimmen zu, daß jedes Land das Recht haben muß, seine Entscheidung selbst zu treffen. Das macht aber nur Sinn, wenn das Volk in diesem Lande wirklich in der Lage ist, frei zu wählen. Genau das ist der Sinn der ›westlichen Werte‹ und nicht etwa das Recht, anderen seine eigene Ordnung aufzuzwingen.
>
> *Michail Gorbatschow:* Wenn jemand Anspruch auf die absolute Wahrheit erhebt, dann ist Gefahr im Verzuge.
>
> *George Bush:* Völlig richtig.
>
> *James Baker:* Ich meine etwas anderes. Nehmen wir zum Beispiel die Frage der Vereinigung Deutschlands, die manchen bei uns und auch bei Ihnen sowie viele Europäer nervös werden läßt. Wofür setzen wir uns hier ein? Die Vereinigung soll auf der Grundlage der Offenheit,

des Pluralismus und des freien Marktes vor sich gehen. Wir wollen durchaus nicht, daß im vereinigten Deutschland das Modell der Jahre 1937-1945 wiederentsteht, was Sie offenbar sehr beunruhigt. Das Deutschland jener Zeit hatte mit den westlichen Werten überhaupt nichts zu tun.

Michail Gorbatschow: Alexander Jakowlew fragt: Wieso sind Demokratie, Offenheit und Markt ›westliche‹ Werte?

George Bush: Da die USA und Westeuropa sie seit vielen Jahren teilen.

Michail Gorbatschow: Auch wir teilen sie. Das sind doch Werte, die der ganzen Menschheit gehören.

George Bush: Das war nicht immer so. Sie selbst haben diese Veränderungen in Gang gesetzt und eine Bewegung zu Demokratie und Offenheit begonnen. Heute ist tatsächlich wesentlich klarer als, sagen wir, vor zwanzig Jahren, daß wir diese Werte teilen.«

Mit Bezug auf diese Diskussion bemerkt Baker, damit »... hatten wir den Grad unserer Kooperation neu bestimmt.«[104] Und wenn der amerikanische Außenminister dieses Gipfeltreffen insgesamt als einen »historischen Wendepunkt« in den sowjetisch-amerikanischen Beziehungen bewertet, dürfte er damit der Wahrheit sehr nahe kommen. Sie entspräche auch der Einschätzung Gorbatschows, daß Malta das Ende des Kalten Krieges gewesen sei. Doch das ist nur ein Teil der historischen Wahrheit, ihr anderer Teil besteht darin, daß Gorbatschow auf Malta die Kapitulation der UdSSR im Kalten Krieg einleitete und daß in der dort vorbereiteten Kapitulationsurkunde die Preisgabe der DDR als »westlichsten Vorposten der UdSSR« nur einen Punkt im Gesamttext darstellte.

Von Malta aus fuhren George Bush und James Baker mit ihrem Stab nach Brüssel, um die NATO-Verbündeten über das Verhandlungsergebnis mit Gorbatschow zu informieren. Bereits beim Abendessen am 3. Dezember in der amerikanischen Residenz im Château Stuyvenberg in Brüssel informierte George Bush in Anwesenheit von Brent Scowcroft und John Sununu den deutschen Bundeskanzler über die grundsätzlichen Vereinbarungen, die mit Gorbatschow zur »deutschen Frage« getroffen worden waren. Glauben wir den Aufzeichnungen des fleißig notierenden Teltschik, so berichtete Bush, daß der sowjetische Parteichef »... an der deutschen Frage äußerst interessiert gewesen« sei, aber zu bedenken gegeben habe, daß »... die Deutschen ein zu schnelles Tempo angeschlagen« hätten. »Der Bundeskanzler habe es zu eilig«, soll Michail Gorbatschow moniert haben. Teltschik notiert von den weiteren Ausführungen des amerikanischen Präsidenten, daß Bush diesem Einwand zwar widersprochen, doch Gorbatschow versichert habe,[105]

> »… daß (seitens der US-Regierung; d. Aut.) nichts ›Unrealistisches‹ geschehen werde, … Alles werde wohlüberlegt geschehen. Das ›Tempo des Wandels‹ sei Sache der in der DDR lebenden Menschen.«

Womit Gorbatschow offenbar zufrieden war. Die Strategie des NSC-Stabes hatte sich bewährt. Kohl war den Informationen des USA-Präsidenten beim Abendessen aufmerksam gefolgt und hatte dessen Anliegen verstanden. Eilig erläuterte er Bush zunächst die neueste Entwicklung in der DDR und informierte ihn besonders über den gerade bekannt gewordenen Sturz der SED-Führung, um ihm gleich zu versichern, es sei niemand daran interessiert, daß die Lage in der DDR außer Kontrolle gerate. Doch »leider«, fuhr der Bundeskanzler fort, »sei es offensichtlich, daß die neue Führung dort die Lage nicht im Griff habe«, daher sei die europäische Integration der einzig richtige Lösungsweg. Weiter versicherte der Bundeskanzler dem US-Präsidenten, auch er wolle Gorbatschow nicht in die Enge drängen, und fügte, so Teltschik wörtlich, hinzu[106]:

> »Es wäre ein wirtschaftliches Abenteuer, wenn die Wiedervereinigung in zwei Jahren erfolgen würde.«

Worauf es Kohl ankam, und auch das erläuterte er dem USA-Präsidenten auf diesem Dinner, die in der DDR entstehende Lage dürfe keinesfalls als eine Folge der Bonner Politik erscheinen, sondern müsse sich als in der DDR »hausgemacht« darstellen. Dieses taktische Vorgehen des deutschen Bundeskanzlers begrüßte Bush. Der Präsident »sah das genauso«, berichtet Teltschik und notierte auch die Meinung Bushs: »Gorbatschow komme einfach nicht mit dem ungeheuren Tempo zurande, in dem sich diese Entwicklungen (in der DDR, d. Aut.) vollzögen.« Diese Formel könnte als ein Verständigungshinweis bewertet werden, aber gleichzeitig mahnte der US-Präsident den Bundeskanzler zur Umsicht, denn auch er müsse auf Stimmungen in den USA Rücksicht nehmen. Kohl möge sich konsequent an den Kurs der Zehn Punkte halten, weil die »meisten (US-Bürger) damit sehr zufrieden seien«[107].

Es war tatsächlich eine »brillante« Vereinigungstaktik, auf die sich beide Staatsmänner in Brüssel verständigen konnten. Doch sie basierte bereits

auf der Pleite der Gorbatschowschen Politik, und das wußten sie. Als der
KPdSU-Generalsekretär am Mittag dieses Tages auf seiner internationalen
Pressekonferenz zwar von zwei souveränen deutschen Staaten sprach, sagte
er jedoch gleichzeitig, daß die »Geschichte … über das Schicksal der beiden
deutschen Staaten entscheiden wird«. Und der Bundeskanzler war in diesem
Fall bereit, selbst diese »Geschichte« zu sein.

Doch das Projekt der deutschen Einheit enthielt noch risikobelastete
Aspekte, und die waren beim Zehn-Punkte-Plan des Bundeskanzlers nicht
ausreichend berücksichtigt worden. Darauf hatten besonders François
Mitterrand und Margaret Thatcher immer wieder kritisch hingewiesen[108].
Zu diesen Aspekten gehörte die Anerkennung der neuen Ostgrenzen eines
vereinigten Deutschlands durch die Bundesregierung und die Integration
eines »neuen Deutschlands« in das europäische Gleichgewicht. Darauf
ging am folgenden Tag George Bush in seinem Bericht vor dem NATO-
Rat ausführlicher ein. In dieser Rede bekannte er sich zunächst nochmals
nachdrücklich zur Reformpolitik Gorbatschows und unterstützte dann die
»Wiedervereinigung Deutschlands« auf dem Prinzip der »Überwindung der
Teilung Europas durch Freiheit«. Außerdem betonte der USA-Präsident die
Zusicherung des Bundeskanzlers, die Wiedervereinigung Deutschlands nur
schrittweise und lediglich im Rahmen einer europäischen Einigung anzustreben. Er versicherte den anwesenden europäischen Partnern der NATO
die Wahrung ihrer Interessen und die Einhaltung der Grundsätze der
Schlußakte von Helsinki. Diese Prinzipien bezog er vor allem darauf, und
auch hier stimme er – so betonte Bush – mit seinem sowjetischen Partner
überein, daß sich die deutsche Vereinigung nicht in den Grenzen von 1937
vollziehen könne[109].

Der Zustimmung des Bundeskanzlers zu Bushs Voraussetzungen für das
Ja der USA zur deutschen Einheit lagen bereits einige diplomatische »con-
ditiones« sine qua non zugrunde, die zwischen dem Washingtoner State
Department und dem Bonner Außenministerium vorgeklärt worden waren
und die den Prämissen des NSC-Stabes entsprachen. Erstens: Unterstaatssekretär Robert Kimmit und Bill Burns vom Planungsstab des State Department hatten zugestanden, daß es auch im Interesse der Vereinigten Staaten
liege, mit »Deutschland« keine »bestrafenden Friedensvereinbarungen« zu
treffen. Das kam dem Bonner Wunsch entgegen, über Deutschland keine
Viermächteverhandlungen zuzulassen (die Gorbatschow noch immer vor-

schwebten). Zweitens betonten sie, das vereinigte Deutschland müsse in der NATO verbleiben[110]. Das entsprach der Doktrin im Memorandum des NSC-Stabes vom 27.11.1989. Dennoch bestand in Washington aber immer noch die Furcht, Kohl würde sich in dieser Frage doch noch dem Druck Gorbatschows beugen. Drittens präzisierte Robert Zoellick die Formel von der deutschen Selbstbestimmung so[111]:

> »In einigen Fällen sind die Taktiken, die zu (unseren; d. Aut.) Zielen führen, schwer zu formulieren, (aber in dieser Situation; d. Aut.) war es klar, daß die Achtung demokratischer Selbstbestimmung Deutschland einigen würde.«

Viertens hatten das State Department und der NSC-Stab das Bonner Außenministerium darauf aufmerksam gemacht, daß die Verbündeten einer Vereinigung der beiden deutschen Staaten nur in den Grenzen von 1945 zustimmen könnten und würden. Damit war auf dieser NATO-Tagung in Brüssel die »Arithmetik der Vereinigungsstrategie«, die auf Bushs und Gorbatschows Absprachen auf Malta beruhte, klar skizziert worden. Nur unter diesen klar formulierten »USA-Interessen« und innerhalb dieses Rahmens bekam Kohl nunmehr freie Hand für seine Politik der deutschen Vereinigung, das hieß zur Liquidierung der DDR.

Offenbar um das Mißtrauen der sowjetischen Führung zu zerstreuen, auf das Bush in Brüssel aufmerksam gemacht hatte, traf Hans-Dietrich Genscher am 5. Dezember 1989 in Moskau mit Schewardnadse und Gorbatschow zusammen[112]. Das Treffen erwies sich als komplizierter als erwartet. Gorbatschow befand sich in einer politisch schwierigen Situation. Er hatte – wie Bush in Brüssel – am Vortag ebenfalls den politischen Repräsentanten der Länder des Warschauer Vertrages, vor dessen Politisch-Beratendem Ausschuß in Moskau, über seine Verhandlungen auf Malta berichtet. Doch im Gegensatz zu Bush und Baker informierte Gorbatschow seine Verbündeten nur sehr selektiv über die geführten Gespräche. Während er im Plenum der Beratung sehr ausführlich über die getroffenen Vereinbarungen zur Rüstungsbegrenzung berichtete, ging er auf die deutschlandpolitischen Gespräche und die getroffenen Absprachen zur »deutschen Frage« überhaupt nicht ein. Das bestätigten uns alle Teilnehmer der DDR an diesem Treffen. Die Zeitzeugen meinen: das konnte er sich auch nicht leisten, weil an diesem Treffen noch Nicolae Ceaucescu und Todor Shiwkow teilnahmen. Hätte er auf dieser Beratung alles gesagt, was mit Bush abgesprochen worden war, wäre es zweifellos zu einem politischen Eklat gekommen. Im Gegenteil, in seinem Bericht ging

Gorbatschow betont von zwei souveränen deutschen Staaten als Garanten für die weitere Sicherheit in Europa aus[113]. Lediglich bei einem kurzen Treffen auf dem Flur während einer Verhandlungspause machte Gorbatschow gegenüber Modrow und Krenz deutlich, daß er selbstverständlich das Konzept der Vertragsgemeinschaft unterstütze, wie es ja auch von Kohl in seinen zehn Punkten aufgegriffen worden sei. Das wurde Modrow auch in einer kurzen Aussprache von Nikolai Ryshkow bestätigt[114]. Gorbatschow hielt sein wahrheitswidriges Taktieren in der »deutschen Frage« wohl auch für erforderlich, weil er vor einem ZK-Plenum stand, dem er ebenfalls Rechenschaft ablegen mußte[115].

Der BRD-Außenminister kam ihm also außerordentlich ungelegen. So schlug Gorbatschow erst einmal einen »diplomatischen Haken«. Er schalt, und wie es heißt sogar »erregt«, Hans-Dietrich Genscher für die Hast seines Kanzlers. Gorbatschow machte deutlich, daß jeder öffentliche Lärm die Wiedervereinigung nur verhindern könne. Unter diesen Umständen war es auch verständlich, daß Gorbatschow den Zehn-Punkte-Plan sogar als »Diktat« zurückwies. Wörtlich habe er dabei zu Genscher gesagt[116]:

> »Eigentlich sollte man mit einem solchen Dokument erst nach entsprechenden Konsultationen mit den Partnern an die Öffentlichkeit gehen. Oder hält der Bundeskanzler das alles nicht mehr für nötig? Er meint zu glauben, daß bereits seine Musik gespielt wird – Marschmusik... Ich hatte ihm gesagt, daß die DDR nicht nur ein Faktor der europäischen Politik ist, sondern der Weltpolitik insgesamt. ... Kohl hat dem zugestimmt und versichert, daß die BRD auf keinen Fall eine Destabilisierung der DDR bezweckt, sondern ausgewogen vorgehen wird. ... Gestern verkündete Kanzler Kohl dann bedenkenlos, daß US-Präsident Bush die Idee einer Konföderation unterstützt... Was kommt als nächstes? ... Wohin mit unseren Abmachungen? Kann man so was Politik nennen?«

Genscher will die Erregung Gorbatschows ebensowenig verstanden haben wie Teltschik. Beide hatten ja beste Informationen von Bush. Deshalb soll der BRD-Außenminister hilflos entgegnet haben, daß das Zehn-Punkte-Konzept des Bundeskanzlers lediglich ein Angebot an die DDR sei und es letztlich in deren Entscheidung liege, wie sie ihr Verhältnis zur Bundesrepublik gestalte. Außerdem, so beteuerte Genscher eiligst, lehne natürlich die Bundesregierung »einen nationalen Alleingang« in der Frage der Wiedervereinigung überhaupt ab[117], wodurch Gorbatschow offenbar rasch beruhigt war. Und weil diese Diskussion so »beispiellos heftig« gewesen sei (und nicht weil Gorbatschow eifrig bemüht blieb, die DDR so »still wie möglich« aufzugeben), beschlossen beide Seiten, so teilte später Tschernajew mit, die Öffentlichkeit über dieses Gespräch nicht zu informieren[118]. Ein weiteres schönes Beispiel Gorbatschow'scher Glasnost.

Während sich in Bonn Teltschik im Bundeskanzleramt noch Gedanken darüber machte, wieweit sich »das alles« mit der (west)deutsch-sowjetischen Deklaration vom 13. Juni 1989 in Übereinstimmung bringen ließe und ob diese überhaupt noch gelte, belastete sich Gorbatschow in Moskau mit solchen Formalien nicht, sonst hätte er ja die Normative der internationalen Vereinbarungen der UdSSR mit der DDR einhalten müssen[119]. Das hätte bedeutet, zumindest deren Repräsentanten umgehend über die laufenden Verhandlungen mit den USA zu konsultieren, so wie das die USA mit der BRD getan hatten. Doch ein derartiger Vertrags- und politischer Vertrauensbruch hatte in der Geschichte seine Beispiele. Wir verweisen auf das am 29.9.1938 von Chamberlain (Großbritannien) und Daladier (Frankreich) mitunterzeichnete Abkommen von München, mit dem es beide Politiker – ohne sich mit ihrem tschechischen Verbündeten zu beraten und natürlich im »Interesse der Erhaltung des Friedens in Europa« – Hitler-Deutschland ermöglichten, die westlichen Grenzgebiete der Tschechischen Republik zu annektieren[120].

Kapitel IV:

Die Hegemonie der »neuen Opposition« – die Agonie der DDR

»Die Aufbruchphase ist vorüber, es beginnt
die entscheidende Phase der Verwirklichung der Demokratie«
*(Gregor Gysi, Referat auf der Parteivorstandssitzung
der SED/PDS am 20.1.1990*

Mit dem Ausscheiden des Politbüros und des ZK der SED aus dem Macht-gefüge der DDR war die »neue Opposition« am Ziel ihres Kampfes. Nun verfügten sie, die SED-Reformer über die politische Macht in einer bereits desolaten DDR. Jetzt trugen sie die Verantwortung für die Verteidigung der sozialen Menschenrechte, soweit diese in vierzig Jahren ausgebaut werden konnten, für die weitere demokratische Ausgestaltung der frühsozialistischen Gesellschaft und für die Sicherung ihrer Souveränität. Ihr Versprechen, die DDR und deren (frühen) Sozialismus zu reformieren, stand nun auf dem Prüfstand der Geschichte. Die Repräsentanten der »neuen Opposition« stan-den im Wort gegenüber den Arbeitern in den Volkseigenen Betrieben und den Bauern in den Genossenschaften, gegenüber der Intelligenz und all je-nen, die sich für eine soziale Gesellschaft engagiert und opferbereit eingesetzt hatten. Doch in ihrem verbissenen Kampf um die Destabilisierung der SED-Parteiführung (gegen die »Polit-Götzen«, wie sie ihre ehemaligen Genossen nunmehr bezeichneten) hatten sie bereits in den vergangenen Wochen das Notwendige, die Reform der DDR, immer weiter ins politisch Unbrauchba-re verlängert und dabei mitgeholfen, den (früh)sozialistischen Staat für das deutsche Großkapital sturmreif herzurichten[1].

Damit waren wesentliche Voraussetzungen geschaffen, daß der Deal von Malta in den folgenden Wochen politisch umgesetzt werden konnte. Dieser Sachverhalt bleibt auch gegenüber allen nachfolgenden Behauptungen be-stehen, am Niedergang der DDR sei allein die SED-Führung unter Erich Honecker schuld, denn sie hätte alle Reformpotentiale zerstört, oder wie das ausgerechnet Thomas Falkner formuliert, »die DDR sei an sich selbst geschei-tert und an niemand anderem«[2]. Die Schuld der SED-Führung unter Erich

Honecker an der politischen Krise der DDR ist unbestritten, aber auch die Wahrheit, daß die DDR nach dem Scheitern der Perestroika in der UdSSR allein nicht mehr überlebensfähig war. Doch diese politische Erkenntnis hatten die SED-Perestroikianer nicht. Der subjektive Widerspruch der Repräsentanten der »neuen Opposition« – namentlich von Markus Wolf und Gregor Gysi, aber auch von Ministerpräsident Hans Modrow – bestand darin, daß sie zwar eine sozialistische DDR erhalten wollten, diese aber mit ihrer eigenen Perestroika-Politik selbst zerstörten.

1. Führungslos und ohne Konzeption

Der kollektive Rücktritt des Politbüros und des gesamten Zentralkomitees der SED hatte die Machtstruktur der DDR entscheidend geschwächt. Das erkannten die Gegner der DDR schneller als jene die im Vertrauen auf die »Reformkräfte« zurückgetreten waren. Einige von ihnen befragten wir, warum sie diese Wirkung nicht erkannten. Sie antworteten, daß sie darauf gehofft hätten, daß die »SED-Perestroikianer« jene kritischen Erscheinungen bewältigen würden, zu deren Meisterung sie selbst nicht mehr in der Lage gewesen wären. Eine solche Erwartungshaltung glich in vieler Hinsicht jener, die Jahre zuvor auch viele Sowjetbürger hegten, als ihnen Michail Gorbatschow die gleichen Hoffnungen gemacht hatte. Die neuen »Hoffnungsträger« in der DDR aber kamen ihrem Idol in Moskau außerordentlich nahe: sie hatten zwar den Werktätigen versprochen, daß sie es besser machen wollten mit dem Sozialismus als die alte SED-Führung und die Reformer um Egon Krenz, doch ein Konzept dazu legten sie nicht vor. Heute wissen wir, was die blumenreichen Versicherungen der DDR-Gorbatschowisten wert waren: leere Worthülsen, Visionen ohne Substanz.

1.1 Der Arbeitsausschuß der Ersten Bezirkssekretäre

Es war 16 Uhr am 3. Dezember 1989. Im Sitzungssaal des ehemaligen Politbüros der SED konstituierte sich der vom 12. ZK-Plenum gebildete Arbeitsausschuß zur Vorbereitung des Außerordentlichen Parteitages der SED, der auch die Parteiführung übernommen hatte. Entsprechend der Vereinbarung der Ersten Bezirkssekretäre übernahm Herbert Kroker den Vorsitz im Ausschuß.

Der Beschlußentwurf zur Bildung des Arbeitsausschusses, den Roland Wötzel auf der 12. Tagung des ZK im Namen der Ersten Bezirkssekretäre vorgetragen hatte, enthielt den unbestimmten Passus, daß noch weitere Genossen für das neu zu bildende Gremium hinzuzuziehen wären, die ein Mandat zum Parteitag haben und konsequent »für eine neue SED sind«[3]. Es blieb in dem Beschluß offen, wieviel Parteitagsdelegierte in den Ausschuß noch aufzunehmen wären und auch, was unter einer »neuen SED« zu verstehen wäre. Der Arbeitsausschuß sollte in seiner Zusammensetzung zwar alle Strömungen in der SED repräsentieren, wen von der »neuen Opposition« die Bezirkssekretäre aber aufnahmen, wollten sie selbst bestimmen. Und so kamen neben den 15 Bezirkssekretären noch 12 »Reformer und Reformerinnen« – von Wolfgang Berghofer bis Brigitte Zimmermann – in den Ausschuß. Gysi schreibt[4]:

> »Ich wurde gefragt, ob ich in diesem Ausschuß mitarbeiten wollte. Die vorgetragene Begründung war durchaus korrekt. Ich hätte, hieß es, mich wiederholt kritisch in der Öffentlichkeit geäußert, zugleich aber nie meine Mitgliedschaft in der SED verschwiegen und stets meine Absicht kundgetan, eine bessere DDR und eine reformierte Partei anzustreben. Bei soviel Anerkennung konnte ich nicht abschlagen.«

Wir haben Gysi nach diesem Engagement befragt: Er hat uns geantwortet, daß das Wort »›Öffentlichkeit‹ sicherlich nicht zutreffend wäre«, aber er habe im Juli 1989 in einem Gespräch mit Egon Krenz »zahlreiche notwendige Reformen im Recht der DDR« vorgeschlagen und darüber »… auch den Minister der Justiz und seinen Stellvertreter informiert.« Außerdem machte er geltend, daß es wohl sein »Auftreten am 4. November auf dem Alexanderplatz sowie in der Fernsehsendung zum Reisegesetz« gewesen sei, das jene Genossinnen und Genossen bewogen hätte, ihn für den Arbeitsausschuß vorzuschlagen[5]. Das allerdings wäre nachvollziehbar.

Tafel 6 – Mitglieder des auf Beschluß des 12. Plenums des ZK der SED gebildeten Arbeitsausschusses zur Vorbereitung des Außerordentlichen Parteitages der SED

Heinz Albrecht, 1. Sekretär der SED-Bezirksleitung Berlin, Stellvertretender Vorsitzender des Arbeitsausschusses
Hans-Jürgen Audehm, 1. Sekretär der SED-Bezirksleitung Schwerin (Krankheitsvertretung: Peter Biel)

Wolfgang Berghofer, Oberbürgermeister von Dresden

Lothar Bisky, Prof., Leiter der Abteilung Kultur im ZK der SED

Ellen Brombacher, Sekretär der SED-Bezirksleitung Berlin, Abteilungsleiterin Kultur

Roland Claus, 1. Sekretär der SED-Bezirksleitung Halle, davor Zentralrat der Freien Deutschen Jugend (FDJ)

Gregor Gysi, Rechtsanwalt, Leiter der Untersuchungskommission des Arbeitsausschusses zur Aufdeckung von Machtmißbrauch und Korruption

Hansjoachim Hahn, 1. Sekretär der SED-Bezirksleitung Dresden, Professor an der Technischen Universität Dresden

Klaus Höpcke, Stellvertretender Minister für Kultur, Leiter der Kulturkommission des ZK der SED

Dagmar Hülsenberg, Präsidentin der Kammer der Technik, Korrespondierendes Mitglied der Akademie der Wissenschaften der DDR

Norbert Kertscher, 1. Sekretär der SED-Bezirksleitung Karl-Marx-Stadt, davor 1. Sekretär der Kreisleitung Hohenstein-Ernstthal

Dieter Klein, Prof., Humboldt-Universität Berlin, Projektgruppe Moderner Sozialismus, Stellvertretender Vorsitzender des Arbeitsausschusses

Herbert Kroker, 1. Sekretär der SED-Bezirksleitung Erfurt, davor Kombinatsdirektor, Vorsitzender des Arbeitsausschusses

Eva Maleck-Lewy, Dozentin an der Parteihochschule »Karl Marx« beim ZK der SED, Stellvertretende Vorsitzende des Arbeitsausschusses

Bernd Meier, 1. Sekretär der SED-Bezirksleitung Frankfurt/Oder, davor Zentralrat der FDJ

Peter Pechauf, 1. Sekretär der SED-Bezirksleitung Suhl

Ulrich Peck, 1. Sekretär der SED-Bezirksleitung Rostock, davor 1. Sekretär der Kreisleitung Rostock-Stadt

Wolfgang Pohl, 1. Sekretär der SED-Bezirksleitung Magdeburg, davor 1. Sekretär der Stadtbezirksleitung Magdeburg-Nord

Erich Postler, 1. Sekretär der SED-Bezirksleitung Gera (Mitglied des zurückgetretenen ZK der SED)

Gerd Schulz, Abteilungsleiter Jugend im ZK der SED (Mitglied des zurückgetretenen ZK der SED)

Wolfgang Thiel, 1. Sekretär der SED-Bezirksleitung Cottbus, davor Abteilungsleiter der Bezirksleitung Cottbus

Andreas Thun, (später in den Arbeitsausschuß aufgenommen) Redakteur im Staatlichen Rundfunkkomitee, Vertreter der Plattform WF

Heinz Vietze, 1. Sekretär der SED-Bezirksleitung Potsdam, davor 1. Sekretär der Kreisleitung Potsdam

Markus Wolf, Generalleutnant a. D., bis 1986 Leiter der HVA im Ministerium für Staatssicherheit

Roland Wötzel, 1. Sekretär der SED-Bezirksleitung Leipzig, davor Sekretär der Bezirksleitung

Brigitte Zimmermann, Chefredakteurin der »Wochenpost«, Pressesprecherin des Arbeitsausschusses

Denn wenn allein das allgemeine Kriterium, sich kritisch dahingehend in der Öffentlichkeit geäußert zu haben, eine bessere DDR anzustreben, die korrekte Legitimation für eine Berufung in den Arbeitsausschuß gewesen wäre, hätte der vor Überfüllung nicht zusammentreten können. Das Gespräch mit Gregor Gysi mag wohl auch Egon Krenz bewogen haben, ihn als Rechtsexperten für den Arbeitsausschuß vorzuschlagen.

In seinen autobiographischen Betrachtungen meint Gysi, daß weder der Arbeitsausschuß noch er als dessen Mitglied im Dezember 1989 eigentlich demokratisch legitimiert gewesen wären. Er schreibt: »… sieht man einmal von den Ersten Sekretären der Bezirksleitungen ab, die zumindest das Mandat ihrer Bezirksorganisationen besaßen«, war »… die Mehrheit der Ausschußmitglieder … weder gewählt noch durch ein gewähltes Gremium berufen worden«. Gysi untertreibt. Die Mehrheit der Ausschußmitglieder waren die gewählten Ersten Sekretäre der Bezirksleitungen, und 15 von insgesamt 27 Ausschußmitgliedern bleiben nun einmal eine Majorität. Sie hatten das Mandat ihrer Bezirke und auch die statutarische Vollmacht der letzten ZK-Tagung der SED[6]. Alles andere ist eine Legende.

Auf der konstituierenden Sitzung des Arbeitsausschusses wurde Gregor Gysi die Leitung der noch vom 12. ZK-Plenum beschlossenen Untersuchungskommission zur Aufdeckung von Machtmißbrauch und Korruption übertragen. Außerdem wurden acht Arbeitsgruppen und drei Büros gebildet[7]. Zur Mitarbeit im Arbeitsausschuß hatten sich viele Parteitagsdelegierte und Parteimitglieder aus Grundorganisationen zur Verfügung gestellt[8]. Doch der Arbeitsausschuß verhielt sich wie die WF-Plattform am 30. November 1989: er wollte seine »Überfremdung« durch SED-Mitglieder verhindern, die nicht wenigstens entfernt an den »persönlichen Kommunikationssträngen« des elitären Kreises der Reformer hingen. Sie wurden nicht zur Mitarbeit eingeladen. So sicherten sich die Vertreter der »neuen Opposition« im Arbeitsausschuß eine Majorität, mit der sie nun das politische Machtzentrum der DDR beherrschten. Und anstatt mit der Arbeit zu beginnen und die versprochenen Reformen in Angriff zu nehmen, setzte der Arbeitsausschuß erst einmal seinen Kampf gegen den zentralen Parteiapparat fort.

Die Affäre Wildenhain

Nachdem der Arbeitsausschuß sich konstituiert und der Regierung Modrow das Vertrauen ausgesprochen hatte, ordnete Herbert Kroker an, sofort alle

Arbeitszimmer der zurückgetretenen Mitglieder des Politbüros zu versiegeln[9].
Edwin Schwertner, der Chef des Büros des Politbüros, veranlaßte, daß auch
die Panzerschränke in den Büros der Politbüromitglieder versperrt wurden.
Auf Vorschlag Gregor Gysis, in seiner Funktion als Leiter der Arbeitsgruppe
zur Untersuchung von Korruption und Amtsmißbrauch, wurden – wie er
berichtet[10] – auch die Türen der Abteilung Finanzen verplombt. Er meinte,
er habe dies möglicherweise in Absprache mit Herbert Kroker angeordnet,
weil dieser nach seiner Auseinandersetzung mit Günter Mittag nach verscho-
benen Valutamark der SED suchte. Wie sich später herausstellte, war keine
Valutamark »verschoben« worden und die entsprechenden Mittel befanden
sich in einer anderen Abteilung. Kurz vor dem Rücktritt des Politbüros war
eine neue »Haus«- Parteileitung gebildet worden, die nach dem Rücktritt
von Fritz Müller nunmehr Kurt Schneider als »amtierender Parteisekretär«
leitete[11]. Welche chaotische, ja hysterische Situation an diesem Abend unter
den neuen Beherrschern des ZK-Apparates bestand, kennzeichnet ein Vorfall,
über den Heinz Wildenhain, der Leiter der Abteilung Finanzen im ZK der
SED, berichtet[12]:

> »Ich hatte an diesem Abend um 19 Uhr das Haus des ZK verlassen und war nach
> Hause gegangen. Noch während ich beim Abendessen war, erhielt ich einen Anruf.
> Gerd Schulz ließ kurzfristig alle Abteilungsleiter um 22 Uhr zu einer Sitzung einla-
> den. Ich ging ins ZK. Für die Sitzung brauchte ich Schreibmaterial, das ich in der
> Eile vergessen hatte. Also ging ich in mein Arbeitszimmer. Die Gänge waren nicht
> mehr beleuchtet, aber ich kannte ja den Weg. Als ich die Tür öffnete, knackte es
> merkwürdig. Ich hatte nichtsahnend eine Versiegelung erbrochen. Darüber hatte
> ich noch vor Beginn der Beratung Gerd Schulz und Edwin Schwertner informiert.
> Nach der Beratung der Abteilungsleiter, auf der es um die Aufgaben der Abteilun-
> gen bei der kurzfristigen Vorbereitung des Parteitages ging, bat mich Gerd Schulz
> in Anwesenheit von Edwin Schwertner und Kurt Schneider noch einen Moment
> zu warten, Gregor Gysi wollte mich sprechen. Da ich Wochen zuvor einen Brief an
> Egon Krenz zur Valutasituation für den Jahresabschluß geschrieben hatte, dachte
> ich in diesem Augenblick, daß Gregor Gysi diese Frage nun umgehend klären woll-
> te. Ich wartete also im Zimmer von Tilo Fischer, dem Stellvertreter des Bürochefs
> des Politbüros. Kurz vor 24 Uhr kam dann nicht Gregor Gysi, sondern es erschie-
> nen zwei Offiziere, die mich verhafteten.«

Ein Zeitzeuge sagte uns dazu, der Leiter des Büros des ehemaligen Politbüros,
Edwin Schwertner, habe gemeldet, daß die Siegel zum Zimmer des Leiters
der Finanzabteilung aufgebrochen worden seien. Daraufhin sei sofort der
Verdacht aufgekommen, daß Wildenhain versuchen würde Valutamittel oder
sogar Goldbarren zu verschieben. Gysi soll auch sogleich einen Haftbefehl für

Wildenhain gefordert haben[13]. Das wird von Gysi, den wir danach befragten, bestritten. Er schrieb uns[14]:

> »Die Behauptung, daß ich mit der Verhaftung von Heinz Wildenhain am 3. Dezember 1989 etwas zu tun gehabt hätte, ist falsch... An diesem Abend erfuhr ich lediglich, daß es vorher schon eine Gruppe von Genossinnen und Genossen im ZK der SED gegeben hat, die heimlich Informationen über Korruption und Amtsmißbrauch gesammelt hatten. Diese Genossinnen und Genossen hatten ihr Material offenkundig auch der Staatsanwaltschaft zur Verfügung gestellt, so daß es zur Festnahme und späteren Verhaftung von Heinz Wildenhain kam. Ich bin darüber am Abend unterrichtet worden, veranlaßt habe ich diese Verhaftung nicht.«

Aus einer Aktennotiz, die von Gerd Schulz in jenen Tagen unterschrieben ist, ergibt sich, daß es an diesem Abend zwischen ihm, Schneider und Wildenhain eine Aussprache über die Valutamittel im ZK der SED gab. In dieser Aktennotiz, schreibt Gerd Schulz[15]:

> »Während der Aussprache führte ich eine telefonische Rücksprache mit Genossen Gregor Gysi durch, der mich darin bestärkte (auch im Zusammenhang mit dem Fall Schalck; d. Aut.), über die zuständigen Organe eine vorläufige Festnahme von Genossen Wildenhain zu veranlassen. Im Ergebnis einer telefonischen Rücksprache mit Genossen Günter Wendland meldeten sich Vertreter des Amtes für Nationale Sicherheit und nahmen Genossen Wildenhain gegen 24.00 Uhr fest.«

Schneider bestätigte uns die Aktennotiz und die Aussprache mit Wildenhain, weil er die Siegel an seiner Tür aufgebrochen hatte, und keiner ihm glaubte, daß er nur Schreibutensilien aus seinem Zimmer geholt habe. Seiner Meinung nach sei deswegen die Festnahme von Wildenhain in seiner Anwesenheit erfolgt. Darüber, wieweit dazu ein ordentlicher Haftbefehl vorlag, konnte er keine Auskunft geben. Günter Wendland, der Generalstaatsanwalt der DDR, ebenfalls von uns befragt, sagt, daß er keinen Haftbefehl unterzeichnet habe[16]. Schwertner hat uns die Aussage zu diesem Vorgang verweigert. Zu diesem Zeitpunkt befanden sich bereits Mittag, Gerhard Müller und Tisch wegen »schwerer Schädigung am Volkseigentum« in Haft. Es gibt die Meinung, daß damit ein dritter Schwerpunkt der Arbeit des Ausschusses entstanden war, nämlich seine Mitarbeit an der Kriminalisierung der DDR-Repräsentanten[17].

Auf dem Außerordentlichen Parteitag der SED setzte Gysi der Stimmung gegen Wildenhain noch eins drauf. Er sagte[18]:

> »Das Erschreckendste war … der katastrophale Zustand des Belegwesens in diesem Haus in bestimmten Bereichen …«.

Das war eine Unwahrheit. Es gab eine exakte Kontenführung, das Belegwesen war geordnet. Kein Pfennig war veruntreut worden. Heinz Wildenhain hatte an diesem Abend des 3. Dezember 1989 weder Unterlagen vernichtet, noch waren von ihm Valutamittel oder Goldbarren »beiseite geschafft« worden. Wildenhain hat nicht einmal begriffen, weshalb er um Mitternacht verhaftet wurde. Über Gysis Falschbehauptung auf dem Parteitag war er dann empört. Wildenhain hat den Rechtsanwalt Gysi nach dessen Wahl zum Parteivorsitzenden der SED/PDS schriftlich gebeten, ihm die Möglichkeit zu geben, wenigstens auf der zweiten Tagung des Außerordentlichen Parteitages, am 16. oder 17. Dezember 1989, den Delegierten die Finanzlage der Partei vorzutragen und zur Rechnungslegung Rechenschaft geben zu können. Die Kopie dieses Briefes liegt den Autoren vor[19]. Gregor Gysi ist auf diesen Vorschlag nicht eingegangen. Er hat uns mitgeteilt, daß er diesen Brief von Heinz Wildenhain nicht erhalten habe, und schreibt dazu[20]:

> »… Meines Erachtens wäre dies auch gar nicht möglich gewesen (H. Wildenhain auf der 2. Tagung des Außerordentlichen Parteitages sprechen zu lassen, d. Aut.), da er sich zu dieser Zeit in Untersuchungshaft befand. Also konnte er uns weder einen solchen Wunsch übermitteln, noch einen solchen Wunsch realisieren.«

Es ist bemerkenswert, daß der Rechtsanwalt Gysi heute behauptet, Wildenhain habe aus der Haft keinen Brief schreiben können. Auf dem Parteitag sagte Gysi den Delegierten, daß Wildenhain »gegenwärtig nicht befragt werden« könne. Zeitzeugen, denen wir diese Schriftstücke vorlegten, äußerten sich dahingehend, daß dies eine bekannte Methode gewesen sei, sich mißliebiger Personen zu entledigen. Und obgleich es nicht einmal zu einem Anfangsverdacht den geringsten Beweis gab, setzte Gysi seine Kampagne gegen Wildenhain noch im Januar 1990 fort. Er sagte in seinem Referat auf der 4. Tagung des Parteivorstandes am 20. Januar 1990 entgegen allen in der Zwischenzeit nachweisbar festgestellten Tatsachen[21]:

> »Das ist auch alles früher so verzweigt gewesen, weil die Alleinherrschaft dieser Partei dazu geführt hat, daß es ja keine Notwendigkeit gab, irgend etwas ordnungsgemäß zu dokumentieren. Durcheinander war angesagt, damit eben möglichst keiner durchsieht.«

Gysi hätte diese Feststellung an diesem Tag politisch verantwortungsvoll nicht treffen dürfen, denn eine von ihm angeordnete Finanzrevision war bereits am 16. Januar 1990 beendet worden und hatte genau das Gegenteil ergeben. Darüber war Gysi informiert. Wie die Prüfung der ZK-Buchführung durch Mitarbeiter des Ministeriums für Finanzen ergab, war die Aussage des neuen Parteivorsitzenden auf dem Außerordentlichen Parteitag unzutreffend. Die Revision bestätigte zweifelsfrei ein nachweisbares Belegwesen und eine ordnungsgemäße Kontenführung[22]. Der Geldbestand der Kasse des ZK der SED und die Konten stimmten zum Zeitpunkt der Verhaftung Wildenhains korrekt überein. Die Behauptung Gysis, es habe im ZK der SED wegen der »Alleinherrschaft« keine Notwendigkeit gegeben, irgend etwas ordnungsgemäß zu dokumentieren, war unserer Meinung nach eine diffamierende politische Falschaussage, von der Zeitzeugen uns gegenüber meinten, man könne sie auch als eine bewußte Lüge bewerten. Das würden *wir* Gysi nicht unterstellen wollen.

Das Ergebnis der Revision wies weiterhin aus, daß die SED keine Zuweisungen aus dem Staatshaushalt, wie beispielsweise die CDU der DDR oder andere Blockparteien, erhalten hatte[23]. Die Einnahmen der SED stammten aus Mitgliedsbeiträgen und aus der Gewinnabführung der parteieigenen Betriebe. Weder Honecker noch Wildenhain verschleuderten Steuergelder oder Volksvermögen. Das trifft auch auf die Verwaltung der Valuta-Mittel der SED zu[24].

Das ZK verfügte 1989 über Valutamark-Einnahmen aus der Außenhandelstätigkeit der parteieigenen Betriebe in Höhe von 41.756 Mio Valutamark (VM). Die SED erhielt Kostenrückerstattungen von befreundeten Partnern aus dem kapitalistischen Ausland in Höhe von 716.000 VM, und ihre Betriebe erwirtschafteten 4.686 Mio VM aus Zinsen und Gebühren. Darüber hinaus gab es 1989 einen Bestand aus vergangenen Jahren von 8,1 Mio DM. Gegen Mark der DDR kaufte das ZK der SED beim Ministerium für Finanzen (nach den in der DDR geltenden Grundsätzen) insgesamt noch 46.174 Mio VM hinzu. Diese 111,5 Mio Valutamark wurden im Jahre 1989 wie folgt verwendet: 76,5 Mio für die solidarische Unterstützung fortschrittlicher Bewegungen »in aller Welt«, 11 Mio für Druckleistungsimporte dieser Bewegungen im Ausland, 10,8 Mio für den Import von Maschinen und Geräten, 2,4 Mio zur Finanzierung der Auslandsbüros der Parteipresse, für die Teilnahme an Pressefesten und für Reisedevisen, 280.000 wurden für »internationale Beiträge« und 184.800 für Gebühren gezahlt. Damit standen den Einnahmen von 101,48 Mio VM Ausgaben in Höhe von 101,479 Mio VM gegenüber. Die Vermögens-, Einnahme- und Ausgabenrechnung des ZK der SED in Mark der DDR zum 31.12.1989 haben wir auszugsweise auf Tafel 7 zusammengestellt.

Auch nach der Rechnungsprüfung des Finanzministeriums, deren Ergebnis Gysi und den Mitgliedern des Präsidiums des Parteivorstandes Ende Januar 1990 auch schriftlich vorlag, blieb Wildenhain weiterhin inhaftiert und wurde während der Haft am 10. Februar 1990 aus der PDS ausgeschlossen, ohne daß er zu den ihn kriminalisierenden Anwürfen Stellung nehmen konnte[25]. Wir sprechen aus rechtlichen Gründen nicht von Freiheitsberaubung, sondern nur von außerordentlich schäbigem Verhalten eines Rechtsanwalts. Wir erwähnen noch, daß Zeitzeugen geltend machten, daß in Nachfolge Wildenhains mit dem Parteivermögen der SED (bis zu seiner Beschlagnahme) nicht immer so umsichtig umgegangen worden sei, wie unter seiner Leitung. Wir können das freilich nicht mehr nachprüfen.

In dem von Gysi redigierten Abschlußbericht der »zeitweiligen Kommission des Parteivorstandes zur Untersuchung von Funktionsmißbrauch und Korruption« heißt es dann auch[26]:

> »Die Kontrolle ergab, daß alle Konten in Mark und Valuta mit Verfügungsberechtigung der Mitarbeiter der damaligen Abteilung Finanzverwaltung und Parteibetriebe des ZK vorhanden waren und Übereinstimmung zu den ausgewiesenen Beständen vom 31.12.1989 besteht.«

Weiter wird in diesem Bericht festgestellt:

> »In Zusammenhang mit der Verhaftung Heinz Wildenhains überprüfte die Finanzrevision die vorgefundenen Bestände in Mark der DDR und Valuta. Diese waren exakt im Buchwert ausgewiesen.«

Wildenhain mußte später von der Staatsanwaltschaft entlassen werden, weil gegen ihn kein strafbarer Tatbestand vorlag, und wurde – drei Jahre später – von der Bundesschiedskommission der PDS voll rehabilitiert. Die Affäre Wildenhain ist kein Ruhmesblatt für die »Erneuerer« der »neuen Opposition«. Sie, die als erbitterte Gegner der Politik Stalins angetreten waren, gingen – als sie auch nur einen Zipfel der Macht erobert hatten – sofort dazu über, sich stalinscher Methoden der Repression und des Rufmords zu bedienen, um politisch Mißliebige auszuschalten.

Tafel 7 – Vermögensrechnung der SED zum 31.12.1989
(in Mark der DDR)[27]

Aktiva:
2.866,5 Mio M Gebäude (Eigentums- und Rechtsträgerobjekte)
 464,2 Mio M Bewegliche Grundmittel
3.330,7 Mio M Grundmittel
2.815,8 Mio M Geldbestand
  30,8 Mio M Materialbestand
  80,8 Mio M Forderungen
2.927,4 Mio M Umlaufmittel   Bilanzsumme: 6.258,1 M

Passiva:
3.330,7 Mio M Grundmittelfonds
2.405,1 Mio M Umlaufmittelfonds
 460,1 Mio M Versicherungsfonds der Mitarbeiter
   2,7 Mio M Prämien-, Kultur- und Sozialfonds
  54,6 Mio M Diverse Verbindlichkeiten
   4,9 Mio M Abgrenzungen   Bilanzsumme: 6.258,1 M

Einnahmen- und Ausgabenrechnung der SED 1989 (in Mark der DDR)
Einnahmen:
 710,4 Mio M Mitgliedsbeiträge
 720,3 Mio M Gewinnabführung der parteieigenen Betriebe
  63,8 Mio M aus der Organisations- und Verwaltungsarbeit
   0,3 Mio M Schenkungen
   0,0 Mio M Zuweisungen aus dem Staatshaushalt
1.494,8 Mio M Einnahmen insgesamt

Ausgaben:
 147,8 Mio M Kosten für politische Arbeit (einschl. Telefongebühren und Treibstoffe)
 332,2 Mio M Subventionen für die Parteipresse
   1,4 Mio M Kosten für den Sonderparteitag im Dezember 1989
  10,4 Mio M Kosten für den Umtausch der SED-Mitgliedsbücher
   6,9 Mio M Verluste für Literatur zum Parteilehrjahr 1989/90
 722,5 Mio M Löhne und Gehälter (einschl. Lohnnebenkosten)
  55,1 Mio M für ZK-Mitarbeiter
 172,7 Mio M für Mitarbeiter in den Bezirksleitungen
 419,8 Mio M für Mitarbeiter in den Kreisleitungen
  54,6 Mio M für Mitarbeiter in Parteiinstituten und Parteischulen
  14,8 Mio M für Mitarbeiter in Zentralen Erholungsheimen
   5,5 Mio M für Mitarbeiter des OEB Fundament
 145,7 Mio M Bauvorhaben und Baureparaturen am unbeweglichen Vermögen
  14,5 Mio M Betriebsanteil für Rentenversicherung
  70,3 Mio M Stipendien und Verpflegungszuschüsse
  52,2 Mio M Betreuung von Parteiveteranen
  69,3 Mio M Gebäudebewirtschaftung
  72,2 Mio M Instandhaltungskosten, Ersatzteilbeschaffung, Grund- und Arbeitsmittel
1.644,9 Mio M Ausgaben insgesamt

Anmerkung: Die Differenz von 150,1 Mio M wurde aus den Umlaufmitteln gedeckt.

1.2 Das Minimum als Konsens

Der Arbeitsausschuß begann seine Arbeit am Montag, dem 4. Dezember 1989. Mit ihm verfügte die »neue Opposition« über die politische Macht in der DDR. Am Morgen dieses Tages waren sowohl der Staatsratsvorsitzende Egon Krenz als auch der Ministerpräsident Modrow zusammen mit Außenminister Oskar Fischer zur Sitzung des Politisch-Beratenden Ausschusses des Warschauer Vertrages nach Moskau geflogen[28]. Dort wollte Gorbatschow parallel zum NATO-Gipfel in Brüssel über das Gipfeltreffen auf Malta berichten.

An diesem Tag, als die DDR ohne politische und staatliche Führung war, – Kohl hatte am Vortag in Brüssel von Bush freie Hand für die Liquidierung der DDR bekommen, »… das Signal steht auf grün« notierte Teltschik[29] – begannen die antisozialistischen Kräfte der Bürgerbewegung ihren direkten Angriff auf die Staatsmacht. Bärbel Bohley hatte bereits am Vorabend Gysi über mögliche Angriffe auf Dienstgebäude des Amts für Nationale Sicherheit am kommenden Tag informiert[30]. Gysi gab – wie uns Zeitzeugen mitteilten – jedoch darüber keine Informationen weiter, und niemand hatte Schutzmaßnahmen eingeleitet oder veranlaßt. Wolfgang Schwanitz, Minister im Kabinett Modrow und Leiter des AfNS, berichtet[31]:

> »An diesem Tag trat das ein, was eigentlich unvorstellbar war. Am Morgen flogen die einzigen Repräsentanten der staatlichen Macht in der DDR, der Ministerpräsident und der Staatsratsvorsitzende, nach Moskau. Es gab keine offizielle Vertretung für sie. In diesen äußerst prekären Stunden gab es also keine politische Führung in der DDR. Besorgt kamen an diesem 4. Dezember Vertreter von Bürgerbewegungen zu mir. Unter ihnen Reinhard Schult und Wolfgang Schnur, Michael Passauer und Christian Ladwig. Am Morgen hatten Medien in sensationeller Aufmachung massiv über Schriftgutvernichtungen in Diensteinheiten des AfNS berichtet. Diese Aktenvernichtung stelle die Gewaltfreiheit infrage, ja sie provoziere buchstäblich Gewalt, schätzten die Besucher ein. Entsprechend ihrer dringenden Bitte und im Interesse der weiteren Gewaltfreiheit gab ich unverzüglich und mit höchster Dringlichkeitsstufe ein Fernschreiben an alle Diensteinheiten mit der Weisung, die Aktenvernichtung sofort einzustellen. Auf dem Nachrichtenweg des AfNS wurden darüber auch die Bürgerkomitees informiert. Zum gleichen Zeitpunkt begann im Süden der DDR mit dem Bezirksamt Erfurt die Besetzung von Dienststellen des AfNS durch die Bürgerbewegung. Im Interesse der Gewaltfreiheit hatten die zuständigen Leiter eine politische Entscheidung getroffen. Bei der Besetzung standen die Angehörigen des AfNS unter ungeheurem Druck, der seine Wirkung nicht verfehlte. Es gab nicht wenige Beispiele unmittelbarer Bedrohung von Mitarbeitern und ihrer Familienangehörigen. Vereinzelt forderten Mitarbeiter den Einsatz von Waffengewalt. Daß sie nicht zur Anwendung kam und auch in dieser Lage besonnen gehandelt wurde, ist

ein Verdienst der Mitarbeiter des AfNS. Die Besetzung der Dienststellen des AfNS war ein wichtiger Schritt, um die Macht in der DDR endgültig zu beseitigen, nachdem sie schon weitgehend ausgehöhlt war. Ich wandte mich in dieser Angelegenheit an die Mitglieder des im ZK tagenden Arbeitsausschusses.«

Da es von seinen Sitzungen keine Niederschriften gibt, können wir uns zu den Vorgängen im Arbeitsausschuß nur auf Erinnerungen von Teilnehmern stützen. Das macht eine Analyse der Ausschußarbeit für uns nicht möglich. Öffentlich haben sich bisher ausführlich nur Wolf und Gysi über die Arbeit des Ausschusses geäußert. Wir wollen diese Schilderungen durch Darstellungen anderer Zeitzeugen ergänzen, um dem Leser einen Eindruck von der Situation und der Arbeit des Ausschusses zu vermitteln. Ein Mitglied erinnert sich:

> »In den kommenden Tagen tagte der Ausschuß täglich. Wir alle wollten eine neue Partei und einen reformierten, einen besseren Sozialismus. Keiner im Arbeitsausschuß aber hatte ein Konzept, das uns alle überzeugte. Wenn die Frage nach einer Konföderation auftauchte, gab es unter uns dafür keinen Handlungsbedarf, obgleich zu beobachten war, wie sich die Lage im Land rasch veränderte. So erwies sich der Arbeitsausschuß schnell als ein Debattierclub. Zweifellos wurden wichtige, interessante und auch entscheidende Fragen diskutiert, doch der Ausschuß verlor dabei jede politische Führungstätigkeit für die Partei, die in diesen Tagen der Vorbereitung des Parteitages und des zunehmenden Drucks auf die DDR dringend nötig gewesen war.«

Auch Lothar Bisky weist auf solche Konfusion hin. Er sagte[32]:

> »Herbert Kroker, der Vorsitzende des Arbeitsausschusses, entwickelte keine konzeptionellen Gedanken zu den anstehenden Fragen. Hier fanden die Diskussionsbeiträge von Gregor Gysi eigentlich von Tag zu Tag mehr Anklang, und er gewann im Arbeitsausschuß zunehmend an Autorität. So heftig aber auch im Ausschuß um eine neue Orientierung der Partei gerungen wurde, in diesen Tagen war die Partei praktisch führerlos, und das in einer Zeit und unter politischen Bedingungen, wo eine politische Führung für die DDR dringend erforderlich gewesen wäre. Die Folgen waren zu spüren. Nicht nur die Autorität der Staatsmacht verfiel, auch die Partei driftete immer mehr auseinander.«

Wie diese Zeitzeugenberichte ausweisen wurde von Anbeginn an erkennbar, daß der Arbeitsausschuß nicht fähig war, ein tragfähiges Konzept für den Außerordentlichen Parteitag zu erarbeiten und noch weniger, die Partei politisch zu führen. Wolfgang Berghofer schlug daher vor, die SED einfach aufzulösen. Er wurde von Michael Brie unterstützt. Markus Wolf berichtet darüber in seinem Tagebuch[33]:

>»Im Arbeitsausschuß wies Wolfgang Berghofer darauf hin, daß der Staatsapparat
zerbröckelt und auch die Fluchtwelle weiter zunimmt. Er sagte dann: ›Die Partei
sei kaum mehr zu retten, der Sozialismus vielleicht; es gehe im Grunde genommen
nur noch um das Land‹«.

Doch Berghofer und Brie fanden für ihren Vorschlag keine Mehrheit. Wie
sollte auch der Sozialismus ohne die Partei noch gerettet werden? Als weitere
Meldungen das ZK erreichten, daß an diesem Montag in der DDR Gruppen
der Bürgerbewegung unter der Parole »Keine Gewalt« offen zur Gewalt übergegangen waren, entschloß sich Kroker, mit Modrow in Moskau zu telefonie-
ren. Doch der Ministerpräsident antwortete ihm aus Moskau, er schätze die
Lage nicht so dramatisch ein, man solle auf seine Rückkehr warten[34].

Und so protestierte der Ausschuß erst einmal gegen die Teilnahme von
Egon Krenz an den Moskauer Beratungen, weil er doch kein Generalsekretär
mehr sei, und diskutierte die Frage, ob es nicht besser wäre, einen Staatspräsidenten zu wählen. Dabei wurden – wie wir von Insidern erfuhren – schon
einmal Namen genannt: Walter Janka, Stefan Heym, Christa Wolf oder
Gregor Gysi. Offenbar gab es für einige Ausschußmitglieder keine anderen
Probleme. Irgendwie tauchte aber der Gedanke auf, daß wohl die Wahl ei-
nes neuen Staatspräsidenten in diesem Moment schwieriger war als Krenz
zu stürzen. Da der Staatsratsvorsitzende von der Volkskammer gewählt war
[Art. 67(2) der Verfassung], wäre ein Antrag an das Parlament die gegebene
Form gewesen, um ihn abzuberufen. Doch jene, die mit dem Vorwurf an-
getreten waren, in der DDR habe es zu wenig Demokratie gegeben und die
Verfassung sei nicht eingehalten worden, scheuten vor diesem Schritt zurück.
Offenbar war soviel Demokratie von der »neuen Opposition« nun auch wie-
der nicht gefragt.

Angesichts der weiter eskalierenden Gewalt – Ellen Brombacher berichtet: »Es gab bereits Ortschaften mit dem fatal an andere Zeiten erinnernden
Zusatz am Ortseingangsschild ›SED-frei‹«[35] – wandte sich am Abend des
4. Dezembers Markus Wolf gemeinsam mit Christa Wolf, Stephan Hermlin
und Jutta Wachowiak mit einem Aufruf an die Bürger. Dieser »Appell an die
Vernunft« machte zugleich die politische Hilflosigkeit der Reformsozialisten
und -sozialistinnen gegenüber jenen deutlich, die emsig daran arbeiteten, die
DDR zu destabilisieren. Wir zitieren aus dem Aufruf[36]:

>»Im ganzen Land gibt es Bekundungen des Zorns und der Empörung über Macht-
mißbrauch und Korruption, Verbrechen und Versuche zur Verdunkelung kriminel-

ler Vorgänge. Das ist auch unser Zorn und unsere Betroffenheit. Es gibt Anzeichen, daß aus diesem berechtigten Zorn Handlungen erwachsen, die in die Gefährdung der Sicherheit der Bürger und des Lebens münden könnten.

Wir wenden uns an die Regierung und die Volkskammer, sofort die rechtliche Grundlage für die Arbeit von Bürgerkomitees zu schaffen. Die ernsten Regierungsgeschäfte können nicht länger ohne die Bürgerbewegungen vonstatten gehen. Die Bürgerkomitees in Stadt und Land sollen in einer Sicherheitspartnerschaft mit den staatlichen Organen zunächst Kontrollaufgaben wahrnehmen, Beweismaterial sichern und bei den Ermittlungen der Staatsanwaltschaft mitarbeiten.«

Objektiv wirkte dieser Aufruf als Angebot an die Bürgerbewegung zur Zusammenarbeit. Und von einigen der Unterzeichner war er unstrittig auch so gemeint. Als am Abend dieses Tages Modrow aus Moskau zurückkam, unterstützte auch er erst einmal jene Kräfte, die es für erforderlich hielten, als nächsten Schritt Krenz als Staatsratsvorsitzenden und als Vorsitzenden des Nationalen Verteidigungsrates zum Rücktritt zu bewegen. Auch der Ministerpräsident hatte in dieser Situation zunächst keine anderen Sorgen. Eine Begründung oder Motivation für diese Entscheidung hat Modrow weder uns gegenüber noch in seinen Erinnerungen gegeben.

Der erzwungene Rücktritt von Egon Krenz

Der Dienstagvormittag begann mit einer Beratung Modrows mit Wolf »und einigen anderen Genossen« im Haus des Ministerrates. In dieser Debatte wird vom Ministerpräsident die innenpolitische Lage nochmals weit weniger dramatisch bewertet als von Schwanitz. Modrow sagte, er habe Beauftragte in die Krisenbezirke entsandt und man solle zunächst deren Berichte abwarten. Weiterhin teilte der Ministerpräsident mit, daß er anschließend mit Rudolf Seiters zusammentreffen werde und das am Abend alle Vorsitzenden der in der Regierung vertretenen Parteien in den Staatsrat geladen seien[37]. Auch wußte er bereits mitzuteilen, daß Krenz zurücktreten werde. Anschließend kam er in den Arbeitsausschuß und vertrat dort die Meinung, daß es nicht erforderlich sei, den Parteitag vorzuverlegen. Ein Teilnehmer berichtet: Der Ministerpräsident sagte,

»… dieses Problem eile nicht. In der DDR komme es in den nächsten Tagen vor allem auf eine leistungsfähige Regierung an sowie auf die Vorbereitungen zum Treffen mit Bundeskanzler Kohl am 19. Dezember in Dresden. Zur Vorbereitung dieses Treffens werde er anschließend mit Kanzleramtsminister Seiters zusammenkommen.«

Der »Rücktritt« von Krenz war bereits eingeleitet worden, als dieser sich noch in Moskau aufhielt. Am 4. Dezember veröffentlichte das neue Präsidium der CDU der DDR eine Erklärung, mit der die CDU aus dem Demokratischen Block der Parteien und Massenorganisationen der DDR austrat. Ferner heißt es darin, daß die Partei den Rücktritt von Krenz als Vorsitzender des Staatsrates und Vorsitzender des Nationalen Verteidigungsrates erwarte. Dieser Forderung schloß sich am 6. Dezember eilends auch das Präsidium der Demokratischen Bauernpartei Deutschlands an[38]. Schwanitz erinnert sich[39]:

> »Zum Abend dieses Tages wurde ich dann von Egon Krenz mit Rudi Mittig zu einer Krisensitzung in den Staatsrat geladen. Als wir nach 18 Uhr ankamen, wurde in dieser angestrengten Situation viel Zeit buchstäblich vertrödelt. Neben Egon Krenz, Hans Modrow, Manfred Gerlach, Günther Maleuda waren auch Lothar Ahrendt und der Verteidigungsminister Theodor Hoffmann gekommen. Ich hatte um 22 Uhr im Rundfunk einen Termin, und es lag mir viel daran, diesen angesichts der innenpolitischen Lage und der Situation der Sicherheitsorgane nicht zu verpassen. So mußte ich dann sehr bald die Beratung verlassen und erlebte nur ihren Beginn.«

Bisher haben alle Beteiligten sorgfältig darüber geschwiegen, wie »demokratisch« ein von der Volkskammer gewählter Staatsratsvorsitzender »abberufen« wurde. Auch Heinz Eichler, der Sekretär des Staatsrates, will schweigen. Krenz selbst äußerte sich sehr zurückhaltend und sagte uns[40]:

> »Am Abend des 5. Dezember 1989 kam Hans Modrow mit verschiedenen Mitgliedern des Staatsrates zu mir. Sie legten mir dringend den Rücktritt nahe. Meine Partei, die ich vertrat, existierte nicht mehr, und ich hoffte, daß mein Rücktritt beruhigend wirken würde und vielleicht die DDR stabilisieren könnte.«

Dies erwies sich unserer Ansicht nach als eine weitere schwerwiegende politische Fehleinschätzung. Als am nächsten Tag der Staatsrat zusammentrat und Krenz seinen Rücktritt begründete, sprach lediglich Bernhard Quandt als Mitglied des Staatsrates entschieden gegen den erzwungenen Rücktritt. Der Rücktritt bedeutete nach Artikel 69 der Verfassung der DDR eine »Verhinderung« und ermöglichte es, Manfred Gerlach zum amtierenden Vorsitzenden der Staatsrates zu benennen. Die Volkskammer war bei diesem »demokratischen Akt« außen vor geblieben.

Die Forderung nach dem Rücktritt des Vorsitzenden des Staatsrates der DDR kann als Schlußakkord des von den Reformsozialisten und -sozialistinnen inszenierten Parteiputsches bewertet werden. Zeitzeugen fragten uns, ob es nicht sein könne, daß die Aktion am 4. Dezember 1989 eingeleitet wurde,

um das dem Bundeskanzler von der sowjetischen Seite immer wieder ange-
kündigte Timing einzuhalten? Für ausgeschlossen halten wir das nicht. Wir
sind in diesem Fall auch nicht von einem »Zufall der Geschichte« überzeugt,
oder von einem »emanzipatorischen« Vorgehen der Beteiligten. Dagegen
spricht deren verbissenes Schweigen über den Rücktrittsmechanismus. Eine
Anmerkung wäre da noch zu machen. Bevor Krenz nach Moskau abgeflogen war, hatte Gysi sein Arbeitszimmer im ZK versiegeln lassen. In seinen
autobiographischen Notizen vermerkt Gysi nicht ohne Häme, wie es ihm
gelungen sei, Egon Krenz damit zu demütigen[41].

1.3 Der Außerordentliche Parteitag wird vorverlegt

Kehren wir zur Tätigkeit des Arbeitsausschusses zurück. Es war bereits Mittwoch, der 6. Dezember, und noch immer hatte sich die diffuse Diskussions-
runde nicht geeinigt, was nun werden sollte: die SED auflösen oder nicht,
den Parteitag vorverlegen oder nicht. Wieder kam es – wie Zeitzeugen berichten – im Plenum des Arbeitsausschusses zu einer heftigen Debatte über
die innenpolitische Situation und darüber, was mit der SED und überhaupt
geschehen solle. Zu diesem Zeitpunkt waren wohl anwesend: Herbert Kroker,
Wolfgang Berghofer, Lothar Bisky, Jochen Willerding, Hansjoachim Hahn,
Heinz Vietze, Erich Postler, Markus Wolf, Klaus Höpcke, Gerd Schulz, Bernd
Meier, Dieter Klein, Roland Wötzel, Andreas Thun, Eva Maleck-Lewy, Ulrich
Peck, Norbert Kertscher und Brigitte Zimmermann. Ein Zeitzeuge sagte uns:

> »Es kann dann am Mittwoch, dem 6.12.1989, gewesen sein, da gab es im Arbeits-
> ausschuß eine eingehende Diskussion über die sich zuspitzende innenpolitische
> Lage. Uns erreichten immer neue Nachrichten, daß die Staatsmacht und die Partei
> zerfielen. Wolfgang Berghofer wiederholte seine Forderung, die SED aufzugeben
> mit dem Argument, vielleicht seien dann die DDR und der Sozialismus noch zu
> retten.«

Auch Lothar Bisky meinte[42]:

> »Diese Frage, die uns auch in den weiteren Wochen noch beschäftigen sollte, be-
> lastete uns stark. Die Mehrheit im Ausschuß sprach sich, wie auch Hans Modrow
> als Ministerpräsident, der öfter in die Ausschuß-Sitzungen kam, gegen eine Par-
> teiauflösung aus. Befürchteten diese Genossinnen und Genossen doch, daß damit
> die DDR völlig verloren gehen würde. Die Partei aufzulösen, hätte auch meiner
> Ansicht nach bedeutet, sie in einer Zeit aufzugeben, als die Parteibasis dazu in kei-
> ner Weise bereit war. Darum unterstützte ich in dieser Frage Gregor Gysi und Hans
> Modrow, die Wolfgang Berghofer entschieden widersprachen.«

In der Debatte wurde noch einmal die Frage aufgegriffen, ob es nicht angebracht sei, den Parteitag vorzuverlegen. Es gab den Vorschlag, die Wahl des Parteivorstandes vorzuziehen und eine Woche später erst die inhaltlichen Fragen zu diskutieren. Herbert Kroker war gegen diese Zweiteilung. Er bezweifelte, daß es möglich sei, einen Parteivorstand ohne ein inhaltliches Konzept wählen zu lassen, und glaubte auch nicht daran, daß die Delegierten eine Woche später noch einmal zusammenkämen. Differenzen gab es auch über die von Modrow vertretene Position einer »Vertragsgemeinschaft« mit der BRD. Dabei wurde wiederum von Willerding zur Diskussion gestellt, daß eine solche Zusammenarbeit mit der BRD bis zu einer Konföderation gehen sollte und die Partei sich – seiner Ansicht nach – rechtzeitig darauf orientieren müsse. In dieser Situation trat Gysi »spontan« mit einer Rede auf. Brigitte Zimmermann berichtet[43]:

> »Es war so, daß Gregor Gysi im Ausschuß immer mehr Einfluß gewann, einmal mit der verbindlich-gewinnenden Art seines Auftretens, zum anderen aber vor allem durch seine klugen Vorschläge, die uns halfen, aus ausweglos scheinenden Situationen herauszukommen. So ging auch am Mittwoch von ihm die Initiative aus, den Parteitag eine Woche vorzuverlegen, weil die Gefahr bestünde, wie er sagte, daß die Partei sonst auseinanderfalle. Es gäbe Anzeichen dafür, so argumentierte er, daß die allgemeine Destabilisierung in der DDR nunmehr bedrohliche Formen annehme und die Partei schnellstens wieder eine Führung und eine Orientierung brauche.«

Ein anderer Zeitzeuge bestätigte diese Aussage und ergänzte:

> »Sehr energisch sagte Gysi, auch wenn sich die Stimmen mehren, die eine Auflösung der SED fordern, treten doch noch viele Menschen für die DDR ein. Wir sollten die Partei unbedingt erhalten, auch wenn es zunehmend Parteiaustritte geben werde. Dazu brauchen wir einen neuen Parteivorstand, der die Partei führen kann. Darum sei der Parteitag dringend vorzuverlegen. Wenn wir nicht rasch handelten, wird die Staatsmacht weiter an Autorität verlieren, und dann sei auch die DDR verloren.«

Gysi soll – nach der Erinnerung eines weiteren Zeitzeugen – in seiner Rede auch ausgeführt haben:

> »Ausgangspunkt müßten die Interessen der Menschen sein. Deshalb ist das Verständnis für die Wünsche nach Wiedervereinigung notwendig. Dabei gehe es auch um Lebensqualität. Diese dürfe man nicht verketzern. Die Wiedervereinigung sei schließlich auch unser Ziel gewesen, und es gebe noch immer eine deutsche Nation, weshalb Regierung und Volkskammer eine legitimierte Parteiführung der SED als Partner brauche, um handlungsfähig zu bleiben.«

Diese »Grundsatzrede« Gysis wurde nicht mitstenografiert. Eine dokumentierte Bestätigung für diese Passagen haben wir bisher nicht gefunden. Wir zweifeln die Erinnerungen der Zeitzeugen aber nicht an. Andere Gesprächspartner befragten uns, wieweit diese Rede wirklich spontan gewesen sei und ob wir wüßten, wer sie vorbereitet habe. Diese Frage können wir nicht beantworten. Wir wissen aber, daß beispielsweise Wolf und auch Willerding solche Meinungen vertraten, wie sie Gysi hier von den Zeitzeugen zugeschrieben wurden. Jedenfalls war die Rede eine Orientierung, die von allen Mitgliedern des Arbeitsausschusses akzeptiert wurde. Und weit mehr. Die »spontane« Rede Gysis war so eindrucksvoll, jedenfalls berichtet das Markus Wolf, daß, »... wir (alle) übereinstimmend sagten: Da hat der Vorsitzende gesprochen.«[44] Und weil keine Aussicht bestand, daß sich der Arbeitsausschuß schnell auf eine politische Konzeption für den Außerordentlichen Parteitag einigen könnte, wurde beschlossen, ihn zu splitten. Die erste Tagung sollte zum 8. Dezember einberufen werden. Als Tagesordnung, die wir nach Archivunterlagen zitieren[45], wurde festgelegt:

1. Eröffnung durch Herbert Kroker und Konstituierung des Parteitags,
2. Hans Modrow gibt eine Erklärung zur Lage ab, danach sollte dann
3. die Wahl einer neuen Parteiführung stattfinden

Damit gestand der Arbeitsausschuß ein, daß er die Aufgabe, mit der er angetreten war, für den Außerordentlichen Parteitag nicht erfüllen konnte und übertrug diese Aufgabe dem neu zu wählenden Parteivorstand. Das kam einer politischen Bankrotterklärung gleich. Auch die Entscheidung über eine Auflösung der SED und über die Gründung einer neuen Partei wurde vom Arbeitsausschuß – durchaus berechtigt – den Delegierten des Parteitages übertragen. Weiterhin war im Arbeitsausschuß noch übereinstimmend beschlossen worden, daß für den Parteivorsitz Gysi und als sein Stellvertreter Berghofer kandidieren sollte. Als neuer Name für die Partei wurde dem Parteitag, die Kombination »SED/PDS« vorgeschlagen, um damit sowohl die Kontinuität als auch die Erneuerung der Partei deutlich zu machen. Schließlich kam man überein, für Donnerstag den 7. Dezember 1989 in allen Bezirken Beratungen einzuberufen, um den Delegierten die Vorschläge des Arbeitsausschusses zu übermitteln und sie ihnen zu erläutern. Da vorgesehen war, daß sich an diesem Donnerstag der Zentrale Runde Tisch[46] konstituierte, wurde festgelegt, Gysi als Vertreter der SED zu entsenden, damit er »... auch auf diesem schwierigen Feld die Gelegenheit erhielt, seine Fähigkeiten zu beweisen und als künftiger Parteivorsitzender an Profil zu gewinnen.«

So notierte Markus Wolf dazu in sein Tagebuch[47]. Berghofer, Höpcke, Klein und Wolf arbeiteten anschließend noch einen »Diskussionsstandpunkt des Arbeitsausschusses« aus, in dem der getroffene »Konsens« festgehalten wurde, den alle Anwesenden anschließend bestätigten. Eva Maleck-Lewy berichtet, daß sie sich auch mit der Problematik der Gleichstellung der Frauen, die von ihr aufgeworfen wurde, durchsetzen konnte, was sie als einen Fortschritt empfand[48]. Es waren nur noch zwei Tage, bis der Parteitag der SED beginnen würde. Mit welchen Methoden die Gegensätze im Ausschuß ausgetragen wurden, berichtete Brigitte Zimmermann[49]:

> »Heftige Auseinandersetzungen gab es einmal über die Vorlage zur Verurteilung des Stalinismus von Michael Schumann und Heinz Vietze, gegen die vor allem die Genossen der Universitäts-Gruppe heftigst polemisierten, sie ging ihnen nicht weit genug. Andererseits wurde der Textvorschlag eben dieser Universitäts-Gruppe, von Dieter Klein und Michael Brie, zur programmatischen Orientierung von der Ausschußmehrheit verworfen. Er wurde als theoretisch unklar und konfus empfunden und traf nach Meinung vieler Bezirkssekretäre politisch nicht den Nerv der Parteibasis. Die Wissenschaftler hatten einfach ›nichts auf der Pfanne‹. Der Text wurde dann von Dieter Klein umgearbeitet und im Ausschuß schließlich gebilligt. Doch als ihn Andreas Thun an das Neue Deutschland und an die Bezirkszeitungen weitergab, entdeckte ich, daß er mit der im Ausschuß beschlossenen Fassung nicht mehr identisch war. Ich konnte nur feststellen, daß Dieter Klein ihn abermals verändert hatte. Seine Beweggründe dafür sind mir bis heute unklar. Dabei ging es nicht um Stilfragen, sondern um ›Weg-orientierende‹ Passagen, nämlich um jene, die vorher von der Ausschuß-Mehrheit abgelehnt worden waren. Ich bemühte mich umgehend darum, die unkorrekte Veränderung zu korrigieren.«

Mit der Übernahme der politischen Macht in der DDR hatten die Reformsozialisten und -sozialistinnen zugleich die ideologische Hegemonie unter den SED-Perestroikianern errungen. Doch daß sie, ebenso wie Gorbatschow – der inzwischen zum politischen Bankrotteur degeneriert war – kein politisch machbares Konzept der sozialistischen Umgestaltung hatten, sollte sich erweisen, als sie nun vor der Aufgabe standen, die errungene politische Macht im Interesse der Arbeiter und Genossenschaftsbauern zu erhalten.

Unter ihrer »politischen Führung« – wenn von einer solchen überhaupt gesprochen werden kann – versank die DDR in ein politisches Vakuum, in dessen Freiräumen jene Kräfte der Bürgerbewegung operierten, die von der offenen Einmischungspolitik Kohls unterstützt wurden und entschlossen waren, die DDR zu zerstören. Das ZK der SED erreichte in diesen Tagen ein Brief von einem Axel S(alko), der mit den Worten endete[50]:

»Alle Kommunisten sind für mich der Abschaum der Menschheit« und der mit
den Worten endete: »Den Kommunisten (ist) nur so viel Spielraum zu lassen, wie
zwischen Strick und Hals Luft ist.«

Die Illusion vom »Dritten Weg«

So chaotisch wie im Arbeitsausschuß der letzte Parteitag der SED vorbereitet
worden war, so widersprüchlich verlief er auch. Die Reformsozialisten und
-sozialistinnen hatten sich, wie die Kontroverse um das programmatische Referat von Dieter Klein bewies, auf kein gesellschaftspolitisches Konzept für
die DDR einigen können. Die Sicht von André Brie, daß sich der Außerordentliche Parteitag der SED auf Reformsozialismus-Vorstellungen stützen
konnte, die Mitarbeiterinnen und Mitarbeiter des Forschungsprojekts »Moderner Sozialismus« um Dieter Klein und Michael Brie ausgearbeitet hatten,
ist unzutreffend und gehört zu seinem wundersamen Legenden-Repertoire[51].
Die Behauptung ist aber insofern bemerkenswert, als sie bis heute als ideolo-
gisch-theoretische Grundlage der Reformsozialisten und -sozialistinnen der
PDS in Anspruch genommen wird. Im Arbeitsausschuß hatte die Diskussion
zu dieser Problematik deutlich gemacht, daß die von Klein und den Gebrü-
dern Brie dazu vertretenen Ansichten nicht mehrheitsfähig waren, daß sie
kein realistisch-praktikables sozial-politisches Konzept darstellten. So blieb
besonders für die zweite Tagung des Parteitages nur der pragmatische Versuch
offen, zwischen den unterschiedlichen Strömungen in der Partei, die sich seit
dem 10. ZK-Plenum herausgebildet hatten, irgendwie einen Kompromiß zu
erstreiten, der die Voraussetzung für die Glaubwürdigkeit der neuen Parteiführung gegenüber der Parteibasis in sich trug und der möglicherweise zugleich eine Brücke zur Bürgeropposition darstellen könnte. Gerungen wurde
um einen Konsens, der zugleich das Ende der »antistalinistischen Revolution«
und einen »demokratischen Neuanfang« für die DDR kennzeichnen sollte.
Doch darüber, wo nun der Neuanfang lag und wohin er führen sollte, gab
es eben keine realistische Einsicht. Der Außerordentliche und letzte Parteitag
der SED blieb ein ideologisches Chaos, der Höhepunkt der Destabilisierung
der DDR. Dieses Chaos war gewiß von bestimmten Kräften so gewollt und
wurde von ihnen auch mit großer Hoffnung beobachtet. Ihr Ziel war es,
diese Partei noch rechtzeitig vor der »deutschen Einheit« zu guillotinieren.
Das Wortprotokoll des Parteitages ist von der PDS bisher nicht veröffentlicht worden. Die Information der Parteimitglieder erfolgte lediglich über die

Presse und durch eine kleine Broschüre, die ausgewählte »Materialien«, einige Reden und Beschlüsse, enthielt[52].

Der Außerordentliche Parteitag konstituierte sich am 9. Dezember 1989 und wählte statt des Zentralkomitees einen Parteivorstand, der wiederum anstelle eines Politbüros aus seinen Reihen ein Präsidium des Parteivorstandes wählte. Die Parteibasis hatte zum Parteitag 2.878 Delegierte entsandt[53]. 2.607 von ihnen waren von Kreisdelegiertenkonferenzen, 271 unmittelbar von Grundorganisationen gewählt worden. Von den gewählten Delegierten nahmen 2.750 am Parteitag teil. Damit übten 128 Parteitagsdelegierte ihr Mandat nicht aus. Der Frauenanteil – 553 Delegierte – betrug 19,2 %, unter 30 Jahre waren 287 Delegierte, also 10 %. Zur Sozialstruktur der Delegierten: 12,4 % waren Abeiter, 4,4 % Genossenschaftsbauern, 28,2 % gehörten zur Intelligenz, 21,8 % der Delegierten galten als Staats- oder Parteifunktionäre.

Die Delegierten vertraten noch 1.780.000 Parteimitglieder. 607.000 Mitglieder waren seit Oktober aus der SED ausgetreten, und 5.147 Grundorganisationen hatten sich inzwischen aufgelöst. Den Delegierten lagen vor: ein schriftlicher Bericht der Zentralen Parteikontrollkommission, für den Werner Eberlein verantwortlich zeichnete, ein ebenfalls schriftlicher Bericht der Zentralen Revisionskommission, für den Kurt Seibt die Verantwortung trug, der Bericht der Untersuchungskommission zur Aufdeckung von Machtmißbrauch und Korruption, entstanden unter Verantwortung von Gregor Gysi, sowie der unter Leitung von Egon Krenz und Günter Schabowski ausgearbeitete Rechenschaftsbericht des zurückgetretenen ZK »Zu den Ursachen für die Krise in der SED und in der Gesellschaft«. Diesen Rechenschaftsbericht des ZK veröffentlichte später Günter Schabowski im vollem Wortlaut[54]. Er enthält – unserer Ansicht nach – den einzigen konstruktiven Ansatz einer Analyse, die jedoch weder vom Arbeitsausschuß noch vom Parteitag aufgenommen und diskutiert wurde. Er ging in der »Regie des Parteitages unter«, ein Umstand, der zumindest den Verdacht aufkommen läßt, daß es den Reformsozialisten und -sozialistinnen schon gar nicht mehr um eine sachlich-kritische Gesellschaftsanalyse der DDR ging.

Was die Aufgaben des Parteitages gewesen wären, ergab sich aus der innenpolitischen Situation der DDR: Über 1,7 Mio Parteimitglieder und viele DDR-Bürger, Arbeiter, Angestellte, Genossenschaftsbauern, Wissenschaftler und Künstler, die für eine Eigenstaatlichkeit ihres Landes eintraten, erwarteten von den Delegierten eine Handlungsorientierung, wie ihr Staat gegen

Tafel 8 – Chronologie des Außerordentlichen Parteitages des SED, der Sitzungen des Präsidiums und des Parteivorstandes der SED/PDS vom 8.12.1989 bis 17.12.1989

8.12.1989 Freitag
Vormittag: Letzte Sitzung des Arbeitsausschusses
19 Uhr: Außerordentlicher Parteitag der SED; 1. Tagung/ 1. Tag
1. Öffentliche Sitzung (Leitung: Wolfgang Berghofer)
1. Nichtöffentliche (Nacht-)Sitzung (Leitung: Wolfgang Berghofer), Rede von Hans Modrow – Gregor Gysi wird zum Parteivorsitzenden gewählt – Wahl des Parteivorstandes und der Schiedskommission – Annahme eines neuen Parteistatuts der SED/PDS

9.12.1989 Sonnabend
11 Uhr: Außerordentlicher Parteitag der SED; 1. Tagung/2. Tag
2. Öffentliche Sitzung (Leitung: Wolfgang Berghofer)
1. (Konstituierende) Tagung des Parteivorstandes der SED/PDS (Leitung: Gregor Gysi) – Konstituierung des Präsidiums des Parteivorstandes unter Leitung von Gregor Gysi
1. (Konstituierende) Sitzung der Schiedskommission (Leitung: Günther Wieland)

10.12.1989 Sonntag
Gespräch von Gregor Gysi und Jochen Willerding mit Rafael Fjodorow, dem stellvertretenden Leiter der Internationalen Abteilung im ZK der KPdSU

11.12.1989 Montag
Gregor Gysi telefoniert mit Michail Gorbatschow (1. Telefonat)

12.12.1989 Dienstag
1. Sitzung des Präsidiums des Parteivorstandes der SED/PDS unter Leitung von Gregor Gysi

14.12.1989 Donnerstag
2. Sitzung des Präsidiums des Parteivorstandes der SED/PDS unter Leitung von Gregor Gysi – Gregor Gysi telefoniert erneut mit Michail Gorbatschow – Treffen von Gregor Gysi mit Alexander Jakowlew, dem Leiter der Delegation des ZK der KPdSU zum Außerordentlichen Parteitag der SED/PDS

15.12.1989 Freitag
2. Tagung des Parteivorstandes der SED/PDS (Leitung: Gregor Gysi)
3. Sitzung des Präsidiums des Parteivorstandes der SED/PDS unter Leitung von Gregor Gysi

16.12.1989 Sonnabend
Außerordentlicher Parteitag der SED/PDS; 2. Tagung
3. Öffentliche Sitzung (Leitung: Wolfgang Berghofer)
2. Nichtöffentliche Sitzung (Leitung: Wolfgang Berghofer)

17.12.1989 Sonntag
Außerordentlicher Parteitag der SED/PDS; 2. Tagung
4. Öffentliche (und letzte) Sitzung (Leitung: Wolfgang Berghofer)

jene geschützt werden sollte, die – schon nicht mehr zu übersehen – eine Vereinigung mit der BRD anstrebten, und wie die sozialistische Demokratie, wie
der Sozialismus weiter ausgestaltet werden könnte. Vom Parteitag sollte der
Atem für eine neue DDR ausgehen. Daher stand im Bewußtsein der Mehrheit der Parteitagsdelegierten eben nicht die Frage nach Vereinigung mit der
BRD. Der Parteitag war die letzte Hoffnung für viele Menschen. Diese Hoffnung wurde nicht erfüllt. Die Unfähigkeit der den Parteitag beherrschenden
Reformsozialisten und -sozialistinnen desorientierte nicht nur die Partei, sie
entmutigte vor allem die Werktätigen, die noch zur DDR und zum Sozialismus standen. Nach diesem konfusen Parteitag zerfiel die SED schnell, und
die in SED/PDS umbenannte Partei verlor in den folgenden Wochen weiter
an Einfluß in der Arbeiterklasse.

Auf der ersten Tagung des Parteitags artikulierten sich zunächst jene Differenzen und Meinungsverschiedenheiten, die unter den Reformsozialisten
und -sozialistinnen bereits im Arbeitsausschuß aufgetreten waren. Sie kulmi-
nierten in der Frage des Erhalts oder der Auflösung der SED. Dabei konstituierte sich innerhalb der Reformsozialisten und -sozialistinnen ein Flügel,
der die SED auflösen und sich von der »kommunistischen Gegenmoderne«
und den »Staatssozialistischen Traditionen« trennen wollte. Zu diesem Flügel
gehörten Michael Brie und Rainer Land. Sie strebten eine neue, eine rein
reformsozialistische Partei an. Ihnen gegenüber standen jene um Modrow,
Wolf, Bisky, Willerding und auch Gysi. Sie wollten die SED erhalten und
sie in eine reformsozialistisch-pluralistische Partei transformieren, von ihnen
als »Erneuerung der Partei« ausgewiesen. Gysi argumentiert heute, er wäre
dazu vor allem von Gorbatschow gedrängt worden[55]. Verschiedene Zeitzeugen vertraten dagegen die Meinung, die Reformer und Reformerinnen hätten
erkannt, daß in der gegebenen Situation eine blitzsaubere reformsoziale Partei
mit Massenbasis nicht zu haben war und deren Protagonisten daher mit einer
Auflösung der SED ins politische Aus gekommen wären[56]. Das mag sein. Hans
Modrow jedenfalls wandte sich gegen die Auflösung, weil er zunächst glaubte,
auf die Partei als Basis seiner Regierungspolitik nicht verzichten zu können. Der
Erneuerungsflügel konnte sich in dieser Situation unzweifelhaft auf eine Mehr-
heit der Parteibasis und der Delegierten des Parteitages stützen. Alle anderen
Erwägungen und Spekulationen, weshalb sich Modrow und Gysi und die
Parteitagsmehrheit für den Erhalt der Partei aussprachen, hatten nach unserer
Meinung gegenüber dieser Überlegung eine sekundäre Bedeutung.

Die Aufrechterhaltung der Parteiorganisation und die Sicherung ihrer Kontinuität war auf der ersten Tagung des Parteitages vor allem auf das entschiedene Auftreten von Hans Modrow zurückzuführen[57]. Aber diese Verteidigung der Partei – noch heute zürnen ihre politischen Gegner, daß es ihnen nicht gelungen ist, dies zu verhindern – war nicht einmal die entscheidende Frage des Parteitages, sondern lediglich Voraussetzung für die Hoffnungen auf eine reformierte DDR. Doch weder Modrow noch Gysi fanden den Mut zu einer klaren Aussage über die Zukunft der DDR. Unklar bleibt allerdings, wieweit sie selbst diese Frage überhaupt hätten beantworten können, weil beide zu diesem Zeitpunkt die reale Position von Gorbatschow zur DDR nicht kannten beziehungsweise diese Position und die politische Lage der UdSSR illusorisch einschätzten.

Gysi hatte zu Beginn des Parteitages eine seiner »spontanen« Reden gehalten, was er auch ausdrücklich betonte. Diese enthielt zwar schön formulierte Absichtserklärungen für eine sozialistische DDR, nur keine konkreten Problemlösungen dafür. Gysi erklärte sogar offen, er habe solche Lösungsvorschläge nicht, und es sei ihm auch nicht ganz klar, was Sozialismus bedeute, gestand er den Delegierten ein[58]. Und das war gewiß ehrlich. Dennoch muß dies Eingeständnis überraschen, wo doch Dieter Klein und die Brüder Brie sich bereits jahrelang um einen »modernen Sozialismus« bemüht hatten. Stattdessen bot der designierte Parteivorsitzende den Delegierten bereits einen »dritten Weg« jenseits von Staatssozialismus und Kapitalismus an. Seine Versicherung, der »dritte Weg« sei keine »weltfremde Theorie« klingt heute wie ein leichthin ausgesprochener Scherz. Und als Gysi von einem Delegierten am 9. Dezember 1989 in der geschlossenen Sitzung gefragt wurde: »Was verstehst Du in Deinem Referat unter einem dritten Weg?«, antwortete er gelassen: »… Ich stelle mich doch nicht hierhin und definiere den, wer bin ich denn!«[59] Und wer war er denn? Einziger Kandidat für den Parteivorsitz – und der hatte keine Antwort auf gerade jene Frage, die brennend interessierte? Aber eines hatte er den Delegierten gerade »sachverständig« versichert, daß die »westeuropäischen Gesellschaften« – und damit auch die BRD – kein rein kapitalistisches System im Sinne eines Schulbeispiels seien. Im Original[60]:

> »… wir wissen die modernen Errungenschaften dieser Gesellschaft, die sich die Werktätigen der BRD erkämpft haben, zu schätzen. Wir achten die freien Formen des wirtschaftlichen, politischen und kulturellen Wettbewerbs … Wir können insbesondere lernen von der Praxis der Mitbestimmung auf Betriebs- und Zweigebene,

von der dreifachen demokratischen Gewaltenteilung ... von der wachsenden Rolle der Öffentlichkeit und den neuen sozialen wie kulturellen Bewegungen ... von dem höheren Stand kommunaler Mitbestimmung, von dem föderativen und gemeinnützigen Charakter vieler Arten der Kulturförderung.«

Soviel analytischen Scharfsinn könnte man heute belächeln, wäre damit in jenen Stunden nicht harte Politik gemacht worden. Denn was war dies anderes als eine indirekte, vielleicht auch tastende Aufforderung, endlich die »kleinkarierte DDR« aufzugeben? Ist da die von Ellen Brombacher gestellte Frage, wie eine solche eklatante Fehleinschätzung möglich gewesen ist[61], nicht gerechtfertigt? Die politische Unbedarftheit des designierten Parteivorsitzenden wurde schließlich noch mit kecken Sprüchen und durch eine frappierende Vergeßlichkeit bei seiner Befragung durch die Delegierten angereichert[62].

Nachdem die Grundsatzfrage nach dem Erhalt der SED auf der ersten Tagung des Außerordentlichen Parteitages entschieden und der Parteivorsitzende und der Parteivortand sowie sein Präsidium gewählt worden waren, bereitete letzteres für das kommende Wochenende die reformpolitischen Aussagen der Partei vor: es wollte jenes Konzept vorlegen, über das sich der Arbeitsausschuß nicht hatte einigen können. Mit dessen Ausarbeitung wurde wieder Dieter Klein beauftragt. Er konnte nun, ungestört vom Veto renitenter Arbeitsausschußmitglieder, seine visionäre Vorstellung vom »Dritten Weg jenseits von administrativem Sozialismus und einer profitorientierter Wirtschaft« formulieren, die Gysi erst einmal (undefiniert) in die Diskussion eingebracht hatte. Weiterhin wurde ein umfangreiches Referat des neuen Parteivorsitzenden ausgearbeitet. Und schließlich bereitete Michael Schumann in dieser Woche gemeinsam mit einer Arbeitsgruppe eine Analyse über die Ursachen der Krise in der Gesellschaft und in der Partei vor.

Zwischen den beiden Tagungen des Parteitages besuchte am 10. Dezember 1989 der Erste Stellvertreter des Leiters der Internationalen Abteilung im ZK der KPdSU, Rafael Fjodorow, zusammen mit Valentin Koptelzew den neu gewählten Parteivorsitzenden. An der Unterredung nahm auch Jochen Willerding teil. Beide Repräsentanten des ZK der KPdSU bekundeten zwar nachhaltig das Interesse der KPdSU an einer souveränen sozialistischen DDR, lehnten es aber ab, die Frage Gysis zu beantworten, »... wie weit die Bereitschaft der UdSSR gehe, der DDR in allen Notfällen zu helfen«.[63] Und eine weitere Bemerkung aus diesem Gespräch ist durchaus erwähnenswert. Zu der ersten Tagung des Außerordentlichen SED-Parteitages bemerkte der KPdSU-Vertreter:

»... daß man sich an einer sozialdemokratischen Färbung der Partei nicht stören sollte. Hauptsache sei jetzt, daß die Partei wieder handlungsfähig wird.«

Nach dieser Unterredung, rief Gysi Gorbatschow an. Das Telefonat dolmetschte Willerding[64]. Gorbatschow fragte nach Gysis Anliegen, der seinerseits sogleich zum Ausdruck brachte, daß Gorbatschow seit vielen Jahren sein politisches Vorbild sei und daß er mit allen Mitteln zum Erhalt der Partei und der Souveränität der DDR beitragen wolle, daß er Kommunist sei und viel von der Unterstützung der KPdSU erwarte. Gysi berichtete später über dieses Gespräch, daß ihn der KPdSU-Generalsekretär ermahnt habe, die Eigenständigkeit und Souveränität der DDR keinesfalls aufs Spiel zu setzen und die SED nicht aufzulösen, weil – und nun kommt eine sehr interessante Begründung – »damit die UdSSR gefährdet werden würde«. Gysi fügte in seinen Erinnerungen sentimental hinzu: »Ein bißchen viel Verantwortung, die er mir da übergab.« So ganz exakt ist jedoch Gysis Erinnerung nicht. Vergessen hat er beispielsweise in seiner Erinnerung über dieses Telefonat die Passage, daß Gorbatschow sagte, »... daß die Formel des Genossen Modrow über die Vertragsgemeinschaft den entsprechenden Spielraum ...« für die Erneuerung der Beziehungen der DDR zur BRD biete. Gysi meint, er sei nach diesem Gespräch sehr erleichtert gewesen, denn was Gorbatschow ihm gesagt habe, seien auch seine Ziele gewesen. Zwei Tage später war Rafael Fjodorow vom ZK der KPdSU, der Stellvertreter Falins bei Gysi, um mitzuteilen, daß Gorbatschow nicht zum Sonderparteitag kommen könne, Alexander Jakowlew aber gern am 14. Dezember 1989 in Berlin sein würde, um den Delegierten eine Grußbotschaft Gorbatschows zu überbringen. Weiterhin wolle Jakowlew mit Mitgliedern der Oppositionsbewegung zusammentreffen. Gysi bot Fjodorow sofort an, ihm für den folgenden Tag ein Gespräch mit Bärbel Bohley zu vermitteln[65].

Am Vormittag des 14. Dezember war Gorbatschow nochmals am Telefon. Er teilte Gysi nunmehr mit, daß er die zugesagte Grußbotschaft an die Delegierten des Außerordentliches Parteitages verfaßt habe[66], und fügte hinzu, er »... hoffe, daß dies der SED Nutzen bringt«. Dafür bedankte sich Gysi und erklärte sich bereit, den Delegierten diesen Appell zu verlesen. Dann informierte er den Generalsekretär der KPdSU über die aktuelle Situation im Lande, die nach wie vor sehr angespannt sei. Gysi meinte:

> »Die Regierung der DDR müsse deutliche Zeichen setzen, daß sie die Regierungsgewalt auch einzusetzen bereit sei,«

und äußerte sich besorgt

> »… über die Zunahme der Gedanken zur deutschen Wiedervereinigung. Umfrage-
> ergebnisse hätten zugleich ergeben, daß die Mehrheit der Bevölkerung nach wie vor
> eindeutig dagegen sei.«

Gorbatschow reagierte gelassen: Einmal – so meinte er – seien in der ersten Etappe »viele Schritte übereilt gegangen worden«, und die Genossen
der damaligen Führung hätten »… dem Druck von außen zu sehr nachge-
geben«, zum anderen dürfe eine Wiedervereinigung nur das Ergebnis des
gesamteuropäischen Prozesses sein. Und dies habe er, Gorbatschow, auch
gegenüber Kohl, Margaret Thatcher, Mitterrand sowie zu Bush gesagt. Der
KPdSU-Generalsekretär gab dann der neuen SED/PDS-Führung den Rat,
eine gründliche Lageanalyse zu erarbeiten und »… die Beziehungen zur BRD
weiterzuentwickeln, um zu einer Vertragsgemeinschaft zu kommen. Das sei
der Weg der Anerkennung der Realitäten«, sagte er und bot nochmals an,
»den Genossen Jakowlew zu Gesprächen nach Berlin« zu entsenden, wenn
der Parteivorsitzende das wünsche. Gysi wünschte es.

Einige Stunden später traf Jakowlew in Berlin ein. Er war jenes Mitglied
der sowjetischen Delegation, das zwölf Tage zuvor auf dem Kreuzfahrtschiff
»Maxim Gorki« im Hafen von Malta sich gemeinsam mit Gorbatschow im
Gespräch mit James Baker und George Bush darüber einigen konnte, die
deutsche Einheit auf der Grundlage der Offenheit, des Pluralismus und des
freien Marktes anzustreben. Darüber sagte Jakowlew in Berlin allerdings kein
Wort. Im Gegenteil: Modrow berichtet, daß Jakowlew an diesem Tag nur
müde zuhörte, wie sich die Lage in der DDR entwickele. In seinem Gespräch
mit Gysi, an dem auch Kotschemassow und Willerding teilnahmen[67], schilderte Jakowlew ausführlich die Schwierigkeiten der Perestroika in der UdSSR.
Er sagte, daß die KPdSU als Ganzes hinter der Führungsgruppe um Gorbatschow zurückgeblieben sei, weil in der Partei die »Intoleranz als stalinisti-
sches Erbe ausgeprägt sei« und sich infolgedessen zwei Flügel in ihr herausgebildet hätten. Besonders empört zeigte sich Jakowlew aber über den Vorwurf
»konservativer Kräfte« auf dem Dezember-Plenum des ZK der KPdSU, daß
er Schuld daran hätte, »… was sich gegenwärtig in der DDR abspiele«. Weiterhin sagte Jakowlew, daß es ein Fehler der KPdSU gewesen sei, die Untersuchung von Privilegien führender Genossen hinausgezögert zu haben, und
er legte demonstrativ seine und Gorbatschows Bezüge offen. Dann sprach er

über die Arbeit mit der Presse in der UdSSR und informierte über den Stand
der Rehabilitierungen der unter Stalin Verfolgten. Auf eine Frage Gysis, ob
auch Trotzki rehabilitiert werde, sagte Jakowlew, daß dieser nie verurteilt worden sei und die Frage seiner Wiederaufnahme in die KPdSU stelle sich nicht,
weil »Trotzki ein erbarmungsloser Mensch war, dessen Hände über und über
mit Blut befleckt seien«. Danach kritisierte er scharf Honecker, der nicht gewillt gewesen sei, der Perestroika-Politik zu folgen, worauf Gysi erwiderte,

> »… daß die wesentlichen Beschlüsse, die z. T. das Statut der SED verletzten, vom
> Politbüro unter Führung von Egon Krenz gefaßt wurden. Die historischen Verdien-
> ste Erich Honeckers könnten ihm nicht genommen werden.« (sic!, d. Aut.)

Zu den aktuellen Problemen zwischen beiden deutschen Staaten wiederholte
Jakowlew lediglich die verbalen Zusicherungen, die Gorbatschow schon am
Telefon gegeben hatte. Markus Wolf will in der offiziellen Parteitagsdelega-
tion auch seine Bekannten Falin, Koptelzew und Portugalow entdeckt haben.
Doch Falin bestreitet, an diesem Tag überhaupt in Berlin gewesen zu sein[68].
Die KPdSU-Delegation verzichtete darauf, auf der 2. Tagung des Parteitages
offiziell aufzutreten. Jakowlew hatte den Parteitagsdelegierten über die Per-
spektive der DDR eben nichts mehr zu sagen.

Als der Parteitag am Sonnabend, dem 16. Dezember, fortgesetzt wurde,
trug zunächst Gysi das ihm zugearbeitete Grundsatzreferat vor[69]. In seinen
autobiographischen Notizen erwähnt er es nicht, auch der Historiker Bortfeldt übergeht es geflissentlich. Warum wird dieses »große Referat«, das vom
Parteitag auf Antrag der Leipziger Delegation ohne Diskussion zur Arbeits-
grundlage der Partei beschlossen wurde, von der PDS mit solcher Mißachtung
behandelt, zumal Markus Wolf zumindest an seiner Endfassung mitgearbeitet
hatte?[70] Vielleicht gibt uns der »Deutschland-Experte« Patrick Moreau des
»Centre d'Analyse Politique« des Centre National de la Recherche Scientifique
der Sorbonne und Mitarbeiter der Konrad-Adenauer-Stiftung, eine passende
Antwort. Er meint[71]:

> »Gregor Gysi sollte sprechen! Ohne Zweifel hatte er sein Manuskript diesmal mit
> großer Sorgfalt, aber ohne Talent vorbereitet. Der neue Vorsitzende las zwei Stun-
> den lang ohne jegliche Begeisterung und mit monotoner Stimme einen schier un-
> endlichen Katalog von Ideen und Vorschlägen vor …«

Es war jedoch unserer Ansicht nach nicht die Talentlosigkeit des Referenten,
es sind die darin enthaltene Fehlanalyse der Situation der DDR und die dar-

aus resultierende unrealistische politische Orientierung, die es den demokratischen Sozialisten und Sozialistinnen heute angemessen erscheinen lassen, dieses Referat lieber zu vergessen. Denn was Gysi da verlas, ging nun einmal von folgender Grundvoraussetzung aus[72]:

>»Eine Vereinigung beider deutscher Staaten, das wäre die von keinem Politiker zu verantwortende Entscheidung.«

Doch diese Prämisse war nicht mehr realistisch und täuschte die DDR-Bürger über das reale Kräfteverhältnis und die politischen Ziele von Bush und Gorbatschow. In dieser Widersprüchlichkeit verfangen, plädierte der SED/PDS-Vorsitzende dann für eine Vertragsgemeinschaft und Sicherheitspartnerschaft mit der BRD auf gleichberechtigter Grundlage und sagte, die Geschichte werde zeigen, ob diese Partnerschaft später »konföderativen Charakter annehmen könne«. Dann betonte Gysi ausdrücklich, daß der Erhalt der Eigenständigkeit und Eigenstaatlichkeit der DDR das gemeinsame Ziel der Partei sei. Aus dieser Sicht setzte er sich auch für den Aufbau eines neuen Nachrichtendienstes sowie eines neuen Verfassungsschutzes in der DDR ein[73], denn – so stellte er treffend fest – »Großdeutschland, das wäre ein Sieg der Rechten in Deutschland.«[74] Wenn André Brie später auf einer »PDS-Geschichtskonferenz« behauptete, Ellen Brombachers Bemerkung, daß der Dezember-Parteitag nicht einmal die Möglichkeit eines vereinigten kapitalistischen Deutschland in Betracht gezogen habe, sei eine Legende[75], dann muß er sich schon sagen lassen, daß er unverdrossen versucht, die Geschichte nach seiner Sicht ein wenig zurechtzubiegen. In solcher Geschichts»aufarbeitung« gewinnt André Brie nach unserer Meinung ein gewisses Profil. Nur Gerd König hatte in einem für den Parteitag vorbereiteten Diskussionsbeitrag, aus seiner persönlichen Analyse der Lage heraus (wie er betonte) Gedanken entwickelt, die mit denen von Falin mit Wolf und Willerding im Sommer diskutierten und von Julij Kwizinskij im November dem Außenministerium in Moskau unterbreiteten Vorschlägen weitgehend übereinstimmten. Doch ausgerechnet dieser Diskussionsbeitrag wurde auf dem Parteitag nicht gehalten und auch nicht veröffentlicht[76]. König schrieb in seinem Manuskript, das er dem Parteitag einreichte:

>»Auf Grund des internationalen Kräfteverhältnisses, der politischen und ökonomischen Situation in der DDR, der nationalen Gemeinsamkeiten zwischen der DDR und der BRD und auch des Interesses der DDR, die Zusammenarbeit mit der BRD

auf allen Gebieten zu entwickeln, muß die DDR alle Möglichkeiten eines engen Zusammenwirkens mit der BRD nutzen. Mit dem Vorschlag zur Schaffung einer Vertragsgemeinschaft ist dazu ein erster praktischer Schritt getan worden. Trotzdem erscheint es mir erforderlich, daß unsere Partei sich klar zu solchen Vorschlägen bzw. Forderungen wie ›Konföderation‹ und ›Wiedervereinigung‹ äußert. Beides sollte von uns in den europäischen Rahmen gestellt und nicht auf eine stereotype Wiederholung des Standpunktes, daß eine Wiedervereinigung nicht auf der Tagesordnung und eine Konföderation gegenwärtig nicht möglich ist, begrenzt werden. Wir sollten in der Diskussion – auch im Hinblick auf eine Perspektive für unser Land – den Standpunkt vertreten, daß wir den Gedanken der Konföderation und der deutschen Einheit nicht pauschal ablehnen.«

In allen veröffentlichten Materialien des Parteitages wurde weiterhin die Souveränität der DDR und die anzustrebende Vertragsgemeinschaft mit der BRD im »europäischen Rahmen« wiederholt, ohne diese Begriffe näher zu erklären und argumentativ zu untersetzen. Und so konnte der Außerordentliche Parteitag die Möglichkeit eines vereinigten kapitalistischen Deutschlands tatsächlich nicht einmal in Betracht ziehen. Damit verfehlte er seine Aufgabe, eine reale Perspektive für die DDR unter den Bedingungen der gescheiterten Perestroika zu entwickeln.

Dieter Klein, den André Brie bis in die Gegenwart als Kronzeugen für die Konzeption eines »modernen Sozialismus« bemüht, begründete in seinem Referat auf dieser zweiten Tagung des Parteitages schließlich das Ziel, »über den Kapitalismus hinaus zu einer freien solidarischen Gesellschaft streben zu wollen«. Welchen Weg, welche Strategie die Partei auf dieses Ziel orientiert, nun konkret gehen müsse, welche Maßnahmen notwendig waren, zu diesen Fragen hatte der Referent nichts weiter als die schön klingende Worthülse vorzutragen, daß dazu alle demokratischen Traditionen erforderlich seien. Selbst darüber, welche Traditionen er konkret meinte, gab er sich sehr wortkarg. Und mit dieser nebulösen Zielstellung verband er die Absage an den DDR-Sozialismus, der seiner Meinung nach »zu Recht gescheitert« sei[77]. In der Arbeitsgruppe für dieses Referat hatten Roland Claus, André und Michael Brie, Rainer Land, Norbert Kertscher und auch Rolf Reißig mitgearbeitet, möglicherweise mit unterschiedlicher Intensität. Eine Antwort auf die Frage, warum der DDR-Sozialismus »mit Recht« gescheitert sei, konnten diese Autoren einer »Dritte-Weg-Vision« allerdings nicht geben.

Eine Antwort versuchte Michael Schumann in seinem Referat, das unter dem Motto »Wir brechen unwiderruflich mit dem Stalinismus als System« veröffentlicht wurde[78]. An diesem Referat hatten mitgearbeitet: Markus Wolf,

Heinz Vietze, Günter Benser, Kurt Finker, Kurt Libera, Gisela Schott, Rolf Hoth und Manfred Banaschak. Wenn auch der Vortrag (aus heutiger Sicht) widersprüchlich war – die als Machtmißbrauch formulierten »Kriterien«[79] halten wir für wissenschaftlich unbrauchbar –, ging er in seiner Analyse doch weit über bekannte Versuche hinaus, sich mit der Politik und Ideologie Stalins auseinanderzusetzen. Auch die dabei formulierten Thesen über die DDR haben – unserer Meinung nach – vielfach ihre grundsätzliche wissenschaftlich-methodische Bedeutung behalten. Es blieb das einzige Referat, das dem Anspruch einer theoretischen Fundierung nahe kam, auch wenn die Schlußfolgerungen, die in einem Bekenntnis zu Gorbatschows Perestroika-Konzept mündeten, nicht nur ein Wunschbild blieben, sondern ebenfalls eine politische Fehleinschätzung verdeutlichten. Die Ursache dafür sehen wir darin, daß Schumann das Scheitern der Politik Gorbatschows ignorierte und folglich keine realistische Konzeption vorlegen konnte. Gerade dieses Referat machte die Schranken deutlich, in denen sich das Parteitagskonzept insgesamt verfangen hatte. Und vielleicht gerade deswegen wurde diese Rede zum gesuchten ideologischen Konsens des Parteitages. Darin bestand seine ursächliche und tragende aktuell-politische Bedeutung. Diese ideologische Reduzierung jedoch, auch darin ist Ellen Brombacher zuzustimmen, schränkte den politischen Gesamtwert dieses Parteitages wesentlich, unserer Meinung nach sogar grundsätzlich ein.

Das von den Delegierten beschlossene »Reformkonzept«, das in den angenommenen Proklamationen »Für DDR – für demokratischen Sozialismus« und »Zu den nächsten Aufgaben der SED/PDS« zusammengefaßt werden kann[80], blieb in seinen substantiellen Aussagen sogar weitgehend hinter den Forderungen zurück, die in dem vom 10. Plenum des ZK der SED ausgearbeiteten Aktionsprogramm formuliert worden waren. Dieses neue »Reformkonzept« erreichte nicht einmal das Niveau des Regierungsprogramms des Ministerpräsidenten Modrow vom 17. November 1989. Es war Asche im Kamin. Aber diese Feststellung allein reicht nicht aus. Der Parteitag hat es sogar unterlassen, sich gegen die drohenden neofaschistischen Tendenzen zu wenden, er hat sich weder an die Arbeiterklasse noch an andere Bevölkerungsschichten gewandt, um für sein Credo, die Souveränität der DDR zu erhalten, demokratische Unterstützung zu erlangen. Das ist um so ernster zu bewerten, als die neu gewählte Parteiführung nicht nur über den Ernst der Lage in der DDR informiert war, sondern auch um die Vorstellungen und

Hoffnungen wußte, die sich in der Bevölkerung herausgebildet hatten. So lag dem Präsidium des Parteivorstandes bereits am 15. Dezember 1989, also noch während der beiden Tagungen des Parteitages, eine interne Information von Heinz Mirtschin von der Arbeitsgruppe Informationen des Parteivorstandes vor[81], in der darauf aufmerksam gemacht wurde, daß in Teilen der Bevölkerung, insbesondere in der Arbeiterklasse, die Besorgnis über die Entwicklung in der Republik, über den Erhalt der DDR und damit auch die Angst vor den sozialen und politischen Folgen der Bestrebungen nach einer Wiedervereinigung wuchs und daß sich in anderen Schichten gleichzeitig vereinfachte Vorstellungen von einer Wiedervereinigung verbreitete. Doch die Reformer vermochten es nicht, aus diesen Sorgen der Bürger Handlungsorientierungen abzuleiten und mit politisch praktikablen Beschlüssen zu reagieren.

Dieser letzte Parteitag der SED – so urteilt der Politikwissenschaftler Glaeßner[82]:

> »... glich mehr einer studentischen Vollversammlung aus dem Jahre 1968 als dem Parteitag einer gestählten marxistisch-leninistischen Arbeiterpartei«

Diese Meinung ist gewiß nicht unzutreffend. Wenn wir heute den Parteitag kritisch einschätzen, müssen auch wir feststellen, daß auf ihm nur viel geredet wurde und daß es eigentlich – außer der Analyse von Michael Schumann – lediglich in einem Punkt einen politisch nachwirkenden realen Reformansatz gab, nämlich bei der Erneuerung der Partei. Der Umbau der SED nach dieser Niederlage, und die zeichnete sich – unabhängig von allen grundsätzlichen Fehleinschätzungen der Reformsozialisten und -sozialistinnen – deutlich erkennbar ab, in eine pluralistische Partei entsprach unbestritten den konkreten Erfordernissen des inzwischen entstandenen neuen Kräfteverhältnisses in Deutschland. Dieser organisatorische Umbau beruhte zudem auf internationalen historischen Erfahrungen der kommunistischen Bewegung.[83]. Angesichts der kaum noch auszuschließenden deutsch-deutschen Vereinigung war die Umstellung der Parteistruktur auf die neuen Bedingungen von entscheidender Bedeutung für die Zukunft der Partei. Die von Wolfgang Pohl dazu im Namen der Statutenkommission vorgetragenen Grundsätze[84] stellten einen wichtigen Schritt auf diesem Wege dar.

Die Ergebnisse des Außerordentlichen Parteitages der SED/PDS wurden – wie sich aus weiteren internen Informationen ergibt[85] – von der Basis der Partei wie von der Bevölkerung der DDR daher auch sehr unterschiedlich bewertet. Einerseits gab es positive Erwartungshaltungen und Zustimmungen in der Frage der Verteidigung der sozialistischen DDR, andererseits verstärkte sich aber die Enttäuschung, daß der Parteitag entscheidende Interessen, vor allem die von Produzenten, vernachlässigt hatte. Infolgedessen sind nach dem Außerordentlichen Parteitag zunehmend Zweifel an der Perspektive des Sozialismus in der DDR gewachsen. Viele Parteimitglieder und parteilose Bürger glaubten jetzt, daß es zu großen Erschütterungen in der DDR-Gesellschaft kommen werde, die von der Partei nicht mehr beherrschbar seien. Darin sollten sie recht behalten. Und hierin liegen auch die Ursachen für die nun folgenden Austrittswellen. Die Erwartungshaltungen jener SED/PDS-Mitglieder, die noch nicht austraten, bezogen sich, wie ein weiterer Bericht von Heinz Mirtschin das Parteivorstands-Präsidium informierte[86], vor allem auf:

– das Festhalten an der staatlichen Eigenständigkeit der DDR und die Gestaltung der Beziehungen zur BRD auf der Grundlage einer Vertragsgemeinschaft,

– das klare Bekenntnis auf dem Parteitag zu den Interessen der Arbeiterklasse und zur Bewahrung der erreichten sozialen Errungenschaften,

– die Festigung des Bruderbundes mit der KPdSU,

– die Verteidigung der dominierenden Rolle des gesellschaftlichen Eigentums und die gleichzeitige Einleitung einer umfassenden Wirtschaftsreform.

Der neue Name der Partei wurde als ein konstruktiver Kompromiß empfunden, um ihre drohende Spaltung zu verhindern.

Auch wenn die Reformsozialisten und -sozialistinnen den letzten Parteitag der SED heute zunehmend in seiner Bedeutung verklären, hatte er seine Aufgabe nicht erfüllt. Das halten wir für die bittere Wahrheit. Warum aber war er trotz der zwischen George Bush und Michail Gorbatschow erzielten Übereinkunft zur deutschen Einheit, eine vergebene Chance? Er hätte alle Kräfte für die Stabilisierung der DDR mobilisieren müssen, um diese Stabilitätspolitik mit der Frage einer Konföderation zu verbinden und Gorbatschows diskrete Strategie zur Aufgabe der DDR zu durchkreuzen. Dazu war aber die »neue Opposition« nicht in der Lage und so konnte sie den weiteren Zerfall der Partei und damit der DDR nicht aufhalten. Sie hat politisch versagt. Die vom Parteitag ausgehende Vision vom Dritten Weg vermochte die Werktätigen nicht zu überzeugen, im Gegenteil. Dies kam nicht zuletzt in den nunmehr zunehmenden Parteiaustritten zum Ausdruck.

Nun verließen vor allem Arbeiterinnen und Arbeiter, staatliche Leiter, Offiziere der Nationalen Volksarmee und leitende Wirtschaftsfunktionäre die Partei. Unter denen, die noch in der SED/PDS verblieben, entstanden Befürchtungen, daß sich in der »neuen Partei« jetzt ein überwiegend sozial-demokratisches Gedankengut verbreiten würde und daß die Parteiführung dem Eindringen nationalistischer Tendenzen und neofaschistischer Ideologi-en in die DDR nicht genügend Widerstand entgegensetzen werde. Dennoch hofften sie – wie uns manche Zeitzeugen bestätigten – vielfach noch immer darauf, daß Gorbatschow der neuen Parteiführung helfen werde.

2. Die Erosion der Macht

An jenem Donnerstag, als Jakowlew in Berlin eintraf, tagte der Ministerrat der DDR unter Vorsitz von Hans Modrow und beschloß – dem Druck der Bürgerbewegung nachgebend – die Auflösung des Amtes für Nationale Si-cherheit und der Kampfgruppen der Arbeiterklasse[87]. Auf Vorschlag von Har-ry Harrland, dem stellvertretenden Generalstaatsanwalt der DDR, bildete auch der Ministerrat eine Sonderkommission zur Untersuchung von Amts-mißbrauch und Korruption. Das waren wahrlich »entscheidende Schritte« zur Überwindung der inzwischen eskalierenden Destabilisierung der DDR. Damit wurde die Entwaffnung der DDR eingeleitet, dem Druck der antiso-zialistischen Kräfte der Bürgerbewegung nachgebend. Sie hatte inzwischen eine eigene Initiative zur Bildung eines »Runden Tischs« mit Rückendeckung der Kirchen entwickelt[88]. Das war der nächste Schritt auf dem Wege einer ra-dikalen Umgestaltung der DDR, zur Konstituierung einer Doppelmacht. Es begann die »Perestroika auf deutschem Boden«, und das bedeutete politisch schon die schrittweise Aufhebung der sozialistischen Gesellschaftsordnung.

Wadim Medwedew meint, daß die sowjetische Führung erst unter dem Einfluß der Massendemonstrationen der DDR-Bevölkerung der deutschen Einheit zugestimmt hätte und daß es ungerechtfertigt sei, »… die Initiato-ren und Organisatoren dieser Bewegung außerhalb der DDR zu suchen«[89]. Wir sind heute besser informiert und neigen deshalb eher zu der Ansicht von François Mitterrand, der sagte: »Das organisiert die CDU, hinter dem steckt Kohl. Mir sagt er, er tue nichts, und hinter meinem Rücken gibt er Gas.«[90] Valentin Falin bemerkt dazu, daß Mitterrand nicht weit von der Wahrheit entfernt war, wenn er auch etwas vereinfachte[91]. Auch Margaret Thatcher bemerkte kritisch: »Anstatt die Erwartungen (der DDR-Bürger, d. Aut.) zu bremsen, machte sich Kanzler Kohl alsbald daran, sie zu schüren.«[92] Gregor Gysi hatte Anfang Februar 1990 gegenüber Jakowlew eine analoge Bemerkung gemacht[93]. Damals meinte er:

> »... Es dränge sich der Verdacht auf, daß bestimmte Kräfte im Westen gemeinsam mit der Opposition nach einem gut durchdachten Szenarium vorgingen.«

Falin, der an dieser Unterredung teilnahm, erweiterte diese Einschätzung dahingehend,

> »... daß die Empörung gegen die SED/PDS nur scheinbar der Spontaneität unterliegt. Bereits 1956 sei in der NATO ein Szenario zur Unterminierung der DDR erarbeitet worden ... gleiches wiederholte sich 1979. Entsprechende Dokumente hätten sich u. a. im Besitz von Herbert Wehner befunden. Der konzentrierte Angriff auf das MfS habe vor allem das Ziel verfolgt, die DDR gegen die Aktivitäten der Agenten schutzlos zu machen. Demzufolge müsse der Fall des MfS nicht als Schwäche der Partei, sondern als Schwäche der ganzen Gesellschaft gegenüber diesen Kräften gesehen werden.«

Heute wissen wir, daß diese Demonstrationen nicht immer spontan, daß sie von der Bürgerbewegung und nach dem 9. November 1989 vielfach unter dem Einfluß der CDU und als bewußte Einmischung der Bundesregierung in die inneren Angelegenheiten der DDR organisiert worden waren[94]. Diese Tatsachen waren auch dem KGB und damit dem Beraterkreis von Michail Gorbatschow bekannt. Hinzu kommt, daß außer den lautstarken Demonstrationen im November und Dezember 1989 noch immer eine Mehrheit der DDR-Bevölkerung keine Vereinigung beider deutscher Staaten wollte, wie Ergebnisse soziologischer Umfragen bezeugen[95]. So ermittelten das Bielefelder EMNID-Institut und die Mannheimer »Forschungsgruppe Wahlen«, daß im November 1989 nur 27 % der wahlberechtigten Frauen und Männer der DDR eine Wiedervereinigung Deutschlands befürworteten. Ein ähnliches Ergebnis legten die Meinungsforscher Peter Förster und Günter Roski vor. Nach ihrem Material votierten bis zum 27.11.1989 sogar nur 16 % für eine Vereinigung Deutschlands. Selbst wenn wir den Prozentsatz der »eher dafür als dagegen«-Stimmen mit berücksichtigen, wären es nur 48 % gewesen[96], was noch immer keine repräsentative Mehrheit ist. Diese Ergebnisse decken also nicht die Auffassungen der sowjetischen Führung, daß eine »Mehrheit der DDR-Bevölkerung« die Wiedervereinigung wollte. Oder wurde die »außenpolitische Beratergruppe« Gorbatschows durch ihre »Lutsch«-Dienstler desinformiert? Auch noch Anfang Dezember 1989 waren nach ADN bei einer Umfrage nur 39 % der Befragten für eine Wiedervereinigung eingetreten, und bei einer anderen Fragestellung sahen sogar 89 % in Reformen in der DDR den besseren Weg aus der Krise[97]. Selbst bei den Leipziger Montagsdemonstrationen am 4. und am 11.12.1989, so ermittelte das Leipziger Institut für Jugendforschung in einer Umfrage unter den Demonstranten, »... sei die Zahl derer gesunken, die eine Vereinigung von DDR und Bundesrepublik wünschen«. Am 4. Dezember sprachen 58 % der Befragten dem Ministerpräsidenten Hans Modrow ihr Vertrauen aus, am 11. Dezember 1989 waren es dann sogar 66 %[98].

Es lag bis zum Außerordentlichen Parteitag der SED kein Grund zu der Annahme vor, daß außer der lärmenden Bürgerbewegung, die bis Januar 1990 eine Minderheit darstellte, eine »Mehrheit der DDR-Bürger« eine deutsch-deutsche Vereinigung wollte. Der spätere Meinungsumschwung trat – demoskopisch erfaßbar – tatsächlich erst nach dem gescheiterten Parteitag der SED/PDS ein und unter den Umständen, die dann im Januar 1990 in der DDR geschaffen wurden. Der »Arbeitskreis Informationen« beim Parteivorstand der SED/PDS berichtete am 21.12.1989 dem Präsidium, daß »bei der Mehrheit der Bevölkerung die Sorge um die Zukunft unseres Landes wächst. Viele fürchten um die Existenz der DDR ...«[99].

Wir wollen in diesem Zusammenhang auf ein weiteres Problem aufmerksam machen, auf die Haltung der Arbeiter. Nach den Materialien von Förster/Roski votierten Ende November (also vor dem letzten SED-Parteitag) lediglich 15 % der Arbeiter für eine Vereinigung beider deutscher Staaten, Anfang Februar 1990 waren es 41 %. Bei dieser Umfrage traten auch 40 % der anderen Schichten der Bevölkerung für eine deutsch-deutsche Vereinigung ein[100]. Das aber war bereits nach dem Appell von Hans Modrow: Für *Deutschland, einig Vaterland!*

2.1 Ohne jede Legitimation: Der Runde Tisch

Diejenigen, die am 4. November 1989 für die Einhaltung der Verfassung der DDR demonstrierten, schwiegen, als der Verfassungsauftrag infrage gestellt wurde. Sie hielten die Überwindung der Verfassung letztlich noch für einen Ausdruck werdender »Bürgerdemokratie«[101]. Gregor Gysi hatte auf dem Au-

ßerordentlichen Parteitag der SED gesagt, daß die gegenwärtige Verfassung
ein »… geschichtlich überholtes und deformiertes Konzept des Staates wider-
spiegelt«, und: »Damit wollen und müssen wir brechen.«[102]. Abgesehen von
der skurrilen Behauptung eines »überholten und deformierten« Staatskon-
zepts in bezug auf die DDR, das vom Referenten ex cathedra verkündet und
wie so oft von ihm nicht einmal begründet wurde, war es gewiß vertretbar,
eine Veränderung der Verfassung der DDR anzustreben. Aber das, was Gysi
am 16. Dezember 1989 sagte, war – hier schließen wir uns der Meinung von
Zeitgenossen an – ein offener Aufruf zum Bruch der Verfassung und ein politisches Hasardspiel, mit dem die DDR politisch weiter destabilisiert wurde.

Das Politbüro der SED hatte bereits in der Vorbereitung des 10. ZK-Plenums die Idee aufgegriffen, die Egon Krenz von seinem Besuch bei Wojciech
Jaruzelski am 2. November 1989 mitgebracht hatte: in der DDR einen Runden Tisch als demokratische Diskussionsplattform für alle neuen politischen
Gruppen, bestehenden Parteien und gesellschaftlichen Organisationen einzurichten[103]. Doch die angesprochene Bürgerbewegung war auf dieses Angebot
nicht eingegangen. Die seit dem 4. Oktober 1989 in der Kontaktgruppe des
»bürgerbewegten Widerstands gegen die SED-Diktatur« zusammengeschlos-
senen Kräfte, die sich zugleich als Wahlbündnis und Gegenkraft zum Block
der demokratischen Parteien der DDR verstanden, wollten mit dem Runden
Tisch keine Diskussionsplattform schaffen. Sie wollten diesen Runden Tisch
als eine »konfrontative Formation« gegenüber dem Kabinett Modrow und
der Volkskammer konstituieren, denen sie ihre demokratische Legitimierung
absprachen, ohne eine eigene demokratische Legitimierung nachweisen zu
können. Um dieses Ziel zu erreichen, sollte nicht die SED die »neuen Partei-
en« einladen. Vielmehr beanspruchte die illegale Kontaktgruppe der »neuen
Parteien« die Initiative, um die SED und die anderen Parteien des Demokratischen Blocks zu einem Runden Tisch zu bitten. Es ging also beim Runden
Tisch nicht darum, Rechte nach den Artikeln 27, 28 und 29 der Verfassung
der DDR wahrzunehmen, sondern um ein Konzept, das sich bewußt gegen
die geltende Verfassung richtete[104]. So verstand sich der Zentrale Runde Tisch
von vornherein als ein Machtorgan, das in der Verfassung der DDR nicht
vorgesehen war. Der Abschnitt 3 des Artikels 5 der DDR-Verfassung legte
aber fest[105]:

> »Zu keiner Zeit und unter keinen Umständen können andere als die verfassungsmä-
> ßig vorgesehenen Organe staatliche Macht ausüben.«

In seinem Anspruch als Macht- und Kontrollorgan, war der Zentrale Runde Tisch verfassungswidrig. Das ist erst einmal festzustellen. Der Konsens dazu war, wie Uwe Thaysen schreibt, unter den verschiedenen Strömungen der Bürgeropposition »in der dritten Novemberwoche« ausgehandelt worden[106]. Also just nachdem Kohl seinen Zehn-Punkte-Plan zur deutschen Einheit verkündet hatte. Und dieses Übereinkommen des Bürgerblocks visierte einen Übergang in die deutsche Einheit an. Wie sich dieser »Perechod« vollziehen sollte und in welcher Zeitspanne, das allerdings blieb noch offen. Einig waren sich die »neuen Parteien« aber darin, in dieser Übergangsphase schrittweise in der DDR die Macht zu übernehmen und die sozialistischen Kräfte zu entmachten. Diese Bestrebungen entsprachen durchaus den taktischen Vorstellungen von der Herstellung der deutschen Einheit, wie sie von Henry Kissinger und vom NSC-Stab in Washington, von Brent Scowcroft und Condoleezza Rice dem amerikanischen Präsidenten empfohlen worden waren.

In der Vorbereitung auf den beabsichtigten Runden Tisch hatte der Pfarrer Erhard Neubert – ein Mitglied des »Koordinierungsausschusses der neuen Parteien« (der aus der Kontaktgruppe entstanden war) – gemeinsam mit dem Bischof Georg Sterzinski, dem Vorsitzenden der katholischen Berliner Bischofskonferenz, und den Bischöfen Gottfried Forck (Berlin) und Werner Leich (Eisenach) bis zum 21. November 1989 eine »ökumenische Verständigung« darüber hergestellt, daß die Kirchen zum Runden Tisch einladen, seine »neutrale Leitung« übernehmen und repräsentieren sollten, ohne dabei eigenes Stimmrecht auszuüben. Die Arbeitsgemeinschaft christlicher Kirchen benannte dazu den Pastor Martin Lange und der Bund der evangelischen Kirchen den Leiter seines Sekretariats, Oberkirchenrat Martin Ziegler[107]. Und so ergingen am 30. November 1989 die Einladungen der Kirchen zu einem Rundtischgespräch am 7. Dezember 1989, 14 Uhr im Gemeindesaal der Brüdergemeinde im Dietrich-Bonhoeffer-Haus in Berlin.

Als an diesem 7. Dezember 1989 die sieben neuen Parteien offiziell ihre Illegalität verließen, gab es für diesen Augenblick eine außerordentlich günstige innenpolitische Konstellation: Die Volkskammer hatte den Führungsanspruch der SED aus der DDR-Verfassung gestrichen, das ZK der SED war mit seinem Politbüro kopflos zurückgetreten und der SED-Arbeitsausschuß erwies sich zur politischen Führung der Gesellschaft als unfähig. Krenz war inzwischen mit Hilfe der Parteien des Demokratischen Blocks gestürzt worden, und Manfred Gerlach (LDPD) amtierte als Vorsitzender eines Staatsrates, der nicht mehr voll funktionsfähig war. So begannen die als Perestroika in der DDR deklarierten »demokratischen Reformen« als legalisierte Öffnung für die organisierten Kräfte der Bürgerbewegung, die in ihrer Mehrheit antisozialistische Ziele verfolgten. Die Konstruktion am Runden Tisch war so, daß den sieben aus der Kontaktgruppe hervorgegangenen »neuen Kräften aus dem Widerstand«, dem Demokratischen Aufbruch, Demokratie Jetzt, der Grünen Partei, Initiative Frieden und Menschenrechte, dem Neuen Forum, der Sozialdemokratischen Partei (der DDR) und der Vereinigten Linken mit je 2 Stimmen die »alten Kräfte der Nationalen Front« mit je 3 Stimmen gegenüberstanden[108].

Das »Dach der Kirche« täuschte ebenso wie die anfängliche Parität die meisten Reformsozialisten und -sozialistinnen darüberhinweg, welche Ziele die am Zentralen Runden Tisch versammelte Bürgeropposition verfolgte. Der Ministerpräsident vermochte ebenfalls nicht abzuschätzen, welche Funktion die einzelnen »neuen Parteien« dem Zentralen Runden Tisch zudachten. Er war auf einen Machtkampf mit dem Runden Tisch nicht vorbereitet. Doch dieses Ringen um Einfluß und Kontrollmacht begann mit der ersten Sitzung des Zentralen Runden Tisches ebenso wie mit jenen Runden Tischen, die sich rasch in vielen Städten und Kreisen bildeten, um die staatlichen Organe infrage zu stellen und zu entmachten.

Wir können bis Anfang Februar 1990 drei Phasen dieses Kampfes zwischen dem Zentralen Runden Tisch und der Regierung Modrow unterscheiden: Erstens den Zeitraum bis zum Treffen des Bundeskanzlers mit dem DDR-Ministerpräsidenten in Dresden am 19. Dezember 1989. In diesen Wochen fixierte sich der Zentrale Runde Tisch als »Formation« und ordnete seine Kräfte. Zweitens bis zur Erstürmung des Ministeriums für Staatssicherheit am 15. Januar 1990 durch die Bürgeropposition. Diese beiden Phasen umfassen die Wochen, in denen sich der Zentrale Runde Tisch als Veto-Organ gegenüber dem Ministerrat durchsetzte. Es war der Zeitraum, in dem sich eine Doppelherrschaft herausbildete und in dem die DDR-Regierung immer stärker vom Runden Tisch abhängig wurde und ihm schließlich unterlag. Die dritte Phase umfaßte den Übergang zur Machtteilung der Regierung mit der bürgerlichen Opposition. Wir werden auf die einzelnen Phasen noch konkreter eingehen. In dem Umfang, wie sich der Zentrale Runde Tisch Kompetenzen anmaßte, die nicht von den Verfassungsartikeln 28 und 29 gedeckt waren, und wie er dazu überging, entgegen dem Artikel 85 der Verfassung der DDR Aufgaben und Befugnisse der Regierung und der örtlichen Volksvertretungen, ihrer Abgeordneten, Kommissionen und Räte, die in Gesetzen der Volkskammer festgelegt waren, in Anspruch zu nehmen, übte er entgegen der Verfassung der DDR Macht aus, seine Vertreter begingen zielgerichtet Verfassungsbruch.

Die Strategie des Zentralen Runden Tischs entsprach der seit dem Treffen in La Valletta zwischen Bush und Gorbatschow vereinbarten »stillen Diplomatie« zur Liquidierung der DDR und zur Herstellung der deutschen Einheit. Doch zwischen beiden Großmächten gab es noch nicht geklärte taktische Feinheiten, in welchem Tempo und in welchen Formen sich die »stille Diplomatie« vollziehen sollte. Gorbatschow wollte den Weg über eine Übereinkunft der vier Siegermächte und diesen bedächtig, schrittweise gehen, die Vorbehalte von François Mitterrand, Margaret Thatcher und auch von Giulio Andreotti gegen eine schnelle Vereinigung beider deutscher Staaten nutzend. Er wollte gegenüber Kohls Zehn-Punkte-Plan die Initiative zurückgewinnen. Mit dieser Sicht trat Gorbatschow am 9. Dezember 1989 auch vor das Plenum des ZK der KPdSU. Daher versicherte er in seiner Rede der DDR, daß sie von der UdSSR nicht »im Stich« gelassen werde. Die DDR sei der strategische Verbündete im Warschauer Pakt, betonte er demonstrativ und es sei erforderlich, von den entstandenen Realitäten nach dem zweiten Weltkrieg auszugehen, zu denen die Existenz zweier deutscher Staaten gehöre. Ein Abgehen von dieser Position würde die Gefahr einer Destabilisierung mit sich bringen. Verändern könnten sich selbstverständlich die Beziehungen zwischen den beiden deutschen Staaten, und zwar in Richtung einer friedlichen Zusammenarbeit, räumte er unverbindlich ein[109]. Gleichzeitig regte er über Wjatscheslaw Kotschemassow ein Treffen der vier Botschafter der alliierten Siegermächte zum 11. Dezember 1989 in Berlin an, doch weder Bush noch Kohl wollten sich den politischen Vorteil, den sie mit dem Zehn-Punkte-Plan nun einmal erreicht hatten, wieder entreißen lassen. Daher wurde die Zusammenkunft von Serge Boidevaix (Frankreich), Christopher Mallaby (Großbritannien) und Vernon Walters (USA) mit Kotschemassow im alten Kontrollratsgebäude für Gorbatschows Wünsche ein politischer Flop[110]. Kohl hatte sich vorher bereits mit Bush und Baker darüber verständigt, daß eine solche Konzeption, wie sie Gorbatschow verfolgte – und der zeitweilig auch Margaret Thatcher und Mitterrand zuneigten[111] – für ihn unannehmbar sei, weil sie dem »allseits geachteten Prinzip des Selbstbestimmungsrechtes der Deutschen« grundsätzlich widerspräche und für das »deutsche Volk« eine »Demütigung« darstelle.

Tafel 9 – Sitzungen des Zentralen Runden Tisches[112]
Vom 7.12.1989 bis zum 12.2.1990 und die Teilnehmer der SED/PDS

1. Sitzung am 7.12.1989 – Konstituierung und Geschäftsordnungsfragen – SED/PDS-Teilnehmer: Dr. Gregor Gysi, Wolfgang Berghofer

2. Sitzung am 18.12.1989 – Verhandlungsgegenstand: Zulassung von Parteien und Organisationen am Runden Tisch – SED/PDS-Teilnehmer: Dr. Gregor Gysi, Wolfgang Berghofer, Prof. Dr. Lothar Bisky

3. Sitzung am 22.12.1989 – Verhandlungsgegenstand: Abschluß der Selbstverständigung innerhalb der neuen Parteien – SED/PDS-Teilnehmer: Dr. Gregor Gysi, Wolfgang Berghofer, Prof. Dr. Lothar Bisky, Dr. H.-G. Schuster

4. Sitzung am 27.12.1989 – Verhandlungsgegenstand: Ordnung für Bürgerkomitees; Forderung nach Auflösung aller Sicherheitsdienste der DDR – SED/PDS-Teilnehmer: Prof. Dr. Lothar Bisky, Dr. H.-G. Schuster, Dr. Klaus Wallburg

5. Sitzung am 3.1.1990 – Verhandlungsgegenstand: Wirtschaftssituation; Forderung nach einem Bericht der Regierung; Konstituierung von Arbeitsgruppen – SED/PDS-Teilnehmer: Wolfgang Berghofer, Prof. Dr. Lothar Bisky, Dr. H.-G. Schuster, Dr. Klaus Wallburg

6. Sitzung am 8.1.1990 – Verhandlungsgegenstand: Wahl-, Parteien- und Vereinigungsgesetz; Forderung nach der Auflösung des Amtes für Nationale Sicherheit – SED/PDS-Teilnehmer: Prof. Dr. Lothar Bisky, Dr. H.-G. Schuster, Dr. Klaus Wallburg

7. Sitzung am 15.1.1990 – Verhandlungsgegenstand: Rechenschaftsbericht der Regierung zur Sicherheitslage – SED/PDS-Teilnehmer: Wolfgang Berghofer, Prof. Dr. Lothar Bisky, Dr. A. Schoenenburg, Dr. Klaus Wallburg

8. Sitzung am 18.1.1990 – Verhandlungsgegenstand: Wahlgesetz; Diskussion des Verhältnisses zur Regierung – SED/PDS-Teilnehmer: Dr. Volker Gerber, Prof. Helmar Hegewald, Dr. H. Schieferdecker, Prof. Dr. Rosemarie Will

9. Sitzung am 22.1.1990 – Verhandlungsgegenstand: Hans Modrow bietet dem Runden Tisch die Regierungsbeteiligung an; Gespräch mit Egon Krenz und Wolfgang Herger – SED/PDS-Teilnehmer: Dr. Gregor Gysi, Prof. Helmar Hegewald, Dr. H. Schieferdecker, Dr. H.-G. Schuster, Dr. Klaus Wallburg

   Weitere Zusammenkünfte zur Fortsetzung der 9. Sitzung fanden am 24., 26. und am 28.1.1990 statt. – Verhandlungsgegenstand: Die Regierungsbeteiligung des Runden Tisches

10. Sitzung am 29.1.1990 – Verhandlungsgegenstand: Beratung der Bedingungen für die Regierungsbeteiligung; Medienfreiheit und Umweltfragen in der DDR; Nutzung der Staatsjagdgebiete – SED/PDS-Teilnehmer: Maria Curter, Prof. Helmar Hegewald, Dr. Hans-Dieter Nagel, Gertrud Tippel, Dr. H. Schieferdecker, Dr. Karl-Friedrich Gruel, Dr. H.-G. Schuster

11. Sitzung am 5.2.1990 – Verhandlungsgegenstand: Wirtschaftsreform; Auflösung des Amtes für Nationale Sicherheit; Ausländerfragen – SED/PDS-Teilnehmer: Dr. Fritz Halm, Prof. Helmar Hegewald, Gertrud Tippel

12. Sitzung am 12.2.1990 – Verhandlungsgegenstand: Vorbereitung der Reise von Hans Modrow nach Bonn – PDS-Teilnehmer: Rainer Börner, Gertrud Tippel, Prof. Dr. Klaus Steinitz, Prof. Dr. K. Böttcher, Dr. Fritz Halm, Dr. Günter Kuschik

Das politische Problem für Bush wie für Kohl bestand jedoch darin, in dieser Frage gegenüber Gorbatschow eine einheitliche Haltung *aller* NATO-Staaten als »westliche Solidarität« zu erreichen. In dieser Situation hatten die USA dem Botschafter-Treffen unter dem Aspekt erst einmal zugestimmt, um die Befürchtungen der Einigungsgegner zu beschwichtigen[113]. Zu diesem Zweck flog Baker in diesen Tagen auch noch nach London, wo er mit Margaret Thatcher konferierte, und kam anschließend nach Berlin, um in einer Rede vor dem Westberliner Presseclub »für eine neue Architektur« in einer »neuen Zeit« und für einen »neuen Atlantizismus« zu werben[114]. Es ging ihm jetzt darum, und das hatte der amerikanische Außenminister schon auf dem NATO-Gipfel in Brüssel gesagt, »die Früchte dieser friedlichen Revolution zu sichern« und sie nicht durch (Gorbatschows) diplomatische Manöver gefährden zu lassen[115]. Auch der Bundeskanzler war nach Berlin geeilt. Ihn hatte der amerikanische Außenminister bei einem Frühstück nochmals dringend ermahnt, strikt die vereinbarte »schrittweise, friedliche Strategie« bei der Vereinigung beider deutschen Staaten einzuhalten und nichts zu übereilen, denn noch immer sei mit Widerstand zu rechnen. Er soll Kohl dabei eingeschärft haben: »Deshalb ist es wichtig, den Prozeß richtig zu handhaben.«[116]

Nachdem Baker die Vision der Europa-Architektur genügend publik gemacht hatte, fuhr er in die DDR, wo er sich in Potsdam mit Modrow und Fischer traf[117]. Condoleezza Rice meint, das Ziel der Reise Bakers in die DDR, von der Vernon Walters dringend abgeraten hatte, sei gewesen, »der Regierung Modrow genügend Rückhalt zu geben, damit sie die für Mai geplanten freien Wahlen vorbereiten konnte«[118]. Baker selbst gesteht ein, daß er persönlich erkunden wollte, wie er die Politik des DDR-Ministerpräsidenten zu bewerten habe. Er zeigte sich mit der Begegnung sehr zufrieden. Modrow, so kabelte er umgehend an Bush, habe ihn mit seinem Willen zu Reformen beeindruckt, seine Terminologie sei von Gorbatschow und Schewardnadse übernommen, und der in der DDR eingeleitete Wandel sei mithin unumkehrbar. Auch habe ihm Modrow versichert, »diesen Prozeß bis zu den Wahlen im Mai zu bewältigen«. Baker war dadurch von einem schnell erfolgenden deutsch-deutschen Einigungsprozeß überzeugt. In seinem Telegramm an den Präsidenten argumentierte der Außenmister, daß seiner Ansicht nach in diesem Prozeß von nun an die BRD »von außen führend sein« sollte, was aber die Unterstützung der Allianz erfordere[119]. Modrows Meinung, beim Gespräch mit James Baker sei zu spüren gewesen, »daß eine Vertragsgemeinschaft die Zustimmung seiner Regierung fände«[120], dürfte mehr eine Hoffnung als eine realistische Beurteilung der amerikanischen Außenpolitik gewesen sein.

Baker wollte mit seinem Besuch in der DDR noch ein zweites Ziel erreichen: Um die Führungsrolle der USA zu demonstrieren, wollte er Mitterrand zuvorkommen, der sich inzwischen zu einem offiziellen Staatsbesuch der DDR angesagt hatte[121]. Auch Kohl hatte sich entschlossen, noch unbedingt vor dem französischen Präsidenten mit Modrow zusammenzutreffen. Rudolf Seiters war schon am 5. Dezember eilends nach Berlin geschickt worden, um mit dem DDR-Ministerpräsidenten einen Termin noch vor dem 20. Dezember zu vereinbaren[122]. Modrow war darauf eingegangen. Beim Treffen am 19. Dezember 1989 in Dresden stimmte Kohl – wohl auch, um gegenüber seinen eigenen Verbündeten Vertrauen zu erzeugen – im allgemeinen nochmals der von Modrow vorgeschlagenen Vertragsgemeinschaft zu. Doch diplomatisch lehnte es der Bundeskanzler dabei schon einmal ab, von zwei »souveränen deutschen Staaten« auszugehen, wozu – wie Horst Teltschik notierte – »überraschend schnell« Ministerpräsident Modrow seinerseits zugestimmt habe[123]. Kohl hat bei diesem Treffen politisch mit gezinkten Karten gespielt, während Modrow annahm, daß sich der Kanzler bereit zeigte, »... ein gutes Klima für offene Gespräche zu schaffen.«[124]

Zum Kanzlerbesuch in Dresden waren Züge und Busse mit »Begrüßungsund Jubelkadern« aus allen Richtungen, auch aus den alten Bundesländern, nach Dresden organisiert worden. Den Redeauftritt Kohls hatte sein Büroleiter Walter Neuer »mit tatkräftiger Unterstützung einiger Dresdner Funktionäre« vorbereitet. Hier ließ sich Kohl »spontan« schon mal als »Kanzler der Einheit« vorfeiern. Er war aber – wie wir von Teltschik wissen – sehr darauf bedacht, daß dabei keine allzu schrillen nationalen Töne hörbar wurden. Das hätte er sich – eingedenk der Mahnung von Baker – politisch nicht erlauben können. »Was sollen wir machen«, fragte Helmut Kohl seinen Berater besorgt, »wenn die Menge plötzlich das Deutschlandlied und daraus die Strophe mit der Zeile ›Deutschland, Deutschland über alles‹ anstimmen würde?« Sein Stab kam auf die rettende Idee: Ein Kantor wurde gewonnen, der Generalvikar der Hofkirche, der sollte in dieser Situation über die vorhandene Technik dann das alte Kirchenlied »Nun danket alle Gott« anstimmen. Die Vorsorge war umsonst, den Regisseuren des Dresdner Spektakels gelang es, das Absingen der nationalistischen Strophe des Deutschlandliedes noch rechtzeitig zu verhindern[125].

Der Bundeskanzler ließ Modrow bei diesem Gespräch offenbar in der Hoffnung, daß die Bundesregierung unter Umständen bereit wäre, 15 Milliarden DM Lastenausgleich an die DDR zu zahlen. Wie die veröffentlichte Gesprächsniederschrift ausweist[126], war die Unterhaltung so freundlich-unverbindlich »offen«, daß sie jede Seite (zumindest bis zum Besuch Mitterrands) für sich ausdeuten konnte. Nach Bonn zurückgekehrt, machte Kohl im Kanzleramt intern gleich deutlich, daß er sich bei seiner Zustimmung zur Vertragsgemeinschaft mit der DDR deren »Ausgestaltung« unbedingt selbst vorbehalten habe. Weiterhin sagte er, daß er entschlossen sei, nach den Wahlen in der DDR zum Aufbau föderaler Strukturen überzugehen[127].

Nachdem Modrow aus Dresden zurückgekommen war und noch während seines Treffens mit Mitterrand,[128] beschloß der Ministerrat der DDR am 21. Dezember 1989, die Rechte des Runden Tischs zu erweitern. Um seine materiell-technischen Arbeitsbedingungen zu gewährleisten, erhielt das Gremium von der Staatsbank der DDR einen Kredit über 6 Mio Mark. Den »neuen Kräften« wurde – um ihr errungenes Publikationsrecht wahrzunehmen –, ein Papierkontingent in Höhe von 2 Mio Valutamark und die Möglichkeit zugebilligt, Vervielfältigungstechnik sowie Video- und Fernsehgeräte zu importieren. Darüber hinaus wurden die Mitglieder der Runden Tische materiell den Abgeordneten der Volksvertretungen gleichgestellt. Dem Zentralen Runden Tisch wurde schließlich das »symbolische Recht« zugestanden, im Amtssitz des ersten Präsidenten der DDR, Schloß Niederschönhausen, zu tagen[129]. Abgesehen von diesem »symbolischen Akt«, den viele Zeitzeugen in jenen Tagen als demütigend empfunden haben, wäre zu diskutieren, wieweit dieser Beschluß des Modrow-Kabinetts – der offenbar ein politisches Zugeständnis im Rahmen der in Dresden getroffenen Vereinbarungen zur Vertragsgemeinschaft darstellte und wahrscheinlich politisch vertrauensbildend gemeint war –, in seiner Konsequenz einem politischen Fehler gleichkam. Dieser Beschluß war nicht Verfassungskonform und er ermunterte jene Kräfte, die den Zentralen Runden Tisch ohnehin als Vizeparlament verstanden wissen wollten. Sie waren von diesem Zeitpunkt an gewillt, der Regierung weitere Zugeständnisse abzutrotzen[130]. Da war es schon verständlich, wenn Kohl bereits am 21. Dezember 1989 zu der Auffassung gekommen war, »daß der Zehn-Punkte-Plan schneller verwirklicht werden könnte, als er selbst noch vor gut drei Wochen erwartet hatte«.[131] Nach Ansicht der stellvertretenden Ministerpräsidentin Christa Luft war der Zentrale Runde Tisch durch nichts und durch niemanden legitimiert[132]. Das bestätigt selbst Thaysen. Dennoch trat der Runde Tisch jeden Montag zusammen und übernahm neben dem Parlament immer mehr die Rolle einer parallelen Volksvertretung[133]. Der Runde Tisch, so sagt Christa Luft weiter, verlangte zunehmend von der Regierung eine unabdingbare Rechenschaftslegung, eine Forderung, der sich das Kabinett Modrow schließlich auch beugte. Schwanitz meint dazu[134]:

> »Der Runde Tisch war ein Gremium, das nicht einmal nach bürgerlich-parlamentarischen Regeln, geschweige denn von der Verfassung der DDR legitimiert war. Es war reine Machtanmaßung, die Regierung der DDR in scharfer Form aufzufordern, das AfNS unter ziviler Kontrolle aufzulösen. Die Volkspolizei übernahm an diesem Tag die Sicherheit der örtlichen Dienststellen des AfNS u. a. auch um die weitere Vernichtung von Akten zu verhindern«.

Wie im Tagebuch Teltschiks nachzulesen ist, wurden die Forderungen der »neuen Parteien« der DDR am Zentralen Runden Tisch im Bonner Kanzlerbungalow mit großer Aufmerksamkeit verfolgt und sorgsam analysiert. Christa Luft schreibt aber auch[135]:

> »Ohne den Runden Tisch wäre es nicht möglich gewesen, das komplizierte gesellschaftliche Leben im Lande aufrechtzuerhalten…«.

Modrow beurteilt heute die Situation nicht anders. Er sagt, daß die Regierung von der »Qualität der Arbeit des Runden Tisches« immer abhängiger wurde, weil – wie er den Machtwillen der Kräfte des Runden Tisch legitimierend formuliert – »dessen Ansprüche« an die Regierung wuchsen[136]. Offen bleibt inwieweit die Bürgeropposition am Runden Tisch emanzipatorisch war und in welchen Fragen sie aus Bonn Führungshilfen erhielt. Kaum eine andere Regierung hätte sich einem solchen Diktat gefügt, doch Modrow sah offenbar immer weniger Möglichkeiten, die undemokratischen Anmaßungen des Runden Tisches zurückzuweisen. Der erste Höhepunkt einer solchen verfassungswidrigen Handlung war am 27. Dezember die ultimative Forderung an die Regierung, die Bildung des am 14. Dezember 1989 vom Kabinett beschlossenen Amtes für Verfassungsschutz bis zum 6. Mai 1990 auszusetzen, weil – so Thaysen – die DDR-Verfassung »nicht schützenswert gewesen sei«.[137] Das war's: Dazu hatte der politisch nicht zu verantwortende Umgang der Reformsozialisten und -sozialistinnen mit der Verfassung der DDR die Bürgerbewegung geradezu ermutigt.

Nach dem Rücktritt des ZK der SED war am Ausgang des Jahres 1989

auch die Staatsmacht der einstmals souveränen DDR verfallen oder lag in
Agonie, ihre Verfassungsgrundsätze waren »von Amts wegen« infrage gestellt.
Selbst Markus Wolf, einer der politischen Repräsentanten der »neuen Oppo-
sition«, gewann in diesen weihnachtlichen Tagen des Winters 1989, als sich
Modrow zu einem Urlaub nach Oybin zurückgezogen hatte, den Eindruck,
daß es mit »unserer Staatsmacht immer mehr bergab gehe und der Minister-
präsident kaum mehr an eine Perspektive mit positivem Ausgang glaube«[138]).
Die persönlichen Betrachtungen von Wolf mögen für viele der Reformer und
Reformerinnen stehen: Fast erschrocken notiert er am 23. Dezember in sein
Tagebuch[139]:

> »Ein trauriges Weihnachten steht vor der Tür ... immer heftiger der deutsch-
> nationale Taumel, dazu deutlich braune Töne ... neugierige und böse Fragen im
> Ort zu unserem Grundstück... Dazu eine Anzeige in Berlin, die das Interesse der
> Generalstaatsanwaltschaft gefunden haben soll.«

Am 25. Dezember 1989 schreibt Wolf schließlich: »Nachdenken über eine
Perspektive für die DDR, wenn es sie noch gibt.« Dieses Nachdenken seitens
jener, die im November die Katastrophenpolitik gegen Egon Krenz forciert
hatten, kam zu spät. Und so resümiert Wolf das Ergebnis einer Politik, die er
mitgetragen, die er mit zu verantworten hatte, sein eigenes Werk also[140]:

> »... unser Hoffen und Streben waren ... auf eine Wende in Richtung Perestroika
> und Glasnost gerichtet. Nun war es geschehen ... und anders als erhofft. Unsere
> Stimmung ist nicht optimistisch... Soll man sich nun zurückziehen? Ist das Leben
> umsonst gelebt, der Sozialismus tatsächlich am Ende? Hirn und Herz wollen das
> nicht glauben.«

Die Reformsozialisten und -sozialistinnen in der SED hatten ebenso wie Gorbatschow übersehen, daß es einen politischen Gegenspieler gab, der ihnen
überlegen war und der als Klassengegner mehr Erfahrungen im politischen
Kampf hatte als sie selbst.

2.2 Kohls Taktik zur Deklassierung der Regierung Modrow

Als Modrow am 1. Januar 1990 aus seinem Urlaub nach Berlin zurückkehrte,
war das sowjetische Ehrenmal in Berlin-Treptow von Neofaschisten geschän-
det worden. Es war Herbert Krolikowski, der sich im Namen der Regierung
beim sowjetischen Botschafter in der DDR dafür entschuldigte. In diesem
Fall des Angriffes auf das Ehrenmal gehen wir nicht von einem Zufall aus.

Mit diesem Menetekel begann der offene Terror gegen die DDR. Er richtete sich zuerst gegen das Symbol des Sieges der UdSSR über den Faschismus[141]. Manche jener, die im November noch unter der Losung »Keine Gewalt« demonstriert hatten, gingen jetzt, nachdem die DDR entwaffnet worden war, zu Terror über. Und es bestätigte sich die bittere Erfahrung aus der Geschichte der Arbeiterbewegung: wer sich selbst entwaffnet, um den Klassengegner liebevoll zu umarmen braucht sich nicht zu wundern, wenn sich diese Art von Demokratie als eine tödliche Wunde erweist. Zeitzeugen fragen, wie politisch naiv eigentlich die Reformsozialisten und -sozialistinnen waren?

Was in diesen Januartagen in der DDR geschah, erinnerte Parteiveteranen an Ereignisse vom Januar 1919 und an sich gleichende Losungen. An den Wänden in Ost-Berlin gab es Inschriften wie: »Hängt Modrow, tötet Krenz!« Im Januar 1919 hieß es: »Schlagt ihre Führer tot! Tötet Liebknecht! Dann werdet ihr Frieden, Arbeit und Brot haben!«[142] Kotschemassow schreibt dazu[143]:

> »Man beschädigte staatliche und SED-Gebäude, bemächtigte sich der Einrichtungen von Rechtsorganen, drohte mit Abrechnungen und rechnete ab. Das begann wirklich Terror-Charakter anzunehmen.«

»Keine Gewalt« – das war die Kampflosung der bürgerlichen Opposition bei ihren Demonstrationen gegen die SED-Führung. Und die »kommunistischen Alt-Kader« waren aus ihren humanistischen Positionen heraus nicht bereit, gegen das eigene Volk Gewalt einzusetzen. Und so vollzog sich die »sanfte« Revolution eben nicht so sanft, wie Stefan Heym das gern gehabt hätte. Es waren nicht nur friedliche Demonstrationen unzufriedener Bürger die den Winter 1989/90 prägten, es waren zunehmend massive Drohungen und Gewaltakte gut organisierter und durchaus zielgerichtet angeleiteter Aktionsgruppen. Einschüchterungen und gewollte Zerstörungen von Einrichtungen gesellschaftlicher Organisationen, vor allem von SED/PDS-Kreisleitungen, der Volkspolizei sowie des Ministeriums für Staatssicherheit. Und sie eskalierten von Woche zu Woche[144]. In dem Umfang, wie das Präsidium der SED/PDS »seinen« Medieneinfluß »demokratisch« zurücknahm und die Medien-Hegemonie der alten SED von den Reformsozialisten und -sozialitinnen »entflochten« wurde und an westdeutsche Konzerne überging, konnte die öffentliche Meinung zunehmend massenwirksamer und aggressiver manipuliert werden. Es begannen Denunziationen und bösartige Verdächtigungen, Drohungen und Psychoterror gegen einzelne SED-Mitglieder, Partei- und

Staatsfunktionäre. Rufmord, Beleidigungen und Erniedrigungen waren vielfach ihre Auswirkungen. Provokative persönliche Angriffe gegen die Familien der Betroffenen folgten. Markus Wolf berichtet vom Suizid einzelner Mitarbeiter des Staatssicherheitsdienstes, Heinz Mirtschin verweist auf eine ganze Reihe von analogen Reaktionen von SED-Funktionären[145]. Vorverurteilende Verhaftungen waren bereits Anfang Dezember 1989, nachdem Günter Wendland zum Rücktritt gezwungen worden war[146], durch eine Gruppe von Staatsanwälten in der Generalstaatsanwaltschaft der DDR erfolgt. Die Kriminalisierung ging bis zur lächerlichen Hochverrats-Verdächtigung gegenüber Honecker. Noch unbegründeter und juristisch skurriler waren die staatsanwaltschaftlichen Verfolgungen gegen Willi Stoph, Hermann Axen, Werner Krolikowski, Günther Kleiber und Gerald Götting[147]. Zudem erhielten ausländerfeindliche Tendenzen in der DDR von zunehmend neofaschistischen Kräften aus der BRD über die offene Grenze aktive Unterstützung[148].

Gegen die ansteigende Gewalt und Kriminalität, die sich auch vielfach gegen die öffentliche Sicherheit und gegen die Organe der Staatsmacht der DDR richtete, blieben die gleichen Staatsanwälte – entgegen ihrem Verfassungsauftrag – tatenlos. Wenn diese Staatsanwälte damit die Öffentlichkeit »befrieden« wollten, was wir anzweifeln, so erreichten sie doch das Gegenteil. Wir sprechen den Verdacht aus, daß sich einige dieser Juristen den sich anbahnenden neuen Machtverhältnissen vorauseilend andienen wollten. Verschiedene Zeitzeugen machten für diesen Zustand die Regierung Modrow verantwortlich. Wir halten diesen Vorwurf für strittig. Der Ministerpräsident betonte, daß er sich gemäß Artikel 97 der Verfassung der DDR nicht in die Zuständigkeit der Generalstaatsanwaltschaft einmischen wollte[149]. Wie weit aber die Generalstaatsanwaltschaft der DDR ihrem Verfassungsauftrag nach Artikel 90 der Verfassung noch nachkam, das dürfte zweifelhaft sein.

Noch einmal wehrte sich die Bevölkerung gegen diese Umtriebe. 250.000 Berliner protestierten für eine souveräne DDR und gegen die aufziehenden neonazistischen Gefahren[150]. Doch die Woge der Gewalt rollte weiter. Es entstand, wie Gysi realistisch einschätzte, eine regelrechte »Pogrom«-Stimmung[151]. Aus dem gesteuerten »Zusammenbruch« von Lebenswerten und Idealen, aus diesem Inferno von Nötigung, Drohungen und Ängsten erwuchs eine neue öffentlich-politische Hegemonie, die der bürgerlichen Opposition, die sich Wochen später unter der Schirmherrschaft von Bundeskanzler Kohl als schwarze »Allianz für Deutschland« konstituierte. Dazu notierte bereits am 8. Januar

1990 Teltschik in seinem Tagebuch lapidar: »Der Wahlkampf beginnt.«[152] Das
ist heruntergespielt, denn es ging nicht um besonders rüde Wahlkampfformen,
es ging Anfang 1990 vor allem darum, die DDR unregierbar und für eine
baldige Vereinnahmung durch die BRD reif zu machen.

Das Tempo der Demontage, der Zerstörung der DDR wurde nun nicht
mehr von Perestroika-»Revolutionären« bestimmt, sondern – kühl jeden
Schritt berechnend – von den intensiv arbeitenden Stäben in Washington
und Bonn. Ihr Kalkül zielte darauf, die sowjetische Führung, ebenso wie Mitterrand und Margaret Thatcher, schnell davon zu überzeugen, was »die Deutschen« nunmehr »selbstbestimmt« wünschten. Kohl hatte jedoch von Bush
den Auftrag erhalten, dafür zu sorgen, daß aus dieser Hilfe, den spontanen
»nationalen Wunsch« zu erfüllen, keine Gefahr in Mitteleuropa entstand[153].
Beide Aufgaben faßte der Kanzler (Bakers Argumentation folgend) in der großen Vision vom »gesamteuropäischen Haus« zusammen und erklärte allen,
die es hören wollten, daß er bereit war, sich für so hehre Ziele wieder einmal
persönlich aufzuopfern[154]. Gorbatschow fand das sehr imponierend und fiel
auch auf diesen diplomatischen Trick rein. Der sowjetische Botschafter in
der DDR fragte jedoch irritiert, warum Gorbatschow in Moskau auf diese
Ereignisse in der DDR und zwischen der DDR und der BRD nicht ernstlich
eingewirkt habe. Er meint, daß die Gründe für diese Passivität zur Lage in der
DDR in dieser Hinsicht für ihn schwer zu verstehen gewesen seien[155]. Gewiß
wußte Kotschemassow nicht, daß zwischen dem Stab der außenpolitischen
Berater Gorbatschows und dem Bonner Kanzlerbungalow inzwischen ein
Sonderkanal geschaffen worden war. Solche Sonderkanalpraxis hatte in den
Beziehungen zwischen Moskau und Bonn eine gewisse Tradition[156]. Neben
Portugalow fungierte im Januar 1990 ein weiterer diskreter Kurier: Valentin
Sapewalow, ein Redakteur der »Literaturnaja Gaseta«, hatte einen diskreten
Part zwischen dem Generalsekretär der KPdSU und dem Bonner Bundes-
kanzleramt übernommen. Teltschik nannte ihn einen engen Vertrauten
Gorbatschows und einen »gelegentlichen Briefträger« zu Wadim Sagladin[157].
Über ihn versuchte der Bundeskanzler, am sowjetischen Botschafter in Bonn
vorbei, einen Termin zu einem persönlichen Gespräch mit Gorbatschow
»möglichst außerhalb Moskaus« zu arrangieren. Nachdem am 7. Januar 1990
Kwizinskij im Auftrage seiner Regierung beim Bundeskanzler offiziell um eine
Lebensmittelhilfe[158] nachgesucht hatte, wiederholte Helmut Kohl bei dieser
Gelegenheit offiziell seinen Wunsch, recht bald mit Gorbatschow zusammen-

zutreffen. Er erklärte sich in diesem Gespräch mit dem Botschafter nahezu karitativ bereit, auch den »Menschen in der DDR zu helfen«, und sicherte sogar zu, die mit dem DDR-Ministerpräsidenten in Dresden vereinbarte Vertragsgemeinschaft noch vor den in Aussicht genommenen »freien« Wahlen zur Volkskammer am 6. Mai 1989 zu vereinbaren. Gleichzeitig sagte Kohl, er sei bereit, Gorbatschow politisch zu unterstützen, auch deswegen sei das Treffen wünschenswert. Die erbetene Nahrungsmittelhilfe, so notierte Teltschik, wollte der Kanzler »so rasch wie möglich in die Tat umsetzen«. Was auch mit erheblichen Staatssubventionen geschah[159]. Am 11. Januar 1990 ließ daraufhin die »Prawda« in einem Leitartikel erkennen, daß die sowjetische Führung zu der Auffassung gelangt sei, daß die Bundesregierung ihre Pläne zur deutschen Einheit nunmehr viel sorgfältiger in den gesamteuropäischen Rahmen eingepaßt habe als im November 1989. Daher könne es bald zu einem Besuch des Bundeskanzlers in Moskau kommen, was im Kanzlerbungalow mit großer Zufriedenheit zur Kenntnis genommen wurde[160]. Worin sich die Haltung der Bundesregierung gegenüber ihrer Konzeption vom November 1989 geändert hatte, wurde in der »Prawda« nicht weiter erklärt. Insider äußerten, daß der Artikel eine Reaktion auf die zugesagte Lebensmittelhilfe gewesen wäre.

Unter dem politischen Druck und angesichts der Systematik der Zerstörung der Staatsmacht sowie der sich schnell verschlechternden ökonomischen Lage, versuchte die Regierung Modrow am 11. Januar 1990 auf der 14. Tagung der Volkskammer der DDR, die Bürgeropposition zur Mitarbeit in der Regierung einzuladen[161]. Auf der gleichen Tagung legte Christa Luft ein Gesetz zur Änderung der Verfassung der DDR vor, um die Gründung von Unternehmen mit ausländischer Beteiligung an volkseigenen Betrieben zu ermöglichen. Zunächst war im Änderungstext noch ein Passus über ein Dominat des Volkseigentums in solchen Joint-Ventures vorgesehen, aber auf ihn wurde sehr bald verzichtet[162]. Während Christa Luft diesen Gesetzentwurf begründete, wurden vor dem Palast der Republik, dem Tagungsort der Volkskammer, DDR-Fahnen zerrissen und verbrannt. Am nächsten Tag schreibt Jacques Attali, der Berater des französischen Präsidenten[163]:

> »Die DDR läßt den Zufluß ausländischen Kapitals zu. Der Premierminister Pierre Bérégovoy sagt mir: ›Das ist das Ende. Die DDR existiert nicht mehr‹.«

Solche Schritte zur politischen Selbstaufgabe der DDR ließen schließlich auch Mitterrands Vorbehalte gegen die deutsche Einigung schwinden[164].

Einige Tage zuvor, am 5. Januar 1990, war Modrow mit dem Vor-
standssprecher der Deutschen Bank, Hilmar Kopper, zusammengetroffen.
Der DDR-Ministerpräsident erhoffte von ihm eine Kredithilfe. Ein Zeitzeuge sagte uns sarkastisch, Kopper sei lediglich der erste Abzocker gewesen. Der Ministerrat der DDR hatte bereits am Vortag eine fünfzehnköpfige
Arbeitsgruppe gebildet, die bis zum 11. Januar 1990 auf einer Klausurtagung Voraussetzungen und Übergänge für einen »sozial verträglichen Weg
in die Marktwirtschaft« diskutieren und eine entsprechende Reformkonzeption ausarbeiten sollte[165]. Unmittelbar nach der Beschlußfassung durch
die Volkskammer zur Öffnung der DDR für Fremdkapital traf sich Christa
Luft am 13. Januar in Berlin-Rahnsdorf, im »Institut für Unternehmens-
führung« (zu dem, dem Zeitgeist folgend, das ehemalige Zentralinstitut für
sozialistische Wirtschaftsführung sehr schnell mutierte), mit 30 führenden
BRD-»Wirtschaftskapitänen«. Gekommen waren u. a. Tyll Necker (BDI),
Edzard Reuter (Daimler-Benz) und Carl H. Hahn (Volkswagenwerk). Sie
alle, so vermerkte Christa Luft stolz, waren beeindruckt von der »Klarheit
des Wirtschaftskonzepts der DDR-Regierung« und versprachen, »einen Beitrag zur Stabilisierung des Wandels in der DDR (zu) leisten«. Abends kam
noch Modrow zum Empfang. Wie Christa Luft begeistert berichtet, gingen
viele Gäste erst spät, und sie fand, daß es ein rundherum gelungenes Ereignis war[166]. Es ist vielleicht ungerecht, diese schönen Hoffnungen vom Januar
1990 auf eine Vertragsgemeinschaft mit der BRD – und die andienenden
Beschlüsse der Volkskammer vom 11. Januar 1990 strebten auf die Vorbereitung dieser Konzeption – im Rückblick als Illusionen zu bewerten. Aber es
waren eben nur Hoffnungen, die darauf basierten, daß es kein »Lagerdenken«
und damit keine Kapitalisten mehr gäbe.

Auch Modrow war in seiner Regierungserklärung von einem schönen
humanistischen Menschheitsideal ausgegangen, obgleich er wußte, welchen
Drohungen und welcher physischen Gewalt seine Genossen schon ausgesetzt
waren. Er mahnte in seiner Rede undefinierte »geordnete politische Verhältnisse« an, unter denen »ordentlich gearbeitet werden kann«, und wies das vom
Runden Tisch verlangte Vetorecht vorerst noch einmal zurück. Dafür bot er,
trotz wachsender Kritik von Teilen der SED/PDS-Basis an seinen Zugeständnissen dem Zentralen Runden Tisch gegenüber[167], diesem erneut einen »Konsens aller verantwortungsbewußten Kräfte« an. Falls der Ministerpräsident,
wie das im Kanzlerbungalow in Bonn von einigen vermutet wurde, damit

die Strategie verfolgte, die Bürgeropposition in die politische Verantwortung einzubinden, so legitimierte er doch einen (von ihm mitverursachten) real bestehenden verfassungslosen Zustand. Teltschik konstatierte sarkastisch, daß Modrow mit seiner wiederholten Feststellung, »eine Vereinigung von DDR und BRD stehe nicht auf der Tagesordnung«, doch »zunehmende Ratlosigkeit« ausstrahle[168].

Während der sowjetische Botschafter in den USA, Juri Dubinin, in Washington noch immer vergeblich versuchte, von James Baker die Zustimmung zu einem Viermächte-Treffen der Außenminister über eine deutsch-deutsche Vereinigung zu erreichen, um als ersten Schritt eine Viermächte-Garantie für die Vertragsgemeinschaft zwischen der DDR und der BRD auszuhandeln, hatte Kohl längst alle Weichen gestellt. Hans-Dietrich Genscher bekam von ihm die strikte Anweisung, seinen westlichen Außenminister-Kollegen in der Frage der sowjetischen Initiative zur Viermächteverantwortung für den deutschen Einigungsprozeß mitzuteilen, »... daß ihre Antworten an die Sowjetunion nur nach engster Abstimmung mit der Bundesregierung erfolgen sollten, da es schließlich um das Selbstbestimmungsrecht der Deutschen gehe«[169]. Und zwei Tage später erklärte Teltschik in Oxford auf einem deutsch-französisch-britischen Treffen den noch immer kritischen europäischen Verbündeten die taktischen Nuancen der Bundesregierung. Es käme ihr nicht so sehr und überhaupt nicht auf die »Stabilisierung des Wandels in der DDR« oder auf eine Regierungsmitverantwortung der Bürgerbewegung an, sondern ihr Ziel sei es, »rasche organische und tiefgreifende politische und ökonomische Reformen« in der DDR zu erreichen. Doch dies sei mit der Modrow-Regierung nicht mehr möglich. Und jetzt zeichnete Teltschik vor den NATO-Verbündeten ein Horror-Szenario: Die Anzahl der Übersiedler steige weiter an, sagte er, und ein baldiger wirtschaftlicher Kollaps der DDR sei nicht mehr auszuschließen. Dadurch erwachse aber die Gefahr einer Katastrophe, indem die »Menschen in der DDR versuchen könnten, die Einheit zu erzwingen«. Und an diesem Punkt stellte er dann die Frage: Wer könne sie, diese DDR-Bürger dann überhaupt noch daran hindern? Also faßte der Kanzleramtsbeauftragte zusammen: Somit gäbe es nur eine Schlußfolgerung, die für den 6. Mai 1990 angesetzten Volkskammerwahlen müßten unbedingt vorgezogen werden, um so schnell wie möglich »die Einheit Deutschlands« zu vollenden[170]. Die Argumentation Kohls, daß man einer »immer gefährlicher werdenden Ungeduld der Massen« in der DDR unbedingt zuvorkommen müsse, war nicht unklug. Sie bedeutete aber, daß die Zugeständnisse, die Hans Modrow in seiner Regierungserklärung am 11. Januar 1990 und die Christa Luft vor der Volkskammer gegenüber der Bürgerbewegung und dem BRD-Kapital gemacht hatten, der Bundesregierung nicht mehr weit genug gingen. Kohl wollte jetzt keine Vertragsgemeinschaft mehr, sondern die DDR über »freie Wahlen« bedingungslos vereinnahmen.

Auf dem Treffen in Oxford war allerdings auch deutlich geworden, daß der Bundeskanzler mit seinen westlichen Partnern schnell das Problem der Ost-grenzen des anvisierten neuen Deutschlands klären mußte, wie er in Brüssel zugesagt hatte, bevor es ihm gelang, mit der Vorführung des wachsenden po-litischen und wirtschaftlichen Niedergangs der DDR auch die Zustimmung der »Reformer« in Moskau für eine beschleunigte »hilfsweise« Übernahme der DDR zu erreichen. Im westlichen Bündnis wurde immer dringender eine Garantie der Bundesregierung für die deutschen Ostgrenzen in der Regelung von 1945 als unabdingbare Voraussetzung eines vereinigten Deutschlands gefordert[171]. In dieser Frage zeigte sich auch die Washingtoner Administra-tion unnachgiebig, trotz ihrer sonst bedingungslosen Unterstützung der Vereinigungsstrategie des Bundeskanzlers. Zudem kamen aus Moskau beun-ruhigende Nachrichten. Sie besagten, daß Gorbatschow mit dem Bürgerkrieg im Kaukasus zunehmend unter Druck seiner politischen Opponenten geriet, weshalb die Kanzler-Analytiker befürchteten, daß mit der Ausschaltung von Gorbatschow auch der Einigungsprozeß abgebrochen werden könnte. So war für Washington wie für Bonn Eile geboten.

In Berlin eskalierte die Bürgeropposition ihre Anstrengungen, die Staats-macht der DDR weiter zu demontieren. Dazu bereitete sie einen entschei-denden Schlag gegen die »morsch geredete Festung« DDR vor. Zu Montag, dem 15. Januar 1990, hatte der Zentrale Runde Tisch von Modrow ultimativ die Zusage gefordert, daß kein Nachfolgedienst des Ministeriums für Staats-sicherheit in der DDR gebildet werde, kein Nachrichten- bzw. Sicherheits-dienst, kein Amt für Verfassungsschutz. Höhnend wurden der Generalstaats-anwalt und der Innenminister der DDR aufgefordert, vor dem Runden Tisch einen Bericht über die innere Sicherheit, »die immer weniger gegeben sei« abzugeben. Doch anstatt diese Provokation entschieden als verfassungswidrig zurückzuweisen, kapitulierte Modrow nach kurzem Widerstand. Er gab be-kannt, daß die Regierung auf jeden Sicherheitsdienst verzichte, und gab die gewünschte Rechenschaft[172]. Außerdem gestand der Ministerpräsident dem nicht in der Verfassung der DDR vorgesehenen Gremium schließlich doch noch das Veto-Recht zu. Und er akzeptierte – folgen wir der Darstellung von Thaysen – auch die »Zweifel des Runden Tischs an der Legitimität seiner Regierung«. Damit erkannte die Regierung der Großen Koalition das »Tableau der neuen Kräfte«, den Zentralen Runden Tisch, endgültig als Kontroll- und Veto-Organ an, trotz dessen fehlender demokratischer und rechtlicher Legitimation. Mit dieser dramatischen Entscheidung überschritt die Regierung Modrow endgültig ihre Verpflichtung gegenüber der Verfassung der DDR[173], denn der Artikel 108 der Verfassung war bis zu diesem Zeitpunkt nicht geändert worden.

Gewiß war die innenpolitische Situation bis zum Äußersten gespannt. Doch um Ruhe und Stabilität in der DDR zu erreichen, war ein weiteres Zurückweichen vor dem politischen Druck der antisozialistischen Bürgeropposition verhängnisvoll. Der Ministerpräsident war aber unter den gegebenen politischen Bedingungen offenbar zu einer anderen politischen Bewertung der Situation gelangt. Er wollte jegliche Konfrontation mit der Bürgerbewegung vermeiden. Aus diesem Grund wurde der Zentrale Runde Tisch für ihn bis zu den Neuwahlen der Volkskammer der DDR unverzichtbar. Daher blieb Modrow bestrebt, mit der Bürgerbewegung durch Zugeständnisse eine verbindliche »Sicherheitspartnerschaft« für die nächsten Monate einzugehen. Der Ministerpräsident begründete seine Entscheidung damit, daß er hoffte, die Regierung würde gemeinsam mit dem Runden Tisch die Fortsetzung des weiteren Reformprozesses gewaltfrei ermöglichen[174]. Was aber war unter einem Reformprozeß eigentlich noch zu verstehen? Modrows Konzept, gemeinsam mit dem Zentralen Runden Tisch und bei seiner Akzeptanz dessen Machtanmaßung Stabilität zu erreichen, erwies sich jedoch lediglich als Vollzug der Erwartungen von James Baker. So ging der Ministerpräsident der DDR seinen Weg nach Canossa. Die anhaltende Krise der SED/PDS und die Politikunfähigkeit ihrer Führung ließen für ihn keine andere realistische Möglichkeit mehr zu.

Bemerkungen zur Politikunfähigkeit der SED/PDS-Führung

Seit Dezember 1989 trat das Präsidium des Parteivorstandes der SED/PDS unter Leitung von Gregor Gysi regelmäßig wöchentlich zusammen und wurde ebenso regelmäßig ausführlich über die Situation in der Partei und die Stimmung der Bevölkerung informiert. Doch es kam – wie die Materialien der bis zum 11. Januar 1990 durchgeführten sieben Präsidiumssitzungen ausweisen – zu keiner gründlichen Diskussion über die sich verschärfende innenpolitische Lage und über Maßnahmen zur Unterstützung der Regierung, nicht einmal über die dem Präsidium vorgetragenen Sorgen und Ängste der Menschen. Das Präsidium der SED/PDS verhielt sich in diesem Zeitraum ebenso sprachlos und politisch konzeptionslos wie im September 1989 das Politbüro der SED. Es beschäftigte sich auf seinen Sitzungen mit sich selbst: Mit der Umstrukturierung des ehemaligen ZK-Apparates und dem notwendigen Personalabbau, mit Arbeits- und Geschäftsordnungen, mit so bedeutsamen Fragen wie der Abberufung der SED-Studenten von der KPdSU-Parteihochschule in Moskau, mit der Inventarisierung des Parteivermögens (der Überprüfung des nach bürgerlichem Recht »rechtsmäßigen Erwerbs« von parteieigenen Betrieben, Gästehäusern und Erholungsheimen), mit der Auflösung der Parteiorganisationen in der Nationalen Volksarmee (NVA) und der »ordnungsgemäßen Auflösung der Kampfgruppen«. Es beriet am 11. Januar beispielsweise über die Bildung einer Rechtsabteilung im Parteivorstand (die nie zustande kam), debattierte ausführlich, ohne ein abschließendes Ergebnis zu erreichen, über die zukünftige Frauen- und die Jugendpolitik der Partei, beriet gründlich eine Reise von Gregor Gysi vom 29. Januar bis zum 2. Februar 1990 in die USA und bereitete sich gelegentlich auch auf die bevorstehenden Volkskammerwahlen vor[175]. Das Präsidium diskutierte am 13. Januar über die Gewerkschaftspolitik, stellte als Diskussionsergebnis jedoch nur lakonisch fest, daß die Partei kein Recht mehr in Anspruch nehme, sich in die Belange der Gewerkschaften einzumischen. Der Forderung von Werktätigen, sich zur Frage der Betriebsräte und zum Problem ihrer Beziehungen zu den Gewerkschaftsleitungen sowie zu deren Mitbestimmungsrechten zu äußern, kam das Präsidium nicht nach[176]. Es gab von seiner Seite keine Orientierung, wie dem zunehmenden Druck und den Repressalien des politischen Gegners oder den wachsenden neofaschistischen Umtrieben zu begegnen war, keinen helfenden Hinweis, wie die Regierung die DDR politisch und ökonomisch stabilisieren sollte. Das Gremium mied sorgfältig jede politische Verantwortung.

Die von uns ausgewerteten Materialien des Präsidiums der SED/PDS in der ersten Januar-Hälfte des Jahres 1990 weisen zugleich aus, daß die Reformsozialisten und -sozialistinnen, da sie nun politische Entscheidungen treffen mußten, nicht nur konzeptionslos waren, sondern sich in entscheidenden Fragen auch noch als inkompetent erwiesen. Diese Orientierungslosigkeit und politische Führungsunfähigkeit war bereits auf der 3. Tagung des Parteivorstandes der SED/PDS am 6. Januar deutlich geworden. Auf ihr setzte Gysi seine illusionistische Linie des Dezember-Parteitages fort, noch immer eine bessere DDR anzustreben, und zog die Möglichkeit eines vereinigten kapitalistischen Deutschlands wiederum offiziell nicht in Betracht. Er dankte den »Kämpfern der Kampfgruppen« bei ihrer Verabschiedung dafür, daß sie viel von ihrer Freizeit geopfert hatten, er verteidigte den von der Regierung beschlossenen Aufbau eines Amtes für Verfassungsschutz und eines Nachrichtendienstes und forderte einen Lastenausgleich von der Bonner Regierung. Dann sagte Gysi wörtlich[177]:

> »Was ist unsere Wahlaussage zur deutschen Frage? Wir wollen eine souveräne DDR als sozialistische Alternative und streben eine deutsch-deutsche Gemeinschaft im Rahmen einer gesamteuropäischen Konföderation an. Wir sind als DDR-Bürger auch Deutsche, die Europäer werden wollen, aber nicht in einem beschränkten NATO-Europa, sondern in einem geeinten Europa vom Ural bis zum Atlantik. In diesem Europa ist dann auch die deutsche Frage gelöst. Auf dem Wege dorthin benötigen wir eine Vertragsgemeinschaft, die die Zusammenarbeit und Kooperation im Interesse der Menschen beider Staaten fördert, aber die Eigenständigkeit und Eigenstaatlichkeit der DDR bewahrt.«

Die verklausulierte Formel von einer souveränen DDR in einer deutsch-deutschen-Gemeinschaft im Rahmen einer gesamteuropäischen Konföderation war zwar nett anzuhören, diente aber mehr der amerikanischen Strategie, die Vereinigungspolitik des Bundeskanzlers mit undefinierten Europa-Visionen abzusichern, als der Klarstellung der Zukunft der DDR gegenüber den Werktätigen und der Parteibasis. Daran änderte auch die vom Parteivorsitzenden begründete Initiative für ein »Europa 2000« nichts[178]. Das alles waren nur leere Worte, Phrasen zum Verhüllen der politischen Wirklichkeit. Dieses Urteil trifft auch auf Gysis nahezu »klassenkämpferische« Losung zu: »Wir brauchen kein Viertes Reich, das die NATO verstärkt.« Diese zweifellos so richtige wie starke Formulierung hat er in seinen Bundestagsreden inzwischen dezent vermieden. Auch in seinen Büchern[179] ist Gysi auffallenderweise weder auf seine kühne Europavision vom Januar 1990 zurückgekommen, noch hat er den Terminus »Viertes Reich« zur Charakterisierung der Großmachtpolitik der neuen Bundesrepublik verwendet.

Ein Schwerpunkt in Gysis Referat auf dieser 3. Tagung des Parteivorstandes der SED/PDS aber waren seine Ausführungen über den weiteren »Prozeß der Demokratisierung«, der sich in der DDR vollziehe und zu dem die SED/

PDS ihren Beitrag leisten wolle. Er schätzte diese Entwicklung als die zweite Phase der »demokratischen Revolution« ein, in der die SED/PDS nunmehr den »demokratischen Sozialismus« ausgestalten werde, der schließlich – sozusagen als Planziel – mit den »freien Wahlen« im Mai 1990 abgeschlossen sein werde. Soviel dogmatische Realitätsferne ist verblüffend nachzulesen.

Warnende Stimmen auf dieser Parteivorstandstagung vor den Folgen der »Einigungsstrategie« der Bundesregierung wurden von der Parteivorstandsmehrheit souverän ignoriert. So hatte Klaus Rendgen von der Karl-Marx-Universität Leipzig in der Diskussion gesagt, daß aus seiner Sicht die zweite Phase der »demokratischen Revolution«, die Gysi in seinem Referat charakterisiert hatte, »… in einer Beseitigung des Sozialismus enden könnte«, und stellte fest: »Viele, oder nicht wenige (Parteimitglieder, d. Aut.) verhalten sich so, als ob sie gar nicht erwarten können, die Herrschaft der Politbürokratie mit der Herrschaft der Deutschen Bank zu vertauschen«[180]. Bernd Rump meinte dazu unumwunden: Sich für die Wiedervereinigung der beiden deutschen Staaten einzusetzen, sei doch wohl nicht verboten[181]. Aber Gysi widersprach einer solchen Wiedervereinigungsbefürwortung. Er warf sofort in die Diskussion ein: »Genossen, als Wiedervereinigungspartei laufen wir nicht. Die Leute wählen immer nur das Original.«[182]. Auch der Ministerpräsident ging in seinem Diskussionsbeitrag auf keines der aktuellen innenpolitischen Probleme ein. Er verteidigte lediglich seine Politik mit dem Runden Tisch, begründete sein Treffen mit Hilmar Kopper vom Vortag, weil die Regierung auf neue Kredite der Deutschen Bank hoffe, und berichtete dann ausführlich über den »Stand der juristischen Ermittlungen« wegen Korruption und Amtsmißbrauch, sprich über die angelaufene Kriminalisierung der Mitglieder des SED-Politbüros. Das schien ihm wichtiger zu sein, als vor den wachsenden politischen Gefahren im Lande zu warnen oder zum Widerstand gegen die zunehmenden Aktivitäten neofaschistischer Kräfte aufzurufen. Auch gab er keine Analyse zu den Bestrebungen aus dem Kanzlerbungalow, die DDR weiter zu destabilisieren. Dafür teilte Modrow aber den Parteivorständlern und -vorständlerinnen mit, daß die Regierung entschlossen sei, die mit Kohl in Dresden vereinbarte Vertragsgemeinschaft zwischen der DDR und der BRD noch vor der bevorstehenden Volkskammerwahl in Gang zu bringen[183]. Die berechtigte Mahnung von Wolfgang Berghofer, »Genossen vergeßt nicht den Klassenkampf, … die andere Seite denkt auch nach«,[184] löste in diesem Parteivorstand keinerlei Reaktion aus.

Gysis hehre Idee von der deutsch-deutschen Vertragsgemeinschaft in einem »geeinten Europa vom Atlantik bis zum Ural« sollte keine zehn Tage
Bestand haben. Während sich das Präsidium der SED/PDS nach dieser 3.
Tagung des Parteivorstandes aus den aktuellen politischen Auseinandersetzungen weiter »demokratisch zurücknahm«, füllten diesen politischen »Freiraum« im »Demokratisierungsprozeß« eben jene aus, die schon Übung darin
hatten und die an keiner Vertragsgemeinschaft, sondern an einem Anschluß
der DDR an die BRD interessiert waren. Sie nahmen nach einer dreiwö-
chigen Pause ihre Demonstrationen wieder auf. Noch waren die Einheitsbefürworter bei diesen Demonstrationen mit ihren schwarz-rot-goldenen
Fahnen »unter sich«, aber die Demonstranten in Cottbus, Schwerin und
Frankfurt/Oder wandten sich nunmehr entschieden gegen die SED. Sie forderten den Rücktritt Gysis und skandierten in Sprechchören: »Nieder mit
der SED!«[185]. Die Forderungen nach Wiedervereinigung wurden vor allem
in den Südbezirken der DDR mit ihrer direkten Grenze zur BRD brandak-
tuell. Und mit diesen Forderungen waren immer deutlicher gezielte Angriffe
auf die Modrow-Regierung sowie gegen alle Kräfte verbunden, die für eine
souveräne DDR und eine Vertragsgemeinschaft mit der BRD eintraten. »An-
dersdenkenden wird immer öfter mit rechtsradikalen Beschimpfungen und
Gewaltandrohung begegnet«, heißt es dazu in einer aktuellen politischen Information an das Vorstandspräsidium[186].

Für den Nachmittag des 15. Januar 1990 hatte das Neue Forum in Berlin
unter der Losung »Mit Fantasi gegen Stasi und Nasi« zu einer Demonstration gegen den DDR-Sicherheitsdienst aufgerufen. Nachdem an diesem Tag
der Ministerpräsident der DDR vor dem Zentralen Runden Tisch auf jeden
Sicherheitsdienst verzichtet hatte, erstürmten Demonstranten, viele im Outfit von Rechtsradikalen, einige Stunden später das ehemalige Hauptgebäude
des Ministeriums für Staatssicherheit in der Normannenstraße in Berlin-
Lichtenberg und verwüsteten demonstrativ einige Räume[187]. Merkwürdiger-
weise wurden die relevanten Aktenbestände dabei verschont. Der Sturm auf
das Gebäude des Ministeriums für Staatssicherheit fand ein medienwirksames
Echo. Das Fernsehen unterbrach dramatisch mehrfach sein reguläres Abend-
programm. Modrow und Vertreter der Bürgerbewegung eilten zum Ort des
Geschehens und stellten rasch die offizielle »Ordnung« wieder her, was ihnen
nicht einmal besonders schwer fiel. Es war ja bei diesem Sturm auch nicht auf
den Zorn der Demonstranten angekommen, sondern offensichtlich darauf,

ausgewählte Unterlagen des DDR-Geheimdienstes unauffällig ihren Besitzer wechseln zu lassen. Diese These von Insidern konnten wir nicht nachprüfen. Sie wird aber vom Verlauf dieser Aktion gestützt. Vor allem aber sollte mit diesem spektakulären Sturm ein politischer Prozeß in Gang gebracht werden, der mit dem umgehend gebildeten »Bürgerkomitee Normannenstraße« und der ebenso schnell konstituierten »Arbeitsgruppe Sicherheitspolitik« des Runden Tisches das Ziel verfolgte, den Sicherheitsapparat der DDR endgültig zu zerschlagen, seine Mitarbeiter zu kriminalisieren und sie gegen die SED/PDS auszuspielen. Dieses Szenario gelang glänzend.

2.3 Der Wortbruch des Bundeskanzlers und sein »Neuer Kurs«

In Bonn beschloß just an diesem 15. Januar der Kanzler, so berichtet jedenfalls Teltschik, am kommenden Donnerstag, dem 18. Januar, in seiner Regierungserklärung vor dem Deutschen Bundestag bekanntzugeben[188],

> »... daß er die in Dresden getroffene Vereinbarung, eine Vertragsgemeinschaft noch vor den Wahlen unter Dach und Fach zu bringen, nicht weiter verfolgen werde.«

Es war die »Linie«, die Teltschik schon in Oxford verkündet hatte. Hans Modrow, der auch im Januar 1990, noch immer auf Gorbatschows Unterstützung hoffend, ernsthaft um die Konkretisierung der Vertragsgemeinschaft bemüht blieb, die seiner Ansicht nach auf dem Weiterbestehen der DDR und »... eines sich demokratisch wandelnden und marktwirtschaftlich öffnenden Staates« basierte[189], bewertete diesen eklatanten Wortbruch des Bundeskanzlers offenbar nur als politische Populistik. Zwei Tage später ging der Vertragsentwurf der DDR-Regierung zu der vereinbarten Vertragsgemeinschaft im Bundeskanzleramt ein[190], der auch als Verhandlungsgrundlage für die vorgesehene Beratung mit Rudolf Seiters am 25. Januar 1990 vorgesehen war. Modrows Entwurf wurde jedoch vom Bundeskanzler intern bereits mit den Worten »... es wird vor den Wahlen zur Volkskammer keine Vertragsgemeinschaft geben« mit einer Handbewegung vom Tisch gefegt[191]. Damit war die Hoffnung Modrows gescheitert, beide gleichberechtigten deutschen UNO-Mitgliedsstaaten im Rahmen eines langfristigen europäischen Einigungsprozesses (den Helmut Kohl ebenfalls unentwegt beschworen hatte) zusammenzuführen. Wir meinen, daß dieses Euro-Konzept angesichts der Strategie von Bush und Baker ohnehin unrealistisch war, räumen aber ein, daß es für

Tafel 10 – Das Bundeskanzleramt
Struktur und personelle Besetzung 1989/1990 (Auszug)

Der Bundeskanzler: Dr. Helmut Kohl
01 Kanzlerbüro: Leiter: MD Dr. Walter Neuer
011 Persönliches Büro Juliane Weber
002 Eingaben und Petitionen: Dr. Gundelach
Chef des Bundeskanzleramtes: BM Rudolf Seiters
Leiter des Büros: Manfred Speck
Staatsminister Dr. Lutz Stavenhagen
Persönlicher Referent: MR Kindler
Parl. Staatssekretär Günter Straßmeier
Persönlicher Referent: Konletzki
Abteilung 1: Zentralabteilung
Leiter: MD Dr. Rudolf Kabel
...

Abteilung 2: Auswärtige und innerdeutsche Beziehungen, Entwicklungspolitik,
        äußere Sicherheit
Leiter: MD Dr. Horst Teltschik
Gruppe 21: Auswärtiges Amt: MD Dr. Peter Hartmann
Referat 211: Europäische Einigung/ Kabinettausschuß für Europapolitik: Joachim
        Bitterlich
Referat 212: Ost-West-Beziehungen: Dr. Uwe Kaestner
Referat 213: Internationale Organisationen: Dr. Christian Ueberschaer
Referat 214: Entwicklungspolitik: Nord-Süd-Fragen: MR Frhr. Leuckart von
        Weißdorf
Gruppe 23: Sicherheits- und Verteidigungsfragen (Bundessicherheitsrat): Rudolf
        Lange
Arbeitsstab 20: Deutschlandpolitik:
Leiter: MD Dr. Claus-Jürgen Duisberg
Gruppe 22: Zuständig f. BM für Innerdeutsche Beziehungen: MD Ernst G. Stern
Referat 221: Beziehungen zur DDR, Berlin-Fragen (Allgemein): MR Peter-Chr.
        Germelmann
Referat 222: Beziehungen zur DDR, Berlin-Fragen (Verkehr, Wirtschaft, Justiz):
        MR Volkmar Zilch
Referat 223: Beziehungen zur DDR, Berlin-Fragen (Kultur, Bildung, Medien): MR
        Dr. Rüdiger Kass
Referat 224: Kabinettausschuß Deutsche Einheit: MR Dr. Manfred Malina

Abteilung 3: Innere Angelegenheiten, Soziales, Umwelt
Leiter: MD Carl-Ludwig Wagner
...
Abteilung 4: Wirtschaft und Finanzpolitik
Leiter: MD Dr. Georg Grimm
...

Abteilung 5: Gesellschaftliche und politische Analysen,
Kommunikation und Öffentlichkeitsarbeit
Leiter: MD Dr. Eduard Ackermann

....

Abteilung 6: Bundesnachrichtendienst/ Koordinierung der Nachrichtendienste
Leiter: MD Dr. Hermann Jung
Gruppe 61: BND/ Grundsatzangelegenheiten: MD Staubwasser
Gruppe 611: BND/ Organisation/ Informationsgewinnung: MR Dr. Kämmer
Referat 612: Nachrichtendienstliche Lageinformation: MR Dr. Vollmer
Gruppe 62: Koordinierung der Nachrichtendienste: MR Dr. Borgiel
Referat 621: Informationsaustausch/ Militärischer Abschirmdienst/
Staatssekretärausschuß für das geheime Nachrichtenwesen: MR Radau

Modrow die wohl einzige Vision darstellte, für sein Land noch Politik zu gestalten. Und wir verstehen auch, daß er als Ministerpräsident zunächst weder den Vertrauensbruch des Bundeskanzlers noch den Gorbatschows akzeptieren wollte und konnte, ohne sich selbst aufzugeben. Dennoch war Kohls Haltung eine geradezu charakteristische politische Skrupellosigkeit, die der DDR-Ministerpräsident hätte einkalkulieren müssen.

Was aber hatte den Bundeskanzler bewogen, seine vollmundige Zusage plötzlich zurückzunehmen und sich unverfroren als wortbrüchiger Politiker zu präsentieren? Er hat es bisher unterlassen, diese seine persönliche »Wende« zu erklären. Es kann ihm aber unterstellt werden, daß er in den ersten Januarwochen 1990 nach Konsultationen mit den Stäben in Washington zu der Überzeugung gekommen war, daß eine Vertragsgemeinschaft mit der DDR das Tempo des »Einigungsprozesses« nur verzögern würde. Diese Haltung entsprach, wie uns heute bekannt ist, tatsächlich der in jenen Tagen im Nationalen Sicherheitsrat und im State Department in Washington präzisierten Strategie des Umgangs mit Gorbatschow. Wie die USA-Diplomatin Condoleezza Rice berichtet[192], waren die zuständigen Experten in Washington und Bonn Anfang Januar 1990 zu dem Schluß gekommen, angesichts der politischen Schwäche des KPdSU-Generalsekretärs den Prozeß der deutschen Vereinigung zu beschleunigen, zumal auch sie noch immer die Möglichkeit nicht ausschließen wollten, daß Gorbatschow seinen innenpolitischen Gegnern unterliegen könnte. Die Liquidierung der DDR bedeutete für die USA vor allem aber den Gewinn einer außerordentlich wichtigen sicherheitspolitischen Position in Europa: die Zurückdrängung der UdSSR auf ihre Westgrenze und damit die Stabilisierung ihres bereits in Polen gewonnenen Einflusses. Auf die politisch labile Position Gorbatschows hat später auch der neue ČSFR-Präsident Václav Havel James Baker aufmerksam gemacht. Er sagte, die USA und die BRD sollten sich mit der Vereinigungspolitik beeilen, »... bevor es in Moskau womöglich wieder zu einer Umkehr der Reformen komme«[193]. Und das wäre eine entscheidende Niederlage für die Bush-Administration gewesen.

Zwei Tage nach der »Wende« Kohls tagte im Kanzleramt die bereits 1983 gebildete deutsch-deutsche-Expertenrunde. In Übereinstimmung mit der Meinung des Bundeskanzlers schätzte die Runde ein, daß die von Modrow verfolgte Politik die DDR-Bürger immer stärker motiviere, in die BRD umzuziehen, und daß der DDR-Ministerpräsident damit die nationale Frage weiter verschärfe[194]. Diese argumentative Schuldzuweisung war demagogisch und konstruiert. Sie widersprach den vorliegenden Umfrageergebnissen der Meinungsforscher, und Kohl wußte das. Gerade deswegen aber benutzte er dieses Argumentations-Konstrukt, mit dem er ein mehrfaches Ziel verfolgte. Einmal sollte es seine Absage an die Vertragsgemeinschaft und damit seinen »neuen Kurs« legitimieren, zum anderen – weit wichtiger noch – einen weiteren politischen Druck auf die noch zögernden Verbündeten Mitterrand und Thatcher, aber auch auf Gorbatschow ausüben, um das Tempo zur Liquidierung der DDR zügig zu beschleunigen. In dieser Hinsicht wurde der DDR-Ministerpräsident mit seiner politischen Haltung für den Bundeskanzler zunehmend zum Hemmnis und sollte politisch delegitimiert werden. Aus dieser Sicht und mit der abgestimmten Argumentation wurde nunmehr von Bonn aus – entsprechend der in Oxford verkündeten Taktik – der offizielle »neue Kurs« der Bundesregierung als eine dringend notwendige »schnelle Hilfe« ausgegeben, um die DDR vor einem angeblich drohenden Kollaps zu bewahren. Das anzuwendende öffentliche Raster dieser Hilfe-Taktik sah so aus: Die DDR war »marode« zu reden, um die Notwendigkeit der Bonner Hilfe international plausibel zu machen, einer Hilfe, bei der es angeblich darum ging, die Sicherheit und Stabilität in Europa zu bewahren. Die Deutschlandexperten in Bonn waren seit der internen Besprechung im Kanzlerbungalow am 6. November 1989 ohnehin davon ausgegangen, die DDR nach Art. 23 GG zu übernehmen. Dieses Ziel sollte nunmehr über »freie Wahlen« zur Volkskammer der DDR erreicht werden[195]. Diese »freien Wahlen« waren von der Bürgeropposition rechtzeitig genug gefordert und bereits für den 6. Mai 1990 ausgeschrieben worden. Im Ergebnis des Bonner »neuen Kurses« aber sollten sie unbedingt vorverlegt werden.

Es wäre interessant zu wissen, welche Ansprüche die Vereinigungsstrategen der Kanzlerrunde an jenem Januarabend im Kanzlerbungalow für die an-
gepeilten raschen »freien Wahlen« als notwendig ansahen und welche politischen Schlußfolgerungen sie daraus zogen, das heißt, welche Voraussetzungen
in der DDR bis zu den Volkskammerwahlen ihrer Ansicht nach noch geschaffen werden sollten. Es gibt Hinweise darauf, daß den Bonner Vereinigungsex-
perten die bis zu diesem Zeitpunkt erzielten Ergebnisse der Destabilisierung
der DDR noch nicht ausreichten. Das betraf die de-facto-Anerkennung des
Zentralen Runden Tisches als einer »Volkskammer-Konkurrenz« ebenso wie
die erfolgte Ausschaltung eines Abwehrdienstes der DDR und die erlangte Kontrolle der Bürgerbewegung über die Trümmer des Ministeriums für
Staatssicherheit sowie die Öffnung der DDR für bundesdeutschen Kapita-
limport. Da uns jedoch über die Gesamtvorstellungen keine Informationen
vorliegen – zu dieser Frage schweigt selbst Teltschik in seinem Tagebuch, und
der seinerzeitige Bundeskanzler hat die entsprechenden Aktenstücke nicht
veröffentlichen lassen –, sind wir darauf angewiesen, aus den weiteren politischen Handlungen der Bundesregierung vorsichtige Rückschlüsse zu ziehen.
Dabei fällt auf, daß ihnen als weiteres entscheidendes politisches Hindernis
vor allem noch die von den Reformsozialisten und -sozialistinnen geführte
Partei, die SED/PDS, mit ihrer antikapitalistischen Mitgliederbasis im Wege
stand[196]. Die Bundesregierung wollte diese Partei, zu der sie auch unter ihrer
neuen Führung sichtlich kein Vertrauen hatte, nicht mit ins vereinte Deutschland nehmen. Kohl schätzte Gysi in einem Gespräch mit Mitterrand in dessen Ferienanwesen Latsché (südlich von Bordeaux) in jenen Tagen als einen
»zynischen Intellektuellen ein«.[197] Er sollte sein Verhältnis zu dem späteren
Bundestagsabgeordneten auch danach nicht mehr ändern. Für die Bonner
Vereinigungsstrategen stand die Ausschaltung der SED/PDS vor der vorgesehenen Volkskammerwahl offensichtlich auf der politischen Tagesordnung.

Nach der Meinung des von uns schon erwähnten »Deutschland-Experten«
Patrick Moreau, wurde in Bonn die SED/PDS damals in ihrer tatsächlich
desolaten Verfaßtheit ohnehin nur als eine »Partei des Übergangs« ohne
»greifbares Konzept für die Bewältigung der zukünftigen Aufgaben« in
Deutschland bewertet, die sich in einem Zustand des politischen Zerfalls befand. Es wurde bei dieser »Analyse« davon ausgegangen, daß sich viele SED-
Mitglieder infolge der entstandenen ideologischen Verwirrung weitgehend
in einer »Identitätskrise« befänden, die den politischen Zusammenhalt der

Partei und ihre Handlungsbereitschaft schwächen würde. Weitere Überlegungen der Deutschland-Strategen gingen – nach Moreau – davon aus, daß sich die nach dem Außerordentlichen Parteitag der SED in der SED/PDS neu formierten politischen Strömungen als destabilisierende Faktoren auswirken könnten. Es handelte sich um jene Plattformen, die Anfang Januar 1990 dazu übergegangen waren, organisatorische Gestalt anzunehmen[198]. In Bonn hoffte man, daß sie den Zusammenhalt der SED/PDS weiter differenzieren würden. Folgen wir den weitgehend gut informierten Bonner Analytikern, so schätzten sie Mitte Januar 1990 ein, daß sich die SED/PDS in einem derart beschleunigten politischen Zerfall befände, daß die neue Parteiführung in kurzer Zeit nicht mehr in der Lage sein werde, diesen Prozeß zu erfassen und zu bewältigen[199].

2.4 Der Versuch, die SED/PDS zu zerschlagen

Als am Donnerstag, dem 18. Januar 1990, im Deutschen Bundestag die mit der Regierung Modrow in Dresden vereinbarte Vertragsgemeinschaft offiziell aufgekündigt wurde, ergänzte Rudolf Seiters im Plenum, daß die Beziehungen der Bundesregierung zur DDR einen neuen kritischen Punkt erreicht hätten, weil neues Mißtrauen entstanden sei und der Verdacht nahe liege, daß die SED ihre alten Machtpositionen neu zementieren wolle. Diese Begründung war angesichts der bestehenden politischen Kräftekonstellation geradezu grotesk. Am Mittag dieses Tages trat in Berlin zwar das Präsidium der SED/PDS unter der Leitung von Gysi zu seiner 8. Sitzung zusammen[200], doch war es weit davon entfernt, willens und fähig zu sein, alte Machtstrukturen »zu zementieren«. Auf dieser Zusammenkunft sollte die 4. Tagung des Parteivorstandes vorbereitet werden, die für Sonnabend, den 20. Januar 1990, nach Berlin einberufen war, um die Partei auf die bevorstehende Volkskammerwahl am 6. Mai zu orientieren. Gysi wollte sich von dieser Tagung aus mit einem Brief an alle Parteimitglieder wenden und darin zum Stand der Entwicklung der SED/PDS und zu ihrer Erneuerung Stellung nehmen sowie die Aufgaben für die Wahlkampagne benennen.

Den Mitgliedern des Präsidiums lagen zwei umfangreiche Informationen über die Lage in der DDR und in der Partei vor[201]. In diesem Material wird darauf aufmerksam gemacht, daß in den Arbeitskollektiven der Betriebe die Angst vor Sozialabbau und Arbeitslosigkeit wachse. Weiterhin heißt es, daß der anhaltende Verfall der Staatsautorität und die steigende Rechtsunsicherheit die Menschen beunruhige. Dann machten die Informationen darauf aufmerksam, daß sich der Einfluß der SPD erweitere und sich gleichzeitig die Stimmung nach einer schnellen Wiedervereinigung besonders in den Südbezirken stärker artikuliere. Schließlich wird auf eine anschwellende Angriffswelle gegen die SED/PDS verwiesen, die auf die vollständige Zerstörung der Partei noch vor den Wahlen ziele und von Pogromen gegen Funktionäre der SED/PDS begleitet werde. Von der Parteibasis wird kritisiert, daß dem Auftreten der »Republikaner« nicht entschlossen genug Widerstand entgegengesetzt werde, auch werde vielfach gefragt, weshalb sich die SED/PDS in dieser Situation insgesamt so zurückhaltend verhalte. Schließlich wird die Vermutung vieler Parteimitglieder wiedergegeben, daß eine Führungsschwäche vorliege. »Es besteht ein Vakuum zwischen Parteivorstand und Basis«, heißt es auch in der Tagesinformation vom 17. Januar 1990. Die zuständige Abteilung im Parteivorstand machte das Präsidium außerdem darauf aufmerksam, daß seit dem außerordentlichen Parteitag wieder über 510.000 Mitglieder die Partei verlassen haben und daß seitdem auch der Parteiapparat weiter zerstört wurde. Von den 262 Ersten Kreissekretären seien nur noch 31 und von den 2. Sekretären der Kreisleitungen noch 35 in ihren Funktionen. Von den 205 Mitgliedern der Sekretariate der Bezirksleitungen seien bis auf 13 alle ausgeschieden[202]. Insgesamt wird eingeschätzt, daß sich (im Vergleich zur letzten Präsidiumsinformation vom 11. Januar) Resignation und Zweifel an der Parteibasis ausbreiten, daß viele Parteimitglieder physisch bedroht werden und gewählten Bürgermeistern oder anderen Staatsfunktionären eine »politische Unterstützung« angetragen werde, wenn sie die SED/PDS verließen. Dennoch meldeten sich viele, vor allem junge Genossen und Genossinnen zur Mitarbeit in den Wahlkampfbüros der SED/PDS, doch ihre Bereitschaft werde nicht in Anspruch genommen. Daher wird schließlich gefragt, ob die Partei überhaupt noch eine Überlebenschance habe.

Das Präsidium des Parteivorstandes ist auf diese alarmierende Information nicht eingegangen. Es beriet, unberührt von der politischen Situation, über die Berufung eines Leiters des Wahlkampfbüros und dessen Entlohnung, diskutierte dann über einen Standpunkt der Partei zur Arbeit mit den Jungen Genossen, über die Auflösung oder Umgestaltung von Parteischulen und schließlich über die Auflösung der Parteiorganisation im Amt für Nationale Sicherheit. Dem SED/PDS-Präsidium lag außerdem ein Beschluß der Kreisdelegiertenkonferenz der Humboldt-Universität mit der Forderung vor, die Mitglieder der alten Parteiführung »unverzüglich« aus der SED/PDS auszuschließen, auch »wenn sie im Sinne des Strafrechts nicht schuldig sind«, wobei Horst Dohlus, Kurt Hager, Erich Mückenberger, Heinz Mirtschin und Karl-Eduard von Schnitzler namentlich genannt werden[203]. Andere Sorgen als diese Denunziation hatte die SED/PDS-Kreisleitung der Humboldt-Universität in dieser Situation offensichtlich nicht.

Als die Sitzung des Vorstandspräsidiums gegen 20.45 Uhr beendet war, hatten sich im Hörsaal des Biochemischen Instituts der Charité Vertreter der neu gebildeten Plattformen zusammengefunden, um – wie das später von Thomas Falkner formuliert wurde – einen neuen »Reformflügel« als Fraktion in der SED/PDS zu bilden. Sie wollten damit Handlungsdruck auf das Präsidium ausüben und gleichzeitig organisatorische Ansätze für eine neue Partei schaffen[204]. Was der Teil der Reformsozialisten und -sozialistinnen um Michael Brie und Rainer Land weder im Arbeitsausschuß noch auf dem Außerordentlichen Parteitag erreichen konnte, nämlich die SED aufzulösen, wollte er an diesem Abend mit einem innerparteilichen Putsch nachholen. Lothar Hertzfeldt, der neben Fred Beuchel und Marian Krüger als Vertreter der Kommunistischen Plattform an diesem Treffen teilnahm, erinnert sich, daß das Treffen der Plattformen von ihm ursprünglich zu dem Zweck angeregt worden war, daß sich die neuen organisatorischen Zusammenschlüsse in der Partei gegenseitig vorstellen und ihre Ziele erläutern sollten. Er sagte uns, daß diesem Gedanken alle Plattformen zugestimmt hätten. So nahm die Kommunistische Plattform an diesem Treffen vereinbarungsgemäß nur mit drei Mitgliedern der Zentralen Koordinierungsgruppe teil in der Erwartung, daß jede andere Plattform ebenfalls nur zwei oder drei Genossen entsenden würde. Doch die anderen Plattformen hielten sich nicht an diese Absprache. Sie kamen »in großer Besetzung« und zudem mit einer anderen Absicht.

Lothar Hertzfeldt berichtet, daß die Vertreter der Kommunistischen Plattform nicht nur entschiedene Gegner eines undemokratischen Umgangs mit den Mehrheitsbeschlüssen des Parteitages waren, sondern es für politisch verhängnisvoll hielten, in diesem Augenblick die SED/PDS aufzulösen. Sie lehnten daher sehr energisch jede Initiative in dieser Richtung ab. Hertzfeldt fragte: »Glaubten die Genossen tatsächlich, daß sie mit einer Parteiauflösung und der Neubildung einer sozialistischen Partei allen Problemen aus dem Weg gehen konnten?«[205] Doch jene, die für die Auflösung der SED/PDS eintraten, setzten sich an diesem Abend durch. Rainer Land von der Plattform »Dritter Weg« gelang es nach einer heftigen Diskussion, in der ad hoc gebildeten Redaktionskommission eine Resolution annehmen zu lassen, in der gefordert wurde, daß sich die SED/PDS unter »gesellschaftlicher Kontrolle« und unter völligem Verzicht auf das SED-Eigentum selbst auflösen solle. Danach »hätten alle Gruppierungen der SED/PDS die Möglichkeit, eine oder mehrere neue Parteien zu gründen«. Weiterhin wurde ultimativ gefordert[206]:

> »… Sollte es nicht zur Auflösung kommen, dann würden alle die für Auflösung der SED/PDS sind, selbst eine neue Partei bilden. In diesem Fall würde der Kreisvorstand der SED/PDS der Humboldt-Universität für die neue Partei die Mitgliederregistratur übernehmen…«.

Neben den Vertretern der Kommunistischen Plattform lehnte nun auch Thomas Falkner, Mitglied des neu gewählten Parteivorstandes, die geforderte Parteiauflösung ab. Er schätzte später ein, daß dieses Konzept »blankes politisches Abenteurertum« war, weil sich jene Kräfte, die »die wirklichen Interessen des Volkes« vertreten (welche das waren benannte er nicht), aber auch die der »demokratischen Revolution« noch nicht ausreichend konstituiert hätten und daher »im Interesse des Landes« die »integralen Kräfte« der SED/PDS darstellten. Er trat für die Erneuerungsstrategie ein »selbst um den Preis dessen, daß das ›linke Idee‹ dabei zerrieben wurde«.[207]

Das Konzept der Gruppe um Michael Brie/Rainer Land, die sich an diesem Abend offiziell von den Reformsozialisten und -sozialistinnen abspaltete, entsprach objektiv und in seiner Wirkung den strategischen Vorstellungen der Vereinigungsstrategen in Bonn. Wieweit in diesem Konzept ein selbstbestimmtes oder politisch unausgereiftes Verhalten zum Ausdruck kam, ist historisch gesehen ebenso unbedeutend wie der mögliche Verdacht, ob für solche Entscheidungen »politische Ratschläge« zur Verfügung gestellt wurden. Wichtig ist allein die auffallende Übereinstimmung der handelnden Kräfte, denn die Auflösungsidee entsprach nun einmal den Erwartungen der Bonner Experten.

Das Problem der Auflösung der SED/PDS hatte aber auch durchaus von (Pullach und) Bonn unabhängige Ursachen. Während sich die führenden Reformsozialisten und -sozialistinnen vor der Volkskammerwahl (wie auf dem außerordentlichen Parteitag der SED im Dezember 1989 scheuten, öffentlich vor der Bevölkerung der DDR einzugestehen, daß ihr frühsozialistischer Staat in kürzester Frist in ein neues Gesamtdeutschland eingehen würde, hatten bis Mitte Januar 1990 die unter ihnen bestehenden taktischen Meinungsverschiedenheiten zugenommen. Diese konzentrierten sich in internen Debatten immer mehr auf die Frage, welche Bedingungen bei diesem Übergang in ein einheitliches Deutschland am günstigsten wären. Wie uns verschiedene Zeitzeugen bestätigen, war die Gruppierung um Modrow und Gysi zu diesem Zeitpunkt nicht bereit, eine rasche politische Vereinigung der DDR mit der BRD zu akzeptieren oder zu unterstützen. Sie hofften – vor allem gestützt auf ihre bekannten Fehlbeurteilungen von Gorbatschow – noch immer auf einen langsameren Weg im Rahmen eines europäischen Integrationsprozesses und erwarteten, daß sich die Eingliederung der DDR in die europäische Einigung unter dem Schutz der vier Alliierten vollziehen würde.

Zeitzeugen meinen, daß den Reformsozialisten und -sozialistinnen der SED/PDS-Führung die sich in Bonn abzeichnenden neuen strategischen Positionen nicht unbekannt waren. Doch sie hätten in ihnen vorrangig »politische Wunschvisionen« der CDU gesehen und glaubten, das Ganze sei schon einer vorgezogenen CDU-Wahlagitation geschuldet. Dabei überbewerteten sie noch immer die Vorbehalte, die gegen den Bonner Kurs in der Frage des Tempos der deutschen Vereinigung sowohl in Paris als auch in London bestanden, und unterschätzten das Problem einer »westlichen Solidarität«[208]. Diese Einschätzung der Gruppe um Gysi korrespondierte mit ihrer Konzeption, daß eine schrittweise Sozialdemokratisierung der SED/PDS, als »Erneuerungsprozeß« ausgelegt und propagiert, dem Übergang der Partei in das Deutschland eines neuen Europas angemessen sei. Doch diese Ansicht über das bestehende Verhältnis beider deutscher Staaten war längst von den politischen Realitäten überholt.

Dagegen hatte sich bis Mitte Januar 1990 bei Wolfgang Berghofer, Michael Brie und Rainer Land eine andere Einschätzung der politischen Lage herausgebildet. Sie bewerteten nicht nur die Vereinigungssituation konträr, sondern wollten bei den bevorstehenden Volkskammerwahlen auch ein Wahlbündnis zumindest mit Teilen der Bürgeropposition bilden. Einem solchen Bündnis standen ihrer Ansicht nach die SED/PDS mit ihren »Alt-Lasten« (als ›Stalinisten‹ und ›Politbürokraten‹ bezeichnet) und der von den Erneuerern weiterhin vertretene Hegemonie-Anspruch sowie deren Fixierung auf den Erhalt der DDR im Wege. Daraus schlußfolgerten sie, daß die Neubildung einer reformsozialistischen Partei »ehrlicher« und der effektivere Weg sei, sich aller SED-Altlasten zu entledigen. Die »Erneuerer« (um Gysi und Bisky), so schreibt beispielsweise Land, hätten zwar auch immer den Dialog mit der Bürgerbewegung gesucht, ihr Versuch habe aber daran scheitern müssen, daß sie nicht bereit gewesen wären, mit der Bürgerbewegung eine echte Machtteilung einzugehen[209].

Wir meinen, daß auch diese Analyse unzureichend und simplifizierend ist. In dieser zweiten Januarhälfte ging es dem Führungskern der Bürgerbewegung überhaupt nicht mehr um eine »Machtteilung« mit den Reformsozialisten und -sozialistinnen, die hatten sie spätestens am 15. Januar am Zentralen Runden Tisch erreicht, sondern eindeutig darum, die politische Hegemonie der Reformsozialisten und -sozialistinnen, da wo sie noch bestand, endlich zu überwinden. Es ging der Bürgerbewegung um die politische Führung im bevorstehenden Einigungsprozeß. Es war ihr zwar gelungen, den Zentralen Runden Tisch zum Nebenparlament zu erheben, doch ihr Ziel hatten sie damit noch nicht erreicht, denn noch immer besaßen die Reformsozialisten und -sozialistinnen eine relative Macht. Es störte die Bürgerbewegung, daß die Regierung Modrow in der DDR-Bevölkerung nicht nur akzeptiert wurde, sondern auch großes Ansehen genoß[210]. Vor allem aber störte es sie – ebenso wie die Bonner Experten –, daß ihnen die SED/PDS trotz aller Krisensymptome mitgliedermäßig und organisatorisch überlegen blieb. Deshalb erhob Land gegenüber Gysi, Modrow und Bisky den Vorwurf, daß sie mit dem Erhalt der Partei ihren »alten Hegemonieanspruch nicht zeitig genug über Bord geworfen« hätten. Allein sie, die Partei-Auflöser waren bereit, sich dem Hegemonieanspruch der Bürgerbewegung zu unterwerfen und die SED/PDS vorbehaltlos aufzugeben und sich neben ihr als ein sozial orientierter Partner zu profilieren. Als Juniorpartner der Bürgerbewegung wollten sie im vereinigten Deutschland »ankommen«, um – so dürfen wir diese Bemühungen wohl einschätzen – von den bundesdeutschen Altparteien akzeptiert zu werden.

Das war der objektive Hintergrund der strategischen Debatte am Abend des 18. Januar 1990 im Biochemischen Institut der Berliner Charité. Wir möchten einschätzen und verschiedene Zeitzeugenbefragungen bestätigen dies auch, daß sowohl Gysi, Bisky und andere führende Reformsozialisten und -sozialistinnen grundsätzlich zu einem politischen Bündnis mit der Bürgerbewegung bereit waren, doch den dafür geforderten Preis, die bedingungslose Auflösung der SED/PDS, konnten und wollten sie nicht zahlen. Zahlungsbereit waren allein die Parteiauflöser.

Doch ebenso wie die Experten in Bonn hatten sie die Dynamik des Zerfalls der SED/PDS falsch eingeschätzt. Trotz der zunehmenden Parteiaustritte umfaßte die Partei noch immer 1,2 Millionen Mitglieder. Und obgleich der

politische Druck auf diese zunahm und der alte Parteiapparat bereits weitgehend zerschlagen war, löste sich die SED/PDS nicht auf[211]. Das war vom
Reform-Flügel um Gysi und Modrow realistisch bewertet worden. Eine Auflösung wäre nach ihrer Meinung von der Mehrheit der noch in der Partei Organisierten nicht mitgetragen worden. Es soll – nach der Ansicht von Zeitzeugen
– in dieser Gruppe neben anderen Erwägungen auch die Überlegung gegeben
haben, daß bei einer Neukonstituierung verschiedener Parteien aus einer aufgelösten SED/PDS heraus die Gefahr bestand, daß eine reformsozialistische Partei gegenüber einer antikapitalistisch und nichtreformistisch orientierten sozialistischen Partei in der Minderheit geblieben wäre[212]. Wir meinen aus unserer
politischen Erfahrung, daß diese Einschätzung realistisch war. Daher lehnten
die Mitglieder des Präsidiums des SED/PDS-Parteivorstandes das Konzept von
Wolfgang Berghofer, Michael Brie und Rainer Land ab. Wie wirklichkeitsnah
die Gruppe um Gysi die Situation in der Partei gegenüber der Auflöser-Fraktion
erfaßt hatte, zeigte die Reaktion der einst »gegen Erich Honecker rebellierenden« Parteibasis, als die Auflösungspläne der Plattformen bekannt wurden. Sie
lösten einen Sturm der Entrüstung aus. Die von der »neuen Opposition« im
November und Dezember 1989 immer wieder beschworene Parteibasis folgte
deren Kurs nicht und widersetzte sich entschieden der Parteiauflösung.

In Berlin kam es bereits am folgenden Abend, am Freitag, dem 19. Januar,
also am Vorabend der 4. Tagung des Parteivorstandes, zu einer spontanen
Versammlung von mehreren hundert Vertretern der Parteibasis im »Haus der
Partei«, dem ehemaligen ZK der SED. Die Stimmung gegen die Auflöser
war militant, und es wurde beschlossen, überall Initiativ-Komitees zur Verteidigung der Partei zu bilden und in Berlin ein Zentrum für die Initiativ-
bewegung zum Erhalt der Partei zu schaffen[213]. Modrow unterstützte diese
Bewegung, und der Flügel der Reformsozialisten und -sozialistinnen um Gysi
und Bisky stellte sich an ihre Spitze. Sie erhoben aber die Forderung, die
SED/PDS zusammen mit ihrem Erhalt zugleich zügiger in eine Partei des
Demokratischen Sozialismus zu transponieren, sie zu erneuern und dabei
von allen SED-Altlasten zu befreien. Trotzdem es in verschiedenen Kreisen
Repressalien und Pogromstimmungen gegen SED/PDS-Funktionäre und deren Familien gab, entstanden an diesem Wochenende in allen Orten, Kreisen
und Bezirken, wo ganze SED/PDS-Leitungen zurücktraten, Initiativgruppen
für die Verteidigung der Partei und es bildeten sich spontan – und durchaus
emanzipatorisch – neue Leitungsgremien[214].

Die 4. Tagung des SED/PDS-Parteivorstandes

Als der SED/PDS-Parteivorstand am Sonnabend, dem 20. Januar 1990, in geschlossener Sitzung zu seiner 4. Tagung zusammentrat, standen die Parteivorständler nicht nur unter einem massiven politischen Druck der Bürgerbewegung, sondern auch der Parteibasis. Berghofer war nicht gekommen. So wurde die Tagung zunächst von Wolfgang Pohl geleitet. Gysi hielt das Hauptreferat[215]. Er gab eine Lagebeurteilung, die ungeachtet aller eingetreten politischen Verschiebungen weiterhin auf seiner grundsätzlichen deutschlandpolitischen Einschätzung vom 6. Januar 1990 beruhte und deutlich machte, daß das Parteivorstandspräsidium nunmehr völlig die politische Übersicht verloren hatte. Gysi überging die Aufkündigung der Vertragsgemeinschaft durch den Bundeskanzler ebenso, wie er es sich versagte, die innenpolitischen Angriffe auf die Regierung der DDR und die SED/PDS zu analysieren. Dafür beklagte er Haß und Feindschaft gegen die Partei, die demoralisierend wirkten und erklärte, viele Genossen hätten Angst, daß auf der bevorstehenden Sitzung des Zentralen Runden Tisches (am Montag, dem 21. Januar) die »Verfilzung« von Partei und MfS »aufgedeckt« werden würde. Die sozialen Ängste von Parteimitgliedern benannte der Redner ebensowenig wie die in den Gewerkschaftsgruppen und Betriebskollektiven. Seine Sicht auf die Probleme der DDR war sehr eingeschränkt.

Den Vertretern der Plattformen, die eine Auflösung der Partei forderten, sprach Gysi lediglich sein »Mißfallen« aus, und auch dies nur deswegen, weil sie den ganzen Vorgang ohne Absprache mit dem Parteivorstandspräsidium absolviert hätten. Er stellte fest, daß die Forderung nach der Parteiauflösung vor allem von Intellektuellen erhoben würde, die nicht unter politischem Druck ständen und »ein bestimmtes Denkschema entwickelt haben«, dem sie nun folgten. Die Ursache für ihr Verhalten sah der Referent pikanterweise im »Stalinismus« begründet. Dann lehnte er die Selbstauflösung der SED/PDS mit dem Argument ab, daß die Partei die stärkste Kraft gegen eine Selbstauflösung der DDR sei, die ihrerseits seiner Ansicht nach katastrophale Auswirkungen für die Menschen in beiden deutschen Staaten hätte. Gysi steigerte sich in seiner Rede schließlich noch mit der These, daß mit einer Selbstauflösung der DDR das soziale Netz der BRD gesprengt werden könnte. Schließlich führte er gegen die Selbstauflösung der PDS/SED das Argument an, daß sie einen schweren Schlag gegen die Perestroika bedeuten würde und wer wolle – so fragte Gysi bedeutungsvoll und die Autorität Gorbatschows nutzend – dafür schon die Verantwortung vor der Geschichte übernehmen?

Nach diesem politisch-moralischen Appell, den der Parteivorsitzende mit keinerlei konkreten Politikangeboten zur Abwehr der Angriffe auf die Partei unterlegte, ging er zur Einschätzung der innerparteilichen Lage über. Hier wurde er präziser. Er räumte selbstkritisch ein, daß das Parteivorstandspräsidium durch die »Dynamik und das Tempo der politischen Ereignisse in der DDR« überfordert gewesen sei, und beklagte, daß die Präsidiumsmitglieder infolgedessen keine Zeit zum Nachdenken und zur Ausarbeitung von Analysen und Konzeptionen gehabt hätten[216]. Damit beschwerte sich Gysi nur über jene Taktik, die im November 1989 von der »neuen Opposition« gegen die SED-Führung unter Krenz angewandt worden war. Nun war er derselben Methode ausgesetzt. In seiner Rede war er aber nicht Willens, diejenigen zu benennen, die jetzt den Angriffskeil bildeten. Und so wich er auf die leere Formel von den »politischen Ereignissen« aus. Ausführlich schilderte der Vorsitzende anschließend den vom Präsidium eingeleiteten Um- und Abbau des alten Parteiapparates und die Probleme mit dem Parteieigentum, welche ihn besonders pressierten. Abschließend stellte er resigniert fest, daß die politische Macht ohnehin bereits beim Zentralen Runden Tisch liege und die Partei sich darauf vorbereiten müsse, nach den Volkskammerwahlen in die Opposition zu gehen, um von dort aus die »sozialistischen Ideen weiter zu vertreten«.

Eigentlich war dieses Referat, das Gysi in seinen autobiographischen Notizen ebenfalls so ganz vergessen hat, die eingestandene Beerdigung seiner »zweiten Phase der demokratischen Revolution« und der traurige Schwanengesang der Reformsozialisten und -sozialistinnen, die einmal als SED-Perestroikianer angetreten waren, um einen besseren, reformierten Sozialismus in einer erneuerten DDR zu erreichen. Für dieses Ziel hatten sie einst als »neue Opposition« gegen Krenz gekämpft, um die Partei- und Staatsführung zu übernehmen, um eine fundamentalere »Perestroika« einzuleiten als sie dies Krenz und seinem Politbüro zutrauten. Sie erreichten ihr Ziel sogar früher als Gorbatschow. Zeitzeugen argumentieren, daß es angesichts der Situation in der DDR dringend geboten gewesen wäre, den Werktätigen, die noch immer mit der SED/PDS auf einen reformierten Sozialismus hofften, endlich ehrlich und offen zu sagen, daß die DDR als souveräner Staat nicht mehr zu halten war. Doch vor dieser bitteren Wahrheit schreckten die Reformsozialisten und -sozialistinnen noch immer zurück. Für uns bleibt es eine offene Frage, wie dieses Verhalten zu erklären ist. Ignorierten die Reformsozialisten und -sozialistinnen das politische Kräfteverhältnis aus Unvermögen? Schätzten sie es falsch ein, weil sie jede nüchterne Sicht auf die Klassenauseinandersetzungen zwischen beiden deutschen Staaten als »stalinistisch« bewerteten? Oder taktierten sie ganz einfach gegenüber der Parteibasis? Jedenfalls bemühten sie sich auch auf dieser Parteivorstandstagung darum, vor allem ihre Bündnisfähigkeit gegenüber der Bürgeropposition nicht zu verlieren. Diese Option war dem Parteipräsidium noch immer wichtiger, als die Interessen der Werktätigen in den Betrieben und den Produktionsgenossenschaften wahrzunehmen.

Die »Schwachstellen« der Rede des Parteivorsitzenden wurden von verschiedenen Parteivorstandsmitgliedern in der Diskussion zwar mehrfach angesprochen, doch wieder fand die Kritik keinen Niederschlag im Ergebnis der Tagung. Als erster Diskussionsredner hatte der Kreishygienearzt Dr. Gerd Ott kritisiert, daß das Referat unzureichend sei und keine Grundlage für eine realistische Einschätzung der innenpolitischen Lage darstelle[217]. Prof. Dr. Reinhard Mocek beklagte, daß die »Erneuerer in erschreckender Zahl die Partei verlassen«[218], Thomas Falkner, zuvor einer der Initiatoren der »antistalinistischen Revolution«, bemerkte nun doch, daß sich der Charakter dieser Umwälzung zu verändern beginne und daß die eigentlichen großen Verlierer dabei die Arbeiter seien. Er sagte, sie bangten um sichere Arbeitsplätze und um Aufträge[219]. Das machte auch der Reparaturschlosser Rainer Willing aus Berlin-Lichtenberg deutlich, der darüber sprach, daß viele Arbeiter angesichts der fehlenden politischen Orientierung der SED/PDS nun darauf hofften, ihre soziale Sicherheit dadurch zu erhalten, daß sie sich auf ein starkes ökonomisches System, die BRD, orientierten[220]. Zweifellos war das eine Illusion (wie es sich später auch erwies), doch die SED/PDS hatte die Arbeiter politisch außen vor gelassen. Norbert Kertscher, der Vorsitzende des Bezirksvorstandes Karl-Marx-Stadt, antwortete darauf, daß die SPD in Zukunft in Europa die dominierende linke Kraft sein würde, das sei bei allen Entscheidungen zu berücksichtigen. Aber er verwies auch auf die drohenden politischen Gefahren. Er sagte, zuerst wäre es im Dezember 1989 darum gegangen, den Vormachtanspruch der Partei zu kippen, jetzt werde versucht, sie zu liquidieren, und es zeichne sich schon die dritte Phase der Eskalation ab, die Partei zu kriminalisieren und das Volkseigentum zu privatisieren. Er fragte, ob es angesichts dieser Lage zu verantworten sei, die Partei auch dann zu reformieren, wenn sie bei einem nicht geringen Teil der Bevölkerung auf Widerstand stoße. Modrow ging sofort auf diese Frage ein[221]. Er argumentierte, die UdSSR erwarte von der Partei, daß sie den demokratischen Umbruch in der DDR vollende und sich dabei erneuere. Er meinte ebenso wie Gysi: »... die KPdSU schaut auf uns«, und sie verteidige, so fügte er hinzu, uneingeschränkt die deutsche Zweistaatlichkeit in Europa. Daher sei es die Aufgabe der Regierung, das Land wieder regierungsfähig zu machen. Dann betonte er, daß dazu gegenwärtig die Vertragsgemeinschaft mit der BRD vorbereitet werde. Auf die Frage von Roland Wötzel, dem Leipziger Bezirksvorsitzenden,[222]

> »... regierst du aufgrund der Kraft der Partei oder aufgrund deiner Integrität und Autorität, die die Regierung durch Deine Person hat? Geben wir dir tatsächlich Freiheit oder stehen wir mit unserer Partei der gesellschaftlichen Entwicklung im Wege?«

erwiderte Modrow: »Ich brauche diese Partei, das will ich mit aller Deutlichkeit sagen.« Er sagte aber auch, daß die Partei den Arbeitern und Bauern eine Perspektive geben, ihnen den Sozialismus, den sie anstrebe, erklären müsse. Und weiter: »Es ist die Aufgabe der Partei, endlich den Menschen offen zu sagen, was auf sie zukommen wird.«[223] Doch worauf er damit anspielte, erklärte Modrow nicht. Dr. Claus Römer hatte andere Sorgen. Er meinte, das »Komintern-Konzept« habe sich nirgends bewährt, und die SED/PDS solle sich nun endlich zur revolutionären Sozialdemokratie bekennen und nunmehr stärker nationale Sichten in den Wahlkampf einbringen[224], Michael Brie forderte hingegen die totale und geordnete Auflösung der Partei[225]. Dagegen wandte Thomas Falkner – der durchaus bereit war, endlich mit der SED als Staatspartei Schluß zu machen – ein, daß die SED/PDS doch angesichts der realen Lage politisch noch gebraucht werde[226]. Gegen die Auflösung wandte sich der LPG-Vorsitzende Konrad Scheringer mit dem einfachen und berechtigten Hinweis, daß der Parteivorstand hierfür keine Legitimation der Basis habe.[227]. Gysi hatte mit einem Zwischenruf noch ein Argument gegen die Parteiauflösung parat: »Die SPD will uns nicht!«[228] Und damit sollte er recht behalten.

Schließlich wurde in einem Beschluß festgestellt, daß die SED/PDS nach den Volkskammerwahlen bereit wäre, in die Opposition zu gehen: »Wir erheben keinen Anspruch auf Regierungsfunktion«, hieß es. Im gleichen Beschluß wurde die Auflösung der Partei mit 76 zu 10 Stimmen abgelehnt und damit der Beschluß des Dezember-Parteitages bestätigt[229]. Rainer Land beklagte später im Neuen Deutschland diesen Beschluß. Er schrieb dazu[230]:

> »Im Moment der Chance für eine eigenständige Reformpartei wurde nicht die Befreiung der Modernität aus den Fesseln des Avantgardismus gewählt. In einer nun gänzlich paradoxen Handlungsfigur eroberten die Reformsozialisten – als eine Minderheit – die programmatische Hegemonie beim Umbau der SED zur PDS. Jetzt

wo Modernismus vom Avantgardismus zu befreien gewesen wäre, machten sie sich zur Avantgarde.«

Und nun geschah folgendes: die designierten Parteiauflöser traten aus dem Parteivorstand und einige sogar aus der SED/ PDS aus. Sie waren mit ihrem Moderne-Konzept von der engstirnigen »stalinistischen« Parteibasis nicht verstanden worden. Jahre später werden einige von ihnen wieder in den PDS-Bundesvorstand zurückkehren und je nach Lage der Dinge aus ihm austreten und sich wieder in ihn wählen lassen.

Im Parteiarchiv der PDS liegt über die Vorstandstagung noch ein anonymes internes Verständigungspapier, in dem als Fazit festgehalten wird[231]:

– erstens, daß es keine Bewegung zu geben scheint, die konsequent Arbeiterinteressen vertritt, das »ist ein Problem, zu dem Vorschläge (ein)gebracht werden müssen«;
– zweitens, daß sich die PDS einerseits zur sozialistischen demokratischen Bewegung in Europa bekennen, andererseits aber als Gegensatz zur Sozialdemokratie verstehen sollte, ohne jedoch die Sozialdemokratie zu benennen;
– drittens, daher sollte das SED-Emblem nicht mehr verwendet werden;
– viertens, der Parteivorstand der SED/PDS erwartet von Hans Modrow als Ministerpräsident, daß er im »Interesse des Volkes« handelt und daß dabei die Parteiinteressen der SED/PDS überhaupt keine Rolle spielen, daß für ihn die Interessen des Volkes den absoluten Vorrang (im Gegensatz zu den anderen Parteien) vor den Parteiinteressen haben;
– fünftens, die Partei trennt sich von allen Mitgliedern, die gegen gesetzliche Bestimmungen verstoßen haben und in ihrer politischen Vergangenheit durch besonders rücksichtsloses Disziplinieren von Genossinnen und Genossen auffielen. Dazu heißt es wörtlich: »Wir fordern von der Staatsanwaltschaft eine Beschleunigung der Verfahren gegen die Mitglieder der ehemaligen Partei- und Staatsführung und die ständige Information der Öffentlichkeit darüber.«

Abschließend wird in diesem Papier darauf orientiert, daß, wenn Egon Krenz und Wolfgang Herger vor dem Runden Tisch auftreten, die SED/PDS-Vertreter ihre schärfsten Kritiker sein werden und, so wörtlich: »Beide müssen unter Umständen sofort inhaftiert werden.« Hier wurde die Kriminalisierung der alten SED-Kader nochmals als eine primäre Aufgabe der Reformsozialisten und -sozialistinnen festgelegt.

Berghofer hatte in Österreich die Ergebnisse der Tagung des SED/PDS-Parteivorstandes abgewartet. Als sie nicht seinen Erwartungen entsprachen, erklärte er am 21.1.1990 demonstrativ seinen Austritt und rief – von Prof. Dr. Hansjoachim Hahn und »weiteren Persönlichkeiten aus Politik, Wirtschaft und Wissenschaft« in Dresden unterstützt – die Mitglieder auf, die

Partei aufzulösen. Gleichzeitig traten die Genannten für eine sozialdemokratische Programmatik ein. Es gibt Zeitzeugen, die behaupten, diese Aktion sei mit bestimmten Kreisen innerhalb des Parteivorstandes der SPD abgestimmt gewesen. Allerdings haben sie keinen Beweis dafür[232]. Jedenfalls kam dieser Aufruf rechtzeitig am Montag zur Sitzung des Runden Tisches zur Verflechtung von Partei und Staatssicherheitsdienst und sollte offenbar das Signal für die Liquidierung der SED/PDS sein. In Karl-Marx-Stadt (heute Chemnitz), in Magdeburg, Leipzig, Neubrandenburg und einigen anderen Städten und Kreisen kam es zur Auflösung von Parteileitungen und Kreisverbänden. Noch einmal hofften die politischen Gegenspieler der SED/PDS, daß dieser Stoß die Partei zerschmettern werde. Bortfeldt schreibt: Der endgültige Zerfall der SED/PDS schien eine Frage der Zeit zu sein. »Es schien, als ob es schon gar nicht mehr vom Parteivorstand abhinge, ob sich die SED/PDS auflöst oder nicht.«[233] Diese Einschätzung ist zutreffend. Nicht der Parteivorstand entschied in dieser Lage über den Erhalt der Partei, sondern die Parteimitglieder, die Basis der Partei. Und sie beantworteten die Auflösungsaufforderungen mit der Bildung von neuen Leitungen. Gleichzeitig konstituierten sich weitere »Initiativgruppen der PDS«. Der Parteivorstand bekam bestätigt, daß seine Einschätzung der Situation an der Parteibasis richtig war. Viele Mitglieder in den Parteiorganisationen glaubten ungebrochen daran, daß Gysi und Modrow mit der Partei für eine erneuerte DDR und nicht für ein vereinigtes Deutschland standen. Auch das muß in Betracht gezogen werden. Die realen Bedingungen der sich anbahnenden »schnellen deutsch-deutschen Annäherung« und die solche »Bedingungen« gestaltenden Kräfte wurden damals von ihnen übersehen oder ignoriert. Später haben führende Reformsozialisten und -sozialistinnen eingestanden, daß sie 1989/90 eigentlich ziemlich kopflos gewesen wären.

Doch die Kopflosigkeit der Erneuerer traf nur auf ihre Gesellschaftsanalyse und Politikorientierung zu. In einem Punkt waren sie es nicht, nämlich in ihrer denunziatorischen »Abrechnung« mit der von ihnen entmachteten Führung der SED. Diese Abrechnung, die Gysi bereits als Vorsitzender der Untersuchungskommission gegen Machtmißbrauch und Korruption des Arbeitsausschusses im Dezember 1989 eingeleitet hatte, wurde jetzt in der akuten Januar-Krise – sozusagen als ein weiteres Zugeständnis an die bürgerliche Opposition – demonstrativ fortgesetzt. Die dabei angewandten Methoden erinnerten zudem an tradierte Stalinsche Formen des politischen Rufmords

und der Ausgrenzung. Mit den laut verkündeten »neuen« moralischen Ansprüchen der Reformsozialisten und -sozialistinnen an Toleranz und Demokratie hatte mit dieser Art der Abrechnung auch dann nicht das Geringste
zu tun, wenn sie meinten, damit einer zunehmenden Verunsicherung der
Mitgliedschaft entgegenzuwirken. Anstatt die SED-Funktionäre, vor allem
die Politbüro-Mitglieder, zur politischen Verantwortung zu ziehen und sich
mit ihnen kritisch auseinanderzusetzen, wurden diese parallel zur 4. Parteivorstandstagung am 20. und 21. Januar 1990 in einer spektakulären Sitzung
der Zentralen Schiedskommission aus der SED/PDS ausgeschlossen[234]. Man
hatte es eilig und tagte bis in die Nacht hinein. An der Sitzung der Schiedskommission nahmen nicht nur deren Mitglieder teil, sondern auch Gäste.
Die Kommission tagte öffentlich. Die Vorgeladenen konnten die Gäste nicht
von den Kommissionsmitgliedern unterscheiden. Die Ausschlüsse erfolgten
in eklatantem Widerspruch zum Statut, das kurz zuvor auf dem Außerordentlichen Parteitag beschlossen worden war, und in einer haßerfüllten Atmosphäre. Es ist traumatisch, aber die Sitzung war mit einem mittelalterlichen
Inquisitionsgericht vergleichbar. Der Vorgang war einer sozialistischen Partei zutiefst unwürdig. Er charakterisiert die Initiatoren. Kurt Hager hat sich
nicht ausschließen lassen – er trat aus.

Wir wollen weder Rechtsverletzungen in der DDR bagatellisieren noch
die politische Verantwortung der Honecker-Führung mindern. Doch die Frage ist zu stellen, warum ausgerechnet Ausgrenzungsmethoden Stalins zu einer Zeit übernommen wurden, als man sich vom »Stalinismus« am lautesten
distanzierte? Wir halten die Fragen von Zeitzeugen, wer sich hier eigentlich
vor politischen Auseinandersetzungen fürchtete, für berechtigt. Einer der
beiden Autoren war von 1991 bis 1993 gewähltes Mitglied der Zentralen
Schiedskommission der PDS. Er bewertet das Verhalten der Mitglieder der
Schiedskommission der SED/PDS in diesem »Verfahren« als grobe Verletzung des geltenden Parteistatuts und politisch als weiteres und zudem kopf-
loses Zurückweichen vor dem politischen Gegner. Auf der Parteivorstandssitzung am 20. Januar 1990 hatte Bernd Rump sogar gefordert, alle ehemaligen
Mitarbeiter des Ministeriums für Staatssicherheit aus der SED/PDS auszuschließen[235]. Er konnte damals offensichtlich nicht ahnen, wen alles er damit
getroffen hätte.

Am 26. Januar 1990 trat das Präsidium des Parteivorstandes zu einer Beratung mit den Bezirks- und Kreisvorsitzenden zusammen. In seinem Referat

lehnte Gysi die Auflösung der Partei ab und schlug vor, stattdessen den »Erneuerungsprozeß« weiter zu führen. Dazu skizzierte er das von ihm vertretene Erneuerungsverständnis: Die PDS solle sich nicht nur als Partei, sondern zugleich auch als »Bewegung« verstehen und dabei endgültig Abschied nehmen vom Modell einer Weltanschauungspartei. Damit lief der Kernpunkt des Erneuerungskurses der Reformsozialisten und -sozialistinnen darauf hinaus, sich vom Marxismus zu verabschieden, der nur noch als eine Strömung in der Partei verstanden werden sollte. Diesem Abschiednehmen galt auch die gleichzeitig postulierte Orientierung, offen zu sein gegenüber der SPD und gegenüber der Bürgerbewegung. Deshalb – so Gysi – solle die Partei sich auch endgültig vom alten Parteinamen trennen[236]. Das traditionelle Parteiemblem war schon am 24. Januar 1990 vom alten ZK auf Anweisung von Gregor Gysi und unter seiner Aufsicht demontiert worden[237]. Die Mehrheit der anwesenden Kreis- und Bezirksvorsitzenden unterstützte Gysi. Sie sprachen sich für den Erhalt der Partei aus und akzeptierten das ihnen erst einmal grob umrissene Erneuerungsverständnis des Parteivorsitzenden.

Nachbetrachtend könnte nachdenklich festgestellt werden, daß für die von Gysi angestrebte Transformation der SED/PDS in eine linkssozialistische pluralistische PDS mit einem hegemonialen neoreformistischen Konformismus die »Januar-Krise« mit Berghofer und seinen Mitstreitern gerade zur rechten Zeit gekommen war. So konnte er sein »Erneuerungs-Konzept« – das er so auf dem Dezember-Parteitag nicht hatte durchsetzen können – nun als Konzept für die Verteidigung der Partei interpretieren und gewann dabei noch den unbestreitbar wichtigen Ruf, der »Retter der Partei« gewesen zu sein.[238] Wir bestreiten diese Legende entschieden. Nicht Gysi hat die Partei gerettet. Im Dezember 1989 war es Hans Modrow, in der Januar-Krise 1990 die Parteibasis. Gysi hat sich hingegen gerühmt, die Strukturen der alten SED kaputtgemacht zu haben. Er sagte in seinem Referat auf der 4. Parteivorstandstagung, als es darum ging, sich von dem Namen SED zu trennen[239]:

> »Und deshalb bin ich dafür, daß wir diesen Beschluß fassen. ... Wir brauchen eigentlich (dazu) die Bestätigung des Parteitages ... und die werden wir uns schon holen – denke ich. Und trotzdem wird der Beschluß sofort wirksam – und das nennt man einen juristischen Trick. Aber den müssen wir hier anwenden, damit wir diesen Namen loswerden, und dann können wir nämlich auch sagen: Alle reden darüber, wie man die Strukturen der alten SED kaputtmacht. Wir haben es getan.«

Kapitel V

Gorbatschow verschenkt die DDR

»Die Bilanz der Zerschlagung Hitlerdeutschlands
mußte revidiert werden«
*(Anatoli Tschernajew, Die letzten Jahre
einer Weltmacht, Stuttgart 1993, S. 263)*

In seiner Diskussionsrede auf der 4. Tagung des Parteivorstandes der SED/
PDS, am 20. Januar 1990 hatte sich Hans Modrow noch sehr entschieden für
die Vertragsgemeinschaft mit der BRD ausgesprochen. Zehn Tage später legte
der Ministerpräsident der DDR einer völlig überraschten Partei- und DDR-
Öffentlichkeit den Vorschlag für eine politische Konföderation mit der BRD
unter der Losung »Für Deutschland, einig Vaterland« vor. Was war in dieser
kurzen Zeit geschehen, daß Modrow so schnell anderer Meinung geworden
war? Einer direkten Beantwortung dieser Frage ist er bisher ausgewichen. Wir
haben daher versucht, eine Antwort aus Dokumenten und Zeitzeugenaussagen zu finden.

1. Hinter verschlossenen Türen

Wie unrealistisch und verklärend in diesen Januartagen die sowjetische Füh-
rung die Situation in Europa einschätzte, verdeutlichte ein Artikel Eduard
Schewardnadses am 18. Januar 1990 in der »Iswestija« unter der Überschrift
»Europa – von der Spaltung zur Einheit«. Darin versuchte der sowjetische
Außenminister, die »deutsche Frage« und die »Reformprozesse in Osteuropa« in den Zusammenhang eines sich einigenden Europa zu stellen. Er argumentierte, daß die Beziehungen der beiden deutschen Staaten in diesem
Prozeß zu »einem Katalysator des gesamteuropäischen Prozesses« werden
könnten, der das »Herzstück der Sicherheit Europas« wäre und daher kein
»zerstörerischer Faktor« werden dürfe[1]. Es mag ja sein, daß solche politischen
Wünsche in der sowjetischen Führungs-Crew bestanden und daß sie auch
den Vorstellungen von einem »allgemeinmenschlichen Weg« und von ›ent-
ideologisierten internationalen Beziehungen‹ adäquat waren. Nur stellten sie

für die Beziehungen zwischen sozialistischen und imperialistischen Ländern, gelinde gesagt, eine naive Sicht dar, die – wie sich erweisen sollte – nicht nur die DDR der BRD auslieferte, sondern vor allem den Abgang der UdSSR als Weltmacht und ihre eigene Auflösung weiter beschleunigte. Schewardnadse, so meinte Falin bissig »unter Freunden«, sei der »einflußreichste Agent der Amerikaner« gewesen.[2]

1.1 Im Takt der »beschleunigten Vereinigungsstrategie«

An dem Tag, als im Deutschen Bundestag von Kohl die in Dresden mit der DDR abgesprochene Vertragsgemeinschaft aufgekündigt wurde[3], traf in Moskau Jürgen Warnke (CSU-Mitglied und Bundesminister für Wirtschaftliche Zusammenarbeit) zu einer Unterredung mit Wadim Sagladin zusammen und am folgenden Tag, am 19. Januar 1990 also, auch mit Valentin Falin. Der Bundesminister kam zwar offiziell zu Verhandlungen über die von Gorbatschow erbetenen Lebensmittellieferungen, doch war das nur ein Vorwand. Wichtiger war wohl, daß Warnke mit seinen Partnern über die »Wiedervereinigung« der beiden deutschen Staaten sprechen und dabei vorsichtig das Kräfteverhältnis in Moskau abtasten wollte. Nach seinem Bericht (in der Wiedergabe von Teltschik) bezeichnete Sagladin in dem Gespräch die Situation in der DDR als explosiv und versicherte, er gehe jedenfalls davon aus, daß die deutsche Einheit bald kommen werde. Weiterhin habe Sagladin darauf verwiesen, daß er Zimmer an Zimmer mit seinem »Chef« im Kreml sitze und so auf Gorbatschow großen Einfluß hätte. Falin hingegen sei in der Beurteilung der »deutschen Frage« vorsichtiger gewesen, meinte Warnke in seinem Bericht aus Moskau. Er habe darüber informiert, daß in Moskau wohl noch keine endgültige Entscheidung über die DDR gefallen sei, weil in der Führung der KPdSU angeblich »ein Kampf um die Macht und um die richtige Politik« begonnen habe. »Konservative Kräfte« – so Falin zu seinem BRD-Gesprächspartner – würden Gorbatschow zunehmend vorwerfen, daß er den USA in der Abrüstungsfrage zu viele einseitige Zugeständnisse gemacht habe. Wenn jetzt der Westen auch noch testen wolle, wieviel an politischer Belastung die sowjetische Führung weiterhin aushalten könne, dann wäre das genau falsch. Falin habe aber auch gesagt – noch immer nach dem Bericht Jürgen Warnkes – daß die Deutschen bei den derzeitigen Entwicklungen am meisten gewinnen könnten, jedoch auch am meisten zu verlieren hätten[4].

Während Warnke mit Falin sprach, war der DDR-Außenminister Oskar Fischer in Moskau eingetroffen. Er kam zu seiner regulären Konsultation mit dem sowjetischen Außenminister Schewardnadse. An diesem Gespräch nahmen Gerd König, der DDR-Botschafter in der UdSSR, und Sergej Tarassenko, Leiter des Generalsekretariats des Außenministeriums der UdSSR und engster Mitarbeiter des sowjetischen Außenministers, teil[5]. Tarassenko galt im State Department als einer der engsten Verbündeten der USA. Wie sein Chef besaß er das volle Vertrauen von James Baker, vor allem seit beider Aufenthalt in Jackson Hole[6]. Beide Politiker wurden im State Department als Vertreter des »neuen Denkens« hoch geschätzt, weil sie keine solche zaudernden Politiker seien wie Gorbatschow, schreibt Condoleezza Rice[7]. Zeitzeugen bestätigen, daß Schewardnadse seinen deutschen Genossen gegenüber nicht so offen war wie zu seinen »amerikanischen Freunden«[8]. Er wollte bereits im Dezember in seiner Rede vor dem Politischen Ausschuß des Europa-Parlaments in Brüssel deutlich machen, daß die UdSSR eine deutsch-deutsche Vereinigung akzeptieren würde. Damals mußte er seine Absicht auf Intervention von Julij Kwizinskij, der in letzter Minute Schewardnadses Rede noch einmal »korrigierte«, zurücknehmen[9]. Gegenüber Fischer beteuerte Schewardnadse einen Monat später in Moskau[10], daß die sowjetische Seite die Ansicht vertrete:

> »Von der Stabilität der DDR gehe ein starker Einfluß auf die Stabilität in ganz Europa aus, und umgekehrt müßte eine Destabilisierung im Herzen Europas gefährlich auf Europa und den KSZE-Prozeß zurückwirken. Die Sowjetunion könne auch nicht übersehen, daß mit der deutschen Frage auch das Kräftegleichgewicht zwischen den Großmächten berührt ist.«

Im Gegensatz zu früheren Begegnungen blieb der sowjetische Außenminister auffallend zurückhaltend, berichtet Gerd König über die Atmosphäre des Gespräches. Er sagte uns weiter: Schewardnadse erwähnte ein wenig en passant, daß die Sowjetunion »den Deutschen nicht das Recht auf Selbstbestimmung abspreche«. Auch der Wunsch nach staatlicher Einheit würde durchaus respektiert werden, wenn entsprechende Bedingungen im voraus geklärt würden. Eine davon sei, daß Deutschland dann nicht in der NATO verbleibe[11], denn für ihn sei nicht zu erkennen,

> »… wie bei einem Verbleib der BRD in der NATO und der DDR im Warschauer Vertrag eine staatliche Einheit der Deutschen praktisch möglich sei.«

Danach wurden bilaterale Fragen besprochen. Schewardnadse schilderte die

Schwierigkeiten der Perestroika und Fischer die der Reformen in der DDR. Der DDR-Außenminister gab zu bedenken, daß die Bundesregierung sich weigere, die Vertragsgemeinschaft noch vor den bevorstehenden Volkskammerwahlen am 6. Mai 1990 abzuschließen. Schewardnadse überging dieses Problem. Er hatte zudem wegen eines Anrufes Hans-Dietrich Genschers die Unterredung unterbrechen müssen. Abschließend übermittelte der sowjetische Außenminister im Namen Gorbatschows eine Einladung an Ministerpräsident Modrow nach Moskau, deren Termin noch abgesprochen werden sollte. Zur Vorbereitung dieses Gesprächs kündigte Schewardnadse an, daß die UdSSR-Botschaft in Berlin kurzfristig durch Deutschland-Experten verstärkt werde[12]. Eine weitere Konsultation zwischen den Außenministern der DDR und der UdSSR gab es nicht mehr.

Auf der 9. Sitzung des Zentralen Runden Tisches in der DDR am Montag, dem 22. Januar, bot Hans Modrow den oppositionellen neuen Parteien die Regierungsbeteiligung an, erklärte als Ministerpräsident seine Unabhängigkeit von der SED/PDS und schied aus dem Präsidium des Parteivorstandes aus[13]. Es war der 71. Arbeitstag, seitdem er auf Vorschlag der SED-Fraktion der Volkskammer der DDR zum Ministerpräsidenten gewählt worden war. Es sei eine Lossagung zugunsten der höheren Verantwortung gewesen, schreibt dazu sein persönlicher Mitarbeiter Karl-Heinz Arnold[14]. Zur gleichen Zeit werden Egon Krenz und Wolfgang Herger vor den Zentralen Runden Tisch zitiert und genötigt, vor diesem verfassungswidrigen Organ zum Verhältnis von SED und Staatssicherheit auszusagen. In Leipzig dominierten an diesem Abend bei der Demonstration der Bürgeropposition die Einheitsbefürworter. 100.000 Demonstranten riefen im Einklang mit dem Bonner »neuen Kurs«: »Deutschland einig Vaterland!«. Diese Forderung wird in den folgenden Tagen von immer mehr Gruppen und Organisationen der bürgerlichen Opposition aufgegriffen und verbreitet. Teltschik notiert dazu lakonisch: »Der Niedergang der DDR setzt sich fort.«[15] In dieser Situation veröffentlicht am 24. Januar 1990 BILD ein Interview mit Nikolai Portugalow. In diesem wiederholte der politische Mitarbeiter Falins, nunmehr öffentlich die These Schewardnadses, daß die UdSSR den Wunsch der Deutschen nach staatlicher Einheit respektiere. Er sagte:

> »Wenn das Volk der DDR die Wiedervereinigung will, dann wird sie kommen. Wir werden uns in keinem Fall gegen diese Entscheidung stellen, wir werden uns nicht einmischen.«

Diese BILD-Veröffentlichung verstand Teltschik als erneutes »Signal aus Moskau« und erinnerte sich in seinem Tagebuch an sein letztes Gespräch mit Portugalow am 21. November 1989, aus dem ja die Initiative zum Zehn-Punkte-Plan des Bundeskanzlers hervorgegangen war[16]. Am Nachmittag stimmte der Bundeskanzler dem Vorschlag von Ignaz Kiechle zu, an die UdSSR 52.000 t Rindfleischkonserven, 50.000 t Schweinefleisch, 20.000 t Butter, 15.000 t Milchpulver sowie 5.000 t Käse in einem Sonderverkauf zu liefern. Um einen »Freundschaftspreis« gewähren zu können, subventionierte die Regierung das Geschäft mit 220 Millionen DM aus dem Bundeshaushalt[17].

In Berlin wurde am gleichen Tag der ehemalige Minister für Nationale Verteidigung Heinz Keßler, ehemals SED-Politbüro-Mitglied, wegen des Verdachts des Amtsmißbrauchs und der Korruption verhaftet. Im Arrest befanden sich bereits die ehemaligen Politbüromitglieder Joachim Herrmann und Günther Kleiber, der ehemalige Präsident der Volkskammer der DDR, Horst Sindermann, und der Minister für Bauwesen der DDR, Wolfgang Junker. Auch Gerhard Schürer war, nachdem Hans Modrow ihn aus seinem Kabinett entlassen hatte, von DDR-Staatsanwälten »verbrecherischer Vertrauensmißbrauch« vorgeworfen worden[18]. Zur Gruppe der Staatsanwälte, die Haftbefehle gegen die ehemalige SED-Führung ausstellten, gehörten vor allem Hans-Jürgen Joseph und Prof. Dr. Lothar Reuter. Ihr haßerfüllter politischer Eifer ging soweit, daß sie auch gegen Erich Honecker einen Haftbefehl erließen und ihn abends um 22 Uhr aus dem Krankenhaus heraus arretieren wollten[19].

Am frühen Abend dieses 24. Januar hatten sich in Bonn Seiters und der Bundeskanzler darüber verständigt, was der Kanzleramtschef am folgenden Tag Modrow übermitteln sollte. Der Bundeskanzler (so notierte Teltschik in seinem Tagebuch) sollte dem DDR-Ministerpräsidenten mitteilen, daß die Bundesregierung jetzt »besonderen Wert darauf lege«, daß die Oppositionsgruppen (in der DDR) in alle Entscheidungen einbezogen werden[20]. Damit begann Kohl, im Vollzug seines »neues Kurses«, der Regierung der DDR vorzuschreiben, was sie zu entscheiden habe.

Am folgenden 25. Januar 1990 trafen dann Seiters und Modrow in Berlin zusammen. Der DDR-Ministerpräsident wollte mit dem Kanzleramtsminister – wie verabredet – die weitere wirtschaftliche Zusammenarbeit mit der BRD und die Ausgestaltung der Vertragsgemeinschaft hinsichtlich seines vorgesehenen Treffens mit dem Bundeskanzler am 13./14. Februar 1990 in

Bonn vorbereiten. Er überreichte seinem Bonner Gast nochmals den Regie-
rungsentwurf der DDR für eine Vertragsgemeinschaft[21]. Doch von einer Vertragsgemeinschaft wollte Seiters nun nichts mehr wissen. Er bestätigte zwar
den Termin des Treffens mit dem Bundeskanzler, doch zugleich wiederholte er die Erklärung Kohls vom 18. Januar, daß die Bundesregierung nicht
mehr bereit sei, weitreichende vertragliche Regelungen mit der gegenwärtigen
DDR-Regierung abzuschließen, und ließ sich in seiner Ansicht auch nicht
durch die außerordentlich kritische Einschätzung der ökonomischen Situation in der DDR durch Modrow[22] beeinflussen. Damit war für den DDR-Ministerpräsident eine neue Lage entstanden. Er informierte darüber am Abend
den sowjetischen Botschafter. Es ist nicht auszuschließen, daß Modrow dabei
auf Überlegungen zurückkam, die ihm schon auf der Tagung des RGW am
8. und 9. Januar 1990 in Sofia gekommen waren. Nachdem der Ministerpräsident der ČSFR eine engere Zusammenarbeit seines Landes mit Polen und
Ungarn vorgeschlagen hatte, war er – wie Modrow schreibt – auf die Idee
verfallen, nun auch seinerseits eine engere Zusammenarbeit mit der BRD
anzustreben, die über eine Vertragsgemeinschaft hinausging[23]. Jedenfalls hat
Kotschemassow »das Wichtigste« aus seiner Unterhaltung mit Modrow und
des Gesprächs Modrows mit Seiters »sofort nach Moskau berichtet«.[24]

Zu diesem Zeitpunkt befand sich die DDR in ihrer kritischsten Phase,
sie war zielgerichtet destabilisiert worden, politisch ohne Führung, ökonomisch geschwächt, aber auch bereits außenpolitisch isoliert. Insofern wäre
grundsätzlich der Einschätzung, die Modrow gegenüber Seiters gab, zuzustimmen. Nur ob es vom Ministerpräsidenten der DDR klug war, seinem
politischen Gegenspieler, ihn bereits als »Partner« wertend, auch noch die
Argumente zur Rechtfertigung seiner beschleunigten Vereinigungsstrategie zu
liefern, dürfte freilich umstritten sein. Horst Teltschik präzisierte dann auch
am folgenden Freitag in der Ausgabe der »Wirtschaftswoche« die Haltung
des Bundeskanzleramtes für die weitere politische Verfahrensweise bei der Einigung Deutschlands. Er warnte die Modrow-Regierung davor, daß sie die
»ihr noch zugestandene Position als ›Ordnungsmacht‹« nicht als Chance mißbrauchen sollte, ihren politischen Einfluß zu stabilisieren. Außerdem machte
er deutlich, daß ein vereinigtes Deutschland »sicherheitspolitisch im Westen
verankert sein müsse, also Mitglied der NATO« bleibe[25]. Man ließ sozusagen
die Katze aus dem Sack. Die Regierung der DDR galt für den Bonner Kanzlerbungalow nur noch als eine »zeitweilige Ordnungsmacht«.

Vom Tempo zur Vereinigung beider deutscher Staaten erschrocken, meldete sich auch Margaret Thatcher zu Wort. Sie erklärte in einem Artikel im Wall Street Journal, daß für Gorbatschow Probleme entstehen würden, wenn die deutsche Einheit zu schnell käme, und daß er eventuell darüber stürzen könnte, was ihrer Ansicht nach eine Katastrophe bedeuten würde. Daher sei die Forcierung der Wiedervereinigungspolitik durch die Bundesregierung höchst unfair gegenüber den sowjetischen Bemühungen, namentlich Gorbatschows, »... der dies doch alles erst ermöglicht« habe. Weiter schrieb sie: Kohl und Genscher sollten ihre »engen nationalistischen Ziele« der längerfristigen Sicht auf die Bedürfnisse Europas unterordnen. Man müsse ihnen diese weitsichtigere Vision eintrichtern. Die deutsche Einheit, so Margaret Thatcher, zerstöre schließlich auch das wirtschaftliche Gleichgewicht der Europäischen Gemeinschaft, in der Westdeutschland schon heute dominiere. Kohl empfand diese Rüge zwar als höchst unfreundlich, vermerkte Teltschik[26], doch ließ sich die Bundesregierung von Thatchers Presseattacke in ihrem Vereinigungstempo nicht aufhalten.

1.2 Gorbatschows Geheimsitzung: Der Beschluß zur Liquidierung der DDR

An diesem 26. Januar 1990, als die britische Premierministerin Kohl für seinen »neuen Kurs« öffentlich tadelte und einen Tag nach der turnusmäßigen Politbürositzung, war in Moskau eine streng geheime deutschlandpolitische »Stabsberatung« im Zimmer des Generalsekretärs des ZK der KPdSU zusammengekommen, um über das Schicksal der DDR zu diskutieren. Valentin Falin will sie initiiert haben[27]. »Das war eine gewöhnliche Praxis des ZK der KPdSU beim Entstehen von akuten Situationen«, kommentierte der sowjetische Botschafter in Berlin das Ereignis[28]. An der Sitzung nahmen neben Gorbatschow und Falin sowie seinem Ersten Stellvertreter Rafael Fjodorow Ryshkow, der Vorsitzende des Ministerrats, Schewardnadse, Jakowlew, Wladimir Krjutschkow sowie die Gorbatschow-Berater Tschernajew, Schachnasarow und Sergej Achromejew teil. Uns stand kein Protokoll dieser Sitzung zur Verfügung (Falin behauptet, es sei nicht protokolliert worden). Doch aus verschiedenen bisher veröffentlichten Erinnerungen einzelner Teilnehmer[29] ergibt sich zumindest ein zusammenhängendes Bild über den Verlauf und das Ergebnis dieser Beratung. Seinen Memoiren zufolge schlug Gorbatschow zu

Beginn der Sitzung ein offenes »Brainstorming« über das Schicksal der DDR vor. Alle Prämissen, so soll er gesagt haben, sind erlaubt, außer dem Einsatz von Waffengewalt. In der folgenden offenen Diskussion vertrat Tschernajew den Standpunkt, daß sich die UdSSR fortan auf die BRD umorientieren und dazu ein Übereinkommen mit Kohl anstreben sollte. Dann müsse sie sich aber auch mit einer Einbindung eines vereinten Deutschlands in die NATO abfinden. Das sei politisch nicht so problematisch, meinte er, weil der BRD-Kanzler ja an der Einbindung des deutschen Vereinigungsprozesses im Rahmen einer gesamteuropäischen Integration festhalte. Darauf will Gorbatschow erwidert haben, er sei grundsätzlich damit einverstanden, die DDR aufzugeben. In der NATO-Frage habe er aber noch Bedenken.

Auch Schewardnadse sprach sich dafür aus, Veränderungen in Deutschland aufgeschlossen gegenüberzustehen und sie nicht zu blockieren. Diesen Gedanken unterstützte Krjutschkow, der Chef des KGB, mit der Argumentation, daß die SED »an sich« ohnehin nicht mehr existiere und die staatlichen Strukturen der DDR sich wohl bereits in einem Prozeß der Auflösung befänden. Ryshkow warf ein: »Wir dürfen Kohl nicht alles geben« und fügte hinzu, daß die UdSSR künftig in außenpolitischen Fragen vor allem mit jenen enger zusammenarbeiten solle, die Bonn zügeln wollten, also mit den Regierungen in Paris und London. Auf diese Idee will Tschernajew eingegangen sein und schließlich vorgeschlagen haben, für die deutsch-deutsche Vereinigung ein sechsköpfiges Gremium zu initiieren, in dem die Siegermächte des zweiten Weltkrieges und die beiden deutschen Staaten vertreten wären. Seine Aufgabe müßte es sein, den Prozeß der Vereinigung zu lenken. Falin und Fjodorow wandten sich dagegen, die DDR so ohne weiteres der BRD zu überlassen. Sie argumentierten, daß die UdSSR zumindest ihre internationalen Rechte beachten müsse. Auch sei es falsch, die Einbeziehung Deutschlands in die NATO fatalistisch hinzunehmen, wenn es zu einer Vereinigung kommen sollte. Dann versuchte Falin, einen Unterschied zwischen dem direkten Anschluß der DDR an die BRD und dem Zusammenschluß beider Staaten über eine Konföderation deutlich zu machen und entwickelte dazu wohl einen Verhandlungsvorschlag. Nach Ansicht Tschernajews will zunächst keiner der Anwesenden Falin so recht verstanden haben. Nach vier Stunden Diskussion herrschte in dieser Runde, wie Gorbatschow in seinen Erinnerungen versichert, schließlich die einhellige Meinung vor, »man müsse davon ausgehen, daß die Vereinigung Deutschlands einen objektiv herangereiften Prozeß dar-

stellt«.[30] Und so will Gorbatschow das Ergebnis der langen Beratung über die
DDR an diesem Tag zusammengefaßt haben:

— Die Wiedervereinigung Deutschlands sei unvermeidlich.
— Die UdSSR solle die Initiative zu einer Konferenz der ›Sechs‹ ergreifen,
   also der vier Siegermächte und der beiden deutschen Staaten.
— Die Verbindung zur Führung der DDR sei aufrechtzuerhalten.
— Unsere Politik in der »deutschen Frage« müsse enger mit Paris und
   London koordiniert werden.
— Achromejew müsse die Frage des Abzuges unserer Streitkräfte aus der
   DDR prüfen.

Zu ergänzen wäre, daß weiterhin beschlossen worden war, Modrow und Gysi
umgehend zu getrennten Gesprächen nach Moskau einzuladen. Tschernajew
hielt die Einladung Gysis für sinnlos, weil dessen politische Uhr abgelaufen
sei, doch Gorbatschow wollte die SED/PDS noch nicht aufgeben und stimmte der Einladung zu[31]. Von keinem Teilnehmer wird allerdings berichtet, auf
welches Verhandlungskonzept mit Modrow sich die Runde geeinigt habe.
Kwizinskij erinnert sich[32]:

> »Wie mir jedoch bekannt ist, beschränkten (wir uns; d. Aut.) auf eine Empfehlung
> an die Regierung der DDR, die Idee der Konföderation aufzugreifen, wobei diese
> Empfehlung viel zu spät kam.«

Schätzen wir diese Geheimberatung historisch wie politisch ein, so war sie
eine völkerrechtswidrige Verschwörung gegen einen souveränen Staat, die ein
Mann inszeniert hatte, der sich weltweit »rühmte«, die »Breshnew-Doktrin«
abgeschafft zu haben. Er entschied in Abwesenheit der politischen Repräsentanten der DDR ungeniert über deren Liquidation und unterließ es sogar,
auch nur einen ihrer Repräsentanten nachträglich über diese Geheimsitzung
zu informieren. Nicht einmal der sowjetische Botschafter in der DDR war
über dieses Ergebnis offiziell unterrichtet worden[33]. USA-Diplomaten waren
indes darüber informiert, daß Gorbatschow die Telefonanrufe bei Botschafter
Kotschemassow eingestellt hatte, woraus sie schlossen, daß er das Interesse am
deutschen Tagesgeschehen verloren habe[34].

An eben diesem Freitag war Hans Modrow zusammen mit Gerhard Beil
nach Wien geflogen, um mit dem österreichischen Bundeskanzler Franz Vra-
nitzky den weiteren Ausbau der wirtschaftlichen Beziehungen und die rasche
Entwicklung des Tourismus im visafreien Reiseverkehr zwischen der DDR

und Österreich zu beraten[35]. In Berlin erklärten an diesem Tag Wolfgang Ullmann (Demokratie jetzt) und Ingrid Brandenburg (Neues Forum) vor der
Presse und im Namen des Zentralen Runden Tisches, daß sie ihrerseits dem
Ministerpräsidenten die Bildung einer »parteiunabhängigen Regierung« vor-
schlügen. Es war der gleiche »politische Trick«, wie ihn die Bürgerrechtler
bereits bei der Konstituierung des Runden Tisches praktiziert hatten: Sie
gingen nicht auf den Vorschlag Modrows vom 22. Januar ein, sondern griffen ihn als ihre Idee, als ihre Initiative auf. Wieweit diese Zustimmung der
Bürgeropposition zum Eintritt in ein erweitertes Modrow-Kabinett mit der
Bundesregierung abgestimmt war, bleibt dahingestellt. In seiner politischen
Auswirkung entsprach dieser Entschluß der Politik von James Baker, bei aller Beschleunigung des Einigungsprozesses die Stabilität der DDR bis zu den
auf den 18. März 1990 vorverlegten Volkskammerwahlen nicht ernsthaft zu
gefährden. Und es entsprach der Forderung Kohls, die Seiters am Vortag,
dem 25.1.1990 Modrow übermittelt hatte. Nach der Rückkehr der DDR-
Delegation aus Wien, fuhr Hans Modrow am Freitagabend nach Dresden, um
am folgenden Sonnabend mit seiner Familie seinen Geburtstag zu begehen.

1.3 Modrows Einladung nach Moskau

Die von der Stabsberatung im Kreml beschlossene Einladung Modrows wurde am Freitagsnachmittag durch Gennadij Gerassimow bekannt gegeben.
Gorbatschow wollte den DDR-Ministerpräsidenten bereits am Dienstag,
dem 30. Januar 1990, zu »Konsultationen« treffen[36]. Modrow, der über die
»Stabssitzung im Kreml« und über ihr Ergebnis nicht informiert worden war,
befand sich weder am Freitag noch am Sonnabend in Berlin. Der plötzliche
Termin, schon zum 30. Januar 1990 nach Moskau zu kommen, überraschte
ihn und brachte ihn in Terminschwierigkeiten. Für Sonntagnachmittag (den
28. Januar) war um 17 Uhr im Hotel Johannishof eine entscheidende Zusammenkunft mit dem Zentralen Runden Tisch vorgesehen und am folgenden
Tag wollte der Ministerpräsident vor der Volkskammer über diese Zusammenkunft eine Regierungserklärung abgeben.

Hans Modrow berichtet, daß er seinen Besuch bei Michail Gorbatschow
mit Kotschemassow in »intensiven Gesprächen« vorbereitet habe, an denen
Kirill Toropow als Berater des Botschafters teilnahm[37]. Im Ergebnis dieser
Beratung sei der DDR-Ministerpräsident, nach Meinung von Kotschemas-

sow, »von einigen Positionen der sowjetischen Führung enttäuscht« gewesen[38].
Modrow sagte später in einem Interview, »daß die Analyse«, die seinem Konzept, das er am 30. Januar Gorbatschow vorgeschlagen habe, etwa zur gleichen Zeit in der UdSSR und der DDR entstanden wäre. Und er fügte hinzu[39]:

> »... insofern meine ich, ich würde nicht sagen, wer hat wann begonnen. Die Sache die ja bekannt ist: beginnt es mit der Henne oder mit dem Ei – darüber ist auch heute müßig zu streiten.«

Bei seinen vorbereitenden Gesprächen mit Kotschemassow will er auch schon die sowjetische Seite über seine Konföderationsidee informiert haben[40]. Bei dem Zeitdruck, dem Modrow unterlag, ist es erstaunlich, wie schnell er seine Vorschläge für Gorbatschow formuliert hatte, die er mit keinem seiner Mitarbeiter, auch nicht mit seinem Außenminister Oskar Fischer oder seinem Stellvertreter im Ministerrat, de Maizière, abgestimmt hatte[41]. Jedenfalls fand der persönliche Mitarbeiter Modrows am Montagmorgen, dem 29. Januar, überraschend einen Entwurf für die Unterredung mit Gorbatschow auf seinem Schreibtisch vor. Arnold erinnert sich, daß dieser Entwurf die Urfassung des späteren Konzepts »Für Deutschland, einig Vaterland« gewesen sei. Er erinnerte sich auch, daß an diesem Montag an dem Entwurf nicht weiter gearbeitet wurde[42]. Wie war es nun zu diesem Entwurf zwischen der Geburtstagsfeier am Samstagabend in Dresden und Montagmorgen in Berlin gekommen? Modrow meint, er könne sich an Einzelheiten und an Termine nicht mehr erinnern, zumal er kein Tagebuch geführt habe. Wir befragten Kotschemassow, wie die Atmosphäre war, in der Modrow seine Reise zu den bevorstehenden Konsultationen mit Gorbatschow vorbereitet habe. Der Botschafter antwortete uns[43]:

> »Ich möchte unterstreichen, daß er (Modrow; d. Aut.) sich gegenüber Ratschlägen des Botschafters aufmerksam verhielt. Dabei mußte ich vieles auf mich nehmen, ausgehend von meinem Verständnis der Lage.«

Interpretieren wir die diplomatische Sprache des Botschafters, so bestätigt Kotschemassow, daß Modrow bei seinen »intensiven Vorbereitungen« zugleich »Ratschläge« in seine Überlegungen einbezog, die Kotschemassow in seinem eigenem Namen erteilte. Die Annahme amerikanischer Diplomaten, Modrow sei erst am 30. Januar 1989 in Moskau über die am 26. Januar 1990 beschlossene Konföderations-Strategie des Gorbatschow-Stabes informiert worden[44], ist völlig unzutreffend.

Modrow hatte nach dem 22. Januar 1990 den Leiter seines Sekretariats im Ministerrat, Harry Möbis, beauftragt, ein »Dokument zur Charakterisierung der Lage der DDR« auszuarbeiten, das »einer Verständigung mit den oppositionellen Organisationen am Runden Tisch dienen konnte« und es in einem Abendgespräch mit den Vorsitzenden der im Ministerrat vertretenen Parteien der Großen Koalition diskutiert[45]. Wenn wir vom Inhalt der (vom Apparat) ausgearbeiteten Fassung ausgehen, lag es am 26. Januar 1990 vor, als Modrow nach Wien flog. In dieser Analyse, die in neun Kriterien die »Notsituation der DDR« charakterisiert und aus der für den Ministerrat drei Schlußfolgerungen formuliert werden[46] ist kein Hinweis auf eine beabsichtigte Konföderation mit der BRD enthalten. Nun schließen wir nicht aus, daß Modrow doch einige der Diskussionen in Moskau über eine deutsch-deutsche Konföderation kannte, was seine – von uns angeführten – gelegentlichen Orakelsprüche erklären würde, auf die wir schon verwiesen haben. Er hatte aber zunächst solche Vorstellungen – in Übereinstimmung mit dem sowjetischen Ministerpräsidenten Nikolai Ryshkow – stets abgelehnt und ihnen sein Konzept von einer Vertragsgemeinschaft entgegengestellt. Modrow vertraute zudem Gorbatschow, der ihm mehrmals versicherte, daß auch er dieses Konzept der Vertragsgemeinschaft unterstützten würde. Die Behauptungen von Valentin Koptelzew, Modrow habe in internen Gesprächen immer wieder gesagt, »wir müssen die Parole (von einer deutschen Konföderation) übernehmen« und dem 10-Punkte-Plan Kohls »einen eigenen Plan entgegensetzen«, um die Initiative bei den bevorstehenden Wahlen zu gewinnen[47], ist von den anderen Beteiligten bisher nicht bestätigt worden. Die Konföderationsidee entsprach zwar durchaus der Meinungsbildung von Kwizinskij und sie war vom sowjetischen Außenminister unterstützt worden[48], doch der sowjetische Botschafter in Berlin, mit dem Modrow in diesen Tagen einen regen Kontakt unterhielt, berichtet, daß die Frage einer Konföderation zwischen ihnen bis zum Treffen Modrows mit Gorbatschow nicht erörtert worden sei[49].

Modrow hat trotz seiner intensiven Gespräche mit Kotschemassow nach seiner Rückkehr aus Dresden alle seine Termine eingehalten. Am Sonntag, dem 28. Januar 1990, nahm er um 17 Uhr am Treffen aller am Zentralen Runden Tisch teilnehmenden Parteien und Gruppen teil. Die Beratungen dauerten bis 23.20 Uhr und waren – wie berichtet wird – sehr kompliziert. Ausgehandelt wurden die Bedingungen, unter denen die »neuen Parteien und Gruppen« bereit waren, in ein »Kabinett der nationalen Verantwortung«

einzutreten. Nach der Zustimmung von Modrow, die Neuwahlen zur Volkskammer nun endgültig vom 6. Mai 1990 auf den 18. März 1990 vorzuverlegen, womit er dem »neuen Kurs« des Bundeskanzlers erlegen war, erklärten sich alle am Zentralen Runden Tisch vertretenen »neuen Parteien«, bis
auf die Vereinigte Linke, im Gegenzug bereit, nunmehr in ein von Modrow
geführtes Kabinett der »nationalen Verantwortung« einzutreten. Wer von
beiden Verhandlungsseiten seine politische Zielstellung mit dieser Übereinkunft erreicht hat, kann politisch unterschiedlich interpretiert werden. Am
Montagvormittag diktierte Modrow – wie uns sein enger Mitarbeiter Karl-
Heinz Arnold bestätigte – seine Regierungserklärung über die Vereinbarung
mit dem Zentralen Runden Tisch, die er am Nachmittag auf der 15. Tagung
der Volkskammer abgab. In dieser Regierungserklärung begründete Modrow
die Übereinkunft mit der bisherigen DDR-Opposition damit, daß sich die
Krise in der DDR bedrohlich zugespitzt habe. Er verwies auf den Autoritäts-
schwund der Staatsmacht und auf die immer beunruhigender werdende Lage
der Wirtschaft durch »Streiks und Arbeitsausfälle« und schlug die Bildung einer »Regierung der nationalen Verantwortung« vor. Dabei betonte Modrow,
daß dies die letzte Chance vor einem drohenden Kollaps der DDR sei. Um
diesen zu vermeiden, regte der Ministerpräsident an, die Volkskammerwahlen schon am 18. März 1990 durchzuführen. Die Volkskammer billigte die
Vereinbarungen mit dem Zentralen Runden Tisch und nahm auch das neue
Wahlgesetz in erster Lesung an[50]. Hans Modrow sagte uns, er sei unmittelbar
nach seiner Rede in der Volkskammer noch am Abend am des 29. Januar
1990 nach Moskau abgeflogen.

Wann also fanden die »intensiven Gespräche« mit dem sowjetischen
Botschafter für die unmittelbare Vorbereitung seiner Konsultation mit Gorbatschow statt? Auch Kotschemassow konnte sich an keinen genauen Termin
erinnern. Wenn Modrow nicht noch am späten Sonnabend von Dresden
nach Berlin zurückgekehrt war und sich noch in der Nacht mit Kotschemassow getroffen hatte, verblieb nur der Sonntagvormittag. Das sei dahingestellt. Zu dem Gespräch selbst schließen Insider nicht aus, daß dem sowjetischen Botschafter inzwischen inoffiziell (möglicherweise vom ZK der
KPdSU aus) nahegelegt worden war, dem DDR-Ministerpräsidenten zu
helfen, eine Deutschlandpolitische Initiative zu entwickeln. Falin wird eine
solche Empfehlung zugetraut. Unbestritten ist, daß Modrow nach seiner
Dresdner Geburtstagsfeier Kotschemassow aufgesucht hatte, denn er wußte

ja noch nicht, was ihn in Moskau erwartete. Und das geschah vor Modrows Zusammentreffen mit dem Zentralen Runden Tisch. Modrow selbst meint bezüglich dieses Gesprächs[51]:

> »Wir betrachteten es als notwendig, die Bundesregierung an die Dresdner Willenserklärung zu binden und zugleich darüber hinaus eine Initiative zu ergreifen, die eine stufenweise Vereinigung und deren feste Verankerung im europäischen Prozeß gewährleisten sollte.«

Damit wäre widerspruchsfrei zu erklären, daß jene Überlegungen, die der sowjetische Botschafter in Fortsetzung der abendlichen Unterredung vom 25. Januar, nunmehr von Toropow assistiert, mit Modrow besprach, weitgehend mit den Vorschlägen übereinstimmten, die Falin auf der Beratung zur Liquidierung der DDR bei Gorbatschow unterbreitet hatte und warum gerade Falin nach der Moskauer Konsultation am 31. Januar 1990 das von Modrow offiziell vorgelegte Konföderationskonzept in einer Unterredung mit Gerd König aufbesserte[52]. Und verständlich wird auch, über welche Positionen der sowjetischen Führung Modrow enttäuscht war: Gorbatschow war – wie Kohl – von der Unterstützung der Vertragsgemeinschaft abgegangen. Kotschemassow hat die politische Haltung des DDR-Ministerpräsidenten, den er sehr achtete, in diesen Gesprächen so charakterisiert[53]:

> »Modrow fehlte dogmatisches Denken völlig, er zeigte ein umfassendes Herangehen an aufkommende Probleme, suchte gegenseitig akzeptable Entscheidungen für manchmal sehr schwierige Fragen.«

Modrow hatte auch die Mitglieder des Präsidiums der SED/PDS, das sich noch vor dem Abflug Modrows nach Moskau mit ihm traf über seine Absichten in Moskau nicht informiert. Hans-Joachim Willerding, damals Präsidiumsmitglied, berichtet[54]:

> »Wir kamen am Vorabend der Abreise Modrows nach Moskau alle im Zimmer des Ministerpräsidenten im Johannishof zusammen, dabei kultivierte Hans Modrow seine Bescheidenheit soweit, daß nicht einmal für alle die Stühle ausreichten, also standen wir oder hockten uns auf den Boden. In dieser Runde fiel kein Wort darüber, was mit dem sowjetischen Botschafter besprochen worden war und auch nicht darüber, was bereits schriftlich vorlag. Es wurde auch nichts bedeutendes beraten, so daß ich schließlich vorschlug, er solle nicht ohne die Zustimmung von Gorbatschow zur Konföderation zurückkommen, für die im Dezember 1989 ja auch François Mitterrand eingetreten war. Es war meiner Meinung nach die einzige Rückzugslinie, die uns effektiv noch geblieben war. Es gab keinen Widerspruch und keine Diskussion. Alle schwiegen.«

Nur einem hatte Modrow an diesem Sonntagabend nach der Beratung des Zentralen Runden Tisches den ersten Entwurf des Konföderationskonzepts gezeigt: Gregor Gysi. Er erinnerte sich[55]:

> »Ich war über Hans Modrows Gedanken etwa zwei Tage vorher informiert, bevor er zu Michail Gorbatschow fuhr. Natürlich fielen uns beiden solche Überlegungen nicht leicht, und Hans Modrows Schritt hat der Partei auch Verluste eingebracht, vor allem unter Linken.«

Wir haben Gysi dazu befragt. Er ergänzte diese Mitteilung in einem Brief[56]:

> »Nach meiner Erinnerung war es so, daß ich an einem Dienstagabend, als ich aus ganz anderem Grunde Hans Modrow in seinem Berliner Wohndomizil (Gästehaus der Regierung; d. Aut.) aufsuchte, er mir bei dieser Gelegenheit den Entwurf seiner Erklärung ›Deutschland einig Vaterland‹ zeigte, die er mit Michail Gorbatschow an dem darauffolgenden Donnerstag in Moskau beraten und verabschieden wollte. Ich bin noch heute der Überzeugung, daß ich die Erklärung vorher nicht gesehen hätte, wenn ich nicht zufällig an diesem Dienstagabend bei ihm vorbeigegangen wäre.«

Zwar irrt sich Gysi hier im Wochentag, denn Modrow flog schon am Montagabend nach Moskau und traf sich am folgenden Dienstag mit Gorbatschow, aber unbestritten bleibt, daß er bis zur Sitzung des PDS-Präsidiums am 1. Februar 1990 und auf der Sitzung selbst bis zur öffentlichen Bekanntgabe des Konföderationskonzeptes durch den Ministerpräsidenten kein weiteres Mitglied des PDS-Präsidiums darüber informierte[57]. Außerdem hatte sich Gysi in diesen Tagen selbst mit dem sowjetischen Botschafter getroffen, der ihn (nach seiner Erinnerung) »unüberhörbar« ermahnt haben will:[58]

> »... Eine Selbstauflösung der SED führt zur Selbstauflösung der DDR – und dies könnte auch das Ende der Perestroika heraufbeschwören.«

Eine zweite Version von Gysis Erinnerungen über sein Treffens mit Kotschemassow besagt[59]:

> »In der sowjetischen Botschaft wurde meine Reise zu Michail Gorbatschow nur hinsichtlich des Zustandekommens, des Termins und des Ablaufs vorbereitet, nicht inhaltlich.«

Die sowjetische Botschaft als Reisebüro? Doch es war nicht nur ein Gespräch mit Kotschemassow und es war keine Terminabstimmung bzw. nur eine Protokollabsprache in der Botschaft wie sich Gysi erinnern möchte. Der sowjetische Botschafter zu seinen Treffen mit Gysi befragt, schrieb uns:[60]

»Ja, die Reise Gysis nach Moskau am 2. Februar 1990 wurde in der Tat durch mich
vorbereitet. Ich habe mich mehrmals mit Gregor Gysi getroffen und alle Fragen, die
beachtet werden sollten, diskutiert. Das waren
– die Lage in der Republik und die politische Kräftekonstellation im Lande,
– die Situation in der Partei und ihre Perspektiven,
– die Fragen der Zusammenarbeit mit der KPdSU und natürlich Fragen, die Gregor
Gysi in Moskau zu diskutieren beabsichtigte.
In allen diesen Fragen hatte ich mit Gregor Gysi keinerlei Differenzen. … Für mich
waren die Einschätzungen Gysis, die die Situation in der Republik betrafen, sowie
die Prognosen der gesellschaftlichen Entwicklung sehr wichtig. Gysi war ein sehr in-
teressanter Gesprächspartner. Er äußerte Überlegungen, die keine Standards waren,
er war umfassend informiert. Die Führung der Partei rechnete damit, daß während
der Wahlen zur Volkskammer die Partei eine bedeutende Zahl an Stimmen gewinnen würde. Leider hat sich diese Hoffnung nicht erfüllt. Es gibt viele Gründe dafür.
Aber das ist schon eine andere Frage.«

Wir haben Gysi die Erinnerungen des sowjetischen Botschafters mitgeteilt
und Gysi hat diese Unterredungen nunmehr bestätigt[61]. Es war einfach unehrlich von denen, die wußten, daß die DDR nicht mehr zu halten war, weiterhin
so zu tun, als kämpften sie noch unverdrossen für »eine bessere DDR«. In einer
neueren Veröffentlichung über das »neue Denken« entwickelt Michail Gorbatschow eine »neue Chronologie«. Er schreibt dort, daß Ministerpräsident
Hans Modrow Anfang Januar 1990 den Vorschlag einer deutsch-deutschen
Konföderation entwickelt habe und die sowjetische Führung darauf reagieren
mußte[62]. Das ist ein bemerkenswerter Versuch, die historischen Zusammenhänge zu verwischen und sich der politischen Verantwortung zu entziehen.

2. Der Deutschland-Poker im Kreml

Nachdem der geheime »Krisenstab« in Moskau beschlossen hatte, die DDR
aufzugeben, gab es Ende Januar und Anfang Februar 1990 geradezu einen Run
auf Gorbatschow. Innerhalb weniger Tage konferierte er mit Hans Modrow,
Gregor Gysi, James Baker und Helmut Kohl. Bei all diesen Gesprächen ging
es nur noch darum, in welchem Tempo die DDR liquidiert und von der
BRD übernommen werden könne. Pläne wurden beraten, verabredet und
wieder umgestoßen. Zwischendurch gab es ein Plenum des ZK der KPdSU
und letztlich gab Gorbatschow die DDR seinem »Freund Gelmut« weg, und
erhoffte dafür ein Lob, wie er den Redakteuren des »Spiegel« anvertraute[63].

Ein Wort zu Hans Modrow. Der Ministerpräsident stand in der politischen Verantwortung für die Menschen in der DDR. Er durfte und wollte es angesichts der komplizierten politischen Situation zu keinem offenen Konflikt kommen lassen. Er sagte: »Das Land mußte regiert und die Wirtschaft am Leben erhalten bleiben.« Und er meinte dieses Land für die Bürger der DDR zu erhalten und nicht für die später gekommenen Okkupanten. Diese Ansicht war ambivalent. Die DDR bis zur »freien Wahl« stabil zu halten, entsprach zugleich den Erwartungen, die Bush und Gorbatschow in ihn setzten. Sein politisches Verhalten als Ministerpräsident war somit von Widersprüchen geprägt, von Illusionen ebenso wie von gravierenden Fehlentscheidungen, zu denen auch das schrittweise zurückweichen vor dem politischen Druck aus Bonn gehörte. Dennoch muß jeder Kritiker an Modrows Haltung bedenken, daß er angesichts der Gorbatschowschen Aufgabe der DDR und der politischen Unfähigkeit der Reformsozialisten und -sozialistinnen keine reale politische Alternative mehr zu sehen vermochte.

2.1 Modrows »Konsultationen«

Arnold formuliert Modrows Anliegen in Moskau so: »Er wollte den Genossen Gorbatschow und Ryshkow reinen Wein über die Befindlichkeit der DDR einschenken«, um dann »die Frage nach der Einheit Deutschlands zu stellen«.[64] Diese Darstellung ist eine Fabel. Modrow war nach Moskau bestellt worden, um die DDR abzuwickeln. Er hatte seine Reise mit dem sowjetischen Botschafter in der DDR vorbereitet und brachte ein Konzept mit, das den Erwartungen Gorbatschows entsprach.

Nachdem Modrow mit seinen Begleitern – zu ihnen gehörten Harry Ott, der stellvertretende DDR-Außenminister, Gerd König und Helmut Ettinger als Dolmetscher – die Regierungsmaschine der DDR nach Moskau bestiegen hatten, wurde der Entwurf »seiner Initiative«, die er mit Kotschemassow abgesprochen hatte, nochmals überarbeitet. Es war jenes Konzept, das er auch Gysi am Sonntagabend gezeigt hatte. Ein Beteiligter berichtet:

> »Hans Modrow sagte zu uns im Flugzeug, daß es bei den Verhandlungen in Moskau zu einem überraschenden Ergebnis kommen werde, das in der Losung »Deutschland, einig Vaterland« bestehen könne. Dann übergab uns der Ministerpräsident die vorbereitete Initiative, die während des Fluges nochmals redigiert, vor allem aber ins Russische übersetzt werden sollte, um den letzten Stand bei der Ankunft in Moskau sofort der sowjetischen Seite zu übergeben, damit der Text noch vor den offiziellen Verhandlungen Michail Gorbatschow vorlag.«

Die DDR-Delegation traf am Dienstag, dem 30. Januar 1990 um 11.00 Uhr mit Gorbatschow im Gebäude des ZK der KPdSU zusammen. Am Gespräch nahmen von sowjetischer Seite noch Ryshkow, Schewardnadse und Falin teil. Gorbatschows enge Berater Tschernajew und Schachnasarow fehlten. Tschernajew meinte später, daß er von dem Gespräch ohnehin nicht mehr viel erwartete, da er die Entwicklung in Deutschland für entschieden hielt, was zutreffend war. Modrow berichtet[65]:

> »Noch vor dem Gespräch wurde Gorbatschow von Journalisten gefragt, mit welchen Positionen zur deutschen Frage er in dieses Treffen gehen würde. Ohne Umschweife erklärte Michail Gorbatschow hier, daß die Sowjetunion das Recht der Deutschen auf Selbstbestimmung achten würde. Ein erstes Signal war damit bereits gesetzt.«

Über die Unterredung liegt heute eine publizierte Aufzeichnung des DDR-Außenministeriums vor[66]. Gehen wir aber zunächst auf einige persönliche Erinnerungen an diese Begegnung ein. Das Gespräch wird von allen Zeitzeugen als offen und freundschaftlich beurteilt. Es gab nicht die sonst üblichen Statements. Beide Seiten kamen gleich zur Sache. König hatte den Eindruck, daß sich alle Gesprächsteilnehmer gut vorbereitet hatten und den von Modrow vorbereiteten Text kannten. Diskutiert wurde in dieser Beratung auch nicht das Konzept, seine Kenntnis wurde ebenso vorausgesetzt, wie die Zustimmung beider Seiten zum Vorschlag. Beraten wurden Probleme, wie dieses Konzept politisch am wirkungsvollsten umgesetzt werden könnte.

Gorbatschow schreibt[67], daß ihm Modrow in diesem Gespräch unumwunden gesagt hätte:

> »Die wachsende Mehrheit der DDR-Bevölkerung unterstützt die Idee von der Existenz zweier deutscher Staaten nicht mehr, es scheint nicht mehr möglich, diese Idee aufrecht zu erhalten. ... Modrows Schlußfolgerung klang eindeutig: Die Argumente, die wir bisher benutzt haben, zeigen keine Wirkung mehr. Die überwiegende Mehrheit der gesellschaftlichen Kräfte – von kleinen linken Sekten abgesehen – gruppiert sich um die Vereinigungsidee. Wenn wir jetzt nicht die Initiative ergreifen, dann wird sich der eingeleitete Prozeß spontan und eruptiv fortsetzen, ohne daß wir dann darauf noch Einfluß nehmen können.«

Hans Modrow berichtet dazu[68]:

> »Ich war bemüht, eine realistische Einschätzung der Lage in der DDR zu geben, und erläuterte jene Fakten und Prozesse, die zur Bildung einer Regierung der Nationalen Verantwortung und zu dem Vorschlag geführt haben, die Wahlen zur Volkskammer auf März vorzuziehen. Gorbatschow zeigte sich stark beeindruckt

von der außerordentlich komplizierten Lage in der DDR. Ob es uns gefalle oder nicht, so Gorbatschow, nur wenn wir die Dinge realistisch betrachten, könnten wir eine wirksame Politik betreiben… Mit Besorgnis sehe man, daß bestimmte Kräfte der BRD die Prozesse in der DDR stimulieren, woraus auch für ganz Europa eine schwierige Situation erwachsen könne … man werde dem westdeutschen Bundeskanzler – so Gorbatschow – sehr eindeutig sagen, daß alle Versuche, die DDR zu destabilisieren, fehl am Platze seien. Sie könnten auf die BRD zurückschlagen und negative Folgen für alle in Europa haben.«

Modrow hat dann anschließend offiziell den Vorschlag unterbreitet, den Prozeß der Vereinigung der beiden deutschen Staaten stufenweise durchzuführen und zunächst einen Vertrag über Zusammenarbeit und gute Nachbarschaft abzuschließen, der bereits konföderative Elemente enthalten sollte. Dieser Gedanke wäre kein Gegenkonzept zur Vertragsgemeinschaft, sondern ihre Weiterentwicklung, hat er später hinzugefügt[69]. Gorbatschow nahm diesen Vorschlag mit Zustimmung zur Kenntnis und habe, nach Modrows Erinnerung, geantwortet:

»… ähnliche Überlegungen habe man vor einigen Tagen selbst erörtert, daher komme seine spontane positive Zustimmung … Erforderlich sei eine Absichtserklärung, die DDR und ihre Interessen in diesen ganzen Prozeß einzubinden.«

Dann wurde bereits über den Status des vereinten Deutschland gesprochen, das nicht der NATO angehören solle. Gorbatschow hätte jedoch gleich hinzugefügt,

»… daß dies – wie das unter Diplomaten üblich wäre, eine Maximalforderung sei, ›von der man zwar nicht annimmt, daß sie voll erfüllt wird, die aber die Grundlage für einen Kompromiß bilden kann.‹«

Aus der Aufzeichnung, die über das Gespräch vorliegt, möchten wir noch auf folgende interessante Nuancen aufmerksam machen: Erstens, schätzte Gorbatschow die Ziele der Außenpolitik der USA und die Taktik des State Department simplifizierend ein. Er sagte[70]:

»Die sowjetische Position komme den Positionen Frankreichs und Englands weitgehend nahe, man könne sogar davon sprechen, daß sie im Prinzip identisch sind. … Er komme immer mehr zu dem Schluß, daß die Amerikaner beabsichtigen, die deutsche Karte zu spielen. Sie seien über die Zukunft Europas sehr beunruhigt. Ihnen gefalle das integrierte Westeuropa nicht und schon gar kein integriertes Gesamteuropa. Deshalb sei es möglich, daß sie jetzt ihre Wahl zu Gunsten eines vereinigten neutralen Deutschlands in Kauf nehmen. Dabei würden sie sogar den vollen Truppenabzug aus Europa in Kauf nehmen.«

Zweitens fällt auf, daß Gorbatschow weitaus ausführlicher die von Modrow vorgelegte Konzeption begründete als ihr Autor selbst, und dabei ermahnte der KPdSU-Generalsekretär seine Gesprächspartner[71], es

> »... dürfe nicht der Eindruck entstehen, daß Hans Modrow in Moskau zu einer Veränderung seiner Position gedrängt worden sei«.

Und drittens: Um in der Öffentlichkeit die Glaubwürdigkeit der Autorenschaft Modrows für die Initiative zu unterstreichen, unterbreitete Gorbatschow weiterhin den (aus unserer Sicht naiven) Vorschlag, dies in der Pressemitteilung gesondert zu betonen. Eduard Schewardnadse kam sogar auf die Idee,

> »... daß die Sowjetunion gegenüber der Öffentlichkeit sich durchaus nicht mit allen Punkten sofort einverstanden erklären müsse und eigene Vorschläge einbringen könne...«.

Diese diplomatischen Winkelzüge wurden aber von Modrow nicht aufgegriffen. Und so konzentrierte sich die weitere Debatte darauf: »... Wie diese Initiative praktisch ausgelöst werden soll.« Und da fragte Ryshkow plötzlich den Ministerpräsidenten der DDR, ob denn überhaupt die Regierungsmitglieder der DDR schon über diesen Vorschlag informiert seien, was Modrow verneinte. Er bemerkte aber rasch, er werde die Initiative erst dann veröffentlichen, wenn er den Ministerrat informiert habe[72].

Teltschik hat über einen ADN-Korrespondenten, der sich auf Informationen aus der DDR-Delegation bezog, sogar noch während der Gespräche erfahren[73], in der Unterredung habe Michail Gorbatschow dargelegt, daß es

> »... ein gewisses Einverständnis bei den Deutschen in Ost und West sowie bei den Repräsentanten der vier Mächte (gibt), daß die Vereinigung der Deutschen niemals und von niemandem prinzipiell in Zweifel gezogen wird.«

Diese Äußerung ist zwar so nicht belegt, die umgehende Übermittlung dieses Gerüchts in den Kanzlerbungalow nach Bonn ist aber kennzeichnend für die Atmosphäre. Teltschik bemerkte dazu, es sei jetzt deutlich geworden, daß der KPdSU-Generalsekretär begann, sich auf die deutsche Einheit einzustellen. Diese Notation ist ebenfalls unzutreffend, denn Gorbatschow hatte seine Entscheidung, die DDR aufzugeben, ja schon einige Tage zuvor getroffen.

Nach dem Treffen mit Gorbatschow gab Modrow in Moskau eine Pressekonferenz und sagte: »Die Vereinigung der beiden deutschen Staaten ist die vor uns liegende Perspektive.« Horst Teltschik notierte dazu: Modrow »nimmt

den Slogan ›Deutschland einig Vaterland‹ auf…«. Als dann am folgenden
Vormittag die offizielle TASS-Meldung über das Gespräch dem Bundeskanzler vorlag, hielt Teltschik in seinem Tagebuch fest[74]:

> »Im Kabinett bezeichnet der Kanzler die Erklärung Gorbatschows als ›ermutigend‹.
> Sie trage der historischen Entwicklung der letzten Monate in der DDR … Rech-
> nung. … Der Bundeskanzler hält es jetzt für möglich, daß die staatliche Einheit
> schneller kommen kann, als wir alle bisher angenommen hatten. Er kündigt des-
> halb im Kabinett seine Absicht an, Arbeitsstäbe einzurichten, da Probleme wie Ei-
> gentumsansprüche und Rechtsangleichung rascher aufbereiet werden müßten.«

Dazu wurde nun umgehend eine »Arbeitsgruppe Deutschlandpolitik« unter
Leitung von Rudolf Seiters gebildet, die sich zweimal in der Woche traf[75].

Für Deutschland, einig Vaterland

Nach der Rückkehr aus Moskau und nach dem Erhalt des Telegramms von
Gerd König, mit den Korrekturen von Falin an dem mit Gorbatschow verabredeten Konföderationskonzept, wartete der Ministerpräsident, wie mit
Ryshkow, dem sowjetischen Ministerpräsidenten, abgesprochen, die tur-
nusmäßige Sitzung des Minsterrates am Donnerstag, dem 1. Februar 1990
ab. Auf ihr berichtete Modrow über seine Gespräche in Moskau und stellte
das Konzept »Für Deutschland, einig Vaterland« als seine Initiative vor. Der
DDR-Außenminister sagte uns, daß er von diesem Ergebnis des Gesprächs
mit Gorbatschow außerordentlich unangenehm überrascht gewesen wäre[76].
Lothar de Maizière betonte, daß Modrow den Plan als seine persönliche Initiative bezeichnet habe, sei positiv gewesen, da es sonst zu kritischen Diskussionen im Kabinett gekommen wäre[77]. Wie in Moskau weiter vereinbart,
stellte Modrow erst nach der Information des Ministerrats »seine deutschlandpolitische Initiative« für eine deutsch-deutsche Konföderation auf einer
Regierungspressekonferenz der Öffentlichkeit vor[78].

Der Ministerpräsident sagte vor den Journalisten, es sei die Zeit für einen
»verantwortungsbewußten nationalen Dialog« gekommen, aus dem heraus
über eine Konföderation beider deutscher Staaten die deutsche Einheit erwachsen sollte. Modrow sprach zugleich die Hoffnung aus, daß in diesem
Prozeß ein Deutschland entstehen würde, das ein Faktor der Stabilität, des
Vertrauens und des Friedens in Europa sein könnte. Dann trug er jene Schritte zu diesem Ziel vor, die wir bereits aus verschiedenen Überlegungen sowjetischer Diplomaten über eine deutsch-deutsche Konföderation kennen. In

dieser Version des Konzeptes »Für Deutschland, einig Vaterland« sahen die
einzelnen Etappen wie folgt aus[79]:

1. Etappe: Abschluß eines Vertrages über Zusammenarbeit und gute
   Nachbarschaft als eine Vertragsgemeinschaft, die bereits wesentliche konföderative Elemente enthalten sollte, wie eine Wirtschafts-,
   Währungs- und Verkehrsunion sowie eine schrittweise Rechtsangleichung.

2. Etappe: Bildung einer Konföderation von DDR und BRD mit gemeinsamen Organen und Institutionen, wie z. B. parlamentarischer
   Ausschuß, Länderkammer, gemeinsame Exekutivorgane für bestimmte Bereiche.

3. Etappe: Übertragung von Souveränitätsrechten beider Staaten an
   Machtorgane der Konföderation.

4. Etappe: Bildung eines einheitlichen deutschen Staates in Form einer
   deutschen Föderation oder eines Deutschen Bundes durch Wahlen in
   beiden Teilen der Konföderation. Zusammentreten eines nationalen
   Parlaments, das eine einheitliche Verfassung und eine einheitliche Regierung mit Sitz in Berlin beschließt.

Es wurden noch Rahmenregelungen vorgeschlagen, die jeder der beiden deutschen Staaten gegenüber seinen internationalen Verbündeten und Verpflich-
tungen hinsichtlich der Angleichung an die Konföderation erfüllen sollte, sowie Regelungen zur Wahrung der Interessen und Rechte der vier Mächte der
Anti-Hitler-Koalition (dieser Begriff wird aber von Modrow nicht verwendet,
sondern nur umschrieben). Das Problem einer NATO-Zugehörigkeit des vereinigten Deutschlands wird nicht erwähnt.

Was Modrow in der Endfassung als »seine Initiative« in Moskau beraten
hatte, war unserer Ansicht nach zwar eine ausgeklügelte diplomatische Konstruktion, mit der er und Falin in der Deutschland-Politik der UdSSR wieder
die Initiative von Kohl zurückgewinnen wollten, doch realpolitisch war es
bereits eine illusionäre Konzeption, die weitgehend auf einer tiefgehenden
Fehleinschätzung sowohl der Washingtoner Strategie als auch des bereits neu
entstandenen internationalen Kräfteverhältnisses beruhte. Wir stimmen der
Auffassung von Kwizinskij zu, daß ein realistischer Weg zu einer deutschen
Konföderation von der sowjetischen Außenpolitik schon im November 1989
verpaßt worden war[80]. Das macht auch Teltschik in seinem Tagebuch deutlich. Er schrieb[81]:

> »Diese Vorschläge erinnern uns an die von Ulbricht und Grotewohl aus den fünfziger Jahren. Mit seinem heutigen Vorstoß versucht Modrow, die Wiedervereinigung im Sinne der SED-PDS zu steuern und seine Wahlchancen zu erhöhen. Das alles wird ihm nicht gelingen. Aber sein Vorschlag ist Wasser auf unsere Mühlen.«

Modrows Erklärung traf unvermittelt auf eine nicht informierte Parteibasis und stieß weithin auf Unverständnis bei vielen Werktätigen der DDR. Auch beinahe alle Präsidiumsmitglieder der SED/PDS, die an diesem Tag zu einer turnusmäßigen Sitzung zusammengekommen waren[82], waren schockiert. Lothar Bisky berichtet, daß er nicht nur völlig überrascht, sondern auch verärgert gewesen sei, weil Modrow dieses Konzept nicht mit seinen Genossen besprochen habe[83]. Als er uns das sagte, hatte Gysi bereits öffentlich zugegeben, daß er seit dem 28. Januar über dieses Konzept informiert gewesen war. Auch Willerding erinnert sich, daß, als ihn während der Präsidiumssitzung die Mitteilung von der Pressekonferenz des Ministerpräsidenten erreichte, Gysi ihm in einer Sitzungspause eingestand, daß er von diesem Ergebnis bereits wußte, bevor Modrow nach Moskau abgeflogen war. Eingedenk der abendlichen Zusammenkunft bei Modrow.

1990 im Hotel Johannishof hielt Willerding das nun doch für eine politisch unredliche Haltung. Dennoch spielte Gysi offiziell bis zur 5. Tagung des Parteivorstandes am 4. Februar 1990 die Rolle des völlig Überraschten weiter. Er sagte den Vorstandsmitgliedern, daß dieses Konzept mit dem Präsidium des Parteivorstandes nicht abgestimmt gewesen sei und alle Mitglieder völlig unvorbereitet getroffen habe[84]. Gysi wußte ohnehin seit Wochen, daß die DDR nicht mehr zu halten war, und zögerte, es der Parteibasis zu sagen. Wir erinnern daran, daß er am 6. Januar 1990 auf der 3. Parteivorstandstagung gesagt hatte[85]:

> »… als Wiedervereinigungspartei laufen wir nicht … wir gelten im Augenblick als die Partei der Eigenstaatlichkeit, und wenn wir bei den Linken diesen Ruf verlieren, werden wir von den Linken nicht mehr gewählt und wir kriegen die Rechten trotzdem nicht. … aber wenn herauskommt, daß die Linken in diesem Lande, die die Eigenstaatlichkeit wollen, die Angst haben vor der Wiedervereinigung, denken, jetzt sind wir auch weg; ich wollte man bloß so sagen: dann können wir dichtmachen.«

Wir räumen ein, daß Gysi diese Taktik mit einem gut gemeinten Zweck verfolgte. Wenn wir ihn interpretieren, so wollte er erreichen, daß bei der bevorstehenden Volkskammerwahl die PDS nicht noch mehr Stimmen verlor, indem sie – wie alle anderen – auf die Einheit Deutschlands setzte. Insofern paßte ihm der öffentliche Auftritt von Modrow politisch nicht in seine Wahlstrategie. Das wäre nachvollziehbar. Mit dem gleichen Verständnis müssen wir aber auch Modrow konzedieren, daß er meinte, mit seiner Initiative hinsichtlich der bevorstehenden Wahlen die PDS wieder politikfähig machen zu können und die DDR in einen Einigungsprozeß zu führen, der nicht mit ihrem Anschluß an die BRD enden würde. Hierbei stimmte er mit Falin überein. Bei dieser komplizierten Situation ist aber auch Bisky zuzustimmen, daß beide taktischen Varianten nicht koordiniert waren und sich im Wahlkampf gegenseitig behinderten. Zeitzeugen meinten, daß Modrow mit seinem Auftreten auch die Reformsozialisten zwingen wollte, in der »deutschen Frage« endlich Farbe zu bekennen.

Kehren wir aber noch einmal zur Präsidiumssitzung des Parteivorstandes der SED/PDS am 1. Februar zurück. Gysi versuchte gegenüber der Parteibasis diese taktischen Differenzen politisch zu überspielen. Auf seine Initiative wird rasch eine Resolution formuliert und verabschiedet, in der die Erklärung Modrows zur Kenntnis genommen und mit einer moderater klingenden Formulierung »gegen eine *sofortige Vereinigung* der beiden deutschen Staaten« relativiert werden sollte. Zudem wird die schön klingende Forderung nach einem »fortschrittlichen, sozialen, demokratischen und humanistischen Deutschland« erhoben[86]. Die Reformsozialisten und -sozialistinnen blieben damit ihrer Taktik treu, die Menschen mit leeren Worthülsen abzuspeisen. Wieweit die Illusion, daß bei einer langfristigen Wiedervereinigung eine neue Bundesrepublik entstehen könne, eben dieses »fortschrittliche, soziale, demokratische und humanistische Deutschland« von der politischen Realität entfernt war, machte Kohl am gleichen Abend deutlich.

Kohls »Allianz für Deutschland«

Modrows Plan rief in Bonn Verärgerung und Besorgnis hervor, störte er doch des Bundeskanzlers »neuen Kurs«. Würde sich dieses Konzept durchsetzen, so analysierten die Bonner Vereinigungsstrategen, müßte sich zwangsläufig der bereits eingeleitete Prozeß verlangsamen, ja er könnte sich mühevoll hinziehen und zugleich wieder stärker von den unsicheren Machtverhältnissen in der UdSSR abhängig werden. Zugleich barg er darüberhinaus die Gefahr, daß die Gegner einer schnellen deutsch-deutschen Vereinigung in Paris und London sich einigen und diesen Plan unterstützen könnten[87]. Auch im State Department und im Nationalen Sicherheitsrat der USA sah man diese dunklen Wolken am diplomatischen Himmel heraufziehen, zumal Mitterrand wie Thatcher noch immer nach einem Weg suchten, »um den Vereinigungsprozeß zu verlangsamen«.[88] Außerdem waren seit einiger Zeit im Bonner Kanzlerbungalow Informationen eingetroffen, daß Gorbatschow wohl bei den bevorstehenden DDR-Wahlen fest mit einem Erfolg der SPD rechnete[89]. Diese Version einer Vereinigung hätte Kohls gesamte Anstrengungen und Mühen der letzten Wochen ernsthaft infrage gestellt. So beeilte er sich nach dem 29. Januar, ein eigenes Wahlbündnis zu schmieden, das gleichzeitig dem Modrow-Falin-Plan entgegenzustellen wäre.

Dem Bundeskanzler war es inzwischen gelungen, die Kritiker in seinen eigenen Reihen, vor allem den Generalsekretär der CDU, Volker Rühe, von der Notwendigkeit einer Zusammenarbeit mit der »Ost-CDU« zu überzeugen, wenn man die SPD bei den kommenden Volkskammerwahlen in der DDR überflügeln wollte. Aber der Bundeskanzler wollte mehr. Er meinte, es müßte »… alles getan werden, um eine Zersplitterung des bürgerlichen Lagers zu vermeiden. … Es wäre zuwenig gewesen, sich im Wahlkampf nur auf diese Säule zu stützen.«[90] Und so wurde im Konrad-Adenauer-Haus Tag und Nacht gearbeitet, um ein Gesamtkonzept aus dem Boden zu stampfen. Das Präsidium der CDU hatte bereits am 29. Januar 1990 grundsätzlich einem »Wahlbündnis« mehrerer Parteien zugestimmt. Nachdem Modrow die Initiative »Für Deutschland, einig Vaterland« der Öffentlichkeit präsentiert hatte, schien nun Eile geboten.

Am Abend des 1. Februar trafen sich (unter Ausschluß der Öffentlichkeit, wie Kohl betonte) im Gästehaus der Bundesregierung in Berlin-Dahlem der Bundeskanzler, Rudolf Seiters und Volker Rühe sowie Kohls Mitarbeiter Eduard Ackermann und Juliane Weber aus dem Bundeskanzleramt mit dem Vorsitzenden der DDR-CDU, Lothar de Maizière, Wolfgang Schnur und Rainer Eppelmann vom Demokratischen Aufbruch sowie mit Hans-Wilhelm Ebeling und Peter-Michael Diestel von der Deutsch-Sozialen Union (DSU), die sich als Schwesterpartei der CSU verstand. Anwesend war auch Oberkirchenrat Martin Kirchner. Auf dieser Zusammenkunft gab es zunächst einen Streit über das Fell des Bären, der noch gar nicht erlegt war: wer würde Ministerpräsident im Fall eines Wahlsieges der CDU am 18. März 1990 werden, de Maizière, den Oberkirchenrat Kirchner vorschlug, oder Wolfgang Schnur, der meinte, das Amt stände ihm zu. Doch der Bundeskanzler beendete energisch den Disput und begründete erst einmal das in Bonn geplante

»Wahlbündnis« für das Helmut Kohl den Namen »Allianz für Deutschland« vorschlug[91]. Die Repräsentanten des Großkapitals und ihr Kanzler dachten nicht daran, sich auf ein anderes Konzept einzulassen als darauf, die DDR nach Art. 23 GG bedingungslos zu okkupieren. Alle anderen Vorstellungen, auch seitens verschiedener Vertreter der Bürgerbewegung, waren nichts weiter als durchaus ehrenwerte Wünsche, ohne jeden realen politischen Wert in diesem Kräftespiel. So endete an diesem Abend auch das alte Wahlbündnis der neuen Parteien, das monatelang von der Koordinierungsgruppe der Bürgeropposition getragen worden war. Damit hatte die Bürgerbewegung der DDR die politische Hegemonie, die sie so entschieden anstrebte, hoffnungslos an die CDU/CSU verloren, und die »Allianz für Deutschland« war für den bevorstehenden Wahlkampf zum Gegenkonzept zum Falin-Modrow-Plan geworden.

2.2 Gysis Visite bei Gorbatschow

Weit von solchen politischen Realitäten entfernt, hatte sich das SED/PDS-Präsidium weiterhin damit beschäftigt, das Haus des ZK der SED am Marx-Engels-Platz an die Volkskammer der DDR zu übergeben und den Sitz des Parteivorstandes der SED/PDS in das traditionelle Gebäude des ZK der KPD, das Karl-Liebknecht-Haus, zu verlegen[92]. Ursprünglich wollte Gysi nach dieser Sitzung in die USA reisen. Er war von Linken in den USA eingeladen worden. Das Präsidium hatte das Reisekonzept bereits beschlossen[93], doch nun mußte er nach Moskau. Gysi gab seiner Reise noch eine pikante Note. Er erinnert sich[94]:

> »Später erfuhr ich, daß es in der sowjetischen Botschaft einen m. E. sinnlosen Streit dahingehend gab, ob Hans Modrow oder ich die kommende Persönlichkeit der PDS sei.«

Es könnte stimmen, wenn wir in Betracht ziehen, daß Gysi bei seinen Gesprächen mit Kotschemassow den sowjetischen Botschafter beeindruckt hatte, während jene, die seit langem mit Modrow Verbindung aufrechterhielten[95], eine andere Meinung vertraten. Vielleicht auch deswegen wurden Modrow und Gysi getrennt nach Moskau eingeladen. Und erklärbar wäre daraus auch der Eifer Gysis, an dem Tag, als Modrow nach Moskau flog, der BILD-Zeitung eiligst ein Interview zur »deutschen Einheit« zu geben. Thomas Falkner schreibt darüber[96]:

> »Am 30. Januar 1990, dem Tag, an dem Modrow nach Moskau reist, sorgt Gregor
> Gysi schließlich für komplette Verwirrung. In einem Interview der BILD-Zeitung er-
> klärt Gysi zur Frage der Vereinigung: ›Dieser Prozeß ist nicht mehr aufzuhalten, aber
> es wäre jetzt unverantwortlich, jetzt so zu tun, als ob es morgen möglich wäre.‹«

Zwei Tage später flog Gysi als Parteivorsitzender der SED/PDS zum Generalsekretär des ZK der KPdSU, um mit ihm über die bereits sterbende DDR
und über eine strategische Konzeption für die SED/PDS in dieser Situation
zu sprechen. Die Reise hat ihn tief beeindruckt. In seinen »autobiographischen Notizen« schwelgt er in Erinnerung an die »Legende Gorbatschow«,
die er nun persönlich sprechen durfte[97]. Es scheint, daß er der Situation, vor
der er nun stand, nicht gewachsen war. Vielleicht ist es daher erklärlich, daß
er sich noch fünf Jahre später in kultischer Verklärung erinnert[98]:

> »Gorbatschow drückte mir die Hand, Kameras klickten, dann waren wir mit den
> Dolmetschern und Falin allein. Die Sprachmelodie Gorbatschows war angenehm,
> ruhig... Im Gegensatz dazu bewegten sich seine Augen rasch.«

Über diese Unterredung liegt uns eine Niederschrift vor, die Willerding angefertigt hat, sowie ein mitstenografierter mündlicher Bericht Gysis vor der
5. Parteivorstandstagung der SED/PDS[99]. An dem Gespräch in Moskau nahmen neben Willerding als Mitglied des Präsidiums des Parteivorstandes auch
Harry Ott, der Stellvertretende Außenminister, und Gerd König, der DDR-
Botschafter in der UdSSR teil[100]. Willerdings berichtet so:

> »Es fanden ein fast zweieinhalbstündiges Gespräch mit Genossen Michail Gor-
> batschow ... sowie eine Unterredung mit Alexander Jakowlew ... statt. Ferner
> kam es während des Abendessens zu einem Gedankenaustausch mit Genossen Lew
> Saikow... Im Mittelpunkt des Gedankenaustauschs ... standen Fragen der inneren
> Entwicklung der DDR und der UdSSR, der Modrow-Plan zur Überwindung der
> Spaltung Deutschlands sowie die weitere Ausgestaltung der bilateralen Beziehungen
> zwischen der PDS und der KPdSU... Gregor Gysi legte einen Kranz am Lenin-
> Mausoleum sowie am Grabmal des unbekannten Soldaten an der Kreml-Mauer
> nieder...«.

Wie Gysi später berichtete, kam er zu Gorbatschow, als dieser gerade jenen
XXVIII. Parteitag der KPdSU vorbereitete, der ein sozialdemokratisches Programm annehmen sollte. Gysi schreibt dazu in seinen Erinnerungen[101]:

> »Er (Gorbatschow; d. Aut.) suchte Ideen – etwa wie man mehr Parteien zulassen
> kann. Da war er auch an unseren Erfahrungen interessiert. In der Tat sind auch
> Begriffe und Elemente unserer Programmatik im neuen Programm der KPdSU
> wiederzufinden.«

Welch nachträgliche solidarische Übereinstimmung. Nur, die vorliegende Niederschrift deckt diese Verschönerung nicht. Im Gegenteil, Gysi verabschiedete sich von Gorbatschow mit den Worten, daß er es seinem Großvater zu verdanken habe, Kommunist geworden zu sein, und erklärte: Für ihn – Gysi – gebe es keine besseren Ideen in dieser Welt. Wie nett und adrett er doch so etwas schon einmal sagen konnte. Vielleicht wollte er aber auch seinem Idol einfach nur gefallen. Wie dem auch sei, in dem Gespräch mit dem KPdSU-Generalsekretär[102] warf Gysi den deutschen Sozialdemokraten, und Willy Brandt persönlich, recht forsch »Nationalismus« vor. Die SPD verfalle, sagte er, gegenwärtig in den gleichen Irrtum wie bereits mehrmals in ihrer Geschichte und glaube, wenn sie jetzt auf diesen nationalistischen Zug aufspringe, werde sie auch weiter mitgenommen werden; dabei laufe Willy Brandt Gefahr, sein großes Lebenswerk, die Verbesserung der Beziehungen gegenüber allen osteuropäischen Ländern, kaputtzumachen. Wir wollen nicht mißverstanden werden, Gysi wollte der SPD Gutes tun, sie sozusagen retten und appellierte an Gorbatschow: er allein sei noch in der Lage, Willy Brandt von dieser »nationalistischen Linie« abzubringen. Gorbatschow reagierte treuherzig: »… man sei im ständigen Gespräch mit Willy Brandt über diese Fragen«. Der SED/PDS-Parteivorsitzende wollte sich mit dieser lapidaren Antwort aber nicht zufriedengeben und setzte nach. Der Generalsekretär solle doch einen Brief zu dieser Problematik an die SPD schreiben, denn ein solcher Brief könne »eine große Bedeutung haben«, zumal ihm (also Gysi) auch Antje Vollmer schon bestätigt hätte, »daß auch sie sich große Sorgen um die SPD mache«. Im Gegensatz zu seiner »großen Sorge« um die SPD und Willy Brandt lobte Gysi den Bundeskanzler, der »in letzter Zeit etwas besonnener auftrete«.

Insgesamt blieb das Gespräch jedoch nur eine gegenseitige politische Information. Gorbatschow befragte Gysi zur Lage in der SED/PDS und Gysi gab Lageeinschätzungen, die keine analytische Fundierung hatten. Gorbatschow redete längere Zeit über die komplizierte Situation in der UdSSR. Und dabei kam es zu einigen bemerkenswerten Dialogen. Als Gorbatschow mahnte, den »Arbeiterkern der Partei zu erhalten«, erwiderte Gysi in bezug auf die Vorgänge im Herbst 1989, daß in der DDR bei der

> »… Entwicklung der Demokratie viel in Bewegung gesetzt wurde, (was) jedoch für die Arbeiter (der DDR; d. Aut.) keinerlei praktische Ergebnisse erbracht« habe, wodurch »große Teile der Arbeiterklasse … sich heute durch niemanden vertreten (fühlten).«

Und diese Selbstkritik Gysis, in dieser so großen »demokratischen Revolution« die Arbeiterklasse vergessen zu haben, sie wenigstens sollte nicht in Vergessenheit geraten. Gorbatschow rügte diese Unterlassung nicht. Was natürlich die Frage geradezu provoziert, für wen diese vielgepriesene »demokratische Revolution« eigentlich stattfand, für wen sollte der reale Sozialismus der DDR eigentlich erneuert werden? Und als Gorbatschow nach der Position der Bauern fragte, antwortete Gysi, daß sie durchaus für die Wiedervereinigung wären, wenn ihnen ihr Land gesichert bliebe. Er fügte hinzu: »Dies sei aber nicht gesichert, vor allem wenn darüber einmal westdeutsche Gerichte zu entscheiden hätten.« Nach der Haltung der Wirtschaftskader befragt, sagte Gysi: »Viele setzten ihre Hoffnungen in die Marktwirtschaft. Diese könne jedoch kein Allheilmittel sein. Ein ernstes Problem bestehe gegenwärtig darin, daß man die Kommandowirtschaft zwar beseitigt habe, jedoch noch nicht an ihre Stelle getreten sei.« – »Das kennen wir sehr gut«, warf daraufhin Michail Gorbatschow ein. Gysi wurde auch nach der Basis der rechten Strömungen in der DDR gefragt und reagierte mit den Worten: »Viele wünschten sich schnell ein großes Deutschland mit Wohlstand für alle. Das sei zwar Blödsinn, klinge aber sehr schön.«

Schließlich kamen beide Politiker doch noch auf das Thema zu sprechen, das eigentlich den Hauptgegenstand ihres Treffens darstellte, das weitere Schicksal der DDR, das ja mit dem »Modrow-Plan« verbunden war. Gorbatschow erläuterte seinem Gast, »daß die Sowjetunion den Beziehungen im ›Dreieck DDR-BRD-UdSSR‹ große Bedeutung beimesse«, und verwies darauf, daß die »Konzeption von Modrow« an »frühere Ansätze der Sowjetunion und der DDR« anknüpfe. Doch Gysi blieb stutzig und beharrte darauf, daß der Zusammenhang der deutschen Einigung nur der »europäische und weltweite Rahmen sein« könne, worauf Gorbatschow eilig einschwenkte. Aber keiner der beiden Politiker hatte eine reale Vorstellung davon, wie sich der beiderseits immer wieder strapazierte »europäische Einigungsprozeß« konkret in Politik umsetzen ließe, wie er sich vollziehen könnte. Hierfür besaßen beide nicht einmal eine Vision. Dafür erklärte Gorbatschow seinem Gesprächspartner aber das Ziel und die drei Etappen der »Modrow-Initiative«. Er sagte, zuerst käme die »Vertragsgemeinschaft mit konföderativen Elementen«, dann die »Konföderation« und schließlich die »Föderation im Rahmen des europäischen Prozesses«. Das Ziel dieser drei Stufen, betonte der KPdSU-Generalsekretär, sehe er vor allem darin,

»... die Initiative nicht zu verlieren und den Gang der Ereignisse nicht der BRD,
vor allem aber nicht der Straße zu überlassen.«

»Ein solcher Ablauf« – meinte Gorbatschow, von seiner eigenen Vorstellung
sehr eingenommen – »würde nicht nur bei den beteiligten Völkern, sondern
auch in Europa insgesamt und in der Welt auf Verständnis stoßen.« Hier nun
blieb Gysi realistischerweise skeptisch und warf ein, so wie Gorbatschow es
sehe, verstünde das die Straße nicht und die sei doch nun einmal die Masse
der Wähler. Dann sagte er aber rasch einlenkend, daß ja damit die Partei
(die SED/PDS, d. Aut.) eigentlich bei ihrer Aussage vom außerordentlichen
Parteitag bleiben würde. Das war aber nun ein Plapparadatsch, denn so war
es auf dem Parteitag eben nicht zum Ausdruck gekommen[103]. So deutlich war
es erstmals von Modrow auf der Pressekonferenz formuliert worden. Und
diese Formulierung hatte selbst das Präsidium der SED/PDS überrascht.
Wozu also brauchte Gysi diese Wahrheitskrücke? Er stimmte mit ihr dem
Konföderations-Konzept zu und benutzte dazu den dogmatischen Uralt-Trick:
was wollt ihr, das haben wir doch schon immer gesagt. Eigentlich stimmte es,
wenn auch marginal. Und Gysi hatte es zwei Tage zuvor der BILD-Zeitung
gesagt. Wieso sollte er auch seinem Idol widersprechen? Dennoch hatte Gysi
einen Einwand. »Die Losung von ›Deutschland, einig Vaterland‹« komme
ihm, so sagte er »gegenwärtig nur sehr schwer über die Lippen«. Gorbatschow
erwiderte, da werde er wohl noch üben müssen. Wir übergehen die schönge-
redeten Ideen beider Gesprächspartner, wie die gegenseitigen Parteibeziehun-
gen ausgebaut und vertieft werden sollten, weil das alles ohne jede politische
Relevanz blieb[104]. Abschließend bat Gysi, Gorbatschow möge den Martin-
Luther-King-Friedenspreis entgegennehmen, der ihm im Juni während seines
USA-Aufenthaltes überreicht werden soll und Gorbatschow fühlte sich vorab
schon einmal sehr geehrt[105].

Gysi hat in seinen autobiographischen Notizen dieser Begegnung mit
Michail Gorbatschow eine volle Seite gewidmet[106] und er zitiert Passagen,
die sich in der uns vorliegenden Niederschrift nicht finden lassen und auch
nicht in seinem Bericht enthalten sind, den er der 5. Tagung des SED/PDS-
Parteivorstandes am 4. Februar 1990 über dieses Gespräch vorgetragen hat.
Vielleicht sind bei ihm tatsächlich Erinnerungsverschiebungen eingetreten.
Das wäre als Spätfolge starker Eindrücke durchaus denkbar. In diesem münd-
lichen Bericht über sein Gespräch mit Gorbatschow, den er nach seiner Rückkehr aus Moskau vor dem eilig einberufenen Parteivorstand der SED/PDS

hielt, hatte Gysi dann große Schwierigkeiten, seine Zustimmung zum Falin-Modrow-Plan zu erklären. Dazu die folgende Passage[107]:

> »Und wir müssen einfach jetzt – und jetzt komme ich zu der Schwierigkeit, wir sind für die Eigenständigkeit und Eigenstaatlichkeit der DDR, und jetzt kommt das Dialektische – als eine Voraussetzung dafür, daß dieser Einigungsprozeß, wenn er dann stattfindet, wobei das keine Sache von 1990 ist, da irrt Herr Berghofer, das ist einfach objektiv nicht möglich. Daß aber in diesem Prozeß wir etwas einbringen können. Und wir können nur etwas einbringen, wenn wir eigenständig und eigenstaatlich sind. Sonst werden wir einfach geschluckt. Sonst können wir auch keine Bedingungen setzen. Das heißt, daß wir – und da weiß ich noch nicht, wie man das hinbekommt – unter der Bejahung eines Einigungsprozesses im europäischen Rahmen gleichzeitig aber für die Eigenstaatlichkeit der DDR in der gegenwärtigen Phase und noch für eine längere Phase auftreten muß, und das muß man versuchen irgendwie deutlich zu machen… Das heißt, wir müssen diesen ganzen Prozeß dialektisch angehen, wir dürfen uns vor den Realitäten nicht verschließen. Aber wir dürfen sie auch nicht so ängstlich zur Kenntnis nehmen, als ob es nur eine einzige Realität gebe, nämlich die Demonstration auf der Straße«

Wir haben Verständnis für die komplizierte Lage, in der sich Gysi damals befand, was sollte er denn auch anderes sagen: Er hatte sich bei Gorbatschow auf dessen entideologisierte »Arithmetik der deutschen Vereinigung« eingelassen und konnte sie nun seinen Parteivorständlern und -vorständlerinnen nicht so recht erklären. Dieses Unvermögen reflektiert sich in seiner sprachlichen Diktion. Fünf Jahre später fand er in seinen bereits mehrfach zitierten autobiographischen Notizen doch eine schönere Formulierung[108]:

> »Wir sprachen dann … über die DDR… Beim Thema Deutschland wurde er (Gorbatschow, d. Aut.) sichtlich besorgt.«

Wie tröstlich. Nun ist allerdings »Sorge« ein emotionaler Faktor, der sich in Gesprächsniederschriften nur indirekt reflektiert. So konnten wir diese Emotion Gorbatschows in der uns vorliegenden Niederschrift auch nicht erkennen und befragten andere Teilnehmer an diesem Gespräch. Sie hatten diese Sorge des Generalsekretärs nicht bemerkt. Vielleicht waren sie aber nicht so feinfühlig gewesen wie Gysi. Selbst dessen Behauptung, Gorbatschow habe mit ziemlicher »Stringenz« mehrmals gesagt, »Einer Vereinigung der beiden deutschen Staaten im Rahmen der NATO werde die Sowjetunion nicht zustimmen«, ist in der Niederschrift so nicht nachweisbar. Die von uns befragten Teilnehmer konnten sich an diese Gorbatschowsche »Stringenz« ebenfalls nicht erinnern, obgleich dieses Problem Gorbatschow – wie wir wissen – so-

lange beschäftigte, bis er schließlich der NATO-Mitgliedschaft eines vereinigten Deutschlands vorbehaltlos zustimmte.

Nach Berlin zurückgekehrt, mußte Gysi seinem Parteivorstand seine
Zustimmung zur Falin-Modrow-Initiative erläutern. Er meisterte diese »ver-
zwickte Aufgabe« am 4. Februar 1990 mit klaren Worten und einer überzeugenden Argumentation:[109]

> »Und dann ging es, wie gesagt, um die deutschlandpolitischen Fragen. Und zwar
> ist es so, daß die sowjetische Seite sagt, die Erklärung des Ministerpräsidenten und
> überhaupt die Tatsache, daß die Initiative jetzt von uns ausgegangen ist, und damit
> ja auch indirekt von ihnen ausgegangen ist, ist politisch von großer Bedeutung, weil
> die Sowjetunion damit auch indirekt sich sozusagen an die Spitze der Bewegung
> gestellt hat und damit zugleich ihren Beitrag leisten kann, daß das Ganze in geord-
> neten Bahnen verläuft. Nun hat das bei uns in der Parteibasis, und damit komme
> ich zu dieser Erklärung, ich will das miteinander verbinden, große Aufregung ausge-
> löst. ... Viel Enttäuschung machte sich breit, weil natürlich auch die Vorbereitung
> darauf fehlte. Das ist uns völlig klar. Das Präsidium traf es fast ähnlich.«

Was aber war »das Ganze« das nunmehr in geordneten Bahnen verlaufen sollte? Das erklärte Gysi ebenfalls zweifelsfrei, und, damit für jedermann verständlich, in folgenden »dialektischen Zusammenhängen«:

> »Wenn man sich allerdings genau ansieht, und das muß ich sagen, das hätte ich von
> unseren Genossinnen und Genossen doch erwartet, dann wird daran deutlich, daß
> das eigentlich gar nicht so was wesentlich anderes ist als das, was wir bisher gesagt
> haben. Überall wird der europäische Rahmen betont, überall wird die Einordnung
> in die europäische Ordnung betont, d. h. der Unterschied besteht nur darin: Wir
> haben gesagt, die deutsche Frage wird im europäischen Rahmen gelöst. Wir haben
> nie gesagt, wie. Wir haben die Schrittfolge nicht angegeben. Und die Schrittfolge
> ist zunächst mal die gebliebene.
> Der Ministerpräsident sagt, erst einmal die Vertragsgemeinschaft. Also, was wir
> schon immer gesagt haben. Dann konföderative Strukturen bis hin zu einer Kon-
> föderation. Dann erst irgendwelche Souveränitätseinschränkung, und dann erst
> irgendwann der Bund, oder die Föderation im europäischen Rahmen, d. h. wenn
> die europäische Einigung vorangeschritten ist, dabei muß man auch die Worte von
> Mitterrand bedenken, der gesagt hat, es könnte ja auch eine europäische Konföde-
> ration geben, und in dem Rahmen einer europäischen Konföderation könnten sich
> die Deutschen einordnen. Der europäische Rahmen ist nirgendwo vernachlässigt
> worden. Schon sein Hinweis auf Neutralität führt ja nun dazu, daß die Westdeut-
> schen Kopf stehen und die unterschiedlichsten Vorschläge unterbreiten. Daß sie
> sagen, Neutralität geht natürlich auf gar keinen Fall. Also die DDR muß schon in
> die NATO rein. Und Genscher bietet einen Traumkompromiß an, daß er sagt, nein
> die Bundesrepublik bleibt in der NATO, die DDR gehört dann dazu, aber sie wird
> nicht zum Bestandteil der NATO. Daraufhin waren wir uns auch in Moskau einig,
> daß das nun so etwa das Unseriöseste ist, was wir je an Vorschlägen gehört haben,

weil es ja bedeuten würde, man müsse innerhalb dieses einheitlichen Deutschlands plötzlich Reiseverbote verhängen, weil ja die Bundeswehrsoldaten nicht in die DDR reisen dürften. Wer soll denn dann eigentlich diese Grenze installieren und kontrollieren.

Also mit anderen Worten, sie sind völlig durcheinander geraten, und haben darauf noch keine Antwort gefunden. Und dadurch, daß das Präsidium noch einen Schritt weitergegangen ist und von Entmilitarisierung in dieser Phase gesprochen hat in seiner Stellungnahme, dazu können sie sich überhaupt nicht verhalten. Also zumindest nicht positiv. Das aber bedeutet, wenn wir jetzt noch die Möglichkeiten und die Zeit hätten und den politischen Einfluß hätten – da muß (man) aber sehen, daß das alles nicht so ist –, aber wenn es so wäre, hätten wir natürlich eine gute Chance, weil der Schwarze Peter ab jetzt wieder bei ihnen liegt, denn sie blockieren den ganzen Prozeß, weil sie weder zur Entmilitarisierung, ja nicht einmal zur Neutralität bereit sind, und damit den ganzen Vorgang unmöglich machen.

Das hatten wir alles schon mal in den 50er Jahren, deshalb ja auch die Anknüpfung durch Hans Modrow daran. Aber letztlich, das will ich noch sagen, wenn man sich diese Schrittfolge sehr genau ansieht und auch ein bißchen erahnt, welche Zeit jeweils dahinter steckt, ist das keine grundlegende andere Position, wenngleich es so dargestellt wird.«

Und alle Parteivorstandsmitglieder der SED/PDS waren überzeugt davon, daß »Für Deutschland, einig Vaterland« ein schwerer Schlag gegen den nun vollends verwirrten Klassengegner war. Auch dieses Referat Gysis vor dem SED/PDS-Parteivorstand ist bisher in der PDS-Parteihistoriographie völlig unbeachtet geblieben. Bortfeldt zitiert es mit keinem Wort, selbst Gysi verzichtete in seinen Erinnerungen auf eine Erwähnung. Wir bedauern das, denn es gab darin noch andere bemerkenswert spannende Aussagen[110]:

»Und wir haben gesagt, daß Voraussetzung für diesen Einigungsprozeß jetzt die Respektierung der Eigenständigkeit und Eigenstaatlichkeit der DDR in ihrer Identität ist. Und das kommt nämlich beim Ministerpräsidenten vor, daß er sagt, daß Voraussetzung dafür ist, daß man sich nicht in die inneren Angelegenheiten einmischt.«

Gysi betonte dann noch, »... daß wir uns objektiven historischen Prozessen nicht verschließen« dürfen, womit er der fatalistischen Diktion Gorbatschows folgte, und ergänzte diese These mit der Gorbatschowschen Fiktion, daß wir dabei aber versuchen sollten[111],

»... ihnen eine Richtung und einen Gang zu geben, der im Interesse Europas liegt, im Interesse auch der Linken in Europa liegt und auch im Interesse der Deutschen liegt weil er hier nicht unbesonnenes Katastrophales herbeiführt, sondern der Sache eine Schrittfolge, einen Rang gibt und eine Einordnung gibt, daß dabei vielleicht für Europa und für den Frieden und (für) die Stabilität etwas vernünftiges herauskommen könnte.«

Wir wollen Gysi diese Illusionen nicht politisch anlasten. Auch andere Politiker verkannten Gorbatschow. Aber die Formulierung in seinen autobiographischen Notizen: »Ministerpräsident Modrow hatte von Gorbatschow das Plazet erhalten, die DDR zur Disposition zu stellen«[112], ist nun doch eine etwas zu stark verkürzte Sicht und steht ja auch im Widerspruch zu seiner soeben zitierten Argumentation, daß die »Voraussetzung für den Einigungsprozeß die Respektierung der Eigenständigkeit und Eigenstaatlichkeit der DDR in ihrer Identität ist«, und sie widerspricht Gysis eigener Einlassung auf die Bush-Gorbatschowsche Arithmetik der deutsch-deutschen »Einigung« und auf ihre Verklärung als Bestandteil eines – noch sehr unkonkreten und visionären – »europäischen Integrationsprozesses«. Aber gerade auf ihn hat nun Gysi selbst mit »Stringenz« immer wieder hingedeutet. Das war es eben, »das Dialektische«, was er so schwer zu erklären vermochte. Und wenn wir schon die Dialektik in Anspruch nehmen, müßten auch Ursachen und Wirkungen in einen richtigen Kausalzusammenhang gebracht werden: Wer hat die DDR zur Disposition gestellt? Nicht Modrow, das ist eine Legende. Gorbatschow war es mit seinem Stab am 26. Januar 1990, und Gysi hatte diesem politischen Deal zugestimmt. Das bleibt Teil der historischen Wahrheit.

Gysis Zustimmung zu Gorbatschow – »Wir haben uns eben gut verstanden«[113] – ist von dem gewieften KPdSU-Generalsekretär sogleich ausgenutzt worden. Denn während er mit dem PDS-Vorsitzenden noch freundlich plauderte, hatte auf seine Anweisung hin Kwizinskij in Bonn dem Bundeskanzler bereits eine persönliche Botschaft Gorbatschows überbracht, in der er ihm sein Einverständnis zur Konföderation beider deutscher Staaten signalisierte und ihn zum 9. Februar 1990 zu einem persönlichen Gespräch unter vier Augen nach Moskau einlud[114]. Weder Modrow noch Gysi wurden offenbar über diese Einladung informiert. Kohl reagierte umsichtig. Ein Blick auf seinen Terminkalender, so berichtet Teltschik, verriet ihm, daß sich an diesem Tag schon Baker in Moskau aufhielt, und aus wohlüberlegten taktischen Gründen wollte Kohl bei einer so wichtigen Unterredung nicht unbedingt mit dem amerikanischen Außenminister im Kreml zusammentreffen, überhaupt wollte er auch erst dessen Verhandlungsergebnis abwarten[115]. Und das sollte sich als nützlich erweisen. Also wurde das Gespräch zwischen Kohl und Gorbatschow auf den Tag der Abreise Bakers aus Moskau, auf den 10. Februar verlegt.

Die von TASS veröffentlichte Erklärung Gorbatschows zum Ergebnis seines Gesprächs mit dem DDR-Ministerpräsidenten[116], daß es

> »…ein gewisses Einvernehmen darüber bei den Deutschen in Ost und West sowie
> bei den Repräsentanten der vier Mächte (gibt), daß die Vereinigung der Deutschen
> niemals und von niemanden prinzipiell in Zweifel gezogen wird«,

schätzt Bortfeldt viel kürzer und realistischer mit den Worten ein[117]:

> »Diese Erklärung Gorbatschows stellte eine grundsätzliche Wende in der Deutsch-
> landpolitik der Sowjetunion dar. … (sie) wirkte wie ein Paukenschlag. Die So-
> wjetunion nahm Abschied von ihrem bislang wichtigsten strategischen Verbün-
> deten.«

Dem ist noch die Meinung von Insidern hinzuzufügen, daß Gorbatschow im
Ergebnis des kalten Krieges, den der KPdSU-Generalsekretär als verloren sah,
den Vorposten des Sozialismus in Europa in der Hoffnung räumte, mit diesem Opfer jene Schwierigkeiten zu überwinden, die vor allem infolge seiner
verfehlten Perestroika-Strategie entstanden waren.

Der Parteivorstand der SED/PDS beschloß am 4. Februar 1990 nach dem
ausführlichen Reisebericht des Parteivorsitzenden, kurzfristig den Namen der
SED/PDS zu ändern und auf das Kürzel »SED« endgültig zu verzichten, um
mit einem neuen Namen den radikalen Bruch mit den Strukturen und Methoden »der alten Staatspartei« (und damit auch mit der DDR) deutlich zu
machen.[118]

2.3 Baker kippt den Falin-Modrow-Plan

Mit den »Konsultationen« von Modrow und Gysi hatte Gorbatschow die Zustimmung der SED-Perestroikianer zu den Beschlüssen der Geheimkonferenz
vom 26. Januar 1990 erreicht, ohne daß er sie über deren Stattfinden und Beschlüsse informierte. Wir verwiesen schon darauf, daß Gorbatschow der Hoffnung gewesen war, daß die Sozialdemokraten die Neuwahlen zur Volkskammer der DDR gewinnen würden[119]. Was aber war diese Hoffnung realpolitisch
wert? Dachte der KPdSU-Generalsekretär wirklich an eine sozialdemokratisch
regierte DDR, die in ein sozialdemokratisch regiertes vereinigtes Deutschland
hineinwachsen würde? Eine solche Vision ist bei diesem Politiker indes nicht
auszuschließen, wenn wir seine Unfähigkeit zur Analyse gegenüber den von
der Bush-Administration unterstützten Prozessen in den anderen »realsozialistischen« Ländern Osteuropas und deren Ergebnisse berücksichtigen[120].

In Polen war bereits im Juni 1989 die Solidarnosc als Sieger aus den Wahlen hervorgegangen, und der Reformsozialist Tadeusz Mazowiecki war vom

Sejm zum Ministerpräsidenten gewählt worden. In Ungarn hatte sich die USAP auf ihrem XIV. Parteitag vom 6.-9. Oktober gegen den Widerstand der Kommunisten für aufgelöst erklärt und als Ungarische Sozialistische Partei neu konstituiert. Sie verstand sich nunmehr als sozialistische Reformpartei und trat für einen »demokratischen Sozialismus« ein. In der ČSSR war die KPČ nach der gewaltsam unterdrückten Studentendemonstration am 17. November 1989 unter politischen Druck geraten: am 19. November war eine tschechische Sozialdemokratische Partei gebildet worden, am 24. November trat der Generalsekretär des ZK der KPČ Milos Jakes und am 10. Dezember 1989 Gustav Husák als Präsident der ČSSR zurück. Auf dem Außerordentlichen Parteitag der KPČ vom 20. bis 21. Dezember 1989 wurden eine neue Parteiführung gewählt und ein reformorientiertes Aktionsprogramm beschlossen. Der Parteitag schloß Milos Jakes, Gustav Husák, Lubomir Strougal und Jozef Lenárt aus der Partei aus.[121] In Bulgarien war Todor Shiwkow (in Abstimmung mit Michail Gorbatschow) am 10. November 1989 auf einem Plenum des ZK der BKP zurückgetreten. Zu seinem Nachfolger war Petyr Mladenow gewählt worden. Am 8. Dezember wurde Shiwkow aus der Partei ausgeschlossen[122]. Wenige Tage später wurden auf einem weiteren Plenum des ZK der BKP als Ziel der Partei der »demokratische Sozialismus« und die Marktwirtschaft proklamiert. In der Partei bildeten sich verschiedene Fraktionen, u. a. auch die Plattform der »Weg nach Europa«.

All diese Parteien orientierten sich mit ihren Reformvorstellungen am Perestroika-Modell der KPdSU. Gorbatschows »demokratischer Sozialismus« wurde ihre gemeinsame ideologische Plattform. Sie verzichteten auch übereinstimmend auf die Formulierung ihres gesellschaftlichen Führungsanspruches in den Verfassungen ihrer Länder. Diese Parallelen sind nicht zu übersehen. Für die vielfach geäußerte Meinung von Zeitzeugen und Insidern, daß bei diesen »Transformationsprozessen« Gorbatschow-Dienstler aus dem KGB mit am Werke waren gibt es Indizien. Von unseren Erfahrungen ausgehend würden wir diese Ansichten nicht bestreiten wollen. Nur in Rumänien kam es Ende Dezember 1989 zwischen Demonstranten und den Sicherheitsorganen zu bewaffneten und blutigen Auseinandersetzungen, bei denen Menschen ums Leben kamen. Nicolae Ceaucescu mit seiner Frau wurden schließlich von den Aufständischen am 25. Dezember 1989 erschossen.

Nun versuchen Reformsozialisten und -sozialistinnen aller osteuropäischen Länder den ganzen Vorgang als eine antistalinistische Revolution für einen »demokratischen Sozialismus« zu verschönen. Wir wiederholen in diesem Zusammenhang nochmals unsere These: Die Absicht, den deformierten frühen Sozialismus zu reformieren, war in ihrer Zielstellung historisch wie politisch gerechtfertigt. Sie schlug aber in der Praxis in ihr Gegenteil um. Angesichts der eigenen Unfähigkeit zur revolutionären Reformpolitik wurde die Wende unter dem Einfluß der imperialistischen Kräfte nochmals gewendet und damit nicht das sozialistische System erneuert, sondern aufgehoben. So gewannen auch in der DDR jene Kräfte die Oberhand, die sich mit einer »zweiten demokratischen Revolution« (nach der von 1953 an denen rächen wollten, die es 40 Jahre lang gewagt hatten, dem deutschen Großkapital zu widerstehen. Es wäre falsch, diesen Prozeß der systematischen Destabilisierung der DDR lediglich global als Zusammenbruch des Realsozialismus zu verstehen. Historische Prozesse unterliegen keinem Automatismus. Sie sind stets das Ergebnis zielgerichteter Handlungen, die Kräfteverhältnisse verändern und neue Ergebnisse hervorbringen. Politische Fehlorientierungen werden dabei stets vom Klassengegner ausgenutzt. Der »Realsozialismus« konnte zerschlagen werden, als sich diese neue Gesellschaft in einer tiefen Krise befand.

Heute wissen wir, daß die Sozialdemokratisierung der realsozialistischen Länder in der zweiten Hälfte des Jahres 1989 das Schwerpunktziel der Gorbatschowschen Perestroika-Politik wurde. Diese Länder sollten sich gemeinsam mit der UdSSR auf der Grundlage einer sozialdemokratisch oder auch reformsozialistisch ausgerichteten Orientierung für die kapitalistische Marktwirtschaft in einem »gesamteuropäischen Haus« vorbereiten. Eine solche Vorstellung ergab sich aus dem Konzept des »neuen Denkens« ebenso, wie dieses Politikmodell zugleich der chaotischen Niedergangsphase der Perestroika, der Konkursverwaltung der UdSSR, entsprach. Wie die Prozesse in den einzelnen osteuropäischen Ländern konkret verlaufen sind, welche Kräfte sie beeinflußten, ist bis heute teilweise nur für Ungarn bekannt geworden. Der chaotische Zustand des ehemals »sozialistischen Lagers« zu Beginn des Jahres 1990 war nicht nur das Ergebnis der Krise des frühen Sozialismus, sondern auch unmittelbares Werk jener, die angetreten waren, für einen besseren Sozialismus zu kämpfen. Und das Zentrum dieser Perestroika-Politik befand sich in Moskau. Bei aller Kritik an den Reformsozialisten und -sozialistinnen in der DDR, sie hatten jede Chance für eine bessere DDR verloren, als Gorbatschow bereit war, den »Vorposten des Sozialismus« in Europa für weniger als ein Butterbrot aufzugeben. Gewiß, die Reformsozialisten und -sozialistinnen der DDR taten selbst wenig für die Ausarbeitung einer politisch umsetzbaren Konzeption eines »modernen Sozialismus«, und was sie vorlegten, war politisch nicht handhabbar. Das betraf und betrifft noch heute auch den von Gysi verkündeten »Dritten Weg«[123]. Insofern machten sie es Gorbatschow leicht, sich von den Gegnern der DDR überzeugen zu lassen, daß es angesichts seiner eigenen Misere besser für ihn wäre, diesen inzwischen desolat gemachten sozialistischen deutschen Staat aufzugeben. Dennoch: Anfang Februar 1990 lag der »Schlüssel für die deutsche Einheit« noch immer in Moskau.

Gab es Chancen für eine Konföderation?

Die Vereinigungs-Ernte dieser »zweiten demokratischen Revolution« war noch nicht eingefahren. Ihr lag als Hindernis noch der Falin-Modrow-Plan im Weg, und außerdem stand in Moskau ein Plenum des ZK der KPdSU bevor. Und so warteten in Bonn die Politiker mit Spannung darauf, ob es der Parteiopposition um Jegor Ligatschow gelingen würde, den Generalsekretär in seiner freimütigen Deutschlandpolitik zu zügeln. Ligatschow sprach auch auf dem Plenum und warnte in seiner Rede vor der herannahenden Gefahr, daß die BRD die DDR schlucken werde, sowie vor einem neuen München[124]. Wie Falin betont, war die Beschlußlage auf diesem ZK-Plenum so, daß der Generalsekretär zur Zustimmung für eine deutsch-deutsche Vereinigung keine Vollmacht erhalten hatte[125], was ihn in seinen weiteren Schritten indes nicht bekümmern sollte. Insgesamt setzte sich die Parteiopposition nicht gegen Gorbatschow und seine Politik durch, und Teltschik notierte sehr zufrieden[126]:

> »Für die bevorstehende Reise des Bundeskanzlers (nach Moskau, d. Aut.) bleibt wichtig, daß das ZK-Plenum für Gorbatschow und seine Politik insgesamt aber sehr positiv verlaufen ist. ... Auch in Moskau diskutieren die Reformer nicht mehr Ob, sondern nur noch Wie und das Wann der Vereinigung Deutschlands.«

Noch einmal versuchte Modrow Anfang Februar 1990 auf dem Weltwirtschaftsforum in Davos die Bedingungen für den unvermeidlichen Rückwärtsgang der DDR in die kapitalistische Bundesrepublik zu beeinflussen. Er traf mit Eishiro Saito, dem Präsidenten des japanischen Unternehmerverbandes, zusammen und wollte ihn dafür gewinnen, die japanische Wirtschaft für Kapitalbeteiligung in der DDR zu interessieren. Er traf sich auch mit Kohl. Es war (nach Dresden und am Brandenburger Tor in Berlin) das dritte Treffen beider deutschen Regierungschefs. Während der DDR-Ministerpräsident eine gemeinsame Verantwortung für das Zusammenwachsen beider deutschen Staaten anmahnte, ja beschwor, schlug Kohl – der in seinem Vortrag auf dem World Economic Forum wieder einmal über »bündnisübergreifende Sicherheitsstrukturen« und über seine Europa-Politik gesprochen hatte – die Einführung einer einheitlichen Währung in beiden deutschen Staaten vor. Modrow stimmte diesem Vorschlag mit den Worten zu[127]:

> »... die DM als Alleinwährung sei eine Lösung. Es müsse dann in der DDR entsprechend der niedrigen Produktivität ein niedrigerer Lohn gezahlt werden.«

Gleichzeitig mahnte er auch »Sicherheiten in bezug auf seine (eigene) Versorgung« an, die Kohl jedoch ablehnte. Politisch unterlief Modrow mit dieser Zustimmung zu einer Wirtschafts- und Währungsunion mit der BRD seinen »eigenen« Konföderations-Plan, den er mit Gorbatschow abgesprochen hatte. Kohl forderte vom DDR-Ministerpräsidenten nur noch, ihm binnen 48 Stunden zwei bis drei »unorthodoxe Experten« für Währungsfragen zur Verfügung zu stellen. Modrow sagte zu und bot seinerseits an, eine gemeinsame Arbeitsgruppe zu bilden. Kohl ging auf diesen Vorschlag nicht ein, aber er ließ auf der Kabinettssitzung am 7. Februar umgehend einen interministeriellen Kabinettausschuß »Deutsche Einheit« bilden und einen Beschluß über die Vorbereitung einer »Wirtschafts- und Währungsunion« (WWU) mit der DDR fassen[128].

Dennoch blieb der Bundeskanzler unsicher. Unklar blieb, welches Gewicht Gorbatschow dem Falin-Modrow-Plan beimaß. Auch die britische Haltung zur Beschleunigung der »deutschen Einheit« war unverändert, wie der Politische Direktor des Amtes für Auswärtige- und Commonwealth-Angelegenheiten Philip John Weston im Bundeskanzleramt am 5. Februar nochmals dargelegt hatte[129]. In der Bush-Administration gab es zudem noch taktische Differenzen. Einerseits sollte das »beschleunigte Vereinigungstempo« entgegen allen noch bestehenden Hindernissen beibehalten werden, zugleich aber gab es Überlegungen, wie diese »Klippen« umschifft werden konnten. Brent Scowcroft, Blackwill, Condoleezza Rice und Philip Zelikow drangen darauf, daß die beiden deutschen Staaten rasch eine de-facto-Vereinigung erreichen sollten, bevor sich ein diplomatischer Widerstand dagegen organisieren konnte[130]. Im State Department hatten jedoch Dennis Ross und der politische Berater Bakers Robert Zoellick eine diplomatische Variante entwickelt, um die sowjetische Führung in diesem Prozeß diplomatisch zu überspielen. Sie schlugen ihrem Außenminister als Form dafür einen »Zwei-plus-Vier-Mächte-Mechanismus« vor, mit dem die USA formal den Überlegungen Falins entgegen käme. Eine solche Taktik, so argumentierten sie in ihrem Memorandum an den Präsidenten, wäre besonders effektiv, wenn nach den Wahlen in der DDR eine »frei gewählte ostdeutsche Regierung an diesen Verhandlungen teilnehmen könnte«[131]. Gegen diese Konzeption erhob im State Department Raymond Seitz (der Chef der Europa-Abteilung) Einspruch, weil dieser Weg zur deutschen Einheit seiner Ansicht nach eine Zeitlupen-Version darstellen würde. Er meinte, daß eine »Zeitrafferversion«, ein »Zwei-plus-Null«-Tempo, notwendig sei, zumal diesem Tempo auch noch die Falin-Modrow-Konzeption entgegen stand.

Condoleezza Rice und Philip Zelikow beschreiben ein weiteres diplomatisches Szenario. Es gab nach dem Besuch Modrows in Moskau in der Bush-Administration Befürchtungen, daß einige bundesdeutsche Politiker – anders als Kohl – bereit gewesen wären, den Weg zur deutschen Einheit doch über eine »schrittweise Entwicklung zur Konföderation« zu gehen und für die »Einheit der Nation« auch noch die NATO zu verlassen oder bereit zu sein, der UdSSR entgegenzukommen und das Verteidigungs- und Sicherheitsgebiet der NATO bei einer Vereinigung beider deutscher Staaten zumindest nicht auf das Gebiet der DDR auszudehnen. Außerdem schienen sie geneigt zu sein, Viermächteverhandlungen mit beiden deutschen Staaten nicht auszuschließen[132]. Genscher hatte einen derart klingenden Vorschlag am 30. Januar 1990 in einer Rede vor der Evangelischen Akademie in Tutzing angedeutet[133]. In Westberlin war Walter Momper mit einem Neun-Punkte-Plan aufgetreten und hatte vorgeschlagen, die sowjetischen Truppen in der DDR in der gleichen Stärke zu belassen wie die in der Bundesrepublik stehenden alliierten Streitkräfte, und das Territorium der DDR nicht in die NATO zu integrieren[134].

Das war die diplomatische Situation am Vorabend des verabredeten Besuchs von Helmut Kohl bei Gorbatschow. Und wenn wir die Frage beantworten, die wir diesem Abschnitt voranstellten, so fällt die Antwort aus der historischen Rückschau positiv aus. Für den Falin-Modrow-Plan gab es zumindest eine diplomatische Chance, wenn auch eine geringe, weil sie von der Haltung Gorbatschows abhängig war. Und darüber war sich Kohl – wie die Akten ausweisen – durchaus im klaren. Doch vor dem Bundeskanzler war erst einmal James Baker in Moskau angesagt und auch er wußte noch nicht, wie und ob es ihm gelingen würde, Gorbatschow von Falins und Modrows Vorstellungen abzubringen. Falin hatte für beide Gespräche mit Baker und mit Kohl ein Memorandum für Gorbatschow ausgearbeitet, sozusagen als »Gesprächslinie«, um das Konföderations-Konzept zu sichern. Die Kernpunkte dieses Verhandlungsvorschlages waren[135]:

- zwischen der UdSSR, der BRD und der DDR gibt es keine Meinungsverschiedenheiten zur Frage der Einheit der deutschen Nation und des Rechtes der Deutschen, die staatliche Form dieser Einheit selbst zu bestimmen;

- bei der Lösung dieser Frage müssen jedoch sowohl die Interessen der Deutschen als auch die legitimen Interessen anderer Völker adäquat berücksichtigt werden, wozu eine »Basiskonstruktion« zu bestimmen ist, die eine stabile und konfliktlose Entwicklung sowohl in Deutschland als auch in ganz Europa gewährleistet;

- vordringlich sind die wirtschaftliche Stabilisierung der DDR und die Zurücknahme der gegenwärtigen Einmischung der BRD in die Angelegenheiten der DDR, weil dies eine Verletzung der bestehenden vertraglichen Vereinbarungen bedeutet;

- die Sowjetunion würde sich nicht widersetzen, wenn es unter diesen Bedingungen zwischen der BRD und der DDR zur Herausbildung konföderativer oder gar föderativer Strukturen käme.

Abschließend ging Falin auf den »militärischen Aspekt« dieser Frage ein, das heißt, welchen Status das vereinte Deutschland einnehmen sollte, also das Problem einer NATO-Mitgliedschaft eines (föderativ) vereinigten Deutschlands, wie sie von George Bush gefordert wurde. Falin schlug Gorbatschow vor, eine solche NATO-Mitgliedschaft entschieden abzulehnen und legte dazu verschiedene Verhandlungsvarianten vor. Mit seinen Vorschlägen versuchte Falin für Gorbatschow die noch immer vorhandenen Vorbehalte gegen eine schnelle deutsch-deutsche Vereinigung bei Margaret Thatcher und François Mitterrand zu berücksichtigen und Möglichkeiten aufzuzeigen, wo für die sowjetische Führung noch immer politischer Spielraum zur Inanspruchnahme grundlegender Interessen wenigstens der UdSSR bestand[136].

Bush suchte einen Weg, wie er den Falin-Modrow-Plan umgehen und die sowjetische Zustimmung zur beschleunigten deutsch-deutschen Vereinigung, aber auch zur Mitgliedschaft des vereinigten Deutschlands in der NATO erreichen könnte, ohne daß Gorbatschow zu sehr sein politisches

Gesicht verlor.[137] Dazu bot er diesem erst einmal eine Truppenreduzierung
in Europa an. Er schrieb dem KPdSU-Generalsekretär am 31. Januar 1990,
daß die USA bereit seien, ihre Streitkräfte in Europa zu reduzieren[138]. Dieses
listige »Signal« des US-Präsidenten erfüllte seinen Zweck, denn – wie schon
zuvor – vermochte weder der Beraterkreis Gorbatschows und noch weniger
dieser selbst, die politische Taktik seiner Gegenspieler zu analysieren. Sie hielten dieses »Entgegenkommen« für einen bedeutenden Erfolg ihrer Politik
der Rüstungsbegrenzung und hofften nun darauf, daß Bush auch noch den
von Gorbatschow geforderten Viermächteverhandlungen über die deutsch-
deutsche Vereinigung zustimmen werde.

Der diplomatische Köder Bakers

Es schien Anfang Februar, als würden sich die Gegensätze unter den NATO-
Verbündeten und selbst in der Bush-Administration in der »deutschen Frage«
weiter zuspitzen und als wären die USA verhandlungsbereit. Doch Bush dach-
te gar nicht daran, in der »deutschen Frage« nachzugeben und auf den Falin-
Modrow-Plan auch nur andeutungsweise einzugehen. Er verfolgte sein Ziel,
Gorbatschow diplomatisch auszuspielen. Als es Genscher am 2. Februar – bei
seinem Aufenthalt in Washington – gelungen war, zuerst die Zustimmung von
James Baker zu seiner »Tutzing-Formel« zu gewinnen und in einer anschließenden Unterredung auch die von Bush[139], schien es einigen Beschleunigungs-
Strategen, als hätten sich Baker und Bush von Falins Strategie einfangen lassen. Völlig aufgeschreckt beschuldigten daraufhin Brent Scowcroft und Robert
Blackwill ihren Außenminister, mit Genscher den Präsidenten unnötig bedrängt und hintergangen zu haben. Sie flogen eiligst in die Bundesrepublik,
um mit Teltschik, der über Genschers »Alleingang« ebenfalls ernsthaft besorgt
war, ein gemeinsames Vorgehen in der von ihnen und dem Bundeskanzler
favorisierten Strategie der schnellsten Vereinigung zu koordinieren und sozusagen politischen »Schaden zu begrenzen«[140]. Doch Baker und Genscher blieben
– ebenso wie Bush – von dieser Hektik völlig unbeeindruckt. Condoleezza
Rice vom NSC-Stab erkannte sehr schnell den ambivalenten Charakter der
»neuen Strategie« Genschers und des amerikanischen Außenministers, der
gegenüber Roland Dumas listig argumentierte: »Die Sowjets brauchten ein
diplomatisches Ventil«, weil sie nervös geworden wären[141]. Und so trat Baker,
begleitet von Condoleezza Rice und Robert Gates, seine erneute Osteuropa-
Reise an. Sie führte ihn über Prag nach Moskau[142]. Als er am 7. Februar 1990

in Moskau ankam, fand gerade das Plenum des ZK der KPdSU statt. Baker traf daher zunächst mit Juri Dubinin zusammen, anschließend mit Eduard Schewardnadse[143]. Rice sprach mit Sagladin und Achromejew. Am 9. Februar – nach dem ZK-Plenum – wurde Baker dann von Gorbatschow empfangen[144]. Der KPdSU-Generalsekretär, so berichtet Baker, kam in diesem Gespräch, in Anwesenheit von Schewardnadse, weitgehend »unserer Linie bei der deutschen Vereinigung« entgegen. Baker hat nicht übertrieben.

Es war in dieser Unterredung formal um zwei Probleme gegangen: einmal um die Viermächteverhandlungen über Deutschland, die Gorbatschow wollte, die Bush und Kohl aber ablehnten, und um die Frage der NATO-Mitgliedschaft eines »vereinigten Deutschland«, die Baker anstrebte, aber Gorbatschow ablehnte. In der Frage der Viermächteverhandlungen über Deutschland bot der amerikanische Außenminister Gorbatschow überraschend Genschers Sechsmächteverhandlungen an, die (in der Tutzing-Formel) bekanntlich den Verhandlungs-Zwei-plus-Vier-Mechanismus (des Ross-Zoellick-Vorschlages) enthielt. Die Anwesenden waren gespannt, wie Gorbatschow darauf reagieren würde. Er blieb zunächst unbeeindruckt: »Ich sage Vier-plus-Zwei; Sie sagen Zwei-plus-Vier. Was halten Sie von diesen Formeln?« Baker wußte zunächst nicht, ob Gorbatschow taktierte und antwortete ihm, daß der Viermächte-Mechanismus allein nicht funktionieren könne und es doch darauf ankomme, »für den Erhalt des Friedens zusammenzuarbeiten«. Daraufhin meinte Gorbatschow arglos[145]:

> »Grundsätzlich teile ich Ihre Meinung. Die UdSSR müsse sich den neuen Gegebenheiten anpassen. Die Aussicht auf ein geeintes Deutschland hat nichts Erschreckendes an sich.«

Gorbatschows Meinung, daß die deutsche Einheit nicht »erschreckend« sei, bewies nur seine Naivität, die noch dadurch deutlicher wurde, daß er nun annahm, er hätte sich mit seinem Wunsch nach Viermächteverhandlungen über die »deutsche Frage« bei den USA durchgesetzt. Baker erkannte sehr schnell die günstige Situation. Und da Gorbatschow keine weiteren Bedingungen vortrug, setzte er nach und schlug nun vor, die Sechsmächteverhandlungen sollten offiziell erst nach den Volkskammerwahlen am 18. März 1990 beginnen. Gorbatschow stimmte auch diesem Vorschlag ohne Vorbehalte zu. Damit hatte der KPdSU-Generalsekretär dem amerikanischen Außenminister zugestanden, eine deutsch-deutsche-Vereinigung (nach dem »Blackwill-

Scowcroft-Modell«) ohne den Umweg über eine Konföderation einzuleiten. Der Zeitwall, wie ihn der Falin-Modrow-Plan noch vorsah, war für die USA überwunden. Diese Haltung Gorbatschows zu dem diplomatischen Manöver Bakers kam allerdings selbst für den amerikanischen Außenminister und seine Begleiter völlig überraschend. Gorbatschow scheint – so stellten die amerikanischen Diplomaten Gates und Rice erfreut fest –, »als einziger in der deutschen Frage flexibel zu sein«.[146] Schnell gestand Baker Gorbatschow zu, über die NATO-Mitgliedschaft eines vereinigten Deutschlands weiter nachzudenken und Gorbatschow war überzeugt, auch noch eine NATO-Mitgliedschaft des vereinigten Deutschlands ausgesetzt zu haben.

Damit aber hatte der KPdSU-Generalsekretär zugleich die DDR bedingungslos freigegeben und alle politischen Grundsätze vom Tisch gewischt, die er zehn Tage zuvor in seinen Gesprächen mit Modrow festgelegt und die er Gysi salbungsvoll erklärt hatte. Er war damit den DDR-Politikern wortbrüchig in den Rücken gefallen[147]. Zu diesen völlig neuen Entscheidungen, so stellt Falin enttäuscht fest, gab es keine sachlichen Konsultationen mit der DDR-Regierung. Weiter sagte Falin verbittert[148]:

> »Gorbatschow hatte hinsichtlich der Vereinigung beider deutschen Staaten weder das Kollektiv des Politbüros noch das Sekretariat des ZK und schon gar nicht das Zentralkomitee der KPdSU oder den Ministerrat der UdSSR über diese Entscheidungen zur Übergabe der DDR an die BRD informiert, geschweige irgendeine Entscheidung dieser Gremien eingeholt.«

Kotschemassow ergänzt[149]:

> »Heute ist es klar, daß es hier nicht nur am Stil Gorbatschows lag, sondern an einer prinzipiellen Überschätzung seiner Prioritäten und an den Zugeständnissen, die er gegenüber dem Westen machte, Zugeständnisse, die man weder verzeihen noch rechtfertigen kann.«

USA-Politiker meinen, daß Gorbatschow mit seiner Entscheidung, von Schewardnadse assistiert, bewußt all jene im Apparat des Zentralkomitees wie im Außenministerium überspielt habe, die gegen eine Auslieferung der DDR an die NATO aufgetreten waren. Auch Jakowlew unterstützte den geheimen Übergabe-Deal. Er wollte – wie er schrieb – eine endlose interne Diskussion über die Zukunft Deutschlands vermeiden und meinte gespielt unbedarft: »Was ist denn so falsch und schrecklich an einem wiedervereinigten Deutschland?«[150] Frank Elbe, der Büroleiter Genschers, rechnete später Baker das Verdienst zu, »eine entscheidende Hilfe für die deutsche Seite gewesen

zu sein«.[151] Nun konnte Helmut Kohl nach Moskau kommen und sich, wie
Teltschik es später formulierte, »den Schlüssel zur Einheit Deutschlands bei
Gorbatschow abholen«[152].

2.4 Kaviar, Lachs und Wodka

Kohl hatte mit seiner Entscheidung, die Verhandlungen Bakers abzuwar-
ten, auf die richtige Karte gesetzt. Als die Maschine des Bundeskanzlers am
10. Februar 1990 in Moskau landete, lag bereits ein ausführlicher Bericht
des amerikanischen Außenministers über seine erfolgreiche Unterredung mit
Gorbatschow für den Kanzler in der bundesdeutschen Botschaft, den ihm
der Botschafter der BRD Klaus Blech auch umgehend übergab. Außerdem
erhielt der Bundeskanzler einen persönlichen Brief von George Bush[153]. Der
NSC-Stab und das State Department hatten zunächst zwei Varianten eines
Briefes Bushs an Kohl ausgearbeitet und sie beide an Baker nach Moskau
gesandt. Er sollte nach der Unterredung mit Gorbatschow »vor Ort« entscheiden, welcher Brief des USA-Präsidenten dem Bundeskanzler ausgehändigt
werde. Baker entschied sich für die Version, die Scowcroft und Blackwill entworfen hatten. In ihr wurde Kohl ermutigt, eine schnelle Vereinigung beider
deutschen Staaten unter allen Umständen anzustreben und sich nicht mit Be-
schwichtigungen der sowjetischen Führung aufzuhalten. Die vom State Department augearbeitete Version des Präsidentenbriefes berücksichtigte Probleme, falls Gorbatschow auf dem Falin-Modrow-Konzept beharren würde. In
der schließlich dem Bundeskanzler übergebenen Brief-Version, ermächtigte
Bush ihn zu einer raschen Vereinnahmung der DDR und gab seinerseits das
Versprechen ab, daß die USA auf keinen Fall zulassen würden[154],

> »… daß die Sowjetunion den Viermächtemechanismus als Instrument benutzt,
> um in einem ihr genehmen Tempo ein Deutschland nach Moskauer Vorstellungen
> zu schaffen.«

Der US-Präsident bestätigte ferner, das Ziel seiner Politik sei es, das gesamte
Deutschland in die NATO zu integrieren, wobei sich die NATO stärker zu
einer politischen Verantwortung hin entwickeln könnte. Auch gehe er davon
aus, daß die UdSSR ihre Truppen aus der DDR abziehen würde.

Baker teilte dazu in seinem Brief dem Bundeskanzler über seine Unterredung am Vortag mit Gorbatschow mit[155]:

Es werde den Kanzler nicht überraschen, daß Gorbatschow und Schewardnadse Sorgen in der »deutschen Frage« hätten. Sie hielten jedoch die Einigung für unausweichlich. Ihre Sorgen richten sich jedoch vor allem darauf, daß die Einheit zu Instabilität und Unsicherheit in Europa führen könnte und der deutsche Wille, die gegenwärtigen Grenzen auch künftig anzuerkennen, nicht entschieden genug sei.

Der amerikanische Außenminister berichtete weiter, er habe erläutert,

… daß Kohl diese Sorgen verstehe, aber nur die Deutschen selbst könnten über ihr Schicksal entscheiden. Die Einheit sei unausweichlich, und der Einigungsprozeß werde nach den Wahlen rasch voranschreiten. Er habe mit seinen sowjetischen Gesprächspartnern darin übereingestimmt, die inneren und äußeren Aspekte des Einigungsprozesses zu trennen. Es müsse ein Rahmen gefunden werden, in dem man über letztere verhandeln könne. Viermächteverhandlungen seien jedoch kein geeignetes Instrument, weil die Deutschen ihnen niemals zustimmen würden. Er habe ein Zwei-plus-vier-Arrangement als den einzigen realistischen Weg bezeichnet, um voranzukommen. In diesem Rahmen sollten nach der DDR-Wahl Verhandlungen beginnen, sofern die Deutschen einverstanden seien. Gorbatschow habe den Vorschlag als denkbar bezeichnet, sich aber nicht festgelegt.

Damit war dem Bundeskanzler weitgehend der Verhandlungsspielraum mit Gorbatschow abgesteckt. Kohl hatte sich auf sein Moskauer Gespräch auch in seiner Weise vorbereitet. Bevor er abflog, waren von ihm die Lebensmittellieferungen für die UdSSR auf den Weg gebracht worden, um die Michail Gorbatschow ihn so dringend gebeten hatte[156]. Auch die »Arbeitsgruppe Deutschlandpolitik« in Bonn mußte hart arbeiten. In den letzten Tagen vor der Reise war sie zweimal täglich zusammengetreten. Ihre Aufgabe war es, das Konzept der Bundesregierung für »Schritte zur deutschen Wirtschafts- und Währungsunion« auszuarbeiten, der Modrow bereits zugestimmt hatte. Noch vor Kohls Abflug stimmte nun auch das Kabinett und Karl Otto Pöhl als Bundesbankpräsident diesem Konzept zu. Teltschik notierte[157]:

»… da die Menschen in der DDR die D-Mark wollten (sei ein) schrittweises Vorgehen … nicht mehr möglich, und deshalb sei das Konzept des Bundeskanzlers für eine Wirtschafts- und Währungsunion richtig: nur noch dieses Modell wäre nunmehr realistisch«

Und dann formulierte er die Feststellung: »Am Ende werde Deutschland wohlhabender sein als heute.«[158] Er hat nicht gesagt, wen er mit »Deutschland« meinte, denn Millionen Bürger wurden als Dauerarbeitslose, Wohlfahrtsempfänger und Obdachlose ärmer.

Der »Schlüssel zur deutschen Einheit«

Um 16.00 Uhr am 10. Februar trafen Kohl und Gorbatschow mit ihren Delegationen im Kreml zusammen. Eine Niederschrift des Gesprächs ist von
Gorbatschow bisher nicht veröffentlicht worden. Wir entnehmen unsere Informationen über das Gespräch den aufschlußreichen Tagebuchnotizen von
Teltschik und der Gesprächsniederschrift, die Kohl freigegeben hat[159].

Wir konzentrieren uns dabei auf die wesentlichsten Passagen. Teltschik berichtet, daß der Bundeskanzler zu Gorbatschow zunächst sagte, in der Bundesrepublik herrsche große Befriedigung über dessen Erfolge, nicht zuletzt auf
dem ZK-Plenum der letzten Woche. Was angesichts der Befürchtungen, die im
Kanzlerbungalow bestanden, zu verstehen war. Dann schmeichelte der Kanzler
Gorbatschow mit der Bemerkung, daß er in der Bundesrepublik große Sympa-
thien genieße, und fügte diplomatisch hinzu: was sich auch »in der öffentlichen
Unterstützung für die Nahrungsmittelaktion« gezeigt habe. Nun bedankte sich
Gorbatschow beim Bundeskanzler für dieses schöne »Zeichen der Solidarität«.
Die Chance nutzend, erläuterte Kohl sofort seinem Gesprächspartner, die Um-
stände seien so, daß die deutsche Einheit kurz bevorstehe. Wörtlich sagte er[160].

> »… In der DDR gebe es heute keine Partei, die die Einheit ablehne. Dies gelte
> auch für die PDS. Er sei sicher, daß Parlament und Regierung (nach dem 18. März,
> d. Aut.) die Einheit Deutschlands verlangen werden.«

Da Kohl aber zugleich auch versichert hatte, die Wirtschaft in der DDR zu
stabilisieren, betonte er auf eine Zwischenfrage Gorbatschows, das bedeute
»ein anderes Wirtschaftssystem für die DDR«[161]. Gorbatschow reagierte mit
der Feststellung[162]:

> »Er müsse jedoch ganz offen sagen, daß die Bundesrepublik über alle Kanäle die
> Entwicklung in der DDR beeinflusse. Aber dies sei die Sache der Deutschen; sie
> hätten das Recht, selbst zu entscheiden.«

Nachdem der Bundeskanzler dann auch noch versichert hatte, daß für ihn
kein Unterschied zwischen der deutschen und europäischen Einigung bestehe, sagte Gorbatschow: Er glaube, daß es zwischen der Sowjetunion, der
Bundesrepublik und der DDR keine Meinungsverschiedenheiten über die
Einheit gebe und über das Recht der Menschen, die Einheit anzustreben und
über die weitere Entwicklung zu entscheiden. Was den Hauptausgangspunkt
betreffe, bestehe zwischen ihnen beiden Einvernehmen, daß die Deutschen
die Wahl selbst treffen müßten.

Diese Sätze nahm Kohl mit großer Erleichterung auf. Er interpretierte sie von nun an als ›Formel zur deutschen Einheit‹. Als gegen Ende des Gesprächs Gorbatschow auch keine terminliche Bedingung für die Liquidation der DDR stellte und den 18. März 1990 offensichtlich auch als Termin für die Volkskammerwahl akzeptierte, auf den Konföderations-Vorschlag von Modrow nicht weiter einging und zudem offiziell keine Gegenleistung einforderte, aber auch keine weiteren Rahmenbedingungen erwähnte, die noch auszuhandeln wären, ist Teltschik endgültig begeistert: *»Welch ein Treffen!«* notiert er. Diese Begeisterung ist aus seiner Sicht völlig verständlich.

Am Abend fand noch ein gemeinsames Essen im Katharinensaal des Kreml statt, an dem neben den Außenministern auch Alexander Jakowlew, Wadim Sagladin und Valentin Falin teilnahmen. Helmut Kohl schildert begeistert den »Leichenschmaus« am Grabe der DDR: Es herrschte eine fast ausgelassene Atmosphäre, und

> »... bei Stör und Kaviar, Borschtschsuppe mit Sahne, gebackenen Lachs und Wodka geht es dann aber bald schon nicht mehr um Grenzen und Bündniszugehörigkeiten.«

Horst Teltschik notierte aus dem Tischgespräch noch[164]:

> »Falin sagt zu Sagladin: da die deutsche Frage gelöst sei, könnten wir beide jetzt in Pension gehen.«

Falin ahnte Richtiges. Wieder zurück im Gästehaus der Sowjetregierung, ließ der Bundeskanzler die Ereignisse des Tages, wie er schreibt, Revue passieren und dachte dabei darüber nach, welcher Berater Gorbatschows ihn wohl zu seinem Meinungsumschwung in der deutschen Frage bewogen hätte. Sein Tip fiel auf Jakowlew, aber Kohl dachte zugleich auch an die »gewaltige (Lebensmittel) Hilfsaktion«, die gerade, »... ohne daß wir viel Aufhebens davon machten«, anlief. Als am nächsten Morgen die »Prawda« meldete, daß nach Meinung Gorbatschows die Deutschen »die Einheit ihres Vaterlandes« in freier Selbstbestimmung entscheiden könnten, sofern sie dies wollten, war der Bundeskanzler – wie er in seinen Erinnerungen mitteilen läßt[165] – endgültig überzeugt davon,

> »... daß die ganze Sache von Gorbatschow und seinen Vertrauten orchestriert und an den Betonköpfen im damaligen Zentralkomitee vorbeigeschleust worden war.«

Das dürfte zutreffend sein, doch Kohl wollte sich nicht eingestehen, daß es

Baker gelungen war, ihm den Weg zu ebnen und Gorbatschow einen Tag zuvor unter Ausnutzung der ihm eigenen Naivität diplomatisch auszutricksen.

Auf dem Rückflug der Bonner Equipe von Wnukowo zum Köln-Bonner
Flughafen in elftausend Meter Höhe wird die Übersetzung der offiziellen
TASS-Meldung an die mitfliegenden Journalisten verteilt. Darin heißt es:

> »Gorbatschow stellt fest – und der Bundeskanzler stimmt ihm zu – daß es zur Zeit
> zwischen der Sowjetunion, der Bundesrepublik und der DDR keine Meinungsver-
> schiedenheiten darüber gebe, daß die Deutschen selbst die Frage der Einheit der
> deutschen Nation lösen und selbst ihre Wahl treffen müssen, in welchen Staatsfor-
> men, zu welchen Zeitpunkten, mit welchem Tempo und zu welchen Bedingungen
> sie diese Einheit realisieren werden.«

Womit die »Formel zur deutschen Einheit« nunmehr offiziell bestätigt war.
Teltschik schrieb[166]: Viele Journalisten in der Maschine

> »... erkennen erst jetzt die volle Bedeutung dessen, was in Moskau geschehen ist.
> Der Kanzler ruft nach Sekt, und gemeinsam mit den Journalisten stoßen wir auf
> den Erfolg an.«

Später, als Teltschik die Situation in Moskau nüchterner sah, sagte er, daß sich
der Bundeskanzler in Moskau lediglich den Schlüssel zur deutschen Einheit
abgeholt hätte. Das wies der Kanzler verärgert und ganz entschieden zurück.
Offenbar empfand er eine solche Wertung als Herabsetzung seiner »klugen«
Deutschlandpolitik. Genscher unterstützte seinen Chef und qualifizierte die
Meinung von Teltschik als Äußerung eines »außenpolitischen Amateurs im
Bundeskanzleramt« ab. Doch Teltschik blieb bei seiner Wertung und meinte
trotzig: »Und dennoch hatte ich recht...«.[167]

3. Ottawa – Die Zwei-plus-Vier-Formel

Damit endete die erste Phase der von Bush und Gorbatschow gesteuerten
und kontrollierten Zerstörung der DDR und ihres Übergangs in die BRD,
die beide bereits in Malta grundsätzlich vereinbart hatten und deren logisti-
sche Abtarnung »Revolution« genannt wurde, die als »demokratische« oder
auch als »Freiheitsrevolution« figuriert[168]. Als praktische Erlebniswelt und
lebensbestimmende Wirkung für viele DDR-Bürger blieb die gewendete
»Wende« aber ein Zurück in den Kapitalismus. Das nennen wir, historisch

wie zivilisatorisch bewertet, eine Konterrevolution und keine »Sternstunde
der Demokratie« wie die Historische Kommission der PDS[169].

Erst zwei Tage nach seinem Treffen mit Kohl, am 12. Februar 1990, telefonierte Gorbatschow mit Modrow und informierte ihn über die Absprachen mit dem Bundeskanzler. Modrow sagte: »Die Stimmung in der DDR
tendiere stark in Richtung Wiedervereinigung ... gleichzeitig wachse jedoch
auch die Besorgnis der Werktätigen wegen der sozialen Auswirkungen der
Vereinigung.«[170]

An eben diesem Tag trafen sich in Ottawa zum ersten und zum letzten
Mal die 23 Außenminister der NATO-Staaten mit denen des Warschauer
Vertrages, um einem Vorschlag Bushs folgend, über einen »Offenen Him-
mel« und andere Fragen einer internationalen Rüstungskontrolle zu bera-
ten[171]. Im Mittelpunkt dieser Zusammenkunft sollte jedoch die »deutsche
Frage« stehen. Die generelle Zustimmung Gorbatschows zur Liquidierung
der DDR und zur Herstellung der deutschen Einheit, wollten Baker und
Genscher schnellstens als völkerrechtliches Abkommen abgeschlossen wissen.
Hier in Ottawa sollte die Chance dazu genutzt werden. Nachdem der Bundesaußenminister am Vormittag des 12. Februar 1990 in seiner Rede vor den
Außenministern ausführlich und salbungsvoll ein »europäisches Deutschland« beschrieben hatte, das die Grenzen von 1945 achte und sich von einem
»deutschen Europa« als Ergebnis einer deutschen Vereinigung distanziere[172],
begannen nach dem Mittagessen hinter dem Rücken des DDR-Vertreters
Oskar Fischer emsige Gespräche mit Eduard Schewardnadse. Jetzt ging es
darum, nach der Akzeptanz der Zwei-Plus-Vier-Verhandlungsformel durch
Gorbatschow auch eine offizielle international verbindliche Zustimmung zu
ihr durch die UdSSR zu erlangen und dies in einer Übereinkunft festzuschrei-
ben. Erst damit konnten, so wurde von Baker und Genscher argumentiert
»die (Sechsmächte)Verhandlungen über die vorbereitenden außenpolitischen
Rahmenbedingungen der ›deutsch-deutschen Vereinigung‹ in Gang gesetzt
werden«. Die Delegation der BRD war fest entschlossen, teilt uns Frank Elbe
mit, in Ottawa eine Einigung über einen internationalen Verhandlungsmodus
zur Herstellung der Einheit Deutschlands herbeizuführen und die getroffenen
Vereinbarungen darüber öffentlich zu machen[173]. Es kam den amerikanischen
wie den bundesdeutschen Diplomaten in Ottawa vor allem darauf an, daß die
bisher erzielten Verhandlungsergebnisse völkerrechtlich »unumkehrbar« festgelegt wurden. In Bonn wie in Washington herrschte noch immer die Furcht,

daß Gorbatschow vor Abschluß des ganzen Prozesses doch noch von seinen politischen Gegnern entmachtet werden könnte und diese seine persönlichen deutschlandpolitischen Zusagen annullieren würden.

Warum aber legten die amerikanischen und bundesdeutschen Diplomaten ein so großes Gewicht auf den feinen Unterschied einer Zwei-Plus-Vier-Formel gegenüber der Vier-Plus-Zwei-Formulierung, auf den Gorbatschow so gar nicht reagiert hatte? Vorderhand, so wurde offiziell argumentiert, ginge es darum, wer zur Konferenz über die Rahmenbedingungen der »deutschen Vereinigung« einladen würde, in Wirklichkeit aber sollte – nach Genschers und Bakers Kalkül – ein Primat der deutsch-deutschen Verhandlungen im Rahmen der Sechsmächteverhandlungen begründet werden, um der sowjetischen Führung jede reale Einflußnahme auf die Gestaltung des deutsche-deutschen »Einigungsprozesses« aus der Hand zu nehmen. Dieses sensible taktische Problem war in seiner diplomatischen Wirkung zunächst auch von Blackwill und Scowcroft mißverstanden worden. Nochmals: Es ging darum, ob die Vereinigung der beiden deutschen Staaten deren innenpolitische Angelegenheit bleiben oder ob die ehemaligen Siegermächte das Recht haben würden, in den Einigungsprozeß einzugreifen, bzw. ihn zu gestalten. Letzteres aber hätte auf der diplomatischen Bühne eine Vier-plus-Zwei-Variante bedeutet. Im Bundeskanzleramt und im Bonner Außenministerium waren die diplomatischen Feinheiten zur Umstellung des Vier-plus-Zwei-Modus auf eine Zwei-plus-Vier-Regelung rechtzeitig ausgearbeitet worden, und Baker hatte die Vorteile einer solchen Taktik, die Genscher ihm vorgeschlagen hatte, sehr schnell erkannt. Die in der Bush-Administration aufgetretenen Irritationen haben sogar möglicherweise geholfen, die Gruppe um Gorbatschow über die eigentliche Strategie der USA zu täuschen. Jedenfalls gelang es an diesem Nachmittag in Ottawa dem amerikanischen Außenminister und seinem Berater Unterstaatssekretär Robert Zoellick, daß sich der französische Außenminister Roland Dumas (der zunächst die Vier-Plus-Zwei-Formel favorisierte) und sein britischer Kollege Douglas Hurd im Bewußtsein einer »westlichen Solidarität« mit dem Zwei-Plus-Vier-Mechanismus einverstanden erklärten[174]. Der anwesende DDR-Außenminister war über die Vorgänge bis zu diesem Zeitpunkt von seinem sowjetischen Kollegen überhaupt nicht informiert worden[175].

Am folgenden Vormittag trafen sich Baker, Hurd und Dumas mit Genscher zu einem Frühstück in der bundesdeutschen Residenz. Sie vereinbarten,

zu den bevorstehenden Zwei-plus-Vier-Verhandlungen keine Verzögerungen
zuzulassen und sie mit einem Treffen der Politischen Direktoren der Außen-
ministerien der UdSSR, der BRD, der USA, Frankreichs und Großbritanniens noch vor den Volkskammerwahlen in der DDR am 18. März 1990
sozusagen völkerrechtlich einzuleiten. Eine offizielle Außenministerkonferenz
sollte – wie bereits anvisiert – aber erst nach diesen »freien Wahlen« (mit
einer neuen DDR-Regierung) stattfinden. Schewardnadse hatte von Ottawa
aus nochmals mit Gorbatschow telefoniert, und dieser wiederholte seine Zustimmung zur Zwei-plus-Vier-Formel[176]. Wenn das eine »Unbedachtsamkeit«
darstellte, wie Falin diese Haltung interpretiert[177], war solche »Fahrlässigkeit«
für die USA-Diplomatie schon zu einem berechenbaren Faktor geworden.

Erst nach seinem Telefonat mit Gorbatschow informierte Schewardnadse
nunmehr auch Oskar Fischer darüber, was inzwischen hinter dessen Rücken
über die DDR vereinbart worden war. Der DDR-Außenminister wurde von
seinem sowjetischen Amtskollegen – wie Falin schreibt – nunmehr genötigt,
»an Ort und Stelle dem Druck der BRD nachzugeben« und ebenfalls die
Konstruktion ›Zwei-plus Vier‹ zu akzeptieren. Oskar Fischer war vollkommen isoliert und sah keine Alternative. Mit seiner Zustimmung war das Ende
der internationalen Präsenz der DDR als Völkerrechtssubjekt und als souveräner Staat besiegelt[178]. Genscher würdigte die Formelumstellung von Vier-
plus-Zwei auf Zwei-plus-Vier und ihre internationale Anerkennung als einen
Erfolg von »historischer Bedeutung« und betonte, daß nunmehr die Termini
»Vertragsgemeinschaft« und »Konföderation« aus dem Verkehr gezogen seien.
Zwar zeigten sich die Niederländer, Italiener und Belgier verärgert darüber,
daß auch sie vor vollendete Tatsachen gestellt worden waren, doch Bakers
Mitarbeiter – so berichten Talbott und Beschloss – erinnerten sie in höflichen
Worten daran, daß es sich hierbei ausschließlich um eine Angelegenheit je-
ner Alliierten handle, die vertraglich festgelegte Rechte in Deutschland hätten, und Genscher soll den italienischen Außenminister Gianni de Michelis
sogar zurechtgewiesen haben: »Bei dieser Runde gehören Sie nicht zu den
Mitspielern.«[179] Danach wurde der vereinbarte Text des Mandats der sechs
Außenminister für ihre weiteren Verhandlungen veröffentlicht. Dieser Text
enthielt nicht einmal mehr einen Hinweis auf die Europäisierung der deutschen Vereinigung[180].

Hans Modrow hatte am 13. Februar in Bonn[181] und am 6. März 1990 in
Moskau[182] noch einmal versucht, wenigstens eine Synchronisierung der deut-

schen Vereinigung mit dem europäischen Vereinigungsprozeß zu erreichen und den Anschluß der DDR an die BRD nach Artikel 23 GG zu verhindern[183]. Doch in Bonn hatte auch Christa Luft der Währungs- und Wirtschaftsunion zugestimmt, sie fand sie sogar »faszinierend« und auch »wünschenswert«[184], und in Moskau ging Gorbatschow auf keinen Vorschlag des DDR-Ministerpräsidenten, auch nicht auf dessen Anregung, noch vor den Volkskammerwahlen neue stabile Wirtschaftsbeziehungen mit der UdSSR zu vereinbaren, die nach dem 18. März 1990 von Bestand bleiben sollten, mehr ein. Am 5. Mai 1990 stimmte dann Schewardnadse schließlich auch noch offiziell der »Abkopplung der äußeren von den inneren Aspekten der deutschen Frage« zu[185]. Die Vision vom »gesamteuropäischen Haus« hatte zu diesem Zeitpunkt ihren politischen Zweck erfüllt. Modrow war ebenso wie Gorbatschow diplomatisch ausgetrickst, die DDR international abgetrieben worden. Den ökonomischen wie politischen Eliten der Bundesrepublik war ein großer Coup gelungen, sie hatten in Ottawa – wie Falin es bewertet – eine »Carte blanche« zur Schaffung eines neuen deutschen Nationalstaates erhalten. Die damit vollzogene Trennung beider Prozesse, der Restauration eines neuen Gesamtdeutschland und der europäischen Einigung, ermöglichte es der deutschen Großbourgeoisie, sich aus jeder europäischen Kontrolle zu lösen und in Europa wieder Kurs auf eine Vormachtstellung zu nehmen. Schachnasarow, einer der einflußreichsten außenpolitischen Berater Gorbatschows, schreibt mit erstaunlicher politischer Naivität[186]: Der Generalsekretär des ZK der KPdSU hätte alles getan, damit der »geschichtlich vorbestimmte Prozeß der Vereinigung Deutschlands« vonstatten gehen konnte.

Welch ein Hohn. Die Bemühungen Gorbatschows, die DDR zu liquidieren, unterlagen keinem Fatum, sie waren und bleiben ein politisch hochbrisanter Deal mit dem politischen Gegenspieler für die unbestimmte Hoffnung, dadurch eine eigene Stabilisierung zu ermöglichen. Und diese Hoffnung sollte sich 1990 ebensowenig wie 1953 erfüllen. Gorbatschow hatte wie Berija gepokert und verloren.

Die DDR im Perestroika-Schlußverkauf

Die DDR, wie sie aus den »freien Wahlen« zur Volkskammer am 18. März 1990 hervorgegangen war[187], war keine »zweite DDR«. Nach dem – mit einer grandiosen »arglistigen Täuschung« – errungenen Wahlerfolg der »Allianz für Deutschland« war die DDR weder sozialistisch noch souverän, sie war plötzlich aus D-Mark-Sicht zur »Terra incognita« geworden und galt nur noch als eine politische Konkursmasse, die Lothar de Maizière, als letzter Ministerpräsident der DDR, im Auftrage des Kanzlers der Bundesrepublik Deutschland verwalten durfte. Horst Teltschik erwartete von ihm im Auftrage Kohls expressis verbis, daß er seine »historische Aufgabe« bis zur endgültigen »Einigung meistern« werde[188]. Über diese 199 Tage des langsamen Sterbens der DDR in denen sich Lothar de Maizière politisch ans Kreuz geschlagen fühlte, wie er das selbst sieht, berichtet er nachdenklich in seinen sehr lesenswerten Pariser Gesprächen[189]. Wir werden über diese Tage der administrativen Vereinnahmung der DDR in die Wirtschafts- ud Rechtsordnung der Alt-BRD nicht mehr detailliert berichten, unseren Report aber mit einer Übersicht beenden, wie Gorbatschow den zweiten deutschen Staat endgültig verschenkte.

Als ehrlicher Protestant fühlte sich Lothar de Maizière als Übergangspolitiker. Vielleicht auch aus diesem Grund entstanden zwischen ihm und der Bonner Führungsequipe mit ihren Eingliederungs-Stäben in der Folgezeit erhebliche Meinungsverschiedenheiten über den Inhalt dieses Mandats. De Maizière dachte als Christ und CDU-Politiker noch immer an einen gleichberechtigten Zusammenschluß beider deutscher Staaten und wollte die Teilung durch christliches Teilen überwinden[190]. Wir verstehen sein Anliegen, nur war es surrealistisch. Das machte sein »christlicher Partner«, der andere CDU-Politiker, ihm sehr schnell deutlich. Der wollte nur die Erbmasse. Und die war durch folgende Eckdaten charakterisiert: Das Nettosozialprodukt der DDR betrug nach den Angaben, die Modrow am 13.2.1990 dem Bundeskanzler unterbreitet hatte[191], 1,4 Billionen Mark; davon befanden sich 980 Milliarden in Staatseigentum. Hierzu kam noch das (nicht näher bewertete) genossenschaftliche Vermögen und 280 Milliarden Privatvermögen. Allein die »Immobilie DDR« umfaßte 6,2 Millionen Hektar Grund und Boden in Staatsbesitz.

Doch Lothar de Maizière fand keinen Verbündeten, auch nicht bei Gorbatschow. Der war zwar inzwischen zum Präsidenten der UdSSR avanciert, doch bereits zu sehr mit seinen eigenen Problemen beschäftigt, mit dem von ihm verursachten Zusammenbruch der UdSSR. Sein politischer Gegenspieler, Boris Jelzin, war selbst Präsident der Russischen Föderation geworden und der KPdSU-Generalsekretär hatte es geschafft, außenpolitisch zunehmend handlungsunfähig und im eigenen Land politisch weitgehend isoliert zu sein. Außerdem bettelte er um Geld und neue Kredite[192]. Warum also sollte Kohl teilen? Und so wurde angesichts der bisher erreichten Zugeständnisse des UdSSR-Präsidenten in der »deutschen Frage« im Bundeskanzleramt fieberhaft gearbeitet, um den für die wertvolle ostdeutsche Immobilie zu zahlenden Preis auf einem möglichst niedrigen Niveau zu fixieren. Als »Schlüsselfragen« dafür galten: für die UdSSR war eine Abfindung seitens der Alt-BRD zu übernehmen[193]. Die Bundesregierung hatte zugleich aber auch jene außen- und sicherheitspolitischen Rahmenbedingungen zu sichern, die in der »westlichen Allianz« inzwischen als unabdingbar galten: die DDR-Grenze gegenüber Polen und der ČSFR als Grenze des zu vereinigenden Deutschlands anzuerkennen[194] und – gegen den möglichen Widerspruch Gorbatschows – den neuen deutschen Staat in der NATO zu behalten[195].

Angesichts der katastrophalen ökonomischen und innenpolitischen Lage der UdSSR zeigte sich Gorbatschow, als er sich vom 30.5. bis 3.6.1990 in Washington und Camp David mit Bush zu einem erneuten Gipfeltreffen aufhielt[196], nicht nur außerordentlich reizbar. Er hatte auch bereits seine Souveränität verloren, wie das Robert Blackwill »mit Entsetzen« beobachtete[197]. Bis dahin meinte Gorbatschow, hinsichtlich der deutschen Frage noch immer einen politischen Trumpf in der Hand zu halten und mit ihm taktieren zu können: eben seine offizielle Zustimmung zur NATO-Mitgliedschaft des vereinten Deutschlands. In Washington versuchte er nun, wenigstens dafür ein Handelsabkommen und die Meistbegünstigungsklausel auszuhandeln. Bush und Baker lehnten erst einmal ab und forderten neue Zugeständnisse, vor allem in der Litauen-Krise[198], hielten ihn aber mit vagen Versprechungen über ein denkbares Handelsabkommen hin. Und wieder gab Gorbatschow in der Hoffnung, doch noch Geld zu bekommen, nach und gab für die inzwischen angelaufenen Zwei-plus-Vier-Verhandlungen erst einmal die grundsätzliche Zusage, die DDR in die NATO zu entlassen[199]. Über diesen »Wendepunkt« des UdSSR-Präsidenten in der NATO-Frage war Kohl sofort telefonisch von Bush informiert worden[200]. Sozusagen als »Entgelt« dafür, wurde Gorbatschows Bedürfnis »nach Bekundungen seiner Beliebtheit« üppig entsprochen: Vier Stunden wurde er in Washington in einem festlich geschmückten Saal vor sowjetischen und amerikanischen Fernsehkameras mit Lob und Preisen unterschiedlicher Organisationen überschüttet. Als Condoleezza Rice im Terminplan von Gorbatschow sah, daß dieser Showdown »eingeplant« gewesen war, sagte sie erstaunt: »Jetzt wird mir klar, daß es in Moskau wirklich hart sein muß.«[201]

Am 5. Juni trafen sich Baker und Schewardnadse anläßlich einer KSZE-Ministerkonferenz in Kopenhagen, und der sowjetische Außenminister versuchte, für die DDR-Mitgliedschaft in der NATO von den USA noch einmal wenigstens die Meistbegünstigungsklausel für die UdSSR herauszuhandeln. Doch Baker gab nicht nach, machte aber den salomonischen Vorschlag, die »deutsche Armee« künftig zu begrenzen und die »Zukunft der sowjetischen Truppen in Ostdeutschland« zu regeln. Auch stellte er in Aussicht, daß sich die »NATO wandeln werde«. Nun bestätigte Schewardnadse endgültig die Einbeziehung der DDR in die NATO[202]. Am gleichen 5. Juni war in Moskau der Politisch-Beratende Ausschuß des Warschauer Vertrages zusammengetreten und hatte nach dem Bericht Gorbatschows über seine Washingtoner Zusammenkunft mit Bush eine Erklärung abgegeben, sich politisch reformieren zu wollen. Ungarn hatte sich auf der Tagung sogar dafür ausgesprochen, »daß ein geeintes Deutschland Mitglied der NATO bleiben solle«. Lothar de Maizière – der als DDR-Ministerpräsident an der Beratung teilnahm – berichtete umgehend nach Bonn: Es sei eine »Beerdigung erster Klasse« gewesen, der Pakt würde sich nunmehr selbst auflösen[203]. De Maizière wurde anschließend in die USA eingeladen und am 11. Juni 1990 von Bush empfangen, der ihn in einem Schreiben an Kohl, als einen »nachdenklichen, in Staatsgeschäften unerfahrenen Mann« mit einem »ausgeprägten Sinn für Verantwortung« charakterisierte[204].

Gorbatschow hoffte noch immer auf eine großzügige Entlohnung seiner Zugeständnisse, auf Kredite von mindestens 20 Milliarden Dollar. Diese Summe hatte Schewardnadse am 14. Mai 1990 in seinem Gespräch mit Baker genannt, und Jewgeni Primakow hatte sie in Camp David wiederholt.[205] Doch Bush und Toshiki Kaifu, der japanische Ministerpräsident, machten auf dem G 7-Gipfel in Houston Anfang Juli Bedenken geltend, Gorbatschow soviel Geld zu geben, weil er es nicht vernünftig einsetzen könnte. Bush wollte dafür lieber amerikanische Fachleute in die UdSSR entsenden, um »die Reformen voranzubringen«[206]. Bundeskanzler Kohl wollte aber die deutsche Einheit im Rahmen der NATO nicht am schnöden Mammon scheitern lassen. Er versuchte, wenigstens 15 Milliarden DM aufzubringen. Es war ihm auch schon Anfang Mai 1990 gelungen, einen mit Hermesbürgschaften garantierten Kredit von 5 Milliarden DM zu bekommen, von Hilmar Kopper von der Deutschen Bank und Wolfgang Röller von der Dresdner Bank zugesagt[207]. Gorbatschow nahm diesen Kredit sofort in Anspruch und lud seinen Freund, den Bundeskanzler nach dem 28. KPdSU-Parteitag zu einem Besuch in die UdSSR ein[208].

So flog Kohl wenige Tage nach dem Treffen in Houston »in bester Stimmung« noch einmal nach Moskau. In einem Vieraugen- und einem Delegationsgespräch im Gästehaus des sowjetischen Außenministeriums am
15. Juli[209] entschied Gorbatschow »in einem Zug das deutsche Theorem«,
wie Falin des Präsidenten Verhalten kommentiert, und traf Entscheidungen,
zu denen er staatsrechtlich nicht bevollmächtigt war[210]. Doch Falins Vorwurf
bleibt eine moralische Bewertung, die politischen Weichen waren vor diesem
Treffen längst gestellt. Als Endpunkt, sozusagen als highlight seiner »neu-
en Deutschlandpolitik«, ließ Gorbatschow für den nächsten Tag noch einen
idyllischen Ausflug in den Kaukasus organisieren. Im Flußtal des Selemtschuk
beim malerisch gelegenen Ort Archys fand an einem reißenden Bergbach ein
grandioses Szenario statt: Kohl, in Strickjacke, offerierte dem sowjetischen
Präsidenten (im legeren Pullover) und Schewardnadse nochmals die Kredit-
zusage und die Versicherung, die »Obergrenze« der deutschen Truppen nach
der »Vereinigung« bei 370.000 Mann einzufrieren.

Gorbatschow war zufrieden, bedankte sich vor allem für die Kreditbürg-
schaft der Bundesregierung und entließ die DDR nun nochmals, speziell für
Kohl, in die NATO. Der Bundeskanzler mußte lediglich noch einen Zuschlag
für Stationierungs- und Abzugskosten der Westgruppe der Sowjetarmee zusagen[211]. Auf das vertrauliche Angebot Kohls, nun auch noch jenen Personen-
kreis aus der DDR-Führung zu benennen, »gegen den keine strafrechtlichen
Verfahren eingeleitet werden sollten«, erwiderte der UdSSR-Präsident arrogant: »...Die Deutschen würden schon selbst mit diesem Problem fertig.«[212]

Das Szenario von Archys war kein »Wunder im Kaukasus«, sondern die
Schmierenkomödie eines verantwortungslosen politischen Hasardeurs. Für
Bush aber war das ein Schnäppchen-Kauf aus dem Perestroika-Nachlaß, dessen Ergebnis sich Kohl hier lediglich abholen durfte. Dennoch behauptete er
selbstgefällig und legendenbildend im Public-Relations-Stil: »Wir hatten Gorbatschow die volle und uneingeschränkte NATO-Mitgliedschaft des vereinten
Deutschland abgerungen.«[213] »Das große Ziel war erreicht... Die Sensation
ist perfekt«, jubelte auch Teltschik[214]. Gewiß wird an der Kaukasus-Legende
weiter gewoben werden, dennoch, die DDR war im Perestroika-Ausverkauf
verschleudert worden, sie wurde verschenkt. Soweit ist Falin zuzustimmen,
verschenkt wurde sie aber nicht an »die Deutschen«, sondern an jene ökonomischen Machtträger, die – im Besitz von Kapital – aus diesem »Geschenk«
ein grandioses Geschäft machten und damit ihre militärische Niederlage vom

8. Mai 1945 egalisieren konnten. Der Hamburger »Spiegel« kommentierte damals treffend: »Das Geschäft lief reibungslos«[215].

Zwar hat Kohl den Preis später mit einem weiteren Kredit und mit Entschädigungszahlungen für den Rückzug der sowjetischen Streitkräfte aufbessern müssen, um deren Höhe der Bundeskanzler noch hart feilschte[216], dafür konnte er dann aber auch die DDR nach seinem freien Ermessen und ohne internationale Vorschriften im Zwei-plus-Vier-Verfahren abwickeln. Die de-Maizière-Verwaltung plante für das 2. Halbjahr 1990 schon einmal vierhunderttausend Arbeitslose im »neuen Bonner Territorium« ein[217].

Die völkerrechtliche Ausführung dieser Abwicklung der DDR vollzog sich im Rahmen der inzwischen angelaufenen Außenministergespräche[218]. Sie hatten am 5. Mai 1990 in Bonn begonnen und wurden am 12. September 1990 in Moskau mit der Unterzeichnung des »Vertrages über die abschließenden Regelungen in bezug auf Deutschland«, dem sogenannten »Zwei-plus-Vier-Vertrag«[219] sowie mit einem »Abzugs- und Stationierungsvertrag« beendet, dem später noch ein »Deutsch-Sowjetischer Freundschaftsvertrag« folgte. Inzwischen hatten Wolfgang Schäuble und Günther Krause einen »Vertrag zwischen der BRD und der DDR über die Herstellung der Einheit Deutschlands« (Einigungsvertrag) ausgearbeitet, der von ihnen am 31. August 1990 unterzeichnet worden war[220]. Zuvor hatte am 23. August die Volkskammer auf einer Sondersitzung den Beitritt zur Bundesrepublik Deutschland nach Artikel 23 GG beschlossen[221]. Eigentlich hatte Wolfgang Ullmann diesen Antrag schon in der zweiten Juni-Hälfte in der Volkskammer stellen wollen[222], doch offenbar wollte sich Helmut Kohl – angesichts der Vorgaben aus Washington – die wohldosierte Regie nicht aus der Hand nehmen lassen. Und diese sah vor, daß erst nachdem der »Zwei-plus-Vier-Vertrag« unterzeichnet war, der in seinem Artikel 7 die Vier-Mächte-Rechte (die »supreme authority«) aussetzte, die im Ergebnis des zweiten Weltkrieges von den vier Alliierten 1945 übernommen worden waren, so daß die Vereinigung beider deutscher Staaten möglich wurde. Jede Unvorsichtigkeit hätte die mit Mühe arrangierte Legende gestört, daß die DDR der BRD beigetreten ist[223]. Am 18. September 1990 ließen Schäuble und Krause noch eine Rechtsangleichungs-Vereinbarung ausarbeiten und dann wurde das komplette Vertragswerk am 20. September vom Deutschen Bundestag und der Volkskammer der DDR fristgemäß und eben auf der Grundlage des Artikels 7 des »Vertrages über die abschließende Regelung in bezug auf Deutschland« verabschiedet[224], um die

Wahlen zum ersten gesamtdeutschen Bundestag am 2. Dezember 1990 zu ermöglichen.

Schachnasarow beantwortete später in einem TV-Gespräch die Frage, ob »die Sowjetunion die DDR im Stich gelassen, verraten« hat, so[225]:

> »Wenn man von dem Standpunkt des früheren Systems ausgeht, als es zwei Machtblöcke gab und jeder für seinen Teil verantwortlich war und verpflichtet war, seine Verbündeten zu unterstützen, dann ja, selbstverständlich. ... Aber im Zusammenhang mit dem Begriff des neuen Denkens ... war es unsere Pflicht so zu handeln, wie es Gorbatschow tat.«

Wir haben diesem Eingeständnis keinen Kommentar hinzuzufügen. Aber noch ein Wort zu Lothar de Maizière. Er hatte als neuer Vorsitzender der CDU der DDR am 19. November 1989 in ›BILD am Sonntag‹ erklärt, er »halte Sozialismus für eine der schönsten Visionen menschlichen Denkens«, und sagte gegenüber dem Zeitungs-Reporter[226]:

> »Wenn Sie glauben, daß die Forderung nach Demokratie zugleich die Forderung nach Abschaffung des Sozialismus beinhaltet, dann müssen Sie zur Kenntnis nehmen, daß wir unterschiedlicher Auffassung sind.«

Diese Ansicht hat ihm der Bundeskanzler und Vorsitzende der CDU der BRD wohl nie verziehen und ihm spätestens im Salzkammergut am Wolfgangsee den bestehenden politischen Dissens deutlich zu erkennen gegeben. Sankt Gilgen war sein Canossa, jedenfalls hat de Maizière es so empfunden[227]. Und das ist verständlich, er wurde nur noch als DDR-Verwaltungschefs im Range eines Ministerpräsidenten behandelt. Nur seine innerkirchlichen Freunde würdigten den persönlichen Einsatz von Lothar de Maizière für das, was er in diesen Monaten für die Bürger der DDR manchmal bis über die Grenze seiner physischen Kräfte hinausgehend noch versuchte. Dennoch gesteht de Maizière ein, nicht genug getan und Fehler zu Lasten der ehemaligen DDR-Bürger begangen zu haben[228]. Nachdem er seinen Auftrag erfüllt hatte, der ihm von Kohl übertragen worden war, wurde er mit einem Stasi-Verdacht demontiert und politisch ausgeschaltet[229]. In seinen Pariser Gesprächen mit Christine de Maizière vertritt er die Ansicht, daß es in der Geschichte keine finalen Endzustände gibt und er denkt – wohl aus seinen politischen Erfahrungen nach 1990 – heute auch darüber nach, daß das »westliche Modell« der Gesellschaft, nicht seine letzte Antwort auf die Probleme der Menschheit sein kann[230].

Nachwort
zur zweiten Auflage

»Die ›Mächte der Vergangenheit‹
… sind wieder ›die Mächte der Gegenwart‹«
*(Friedrich Engels, Revolution und Konterrevolution in Deutschland,
in: Karl Marx/ Friedrich Engels, Werke Bd 8, Berlin 1962, S. 5)*

In unserem Buch haben wir 1999 nicht die ökonomischen Faktoren untersucht, die zur Destabilisierung der DDR führten, sondern die politischen Beziehungen zwischen der DDR und der UdSSR in den letzten Jahren der Perestroika. Unsere These war, daß Michael Gorbatschow als Generalsekretär der KPdSU zwar mit der Losung angetreten war, den eingeleiteten Aufbau einer sozialistischen Gesellschaft auf einer höheren Stufe weiterzuführen, damit aber scheiterte und daraufhin den Sozialismus verriet. Mit seinem Versuch, die innere Lage in der Sowjetunion letztlich dadurch zu stabilisieren, daß er ihre Verbündeten ihren Gegnern opferte, lieferte er die UdSSR selbst ihren politischen Feinden aus. Gorbatschow und seine politischen Unterstützer im Politbüro der Kommunistischen Partei der Sowjetunion hatten damit nicht nur die Millionen der im Kampf gegen den Faschismus, für Freiheit von Ausbeutung, für Menschenwürde und Sozialismus Gefallenen verraten, er hatte auch mit allen Grundsätzen internationalistischer Politik gebrochen. Mit der Preisgabe des die internationalen Beziehungen stabilisierenden politisch-militärischen Gleichgewichts wurde der Weg zu neuen imperialistischen Kriegen wiedereröffnet.

Die Auslieferung der DDR an die bundesdeutschen Monopole war nur ein Detail unserer Untersuchung. Alle wissenschaftlichen Forschungen der letzten Jahre zu diesem Vorgang haben unsere Thesen nur erhärtet. Die ökonomischen Realitäten in den »neuen« Bundesländern auf dem ehemaligen Territorium der Deutschen Demokratischen Republik haben die harte Wirklichkeit der kapitalistischen Restauration für Millionen Menschen zur Alltagserfahrung werden lassen.

In der nun vorliegenden zweiten Auflage unserer Untersuchung zu den politischen Mechanismen der Angliederung der sozialistischen DDR an die kapitalistische Bundesrepublik, zur Rolle der entscheidenden Akteure aus dem Herbst 1989 wie des damaligen Bundeskanzlers Kohl oder der DDR-Perestroikianer um Gregor Gysi und andere brauchten wir auch aus der Sicht nach zwanzig Jahren keine Korrekturen vorzunehmen. Letztere sind der Rolle, die sie damals gespielt haben, treu geblieben.

Edgar Most, der als Vizepräsident der Staatsbank der DDR nicht eben unbeteiligt daran war, die Volkseigenen Betriebe westdeutschem Kapital zu übereignen, dafür an die Spitze der Deutschen Bank in Berlin aufrückte und in den Beraterkreis der Bundesregierung für den Aufbau Ost einzog, spricht in einem Interview mit dem »Neuen Deutschland« vom 11. Mai 2009 davon, daß 1989 die Bevölkerung der DDR betrogen wurde. In der Tat. Er bestätigt damit unsere Einschätzung, die wir 1999 getroffen haben. Das spürt heute nicht nur ein großer Teil der Arbeiterklasse, sondern auch der übrigen Bevölkerung der einstigen DDR inzwischen als Hartz IV-Empfänger oder Kurzarbeiter hautnah in ihrem persönlichen Lebensbereich. So ist in den letzten zwanzig Jahren in den »neuen Bundesländern« massenhafte Armut entstanden, wurden statt des propagierten blühenden Aufbaus eine Industriebrache und sicher nicht unbedacht eine quasi-koloniale Abhängigkeit vom »Mutterland« Alt-BRD geschaffen.

So begleiten diese leicht gekürzte zweite Auflage die Folgen eines grandiosen historischen Betrugs. Möge sie mithelfen, kritische Wachsamkeit gegenüber Illusionen und unverantwortlichen Versprechungen zu befördern, die gegenwärtig eine Inflation haben.

Eberhard Czichon und Heinz Marohn

Anmerkungen

Über alle Gespräche mit Zeitzeugen wurden von den Autoren zusammenfassende Niederschriften angefertigt. Sie befinden sich ebenso wie der Schriftwechsel mit den Zeitzeugen und allen Dokumenten, die den Autoren überlassen wurden, im Privat-Archiv der Autoren.

Anmerkungen zum Vorwort

1 Michail Gorbatschow, Umgestaltung und neues Denken für unser Land und für die ganze Welt, Berlin 1987 [M. S. Gorbatschew, Perestrojka i novoe myschlenie dlja naschej strany i dlja vsego mira, Moskwa 1987]; dazu kritisch: Kurt Gossweiler, Die vielen Schalen der Zwiebel Gorbatschow, in: Wider den Revisionismus. Aufsätze, Vorträge, Briefe aus sechs Jahrzehnten, München 1997, S. 257 ff.

2 Michail Gorbatschow, »Schön, ich gab die DDR weg«, Interview in: Der Spiegel, Hamburg (1995)40, S. 76; ders., Erinnerungen, Berlin 1995, S. 700 ff.; Georgi Schachnasarow, Preis der Freiheit. Eine Bilanz von Gorbatschows Berater, Bonn 1996, S. 151.

3 Ekkehard Kuhn, Gorbatschow und die deutsche Einheit. Aussagen der wichtigsten russischen und deutschen Beteiligten, Bonn 1993, S. 8 und S. 10.

4 Ebd., S. 9; hierzu vgl. Helmut Ridder, Über Deutschlands immerwährender Flucht vor der Geschichte und ihre juristischen Vehikel, in: Wirtschaft und Medienrecht in der offenen Demokratie, Freundesgabe für Friedrich Kübler, hrsg. v. Heinz-Dieter Aßmann, Heidelberg 1997, S. 129 ff., wo der Autor auf die völkerrechtliche Bedeutung des Art. 7 des »Vertrages über die abschließende Regelung in Bezug auf Deutschland« vom 12.9.1990 (der »Zwei-plus-Vier-Vertrag«) aufmerksam macht (in: BGBl. II, S. 1318). Erst durch die bedingungslose Zustimmung Gorbatschows zu diesem Artikel konnte die Rechtsgültigkeit des Einigungsvertrages zwischen der DDR und der BRD erreicht werden. Zu H. Ridder vgl. die Rezension von Erich Buchholz in: Weißenseer Blätter, Berlin (1998)2, S. 50 ff.

5 E. Kuhn, Gorbatschow, S. 7.

6 Karl Marx, The Civil War in France, in: Karl Marx/Friedrich Engels, Gesamtausgabe (MEGA) Bd. 22, Berlin 1978, S. 119 ff.; deutsch in: Karl Marx/Friedrich Engels, Werke [weiter: MEW] Bd. 17, S. 312 ff.; und W. I. Lenin, Die Lehren der Kommune, in: W. I. Lenin, Werke (Berliner-Ausgabe) Bd. 13, S. 483-486; ders. Plan einer Vorlesung über die Kommune, in: Werke Bd. 8, S. 195-198.

7 Wir verweisen hier nicht nur auf G. W. Plechanow, Über die Rolle der Persönlichkeit in der Geschichte, Berlin 1945, sondern auch auf die Untersuchung von Lucien Sève, Marxismus und Theorie der Persönlichkeit, Berlin 1972.

8 Hierzu u. a.: Armin Mitter/Stefan Wolle, Untergang auf Raten. Unbekannte Kapitel der DDR-Geschichte, München 1993; Jürgen Weber, Der SED-Staat: Neues über eine vergangene Diktatur, München 1994; Stefan Wolle, Der endlose Abschied, in: Berliner Zeitung vom 21./22.3.1998 (Magazin, S. III); J. Weber/Michael Piazolo (Hg.), Eine Diktatur vor Gericht, München 1995; oder Konrad Schuller, der sich in der FAZ vom 18.9.1997 dazu verstieg, die DDR als »das ausgeklügeltste Pressionssystem in der Geschichte der Diktaturen« zu bezeichnen.

9 Materialien der Enquete-Kommission »Aufarbeitung von Geschichte und Folgen der SED-Diktatur in Deutschland« (12. Wahlperiode des Deutschen Bundestages). Herausgegeben vom Deutschen Bundestag, Bd. I – IX [in 18 Teilbänden], Frankfurt am Main 1995, Bd. I,

S. 25-151 (Debatte des Deutschen Bundestages vom 12.3.1992) und S. 178-680 (Bericht der
Enquete-Kommission/Drucksachen 12/7820, 12/2230 und 12/2597). Vorsitzender der Kommission war Rainer Eppelmann (CDU/CSU-Fraktion). Von 76 in den Bänden ausgewiesenen
Sitzungen sind die Sitzungsprotokolle von 43 öffentlichen Anhörungen und aus 4 nichtöffent-
lichen Sitzungen einzelne Vorträge veröffentlicht. Von mindestens 29 Sitzungen liegen keine
Veröffentlichungen vor. Alle 18 Teilbände sind mit Zeitzeugenaussagen, Vorträgen, Berichten
und Expertisen bzw. Gutachten angefüllt, deren ideologische Belastung stark differenziert und
deren wissenschaftlicher Wert folglich außerordentlich unterschiedlich ist. Seitens der PDS
hatten sich als »Sachverständige« der Eppelmann-Kommission neben Dietmar Keller vor allem Wilfriede Otto, Lutz Prieß, Jörn Schütrumpf und Herbert Wolf zur Verfügung gestellt.

10 Helga Königsdorf, Über die unverzügliche Rettung der Welt, Berlin 1994, S. 121.

11 Vgl. Hans-Peter Martin/Harald Schumann, Die Globalisierungsfalle. Der Angriff auf Demokratie und Wohlstand, Berlin 1997; Gero Jenner, Die arbeitslose Gesellschaft. Gefährdet
Globalisierung den Wohlstand? Frankfurt am Main 1997, S. 9 nach: International Labor Organization, The World Employment Situation, Trend and Prospects, Genf 1994.

12 Der Begriff »Stalinismus« wurde von Michael Schumann in seinem Referat auf dem außerordentlichen Parteitag der SED im Dezember 1989 offiziell in die PDS-Terminologie übernommen: Außerordentlicher Parteitag der SED/PDS, Materialien, Berlin 1990, S. 41 ff.; dazu:
Michael Nelken, Schwierigkeiten einer Emanzipation. Zur Stalinismus-Debatte in der PDS, in:
Lothar Bisky/Jochen Czerny/Herbert Mayer/Michael Schumann (Hg.), Die PDS – Herkunft
und Selbstverständnis, Eine politisch-historische Debatte, Berlin 1996, S. 66 ff. und Horst He-
las, Die Stalinismus-Debatte in der PDS, ebd., S. 309 ff.; hierzu: Georg Fülberth, Auskunftsli-
teratur, in: junge Welt, Berlin, vom 30.7.1996, S. 13. Zur »linken« Literatur über »Stalinismus«
vgl. ferner: Der Stalinismus in der KPD und SED. Wurzeln, Wirkungen, Folgen. Materialien
der Konferenz der Historischen Kommission beim Parteivorstand der PDS am 17./18. November 1990, Berlin 1991; Wolfgang Gehrcke (Hg.), Stalinismus. Analyse und Kritik, Beiträge zu
einer Debatte, Bonn 1954; W. Otto findet den Stalinismus-Begriff (in: Thomas Klein/Wilfriede
Otto/Peter Grieder, Visionen. Repression und Opposition in der SED 1949-1989, Frankfurt/
Oder 1996, S. 491) als »Fachausdruck« berechtigt. Kritisch dazu: K. Gossweiler, Was brachte
die sogenannte »Stalinismusforschung«? in: Wider den Revisionismus, S. 229 ff. Gregor Gysi
schreibt, daß er es schwer erträglich findet, wenn Vertreter der Kommunistischen Plattform oder
des Marxistischen Forums »erklären, ›Stalinismus‹ oder ›Poststalinismus‹ seien Kampfbegriffe der
Gegnerinnen und Gegner, die schon deshalb nicht benutzt werden sollten«, vgl. G. Gysi, Zur
gegenwärtigen Diskussion in unserer Partei, in: PDS-Pressedienst, Berlin (1996)34, S. 9.

13 Hans Kalt verweist (in: Neubeginnen mit Marx. Die politische Ökonomie und die Veränderung der Welt, Köln 1993, S. 139) darauf, daß es einen Unterschied zwischen dem Sozialismus als gesellschaftliches System und der Herrschaftsform Stalins gab, daß in der Wechselbeziehung von Gesellschaftssystem und der von Stalin geprägten politischen Machtausübung
(im politischen Überbau) eine ganze Reihe sozialer und demokratischer Rechte für die Produzenten erreicht werden konnten. Er meint, daß die Anwendung des Stalinismus-Begriffes den
sozialistischen Ansatz negiert.

14 Vgl. u. a. Gert-Joachim Glaeßner, Der schwierige Weg zur Demokratie. Vom Ende der DDR
zur deutschen Einheit, Opladen 1991; Konrad H. Jarausch, Die unverhoffte Einheit 1989/90,
Frankfurt am Main 1995; Gisela Lindenau, Abschied von einer sozialen Vision, Berlin 1990;
Fred Oldenburg, Die Implosion des SED-Regimes, Köln 1991; Frank Wilhelmy, Der Zerfall
der SED-Macht. Zur Erosion des marxistisch-leninistischen Legitimitätsanspruches in der
DDR, Münster-Hamburg 1995; Hartmut Zwahr, Ende einer Selbstzerstörung. Leipzig und
die Revolution in der DDR, Göttingen 1993.

15   Gregor Gysi/Thomas Falkner, Sturm aufs Große Haus. Der Untergang der SED, Berlin 1990;
     Gregor Gysi, Das war's. Noch lange nicht. Autobiographische Notizen, Düsseldorf 1995;
     Markus Wolf, In eigenem Auftrag. Bekenntnisse und Einsichten, München 1991; Herbert
     Schwenk, Geschlossene Gesellschaft mußte zerfallen, in: Disput, Berlin 1990, 2. Oktoberheft,
     S. 15 ff.; Heinrich Bortfeldt, Von der SED zur PDS, Wandlungen zur Demokratie, Bonn-
     Berlin 1992; Siegfried Prokop (Hg.), Die kurze Zeit der Utopie. Die ›zweite DDR‹ im verges-
     senen Jahr 1989/90, Berlin 1994; ders., Vom Autoritarismus zur demokratischen deutschen
     Republik (1989/1990), Berlin: Marxistisches Forum Heft 9 (1996); Wilfriede Otto, Zwischen
     Hoffnung und Täuschung, in: Visionen, S. 437 ff.; Gabriele Lindner, Die Eigenart der Implo-
     sion. Lange Genese bis zur Modrow-Regierung und Rundem Tisch, Berlin 1994. Von einer
     erstaunlichen politischen und historischen Ignoranz sind Thesen der Historischen Kommissi-
     on der PDS getragen, die »die friedliche Revolution vom Herbst 1989« als eine »Sternstunde
     der Demokratie« bewerten, in: Neues Deutschland vom 12.3.1999, S. 14.

16   Deutsche Einheit. Dokumente zur Deutschlandpolitik. Sonderedition aus den Akten des
     Bundeskanzleramtes 1989/90. Bearbeitet von Hanns Jürgen Küsters/Daniel Hofmann, Mün-
     chen 1998. Vgl. Helmut im Glück, in: Der Spiegel (1998)24, 54 ff. So informativ einzelne
     der von den Herausgebern ausgewählten über 430 Dokumente auch sind, so bemerkenswert
     lückenhaft ist ihre Freigabe.

Anmerkungen zur Einleitung

1   P. Zelikow/C. Rice, S. 45 ff.; dazu: M. R. Beschloss/St. Talbott, S. 28 ff. Beide Mitglieder des
     NSC-Stabes, C. Rice und Ph. Zelikow, wurden von Henry Kissinger unterstützt. Auch A.
     Herrhausen (Deutsche Bank) trat dafür ein, die »Einmaligkeit der Chancen nicht zu verken-
     nen, die sich mit Perestrojka und Glasnost ... bieten.« Vgl. A. Herrhausen, Pressegespräch am
     25.9.1989, in: A. Herrhausen, Reden und Aufsätze, S. 291.

2   Ph. Zelikow/C. Rice, S. 49 ff.; J. Baker, S. 18 ff.; dazu auch: Vernon A. Walters, Die Verei-
     nigung war voraussehbar. Hinter den Kulissen eines entscheidenden Jahres. Aufzeichnungen
     des amerikanischen Botschafters, Berlin 1994, S. 45 ff. R. Ridgway war bis 1985 US-Bot-
     schafterin in der DDR, wurde danach Stellv. Außenministerin für europäische und kana-
     dische Angelegenheiten. Zur Peredischka-Gruppe gehörte neben Ridgway und Raymond
     Seitz auch Jack Matlock, der USA-Botschafter in der UdSSR. Sie meinten, daß es nicht
     unbedingt notwendig sei, die Ziele der USA einer gründlichen Überprüfung zu unterziehen,
     nur weil Gorbatschow ein »neues Denken« predige. Robert Gates, der stellvertretende CIA-
     Chef, argumentierte, das wahre Ziel von Gorbatschow sei es, die Entspannung als Mittel zu
     benutzen, um sich die westliche Technologie zu eigen zu machen. Vgl. M. R. Beschloss/St.
     Talbott, S. 64.

3   Ebd., S. 19 f. Zur Vorbereitung einer neuen Strategie gegenüber der UdSSR hatten sich Kis-
     singer, Baker und Bush bereits am 18.12.1989 im Weißen Haus in Washington getroffen.
     Bush kannte als Vizepräsident unter Ronald Reagan seit 1987 Gorbatschow aus verschiedenen
     internen Gesprächen. Vgl. M. Gorbatschow, Erinnerungen, S. 628 ff.; dazu: Ph. Zelikow/C.
     Rice, S. 53 ff.

4   M. R. Beschloss/St. Talbott, S. 21 ff.; M. Gorbatschow, Erinnerungen, S. 688 ff.

5   M. R. Beschloss/St. Talbott, S. 31; J. Baker, S. 69.

6   M. R. Beschloss/St. Talbott, S. 58 ff. In diesem NSR-3-Entwurf war bereits eine Wunschli-
     ste eingebettet, welche politischen Veränderungen in der UdSSR anzustreben wären (ebd.,
     S. 59 f.). Dazu: Ph. Zelikow/C. Rice, S. 55 f.

7   J. Baker, S. 70.

8   M. R. Beschloss/St. Talbott, S. 71. Zelikow berichtet, daß er gemeinsam mit Robert Blackwill
    gegen den Ridgway-Entwurf ein eigenes Memorandum in Umlauf brachte, das am 20.3.1989
    von Brent Scowcrowft dem Präsidenten übergeben wurde (vgl. Ph. Zelikow/C. Rice, S. 56). In
    ihm regten sie an, dem »gesamteuropäischen Haus« ein »Commonwealth freier Nationen« in
    Europa entgegenzustellen (wobei Scrowcroft hinzufügte, daß »keine Vision des künftigen Eu-
    ropas denkbar (sei), die nicht auch eine Stellungnahme zur ›deutschen Frage‹ enthielt.« In: Ph.
    Zelikow/C. Rice, S. 58. Bush wies daraufhin an, daß diese Prioritätensetzung zur Deutsch-
    landpolitik in die auszuarbeitende neue Präsidentendirektive aufzunehmen sei (ebd., S. 517).
    Vgl. auch Bushs Rede am 31.5.1989, in: Public Papers of the Presidents, Washington, D. C.,
    George Bush 1989, Buch 1, S. 652.

9   M. R. Beschloss/St. Talbott, S. 65 ff.; zu den Beziehungen zwischen Scowcroft und Cheney
    (ebd., S. 71). Beide USA-Politiker waren sich darüber einig, daß Gorbatschows Perestroika
    gemessen an ihrem proklamierten Anliegen scheitern würde, sie waren aber fest entschlossen,
    diesen Prozeß mit einer flexiblen Strategie zu nutzen, die von Scowcroft für die Öffentlichkeit
    als »über die Eindämmung hinaus« formuliert wurde. Zu Kennans Konzept vgl. Ph. Zelikow/
    C. Rice, S. 84 ff.

10 Ebd., S. 56; M. R. Beschloss/St. Talbott, S. 92 f. Der Wortlaut der Direktive lag der Rede
    von Bush zugrunde, die er am 15.5.1989 vor der A&M University in Texas gehalten hat
    (in: U.S. Policy Information and Texts (USPIT) Nr. 63/A vom 17.5.1989, S. 1 ff.). In
    dieser Rede, die von Brent Scowcroft, Robert Blackwill sowie den Redenschreibern des
    Weißen Hauses James Cicconi und David Demarest ausgearbeitet worden war, begrün-
    dete Präsident Bush offiziell das Interesse der USA an einem Erfolg der Perestroika und
    verkündete dazu seine Politik »Jenseits der Eindämmung« (oder: »Über ein Containment
    hinaus«). Der Stabschef des Weißen Hauses, John H. Sununu wertete diese »Texas-Rede«
    als die bedeutendste Verlautbarung amerikanischer Präsidenten seit der NSC-68-Direktive
    (vgl. Foreign Relations of the United States 1950, Washington, Vol 1, S. 242 ff.), in der der
    Kalte Krieg gegen die UdSSR »erläutert« worden war. Wie Ph. Zelikow/C. Rice berichten
    (S. 61), wurde die neue Politik der USA gegenüber der UdSSR auf dem Brüsseler Gipfel der
    NATO am 29./30.5.1989 in einer vom NSC-Stab gesondert ausgearbeiteten Version er-
    folgreich durchgesetzt, nachdem Lawrence Eagleburger zusammen mit Robert Gates diese
    Version auf einer Geheimmission mit Margaret Thatcher, Francois Mitterrand und Helmut
    Kohl vorbesprochen hatten (vgl. Don Oberdorfer, The Turn. From the Cold War to a New
    Era. The United States and the Soviet Union, 1983-1990, New York 1991, S. 347 ff.) und
    dazu die Haltung der britischen Ministerpräsidentin zu Bushs Außenpolitik (M. Thatcher,
    S. 1083 f.).

11 Henry Kissinger, Kernwaffen und Auswärtige Politik, München 1959; ders., Memoiren,
    München 1979; John F. Kennedy, Der Weg zum Frieden, Berlin-Darmstadt 1961; George F.
    Kennan, Memoiren eines Diplomaten, München 1967/1971; Zbigniew Brzezinski, Alterna-
    tive zur Teilung, Neue Möglichkeiten für eine gesamteuropäische Politik, Köln-Berlin 1966;
    vgl. auch Sahra Wagenknecht, Antisozialistische Strategien im Zeitalter der Systemauseinan-
    dersetzung, Bonn 1995 und Hanfried Müller, Die Entspannungslüge, in:Weißenseer Blätter
    Heft (1994)4, S. 44 ff.

12 A. Tschernajew, S. 256. Er berichtet, daß der KGB erfahren hätte, daß im State Department
    »eine spezielle Kommission gebildet worden sci, die mit der Diskreditierung der Perestroika
    und ihres Initiators befaßt sein sollte.«

13 J. Baker, S. 183 ff.

14   V. Falin, Erinnerungen, S. 438 und S. 504. Hans Kalt schreibt (in: Stalins langer Schatten,
     S. 155), daß die Aufgabe, die sich Gorbatschow gestellt hatte, ihn einfach überforderte, sie war
     für ihn »eine Schuhnummer zu groß«.

15   Heinrich Bortfeldt, Von der SED zur PDS, Wandlung zur Demokratie? Bonn-Berlin 1992,
     S. 11. Kalt argumentiert (in: Stalins langer Schatten, S. 163), daß die Perestroika in dem Au-
     genblick gescheitert war, als sich Gorbatschow von der Arbeiterklasse losssagte.

16   Zitiert in der Vorlage von Teltschik für Kohl vom 24.10.1989, in: Akten des Bundeskanzler-
     amtes (vgl. Anm. 16 zum Vorwort), S. 466.

17   Michail Gorbatschow/Vadim Sagladin/Anatoli Tschernjajew, Das Neue Denken. Politik im
     Zeitalter der Globalisierung, München 1997; dazu: K. Gossweiler, Gedanken über das »Neue
     Denken«, in: Wider den Revisionismus, S. 249 ff.

Anmerkungen zum Kapitel I

1   Winston S. Churchill, Der zweite Weltkrieg, Bern-München-Wien 1995, S. 529 ff.; Viktor
     Issraelian, Die Antihitler-Koalition, Moskau 1975. Die Hoheitsrechte über Deutschland (»su-
     preme authority«) wurden mit der Deklaration der Vier Mächte vom 5.6.1945 übernommen.
     Vgl. Amtsblatt des Kontrollrats in Deutschland. Ergänzungsblatt Nr. 1. Herausgegeben vom
     Alliierten Sekretariat. Berlin (1945), S. 7 (Dokument IV), sowie ebd. S. 12 (Dokument VII).

2   Die Potsdamer (Berliner) Konferenz der höchsten Repräsentanten der drei alliierten Mäch-
     te – UdSSR, USA und Großbritannien (17. Juli-2. August 1945). Dokumentensammlung,
     Moskau-Berlin 1986. Die auf der Konferenz erzielten Vereinbarungen, die im Protokoll der
     Konferenz (S. 383 ff.) und der Mitteilung über die Konferenz (S. 401 ff.) zusammengefaßt
     wurden, werden vielfach als »Potsdamer Abkommen« bezeichnet.

3   Stefan Doernberg, Die Geburt eines neuen Deutschland, Belin 1959, S. 127 ff. und S. 234 ff.;
     ders., Das Unikale der antifaschistisch-demokratischen Umwälzung und die Gründung der
     DDR, in: Gegen den Zeitgeist. Zwei deutsche Staaten in der Geschichte. Hg.: Gerhard Fi-
     scher. Hans-Joachim Krusch, Hans Modrow u. a., Schkeuditz 1999, S. 78 ff.; Rudolf Herrn-
     stadt, Der Weg in die Deutsche Demokratische Republik, Berlin 1950; zur Legitimität der
     DDR im Bewußtsein ihrer Bevölkerung vgl. Tina Rosenberg, Die Rache der Geschichte.
     Erkundungen im neuen Europa, München 1997, S. 328 ff.; Georg Polikeit, Von der Anti-
     Hitler-Koalition zum kalten Krieg, in: Gegen den Zeitgeist, 39 ff.

4   Vertrag über Freundschaft, gegenseitigen Beistand und Zusammenarbeit zwischen der Deut-
     schen Demokratischen Republik und der Union der Sozialistischen Sowjetrepubliken vom
     12.6.1964, in: Gesetzblatt der DDR, Teil I, 1964, Nr. 12, S. 132-134. Zum Umgang Gor-
     batschows mit geschlossenen Verträgen vgl. auch Valentin Falin, Politische Erinnerungen,
     München 1993, S. 454 f.; dazu: Erich Honecker, Zu dramatischen Ereignissen, Hamburg
     (1992), S. 7 und das Interview von Gerd König, in: Der Spiegel (1990)9, S. 164 ff.; vgl.
     DDR- Werden und Wachsen, Berlin 1975, S. 165 ff.

5   Gespräch mit G. Sieber am 14.12.1985; weiterhin: Nikolaj Portugalow bei Ekkehard Kuhn,
     Gorbatschow und die deutsche Einheit. Aussagen der wichtigsten russischen und deutschen
     Beteiligten, Bonn 1993, S. 22.

6   Egon Krenz, ebd., S. 24.

7   Wilfried Loth, Stalins ungeliebtes Kind. Warum Moskau die DDR nicht wollte, Berlin 1994;
     dazu Rezension in: Die Zeit Nr. 27 vom 30.6.1995, S. 14.; ferner: Rolf Badstübner, Zum Pro-

blem der historischen Alternativen im ersten Nachkriegsjahrzehnt, in: Beiträge zur Geschichte der Arbeiterbewegung, Berlin 33(1991)5, S. 579 ff.; Alexej M. Filatov, Die sowjetische Deutschlandplanung zwischen Parteiräson, Staatsinteresse und taktischem Kalkül, in: Ende des Dritten Reiches – Ende des Zweiten Weltkrieges (Hg. Hans-Erich Volkmann), Zürich-München 1995, S. 117 ff.; Wilfriede Otto, Sowjetische Deutschlandpolitik 1952/1953, in: Deutschland-Archiv (1993), S. 952 ff.; Wladimir S. Semjonow, Von Stalin bis Gorbatschow, Berlin 1995, S. 194 ff. im Nachwort von Julij Kwizinskij, S. 391 f., V. Falin, Erinnerungen, S. 333 ff.; Pawel A. Sudoplatow/Anatolij Sudoplatow, Der Handlanger der Macht. Enthüllungen eines KGB-Generals, unter Mitarbeit von Jerrold L. und Leona P. Schecter, Düsseldorf 1994.

8   V. Falin, Erinnerungen, S. 308 f.; W. Loth, S. 20 ff. und S. 79 ff. Kurt Hager sagte: »Stalin versuchte mehrmals ein Deutschland anzustreben, das kein Herd neuer Aggressionen werden konnte. In diesem Sinn wollte er auf eine sozialistische DDR verzichten. »Die DDR für dieses politische Ziel aufzugeben, das wäre politisch gerechtfertigt gewesen. Das war der Sinn seiner Note von 1952.« Gespräch mit Kurt Hager am 8.7.1996. Vgl. V. Falin in: Der Spiegel (1990)8, S. 168 ff. und in der Prawda vom 12.3.1990, sowie das Gespräch mit Alexander Martynow am 27.2.1998 in Moskau. Nur Gustav Heinemann war in jenen Jahren mit seiner Partei für die Annahme der Note und für ein neutrales Deutschland eingetreten.

9   W. Loth, S. 181 und S. 254, dort die Anm. 88; dazu: V. Falin, Erinnerungen, S. 309.

10   Ebd., S. 305 ff.; S. 309 und S. 311 ff.; dazu: W. Loth, S. 175 ff.; W. Semjonow, S. 266 ff.; und das Schreiben von A. Martynow vom 30.11.1997, der »die Note als Stalins Vermächtnis zur Frage des zukünftigen Deutschlands« bewertet. Siehe: Geschichte der deutschen Arbeiterbewegung (zitiert als GdA) Bd. 7, Berlin 1966, S. 159 ff.; hierzu Nobert Podewin, Walter Ulbricht. Eine neue Biographie, Berlin 1995, S. 357 ff.; kritisch: Sahra Wagenknecht, Hatte die DDR eine Chance?, in: Konkret, Hamburg (1996)3, S. 30 ff.; ferner: W. Loth, S. 129 ff.; Wilfriede Otto, Die sowjetische Deutschlandnote 1952, in: Beiträge zur Geschichte der Arbeiterbewegung, Berlin 33(1991)3, S. 274 ff.; Stefan Doernberg, Zur Deutschlandpolitik der Sowjetunion, in: Utopie kreativ, Berlin, Heft 96 (Oktober 1998), S. 22 ff.

11   Konrad Adenauer, Erinnerungen 1953-1955, Stuttgart 1966, S. 63 ff. Adenauer begründet seine Ablehnung des Vorschlages Stalins mit dem Argument, daß die UdSSR Deutschland neutralisieren und damit die »europäische Integration« stören wolle. Seiner Ansicht nach (S. 70) könne die Einheit Deutschlands nur »aus der freien Entscheidung des gesamten deutschen Volkes kommen«. Diese Haltung Adenauers, ist als sein Dogma »Wandel durch Stärke« bezeichnet worden (»lieber das halbe Deutschland ganz zu wollen, »das ganze Deutschland halb«), die Strauß 1961 (in seiner Rede am 21.8. in Münster) dahingehend verifizierte, daß »wir lieber unseren gequälten Schwestern und Brüdern in der Zone noch einige Jahre des Ausharrens unter kommunistischer Herrschaft zumuten müssen ... bevor wir eine Politik der bewußten Konfliktsteigerung durch die Westmächte einleiten«. Vgl. Manfred Behrend, Franz Josef Strauß. Eine politische Biographie, Köln 1995, S. 45 f. Volker Zastrow schreibt (in der FAZ vom 27.10.1998), daß Adenauer die Bundesrepublik an den Westen band und erinnert an Kurt Schumachers Verdikt, Adenauer wäre der »Kanzler der (West-) Alliierten« gewesen. Dazu: Reinhard Hübsch, Als die Mauer wuchs. Zur Deutschlandpolitik der Christdemokraten 1945-1970, Potsdam 1998, S. 11 ff., Egon Bahr, Zu meiner Zeit, Berlin 1998, S. 61 f. und V. Falins Interview in der Prawda vom 12.3.1990. Egon Bahr ersetzte später Adenauers Prinzip »Wandel durch Stärke« durch die Politik eines »Wandels durch Annäherung« (E. Bahr, Zu meiner Zeit, S. 152 ff.).

12   Norbert Podewin, Walter Ulbricht, S. 357 ff.; kritisch: Sahra Wagenknecht, Hatte die DDR eine Chance?, in: Konkret, Hamburg (1996)3, S. 30 ff.; ferner: W. Loth, S. 129 ff.

13 W. Semjonow, S. 274 ff. und S. 279.

14 W. Loth, S. 189; dazu: BArch SAPMO, ZPA-SED, NL 90/699 S. 27 ff.

15 Beschluß der 2. Parteikonferenz der SED, in: Protokoll der Verhandlungen der II. Partei-
    konferenz der Sozialistischen Einheitspartei Deutschlands, 9. bis 12. Juli 1952, Berlin 1952,
    S. 489 ff.; vgl. GdA Bd. 7, S. 170 ff.

16 Vgl. Walter Ulbricht. Die gegenwärtige Lage und die neuen Aufgaben der SED, in: Protokoll
    der Verhandlungen II. Parteikonferenz der SED (7.-9.12.1952), Berlin 1952, S. 58 ff.

17 W. Loth, S. 198-209; Loth zitiert Lew Besymenski: 1953 – Berija will die DDR beseitigen, in:
    Die Zeit vom 15.10.1993, S. 81-83; vgl. V. Falin, Erinnerungen, S. 318; dazu: Diskussionsrede
    von G. Malenkow auf dem ZK-Plenum der KPdSU am 2.7.1953, in: Der Fall Berija, S. 35 f.
    Falin schreibt in seinen Erinnerungen (S. 316), daß in jenen Wochen Berija und Malenkow
    argumentierten, »... die sowjetischen Positionen in der DDR seien nicht zu halten, man müsse
    die Republik zu den günstigsten Konditionen loswerden.« Kwizinskij berichtet im Nachwort zu
    Semjonow (S. 392), daß Berija bereits die Deutschland-Noten Stalins im März 1952 initiiert hät-
    te. Vgl. Schreiben von A. Martynow vom 30.11.1997. N. Podewin schreibt: »... und hier waren
    sich alle Stalin-Erben völlig einig –, daß der marode Zustand der DDR sofort beendet werden
    mußte: 100 000 Quadratkilometer bester europäischer Zentrumslage [ein interessantes »Immo-
    bilien-Denken«, d. Aut.] waren im Zustand ökonomischer Agonie...« N. Podewin, S. 245.

18 P. A. Sudoplatow, S. 422. In seiner Rede vor dem Plenum des ZK der KPdSU am 2.7.1953
    charakterisierte Molotow den Versuch Berijas, die DDR mit der BRD »wiederzuvereinigen«,
    als ein defätistisches Unternehmen und sagte dann: »Dies hätte bedeutet auf das zu verzichten,
    was mit dem Blut unserer Soldaten, mit dem Blut unseres Volkes in dem schweren Kampf
    gegen den Hitlerfaschismus erreicht worden ist.« In: Der Fall Berija. Protokoll einer Abrech-
    nung. Plenum des ZK der KPdSU, Juli 1953. Stenographischer Bericht, Berlin 1993; S. 79 f.
    Vgl. das Gespräch mit A. Martynow am 27.2.1998; dazu: Der 17. Juni und das »Berija-
    Dokument«: Wie die Sowjetunion ihre Deutschlandpolitik revidierte, in: Die Welt vom vom
    17.6.1991, S. 6-7.

19 P. A. Sudoplatow, S. 421; vgl. Markus Wolf, Spionagechef im geheimen Krieg. Erinnerungen.
    Düsseldorf-München 1997, S. 77.

20 Zur politischen Krise der DDR vgl. W. Loth, S. 193 ff.; dazu: Dokumente der SED, Bd. IV,
    Berlin 1954, S. 543 ff. [Nachtrag zum Bd. III der Dokumente: Stellungnahme des Sekretariats
    des ZK zur falschen Einstellung der Parteileitung des Stahl- und Walzwerkes »Wilhelm Florin«
    Henningsdorf zu den technisch begründeten Arbeitsnormen und zur Intelligenz (17.1.1953)];
    vgl. N. Podewin, S. 236 ff.

21 Wir stimmen Armin Mitter zu, (in: Ilko-Sascha Kowalczuk/Armin Mitter/Stefan Wolle (Hg.),
    Der Tag X – 17. Juni 1953, Berlin 1995, S. 11), daß der 17.6.1953 politisch instrumenta-
    lisiert wurde. Die Feststellung von Willy Müller und Dagmar Semmelmann (Der 17. Juni
    1953, Heft 7 zur ddr-Geschichte, S. 5), daß in jenen Tagen ein interner, innergesellschaftlicher
    Konflikt der DDR ausbrach, halten wir ebenfalls für zutreffend. Das schließt aber nicht aus,
    daß dieser Interessenkonflikt von der Bundesrepublik aus logistisch mit dem Ziel genutzt
    wurde, die DDR zu integrieren; das wäre Adenauers »Einheit Deutschlands ... aus der freien
    Entscheidung des gesamten deutschen Volkes« (vgl. Anm. 11 zu diesem Kapitel) gewesen.
    Die Massenflucht war ein Mittel, die DDR-Regierung unter politischen Druck zu setzen, die
    Streiks ein Versuch, eine »demokratische Revolution« auszulösen.

22 P. A. Sudoplatow, S. 422; dazu: W. Loth, S. 203 [zitiert nach: BArch SAPMO, ZPA-SED, NL
    90/699]; Rolf Stöckigt, Ein Dokument von großer historischer Bedeutung vom Mai 1953,

in: Beiträge zur Geschichte der Arbeiterbewegung 32(1990)5, 649 ff. und ebd., S. 655 ff.: Wilfriede Otto, Dokumente zur Auseinandersetzung in der SED 1953; dazu: Elke Scherstjanoi, »Wollen wir den Sozialismus?« Dokumente aus der Sitzung des Politbüros des ZK der SED am 6. Juni 1953, in: BZG 33(1991)5, S. 658 ff.; Über Maßnahmen zur Gesundung der politischen Lage in der DDR vom 3./4.6.1953, in: Peter Przybylski, Tatort Politbüro. Die Akte Honecker, Berlin 1991, S. 241 ff.; dazu: Gerhard Wettig, Zum Stand der Forschung über Berijas Deutschland-Politik im Frühjahr 1953, in: Deutschland-Archiv (1993), S. 674 ff.; vgl. W. Otto, Sowjetische Deutschlandpolitik, ebd., S. 952 ff.

23   W. Semjonow, S. 291; N. Podewin, S. 250 ff.

24   W. Semjonow, S. 292; zu W. Zaisser vgl. Int.PArch.PDS. Akten der Bundesschiedskommission: Akte Wilhelm Zaisser. Wilfriede Otto, Stellungnahme zu Wilhelm Zaisser vom 17.2.1993; vgl. Erich Honecker in: Reinhold Andert/Wolfgang Herzberg, Der Sturz. Erich Honecker im Kreuzverhör, Berlin 1990, S. 233.

25   Das Herrnstadt-Dokument, Berlin 1990; hierzu: Das 15. Plenum des Zentralkomitees der SED (vom 24. bis 26. Juli 1953) [Parteiinternes Material], S. 105 ff. und Schreiben von R. Herrnstadt an W. Semjonow vom 28.11.1962, in: Das Herrnstadt-Dokument, S. 264 ff. sowie GdA Bd. 7, S. 236 ff. Zu Karl Schirdewan vgl. N. Podewin, S. 299 ff., dazu seine Zuschrift in: Neues Deutschland vom 24.7.198, S. 2 und Werner Müller, Aktuelle Antworten zur Verfälschung der Geschichte der deutschen Arbeiterbewegung, Berlin 1995, S. 12.

26   P. A. Sudoplatow schreibt (S. 424), daß Berija, Malenkow und Chruschtschow Ulbricht absetzen wollten, weil er sich weigerte, Berijas Politik zu folgen. Vgl. die Darstellung bei N. Podewin, S. 244 ff.; dazu: Kommuniqué des Politbüros vom 9. Juni 1993, in: Dokumente der SED, Bd. IV, S. 428 ff. sowie die offizielle SED-Geschichtsschreiben in: GdA Bd. 7, S. 227 f.

27   Vgl. Klassen und Schichten an der Schwelle zum Sozialismus, in: I-K. Kowalczuk/A. Mitter/St. Wolle, Der Tag X, S. 31 ff.

28   Vgl. Anm. 11 und 48 zu diesem Kapitel.

29   M. Wolf, Erinnerungen, S. 79; W. Semjonow, S. 296. W. Otto stellt fest, daß es in der Arbeiterklasse und in anderen Schichten der Bevölkerung der DDR eine wachsende Unzufriedenheit gab, ein Vertrauensdissens zur Partei- und Staatsführung (W. Otto, Visionen zwischen Hoffnung und Täuschung, in: Thomas Klein/Wilfriede Otto/Peter Grieder, Visionen. Repression und Opposition in der SED 1949-1989, Frankfurt/Oder 1996, S. 223 f.), den die Gegner der DDR ausnutzen konnten.

30   P. A. Sudoplatow, S. 424.

31   Konrad Schuller, Die Männer des ›Arbeitskreises 17. Juni‹, vierundzwanzig Jahre danach, in: FAZ vom 18.6.1997, S. 4.; vgl. Materialien der Enquete-Kommission (Anm. 9 zum Vorwort), die Diskussion in der 42. Sitzung, Bd. II, S. 746 ff.

32   P. A. Sudoplatow, S. 424.

33   Ebd. sowie W. Semjonow, S. 294 ff. Semjonow berichtet, daß die Weisung, »das Feuer auf die Aufrührer zu eröffnen«, um 11 Uhr aus Moskau kam.

34   P. A. Sudoplatow, S. 424 f.; W. Loth, S. 207.

35   Armin Mitter/Stefan Wolle, Untergang auf Raten. Unbekannte Kapitel der DDR-Geschichte, München 1993, S. 27 ff.

36   Klaus Schroeder, Volkserhebung gegen Diktatur und Fremdherrschaft, in der FAZ vom 17.6.1997, S. 11.

37   GdA Bd. 7, S. 224; V. Falin, Erinnerungen, S. 316. Die Volksaufstand-These wie die Auf-
     fassung vom konterrevolutionären Putsch sind »zwei Seiten einer Medaille«. Vgl. Franz-Josef
     Strauß, Die Erinnerungen, Berlin 1989 (in der Goldmann-Ausgabe 1991, S. 225 f.).

38   Petra Pau schreibt zum 17. Juni, (Neues Deutschland vom 17.6.1997, S. 17): »Die reformo-
     rientierten Kräfte in der SED-Führung vermochten sich nicht gegen Ulbricht durchzusetzen.
     Mit der Niederschlagung der Erhebung vom 17. Juni 1953 vor allem durch sowjetische Trup-
     pen, und mit der Verhinderung politischer Alternativen in der DDR hatten sich in Moskau
     und Berlin jene Kräfte durchgesetzt, die an einem stalinistischen Sozialismusmodell festhiel-
     ten. Der Aufstand der Bauarbeiter vom 17. Juni 1953 war berechtigt, seine Niederschlagung
     illegitim, aber folgenschwer. Wir gedenken der Opfer.« Vgl. die Erklärung von Lothar Bisky
     im Neuen Deutschland vom 16.6.1998, S. 4.

39   Das Interview von A. Brie mit Peter Pregal (auszugsweise) in: Berliner Zeitung vom
     17.6.1998.

40   Stenographischer Bericht des ZK der KPdSU 2.-7.7.1953, in: Der Fall Berija, S. 27 ff. W.
     Loth schreibt (S. 211): »Für viele Präsidiumsmitglieder gewann die DDR damit einen Ei-
     genwert und konnte deswegen nicht mehr beliebig zur Disposition gestellt werden.« Vgl.
     Chruschtschow erinnert sich, Hg. von Strobo Talbott, Stuttgart 1971, S. 366 ff.

41   In Fortsetzung der Politik, die mit dem Kommuniqué des Politbüros vom 9. Juni 1993 (Anm.
     26 zu diesem Kapitel) eingeleitet wurde. Dazu: Otto Grotewohl, Die gegenwärtige Lage und
     der neue Kurs der Partei, in: Das 15. Plenum des Zentralkomitees der SED (vom 24. bis 26.
     Juli 1953), Berlin, S. 3 ff.

42   Zu dem Umfang der DDR-Reparationen vgl. Rainer Karlsch, Allein bezahlt? Die Reparations-
     leistungen der SBZ/DDR 1945-53, Berlin 1993. Eine besonders borniere Ahnungslosigkeit
     zur Grenzfrage zeigte Petra Pau in einem Interview in der Welt vom 13.2.1999.

43   Falin am 14.11.1995 bei einer Lesung in Berlin, Allee-Center, Notizen von E. Czichon.

44   N. Chruschtschow, Über den Personenkult und seine Folgen, Rede N. S. Chruschtschows
     in der internen Sitzung des XX. Parteitages der KPdSU, 25. Februar 1956, in: SED und
     Stalinismus. Dokumente aus dem Jahre 1956, Berlin 1990, S. 8 ff.; dazu: W. Otto, Visionen,
     S. 243 ff. und ihre Anm. 349-351.

45   V. Falin, Erinnerungen, S. 326; vgl. GdA Bd. 8, S. 72 ff. Jürgen Hofmann (Hg.), Es ging um
     Deutschland, Vorschläge der DDR zur Konföderation zwischen beiden deutschen Staaten
     1956 bis 1957 [Dokumente], Berlin 1990; dazu: Konrad Adenauer, Erinnerungen 1955-
     1959, Stuttgart 1967, S. 284 ff. und S. 307 ff.

46   GdA Bd. 8, S. 93 ff.; Gespräch mit K. Hager am 8.7.1996; zu den Motivationen der BRD-
     Regierung siehe F. J. Strauß, Erinnerungen (Goldmann, S. 364 ff.)

47   GdA Bd. 8, S. 94 ff.; dazu: Arthur M. Schlesinger, Die tausend Tage Kennedys, Bd. 1, Mün-
     chen-Zürich 1965, S. 313 ff.

48   GdA Bd. 8, S. 275 ff.; vgl. F. J. Strauß, Erinnerungen, S. 425 ff., wo F. J. Strauß das von
     Lucius D. Clay geplante militante Szenario gegen die DDR beschreibt. Strauß sprach sich
     im August 1961 entschieden gegen eine »Politik der Stärke« aus (vgl. Anm 11 zu diesem
     Kapitel). Zur Haltung von Strauß vgl. Die Welt vom 18.8.1961; FAZ vom 23.8.1961. Zur
     militärischen Befehlsgewalt an der Westgrenze der DDR vgl. Antworten von Pjotr Abrassi-
     mow an Dr. Dieter Wissgott vom 25.2.1996, in: Dietmar Jochum, Die Beweisaufnahme im
     Politbüroprozeß (Bd. I), Berlin (1997), S. 125; vgl. Schreiben des Marschalls der Sowjetunion
     V. G. Kulikow und des Stabschefs des Vereinigten Bewaffneten Streitkräfte der Teilnehmer-

staaten des Warschauer Vertrages, Armeegeneral A. I. Gribow an Egon Krenz vom 10.6.1996, ebd., S. 198 ff. Zur Rechtslage vgl. Erich Buchholz, Anstifter – Der Generalbundesanwalt fordert Strafverschärfung für Egon Krenz und plädiert für Rechtsverletzung, in: junge Welt vom 27./28.2.1999, S. 12.

49 Egon Bahr, in: Die Beweisaufnahme im Politbüroprozeß, S. 296; dazu: Persönliche Erklärung von Egon Krenz an die 27. Große Strafkammer des Landgerichts Berlin, in: Solidaritätskomitee für die Opfer der politischen Verfolgung in Deutschland, Dokumentation, November 1995.

50 Heinz Keßler, Zur Sache und zur Person. Erinnerungen, Berlin 1996, S. 256 f.; dazu: Wjatscheslaw Kotschemassow, Meine letzte Mission. Fakten. Erinnerungen. Überlegungen, Berlin 1994, S. 72 ff. Der Botschafter geht auf Honeckers Verhalten zur Perestroika mehrmals ein; ebd, S. 129 f., 132 und S. 140; siehe hierzu: Interview von Gerd König, in: Der Spiegel (1990)9, S. 164.

51 Angela Marquardt in ihrem Diskussionsbeitrag auf einer PDS-Konferenz im November 1995 in Berlin; vgl. Rückwärts in die Zukunft? In: Lothar Bisky/Jochen Czerny/Herbert Mayer/Michael Schumann (Hg.), Die PDS – Herkunft und Selbstverständnis. Eine politisch-historische Debatte, Berlin 1996, S. 110 f., der nicht identisch ist mit der im Neuen Deutschland vom 21./22.1.1995 abgedruckten Version.

52 PDS-Pressedienst, Berlin (1996)17, S. 6.

53 Stefan Wolle, Die heile Welt der Diktatur. Alltag und Herrschaft in der DDR 1971-1989, Berlin 1998.

54 Michael Schumann, PDS: Geschichte und Politik; in: Die PDS – Herkunft und Selbstverständnis, S. 22 ff.

55 Zur Frage der Verwirklichung der Menschenrechte in der DDR vgl. Wolfgang Richter, Die schmerzliche Spanne zwischen Anspruch und Realität, in: Neues Deutschland vom 11.2.1999, S. 12. Zur Frage der Menschenrechte: es bestehen zwei Versionen: Die Allgemeine Erklärung der Menschenrechte der UNO vom 10.12.1948 [vgl. Albrecht Randelzhofer, Völkerrechtliche Verträge, dtv 1999, S. 125 ff.] und die (Europäische) Konvention zum Schutz der Menschenrechte und Grundfreiheiten vom 4.11.1950 [ebd. S. 134 ff.], die unterschiedlich formulierte Rechte schützen, wobei die »(Europäische) Konvention« die sozialen Menschenrechte aus der UNO-Erklärung ausschließt.

56 Im Gegensatz dazu schrieb Gysi am 9.10.1996 an Terenz Abt (Gerhard Bengsch), daß – sollte die PDS einmal die Mehrheit um Bundestag und Bundesrat erhalten, es für ihn wichtig sei, dann »den Inhalt von Eigentum neu zu bestimmen und nicht unbedingt den Eigentümer zu wechseln. Dieser Versuch hat bekanntlich nicht zu besonders positiven Ergebnissen geführt.« In: Terenz Abt, Herr Minister läßt grüßen, Berlin 1997, S. 136 (Faksimile des Schreibens).

57 Inge Viett, Einspruch. Briefe aus dem Gefängnis, Hamburg 1996, S. 19; dazu: dies., Nie war ich furchtloser. Autobiographie, Hamburg 1997, S. 261 ff.; vgl. auch »Erich wir brauchen Dich«, S. 117. Wenn Kurt H. Biedenkopf (in der FAZ vom 10.1.1997, S. 9) meint, daß die ehemaligen DDR-Bürger die Erfahrungen mit der »DDR-Diktatur« nach sozialer Sicherheit als Preis der Freiheit überwinden müssen (zu Richard Schröders Buch »Vom Gebrauch der Freiheit«, Stuttgart 1996), legt er einen Freiheits-Begriff zugrunde, dessen Preis vom Profit bestimmt wird und durch den in der »Berliner Republik« weit über 4 Millionen Berufstätigen das Menschenrecht auf Arbeit verweigert wird.

58 Vermerk über einen Besuch des Vorsitzenden des Rates der Vorsitzenden der Anwaltskollegien

der DDR Dr. Gysi bei Minister Dr. Heusinger am 31.7.1989 (Kopie BStU) als Anlage zum Schreiben von Dr. Gregor Gysi an Dr. Heinz Marohn vom 2.6.1997.

59 Diskussionsbeitrag von Kurt Hager auf dem 10. Plenum des ZK der SED, in: Protokoll der 10. Tagung des Zentralkomitees der SED, 8.-10.11.1989. Herausgegeben vom Büro des Polit-büros, Teil II, S. 126 ff. Auch Honecker hat dieses Defizit einer »tiefgreifenden Demokratisie-rung der Gesellschaft« eingestanden. Vgl. E. Honecker, Zu dramatischen Ereignissen, S. 17.

60 Vgl. Siegfried Wenzel, Plan und Wirklichkeit. Zur DDR-Ökonomie. Dokumentation und Erinnerungen, St. Katharinen 1958 S. 107 ff. Seine Angaben sind begründeter als die von Hans Modrow, Die Perestroika. Wie ich sie sehe. Persönliche Erinnerungen und Analysen eines Jahrzehnts, das die Welt verändert. Unter Mitarbeit von Bruno Mahlow, Berlin 1998, S. 99.

61 Walther Florath, Sozialismus und die Macht heute, in: Marxistische Blätter, Essen (1997)2, S. 112 ff.

62 Zur sozialistischen Werte-Problematik vgl. Rainer Eckert, Revolution und Konterrevolution in Deutschland (Wissenschaft & Sozialismus, Heft 1/2), Frankfurt am Main 1995, S. 58 f.; Fritz Vilmar, in: Wolfgang Dümke/Fritz Vilmar (Hrsg.), Kolonialisierung der DDR, Münster 1996, S. 329. In der FAZ vom 10.12.1997, S. 5 beklagt sich E. Noelle-Neumann (Institut für Demoskopie Allensbach), daß »Überzeugungen, Werte und Ziele der DDR-Zeit ... gespen-stisch konserviert (sind)«, weil 68% der Ostdeutschen »den Sozialismus für eine gute Idee halten, der schlecht ausgeführt wurde«. Wie Gorbatschows Berater die »sozialistischen Werte« simplifizierten vgl. A. Tschernajew, S. 273.

63 Gert-Joachim Glaeßner, Der Schwierige Weg zur Demokratie. Vom Ende der DDR zur deutschen Einheit, Opladen 1991, S. 22; ähnlich argumentiert Siegfried Prokop, in: Vom Autoritarimus zur demokratischen deutschen Republik (1989/1990), Berlin: Marxistisches Forum Heft 9 (1996), S. 4 und ders., Der autoritäre Sozialismus des ›roten Preußen‹, in: Neu-es Deutschland vom 27./28.2.1999, S. 15. Michael Brie hatte im Dezember 1989 im »DDR-Staatssozialismus« sogar schon als eine seiner Wesensmerkmale eine Tendenz zur Stagnation und Fäulnis ausgemacht; in: FAZ vom 21.12.1989.

64 Stefan Heym, Neue Hoffnung für die DDR, in: Stalin verläßt den Raum. Politische Publizi-stik, Leipzig 1990, S. 274.

65 Hans Modrow, Ich wollte ein neues Deutschland (Mit Hans-Dieter Schütt), Berlin 1998, S. 262.

66 Vgl. Eberhard Czichon, Wer verhalf Hitler zur Macht? Zum Anteil der deutschen Industrie an der Zerstörung der Weimarer Republik, Köln 1967.

67 Neues Deutschland vom 15.1.1999, S. 14; vgl. Friedrich Wolf, Vorwärts und nicht vergessen, Neues Deutschland vom 16./17.1.1999, S. 14.

68 André Brie, Interview in der Frankfurter Rundschau vom 16.1.1999, S. 5. Auch Gysi vertritt – im Neuen Deutschland vom 14.1.1999, S. 4 – die Ansicht, daß in der PDS keine Stimmung geduldet werden sollte, die auf eine pauschale Rechtfertigung der DDR hinauslaufe.

69 Gespräch mit Gerd König am 28.8.1996; vgl. das Interview von G. König, in: Der Spiegel (1990)9, S. 164 ff. sowie Gespräch mit Frank-Joachim Herrmann am 29.7.1996.

70 A. Tschernajew (S. 122) vertritt die Ansicht, daß die Perestroika mit dem Januar-Plenum 1987 ihren Höhepunkt erreichte und danach eine »Wende« eintrat. A. Martynow schätzt ein, daß die Perestroika nach der Rede Gorbatschows zum 70. Jahrestag der Oktoberrevolution in ihr Gegenteil umschlug. Gespräch mit A. Martynow am 27.2.1998.

71 Vgl. Michail Gorbatschow, Politischer Bericht des Zentralkomitees der KPdSU an den XXVII. Parteitag (25.2.1986), hier behauptet E. Schewardnadse (S. 102), daß die Thesen zum Bericht an den XXVII. Parteitag der KPdSU bereits »eine kategorische Absage an das System der herrschenden Ideologie« darstellten. Wenn wir den Marxismus als »herrschende Ideologie« voraussetzen, ist diese Einschätzung zwar bemerkenswert, aber nachweisbar unzutreffend. Dagegen meint W. Kotschemassow (Meine letzte Mission, S. 49 ff), daß Gorbatschow »das Programm der Perestroika« dem XXVII. Parteitag vorgelegt habe. A. Tschernajew (S. 59) argumentiert, daß Gorbatschow auf dem Parteitag den ersten Rahmen für das »neue Denken« abgesteckt habe und auch W. Otto sieht im XXVII. Parteitag der KPdSU (W. Otto, Visionen, S. 438) eine »komplexe Reformabsicht«.

72 A. Tschernajew, S. 134; N. Ryshkow, Perestrojka: Istorija predatel'stw, Moskwa 1992, S. 256 ff.; dazu: W. I. Boldin, Kruschenie P'edestala. Schtrichi k portretu M. S. Gorbatschowa, Moskwa 1995, S. 199 ff.

73 A. Tschernajew, S. 136 ff. und S. 151; dazu: H. Jung, Gorbatschowismus, S. 114.

74 Philip Zelikow/Condoleezza Rice, Sternstunden der Diplomatie. Die deutsche Einheit und das Ende der Spaltung Europas, Berlin 1997, S. 49 f. Rice schreibt, daß die Bush-Administration anfänglich den Motiven von Gorbatschow mit Mißtrauen gegenüberstand; der Leiter der Sowjetunion-Abteilung im State Department Alexander Werschbow hat dieses Mißtrauen lange nicht überwunden.

75 A. Tschernajew (S. 187) berichtet, wie Gorbatschow Kaderentscheidungen selbstherrlich und zunehmend im Kreis seiner Berater entschied. Vgl. W. I. Boldin, S. 209 ff.

76 Michail Gorbatschow, Gipfelgespräche. Geheime Protokolle aus meiner Amtszeit, Berlin 1993; Aus Politbüro-Protokollen, S. 202 ff. (24.3.1987) und S. 210 ff. (23.4.1987).

77 M. Gorbatschow, Die Umgestaltung und die Kaderpolitik der Partei. Rede auf dem Plenum des ZK der KPdSU am 27.1.1987; in: M. Gorbatschow, Ausgewählte Reden und Aufsätze, Bd. 4: Juli 1986-April 1987, Berlin 1988, S. 329 ff.; vgl. M. Gorbatschow, Erinnerungen, S. 276 ff. und S. 300 ff. sowie N. Ryshkow, S. 187 f.

78 A. Tschernajew, S. 161 f.; Egon Bahr (in: Zu meiner Zeit, S. 556) beobachtete, wie Gorbatschow zunehmend sozialdemokratische Standpunkte übernahm.

79 Dokumente und Materialien: XIX. Parteikonferenz der KPdSU, Moskau 1988; dazu: Die Zukunft der Sowjetunion. Die Debatte auf der Parteikonferenz der KPdSU, Köln 1988; vgl. A. Tschernajew, S. 185 ff. G. Schachnasarow, (S. 181) berichtet, daß Gorbatschows Berater ihm bei der Vorbereitung seines Referats davon überzeugten, endlich auf die Formulierung nach »mehr Sozialismus« zu verzichten. Insider berichteten, daß Achille Ochetta (der Generalsekretär der KP Italiens) nach 1987 die politischen Beziehungen zwischen Gorbatschow und Willy Brandt und zur Sozialistischen Internationale herstellte.

80 Juli-Plenum des ZK der KPdSU, Dokumente und Materialien, Moskau 1988, S. 61 ff.

81 Schreiben von A. Martynow vom 5.10.1995.

82 A. Tschernajew, S. 202 ff.

83 Int.PArch.PDS, Präsidium des Parteivorstandes, Mappe 4. Sitzung am 21.12.1989: Information zur Umgestaltung des Parteiapparates der KPdSU vom 19.12.1989; dazu: M. Gorbatschow, Erinnerungen, S. 380 ff. und A. Tschernajew, S. 232.

84 Wortlaut der Rede in: M. Gorbatschow, Rede in der UNO, New York 7. Dezember 1988, Moskau 1988 (Neues Deutschland vom 8.12.1988); dazu: M. Gorbatschow, Erinnerungen,

S. 683 ff.; A. Tschernajew, S. 231 ff. sowie M. Gorbatschow/V. Sagladin/A. Tschernjajew, Das Neue Denken, S. 39 f.; vgl. H. Keßler, Zur Sache und zur Person, S. 240; Gespräch mit Oskar Fischer am 11.7.1996. F. Wilhelmy (S. 35) bemerkt treffend, daß mit dieser Rede Gorbatschows sein »neues Denken« den Höhepunkt erreichte, weil nach der Aufkündigung der Solidarität der realsozialistischen Länder ihnen nunmehr die »freie Wahl« ihres gesellschaftlichen Systems zugesichert wurde, was in seiner politischen Tragweite implizit einer präventiven Kapitulation sehr nahe kam. G. Schachnasarow (S. 44) schreibt, daß Gorbatschow damit jene Grenze überschritten hatte, die für Juri Andropow unantastbar war. Falin bewertet diese Rede als »Gorbatschow-Doktrin«. In: Valentin Falin, Konflikte im Kreml. Die Vorgeschichte der deutschen Einheit und Auflösung der Sowjetunion, München 1997, S. 149.

85   A. Tschernajew (S. 229) berichtet: »Ich hatte einmal mehr Gelegenheit, Gorbatschows Kühnheit und Weitsicht und seinen längst vollzogenen Bruch mit dem Marxismus-Leninismus zugunsten des gesunden Menschenverstandes zu bewundern.« Vgl. auch S. 279, wo Tschernajew Gorbatschow zitiert: »Wir müssen uns deutlicher von den Leninschen Stereotypen distanzieren«, sowie auf S. 392, wo er weiter mitteilt, wie Gorbatschow dem Marxismus-Leninismus besiegt hat. Am 15.2.1989 stellte der Sicherheitsberater des USA-Präsidenten Brent Scowcroft in einem Gespräch mit Bush über die Direktive NSR-3 fest: »Die Bedrohung durch den Marxismus-Leninismus als ideologische und wirtschaftliche Herausforderung existiert nicht mehr. Diese Runde haben wir gewonnen.« In: M. R Beschloss/St. Talbott, S. 35.

86   V. Falin, Erinnerungen, S. 419; vgl. N. Ryshkow, S. 99 ff. und A. Tschernajew, S. 196 ff. Schließlich bewertete der Generalsekretär des ZK der KPdSU seine eigene Partei als den »Hort der Reaktion« (ebd., S. 210), eine Formulierung, die Gysi später für die SED adaptierte. Vgl. PDS auf dem Weg der Erneuerung, Klausurtagung des Parteivorstandes am 12./13. Mai 1990, Berlin 1990, S. 25.

87   Selbst Mitglieder des Politbüros des ZK der KPdSU, wie Iwan Frolow, Alexander Jakowlew und Wadim Medwedew wurden schließlich zu »Beratern des Generalsekretärs« degradiert berichtet V. Falin (Erinnerungen, S. 473).

88   A. Tschernajew (S. 207) will Gorbatschow geraten haben, er solle sich nicht mit »Kleinigkeiten« zufrieden geben und sich nicht lediglich zum Vorsitzenden des Obersten Sowjet wählen lassen, sondern als Präsident gleich die »Macht ergreifen« (auch S. 282). Weiter berichtet der enge Gorbatschow-Vertraute, daß Jakowlew zu Gobatschow gesagt hätte: »Warum rufen Sie das Politbüro so oft zusammen? Wenn Sie noch länger mit der Machtergreifung zögern, wird alles zusammenbrechen.«

89   V. Falin, Erinnerungen, S. 44; A. Tschernajew, S. 204.

90   Gespräch mit Hans Modrow am 30.10.1995; dazu: H. Modrow (H.-D. Schütt), S. 348.

91   Zur »Germanistenfraktion« vgl. G. Schachnasarow, S. 140 f. und Gespräch mit A. Martynow am 27.2.1998. Zeitzeugen betonen, daß die geheime Strategie der Außenpolitik Gorbatschows, die DDR für einen Platz im gesamteuropäischen Haus preiszugeben, in der DDR zunächst nicht erkannt wurde (Gespräch mit Peter Florin am 6.1.1998). Florin bewertet Falin als den entschiedensten Vertreter dieser »Fraktion«. Gespräche mit O. Fischer am 11.7.1996 und mit G. König am 28.8.1996. Falin sagte am 20.8.1990: Nach der »Lösung« der Deutschlandfrage beginne für Europa »eine neue, die konstruktivste Epoche seiner Existenz«. Zitiert bei: H. Jung, Gorbatschowismus, S. 120. Jung (ebd.) kommentiert diese Haltung mit den Worten: »Wenn der Begriff Treulosigkeit einen Sinn hat, dann hier.« F.-J. Herrmann (Gespräch am 29.7.1996) berichtet, daß Honecker nicht bereit war, daran zu glauben, daß Gorbatschow die DDR zur Disposition stellen könnte.

92 Gespräch mit G. König, am 28.8.1996. Zum Wandel der Auffassungen Gorbatschows gegenüber der DDR und der BRD vgl. Rafael Biermann, Zwischen Kreml und Kanzleramt. Wie Moskau mit der deutschen Einheit rang, Paderborn-München 1997, S. 87 ff.

93 Niederschrift über das Gespräch Honeckers mit Schewardnadse vom 9.6.1989 in Berlin, in: Gerd-Rüdiger Stephan, »Vorwärts immer, rückwärts nimmer«. Interne Dokumente zum Zerfall von SED und DDR 1988/89, Berlin 1994, S. 75 ff.; W. Kotschemassow, Meine letzte Mission, S. 124 ff. sowie S. 131. In dem Gespräch Honeckers mit Gorbatschow am 4.11.1987 bestritt Gorbatschow, daß es in der Politik der UdSSR gegenüber der DDR Zweideutigkeiten gebe und sagte, mit solchen Gerüchten versuche der Gegner nur, beide Länder gegeneinander auszuspielen. Vgl. D. Küchenmeister, S. 178. Kotschemassow berichtet (Meine letzte Mission, S. 127), daß Schewardnadse in der Besprechung mit O. Fischer betonte, daß die Beziehungen zwischen der DDR und der UdSSR den Charakter »der brüderlichen, vertrauensvollen, aufrichtigen Zusammenarbeit tragen« und: »Mit solchen Errungenschaften wie in der DDR können einzelne Mitglieder der Weltgemeinschaft durchaus prahlen.« Vgl. Gespräch mit O. Fischer am 11.7.1996.

94 Julij A. Kwizinskij, Vor dem Sturm. Erinnerungen eines Diplomaten, Berlin 1993, S. 13; dazu: J. Kwizinskij, Antworten auf Fragen von E. Czichon vom 22.2.1996.

95 W. Daschitschew veröffentlichte 1988 in der »Literaturnaja gaseta« (Moskau) zwei Artikel, in denen er seine politischen Positionen darlegte; am 18.5.1988: »Ost-West, Suche nach neuen Beziehungen – Zu den Prioritäten in der Außenpolitik des Sowjetstaates« [vgl. Das Stalinsche Erbe in der Außenpolitik, in: Blätter für deutsche und internationale Politik, Köln (1988)7, S. 871 ff.] und am 20.7.1988: »Die Deutschen und wir«. Diese und ähnliche Artikel verärgerten Honecker, berichtet G. Schachnasarow, S. 145. Honecker hat in seiner Unterredung mit Gorbatschow am 18.9.1988 auf diese Veröffentlichungen verwiesen. Gorbatschow antwortete, daß die Freundschaft zwischen beiden Ländern durch neue Erfahrungen bereichert würde. Vgl. D. Küchenmeister, S. 187 f. Zur Haltung von Daschitschew zur »Überwindung der Trennung der beiden deutschen Staaten« vgl. sein Interview in: Blätter für deutsche und internationale Politik, Köln (1989)6, S. 673-686. Vgl. weiterhin W. Datschitschew, Aus den Anfängen der Revision der sowjetischen Deutschlandpolitik. Ein Dokument zur Deutschen Frage aus dem Jahre 1987; in: Aus Politik und Zeitgeschichte, B 14 (1994), S. 36-46 und seine Denkschrift vom 18.4.1989 in: Der Spiegel (1990)6, S. 142 ff.

96 E. Kuhn, Gorbatschow, S. 24 ff. Hier ist der Disput zwischen N. Portugalow, W. Daschitschew und A. Tschernajew abgedruckt. Modrow meint (in: Die Perestroika. Wie ich sie sehe, S. 95), daß Gorbatschow am 28.5.1986 im sowjetischen Außenministerium gemeinsam mit Schewardnadse erstmals eine deutsch-deutsche Vereinigung nicht ausgeschlossen habe. Er hat dafür keinen Beleg angeführt.

97 Nach G. Schachnasarow (S. 141) gehörten zu den Status-quo-Denkern der Leiter der Deutschlandabteilung im sowjetischen Außenministerium Alexander Bondarenko sowie Alexander Martynow und Alexander Bogomolow aus der Abteilung Beziehungen zu kommunistischen und Arbeiterparteien sozialistischer Länder im ZK der KPdSU.

98 Teltschik bei E. Kuhn, Gorbatschow, S. 17.

99 Ebd., S. 26 ff.

100 Ebd., S. 29 f.

101 Ebd., S. 30.

102 Ebd., S. 25.

103 Gespräch mit Peter Florin am 6.1.1998.

104 Diese Ansicht Falins war zu diesem Zeitpunkt eine realistische Einschätzung; vgl. Anm. 8 zur Einleitung.

105 Gespräche mit Hans-Joachim Willerding am 8.11.1996 und 14.8.1996.

106 Gespräch mit G. Sieber am 14.12.1995.

107 V. Falin, Antworten auf Fragen vom 4.2.1996; ders., Erinnerungen, S. 480 f. V. Falin vertrat seit Jahren die Ansicht, daß Honecker zur Führung der SED unfähig sei. Vgl. W. Kotschemassow, Meine letzte Mission, S. 141.

108 Honecker erinnert sich, daß ihn 1987 der DDR-Botschafter in der UdSSR informierte, daß Journalisten in den Medien in Moskau zur Frage der Überwindung der deutschen Zweistaatlichkeit diskutierten. Vgl. R. Andert/W. Herzberg, Der Sturz, S. 21; Gespräch mit G. König am 28.8.1996. In seinen »Moabiter Notizen« vertritt Honecker die Ansicht, daß in Moskau bereits die Frage diskutiert worden sei, ihn durch einen Mann der Perestroika, wie Hans Modrow, zu ersetzen; E. Honecker, Moabiter Notizen, S. 14; dazu: H. Modrow (H.-D. Schütt), S. 260 f.

109 J. Kwizinskij, Vor dem Sturm, S. 169 f., ebenso G. König in seinem Interview in: Der Spiegel, Hamburg (1990)9, S. 164 ff. Siegfried Prokop nimmt an, daß das Ende der DDR bereits im Verhandlungsgefüge beim Besuch von Ronald Reagan in Moskau (vom 29.5. bis 2.6.1988) sozusagen angesichts des Mißerfolgs der Perestroika »entscheidend besprochen worden sei« (Horsta Krum/Siegfried Prokop, Das letzte Jahr der DDR, Berlin 1994, S. 7). Eine solche Absprache widerspräche der Genese der Strategie von Bush und Baker.

110 Markus Wolf, In eigenem Auftrag. Bekenntnisse und Einsichten, München 1991, S. 142. V. Falin schreibt, daß eine Konföderation beider deutscher Staaten es möglich gemacht hätte, die Spaltung Europas auf der Grundlage eines Interessensausgleichs zu überwinden, was für die DDR die Abwendung der Gefahr eines Anschlusses an die BRD bedeutet hätte. Vgl. V. Falin, Antworten auf Fragen vom 4.2.1996.

111 Gespräch mit Dr. Wolfgang Schwanitz am 24.1.1996. Zur Biographie von Wladimir A. Krjutschkow vgl. Izvestija ZK KPSS, Moskva (1989)2, S. 76.

112 M. Wolf, In eigenem Auftrag, S. 146; auf den Seiten 143-145 hat Markus Wolf offenbar teilweise seine Vorstellungen veröffentlicht, die er beim KGB sowie bei Falin vorgetragen hat.

113 Ebd., S. 146 f.

114 Ebd., S. 147 f. Falin entschuldigte Gorbatschow bei Markus Wolf mit eingetretenen Terminverschiebungen.

115 M. Wolf, In eigenem Auftrag, S. 148 f.; V. Falin, Antworten auf Fragen vom 4.2.1996.

116 P. A. Sudoplatow, S. 505.

117 M. Wolf, In eigenem Auftrag, S. 149 f. Ähnliche Gedanken entwickelte J. Kwizinskij Ende November 1989. Kwizinskij meint ebenfalls (Antwort auf Fragen vom 22.2.1996), mit der Lösung einer Konföderation wäre der unmittelbare Anschluß der DDR an die BRD verhindert worden. Francois Mitterrand teilt mit (in: Über Deutschland, Frankfurt am Main-Leipzig 1996, S. 53.), daß der Chef des Bundespräsidialamtes Klaus Blech im März 1989 zum französischen Botschafter in Bonn äußerte, daß eine »Konföderation Gesamtdeutschlands nun nicht mehr auszuschließen« sei.

118 Gespräch mit H.-J. Willerding am 8.11.1996.

119 M. Wolf, In eigenem Auftrag, S. 150.

120 Gespräch mit O. Fischer am 11.7.1996; W. Kotschemassow, Meine letzte Mission, S. 124 ff.

121 Gespräch mit W. Schwanitz am 24.1.1996.

122 Frank-Joachim Herrmann, Der Sekretär des Generalsekretärs, Berlin 1996, S. 89.

123 E. Kuhn, Gorbatschow, S. 27 f. und S. 45 ff. W. Seiffert deklariert sich als »Berater von Erich Honecker«, wofür es keinen Beleg gibt, was F.-J. Herrmann als der Sekretär von Honecker bestätigt (Notiz über ein Telefonat vom 25.2.1997). W. Seiffert behauptet, daß eine ganze Reihe »führender Industrieller« der BRD diese Initiative unterstützt hätten, ohne »daß sie genannt sein wollten«. Zu Seiffert vgl. seine Selbstdarstellung in der 25. Sitzung der Eppelmann-Kommission, in: Materialien, Bd. II, S. 436 ff.

124 E. Kuhn, Gorbatschow, S. 27 f. und S. 45 f. Seiffert berichtet, daß sowohl Daschitschew als auch Tschernajew dieses »Memorandum« und über sie auch Gorbatschow bekommen hätten und daß zu dem sowjetischen Botschafter in Bonn, Kwizinskij, übergangen habe, weil er von ihm als ein scharfer Gegner der Wiedervereinigung betrachtet worden wäre. Weiter behauptet Seiffert Gorbatschow hätte ihn wissen lassen, daß »er sich für diese Initiative bedanke, daß leider die Zeit in der Sowjetunion noch nicht reif für einen solchen Schritt« sei.

125 Gregor Gysi, Das war's. Noch lange nicht, Düsseldorf 1995, S. 79 ff. In diesen – im Design des bürgerlichen Zeitgeistes – geschriebenen ›Autobiographischen Notizen‹ sind nach Meinung Czichons neue »weiße Flecken« geschaffen worden, die an schlechteste Traditionen der Historiographie aus der Stalin-Zeit erinnern. Statt Tatsachen werden vom Autor vielfach nett angezogene Behauptungen und hübsche Rührseligkeiten serviert. Es können nicht so viel Anmerkungen zu diesen »Notizen« gemacht werden, wie das Buch Sachfehler enthält. Gysi wurde von H. Marohn auf einige Differenzen zu vorliegenden Dokumenten hingewiesen. Gysi antwortete: »Jedes Buch ist eine Zusammenfassung. Ich mußte ja stets überlegen, welche Einschätzungen zur DDR und ihre Entwicklung für einen breiten Leserkreis von Interesse sein könnten und welche nicht.« Vgl. Schreiben von Dr. G. Gysi an Dr. H. Marohn vom 2.6.1997. Zu einer solchen Auffassung von Wahrheit haben wir keinen Kommentar.

126 Ebd. Wir glauben dieser Auskunft nicht, weil über die »Gruppe Lutsch« die politischen Mitarbeiter im ZK der SED nicht informiert waren, es sei denn, daß Gysi ungewöhnliche Verbindungen unterhielt, die er aber stets eidlich bestritt. Jakowlew behauptet beispielsweise sehr betont: »Wir waren über alles informiert... Ich hatte Zugang zu Informationen, die uns aus Osteuropa erreichten.« in: Alexander Jakowlew, Offener Schluß. Ein Reformer zieht Bilanz, Leipzig-Weimar 1991, S. 84 f.

127 Andreas Bönte und Ralf Georg Reuth, Das Komplott. Wie es wirklich zur deutschen Einheit kam, München-Zürich 1993, S. 210 ff.; zur Bewertung von BND-Material vgl. Udo Ulfkotte, Verschlußsache BND, München/Berlin 1997, S. 261; siehe: Der Spiegel (1997)29, S. 30 ff. Dem BND ist es offenbar bis 1991 nicht gelungen »Lutsch« aufzuklären; vgl. dazu die von Manfred Kanther veröffentlichten Verfassungsschutzberichte 1990, 1991 und 1992. Die Berichte haben jeweils einen gesonderten Teil »Spionageabwehr« In der Ausgabe 1991, S. 13 ff. werden die »Eigenständigen Aktivitäten des KGB in der DDR« ohne jeden Hinweis auf »Lutsch« behandelt.

128 Das hat der sowjetische Botschafter in seiner Antwort vom 10.6.1997 bestätigt.

129 Gespräch mit W. Schwanitz am 24.1.1996. Die MfS-Informationen von 1989 an das Politbüro des ZK der SED befinden sich im Archiv des BStU, Bestand ZAIG, vor allem in den Mappen 3755 und 3756 und sind auszugsweise veröffentlicht in: Armin Mitter/Stefan Wolle, »Ich liebe Euch doch alle«. Befehle und Lageberichte des MfS, Berlin 1990.

130 Materialien der Enquete-Kommission, Bd. VIII, S. 323. In Kuba wurde die »Gruppe Lutsch« ausgeschaltet, was Gorbatschow erheblich verärgerte.

131 André Brie, Der zweigeteilte Parteitag. Versuch eines Beitrages gegen neue Legenden, in: Die PDS – Herkunft und Selbstverständnis, S. 60 f. Ehemalige Offiziere des MfS behaupten, daß Horst Brie 1989 als IM des Secret Service enttarnt wurde, eine Meinung, die wir nicht nachprüfen können.

132 Manfred von Ardenne in der Aussprache der Volkskammer der DDR am 13.11.1989: Volkskammer der Deutschen Demokratischen Republik, 9. Wahlperiode – 11. Tagung –, Montag, den 13.11.1989, Stenografische Niederschrift, S. 245. Vgl. H. Modrow (H.-D. Schütt), S. 193 f. der das Treffen Krjutschkows mit Ardenne und abends mit ihm und Markus Wolf bestätigt, wobei sie »nicht durch die Blume« sprachen und auch »nicht über das schöne Wetter an der Elbe«. Ergänzend dazu: Harald Wessel, Schweißnaß in der DDR-Geschichte, in: Weißenseer Blätter, Berlin (1995)1, S. 64. Er zitiert Modrow, daß er sich regelmäßig mit dem Parteisekretär der sowjetischen Botschaft zu konspirativen Treffs zusammengefunden habe, wozu er die Botschaft durch den Hintereingang betrat, um dann in der Sauna (um vor Mithörern sicher zu sein) »zu reden«. Vgl. dazu: Gespräch mit H. Modrow am 30.10.1995; Margarita Mathiopoulos, Das Ende der Bonner Republik, Stuttgart 1993, S. 195 sowie Modrow in der Diskussion der 25. Sitzung der Eppelmann-Kommission, in: Materialien, Bd. II, S. 493. In seinen Erinnerungen ist Modrow auf diese Beziehung nicht eingegangen.

133 Günter Schabowski, Der Absturz, Berlin 1991, S. 285. Die indirekte Behauptung von Schabowski, die Männer der »Dresdner Runde« wären seitdem mit einer mächtigen Rückendeckung (durch den KGB) in der KPdSU-Führung als anerkannte Radikalreformer und Nachfolger Honeckers betrachtet worden (vgl. auch Reuth/Bönte, S. 80), ist unserer Ansicht nach zu einfach. Aber auch Schabowski wird nachgesagt, daß er intensive Beziehungen zum »Umkreis der sowjetischen Botschaft in Berlin« hatte. Vgl. das Gespräche mit Alfred Neumann am 23.10.1995.

134 W. Kotschemassow, Meine letzte Mission, S. 92; Gespräch mit G. Sieber am 14.12.1995; vgl. Gespräch mit O. Fischer am 11.7.1996. Siehe auch die Verfassungsschutzberichte M. Kanthers, Ausgabe 1991, Teil Spionageabwehr, S. 16 ff. über die Tätigkeit der sowjetischen Nachrichtendienste aus legalen Residenturen heraus und in der Berichts-Ausgabe 1992, im Teil Spionageabwehr, S. 13 ff.

135 Reinhard Borgmann und Jochen Staadt haben aufgrund von Akten des MfS einen Bericht über CIA-Agentinnen in den 60er Jahren im ZK der SED veröffentlicht (Deckname Markus, Berlin 1998), über die der CIA keine Auskunft geben konnte (S. 159). Von uns befragte Insider halten in diesem Fall eine verdeckte Operation des NKWD/KGB unter falscher Firma für nicht ausgeschlossen.

136 V. Falin, Antwort auf Fragen vom 4.2.1996; vgl. Gespräch mit Werner Grossmann vom 12.2.1989, dem Leonid Schebarschin nach 1990 ebenfalls die Existenz der »Gruppe Lutsch« bestätigte, die nicht von der KGB-Residentur Karlshorst aus operierte. Die Angaben über »Lutsch« in der FAZ vom 16.9.1993 basieren weitgehend auf vermutende Erzählungen.

137 Manfred Stolpe, Schwieriger Aufbruch, Berlin 1992, S. 183.

138 P. A. Sudoplatow, S. 505; Pawel A. Sudoplatow nahm an diesem Seminar teil.

139 Ebd., S. 510.

140 W. Daschitschew bei E. Kuhn, Gorbatschow, S. 42.

141 Gespräch mit W. Schwanitz am 24.1.1996; vgl. die Untersuchungen der MfS-Spionage-
abwehr im ZAIG-Bericht von Werner Irmler Nr. 0244-G 48/87 und deren Fortsetzungen.
James Baker berichtet, (S. 143), daß sein Arbeitstag damit begann, die eingetroffenen Berichte
des INR und des CIA zu lesen. Oskar Fischer sagte uns (am 11.7.1996), daß ihm die MfS-
Informationen über die INR nicht zur Verfügung standen. Zur Arbeit des CIA in Berlin
vgl. Klaus Eichner/Andreas Dobbert, Headquarters Germany. Die USA-Geheimdienste in
Deutschland, Berlin 1997, S. 101 ff. Der CIA-Dependance in der DDR gehörten an: Paul R.
Caspar, Chiffreur; Janice E. Hunt (Sekretärin), William James jr. Jamieson, Laurice C Slick
und Stephan B. Slick (operative Mitarbeiter) sowie Imre Lipping als Gesprächsaufklärer.

142 Erich Schmidt-Eenboorn, Der BND – die unheimliche Macht im Staate, Düsseldorf 1993,
S. 450 ff.; vgl. Expertise für die Eppelmann-Kommission von Wilhelm Knabe, ›Westpartei-
en und DDR-Opposition. Der Einfluß der westdeutschen Parteien in den achtziger Jahren
auf unabhängige politische Bestrebungen in der ehemaligen DDR‹, in: Materialien, Bd. VII,
S. 1110 ff.

143 Beschluß des Sekretariats des ZK der KPdSU vom 10.12.1986 Nr. St-33/120 für eine Verordnung des Ministerrats der UdSSR, veröffentlicht in: Iswestija ZK KPSS, Moskva 11/1989,
S. 17.

144 R. Andert/W. Herzberg, S. 374 f.

145 Holger Becker, Moskau und die »Wende« in der DDR, in: Neues Deutschland vom
24.9.1993.

146 Schreiben von W. Medwedew vom 21.2.1996.

147 Thomas Falkner, »Putsch« oder Sturm aufs Große Haus, in: Die PDS – Herkunft und Selbstverständnis, S. 150. Wir teilen seine Meinung, daß eine mögliche Aufklärung der Tätigkeit
der Sondergruppe »Lutsch« im Herbst 1989 zu keiner diskriminierenden Agenten-Story ent-
arten darf. Wir meinen, daß gegenwärtig eine Offenlegung ihrer Tätigkeit in der DDR den
bundesdeutschen Medien zu einer Agentenhysterie verhelfen und Persönlichkeitsrechte grob
verletzen würde.

148 A. Brie in: Die PDS – Herkunft und Selbstverständnis, S. 60. Wenn A. Brie vergessen hat, was
vor 1989 internationale Solidarität für viele Mitglieder der SED bedeutete, verleugnet er seine
eigene Biographie. Sein Vorwurf, daß sich in der Frage von »Lutsch«, linke und rechte Legendenbildner treffen, ist bei ihm nicht einmal nur eine falsche Behauptung, sondern eine gezielte
antikommunistische Polemik, die bei ihm schon zur persönlichen Charakteristik gehört.

149 Gespräche mit K. Hager am 8.7.1996, W. Herger am 5.6.1996 und H. Geggel am
29.8.1995.

150 Bericht Honeckers auf dem XI. Parteitag der SED, in: Protokoll der Verhandlungen des XI.
Parteitages der Sozialistischen Einheitspartei Deutschlands in Berlin, 17. bis 21. April 1986,
Berlin 1986, S. 31 ff.

151 Gespräch mit H. Geggel am 4.7.1996 und mit Dr. Werner Hübner am 13.6.1996.

152 Hans Modrow hat (in: Die Perestroika. Wie ich sie sehe, S. 27 ff.) aus seiner Sicht ungewollt
nachgewiesen, daß die SED-»Perestroikianer« ebenso wie Gorbatschow weder über eine Analyse noch über eine Konzeption verfügten, wie sie die Widersprüche im frühen Sozialismus
überwinden wollten. Markus Wolf stellt rückblickend (in: Die Kunst der Verstellung. Dokumente. Gespräche. Interviews, Berlin 1998, S. 95 sowie in seiner Anm. 34 zum Vorwort), die
These auf daß eine Reform des Sozialismus eine ›friedfertige Umwelt« voraussetzt, weil sie
sonst nicht steuerbar sei.

153 Manfred Behrend, Der schwere Weg der Erneuerung, von der SED zur PDS, Berlin 1991, S. 46 ff. Die bisher vorliegenden »Untersuchungen« zur Perestroika-Opposition in der SED sind meist ideologisch orientiert. Vgl. Heinrich Bortfeldt, Von der SED zur PDS, Wandlung zur Demokratie? Bonn-Berlin 1992, S. 44 ff.; Thomas Klein, Parteisäuberungen und Widerstand in der SED, in: Visionen, S. 102 ff. Er folgt in seiner Stigmatisierung der SED als einer »reaktionären Partei« (S. 113), Gysi (vgl. Anm. 86 zu diesem Kapital), der zur SED formulierte: Die SED »war... seit mehreren Jahren keine linke Partei mehr. Und ... seit längerer Zeit reaktionär, weil sie Sozialismus verhindert und nicht ermöglicht hat.« Vgl. die in analoger Diktion gehaltene »Expertise« von W. Otto, Widerspruch und abweichendes Verhalten in der SED, für die Enquete -Kommission, in: Materialien, Bd. VII, S. 1437 ff.

154 Martin Gutzeit, Widerstand und Opposition in den achtziger Jahren, in der 68. Sitzung der Eppelmann-Kommission am 16.3.1994, in: Materialien, Bd. VII, S. 235 ff. und die anschließende Diskussion mit Zeitzeugen, an der u. a. Ulrike und Gerd Poppe, Bärbel Bohley, Carlo Jordan und Markus Meckel teilnahmen.

155 Ebd., S. 243; dazu: A. Mitter/St. Wolle, Untergang auf Raten, S. 483 ff.; vgl. Jürgen Weber, Die DDR – eine totale Diktatur von Anfang an, in: Jürgen Weber (Hg.), Der SED-Staat, Neues über eine vergangene Diktatur, München 1994, S. 1 ff.

156 Gespräche mit H. Mirtschin am 19.3. und am 1.7.1997.

157 Egon Krenz meint (ebenso wie Herger), es habe 1989 keine innerparteiliche Opposition gegeben (Gespräch mit E. Krenz am 23.1.1996), doch die entstandene »Perestroika-Opposition« war mit der in der SED tradierten Begrifflichkeit einer Opposition oder Fraktionsbildung nicht mehr zu erfassen.

158 Mitteilung der Pressestelle des Ministeriums für Post- und Fernmeldewesen, in: Neues Deutschland 19./20.11.1988, S. 2; inkriminiert wurde das Heft (1988)10 des in Moskau in deutscher Sprache gedruckten Digest »Sputnik«. Es enthielt einen Artikel-Block (von S. 127-148) mit fünf kritischen Presseauszügen zu Stalins Verhalten während des zweiten Weltkrieges. Honecker sah in diesen Beiträgen einen Vergleich von Stalin mit Hitler. Der Bannstrahl Honeckers gegen die Zeitschrift löste eine Protestwelle in der Öffentlichkeit der DDR aus. Vgl. die ZAIG-Information vom 30.11.1988, in: Interne Dokumente, S. 53 ff. Honecker hatte bereits in seiner Unterredung mit Gorbatschow am 28.9.1988 darauf verwiesen, daß es für die SED-Führung unerträglich sei, wenn sowjetische Presseorgane die propagandistischen Ausfälle des Westens übernehmen; vgl. D. Küchenmeister, S. 201 ff. Dazu: G. Schürer, Gewagt und verloren. Eine deutsche Biografie, Frankfurt/Oder 1996, S. 160; M. Behrend, Der schwere Weg der Erneuerung, S. 48 ff., F.-J. Herrmann, Der Sekretär, S. 73.

159 Zu Kurt Hagers Stern-Interview vom 9.4.1987 vgl. K. Hager, Erinnerungen, S. 384 f.

160 Interne Dokumente, S. 63 ff.: Mitschrift der Rede von Honecker zur Affäre um Modrow. Gespräch mit F.-J. Hermann am 29.7.1996. W. Otto verweist zu diesem Vorfall in Visionen (S. 828) auf den Aktenbestand 2314 und 2317, in: BArch SAPMO: ZPA-SED J IV 2/2. Modrow hatte im Januar 1989 über einige politische und ökonomische Schwierigkeiten im Bezirk Dresden an das ZK berichtet und dafür fehlende Zulieferungen, ungenügende Planvorgaben und Verschleiß von Anlagen verantwortlich gemacht. Das betraf den Verantwortungsbereich von Mittag. Auf dessen Initiative beschloß das Sekretariat des ZK der SED eine Untersuchungskommission, die Mittag leitete. Deren Bericht wurde am 28.1.1989 im Politbüro in Anwesenheit der Mitglieder des Sekretariats der SED-Bezirksleitung Dresden beraten. Vgl. H. Modrow (H.-D. Schütt), S. 243 ff.

161 Mit dem Blick auf den XII. Parteitag die Aufgaben der Gegenwart lösen. Aus dem Bericht des

Politbüros an das ZK der SED, Berichterstatter: Erich Honecker; 7. Tagung des ZK der SED, 1./2.12.1988, Berlin 1988, S. 64 f.

162 Ebd.; vgl. Gespräch mit F.-J. Hermann am 29.7.1996. Herrmann, der für die Vorbereitung dieser Rede zuständig war, erklärte, daß dieser Teil des Referates von Hager kam und von Honecker so übernommen wurde. »Erich Honecker hat sich immer das von mir zusammengestellte Material sehr genau angesehen und es durchgelesen, diesmal daran nicht einmal formal was am Text geändert. Er hat diesen Passus also akzeptiert. Dennoch muß ich sagen, daß diese Aufgabenstellung ... sicherlich zunächst bei ihm keine Dominante in seinen Überlegungen darstellte, oder er wollte diese Aufgabe vorerst noch nicht so betonen.« Die Textstelle war von Gregor Schirmer, dem stellvertretenden Leiter der Abteilung Wissenschaften im ZK der SED ausgearbeitet worden (Gespräch mit G. Schirmer am 30.1.1999). Honecker hat über dieses Problem später öfters mit Hager diskutiert und ist auch in seinem letzten Manuskript (E. Honecker, Zu dramatischen Ereignissen, S. 82 f.) darauf eingegangen. Das 7. Plenum ist in der Literatur durchgehend unseriös und polemisch bewertet: W. Otto vor der Eppelmann-Kommission, in: Materialien, Bd. VII, S. 1475; Gerd-Rüdiger Stephan, Die letzten Tagungen des Zentralkomitees der SED 1988/1989. Abläufe und Hintergründe, in: Deutschland Archiv (1994), S. 296 ff.; Ilse Spittmann im Deutschland-Archiv (1988), S. 1249 ff. und Johannes Kuppe, ebd. (1989), S. 1 ff. sowie Hans-Hermann Hertle/Gerd-Rüdiger Stephan in: Das Ende der SED. Die letzten Tage des Zentralkomitees, Berlin 1997, S. 41 ff.

163 Gespräch mit H. Geggel am 4.7.1996, mit ihm sprach Honecker darüber, ob es nicht zu überlegen sei, wieder Betriebsräte in den Betrieben der DDR einzuführen.

164 Vgl. W. I. Lenin, Wie wir die Arbeiter- und Bauerninspektion reorganisieren sollen, in: W. I. Lenin, Werke (Berliner-Ausgabe) Bd. 33, S. 408 ff.; vgl. die Materialien zu diesem Artikel, in: Werke Ergänzungsband 1917-1923, S. 457 ff.

165 Prawda, Moskva, Nr. 275 vom 1.10.1988: Das ZK-Plenum der KPdSU war Ende September 1988 kurzfristig einberufen worden, um die Machtverhältnisse im Politbüro und ZK endgültig zugunsten von Gorbatschow zu stabilisieren (vgl. A. Tschernajew, S. 207). Andrei Gromyko schied aus der sowjetischen Führung aus und Gorbatschow übernahm das Amt des Vorsitzenden des Präsidiums des Obersten Sowjets der UdSSR selbst, W. Medwedew wurde zum Mitglied des Politbüros gewählt; das ZK beschloß die Bildung mehrerer Kommissionen des Politbüros. Vgl. Blätter für deutsche und internationale Politik, Köln (1988)11, S. 1394.

166 Wadim Medwedew, [Den Sozialismus erkennen] in: Kommunist, Moskau (1988)17.

167 Auszüge aus der Rede von W. Medwedew auf der Konferenz in: Blätter für deutsche und internationale Politik, Köln (1988)11, S. 1395-1398; dazu: A. Tschernajew, S. 207. G. Schirmer betonte, daß er bei der Zuarbeit für Honeckers Referat auf dem 7. ZK-Plenum auf die Diskussion auf dieser Konferenz bezug nahm (Gespräch mit G. Schirmer am 30.1.1999).

168 Aus den Diskussionsreden. 7. Tagung des ZK der SED, 1./2.12.1988, Berlin 1988, S. 89.

169 Gespräch mit F.-J. Herrmann am 29.7.1996.

170 Wir können nur auf einige der Artikel verweisen: T. Saslawskaja, Korennoj wopros perestrojki, in: Iswestija vom 4.6.1988, S. 3; N. Moisejew, Moi predstawlenija o nowom oblike socialisma, in: Kommunist, Moskwa (1988)14, S. 14-25; A. M. Rumjanzew, Perestrojka i nekotorye woprosy teorii socializma, in: Iswestija Akademii nauk, SSSR (1988)6, S. 3-15; L. I. Abalkin, Perestrojka: Puti i problemy, Moskwa: Ekonomika 1988; vgl. auch Teorija socializma: istorija i sowremennost' (>Kruglyj stol< redakzii), in: Polititscheskoe obrasowanie, Moskwa (1988)12, S. 33 ff. und N. T. Frolow, Perestrojka: Filososkij smysl i tschelowetscheskoe prednasnatschenie, in: Woprosy filosofii (1989)2 sowie G. W. Osipow, Dwe modeli socializma, in:

Westnik Akademii nauk SSSR (1989)4, S. 5-15. Anatoli Butenko, Welchem Sozialismus sie nachtrauern, in: Neue Zeit, Moskau, (1988)15, S. 20-22 und Problemy rasrabotki konzepzii sowremennogo sozialisma, in: Woprosy filosofii, Moskwa (1988)11, S. 31 ff.

171 Aufgrund des Beschlusses zur Einberufung des XII. Parteitages der SED wurden (nach Kurt Hager) folgende offizielle Kommissionen des ZK gebildet: 1. Gestaltung der entwickelten sozialistischen Gesellschaft; 2. Fragen der Wirtschafts- und Sozialpolitik; 3. Fragen der Sozial-struktur und der Lebensweise; 4. Fragen der politischen Organisation; 5. Fragen der Bildung und Kultur; 6. Fragen der Partei; 7. Fragen der Geschichte und des historischen Erbes: Es entstanden dazu verschiedene Arbeitsgruppen. Vgl. Gespräch mit K. Hager am 8.7.1996. Heinz Mirtschin weist darauf hin, daß diese Kommissionen ca 20-25 Genossinnen und Ge-nossen umfaßten, die meisten der genannten Kommissionen bis zum Sommer 1989 aber nicht zusammengerufen worden waren. Lediglich Hager hatte in seinem Bereich die Ausarbeitung von Studien und Analysen initiiert. Vgl. Gespräch mit H. Mirtschin am 1.7.1997.

172 Vermerk über einen Besuch von Gysi bei Minister Dr. Hans-Joachim Heusinger am 31.7.1989, als Anlage zum Schreiben von Gysi an Marohn vom 2.6.1997. Gysi wiederholte in diesem Gespräch seine Vorschläge zur Reform der Rechtspflege aus anwaltschaftlicher Sicht, die er bereits eine Woche zuvor in einem Gespräch mit Krenz dargelegt hatte und die in die Vorbereitung des XII. SED-Parteitages einbezogen werden sollten (Blatt 4 des Vermerks). In seinem Erinnerungs-Buch »Das war's. Noch lange nicht«, S. 67 verschönert Gysi den Anlaß zu dieser Visite im Großen Haus. Er führt ihn »auf die denkwürdigen Kom-munalwahlen im Mai 1989« und auf eine Anregung von Eppelmann zurück. Gegenüber Hans-Joachim Heusinger sagte er allerdings, der Besuch bei Egon Krenz wäre auf dessen In-itiative geschehen. Folgen wir den autobiographischen Notizen Gysis, hatte er damals »mit einer gewissen Beklemmung« das »Allerheiligste«, also die zweite Etage im ZK (auf der sich die Zimmer der Politbüromitglieder befanden) betreten (ebd., S. 69). Doch er war nicht das erstemal im ZK, wie er glauben machen möchte. Vgl. dazu sein Schreiben vom 17.4.1997 an den Ausschuß für Wahlprüfung, Immunität und Geschäftsordnung des Deutschen Bun-destages in seiner Stellungnahme zum ergänzenden Bericht des Bundesbeauftragten für die Unterlagen des Staatssicherheitsdienstes der ehemaligen DDR vom 13.3.1997, wo er seine mehrfachen früheren Besuche im ZK einräumt. Zu Gysi als Rechtsanwalt vgl. Friedrich Wolf, Verlorene Prozesse 1953-1998. Meine Verteidigungen in politischen Verfahren. Baden-Baden 1999, S. 200 und S. 203 ff.

173 Gespräch mit K. Hager am 8.7.1996 und mit W. Herger am 5.6.1996.

174 Diese grundsätzliche Orientierung von Honecker wird von mehreren Zeitzeugen bestätigt. Vgl. Gespräch mit E. Krenz am 1.7.1996.

175 Vgl. A. Mitter/St. Wolle, Untergang auf Raten, S. 496 ff.

176 Ministerium für Staatssicherheit der DDR: ZAIG-Information Nr.150/89 (mit Anlagen) vom 1.6.1989 für die Mitglieder des Politbüros des ZK der SED; wir zitieren nach: Befehle und Lageberichte (vgl. Anm. 129 zu diesem Kapital), S. 46-71; zur CIA-Verstrickung von Rainer Eppelmann vgl. K. Eichner/A. Dobbert, S. 139 ff.

177 Vgl. die Expertise von Rainer Eckert, Die revolutionäre Krise am Ende der achtziger Jahre und die Formierung der Opposition, in: Materialien, Bd. VII/1, S. 667 ff.; dazu den einführenden Vortrag von Martin-Michael Passauer, Die evangelischen Kirchen in der DDR, in der nichtöf-fentlichen 8. Sitzung der Eppelmann-Kommission am 5.6.1992, in: ebd., Bd. VI, S. 1636 ff. und das Protokoll der 57. Sitzung der Kommission am 15.12.1993, ebd., Bd. VI, S. 175 ff.; hier gibt der Pfarrer Curt Stauss einen Überblick über die im Dezember 1988 bestehenden Friedensgruppen (S. 192).

178 Befehle und Lageberichte, S. 50.

179 M. Stolpe, Schwieriger Aufbruch, S. 151 ff. Auch Eppelmann unterstützte von der Samaritergemeinde aus den kirchlichen Angestellten Ralf Hirsch mit einem entsprechenden Büro auf einem Friedhof (ebd., S. 163).

180 Ebd., S. 164.

181 Aus dem Bericht des Politbüros an das ZK der SED, Berichterstatter: Joachim Hermann, 8. Tagung des ZK der SED, 22./23.6.1989, Berlin 1989; Aus den Diskussionsreden, 8. Tagung des ZK der SED, 22./23.6.1989, Berlin 1989; hierzu: H. Keßler, Zur Sache und zur Person, S. 236.

182 Gespräch mit K. Hager am 8.7.1996: nach seiner Meinung sollte das 8. Plenum des ZK der SED bereits die Gesellschaftskonzeption des XII. Parteitages diskutieren, was scheiterte. Die Ursachen dafür konnten wir bisher nicht widerspruchsfrei klären. Auch Honecker hatte dieses Ziel des Plenums noch in seinem Gespräch mit Schewardnadse Anfang Juni 1989 angedeutet; dazu die Niederschrift eines Gespräches von Honecker mit Schewardnadse am 9.6.1989 in Berlin, in: Interne Dokumente, S. 83.

183 Bericht über die »innere Lage der DDR nach dem 8. ZK-Plenum« [Interner Bericht aus der BRD, (vermutlich vom BND, d. Aut.) vom Juli 1989] in: BStU: MfS, Sekretariat des Ministers, Bd. 89; vgl. Interne Dokumente, S. 89 ff. Der Bericht war von Generaloberst Fritz Streletz am 31.7.1989 an Mielke übersandt worden. Vgl. auch das Fernschreiben des Staatssekretärs Franz Bertele (Leiter der Ständigen Vertretung der BRD in der DDR) an Rudolf Seiters vom 27.6.1989 zur inneren Lage der DDR nach dem 8. ZK-Plenum, in: Akten des Bundeskanzleramtes (vgl. Anm. 16 zum Vorwort), S. 316 ff. Seiters hatte als Nachfolger von Wolfgang Schäuble am 21.4.1989 die Leitung des Bundeskanzleramtes übernommen (zur Struktur des Amtes vgl. die Tafel 11, S. 326).

184 E. Honecker, Moabiter Notizen, S. 29.

185 MfS: ZAIG-Information Nr. K 103 vom 7.7.1989, in: Befehle und Lageberichte, S. 97 ff., ZAIG-Information Nr. 150/89 (mit Anlagen) vom 1.6.1989, ebd., S. 46 ff. und die Information Nr. 321/89 vom 30.6.1989, ebd., S. 79 ff. sowie die Information Nr. 321/89 vom 30.6.1989, ebd., S. 79 ff.

186 G.-J. Glaeßner, S. 46 ff.

187 MfS: ZAIG-Information Nr. 285/89 vom 8.6.1989, in: Befehle und Lageberichte, S. 72 f., die Information Nr. 286/89 vom 9.6.1989, ebd., S. 76 f.; vgl. dazu die Information K 103/89 ebd., S. 108 ff. In beiden Demonstrationsvorbereitungen waren, wie die Informationen ausweisen, von der ARD ein Herr Börner und vom ZDF ein Herr Schmitz als Journalisten involviert. Vgl. l. A. Mitter/St. Wolle, Untergang auf Raten, S. 484.

188 F. Wilhelmy, Der rätselhafte Modus des DDR Zusammenbruchs, Berlin 1996, S. 40 ff.; dazu: Th. Klein, Parteisäuberungen und Widerstand, in: Visionen, S. 102 ff. Vor allem die Gebrüder Brie und Rainer Land sind publizistisch bemüht, die Gruppe an der Humboldt-Universität zum ideologischen Zentrum der »demokratischen Revolution« vom Herbst 1989 hochzustilisieren.

189 Die gemeinsame Erklärung von SPD und SED. Stellungnahmen und Dokumente, Köln 1988; dazu die Interpretation bei: Harald Neubert, Zum gemeinsamen Ideologie-Papier von SED und SPD aus dem Jahre 1987; Heft 18 zur ddr-geschichte, Berlin 1994; F. Wilhelmy, Der rätselhafte Modus, S. 34 ff.

190 Vgl. Anm. 170 zu diesem Kapitel. Eine ganze Reihe dieser Diskussionsbeiträge wurde ins Deutsche übersetzt, ein Teil davon wurde in der DDR über verschiedene Zeitschriften pu-

bliziert, wie ›Neue Zeit‹, ›Sowjetwissenschaft‹ oder ›Sozialismus: Theorie und Praxis‹. Vgl.
A. Butenko, Muß der Sozialismus neu erfunden werden, in: Neue Zeit, Moskau, (1988)48,
S. 25 f.; F. Burlatzki, Welchen Sozialismus das Volk braucht, in: Sozialismus: Theorie und
Praxis; Moskau (1988)12, S. 28 ff.

191 F. Wilhelmy, Der rätselhafte Modus, S. 46; dazu die Selbstbewertung bei: Dieter Segert, Politische Visionen im Zerfallsprozeß der DDR – das Beispiel des Sozialismusprojekts, in: Utopie
kreativ, Heft 37/38, S. 103 ff.

192 Alfred Kosing, Zur Diskussion um eine moderne Sozialismuskonzeption, in: Deutsche Zeitschrift für Philosophie, Berlin, Heft (1990)2, S. 172 ff.

193 Erich Hahn, Ideologie und Frieden, Sitzungsberichte der Akademie der Wissenschaften der
DDR 12 G, Berlin 1987; ders., Zur Dialektik von Menschheitsentwicklung und Klasseninteressen (1989), in: Heft 4 der Schriftenreihe von Wissenschaft & Sozialismus, Frankfurt/Main
1991.

194 Dieter Klein, Friedensfähigkeit des Kapitalismus, in: horizont, Berlin (1989)1, S. 9 f.; ders,
Politökonomische Grundlagen für einen friedensfähigen Kapitalismus, in: IPW-Berichte, Ber-
lin (1988)2, S. 1-9; ders., Chancen für einen friedensfähigen Kapitalismus, Berlin 1988; Jörg
Huffschmid/Heinz Jung, Reformalternative, Arbeitsmaterialien des IMSF 28, Frankfurt am
Main 1988, S. 13 ff.

195 Humboldt-Universität zu Berlin, Sektion Philosophie; Forschungsprojekt Sozialismustheorie:
Studie. Überlegungen zu Problemen und Perspektiven des gesellschaftlichen und wirtschaftlichen Wandels des Sozialismus und der Weiterentwicklung gesellschaftsstrategischer Konzeptionen in der DDR und anderen sozialistischen Staaten des RGW (Juli 1989), S. 1-106. Die
Verfasser der Studie (die auf dem Deckblatt namentlich nicht genannt sind) bezogen sich auf
der S. 57 ausdrücklich auf den Auftrag des 7. Plenums des ZK der SED. Hierzu vgl. auch
André Brie/Michael Brie/Rainer Land/Dieter Segert u. a., Sozialismus am Scheideweg. Fragen
an eine neue Konzeption, Berlin 1990; A. Brie/M. Brie/W. Ettl, Zur gegenwärtigen Lage in
der DDR und Konsequenzen für die Gestaltung der Politik der SED, in: R. Land/L. Kirchner
(Hg.), Sozialismus in der Diskussion, Teil 2: Texte zu Politik, Staat und Recht, Berlin 1990.

196 Manfred Wekwerth, Interview, in: Thomas Grimm (Hg.), Was von den Träumen blieb. Eine
Bilanz der sozialistischen Utopie, Berlin 1993, S. 145. Wekwerth meint, daß die anderen dem
ZK der SED eingereichten Studien im Panzerschrank von Hager verschlossen gewesen wären;
was bereits Reinhold auf dem 10. Plenum des ZK der SED behauptet hatte (vgl. Protokoll
der 10. Tagung des ZK der SED, Teil III: Herausgegeben vom Büro des Politbüros des ZK
der SED, Berlin 1989, S. 71; ebd., S. 75 der Widerspruch von Kurt Hager gegen diese Behauptung. Dennoch wiederholt auch Wilhelmy (Der rätselhafte Modus, S. 44) diese falsche
Sicht. Mit ähnlicher Methode gezielter Fehlinterpretation wurde auch von Peter Kirschey versucht, Hager zu diskriminieren, als er dessen Haltung vor der Schiedskommission der PDS am
21.1.1990 verfälschte. Peter Kirschey schreibt (in: Wandlitz – Waldsiedlung, die Geschlossene Gesellschaft, Berlin 1990, S. 80): »... Kurt Hager erläutert daß zahlreiche Gesellschaftswissenschaftler umfangreiche Materialien zu verschiedenen Bereichen erarbeitet hatten, die aber im
Politbüro gänzlich unbeachtet blieben.« Diese Interpretation wird vom Tonbandprotokoll der
Sitzung nicht gedeckt. Vgl. Int.PArch.PDS, Akten der Bundesschiedskommission, Abschrift
des Tonbandprotokolls; dazu: Gespräch mit K. Hager am 8.7.1996. Alfred Neumann berichtet, daß ihm alle Studien vorgelegen haben (Gespräch mit A. Neumann am 23.10.1995 und
mit F.-J. Hermann am 19.7.1996). Aus den Notizen von Gerhard Schürer über die Politbürositzung am 10.10.1989 (in: Hans-Hermann Hertle, Der Fall der Mauer, Opladen 1996,
S. 409 ff.) ist zu ersehen, daß auch Honecker diese Studien gelesen und daraus Schlußfol-

gerungen für Reformen in der DDR gezogen hatte. Das bestätigt Schürer (Gespräch mit G. Schürer am 19.3.1997).

197 André Brie, Ich tauche nicht ab. Selbstzeugnisse und Reflexionen, Berlin 1996, S. 115 f.

198 W. S. Semenow, Dialektika sowerschenstwowanija uskorenija perestrojki w sowremennom raswitii sowjetskogo obtschestwa, in: Woprosy filosofii, Moskwa (1986)2, S. 3-15; A. P. Butenko, Teoretitscheskie problemy sowerschenstwowanija nowogo stroja: o sozial'no-ekonomitscheskoj prirode sozialisma, in: ebd., S. 17 ff.; Internazionalistskaja sut' sozialisma, in: Kommunist, Moskwa (1987)13, 3-13; O. Bogomolw, Sozialistitschekoj mir na perelomnom etape, in: Meshdunarodnaja Shisn, Moskwa (1987)11, S. 3-14; B. L. Altuchow, Oktjabr' i sowremennye problemy dialektiki obschtestwennogo raswitija, in: Woprosy filosofii, Moskwa (1987)11, S. 3-18 sowie G. Smirnow, K woprosy o leninskoj konzepzii sozialisma, in: Polititscheskoe obrasowanie, Moskwa (1989)1, S. 12-21, übersetzt in: Sowjetwissenschaft, Berlin (1989)4, S. 427 ff.

199 G. Schachnasarow, S. 134 und S. 181 ff.; vgl. seine Thesen, Der ›Gegensatz der Systeme‹ – eine ›fixe Idee‹, in: Kommunist, Moskwa (1989)3, deutsch in: Blätter für deutsche und internationale Politik, Köln (1989)4, S. 495-506.

200 Auf solche Tendenzen hatte sowohl W. Medwedew hingewiesen, in: Den Sozialismus erkennen, als auch W. T. Loginow in: Woprosy filosofii (1988)11, S. 49 ff.

201 Diese Meinungen wurden auch bei den persönlichen Gesprächen deutlich, die in den Grundorganisationen der SED von Kommissionen der Parteileitungen mit allen Mitgliedern zur Vorbereitung der Parteiwahlen stattfanden. Gespräch mit H. Mirtschin am 19.3.1997; vgl. W. Otto, Visionen, S. 440 f.

202 St. Heym, Neue Hoffnung für die DDR, in: Stalin verläßt den Raum, S. 274.

203 Horst Teltschik, 365 Tage. Innenansichten der deutschen Einigung, Berlin 1991, S. 320. Teltschik war Ministerialdirigent im Bundeskanzleramt und Leiter der Abteilung 2. Der Persönliche Mitarbeiter des DDR-Ministerpräsidenten Hans Modrow, Karl-Heinz Arnold, charakterisiert ihn als klug und gerissen, der einen großen Einfluß auf den Bundeskanzler hatte, doch sein arrogantes Auftreten verärgerte oftmals die Mitarbeiter des Bundesaußenministers. Gespräch mit Karl-Heinz Arnold am 21.4.1997. Dazu: E. Kuhn, Gorbatschow, S. 3; vgl. M. Gorbatschow, Erinnerungen, S. 703 ff. Gorbatschow berichtet, daß er mit Helmut Kohl »nicht nur zu einem guten, nicht nur politischen, sondern auch menschlichen Einvernehmen« kam (ebd., S. 704). Dazu: Besuch Gorbatschows in der BRD 12.-15.6.1989. Dokumente und Materialien, Moskau 1989; vgl. A. Tschernajew, S. 258 f. sowie R. Biermann, S. 100 ff. und S. 128 ff. Wortlaut der offiziellen Gesprächsprotokolle vom 12. und 13.6.1989 in: Akten des Bundeskanzleramtes, S. 271-299 und ebd. (S. 299 ff.) die informellen Telefongespräche Kohls mit Bush, Thatcher, Gonzáles und Mitterrand über den Besuch Gorbatschows.

204 Helmut Kohl, Ich wollte Deutschlands Einheit. Dargestellt von Kai Diekmann und Ralf Georg Reuth, Berlin 1996, S. 43.

205 E. Kuhn, Gorbatschow, S. 35; zu dem Treffen vgl. A. Tschernajew, S. 229 f.; E. Bahr, Zu meiner Zeit, S. 487 f. Zu Honecker sagte Gorbatschow über seine Gespräche mit Kohl: Der Kanzler habe die Frage aufgeworfen, wie er, Honecker zur Umgestaltung der Sowjetunion stehe und habe angedeutet, die DDR werde möglicherweise Zeit verlieren. Er, Gorbatschow habe jedoch geantwortet, die DDR brauche unsere Umgestaltung nicht mitmachen, sondern müsse ihren eigenen Weg gehen. Vgl. D. Küchenmeister, S. 219.

206 E. Kuhn, Gorbatschow, S. 36.

207 Ebd., S. 37-39, voller Wortlaut in: Neues Deutschland vom 14.6.1989 und bei Gebhard Diemer/Eberhart Kurt, Kurze Chronik der Deutschen Frage, München 1994, S. 227 f.; zum Gorbatschow-Besuch in Bonn vgl. Ph. Zelikow/C. Rice, S. 63 ff.

208 E. Kuhn, Gorbatschow, S. 37; zum amerikanischen Verständnis des Begriffes »Selbstbestimmung« siehe bei Ph. Zelikow/C. Rice, S. 166 ff., das Verständnis von Gorbatschow in seinem Interview in der Le Monde, Paris, vom 7.7.1989; Arbeitsübersetzung für Kohl in: Akten des Bundeskanzleramtes, S. 345 f.; dazu (ebd., S. 634) die Information von Teltschik an Kohl vom 11.12.1989, über die Unterredung Gorbatschows mit Genscher am 5.12.1989. Gorbatschow vertrat die Ansicht: »Da es nur ein deutsches Volk gibt, gibt es grundsätzlich auch nur ein Selbstbestimmungsrecht. DDR-Bevölkerung kann dies aber ›getrennt ausüben‹.« Vgl. Anm. 111 zum III. Kapitel.

209 E. Kuhn, Gorbatschow, S. 37.

210 A. Tschernajew, S. 259. Offen bleibt die Frage, woher der Berater Gorbatschows die Informationen hatte, »was nunmehr für die Ostdeutschen auf der Hand« lag.

211 Erich Honecker, Aus meinem Leben, Berlin 1980, S. 43 f.; dazu: W. Kotschemassow, Meine letzte Mission, S. 143 ff.

212 Gespräch mit G. König am 28.8.1996.

213 Niederschrift eines Gespräches von Honecker mit Schewardnadse am 9.6.1989, S. 75 ff.

214 D. Küchenmeister, S. 208 ff. V. Falin meint (Erinnerungen, S. 483), Gorbatschow habe Honecker in diplomatischen Worten, aber vollkommen deutlich zu verstehen gegeben, daß Reformen unausweichlich seien, was die Gesprächsniederschrift nicht erkennen läßt.

215 W. Kotschemassow schreibt (Meine letzte Mission, S. 92 und S. 147): »Die Botschaft der UdSSR in Berlin arbeitete in diesen Wochen in einem Sonderregime.« Er berichtet (im Schreiben vom 1.7.1998), daß die Botschaft sogar einen politischen Sonderstab eingerichtet hatte.

216 W. Kotschemassow, Meine letzte Mission, S. 155. Falin schreibt (Erinnerungen, S. 449), daß Gorbatschow nicht nur verstand, auf verschiedene Weise zu lächeln, sondern auch aus »Worten Tarnnetze zu flechten«.

217 Vgl. E. Honecker, Moabiter Notizen, S. 17; dazu: Beratung der Ersten Sekretäre der Zentralkomitees der Kommunistischen Parteien der Unionsrepubliken, der Regions- und Gebietsparteikomitees über Fragen der Parteiarbeit unter den Bedingungen der Umgestaltung im Zentralkomitee der KPdSU am 18. Juli 1989, in: Presse der Sowjetunion, Berlin (1989)10; vgl. Gespräch mit F.-J. Herrmann am 29.7.1996; W. Kotschemassow, Meine letzte Mission, S. 129.

218 Ebd., S. 72 und 132. Dieses Verhalten bestätigt auch der DDR-Botschafter in Moskau (Gespräch mit G. König am 28.8.1996). Vgl. die Aufzeichnungen der Gespräche zwischen Honecker und Gorbatschow bei: D. Küchenmeister, S. 188 und besonders S. 201 f.

219 Wir vertreten die Meinung, daß mit der Beratung am 18. Juli 1996 in Moskau die Agonie der Perestroika deutlich wurde; das würde mit der Ansicht Kwizinskijs und mit der Tschernajews korrespondieren, daß sich im Sommer 1989 das Schicksal der DDR in Moskau entschied.

220 H. Keßler, Zur Sache und zur Person, S. 246.

221 Gespräch mit F.-J. Herrmann am 29.7.1996.

222 F.-J. Herrmann, Der Sekretär des Generalsekretärs, S. 60 ff. G.-R. Stephan, Die letzten Tage des Zentralkomitees, S. 299 deutet diese Führungsschwäche als ein in sich differenziertes Machtsicherungssystem Honeckers, indem den ZK-Mitgliedern das statutarische Recht ver-

weigert wurde, gesellschaftliche Probleme zu diskutieren. Diese Sicht ist falsch. Das langjährige ZK-Mitglied Moritz Mebel betont, daß er immer sprechen konnte, wenn er sich auf ZK-Sitzungen zu Wort meldete. Vgl. Gespräch mit M. Mebel am 5.9.1996; andere ZK-Mitglieder bestätigten dies.

223 Gespräch mit G. Sieber am 14.12.1995.

224 M. Wolf, Erinnerungen, S. 432 ff.; dazu das Gespräch mit W. Grossmann am 12.2.1998. Er bestätigt, daß Wolf bereits mit seinem 60. Geburtstag aus der Verantwortung der HVA des MfS, also bereits 1983, ausscheiden wollte. Modrow meint (in: Die Perestroika. Wie ich sie sehe, S. 65) Wolf sei »abserviert« worden, was von Wolf selbst bestritten wird (in: Die Kunst der Verstellung, S. 101 f.).

225 Gespräch mit B. Zimmermann am 28.8.1995.

226 Markus Wolf, Die Troika. Geschichte eines nicht gedrehten Films, Berlin 1989.

227 Gespräch mit H. Geggel am 29.8.1995.

228 A. Brie, Ich tauche nicht ab, S. 107 ff.

229 M. Wolf, In eigenem Auftrag, z. B. auf S. 167 und S. 186, aber auch S. 217; dazu: M. Wolf, Erinnerungen, S. 440 ff.

230 Gespräch mit W. Herger am 4.12.1995 und Gespräch mit E. Krenz am 30.1.1996; vgl. M. Wolf, In eigenem Auftrag, S. 157 ff. und S. 166 f.

231 Vgl. Anm. 91 zu diesem Kapitel. Daß sich Gorbatschow bereits im Sommer 1989 der Ansicht näherte, die DDR als »Vorposten des Sozialismus in Westeuropa« aufzugeben, berichtet Tschernajew (S. 266). S. Prokop schreibt (in: Vom Autoritarimus zur demokratischen deutschen Republik, S. 4), daß bereits im Mai 1989 der Leiter der Konsularabteilung der Budapester Botschaft der BRD davon sprach, daß im Juli und August in Ungarn »Flüchtlingslager« eingerichtet werden müssen, aus denen eine Ausreise in den Westen erfolgen könne. Kwizinskij berichtet (Antworten auf Fragen vom 22.2.1996): »Als ich in Bonn war, war für mich offensichtlich, daß Bonn etwas mit Hilfe Ungarns gegen die DDR eingeleitet hatte. Dies hätte man auch in Moskau nicht übersehen können.« C. Rice und Ph. Zelikow vom NSC-Stab der USA analysierten, daß zu dieser Zeit Gorbatschow die sozialistische Alternative als Ziel der Perestroika aufgegeben hatte.

232 In der Präambel des Grundgesetzes der BRD (Fassung vom 21.12.1983, BGBl. I, S. 1481) wird postuliert, daß das Deutsche Volk aufgefordert bleibt, »in freier Selbstbestimmung die Einheit und Freiheit Deutschlands zu vollenden«. Kohl hat stets wiederholt, daß die Präambel des Grundgesetzes nicht zur Disposition steht. Vgl. seine Erklärung gegenüber Erich Honekker bei dessen Besuch in Bonn im September 1987, in: Bulletin des Presse- und Informationsamtes der Bundesregierung, Bonn (1987)53, S. 705 f.

233 Zitiert aus einen Brief von Karl Barth an einen Pfarrer in der DDR, in: Zollikon 1958, S. 32; vgl. Weißenseer Blätter, Berlin (1995)4, S. 71.

234 M. Thatcher, S. 1094 ff. und H. Teltschik, S. 134.

235 Ph. Zelikow/C. Rice, S. 15.

236 Ebd., S. 61; Gates war als Geheimdienstanalytiker sowohl Stellvertreter von Scowcroft im NSC-Stab als auch stellvertretender Direktor der CIA (von William Webster), Lawrence Eagleburger, Stellvertretender Außenminister. Über ihre Mission: Don Oberdorfer, The Turn. From the Cold War to a New Era. The United States and the Soviet Union, 1983-1990, New York 1991, S. 347 ff.; vgl. Anm. 10 zur Einleitung.

237 M. Stolpe, Schwieriger Aufbruch, S. 147 ff. Der Autor berichtet auch, daß Gysi die Rechts-
    vertretung jener Bürgerrechtler übernomen hatte, die in der DDR bleiben und sie reformieren
    wollten (ebd., S. 156). Über die politische Differenzierung der Bürgerbewegung vgl. Ge-
    spräch mit W. Schwanitz am 3.2.1998 und den BND-Bericht von Hermann Jung, Leiter
    der Abteilung 6 (Koordinierung der Nachrichtendienste) im Bundeskanzleramt an Kohl vom
    3.11.1989, in: Akten des Bundeskanzleramtes, S. 478 f.

238 Interne Dokumente, S. 91.

239 Wir verwenden hier die Zahlenangaben aus: Deutschland-Archiv, Chronik der Ereignisse
    in der DDR (3.8.1989-4.6.1990), Köln 1990; hierzu die MfS-Information Nr. 0/225 vom
    9.9.1989, in: Befehle und Lageberichte, S. 141 ff.; vgl. Ph. Zelikow/C. Rice, S. 106 ff.

240 Ebd., S. 104 ff. Zelikow/Rice zitieren aus dem Bericht der USA-Botschaft in Berlin: US-Ber-
    lin 6311: »The GDR's Silent Crisis: A Commentary« vom 4.8.1989. Botschafter der USA in
    Bonn war seit Januar 1989 Vernon A. Walters, er war stellvertretende CIA-Direktor gewesen,
    als George Bush Direktor des USA-Geheimdienstes war. Vgl. Vernon A. Walters, Die Vereini-
    gung war voraussehbar. Hinter den Kulissen eines entscheidenden Jahres. Aufzeichnungen des
    amerikanischen Botschafters, Berlin 1994, S. 16.

241 Hans-Hermann Hertle, Der Fall der Mauer. Die unbeabsichtigte Selbstauflösung des SED-
    Staates, Opladen 1996, S. 91 ff.; Hartmut Zwahr, Ende einer Selbstzerstörung. Leipzig und
    die Revolution in der DDR, Göttingen 1993, S. 19; Konrad H. Jarausch, Die unverhoffte
    Einheit 1989-1990, Frankfurt am Main 1995, S. 29. Jarausch zitiert Bonner Beamte: »Wenn
    sie zu uns kommen, nehmen wir sie als Deutsche auf.« Vgl. auch Richard Kiessler/Frank Elbe,
    Der diplomatische Weg zur deutschen Einheit, Frankfurt/Main 1996, S. 29.

242 MfS: ZIAG-Information Nr. 3933/89 vom Juli 1989, in: Befehle und Lageberichte, S. 82 ff.;
    dazu die analogen Flüchtlingszahlen der Bundesaufnahmestelle vom 31.7.1989, in: Akten des
    Bundeskanzleramtes, S. 347-348; dazu: Vermerk über ein Gespräch von Kwizinskij mit Telt-
    schik am 29.9.1989, in dem der UdSSR-Botschafter die Regierung der BRD beschuldigt, daß
    sie »die Situation« hervorgerufen habe (ebd., S. 427). In Bakers Erinnerungen findet sich eine
    interessante Unterredung zwischen ihm und Schewardnadse über die Ursachen der Fluchtwel-
    le (J. Baker, S. 139).

243 K. H. Jarausch, S. 36.

244 R. Kiessler/F. Elbe, S. 33; vgl. hierzu auch die Erklärung von Kohl vom 22.8.1989 zur »Flucht-
    bewegung«, in: H. Kohl, Reden und Erklärungen zur Deutschlandpolitik, S. 7 ff.

245 H. Jung, Abschied von einer Realität, S. 28.

246 Gespräch mit K. Hager am 18.3.1997.

247 MfS: ZIAG-Information Nr. 150/89 vom 1.6.1989, in: Befehle und Lageberichte, S. 47; vgl.
    ebd., S. 155 f., die Information Nr.416/89 vom 19.9.1989; dazu: K. H. Jarausch, S. 63.

248 Befehle und Lageberichte: vgl. die Verteilerleiste auf den ZIAG-Informationen nach dem
    1.6.1989 wie die Informationen Nr 150/89 vom 1.6.1989, die Nr. 286/89 vom 9.6.1989, die
    Nr. 321/89 vom 30.6.1989, die Nr. 386/89 vom 4.9.1989, die Nr. 432/89 vom 29.9.1989 so-
    wie die Nr. 433/89 vom 2.10.1989 und das ZAIG-Material Nr. 451/89 vom 9.10.1989. Alle
    diese Informationen betrafen die Formierung der oppositionellen Sammlungsbewegungen in
    der DDR und gingen an alle Mitglieder des Politbüros des ZK der SED.

249 Ebd., S. 154; Anlage 5 zur ZIAG-Information Nr. 416/89, ebd., S. 170 f.

250 Ebd., S. 156, die Information Nr. 416/89 vom 19.9.1989.

251 Ebd., S. 67 ff., die ZIAG-Information Nr. 150/89 vom 1.6.1989; vgl. die Zeitzeugenaussagen von Carlo Jordan auf der 68. Sitzung der Eppelmann-Kommission am 16.3.1994, in: Materialien, Bd. VII, S. 286 und S. 296; die Ausführungen von Markus Meckel, ebd., S. 293 und Gerd Poppe, ebd., S. 295 sowie von Günter Jeschonnek auf der 69. Sitzung am 11.4.1994, S. 399 f.; vgl. das Gespräch mit W. Schwanitz am 24.1.1996.

252 Befehle und Lageberichte, S. 154.

253 Kotschemassow meint (Meine letzte Mission, S. 172 f.), daß auf der letzten Politbürositzung unter Honeckers Leitung erstmals die wirkliche Lage im Lande aufgezeigt worden sei. Auch diese Mitteilung beweist, daß der Botschafter von Insidern irreführend informiert wurde.

254 Gespräch mit W. Schwanitz am 24.1.1996.

255 W. Kotschemassow, S. 173.

256 Gespräch mit W. Herger vom 5.6.1996 und mit W. Schwanitz am 3.2.1998.

Anmerkungen zum Kapitel II

1   Mit der »Beratung der Ersten Sekretäre der Zentralkomitees der Kommunistischen Parteien der Unionsrepubliken« am 18.7.1989 in Moskau (Anm. 217 zum I. Kapitel) wurde die Agonie der Perestroika öffentlich. Diese Beratung bestätigte die Analyse des NSC-Stabes in Washington, (in: Condoleezza Rice und Philip Zelikow, Sternstunden der Diplomatie. Die deutsche Einheit und das Ende der Spaltung Europas, Berlin 1997, S. 46), daß die Perestroika spätestens seit dem Frühjahr 1989 gescheitert war. Anatoli Tschernajew berichtet (Die letzten Jahre einer Weltmacht. Der Kreml von innen, Stuttgart 1993, S. 244), daß Gorbatschow Anfang 1989 meinte, mit Lenin nicht mehr weiter zu kommen.

2   Gespräch mit Kurt Hager am 8.7.1996; Heinz Keßler, Zur Sache und zur Person, Berlin 1996, S. 246 f.; Gespräch mit Heinz Keßler am 25.5.1997.

3   Gespräch mit K. Hager am 8.7.1996; vgl. Anm. 171 und 196 zum I. Kapitel.

4   K sowremennoj konzepzii sozialisma, Seminar der Sektion Gesellschaftswissenschaften der Akademie der Wissenschaften der UdSSR, Leiter: W. N. Kudrjawzew, in: Prawda, Moskwa, vom 14., 16. und 17.7.1989.

5   Gespräch mit Frank-Joachim Herrmann am 29.7.1996; Frank-Joachim Herrmann, Der Sekretär des Generalsekretärs, Berlin 1996; Gespräch mit Moritz Mebel am 5.9.1996.

6   Reinhold Andert/Wolfgang Herzberg, Der Sturz. Honecker im Kreuzverhör, Berlin-Weimar 1990, S. 29.

7   Gespräch mit K. Hager am 8.7.1996.

8   Gespräch mit Alfred Neumann am 23.10.1995.

9   Erich Honecker, Zu dramatischen Ereignissen, Hamburg 1992, S. 20 und S. 85.

10   K. Hager und F.-J. Herrmann bestätigen, daß Honecker diese Grundsatzdiskussion über eine Reform der DDR als Konzeption für den XII. Parteitag auf der ersten Politbürositzung nach dem 40. Jahrestag der DDR ansetzen wollte. Hager sagte aber auch, daß die Frage der konzeptionellen Vorbereitung des XII. Parteitages nach seiner Rückkehr aus dem Urlaub von den meisten Politbüromitgliedern nicht mehr als zentrale politische Aufgabe wahrgenommen wurde. Diese Haltung bestätigte uns auch Werner Eberlein im Gespräch am 30.9.1997.

11   Von den Sitzungen des Politbüro des ZK der SED wurde im allgemeinen keine Wortprotokolle geführt. Während der Abwesenheit von Krenz Ende August/September 1989 nahm Wolfgang Herger an den Sitzungen des Politbüros teil und fertigte von den Sitzungen vom 29.8., 5.9. und 12.9.1989 Mitschriften an; vgl. diese Mitschriften in: Gerd-Rüdiger Stephan, »Vorwärts immer, rückwärts nimmer!« Interne Dokumente zum Zerfall von SED und DDR 1988/1989, Berlin 1994, S. 121 f. und S. 148. Hager wurde nur von Werner Walde (ebd., S. 124) unterstützt.

12   Notiz über ein Gespräch von Wadim Medwedew mit Kurt Hager am 13.10.1989, in: Interne Dokumente, S. 62 ff.; vgl. K. Hager, Erinnerungen, S. 432 f.

13   Vgl. Stellungnahme von Honecker vom 1.12.1989, in: Erich Honecker, Zu dramatischen Ereignissen, S. 80 und S. 86; dazu: H. Keßler, Zur Sache und zur Person, S. 248; Egon Krenz, Wenn Mauern fallen. Die friedliche Revolution: Vorgeschichte-Ablauf-Auswirkungen, Wien 1990, S. 27 ff. Krenz meint, er hatte das Vertrauen von Honecker verloren, als er sich mit Gorbatschow und dessen »neuem Denken« solidarisierte (ebd., S. 24 und S. 121).

14   Gespräch mit F.-J. Herrmann am 29.7.1996; vgl. dazu E. Honecker, Zu dramatischen Ereignissen, S. 80.

15   Gespräch mit Oskar Fischer am 11.7.1996; vgl. Gerhard Schürer, Gewagt und verloren. Eine deutsche Biografie, Frankfurt/Oder 1996, S. 135 ff.; Siegfried Prokop, Poltergeist im Politbüro, Frankfurt/Oder 1996, S. 289.

16   Günter Mittag, Um jeden Preis. Im Spannungsfeld zweier Systeme, Berlin-Weimar: Aufbau 1991, S. 46. Zur Person von G. Mittag: Paul Bergner, Die Waldsiedlung, Wandlitz 1996, S. 194.

17   G. Mittag, S. 47 und S. 52.

18   Vgl. Anm. 248 und 253 zum I. Kapitel; dazu: Gerhard Schürer auf der 25. Sitzung der Eppelmann-Kommission, in: Materialien (Anm. 9 zum Vorwort), Bd. II, S. 506: »Auf einen Mangel an Informationen kann sich überhaupt keiner berufen, der – wie wir – an der Spitze der Führung war.« Vgl. auch F.-J. Herrmann, Der Sekretär, S. 64 f.

19   Zur Informations-Problematik: W. Rubanow, Ot »kul'ta sekretnosti« – k informazionnoj kul'ture, in: Kommunist, Moskwa (1988)13, S. 24-36 (der Autor war Abteilungsleiter des Instituts für wissenschaftliche Informationen des KGB); dazu: Beschluß des Politbüros des ZK der KPdSU: Über die Ausarbeitung einer Konzeption der gesellschaftlichen Information, vom 15.7.1988, in: Isvestija ZK KPSS, Moskva (1989)1, S. 55 f.

20   Gespräch mit Heinz Geggel am 4.7.1996 und Gespräch mit Wolfgang Herger am 4.6.1996; E. Krenz, Wenn Mauern fallen, S. 124. Seine Meinung, daß selbst die Politbüromitglieder nur ausgewählte Informationen erhielten, ist nicht zutreffend.

21   Erich Honecker, Moabiter Notizen. Letzte schriftliche Zeugnisse, Berlin 1994, S. 30 ff.

22   Der Terminus der »Der Partei neuen Typus« ist kein Begriff Lenins und das von Stalin mit diesem Typus begründete Parteimodell entsprach auch nicht der Konzeption Lenins. Vgl. Josef Schleifstein, in: Marxistische Blätter, Essen (1990)6, S. 79; (1991)1, S. 67 ff. und (1991)2, S. 71 ff.

23   F.-J. Herrmann, Der Sekretär, S. 60. F.-J. Herrmann betont (Gesprach am 29.7.1996), daß sich diese Situation erst unter Honeckers Leitung herausgebildet hatte. Vgl. auch die Aussage von Schürer auf der 25. Sitzung der Eppelmann-Kommission, in: Materialien, Bd. II, S. 481 ff. Kotschemassow schreibt, daß er nach Unterredung mit Mitgliedern der SED-Führung zu dem Schluß kam, »daß weder im ZK der SED noch in der Regierung eine prinzipielle Einschätzung der Situation existierte. Vgl. Wjatscheslaw Kotschemassow, Meine letzte Mission. Fakten/Erinnerungen/Überlegungen, Berlin 1994, S. 161.

24 W. Otto spricht in ihrer »Expertise« vor der Eppelmann-Kommission (Materialien, Bd. VII, S. 1464 ff.) von einer »sklerotischen Deformation« in der SED-Führung. Insgesamt beteiligt sie sich an einer bemerkenswerten Stigmatisierung der SED-Basis als orthodox und stalinistisch. Siegfried Prokop vermeldet einen »Prozeß der Gerontokratisierung«, der einer biologischen Lösung entgegenstrebte. Vgl. Siegfried Prokop, Das SED-Politbüro, Aufstieg und Ende (1949-1989), Berlin 1996, S. 29.

25 Gespräch mit K. Hager am 18.3.1996, mit W. Eberlein am 12.9.1996 und mit Heinz Mirtschin am 1.7.1997.

26 Hartmut Zwahr, Ende einer Selbstzerstörung. Leipzig und die Revolution in der DDR, Göttingen 1993; Gabriele Lindner, Die Eigenart des Implosion. Lange Genese bis zu Modrows Regierung und Rundem Tisch in der DDR, Berlin 1994. Die Vertreter der Auffassungen von der Selbstzerstörung (Implosion) der DDR mißachten die Wechselwirkung tatsächlicher Krisenfaktoren mit den international auf die DDR einwirkenden Kräften. Sie laufen unter Negation des politischen Kampfes gegen die DDR darauf hinaus, die Herbstereignisse von 1989 entweder als »Selbstbefreiung« (Zwahr, S. 166) oder als Rettungsaktion der Bundesregierung vor einem »folgenschweren Zusammenbruch« hinzustellen. Beide Varianten sind simple Beispiele von Rechtfertigungsgeschichtsschreibung.

27 Helmut Kohl, Ich wollte Deutschlands Einheit. Dargestellt von Kai Diekmann und Ralf Georg Reuth, Berlin 1996, S. 125 ff. Dazu: Horst Teltschik, 329 Tage. Innenansichten der Einigung; Berlin 1991; zur Biographie des »außen- und sicherheitspolitischen Chefberaters« des Bundeskanzlers vgl. Ph. Zelikow/C. Rice, S. 122.

28 Im Jahre 1953 wurde, wie wir im I. Kapitel dargelegt haben, am 17. Juni erstmals versucht, das sozialistische System und mit ihm die DDR über eine »demokratische Revolution« zu beseitigen. Vgl. Armin Mitter/Stefan Wolle, Untergang auf Raten. Unbekannte Kapitel der DDR-Geschichte, München 1995, S. 27 ff.

29 Mitschrift der Sitzung des Politbüros vom 29.8.1989, in: Interne Dokumente, S. 96 ff. Vgl. Hager, der in der Sitzung am 5.9.1989 die politische Situation realistischer einschätzte. Das Beschlußprotokoll befindet sich in: BArch SAPMO, ZPA-SED, J IV 2/2/2343.

30 Gespräch mit W. Eberlein am 12.9.1996.

31 Gespräch mit H. Geggel am 4.7.1996; vgl. die Diskussionsrede von Bernhard Quandt auf dem 12. Plenum des ZK der SED, in: Interne Dokumente, S. 275 ff.

32 Gespräch mit W. Herger am 4.12.1995; vgl. Ph. Zelikow/C. Rice, S. 104 f.

33 Friedrich Kurz, Ungarn '89, in: Dieter Grosser/Stephan Bierling/Friedrich Kurz, Die sieben Mythen der Wiedereinigung, München 1991, S. 132 f.; vgl. Hans-Hermann Hertle, Der Fall der Mauer. Die unbeabsichtigte Selbstauflösung des SED-Staates, Opladen: 1996, S. 92 f.

34 H.-H. Hertle, Der Fall der Mauer, S. 92; zu Grosz vgl. M. Gorbatschow, Erinnerungen, S. 861.

35 Bush hatte bereits die Direktive NSD-23 unterzeichnet; vgl. Michael R. Beschloss/Strobe Talbott, Auf höchster Ebene. Das Ende des Kalten Krieges und die Geheimdiplomatie der Supermächte (1989-1991), Düsseldorf 1994, S. 92. James A. Baker, Drei Jahre, die die Welt veränderten. Erinnerungen, Berlin 1996, S. 150.

36 Ph. Zelikow/C. Rice, S. 61 f.; vgl. Anm. 236 zum I. Kapitel. Die Niederschriften der Unterredungen von Eagleburger und Gates mit Kohl sind bisher ebensowenig veröffentlicht, wie die deutschlandpolitischen Teile der Direktive NSD-23 vom Mai 1989.

37   J. Baker, S. 150.

38   Gyula Horn, Freiheit die ich meine. Erinnerungen des ungarischen Außenministers, der den
     Eisernen Vorhang öffnete, Hamburg 1991, S. 294. Hierzu: Rafael Biermann, Zwischen Kreml
     und Kanzleramt. Wie Moskau mit der deutschen Einheit rang, Paderborn-München 1997,
     S. 155 ff.

39   Ebd., S. 311. Die Datierung auf den 13.8.1989 stimmt mit dem Besuch von Jürgen Sudhoff
     überein; das Reiseabkommen vom 20.6.1969 und das Zusatzprotokoll befinden sich im BAr-
     ch P, MdI Nr. 41780; die UVR-Note im BArch SAPMO, ZPA-SED, J IV 2/2.035/73, fol.
     269; vgl. Ph. Zelikow/C. Rice, S. 106 f.

40   H.-H. Hertle, Der Fall der Mauer, S. 93.

41   G. Horn, S. 311 ff.; Hans-Dietrich Genscher, Erinnerungen, Berlin 1995, S. 637 f.

42   H.-H. Hertle, Der Fall der Mauer, S. 91, der sich auf Angaben der Süddeutschen Zeitung vom
     23.11.1989 bezieht.

43   Das Treffen fand auf Vermittlung des ungarischen Botschafters in Bonn, István Horváth,
     statt. Nemeth hatte Kohl während dessen Urlaubs am Wolfgangsee (vom 21.7.-18.8.1989)
     angerufen und die Öffnung der ungarischen Grenze für Mitte September versprochen. Vgl.
     Karl Rudolf Korte, Deutschlandpolitik in Helmut Kohls Kanzlerschaft. Regierungsstil und
     Entscheidungen 1982-1989, Stuttgart 1988, S. 466. Um die erforderliche Diskretion für das
     Treffen zu sichern, wurde das Schloß Gymnich gewählt. Vgl. H. Kohl (Diekmann/Reuth),
     S. 71 ff.; dazu: G. Horn, S. 317 ff. sowie H.-D. Genscher, S. 639 f. und Ph. Zelikow/C. Rice,
     S. 109. Die Vermerke Genschers über die Gespräche am 25.8.1989, in: Akten des Bundes-
     kanzleramtes (vgl. Anm. 16 zum Vorwort), S. 377 ff.

44   H. Kohl (Diekmann/Reuth), S. 74. Hinzu kamen je 250 Millionen DM-Kredite der Länder
     Bayern und Baden-Württemberg. Vgl. Bulletin des Presse- und Informationsamtes der Bun-
     desregierung vom 24.10.1989, S. 952 und Neue Züricher Zeitung vom 22.10.1989. Kohl
     betont, daß es kein Junktim zwischen der deutschen Kreditzusage und der ungarischen Aus-
     reisezusage gegeben habe. Dagegen schreibt F. Elbe: »Bonn zeigte sich im Gegenzug (für die
     Öffnung der Grenze für DDR-Bürger, d. Aut.) mit einem Milliardenkredit für die Reformer
     an der Donau erkenntlich.« In: Richard Kiessler/Frank Elbe, Der diplomatische Weg zur deut-
     schen Einheit, Baden-Baden 1996, S. 30; vgl. »Silberlinge für Ungarn« in: Neues Deutschland
     vom 12.9.1989.

45   H. Kohl (Diekmann/Reuth), S. 74.

46   G. Horn, S. 322 ff.

47   Mitschrift der Sitzung des Politbüros vom 29.8.1989, in: Interne Dokumente, S. 96 ff.

48   Vermerk über das Gespräch von Oskar Fischer mit Gyula Horn am 31.8.1989, in: BArch
     SAPMO, ZPA-SED, J IV 2/2.035/73, fol. 275 ff.; dazu: Vermerk über das Gespräch von
     Günter Mittag mit Gyula Horn vom 31.8.1989, in: Interne Dokumente, S. 109-112; vgl. die
     Gespräch mit O. Fischer am 23.2.1997.

49   Interne Dokumente, S. 113 f.: Schreiben von Schewardnadse an Fischer vom 1.9.1989.

50   Mitschrift der Sitzung des Politbüros vom 5.9.1989, in: Interne Dokumente, S. 118-126; das
     Beschlußprotokoll befindet sich in: BArch SAPMO, ZPA-SED, J IV 2/2/2344.

51   Interne Dokumente, S. 125 f.; ebd., S. 126 ff: der Vermerk über das Gespräch von Fischer mit
     Kotschemassow vom 5.9.1989.

52 Ebd., S. 129 ff.: Vermerk über das Gespräch von Fischer mit Kotschemassow vom 7.9.1989 und Gespräch mit O. Fischer am 23.2.1997.

53 Interne Dokumente, S. 130; vgl. Information über ein Gespräch von Horst Neubauer, Leiter der Ständigen Vertretung der DDR in der BRD vom 7.9.1989 mit Rudolf Seiters, Bundesminister für besondere Aufgaben und Bundeskanzleramtschef, in: Interne Dokumente, S. 131 f.

54 W. Kotschemassow, Meine letzte Mission, S. 163; vgl. Hans Modrow, Aufbruch und Ende, Hamburg 1991, S. 10.

55 Die auf der Bukarester Tagung gehaltenen Reden wurden nicht veröffentlicht; sie befinden sich als Bericht von Fischer vom 11.7.1989 an das Politbüro des ZK der SED in: BArch SAP-MO, ZPA-SED, J IV 2/2A/3229.

56 Erstes Fernschreiben von Gerd Vehres, DDR-Botschafter in der VR Ungarn, an Oskar Fischer vom 10.9.1989, 14 Uhr (über seine Unterredung mit Imre Degen, dem Berater des Parteivorsitzenden der USAP, am 10.9.1989 um 9 Uhr), in der ihm von Reszö Nyers das Schreiben an Erich Honecker übergeben wurde und über sein anschließendes Gespräch mit Nyers, in: Interne Dokumente, S. 138 ff.

57 Ebd., S. 142-146: Schreiben von Vehres an Fischer vom 10.9.1989; vgl. H.-D. Genscher, Erinnerungen, S. 640 f.

58 Interne Dokumente, S. 144.

59 Ebd., S. 141 f.: Zweites Fernschreiben von Vehres an Fischer vom 10.9.1989 von 23.30 Uhr, das allen Mitgliedern und Kandidaten des Politbüros der SED zur Kenntnis gebracht wurde. Vgl. Gespräch mit O. Fischer am 11.7.1996; vgl. Faksimile des Dankschreibens von Kohl an Miklos Németh vom 12.9.1989 für die Grenzöffnung, in: H. Kohl (Diekmann/Reuth), S. 82 f.; Erklärung von Kohl vom 10.9.1989 (»Dank an Ungarn...«), die Deutschen aus der DDR in Ungarn ausreisen zu lassen, in: Helmut Kohl, Reden und Erklärungen zur Deutschlandpolitik, Bonn 1990, S. 20 ff. sowie in: Akten des Bundeskanzleramtes, S. 404. In seinem Gespräch mit Gorbatschow am 7.10.1989 informierte Honecker den KPdSU-Generalsekretär über das Geheimtreffen mit Kohl und über dessen Gegenleistung für die Grenzöffnung von 500 Mio. DM. Gorbatschow hat auf diese Vorhaltung nicht reagiert: Vgl. Daniel Küchenmeister, Honecker-Gorbatschow. Vieraugengespräche, Berlin 1994, S. 246.

60 Markus Wolf, In eigenem Auftrag. Bekenntnisse und Einsichten, München 1991, S. 173.

61 Mitschrift der Sitzung des Politbüros vom 12.9.1989, in: Interne Dokumente, S. 147 f.

62 W. Kotschemassow, Meine letzte Mission, S. 164.

63 Gespräch mit W. Eberlein am 12.9.1996. Modrow läßt das Politbüro des ZK der SED durch H.-D. Schütz als eine »geistige Welt der Unterstellungen und intriganten Hysterie« charakterisieren, das sich mit einer »geradezu mystischen Mißtrauenskultur immer wieder selbst blockiert« habe. Vgl.: Hans Modrow, Ich wollte ein neues Deutschland (Mit Hans-Dieter Schütt), Berlin 1998, S. 312. Hinzugefügt werden muß, daß sich Hans Modrow, wie er selbst bekennt, nie als Kommunist verstanden hat (ebd., S. 16).

64 Ministerium für Staatssicherheit der DDR: die ZAIG-Information des MfS Nr.416/89 vom 19.9.1989. Wir zitieren sie nach der Auswahl von. Armin Mitter/Stefan Wolle, »Ich liebe Euch doch alle«. Befehle und Lageberichte des MfS Januar-November 1989, Berlin 1990, S. 153; vgl. Mitschrift der Sitzung des Politbüros vom 5.9.1989, a.a.O.

65 Gespräch mit Dr. Wolfgang Schwanitz am 24.1.1996. Vgl. Fernschreiben des Staatssekretärs

Bertele an Seiters vom 22.9.1989 über die Krise in der DDR, in: Akten des Bundeskanzleramtes, S. 413 ff.

66   Zur Vorbereitung des XII. Parteitages und der Neuwahlen der Parteiorgane sollten auch die SED-Mitgliedsbücher umgetauscht werden, wozu die Parteileitungen mit allen SED-Mitgliedern persönliche Gespräche führten, über die in Berichten die Abteilung Parteiorgane im ZK der SED informiert wurde.

67   Gespräch mit H. Mirtschin am 19.3.1997.

68   Gespräch mit H. Mirtschin am 10.6.1997.

69   Gespräch mit Günter Sieber am 14.12.1995; vgl. auch G. Sieber, Schwierige Beziehungen, in: Hans Modrow, Das Große Haus, Berlin 1994, S. 94. ff.

70   Gespräch mit Werner Hübner am 13.6.1996; vgl. seine Erinnerungen in: Gregor Gysi/Thomas Falkner, Sturm aufs Große Haus. Der Untergang der SED, Berlin 1990, S. 25 ff.

71   Gespräch mit F.-J. Herrmann am 29.7.1996 und das Gespräch mit W. Herger am 4.12.1995.

72   Gespräch mit Hans-Joachim Willerding am 29.8.1996 und mit Gerd Schulz am 10.1.1996.

73   E. Honecker, Moabiter Notizen, S. 34 f.

74   Victor Perlo, Die ökonomische und politische Krise in der UdSSR, in: Marxistische Blätter, Essen (1991)6, S. 73.

75   Konrad H. Jarausch, Die unverhoffte Einheit 1989-1990, Frankfurt am Main 1995, S. 83. Für die Hauptströmung in der Bürgerbewegung standen die Begriffe Zivilgesellschaft und Demokratie schlechthin als Synonym für Privateigentum an Produktionsmitteln und damit für Kapitalismus.

76   Gespräch mit W. Schwanitz am 24.1.1996; hierzu: Walter Süß, Erich Mielke und Leonid Schebarschin (KGB) über den drohenden Untergang des sozialistischen Lagers, in: Deutschland-Archiv (1993), S. 1017 ff.

77   K sovremennoj konzepzii sozialisma, in: Prawda, Moskwa, vom 14., 16. und 17.7.1989. Im April 1987 hatte F. M. Burlatzki seine Auffassungen dazu erstmals öffentlich zur Diskussion gestellt, in: Voprosy filosofii, Moskva (1988)11, Auszüge davon in: STP (1988)12, S. 28 ff. Dazu weiterhin: G. Smirnow, K woprosu o leninskoj konzepzii sozialisma, in: Polititscheskoe obrasowanie, Moskwa 1989)1, S. 12 und A. K. Kruchmalow, (Einige Probleme der Leninschen Sozialismus-Theorie) in: Voprosy KPSS, Moskwa (1989)1, S. 18-33.

78   Eurokommunismus und marxistische Theorie der Politik. Hg. vom Arbeitskreis Westeuropäische Arbeiterbewegung, Berlin 1979.

79   A. Butenko, (Wie soll der Sozialismus aussehen) in: Prawda vom 8.8.1989; ders., Muß der Sozialismus neu erfunden werden, in: Neue Zeit, Moskau (1988)48, S. 25.

80   Dokumente und Materialien: XIX. Parteikonferenz der KPdSU; Bericht, Ansprache und Schlußwort des Generalsekretärs des ZK der KPdSU Michail Gorbatschow, Entschließungen, Moskau 1988; dazu: Valentin Falin, Konflikte im Kreml. Zur Vorgeschichte der deutschen Einheit und Auflösung der Sowjetunion, München 1997, S. 72; vgl. das Interview V. Falins in der Berliner Zeitung vom 29./30.3.1997, S. 11; Frank Wilhelmy, Der Zerfall der SED-Herrschaft. Zur Erosion des marxistisch-leninistischen Legitimitätsanspruches in der DDR, Münster-Hamburg 1995; ders., Der rätselhafte Modus des DDR-Zusammenbruchs, Berlin 1996, S. 35 ff. und S. 40 ff.

81 A. Brie, Der zweigeteilte Parteitag, in: Lothar Bisky/Jochen Czerny/Herbert Mayer/Michael Schumann (Hg.), Die PDS – Herkunft und Selbstverständnis. Eine politisch-historische Debatte, Berlin 1996, S. 60 f.; ders, Ich tauche nicht ab. Selbstzeugnisse und Reflexionen, Berlin 1996, S. 115 ff.

82 Gespräch mit K. Hager am 8.7.1996.

83 Rainer Land, Die real existierende postsozialistische Gesellschaft (Brandenburgische Landeszentrale für politische Bildung); auszugsweiser Abdruck: R. Land, Unvereinbar: Avantgardismus und Modernismus, in: Neues Deutschland vom 23./24.4.1994, S. 10 und ders. in: Neues Deutschland vom 30.4./1.5.1994, S. 10.

84 A. Mitter/S. Wolle, Untergang auf Raten, S. 534. Darüber hinaus wird das Projekt »Moderner Sozialismus« hier als von der »Stasi« gesteuert bezeichnet. Solcherart Unterstellungen lassen erkennen, daß die Autoren, ideologisch dominiert, politische Überzeugungen von Menschen nicht analysieren können oder nicht wollen.

85 André Brie/Michael Brie/Wilfried Ette, Diskussionsmaterial (8.10.1989), in: Temperamente, Berlin (1989)1, S. 106 ff. [das hektographierte vollständige Manuskript lag vor]. Vgl. Rainer Land und Lutz Kirchner (Hrsg.), Sozialismus in der Diskussion 2. Texte zu Politik und Staat, Berlin 1990, S. 79 ff.; vgl. A. Brie, Ich tauche nicht ab, S. 126 ff.

86 Ebd., S. 113. Die folgenden Strophen dieses *Nappa-Liedes (1989)* lauten:

»Der Alte kommt vom Elterntreffen wieder./Der Seroplan ist nicht erfüllt./Ich trinkt statt Pilsner Liebeszauber,/damit der Staatsplan wieder gilt.

Die Fernbedienung läßt die Bilder schwanken/von Kamera zu Tagesschau,/und Heino oder Lippi singt von Perestroika./SAT eins mach satt und Rotwein blau.

Im Nappasessel träum ich leise/von Che Guevara und von mir./Mein Feldzug nimmt sein Ende erst im Havelwasser,/der Sozialismus, das sind wir.

PK, PV, ich kenn die Wörterbücher/und bleib auf meinem Stadtpunkt stehn./Ich tausch die Mark der DDR nur eins zu sieben,/nicht würdelos wie eins zu zehn.

Ich bin nicht unzufrieden mit dem Leben/und bleibe in der DDR./Ich habe mich in jeder Hinsicht eingerichtet./Die Flasche ist schon wieder leer.«

87 Günter Schabowski, Der Absturz, Berlin 1991, S. 264.

88 Gespräch mit Lothar Bisky am 16.10.1995; vgl. Stiller Typ, in: Der Spiegel, Hamburg (1993)3, S. 38.

89 Zur Programmatik der Partei des Demokratischen Sozialismus. Ein Kommentar, Berlin 1997. Thomas Falkner gehörte nach dem außerordentlichen Parteitag der SED im Dezember dem Parteivorstand der SED/PDS und dem der PDS nach ihrem Februarparteitag 1990 an, trat später aus ihm aus, veröffentlichte gemeinsam mit Dietmar Huber die kritische Reportage über die PDS »Aufschwung PDS. Rote Socken – zurück zur Macht?« München 1994.

90 Falkners Bericht in: Gregor Gysi/Thomas Falkner, Sturm aufs Große Haus. Der Untergang der SED, Berlin 1990, S. 21 f.

91 Temperamente (1989)1, S. 122.

92 Ebd., S. 120; vgl. dazu K. Hager, Erinnerungen, S. 420 über die Stimmung auf der Sitzung der Kulturkommission beim ZK der SED am 25.9.1989.

93 Gespräch mit Horst Singer am 16.11.1995.

94 Beschlußprotokolle der Politbürositzungen des ZK der SED vom 29.9. und 4.10.1989, in: Interne Dokumente, S. 154 f. Die vom Politbüro beschlossene Regelung war von Fischer, der sich zu dieser Zeit in New York zur UNO-Vollversammlung aufhielt, bei einem Abendessen mit Genscher abgesprochen worden. Vgl. R. Kiessler/F. Elbe, S. 30 und S. 35 und Ph. Zelikow/C. Rice, S. 119; vgl. Gesprächsniederschrift von Seiters mit Neubauer vom 2.10.1989, in: Akten des Bundeskanzleramtes, S. 433 ff. und ebd., S. 435 ff. die Vorlage von Duisberg vom 2.10.1989 für eine Pressekonferenz.

95 Uwe Thaysen, Der Runde Tisch. Oder: Wo blieb das Volk? Der Weg der DDR in die Demokratie, Opladen 1990, S. 29. Die personelle Zusammensetzung und die Tätigkeit der Kontaktgruppe zwischen dem 4.10. und dem 1.12.1989 bedarf weiterer Erhellung; zu den Gründern der Gruppe gehörten offenbar: Angelika Barbe, Marianne Birthler, Rainer Eppelmann, Martin Gutzeit, Heinz Küchler, Sebastian Pflugbeil, Gerd Poppe, Wolfgang Ullmann; vgl. Befehle und Lageberichte, S. 213.

96 Die Niederschriften der DDR-Seite beider Gespräche sind veröffentlicht bei: D. Küchenmeister, S. 240 ff. und S. 252 ff.; G. Mittag, S. 359 ff.: hier die Fotokopie Niederschrift des Treffens Gorbatschows mit dem Politbüro des ZK der SED am 7.10.1989.

97 Gespräch mit F.-J. Herrmann am 29.7.1996.

98 Georgi Schachnasarow, Preis der Freiheit. Eine Bilanz von Gorbatschows Berater, Bonn 1996, S. 148.

99 G. Schabowski, Absturz, S. 241.

100 G. Schachnasarow, S. 148.

101 Gespräch mit K. Hager am 8.7.1996. Hager schreibt in seinen Erinnerungen (S. 429): »Die Mahnung auch in der DDR die Perestroika durchzuführen war eindeutig, aber zugleich auch undeutlich, verwaschen.« Dazu: Gespräch mit W. Eberlein am 12.9.1996 und das Gespräch mit H. Keßler am 25.5.1997 sowie mit G. Schürer am 19.3.1997.

102 G. Schachnasarow, S. 148.

103 Zu Franz Jahsnowski vgl. ohnMacht. DDR-Funktionäre sagen aus. Hg. von Brigitte Zimmermann und Hans-Dieter Schütt, Berlin 1992, S. 130-143.

104 M. Wolf, In eigenem Auftrag, S. 188 f.

105 V. Falin, Antworten auf Fragen von E. Czichon vom 4.2.1996.

106 Vgl. Katja Leyrer, Knochenbrüche von Amts wegen, in: junge Welt vom 12.3.1997, S. 4. Am 11.5.1952 schoß die Polizei in Essen auf eine Friedenskarawane von Jugendlichen, wobei der Gewerkschaftler Philipp Müller verblutete, andere Teilnehmer wurden schwer verletzt und wir erinnern an den Mord an Benno Ohnesorg.

107 Daniela Dahn/Fritz Jochen Kopka, Und diese verdammte Ohnmacht. Report der unabhängigen Untersuchungskommission zu den Ereignissen vom 7./8. Oktober 1989 in Berlin, Berlin 1991. Zu den brutalen Polizeiattacken gegen die Berliner Januar-Demonstrationen 1998 oder 1999 zu den Gräbern von Rosa Luxemburg und Karl Liebknecht, gab es von diesen ehemaligen Perestroikanern keinen Protest, auch von Daniela Dahn nicht.

108 M. Wolf, In eigenem Auftrag, S. 192.

109 Ebd., S. 189 ff. Markus Wolf will diese Vorschläge (vgl. Die Kunst der Verstellung. Dokumente. Gespräche. Interviews, Berlin 1998, 124 ff.) als Antrag auf dringende Einberufung eines ZK-Plenums am 9.10.1989 dem Politbüro des ZK der SED eingereicht haben.

110 MfS: ZIAG-Information Nr.451/89 vom 9.10.1989, in: Befehle und Lageberichte, S. 208 ff. Zur Einschätzung der Politik des Parteivorstandes der SPD vgl. die Vorlage für das SED-Politbüro vom 8.9.1989, in: Detlef Nakath/Gerd-Rüdiger Stephan, Countdown zur deutschen Einheit, Berlin 1996, S. 207 ff.; vgl. Anm. 64 zu diesem Kapitel und Egon Bahr, Zu meiner Zeit, Berlin 1998, S. 571.

111 W. Kotschemassow, Meine letzte Mission, S. 171.

112 Ebd., S. 164.

113 D. Küchenmeister, S. 245 f.

114 Gespräch mit G. Schürer am 19.3.1997.

115 Vgl. Anm. 5 zu diesem Kapitel; Gespräch mit Erich Postler am 6.2.1996 und Schreiben Postlers vom 7.2.1997; vgl. E. Krenz, Wenn Mauern fallen, S. 13 f.

116 G. Schabowski, Absturz, S. 245 f. Gespräch mit W. Schwanitz am 24.1.1996.

117 G. Schabowski, Das Politbüro. Ende eines Mythos, Reinbek 1990, S. 78 f.; vgl. E. Krenz, Der 9. November 1989 – Unfall oder Logik der Geschichte, in: S. Prokop (Hrsg.), Die kurze Zeit der Utopie, S. 71 ff. Schwanitz berichtet, daß auf dieser Zusammenkunft Krenz den Entwurf seines »Wende«-Papiers verlas und dazu die Zustimmung aller anwesenden fand. Gespräch mit W. Schwanitz am 3.2.1998.

118 K. Hager, Erinnerungen, S. 430. Auch Honecker behauptet (in: Moabiter Notizen, S. 34), daß die Erklärung von Krenz mit Gorbatschow besprochen worden war. Gerd König konnte sich an eine solche Begegnung in Moskau nicht erinnern.

119 Gespräch mit W. Herger am 4.12.1995; vgl. E. Krenz, Wenn Mauern fallen, S. 32.

120 Das Rundschreiben Honeckers als Anlage in: MfS-VVS-Nr. 0008, Nr. 70/89; zum Fernschreiben von Mielke vom 8.10.1989; in: Befehle und Lageberichte, S. 200.

121 Hermann Kant, Offener Brief an die Junge Welt, in: Junge Welt vom 9.10.1989, S. 1; vgl. H. Keßler, Zur Sache und zur Person, S. 269.

122 K. Hager, Erinnerungen, S. 432 f.; dazu: Gespräch mit K. Hager am 8.7.1996; vgl. Chronik der Ereignisse in der DDR (vom 3.8.1989 bis 4.6.1990), Edition Deutschland-Archiv, Köln 1990, S. 9; Berliner Zeitung vom 12.10.1989; dazu: Ralf Georg Reuth/Alexander Bönte, Das Komplott, München 1993, S. 113. Ihre Behauptung, Hager hätte diese »Konzessionsbereitschaft« unter dem Eindruck seiner Moskauer Gespräche gezeigt, gehört zu einer unbegründeten journalistischen Annahme.

123 K. Hager, Erinnerungen, S. 433; vgl. Niederschrift der Unterredung von Gorbatschow mit dem Politbüro des ZK der SED, in: G. Mittag, S. 380.

124 Expertise des Direktors des Zentralinstituts für Jugendforschung in Leipzig: Einige Reflexionen über geistig-kulturelle Prozesse in der DDR (vom 21.11.1988), in: Interne Dokumente, S. 39 ff.; E. Krenz, Wenn Mauern fallen, S. 36 f.

125 Ebd., S. 32 f.; Gespräch mit Edwin Schwertner am 30.3.1995. Vgl. H.-H. Hertle, Der Fall der Mauer, S. 119 f.

126 MfS: ZIAG-Information Nr.452/89 (ohne Datum), in: Befehle und Lageberichte, S. 216 ff.; H. Zwahr, S. 79 ff.; Hannes Bahrmann/Christopher Links, Wir sind das Volk. Die DDR zwischen 7. Oktober und 17. Dezember 1989. Eine Chronik, Berlin 1990, S. 15 ff.

127 E. Krenz, Wenn Mauern fallen, S. 135 ff., Gespräch mit W. Herger am 4.12.1995; W. Kotschemassow, Meine letzte Mission, S. 168. Der Nichteinsatz von Gewalt, der von Roland

Wötzel, Jochen Pommert, Kurt Meyer und Kurt Masur initiiert worden war, hat die Bürgeropposition sofort als »Kapitulation der Staatsmacht« interpretiert. H. Zwahr schreibt: die »Demonstranten durchbrachen die Tabumauer der Honecker-Kader zur Perestroika« (H. Zwahr, S. 101) und stellt dann fest, daß damit die örtlichen Machtorgane in Leipzig ihre Handlungsfähigkeit verloren hatten (ebd., S. 103). Hertle spricht von der »Kapitulation der Staatsmacht in Leipzig« (H.-H. Hertle, Der Fall der Mauer, S. 117), worin zunächst ein entlarvendes Machtverständnis der Mainstream-Historiker zum Ausdruck kommt.

128 Ekkehard Kuhn, Der Tag der Entscheidung. Leipzig Oktober 1989, Berlin-Frankfurt am Main 1992.

129 MfS: ZIAG-Information Nr.451/89 vom 9.10.1989, in Befehle und Lageberichte, S. 208 ff. und ZAIG 0/227, ebd., S. 204 ff.

130 H.-H. Hertle hat die persönlichen Aufzeichnungen von Schürer über die Politbürositzung am 10./11.10.1989 veröffentlicht (in: Der Fall der Mauer, S. 409-426); als Quelle der 36 Blatt Notizen ist angegeben: BArchiv/P, E-1-56321.

131 H. Keßler, Zur Sache und zur Person, S. 270.

132 Gespräch mit G. Schürer am 19.3.1997; dazu: G. Schabowski, Absturz, S. 253 ff. und E. Honecker, Moabiter Notizen, S. 33 f.; Gespräch mit K. Hager am 18.3.1997 und mit W. Eberlein am 12.9.1996. Die Schilderung der Politbürositzung bei E. Krenz, Wenn Mauern fallen, S. 33 f. ist weitgehend unzureichend.

133 Gespräch mit F.-J. Herrmann am 21.3.1997.

134 Eberlein verweist außerdem darauf, daß Honecker in seinem Schlußwort auf seine Vorschläge nicht mehr eingegangen ist, wodurch sie entwertet wurden. Gespräch mit W. Eberlein am 30.9.1997.

135 Kopie des Schreibens bei E. Krenz, Wenn Mauern fallen, S. 14 f.

136 Die Erklärung des Politbüros des ZK der SED vom 11.10.1989, in: Beginn der Wende und Erneuerung, Berlin 1989, S. 5; über die erlösende Wirkung der Erklärung, trotz ihrer Unzulänglichkeiten vgl. Anna Beck, Tagebuch einer Sozialistin 1989-1991), Salzwedel: Manuskript, S. 97, Eintragung vom 12.10.1989 und S. 100, Eintragung vom 16.10.1989.

137 H. Modrow, Aufbruch, S. 18.

138 E. Honecker, Moabiter Notizen, S. 34.

139 W. Kotschemassow, Meine letzte Mission, S. 172. Kotschemassow wurde während der Tagung laufend informiert. Vgl. H.-H. Hertle, Der Fall der Mauer, S. 128 f. Zur Beratung der Ersten Bezirkssekretäre vgl. H. Modrow, Aufbruch, S. 18 f. und Gespräch mit H. Modrow am 20.8.1997; Gespräch mit W. Eberlein am 30.9.1997; G. Schabowski, Der Abstieg, S. 256 ff.; E. Krenz, Wenn Mauern fallen, S. 37 f. Der Berliner KGB-Offizier Iwan N. Kusmin behauptet, er habe über einen »offenen Konflikt der Ersten Bezirkssekretäre mit Honecker« nach Moskau berichtet (zitiert bei R. Biermann, S. 211). Zu Kusmin vgl. I. N. Kusmin, Kruschenie GDR, Istorija/Posledstwija. Moskva 1996. Insider schätzen ihn, der im Berliner KGB-Stab die Abteilung Auswertung leitete, als einen »undurchsichtigen« und in seinen Erzählungen nach 1989 nicht zuverlässigen Offizier ein.

140 Vgl. H. Modrow (H.-D. Schütt), S. 310; dazu: Gespräch mit H. Modrow am 20.8.1997 und mit W. Eberlein am 30.9.1997.

141 H. Modrow, Manuskript der Diskussionsrede für die Beratung der Ersten Bezirkssekretäre am 12.10.1989, in: Interne Dokumente, S. 157 ff.

142 W. Kotschemassow, Meine letzte Mission, S. 174.

143 Gespräch mit F. J. Herrmann am 29.7.1996.

144 M. Wolf, In eigenem Auftrag, S. 197 f.

145 W. Kotschemassow, Meine letzte Mission, S. 169; dazu: Ekkehard Kuhn, Gorbatschow und
     die deutsche Einheit, Bonn 1993, S. 29 f.

146 Gespräche mit Heinz Keßler und Fritz Streletz am 25.5.1997.

147 E. Kuhn, Gorbatschow, S. 43 ff. Daschitschew meint (ebd., S. 43): »Der Einsatz von Truppen
     hätte unter den damaligen Bedingungen das Ende der Perestroika und vielleicht das Ende von
     Gorbatschow und Schewardnadse bedeutet.« Portugalow meint, dies sei eine der Großtaten
     Gorbatschows gewesen.

148 Gespräch mit F.-J. Herrmann am 29.7.1996.

149 E. Honecker bei: R. Andert/W. Herzberg, S. 374 f. Ein Parteiputsch fand erst Ende November
     1989 statt.

150 H. Modrow, Aufbruch, S. 19.

151 E. Krenz, Wenn Mauern fallen, S. 139 und S. 143 und G. Schabowski, Absturz, S. 259.

152 Vgl. Anm. 135 zu diesem Kapitel. Keßler berichtet, daß mit der Ausarbeitung der Thesen,
     ein Kollektiv von Gesellschaftswissenschaftlern beauftragt war. Seine Zusammensetzung und
     Thesenentwürfe konnten wir bisher nicht ermitteln.

153 Neues Deutschland vom 14./15.1989.

154 Gespräch mit G. Schürer am 19.3.1997.

155 W. Kotschemassow, Meine letzte Mission, S. 174 ff. Der sowjetische Botschafter schreibt:
     »Im Politbüro bildete sich zu jener Zeit eine Gruppe von Gegnern des Honecker-Kurses.
     Sie besaß jedoch kein zahlenmäßiges Übergewicht und es war schwer vorauszusagen, wie
     die Sache schließlich ausgehen würde.« Zu den Informationen am Vorabend der Politbü-
     rositzung vgl. Ph. Zelikow/C. Rice, S. 129. Die US-Diplomaten berichten, daß es in der
     sowjetischen Führung immer weniger Sympathie für Honecker gab. Sie beziehen sich dabei
     auf Igor Maximytschew, End of the Berlin Wall, in: International Affairs, Moskau, (1990)3,
     S. 100 und S. 103; zu ihm vgl. R. Biermann, S. 210. Igor Maximytschew war Gesandter
     an der Botschaft der UdSSR in Berlin. Er wird von mehreren Insidern und von Kotsche-
     massow als ein unglaubwürdiger Zeitzeuge beurteilt. Nach ihrer Meinung würden einige
     nicht bestreiten, daß über ihn Fehlinformationen gelaufen sind. Vgl. Gerhard Wettig, Die
     sowjetische Rolle beim Umsturz in der DDR und bei der Einleitung des deutschen Ei-
     nigungsprozesses, in: Jürgen Elvert/Michael Salewski (Hg.), Der Umbruch in Osteuropa,
     Stuttgart 1989, S. 30-63.

156 Gespräch mit G. Schürer am 19.3.1997. Harry Möbis, Von der Hoffnung gefesselt. Zwi-
     schen Stoph und Mittag – unter Modrow, Frankfurt/Oder 1999, S. 259 f.) macht geltend,
     daß die Initiative zur Abwahl Honeckers von Stoph ausging.

157 G. Schabowski (Absturz, S. 261 f.) meint, Tisch habe seine Mission mit gebotener Diskretion
     bewältigt; dazu Gespräche mit Gerd König am 28.8.1996 (der ihn als Botschafter der DDR
     in Moskau überraschend vom Flughafen abholte und kurze Zeit später über seine »diskrete
     Mission« informiert war) und mit K. Hager am 18.3.1997; vgl. H.-H. Hertle, Der Fall der
     Mauer, S. 131 und auch die Version bei R. Biermann, S. 211.

158 G. Schabowski, Absturz, S. 263.

159 MfS: ZIAG-Information Nr. 457/89 vom 15.10.1989, in: Befehle und Lageberichte, S. 221 f.

160 Ebd., S. 223 ff., ZIAG-Information Nr. 458/89 vom 16.10.1989.

161 Ebd., S. 225 f., MfS-Information Nr. 0/228 vom 16.10.1989.

162 Deutschland-Archiv, Chronik 1989, S. 11; Gespräch mit Kurt Schneider am 22.7.1997.

163 MfS: VVS Fernschreiben 76/89 vom 26.10.1989, in: Befehle und Lageberichte, S. 227 f.

164 Die Persönlichen Notizen von G. Schürer sind veröffentlicht in: H:-H. Hertle, Der Fall der Mauer, S. 430-437. Die Schilderung der Sitzung bei E. Krenz, Wenn Mauern fallen, S. 144 ist unzulänglich; dazu Gespräch mit G. Schürer am 19.3.1997. G. Schürer vertrat die Ansicht, daß Honecker schon früher hätte abgewählt werden müssen. Mielke sagte in der Debatte: es gehe um die Macht, die Unruhe in der Bevölkerung sei groß und Honecker solle den Antrag von Stoph akzeptieren. Weitere Quellen: G. Schabowski, Absturz, S. 267-271; A. Neumann, Poltergeist im Politbüro, S. 295; E. Honecker bei: R. Andert/W. Herzberg, S. 29 ff.; H. Modrow, Aufbruch, S. 20; das Protokoll der Politbürositzung vom 17.10.1989 als Auszug in: Interne Dokumente, S. 166. Margot Honecker berichtet, daß Erich Honecker nach der Politbüroentscheidung entspannt war. Er sagte: »Es ist passiert«, und fügte nach einer Pause hinzu: »Weißt Du, ich bin regelrecht erleichtert, ich konnte es nicht mehr.« Enttäuscht war er nur über den Vertrauensbruch seiner Genossen, daß keiner mit ihm vorher gesprochen hat. Vgl. R. Andert/W. Herzberg, S. 33.

165 W. Kotschemassow, Meine letzte Mission, S. 176 ff.

166 H. Modrow, Aufbruch, S. 20; Gespräch mit K. Hager am 8.7.1996.

167 G. Schabowski, Absturz, S. 266 f.; dazu Gespräch mit M. Mebel am 5.9.1996 und Peter Florin am 6.1.1998.

168 H.-H. Hertle, Der Fall der Mauer, S. 123 f. bezieht sich auf die ausschmückenden Erzählungen des KGB-Offiziers Iwan N. Kusmin, in: Deutschland-Archiv (1995), S. 286 ff. Zu Kusmin vgl. Anm. 139 zu diesem Kapitel. Auch Egon Winkelmann ist auf Kusmins Geschichten hereingefallen. Vgl. Egon Winkelmann, Moskau, Das war's. Erinnerungen des DDR-Botschafters in der Sowjetunion 1981-1987, Berlin 1997, S. 276.

169 Gespräch mit M. Mebel am 5.9.1996; vgl. E. Krenz, Der Fall der Mauer, S. 21.

170 H. Modrow, Aufbruch, S. 20.

171 Hans-Peter Minetti, Erinnerungen, Berlin 1997, S. 327 f.; vgl. H. Modrow (H.-D. Schütt), S. 263: Vor der ZK-Tagung fand ein Treffen aller Ersten Bezirkssekretäre statt, die eine Wahl von Egon Krenz zum Generalsekretär des ZK einstimmig (auch mit der Zustimmung von Modrow) unterstützten.

172 Die stenografische Niederschrift befindet sich in: BArch SAPMO, ZPA-SED, J IV/2/1/701; vgl. Stenografisches Protokoll der 9. Tagung des Zentralkomitees der SED, 18.10.1989, Hrg. vom Büro des Politbüros (Berlin 1989), auf die wir uns beziehen. Im BArch SAPMO, ZPA-SED, TD 737 befindet sich eine Tonaufzeichnung der 9. ZK-Tagung. Die Abschrift des Tonbandprotokolls ist publiziert bei: Hans-Hermann Hertle/Gerd-Rüdiger Stephan, Das Ende der SED. Die letzten Tage des Zentralkomitees, Berlin 1997, S. 103 ff. Vgl. die Darstellung bei Krenz, Der Fall der Mauer, S. 16 ff. ist unkorrekt, ebenso fehlerhaft und polemisch ist Modrows Wiedergabe des Plenumverlaufs in seiner Rede auf dem außerordentlichen Parteitag der SED (Außerordentlicher Parteitag der SED-PDS, Berlin, Dezember 1989, Materialien, Berlin 1990, S. 30 und auch in seinen Erinnerungen, S. 288). Vgl. die Version bei Heinrich Bortfeldt, Von der SED zur PDS. Wandlung zur Demokratie? Bonn-Berlin 1992, S. 84.

173 W. Kotschemassow, Meine letzte Mission, S. 178.

174 Zum Bremer CDU-Parteitag (vom 11.-13.9.1989) vgl. H. Kohl (Diekmann/Reuth), S. 87 ff. und K. R. Korte, S. 467 ff. Auf dem CDU-Parteitag war ein Faltblatt an die Delegierten verteilt worden, das für ein Deutschland in den Grenzen von 1937 warb. Außerdem wurde in diesem Faltblatt von den »Ostprovinzen des Deutschen Reiches« gesprochen. Vgl. R. Kiessler/ F. Elbe, S. 25 f.

175 Julij A. Kwizinskij, Vor dem Sturm. Erinnerungen eines Diplomaten, Berlin 1993, S. 14; Niederschrift des Gesprächs zwischen Kwizinskij und Teltschik vom 29.9.1909, in: Akten des Bundeskanzleramtes, S. 425 ff.

176 Vgl. Anm. 236 zum I. Kapitel und Anm. 36 zu diesem Kapitel.

177 Vgl. Anm. 11 zum I. Kapitel.

178 Stefan Heym, in: Stalin verläßt den Raum, Leipzig 1990, S. 274.

179 Gespräch mit G. Schürer am 19.3.1997.

180 W. Kotschemassow, Meine letzte Mission, S. 179.

181 Vgl. W. I. Lenin, Der ›linke Radikalismus‹, die Kinderkrankheit im Kommunismus (Juni 1920), in: Werke (Berliner Ausgabe) Bd. 31, S. 35; ders., Lieber weniger, aber besser, in: Bd. 33, S. 479.

182 Vgl. Erich wir brauchen Dich! Briefe nach Moabit, Köln 1996, S. 38.

183 Günther Jahn, Ein Ehrengebinde roter Nelken für Erich Honecker zum Gedenken. Rede auf der Gedenkstunde am 5.6.1994 in der Traditionsstätte »Sporthaus Ziegenhals« bei Berlin.

183a Zum Versuch, Erich Honecker zu kriminalisieren vgl. Friedrich Wolf, Verlorene Prozesse 1953-1998. Meine Verteidigungen in politischen Verfahren. Baden-Baden 1999, S. 233 ff.

184 Rosa Luxemburg, Die Krise der Sozialdemokratie, in: Gesammelte Werke Bd. 4, Berlin 1972, S. 53; vgl. Luis Corvalan, Der Zusammenbruch der Sowjetunion, Berlin 1995, S. 211 ff.

185 Hierzu die Aussagen von Generaloberst Joachim Goldbach und Admiral Theodor Hoffmann, in: Disput – Was + Wie, Berlin 2. Juniheft 1992, S. 21 und Th. Hoffmann, Das letzte Kommando. Ein Minister erinnert sich, Herford 1993; dazu: W. Datschitschew, Aus den Anfängen der Revision der sowjetischen Deutschlandpolitik. Ein Dokument zur Deutschen Frage aus dem Jahre 1987; in: Aus Politik und Zeitgeschichte, B 14 (1994), S. 36-46.

186 W. Kotschemassow, Meine letzte Mission, S. 178; zur Problematik der Haltung von Gorbatschow gegenüber Krenz vgl. Schreiben von Wadim Medwedew an E. Czichon vom 21.2.1996; dazu: W. Medwedew, V komande Gorbatschowa wzgljad iznutri, Moskwa 1994 und Ph. Zelikow/C. Rice, S. 133. Sie vertreten die Ansicht, daß Krenz zwar auf den Reformkurs von Gorbatschow einschwenken wollte, daß aber »unübersehbar gewesen sei«, daß Gorbatschow »viel (mehr) von Hans Modrow hielt.« (S. 540)

187 Gespräch mit W. Herger am 4.12.1995; Gespräch mit E. Krenz am 1.7.1996; Wortlaut der Fernsehansprache von Krenz am Abend des 18.10.1989, in: Neues Deutschland vom 19.10.1989. Er sagte: »Der Sozialismus ist keine abgeschlossene, er ist eine revolutionäre Gesellschaftsordnung. Der Widerspruch zwischen dem Erreichten und dem noch nicht Erreichten, zwischen Ideal und Wirklichkeit, drängt zu ständiger Erneuerung.« Dazu die Information von Duisberg an Kohl vom 19.10.1989 zur Einschätzung des Führungswechsels in der DDR: Krenz läßt keine grundlegend neuen Ansätze zu Reformen erkennen, in: Akten des Bundeskanzleramtes, S. 455 ff.

188 MfS-Information Nr. B 216 vom 21.10.1989, in: Befehle und Lageberichte, S. 229 f.

189 Ebd., S. 231 ff.; MfS: ZIAG-Information Nr.471/89 vom 23.10.1989.

190 MfS: ZIAG-Information Nr.471/89, in: Befehle und Lageberichte, S. 235. Ellen Brombacher
     berichtet auf der 12. Tagung der Volkskammer am 8.11.1989 über die zunehmende Rechtsun-
     sicherheit. Als sie aus dem Fenster der SED-Bezirksleitung Berlin eine Demonstration beob-
     achtete, wurde ihr zugerufen: »Komm runter, du rote Sau!« Volkskammer der DDR, Bd. 25:
     9. Wahlperiode. Stenographische Niederschriften, S. 312.

191 Fernschreiben von Krenz vom 24.10.1989, in: MfS-Dokumentensammlung: Nr. 103625;
     VVS-Fernschreiben 79/89 vom 25.10.1989, in: Befehle und Lageberichte, S. 236 f.

192 Der Prozeß des Auseinanderfallens der SED-Perestroikaner, ihre Ursachen und Auswirkungen
     ist bisher nicht untersucht. Dazu: F. Wilhelmy, Der rätselhafte Modus, S. 51ff. und H. Bort-
     feldt, Von der SED zur PDS, S. 72 ff.

193 Vgl. Anm. 158 zum I. Kapitel.

194 Vgl. Hans Modrow, Die Perestroika. Wie ich sie sehe. Persönliche Erinnerungen und Analysen
     eines Jahrzehnts, das die Welt verändert. Unter Mitarbeit von Bruno Mahlow, Berlin 1998,
     S. 27 ff. Vgl. Anm. 138 zum IV. Kapitel.

195 Den Begriff der »neuen Opposition« gegenüber Krenz beziehen wir auf eine Tagebuchauf-
     zeichnung von M. Wolf, in der sich die Opposition selbst als »Avantgarde der Erneuerung«
     versteht. Vgl. M. Wolf, In eigenem Auftrag, S. 233. Harry Nick machte im Neuen Deutsch-
     land (vom 15.8.1997, S. 15) einige Bemerkungen zum Begriff des Fundamentalismus, die
     durchaus auf die Reformer der »neuen Opposition« zutreffen könnten: »Der Fundamentalist
     wandelt im Lichte und kennt nicht die Gefahren und Stolpersteine, die Irrwege und Irrlichter
     in diesem Dämmerlicht, das zwischen Wissen und Nichtwissen liegt.«

196 Gespräch mit M. Mebel am 5.9.1996. Vgl. die Zuarbeit von Markus Wolf »für ein Referat von
     Egon Krenz«, in: M. Wolf, Die Kunst der Verstellung, S. 136 ff.

197 W. Kotschemassow, Meine letzte Mission, S. 173.

198 G. Gysi/Th. Falkner, S. 46 f. Auf der S. 52 wird argumentiert, daß die neue Führung unter
     Krenz kein konstruktives Verhältnis zur »Revolution im Lande fand«. Vgl. Gregor Gysi, Das
     war's. Noch lange nicht, Düsseldorf 1995, S. 81. Gysi schreibt: »Krenz aber hinkte mit seiner
     Politik weiterhin den Ereignissen hinterher.«

199 Vgl. Michael Brie in der Frankfurter Rundschau vom 21.12.1989; Andrè Brie/Michael Brie/
     Rainer Land/Dieter Segert (u. a.), Sozialismus am Scheideweg, Fragen an eine neue Konzep-
     tion, Berlin 1990, S. 38.

200 A. Tschernajew, S. 34 und S. 61 und G. Schachnasarow, S. 178. Ebenso Tschernajew in
     der Diskussion bei: E. Kuhn, Gorbatschow, S. 68; dazu auch: Alexander Jakowlew, Offener
     Schluß. Ein Reformer zieht Bilanz, Leipzig-Weimar 1992, S. 71. Ähnlich argumentieren auch
     A. Brie/M. Brie/R. Land/D. Segert in: Sozialismus am Scheideweg, S. 43.

201 »Es gibt keine Denkpause«. Ein Gespräch mit Gregor Gysi, in: Blätter für deutsche und in-
     ternationale Politik, Bonn (1990)10, S. 1195. Wenn Gysi heute von einem »demokratischen
     Sozialismus« spricht, muß man dies stets berücksichtigen. Offenbar verstand und versteht er
     darunter vielmehr einen »demokratischen Kapitalismus«.

202 Über die Austrittsbewegung und über die Lage in der Partei informierte die Abteilung Partei-
     organe (Abteilungsleiter Heinz Mirtschin) regelmäßig das Politbüro. Vgl. die Information
     vom 30.10.1989, in der u. a. argumentiert wird, daß vor allem in Grundorganisationen der

SED mit einem hohen Intelligenzanteil zunehmend Positionen vertreten werden, die denen
des Neuen Forums entsprechen oder nahe kommen. In anderen Teilen der Partei, wie u. a.
an der Hochschule für Film und Fernsehen ›Konrad Wolf‹ sind »... parteiliche Positionen
völlig verlassen worden«, in: Interne Dokumente, S. 188 ff.; dazu: Gespräch mit L. Bisky am
16.10.1995; H. Bortfeldt, Von der SED zur PDS, S. 120 ff.

203 Der soziologische Begriff der »Trägergruppe« wird hier hilfsweise für eine »politische Gruppe«
    übernommen, die als Gruppe nur virtuell zu fassen ist.

204 Dietmar Wittich, Mitglieder und Wähler der PDS, in: Michael Brie/Martin Herzig/Thomas
    Koch (Hg.), Die PDS, Köln 1995, S. 59 ff. (vgl. dort die Tabelle 2).

205 Internes Parteiarchiv der PDS, Nr. VI 2/1/8: Stenografische Niederschrift der 3. Tagung des
    Parteivorstandes der SED/PDS am 20.1.1990, Bl. 53, Diskussionsrede von Thomas Falkner.

206 H. Bortfeldt, Von der SED zur PDS, S. 87.

207 Interne Dokumente, S. 188 f. Vgl. die kritischen Anmerkungen von H. Mirtschin zu einer
    Diskussionsfassung des Manuskripts dieses Buches.

208 Zur Gruppe der Vereinigten Linken (VL) gehörte u. a. Bernd Gehrke, der nach seinen eigenen
    Angaben seit 1972 versuchte, »die SED von Links zu unterwandern«. Er beteiligte sich auch
    am Havemann-Kreis. Zur VL gehörten weiterhin Jutta Braband und Marion Seelig, die aus
    der Gruppe »Kirche von unten« kamen. M. Seelig wurde 1990 auf der Liste der PDS Mitglied
    des Abgeordnetenhauses von Berlin.

209 H. Bortfeldt, Von der SED zur PDS, S. 91.

210 Neues Deutschland vom 23./24.4.1994, S. 10.

211 Die Zusammenstellung der Tafel 4 erfolgte durch die Autoren auf der Grundlage eines Mate-
    rials der Abteilung Parteiorgane beim ZK der SED, das wir von einem Zeitzeugen erhielten.
    Vgl. auch die Tabellen 3 und 4 bei W. Otto, in: Materialien der Enquete-Kommission, Bd.
    VII/2, S. 1485 ff.

212 H. Bortfeldt, Von der SED zur PDS, S. 92.

213 G. Gysi/Th. Falkner, S. 52 ff.

214 Dieser Prozeß wird besonders deutlich von A. Tschernajew (S. 229) dargestellt. Er vollzog
    sich als schrittweiser Bruch Gorbatschows mit dem Marxismus, den Tschernajew als »Kühn-
    heit und Weitsicht« begrüßt (ebd., S. 244 ff.). Analoge Ansätze einer solchen ideologischen
    »Transformation« finden sich von der Schrift: Sozialismus am Scheideweg, S. 43 ff. bis zum
    Referat von Gysi auf dem Sonderparteitag der SED im Dezember 1989, in deren Ergebnis
    sich eine Sicht herausbildete, nach der der Kapitalismus eigentlich kein Kapitalismus mehr sei,
    sondern eine zeitlose Zivilgesellschaft, die es nur noch »demokratisch« auszugestalten gelte.
    Vgl. Michael Schumann, Die PDS und das stalinistische Erbe, in: Neues Deutschland vom
    25.6.1997, S. 6; dagegen: H. Modrow (H.-D. Schütt), S. 234.

215 Stefan Heym im Leitartikel des Neuen Deutschland vom 30.9./1.10.1995, S. 2.

216 A. Brie, Der zweigeteilte Parteitag, S. 57; vgl. Falkner, in: G. Gysi/Th. Falkner, S. 23. Er meint,
    daß der »Real-Sozialismus ... innerhalb der DDR an die Grenzen seiner Leistungskraft gesto-
    ßen (war)«, und ebd., S. 52, wo Falkner weiß, daß die Menschen gespürt hätten, daß Krenz
    kein »konstruktives Verhältnis zur Revolution im Lande findet«.

217 Neues Deutschland vom 23./24.4.1994, S. 10.

218 A. Brie, Der zweigeteilte Parteitag, S. 60.

219 G. Gysi, Das war's, S. 74 ff.; H. Modrow (H.-D. Schütt), S. 317.

220 Siehe: Interne Dokumente, S. 168 ff. Bei seiner Vorstellung als Kandidat zur Wahl des Vorsitzenden der SED/PDS auf dem Außerordentlichen Parteitag der SED wurde Gysi am
8.12.1989 von einem Delegierten des Parteitages danach befragt, ob er der Rechtsanwalt von
Bärbel Bohley sei [Internes Parteiarchiv der PDS Nr. VI 1/7: Stenografische Niederschrift
der 2. (geschlossenen) Sitzung vom 9.12.1989, Bl. 55] und Gysi antwortete (ebd., Bl. 66):
»Wer meine Mandanten sind, dazu äußere ich mich nicht, weil das der anwaltschaftlichen
Schweigepflicht unterliegt.« Was er damals seinen Wählern verschwieg, teilte Gysi aber dem
Immunitätsausschuß des Deutschen Bundestages mit: zu seinen Mandanten gehörten Bärbel
Bohley, Rupert Schröter, Thomas Klein, Thomas Erwin, Lutz Rathenow, Frank-Wolf Matthies
und Rainer Eppelmann. Vgl. seine Stellungnahme vom 17.4.1997 zum ergänzenden Bericht
des Bundesbeauftragten für die Unterlagen des Staatssicherheitsdienstes der ehemaligen DDR
vom 13.3.1997 (Az: 11635/92 Z, Bl. 42). In diesem Schreiben benannte Gysi an Gauck auch
gleich seine Gesprächspartner im ZK der SED: Raoul Gefroi von der Abteilung Staat und
Recht (Bl. 39, 51 und 57), der angeblich seine offiziellen Gespräche mit der ZK-Abteilung
dem MfS mitgeteilt habe (Bl. 38) und Dieter Amend von der Abteilung Sicherheit. Siehe dazu
das Schreiben von G. Gysi an E. Czichon vom 27.1.1998.

221 Gespräch mit H. Singer am 16.11.1995; vgl. die Darstellung bei H.-P. Minetti, S. 324 ff.;
dazu: Harald Wessel, Schweißnaß in der DDR-Geschichte, in: Weißenseer Blätter, Berlin
(1995)1, S. 62 ff. und Käthe Reichel im neuen Deutschland vom 23.7.1998, S. 13.

222 G. Gysi, Das war's, S. 76 und H.-P. Minetti, S. 324 f.

223 MfS: ZIAG-Information Nr. 484/89, in: Befehle und Lageberichte, S. 242 ff.

224 Gespräch mit Friedhelm Rausch am 25.12.1995.

225 Gespräch mit H. Singer am 16.11.1995. Schorlemmer sagte am 4.9.1989 in der Reformierten
Kirche in Leipzig in seiner Predigt: »Entweder ist der Sozialismus von Peking bis Berlin zu einer grundlegenden Reform fähig, oder er verschwindet erst mal...« (Friedrich Schorlemmer, Es
ist nicht umsonst. Predigten und Reden 1983-1993, Leipzig 1993, S. 49). Zur Demonstration
am 4.9.1989 in Berlin vgl. den außerordentlich schlecht recherchierten Artikel »Plakate von
der Stasi«, in: Der Spiegel (1995)45, S. 72 ff., der sich auf eine 134 S. umfassende Akte der
Gauck-Behörde über die Berliner Demonstration am 4.11.1989 bezieht. Kurt Hager meint,
daß Hans-Joachim Hoffmann, den er zu den Organisatoren der Kundgebung zählt, damit
ein Bekenntnis für eine bessere DDR ablegen wollte. K.- Hager, Erinnerungen, S. 440; vgl.
H. Möbis, S. 268 f.

226 M. Wolf, In eigenem Auftrag, S. 5 f.; vgl. S. 223 und S. 229. Wortlaut der Rede von Wolf auf
dem Berliner Alexanderplatz: M. Wolf, Die Kunst der Verstellung, S. 127 ff.

227 Vgl. A. Brie, Ich tauche nicht ab, S. 107 f. Brie meint, das Buch von Wolf kam ihm wie gerufen (ebd., S. 111).

228 M. Wolf, In eigenem Auftrag, S. 228 f.

229 Ebd., S. 192, S. 196 und S. 230.

230 Ebd., S. 217 ff., S. 229 f. und S. 230 ff. Markus Wolf schreibt von »Stabsberatungen« der Krenz-
Opposition, um eine »konzentrierte Aktion« zur bevorstehenden ZK-Beratung zu erreichen.
Bei der innenpolitischen Lage, die auf der Beratung der Vorsitzenden der Räte der Bezirke am
25.10.1989 mit Stoph als den Vorsitzenden des Ministerrats, als »gefährlich« eingeschätzt wurde
(H. Möbis, S. 262 ff.), bleibt es politisch unerklärlich, weshalb die »neue Opposition« diese Si-
tuation noch weiter zuspitzen wollte, zumal Wolf diese Informationen zur Verfügung standen.

231 M. Wolf, In eigenem Auftrag, S. 217.

232 Ebd., S. 213 f.

233 Ebd., S. 215 f. Wegen dieses Interview rief Wolf im ZK Herger an, der sich bei Geggel für ihn verwenden sollte, um den Widerstand von Harald Wessel, dem stellvertretenden Chefredakteur des Neuen Deutschland, zu brechen, der »vor Wut koche und martialische Drohungen ausgestoßen habe.« Vgl. ebd., S. 213.

234 Ebd., S. 217.

235 Ebd.; vgl. H.-P. Minetti, S. 300 f.

236 Das Beschlußprotokoll der Politbürositzung vom 26.10.1989 befindet sich in: BArch SAP-MO, ZPA-SED, J IV/2/2/2355; vgl. G. Schabowski, Absturz, S. 299; Gespräch mit W. Herger am 4.12.1995.

237 Die Politbürovorlage befindet sich in: BArch SAPMO, ZPA-SED, J IV 2/2A/3252. Die Information der Abteilung Parteiorgane für die Mitglieder des Politbüros des ZK der SED vom 30.10.1989, in: Interne Dokumente, S. 186 ff. Dazu der BND-Bericht vom 3.11.1989 an Kohl über den »Stimmungswandel« in der DDR: »... es ist wichtig was hier passiert, Ruhe darf nicht mehr einkehren ... zahlreiche Menschen beteiligen sich jetzt planmäßig ... an einer Demonstration.« In: Akten des Bundeskanzleramtes, S. 478 ff.; die Argumentation zum Entwurf des Reisegesetzes; Beschluß des Politbüros des ZK der SED vom 31.10.1989, ebd., S. 192 ff.; zur Entwicklung der Diskussion über das Reisegesetz vgl. H.-H. Hertle, Der Fall der Mauer, S. 138 ff.

238 Grundsätze eines Gesetzes zu Reisen von Bürgern der DDR in das Ausland; Beschluß des Politbüros des ZK der SED vom 24.10.1989, in: Interne Dokumente, S. 173 f. In einem Fernschreiben von Bertele wird die bevorstehende »Ausreiseregelung« Seiters am 3.11.1989 für kommende Woche als öffentliche Diskussion mitgeteilt, in: Akten des Bundeskanzleramtes, S. 476 f.

239 Information der Abteilung Parteiorgane für die Mitglieder des Politbüros des ZK der SED vom 30.10.1989, in: Interne Dokumente, S. 189. Wenn wir heute die Broschüre von Lothar Bisky, Freiheit oder Sozialismus? Berlin 1995, lesen, ist diese Einschätzung nachvollziehbar. Vgl. ferner L. Bisky, Wieviel Staat brauchen wir? In: Die Welt vom 20.11.1998.

240 Gerhard Schürer, Gerhard Beil, Alexander Schalck, Ernst Höfner, Arno Donda, Analyse der ökonomischen Lage der DDR mit Schlußfolgerungen, Vorlage für das Politbüro des ZK der SED vom 30.10.1989, in: H.-H. Hertle, Der Fall der Mauer, S. 448 ff. Vgl. Siegfried Wenzel, Plan und Wirklichkeit. Zur DDR-Ökonomie. Dokumentation und Erinnerungen, St. Katharinen 1998.

241 Ebd., S. 313 ff: Gespräch von H.-H. Hertle mit G. Schürer am 21.2.1992.

242 H.-H. Hertle, Der Fall der Mauer, S. 143 ff. Einer analogen Bewertung hat sich auch Herbert Wolf vor der Eppelmann-Kommission angeschlossen. Vgl. Herbert Wolf/Friederike Sattler, Expertise für die Eppelmann-Kommission zur »Entwicklung und Struktur der Planwirtschaft der DDR«, in: Materialien, Bd. II, S. 2889 ff. Angesichts des gegenwärtigen Schuldenberges der BRD von über 2.133 Milliarden DM [Der Spiegel (1997)32, S. 65 f.] ist diese Argumentation geradezu lächerlich. Auch H.-H. Hertle gehörte zu den »Sachverständigen« dieser Kommission; seine »Expertise« in: Materialien, Bd. VII, S. 787 ff. Schon am 9.1.1990 schätzte eine Expertenrunde im Bundeskanzleramt bei Seiters (darunter Vertreter der Dresdner und der Deutschen Bank) die Auslandsverschuldung der DDR mit zehn Milliarden Dollar ein (und fünf Milliarden gegenüber der BRD) und als eine »geringe Verschuldung«, in: Akten des Bundeskanzleramtes, S. 691; vgl. dagegen Christa Luft, Abbruch oder Aufbruch? Berlin

1998, S. 33 f., die von 20,6 Milliarden Dollar ausgeht.; vgl. S. Wenzel, S. 123 ff., der sich auf Angaben der Deutschen Bundesbank per 31.5.1990 bezieht, die netto lediglich 15 Mrd Dollar betragen hätte. Wie Hans Modrow zu der Behauptung kommt, die DDR sei bereits Mitte der 80er Jahre pleite gewesen [in: H. Modrow (B. Mahlow), S. 25] bleibt den Autoren unklar.

243 M. Wolf, In eigenem Auftrag, S. 219.

244 Die unkorrigierte Fassung dieser Niederschrift bei: H.-H. Hertle, Der Fall der Mauer, S. 462-482, nach: BArch SAPMO, ZPA-SED, J IV 2/2A/3255; vgl. die »korrigierte Niederschrift« der Unterredung von Krenz mit Michail Gorbatschow am 1.11.1989 in Moskau, in: Interne Dokumente, S. 199-224. Die Ansicht von Modrow, daß Krenz »im Grunde genau so schlecht vorbereitet wie sein Vorgänger nach Moskau gereist« war (H. Modrow, Aufbruch, S. 22) halten wir für eine unnötige Polemik. Eine bemerkenswerte Interpretation der Unterredung von Krenz und Gorbatschow macht R. Biermann, S. 220 ff.

245 Rede von E. Krenz auf der 9. Tagung des ZK der SED am 18.10.1989, in: Beginn der Wende und Erneuerung, Berlin 1989, S. 11 ff.

246 Vgl. Niederschrift der Unterredung von Krenz mit Gorbatschow (in: Interne Dokumente, S. 212). Krenz hatte u. a. den Vorschlag eingebracht, zwischen der UdSSR und der DDR wieder ein Koordinierungsbüro für eine gemeinsame Politik gegenüber der BRD zu schaffen, der von Gorbatschow ignoriert wurde. Im Anschluß an das Gespräch beider Generalsekretäre fand noch ein Gespräch der Leiter beider Internationalen Abteilungen, V. Falin und G. Sieber, statt. Vgl. Detlef Nakath/Gero Neugebauer/Gerd-Rüdiger Stephan (Hg.), »Im Kreml brennt noch Licht«. Die Spitzenkontakte zwischen SED/PDS und KPdSU 1989-1991, Berlin 1998, S. 62 ff.

247 W. Kotschemassow, Meine letzte Mission, S. 180; vgl. die »Empfehlungen von Kotschemassow an Krenz vom 16.11.1989, bei: D. Nakath/G. Neugebauer/G.-R. Stephan, S. 69 ff. Ph. Zelikow/C. Rice (S. 133 ff.) kommen zur Ansicht, daß sich beide Politiker auf einen detaillierten Aktionsplan geeinigt hätten, wobei Gorbatschow den Ostdeutschen mit konkreten Vorschlägen den Weg gewiesen und sich als berechenbare Persönlichkeit zu erkennen gegeben habe. R. Biermann (S. 222) macht geltend, daß Krenz in einem Interview für das sowjetische Fernsehen ein Vokabular benutzte, »das die Bürger der Sowjetunion inzwischen nur noch von der Ligatschow-Gruppe in Moskau kannten«.

248 Akten des Bundeskanzleramtes, S. 505 (zitiert wird das Fernschreiben der Ständigen Vertretung der BRD in Berlin an das Bundeskanzleramt Nr. 2516 vom 9.11.1989, in: BK, 21-35003 [32]De 25 Bd. 2, Bl. 115 f.).

249 Gespräch mit E. Krenz am 13.1.1996.

250 Alonso Alvares de Toledo, Nachrichten aus einem Land, das niemals existierte. Tagebuch des letzten spanischen Botschafters in der DDR, Berlin 1992, mit einem überraschend flachen Niveau.

251 M. Wolf, In eigenem Auftrag, S. 219 und S. 231; dazu: Gespräch mit M. Mebel am 5.9.1996. Vgl. Interview von Moritz Mebel (»Moritz, sei kein Abenteurer«) im Neuen Deutschland vom 26./27.10.1996, S. 12 f.

252 Gespräch mit E. Krenz am 1.7.1996.

253 Gespräch mit W. Herger am 4.12.1995.

254 Gespräch mit E. Krenz am 1.7.1996. Auch Schürer vertrat die Ansicht, daß Alexander Schalck ein besserer Ministerpräsident gewesen wäre. Gespräch mit G. Schürer am 19.3.1997; dazu: H. Modrow (H.-D. Schütt), S. 311 und S. 314. Modrow meint, Krenz habe ihn nur vorge-

schlagen, weil Gorbatschow sich nach ihm erkundigt habe (vgl. Niederschrift der Unterredung von Krenz mit Gorbatschow, S. 205) und das sei auf langjährige gute Beziehungen und »von guten Kontakten« zurückzuführen und daher wohl mehr ein Zugeständnis von Krenz als sein Wunsch gewesen. Vgl. dazu H. Modrow (B. Mahlow), S. 65 f.

255 Hans-Hermann Hertle, Chronik des Mauerfalls. Die dramatischen Ereignisse um den 9. November 1989, Berlin 1996, S. 110 f. Gespräch mit O. Fischer am 11.4.1997.

256 Gespräch mit W. Herger am 4.12.1995; das Protokoll der Sitzung in: BArch SAPMO, ZPA-SED, J IV 2/2/2357; vgl. die Mitteilung der Botschaft der DDR in Prag in: Neues Deutschland vom 4./5.11.1989. Mit dieser Regelung sollte der Fehler von Anfang Oktober 1989, die Ausreise über Dresden zu leiten, vermieden werden.

257 Neues Deutschland vom 6.11.1989. An diesem Tag trat die SED-Parteigruppe des Ministerrats der DDR zusammen, die die nächste Tagung der Volkskammer vorbereiten sollte. Während der Sitzung schlug Stoph den Rücktritt des Ministerrats vor (H. Möbis, S. 269).

258 M. Wolf, In eigenem Auftrag, S. 231; Gespräch mit M. Mebel am 5.9.1996 und H. Modrow (H.-D. Schütt), S. 338.

259 G. Gysi, Das war's, S. 65 ff.: Gysi berichtet wie er im Zimmer von Schabowski einen Gegenentwurf formulierte (diese Passage ist lesenswert).

260 Das Beschlußprotokoll der Sitzung befindet sich in: B.Arch.-SAPMO: ZPA-SED J IV 2/2/2358; siehe auch: G. Schabowski, Absturz, S. 313 f. und das Gespräch von H.-H. Hertle mit W. Herger vom 5.3.1992, in: H.-H.-Hertle, Der Fall der Mauer, S. 345 ff.; H. Möbis, S. 283 irrt sich im Datum.

261 H.-H. Hertle, Chronik, S. 112 f.; dazu: Egon Krenz, Der 9. November 1989. Unfall oder Logik der Geschichte, in: S. Prokop (Hrsg.), Die kurze Zeit der Utopie, S. 77.

262 H.-H. Hertle, Chronik, S. 112. Der Beschluß befindet sich in: B.Arch.-SAPMO: ZPA-SED J IV/2/2/2358.

263 Der Vermerk über die Besprechung von Fischer mit Kotschemassow befindet sich in: BArch P, DC-20, 4933. Der Vermerk ist publiziert bei: D. Nakath/G.-R. Stephan, Countdown, S. 225 ff.; vgl. Gespräch mit O. Fischer am 11.7.1996.

264 Antworten von P. A. Abrassimow auf Fragen E. Krenz vom 25.2.1996, in: Neues Deutschland vom 23.5.1996, S. 8 und P. A. Abrassimow, Antworten auf Fragen einer Journalistin, im Videomitschnitt »Der Maueröffner«, das die ARD am 6.10.1996 sendete.

265 W. Kotschemassow, Meine letzte Mission, S. 185.

266 Ebd.; Gespräch mit E. Krenz am 13.1.1996; dazu: Gespräch mit O. Fischer am 11.7.1996. Krenz berichtet (in: Das war die DDR. Eine Geschichte des anderen Deutschland. Hrsg. von Wolfgang Kenntemich/Manfred Durniok/Thomas Karlauf, Berlin 1993, S. 239), daß er sehr erstaunt über den Anruf des sowjetischen Botschafters am 10.11.1989 gewesen war, der behauptete, er sei über die Grenzöffnung nicht informiert gewesen. Krenz habe dem Botschafter geantwortet: »... das ist doch alles abgestimmt gewesen durch unseren Außenminister.«

267 Igor Maximytschew/H.-H. Hertle, Die Maueröffnung (Teil I-III), in: Deutschland-Archiv (1994), S. 1137-1158 und S. 1241-1251. Igor Maximytschew gibt an, aus seinen Tagebüchern von den täglichen Lagebesprechungen, die Kotschemassow durchführte, zu berichten. Seine Darstellungen sind nach Ansicht von Kotschemassow unzuverlässig.

268 I. Maximitschew/H.-H. Hertle, S. 1147.

269 W. Kotschemassow, Antwort auf vier Fragen vom 10.6.1997. Die Legende vom »Loch-in-der Mauer« greift auch R. Biermann auf (S. 228). Er schreibt, daß vom Politbüro eine Reiseverordnung in Auftrag gegeben wurde, um eine »permanente Ausreise der DDR-Flüchtlinge über einen Grenzübergang im Süden der DDR« zu ermöglichen.

270 Gespräch mit F. Streletz am 25.5.1997, der über ein entsprechendes Telefonat mit Kotschemassow berichtete; vgl. H. Möbis, S. 285 f.

271 V. Falin, Erinnerungen, S. 488 f.

272 V. Falin, in: Das war die DDR, S. 237 f.

273 Schreiben von Fischer an Krenz vom 8.11.1989; Gespräch mit O. Fischer am 11.7.1996; der Vermerk über die Besprechung von Fischer mit Kotschemassow befindet sich in: BArch P, DC 20, 4933; das Schreiben ist publiziert bei: D. Nakath/G.-R. Stephan, Countdown, S. 227 f. Das Bundeskanzleramt war frühzeitig über die bevorstehende Reiseregelung informiert. Diese Kenntnis lag der Rede Hans-Dietrich Genscher am 8.11.1989 auf der 173. Sitzung des Deutschen Bundestags zugrunde, als er sagte, die »Beseitigung von Mauer und Stacheldraht (werde) außer der Abhaltung freier Wahlen der Glaubwürdigkeitstest für die Führung der DDR sein.« Vgl. R. Kiessler/F. Elbe, S. 45. Genscher sagte in dieser Rede weiter: »Wir wollen unseren Bürgern in der Bundesrepublik Deutschland schon heute sagen: Das wird von uns große Leistungen erfordern. Diese Leistungen sind nicht Opfer, sie sind Investitionen in eine freiheitliche und friedliche Zukunft der Deutschen und der Europäer, dort und hier« (ebd.). Dazu die Rede von Kohl auf der gleichen Sitzung, in: Verhandlungen des Deutschen Bundestages, Stenografische Berichte, Bd. 151, Plenarprotokoll, 173. Sitzung, S. 13010-13018.

274 H. Möbis, S. 269; Schreiben von Stoph an das Präsidium der Volkskammer der DDR, in: Volkskammer der Deutschen Demokratischen Republik, 9. Wahlperiode – 11. Tagung –, Montag, den 13.11.1989, Stenografische Niederschrift, S. 264; vgl. Protokoll der 10. Tagung des ZK der SED, Teil III. Berlin 1989, die Diskussionsrede von H. Modrow, S. 35 f.; Neues Deutschland vom 8.11.1989 sowie H. Modrow (H.-D. Schütt), S. 344 f.

275 M. Wolf, In eigenem Auftrag, S. 231 f.

276 Über beide Gespräche gibt es Vermerke von Schalck-Golodkowski, die sich im Privathand von Hans-Hermann Hertle befinden. Er zitiert die Dokumente in: Der Fall der Mauer, S. 155 f. und in: Chronik, S. 100 ff.

277 H.-H. Hertle, Der Fall der Mauer, S. 140; vgl. seine Darstellung über die Vorbereitung der Reiseverordnung im ZK der SED am 10.10.1989 (nach Angaben aus Gesprächen mit Wolfgang Herger am 16.3.1992 und mit Peter Miethe am 19.3.1992).

278 Der Vermerk über das Gespräch am 6.11.1989 bei: H.-H. Hertle, Chronik, S. 107 ff.; vgl. H. Kohl (Diekmann/Reuth), S. 116 f.

279 Vgl. Anm. 10 zur Einleitung.

280 Vgl. Anm. 236 zum I. Kapitel.

281 Vgl. Anm. 11 zum I. Kapitel.

282 H. Kohl (Diekmann/Reuth), S. 117 f. Kohl meint zu dieser Entscheidung: »Ostberlin hatte sicherlich einen völlig anderen Verlauf der Ereignisse im Sinn.« Vgl. Akten des Bundeskanzleramtes, S. 491; K. R. Korte, S. 462 f. Gerade diese Entscheidung Kohls – sich nunmehr aktiv in die inneren Angelegenheiten der DDR einzumischen – wird in der Rezension von Jochen Staadt zu Kortes Untersuchung in der FAZ vom 5.8.1998, S. 7 explizit hervorgehoben. Vgl.

Ph. Zelikow/C. Rice, S. 15 und S. 140; vgl. bei R. Biermann (S. 295 ff.) das Kapitel: ›Der deutschlandpolitische Kurswechsel des Kanzlers.‹

283 Rede von Kohl am 8.11.1989 im Deutschen Bundestag, Stenografische Berichte, Bd. 151, S. 13016 f. Vgl. H. Kohl, Reden und Erklärungen zur Deutschlandpolitik, S. 65 f.

284 Ph. Zelikow/C. Rice, S. 145.

285 Protokoll der 10. Tagung des ZK der SED (die stenografische Niederschrift der Tagung befindet sich in: BArch SAPMO, ZPA-SED, J IV 2/1/705) und der Tonbandmitschnitt der Tagung in: BArch SAPMO, ZPA-SED, TD Nr. 738, bei H.-H. Hertle/G.-R. Stephan, S. 103 ff. publiziert. Wir beziehen uns auf die vom Büro des Politbüros herausgegebene Druck-Fassung. Die Unterschiede zwischen der Tonaufzeichnung und der Druckfassung hat H.-H. Hertle, Der Fall der Mauer, S. 513-538 publiziert. Im SED-Parteiverlag erschienen 1989 außerdem zwei Hefte mit Materialien des Plenums unter dem Titel »Schritte zur Erneuerung«. Die Berichte der USA-Botschaft in der DDR zum 10. Plenum vgl. Archiv des State Department, US-Berlin 8783 vom 8.11.1989; vgl. auch die Analyse US-Berlin 8764 »GDR Crisis: As the Plenum Meets, Can the SED Seize Its Slender Chance?« vom 8.11.1989 und US-Berlin 8820 »GDR Plenum: Virtually Free Travel and Emigration in Force Immediately« vom 9.11.1989 sowie US-Berlin 8823 »And the Wall Came (Figuratively) Tumbling Down« vom 10.11.1989.

286 Die Neuwahl der leitenden Organe des ZK der SED war ein Ergebnis von mehrmaligen Korrekturen während der Tagung. Vgl. H.-H. Hertle/G.-R. Stephan, S. 135-170 und S. 397; dazu das Gespräch mit W. Eberlein am 12.9.1996. Vgl. Neues Deutschland vom 9.11.1989, S. 2. Modrow nimmt seine Kandidatur mit den Worten an: »Es kann auch sein, daß ich sie nur auf eine sehr beschränkte Zeit ausüben kann, denn wenn die Frage von freien Wahlen und allen anderen steht, ... dann steht noch eine ganz andere Frage. Aber solange unsere Partei mit dieser Wahlkunst lebt, mit der wir noch wirken, will ich versuchen, mich der Verantwortung zu stellen.« (H.-H. Hertle/G.-R. Stephan, S. 147). In seinen Erinnerungen gibt Modrow keine Erklärung, was er mit diesem Orakel gemeint haben mag, vgl. H. Modrow (H.-D. Schütt), S. 314, wobei er in seinen Memoiren klagt, daß mit diesem Vorschlag, keine Konzeption verbunden war, was völlig unzutreffend ist.

287 H. Bortfeldt, Von der SED zur PDS, S. 105. Bortfeldt berichtet in seinem Aufsatz »Die Politik der USA während des ostdeutschen Umbruchs« (in: Deutschland-Archiv (1993),S. 184 ff, hier: S. 188), daß die USA-Botschaft Kontakte bis ins Politbüro gehabt habe. Hier vermeidet er einen Beleg für seine Behauptung. Vergleicht man seine Darstellung mit denen von Zelikow und Rice, gleicht Bortfeldts Argumentation sehr stark CIA-Positionen. Bortfeldt, der bis 1990 im Rektorat der Akademie für Gesellschaftswissenschaften arbeitete, erhielt 1991 (bis 1992) ein Forschungsstipendium in den USA.

288 E. Krenz, Referat, in: Schritte zur Erneuerung (Heft 1), S. 3-49. Die bei H.-H. Hertle/G.-R. Stephan, S. 185-195 und S. 204-235 abgedruckte Fassung enthält einige Differenzen. Krenz trug in diesem Referat – gemäß Beschluß des Politbüros vom 31.10.1989 – Auszüge aus der Analyse von G. Schürer, A. Schalck-Golodkowski und G. Beil (vgl. Anm. 240 zu diesem Kapitel) vor. Der Politbürobeschluß bei: H.-H. Hertle, Der Fall der Mauer, S. 148 (dort Fußnote 337).

289 Gespräche mit W. Herger am 4.12.1995 und H. Geggel am 4.7.1996.

290 Gespräche mit H.-J. Willerding am 29.8.1996 und mit M. Mebel am 5.9.1996.

291 Protokoll der 10. Tagung, S. 27f.; das Aktionsprogramm der SED in: Schritte zur Erneuerung (Heft 1), S. 50 ff.

292 Protokoll der 10. Tagung, S. 33 ff.; vgl. Schritte der Erneuerung, Heft 1, S. 97 ff.; H.-H. Hert-

le/G.-R. Stephan, S. 283 ff. Modrow griff dabei nicht auf die Vorschläge zur Wirtschaftsreform zurück, die Schürer gemeinsam mit Beil, Schalck, Höfner und Donda bereits am 30.10.1989 dem Politbüro eingereicht hatten (vgl. Anm. 240 zu diesem Kapitel), offenbar weil er sie nicht kannte.

293 Protokoll der 10. Tagung, S. 15 ff.; vgl. Schritte der Erneuerung, Heft 1, S. 78 ff. und H.-H. Hertle/G.-R. Stephan, S. 238 ff.

294 Gespräch mit M. Mebel am 5.9.1996.

295 G. Schürer (Gewagt und verloren, S. 160) schreibt: »Kurt Hager ... gehörte zu den wenigen, die Honecker widersprachen – und zwar fast nie in Richtung auf Verschärfung des Kurses. Beim Verbot der Zeitschrift ›Sputnik‹ war er der einzige, der dagegen sprach.« Hagers Diskussionsrede in: Protokoll der 10. Tagung, S. 126 ff.; vgl. Schritte der Erneuerung, Heft 1, S. 180 ff. und H.-H. Hertle/G.-R. Stephan, S. 401 ff.; dazu: K. Hager, Erinnerungen, S. 440 f.

296 Protokoll der 10. Tagung, S. 20 ff.; vgl. Schritte der Erneuerung, Heft 1, S. 83 ff. und H.-H. Hertle/G.-R. Stephan, S. 265 ff.

297 Protokoll der 10. Tagung, S. 83 ff.; vgl. Schritte der Erneuerung, Heft 1, S. 142 ff. und H.-H. Hertle/G.-R. Stephan, S. 348 ff.

298 Protokoll der 10. Tagung, S. 138 f. Der eingereichte Diskussionsbeitrag in: Schritte der Erneuerung, Heft 2, S. 309 ff. Willerding bezog sich auf den Diskussionsbeitrag von Frank Fichte (Parteiorganisator im VEB Kombinat Fortschritt Landmaschinen Neustadt), der vorgeschlagen hatte, wieweit die Genossen, die die Lage der Partei verschuldet hätten, noch im ZK bleiben sollten (Protokoll, S. 114 ff.). Willerding sagte: »Wir diskutieren darüber, ob die Glaubwürdigkeit unseres Zentralkomitees größer oder kleiner wird. Ich glaube: Niedriger kann sie nicht mehr werden.« (Protokoll, S. 138; vgl. H.-H. Hertle/G.-R. Stephan, S. 431 f.).

299 Gespräch mit W. Herger vom 4.6.1996. Die Parteikonferenz war von Mebel (vgl. H.-H. Hertle/G.-R. Stephan, S. 258 f.) und Modrow (ebd., S. 420) und von Hartmut König (ebd., S. 323) gefordert und unterstützt worden. Mebel wies sogar darauf hin, daß sie mit den Genossen der Humboldt-Universität abgestimmt gewesen sei.

300 Aufzeichnung von Eberhard Czichon über die Vorbereitung und den Ablauf der Demonstration am Mittwoch den 8.11.1989 vor dem ZK der SED.

301 E. Krenz, Wenn Mauern fallen, S. 155. M. Wolf, Die Kunst der Verstellung, S. 130 f. und S. 152. Zur Demonstrations-Legende vgl. H. Bortfeldt, Von der SED zur PDS, S. 106 f. Er bezieht sich auf solche Zeugen wie Michael Brie und Norbert Frank (Humboldt-Universität); Bei dieser Demonstration sprach als Redner aus den Berliner Betrieben lediglich Rolf Michallak (Neues Deutschland vom 9.11.1989), weiterhin: Michael Brie, Stefan Rempel (vom Zentrum für Wissenschaftlichen Gerätebau der Akademie der Wissenschaften der DDR), Helga Königsdorf. Rempel gehörte zu den Organisatoren der Kundgebung. Schabowski teilte den ZK-Mitgliedern während des Plenums mit, daß am Meeting etwa 12.000 Genossen teilnehmen (vgl H.-H. Hertle/G.-R. Stephan, S. 235). W. Otto übertrifft das Zahlenspiel Bortfeldts noch. Sie berichtet, daß »vom 7.-9.11.1989 ... erstmals über 100.000 SED-Mitglieder vor dem ›Großen Haus‹ den Rücktritt des Politbüros und einen Sonderparteitag bzw. eine Parteikonferenz (forderten)«, in: Disput, Berlin (1995)22, S. 19. Wir halten solche Darstellung für eine üble Geschichtsklitterung.

302 M. Wolf, In eigenem Auftrag, S. 223.

303 Das Beschlußprotokoll der Sitzung befindet sich in: BArch SAPMO, ZPA-SED, J IV 2/2/2357; Gespräch mit O. Fischer am 11.7.1996.

304 Hermann Axen, Ich war Diener der Partei. Autobiographische Gespräche mit Harald Neubert, Berlin 1996.

305 Gespräch mit H.-J. Willerding am 29.8.1996.

306 Das Telegramm von Helmut Ziebart an Harry Ott vom 8.11.1989 in: BStU, MfS, Arbeitsbereich Neiber 553, Bl. 2 (Gerhard Neiber war Stellv. Minister für Staatssicherheit der DDR).

307 Gespräch mit H.-J. Willerding am 29.8.1996. Die spätere Behauptung des KGB-Offiziers I. N. Kusmin (vgl. Anm. 139 zu diesem Kapitel), er sei mit der »Aufklärung« der Vorgänge auf dem 10. Plenum des ZK der SED für den KGB beschäftigt gewesen, ist unlogisch. Wir bestreiten nicht, daß er sich damit beschäftigt hatte, das Plenum »aufzuklären«, wir bezweifeln, daß er dies für die sowjetische Führung tat.

308 Gerhard Lauter, Gespräch mit Hans-Hermann Hertle am 24.2.1992. Autorisierte Bandabschrift. R. Biermann berichtet dramatisch, daß die vier Offiziere weit über ihren Auftrag hinausgingen, was einem »Hochverrat« gleichgekommen wäre (S. 215), was Unfug ist.

309 Gespräch mit W. Herger am 4.6.1996; vgl. das Gespräch von H.-H. Hertle mit W. Herger vom 5.3.1992 in: H.-H.-Hertle, Der Fall der Mauer, S. 348 f.

310 Ebd., S. 352; vgl. auch H.-H. Hertle, Chronik, S. 125 ff.; H. Möbis, S. 283 f.

311 Protokoll der 10. Tagung des ZK der SED, S. 48 ff., bei H.-H. Hertle/G.-R. Stephan, S. 303-306.

312 Gespräch mit A. Neumann am 23.10.1995; vgl. das Gespräch von H.-H. Hertle mit W. Herger vom 5.3.1992 in: H.-H. Hertle, Der Fall der Mauer, S. 348 f.

313 Gespräch mit M. Mebel am 5.9.1996; Gespräch mit P. Florin am 6.1.1998. Auch H. Möbis verweist (S. 284) in diesem Zusammenhang nach Artikel 48 der DDR-Verfassung auf die zwingende Zuständigkeit der Volkskammer.

314 K. Hager, Erinnerungen, S. 441.

315 Gespräch mit W. Eberlein am 12.9.1996. Zur Meinung von Siegfried Lorenz vgl. Der Spiegel, Hamburg (1990)41, S. 104.

316 Vgl. G. Lauter, Gespräch mit H.-H. Hertle, S. 19.

317 Gespräch mit O. Fischer am 11.4.1989. Die Bundesregierung war von Lothar Glienke am 7.11.1989 offiziell über die beabsichtigten Reiseregelungen informiert worden (vgl. Anm. 273 zu diesem Kapitel).

318 E. Krenz, Wenn Mauern fallen, S. 181. Diese Situation wird von Herger bestätigt, der in diesem Augenblick neben Krenz stand. Vgl. dazu das Gespräch mit W. Herger am 4.6.1996.

319 Stefan Heym, »Sanft aber kopflos«, Neues Deutschland vom 30.9./1.10.1995, S. 2.

320 Gespräch mit W. Herger am 4.12.1996; G. Schabowski, Absturz, S. 306; H.-H. Hertle, Der Fall der Mauer, S. 168. Hertle zweifelt an dieser Situation; nach »seiner Logik« wäre eine andere Instruktion zutreffender gewesen, nämlich die, daß Krenz Schabowski instruiert hätte, diese Nachricht möglichst unauffällig abzusetzen. Man kann sich auch Geschichte zurechtdeuten.

321 G. Lauter, Gespräch mit H.-H. Hertle, S. 23.

322 Gespräch mit W. Meyer am 11.10.1995; vgl. dazu H.-H. Hertle, Chronik, S. 149 f.

323 H.-H. Hertle, Der Fall der Mauer, S. 168, weist ebenfalls auf diesen Erinnerungswechsel hin. G. Schabowski berichtet in einem Artikel in der Tageszeitung »Der Morgen« vom 7.12.1990

und gegenüber Journalisten, in: Der Spiegel (1990)18, S. 208, daß er den Zettel nicht gelesen und keine Ahnung hatte, was ihm Egon Krenz da übergeben habe.

324 G. Schabowski auf der 25. Sitzung der Eppelmann-Kommission am 26.1.1993, in: Materialien, Bd. II, S. 524. Diese Aussage widerspricht indes nicht dem, was er 1991 in seinem Erinnerungsbuch (Absturz, S. 306) bereits berichtet hatte.

325 H.-H. Hertle, Der Fall der Mauer, S. 168 f.

326 G. Schabowski auf der 25. Sitzung der Eppelmann-Kommission, Materialien, Bd. II, S. 525.

327 G. Schabowski, Absturz, S. 307. Schabowski meint, hier habe er sich die Frage gestellt, ob das mit der sowjetischen Seite abgesprochen gewesen wäre. Deshalb hätte er gestutzt.

328 Ebd., S. 308.

329 Zum Verhalten von Schabowski auf der internationalen Pressekonferenz (dem Briefing) standen uns zwei relevante Quellen zur Verfügung: sein Erinnerungsbuch und ein Video-Mitschnitt des Fernsehens der DDR vom Abend des 9.11.1989. H.-H. Hertle hat in seinen beiden Büchern und in seiner Expertise vor der Eppelmann-Kommission ausführlich schriftliche Übertragungen des Videomitschnitts veröffentlicht. Vgl. Chronik des Mauerfalls, S. 142-147 und Der Fall der Mauer, S. 170-173. Zum folgenden Zitat vgl. H.-H. Hertle, Chronik, S. 141 f.; Materialien der Enquete-Kommission, Bd. VII, S. 844 ff.

330 H.-H. Hertle, Der Fall der Mauer, S. 173. Hertle verweist auf folgende Journalisten, die am Briefing teilnahmen: Riccardo Ehrmann (ANSA), Christian Glass (RIAS-TV), Eberhard Grasshoff (Pressesprecher der Ständigen Vertretung der BRD in der DDR), Albrecht Hinze (Süddeutsche Zeitung), Volker Warkentin (Reuter) und Michelle Neubert (NBC).

331 G. Schabowski, Absturz, S. 308, außerdem argumentierte Schabowski, daß ihm Krenz eben nichts von einem Sperrvermerk gesagt hätte.

332 Der Regierungssprecher W. Meyer dem der »Zettel« (die Ministerratsverordnung mit dem Sperrvermerk) zu diesem Zeitpunkt auch vorlag, war entsetzt über Schabowskis »Indiskretion«. Meyer hat im Gespräch mit Hertle am 1.12.1995 erzählt, daß er als er Schabowskis Ausführungen zur Verordnung hörte, mit den Worten »Der muß total verrückt sein« reagiert habe. H.-H. Hertle, Der Fall der Mauer, S. 175.

333 K. Hager, Erinnerungen, S. 442.

334 Gespräch mit F. Streletz am 25.5.1997.

335 Gerhard Lauter, »Alles nur Zufälle...«, in: Neues Deutschland vom 9.11.1994, S. 3. Auch Stefan Heym fragte im Neuen Deutschland vom 30.9./1.10.1995, S. 2, wer dem alten Schurken den Zettel zugesteckt habe. Schabowski hat vor der Eppelmann-Kommission (a.a.O., S. 525), die »Zettelarie« als »Halluzination« abgetan. G. Beil, der an der Pressekonferenz teilnahm, wollte zu dieser Frage keine Aussage machen. Insider meinen, der Zettel hätte den Tip enthalten, die Verordnung als sofort geltend zu deklarieren. Sie »spekulieren« weiter, daß der Zettel ihm von »Freunden« zugespielt wurde, um Krenz in politische Schwierigkeiten zu bringen. Diese Meinung fügt sich in die Versuche ein, Krenz schnellstens auszubooten, die von Gorbatschows Beratern ausgingen und von »Lutsch-Designern« protegiert wurden.

336 H.-H. Hertle, Chronik, S. 237; zur KGB Legende um Kusmin und Boris Laptow vgl. Anm. 139 zu diesem Kapitel und Gespräche mit W. Schwanitz am 24.1.1996 und Werner Grossmann am 12.2.1998.

337 Gespräch mit E. Krenz am 1.7.1996; vgl. E. Krenz, Der 9. November 1989, und seine Anmerkungen zur Öffnung der Berliner Mauer im Herbst 1989, in: Osteuropa (1992)4, S. 365.

338 Gespräch mit W. Herger am 4.6.1996, was W. Schwanitz bestätigte.

339 Um 20 Uhr blendete die Tagesschau die Zeile ein »Die DDR öffnet die Grenze«. Zu den
Schwerpunkten vgl. H.-H. Hertle, Chronik, S. 157 ff. und ders., Der Fall der Mauer, S. 180 ff.
(Bornholmer Straße) und S. 187 ff. (Sonnenallee).

340 Gespräch mit W. Schwanitz am 24.1.1996.

341 E. Krenz, Der 9. November 1989, S. 80; dazu: G. Schabowski, Absturz, S. 307 f.; Gespräch
mit W. Herger am 4.6.1996.

342 Gespräch mit E. Krenz am 1.7.1996; Gespräch mit F. Streletz am 25.5.1997.

343 Friedhelm Rausch, Präsident des PdVP Berlin, teilt in einem Gespräch mit Hertl am 28.6.1995
mit, er habe am 9.11.1989 mit Schabowski als Ersten Sekretär der SED-Bezirksleitung Berlin
telefoniert, als er von der Lage an der Berliner Grenze hörte. Schabowski reagierte aufgeregt
mit Fragen: »Herrscht Ruhe? – »Wird geschossen?« – »Wie ist die Lage?« zeigte sich aber beruhigt, daß alles friedlich ablaufe. H.-H. Hertle, Der Fall der Mauer, S. 179.

344 W. Kotschemassow, Antwort auf vier Fragen vom 10.6.1997.

345 Gespräch mit H. Keßler am 25.5.1997.

346 J. Baker, S. 150.

347 H. Keßler, Zur Sache und zur Person, S. 305 f. Vgl. den Leserbrief »Zur Wende keine militärischen Planspiele«, in: Neues Deutschland vom 17.11.1998, S. 15.

348 M. R. Beschloss/St. Talbott, S. 173. Der Botschafter der USA in der BRD Vernon Walters
kommentierte: sind die Grenzen offen, ist der Prozeß der Einigung nicht mehr aufzuhalten,
zitiert bei: E. Kuhn, Gorbatschow, S. 399.

349 Gespräch mit W. Herger am 4.12.1995.

350 Gespräch mit W. Eberlein am 12.9.1996; H. Modrow (H.-D. Schütt), S. 460 f.

351 H. Modrow, Aufbruch, S. 27. Überhaupt wurde der Begriff der »Halbherzigkeit« argumenta-
tives Logo gegen die Reformpolitik von Krenz, obwohl sein Sachinhalt nicht definiert werden
konnte.

352 Gespräch mit W. Herger am 4.12.1995. Auch andere Zeitzeugen (wie Eberlein) verweisen auf
subjektive Momente, die es Dritten möglich machten, das gegenseitige Mißtrauen zwischen
beiden DDR-Politikern zu vertiefen. Vgl. H. Modrow (H.-D. Schütt), S. 328 und S. 359.

353 M. Wolf, In eigenem Auftrag, S. 243.

354 Das Beschlußprotokoll der Politbürositzung vom 12.11.1989 befindet sich in: BArch SAP-
MO, ZPA-SED, J IV 2/2/2360; dazu das Gespräch mit W. Herger vom 4.12.1995; vgl. H.
Keßler, Zur Sache und zur Person, S. 315; Beschluß der 11. Tagung des ZK der SED im Neu-
en Deutschland vom 14.11.1989. Vgl. Protokoll der 11. Tagung des ZK der SED, bei: H.-H.
Hertle/G.-R. Stephan, S. 439 ff.

355 Volkskammer der Deutschen Demokratischen Republik, 9. Wahlperiode – 11.Tagung –,
Montag, den 13.11.1989, Stenografische Niederschrift, S. 231. Maleuda setzte sich mit 246
der abgegebenen Stimmen im zweiten Wahlgang gegenüber Prof. Dr. Manfred Gerlach von
der Liberal-Demokratischen Partei Deutschlands mit 230 Stimmen durch.

356 H. Modrow, Aufbruch, S. 29.

357 Volkskammer der Deutschen Demokratischen Republik, 9. Wahlperiode – 11. Tagung –,

Montag, den 13.11.1989, Stenografische Niederschrift, S. 237 f.; vgl. Neues Deutschland vom 14.11.1989.

358 Ebd., S. 235 f.

359 Ebd., S. 238 f.

360 Ebd., S. 234.

361 Ebd., S. 243 f.

362 Ebd., S. 230; dazu vgl. Volker Klemm, Korruption und Amtsmißbrauch in der DDR, Stuttgart 1991.

363 H. Modrow, Aufbruch, S. 27. Diese Beurteilung der Rede von Krenz ist polemisch und unsachlich.

364 Gespräch mit W. Herger am 4.12.1995.

365 Christa Luft, Zwischen WEnde und Ende. Eindrücke, Erlebnisse, Erfahrungen eines Mitglieds der Modrow-Regierung, Berlin 1991, S. 64 ff.; H. Modrow, Aufbruch, S. 32 f.

366 H. Keßler, Zur Sache und zur Person, S. 316 f.; H. Modrow, Aufbruch, S. 37; vgl. Ch. Luft, S. 41 ff. Vgl. die Vorschläge von Rainer Land für die Regierungserklärung in seinem Schreiben an Hans Modrow vom 15.11.1989 (im P.Archiv der Aut.)

367 Die Regierungserklärung in: Neues Deutschland vom 18.11.1989. Dazu notiert H. Teltschik (S. 35 f.), daß Modrow in seiner Regierungserklärung nicht ausdrücklich auf den Führungsanspruch der SED verzichtet hat, was Kohl für »unbefriedigend« hielt.

368 H. Modrow, Aufbruch, S. 39 f. Volkskammer der Deutschen Demokratischen Republik, 9. Wahlperiode – 12. Tagung –, Freitag, den 17.11.1989 und Sonnabend den 18.11.1989, Stenografische Niederschrift, S. 272 ff. Der stellvertretende NDPD-Vorsitzende Günter Hartmann schlug in seinem Diskussionsbeitrag zur Regierungserklärung von Modrow vor, die anzustrebende Vertragsgemeinschaft mit der BRD, die Modrow angeregt hatte, auf eine Konföderation auszudehnen, die allerdings die Souveränität beider Staaten bewahren sollte (ebd., S. 284 ff.). Er griff damit eine Idee auf, die Falin schon im Sommer diskutiert hatte und die zur gleichen Zeit von Kwizinskij nach Moskau vorgeschlagen worden war. Vgl. J. Kwizinskij, Vor dem Sturm, S. 17; vgl. Anm. 33 zum III. Kapitel.

369 Gespräch mit H. Modrow am 30.10.1995; H. Modrow (H.-D. Schütt), S. 328 f.; zur Regierungsbildung vgl. H. Möbis, S. 290 ff.

370 H. Teltschik, S. 36 ff.; dazu: Francois Mitterrand, Über Deutschland, Leipzig 1996, S. 44 ff.; vgl. Jacques Attali, Verbatim III, Chronique des années 1988-1991, Paris 1995, Auszüge in: Der Spiegel, Hamburg (1995)42, S. 166. Zum Buch von J. Attali vgl. Ph. Zelikow/C. Rice, S. 19. Die Autoren schreiben, daß sie die Aufzeichnungen von Attali für zutreffend halten. Dazu die Gespräch mit O. Fischer am 11.7.1996; die. Anlage B zur Vorlage von Teltschik für Kohl vom 17.11.1989 zum Treffen der EU-Regierungschefs am 18.11.1989 in Paris, in: Akten des Bundeskanzleramtes, S. 546 ff.

371 H. Teltschik, S. 34; vgl. dazu den Schriftwechsel zwischen Shamir und Kohl vom 1. und 10.12.1989, in: Akten des Bundeskanzleramtes, S. 594 f. und S. 632.

372 H. Teltschik, S. 36; dazu die Aufzeichnung des Telefongesprächs in: Akten des Bundeskanzleramtes, S. 538 ff. Zur Haltung des Präsidenten der USA vgl. F. Mitterrand, S. 59. Teltschik berichtet (S. 32), daß die Bundesregierung besonders vom Botschafter der USA, Vernon Walters unterstützt wurde. Der amerikanische Außenminister Baker schreibt im Gegensatz dazu,

daß Walter's »Vorgehensweise beim Vereinigungsprozeß nicht immer produktiv gewesen« sei. J. Baker, S. 157; vgl. hierzu die Unterredung Walters mit Seiters am 23.10.1989 (in: Akten des Bundeskanzleramtes, S. 461 f.) in der Walters über einen Volksaufstand in der DDR spekulierte, Seiters aber vorsichtig entgegnete, man würde alles unterstützen, was sich an »Reformprozessen entwickle«.

373 H. Teltschik, S. 38, vgl. auch S. 34.

374 Ebd., S. 31. Vgl. die Gespräch mit O. Fischer am 11.7.1989; zur Haltung von Roland Dumas vgl. H. Kohl (Diekmann/Reuth), S. 184.

375 H. Teltschik, S. 45 f., dazu die Niederschrift Seiters über seine Gespräche mit Krenz und Modrow (an der Fischer, Eichler, Schalck-Golodkowski und Neubauer teilnahmen), in: Akten des Bundeskanzleramtes, S. 550-559. Zu dieser Zeit ging Kohl schon davon aus, daß Krenz nur eine »Zwischenlösung sei«. Vgl. sein Gespräch mit Mitterrand am 2.11.1989 (ebd., S. 470 f.).

376 Gespräch mit Hans Modrow am 30.8.1995.

377 A. Beck, Tagebuch einer Sozialistin, S. 116, Eintragung vom 16.11.1989.

378 Gespräch mit W. Schwanitz vom 24.1.1996.

379 M. Wolf, In eigenem Auftrag, S. 265. Die Charakteristik vom 27.11.1980, die Major Günter Lohr über Gregor Gysi abgab, um seinen vergeblichen Vorschlag zu begründen, den Rechtsanwalt als IM des MfS zu werben, ist ein Beispiel dafür, wie unzuverlässig personenbezogene Informationen des MfS sein können. Lohr schrieb: Gregor Gysi »... verfügt über fundierte Kenntnisse des Marxismus-Leninismus. Er läßt sich in seiner Arbeit stets von den Beschlüssen der Partei leiten. Er versteht es, diese Kenntnisse in der Praxis anzuwenden.« In: Der Stasi-Verdacht gegen Gregor Gysi. Versuch einer Aufklärung, mit einem Vorwort von Gerhard Zwerenz. Parteivorstand der PDS (Hg.), Berlin 1992, S. 45.

380 FAZ vom 29.5.1996, S. 5.

381 Zur Diktion: G. Gysi/Th. Falkner, S. 86 und S. 89. Auch Roland Claus als neuer Erster Bezirkssekretär der SED von Halle begann die »Unentschlossenheit der Parteiführung« von Krenz zu rügen. Vgl. Neues Deutschland vom 21.11.1989.

382 G. Gysi/Th. Falkner, S. 53 und S. 60.

383 Lothar de Maizière, Anwalt der Einheit, Berlin 1995, S. 70. Vgl. die Rezension von Michael Richter, in: Deutschland-Archiv (1997), S. 473 f.

384 Vgl. das Interview von Gysi in der jungen Welt vom 30.9.1995, S. 2-3 und ders., Zur gegenwärtigen Diskussion in unserer Partei, in: PDS-Pressedienst (1996)34, S. 11 ff. sowie Gysis Interview in der Frankfurter Rundschau vom 21.8.1996, wo er die Meinung vertritt auf den Weg »in die Gesellschaft« so viel wie möglich PDS-Mitglieder mitzunehmen, für die anderen sei die PDS unerträglich zu machen. Dazu: Wolfgang Gehrcke/Christiane Reymann, Über das Ankommen. Demokratie-, Regierungs- und Machtfragen in der Bundesrepublik Deutschland, in: Neues Deutschland vom 2./3.11.1996, S. 10.

385 Gespräche mit H. Mirtschin am 19.3.1997 und am 10.6.1997.

386 H. Bortfeldt, Von der SED zur PDS, S. 119 f.; Gespräch mit W. Herger am 4.12.1995; vgl. W. Kotschemassow, Meine letzte Mission, S. 182 f.

387 H. Bortfeldt, Von der SED zur PDS, S. 128. Am 24.11.1989 werden in der Presse Vorwürfe gegen Krenz hinsichtlich seiner angeblichen Beteiligung an dem Einsatz der Sicherheitskräfte

DAS GESCHENK

am 7. und 8.10.1989 erhoben. Kotschemassow schreibt (in: Meine letzte Mission, S. 183): »Faktisch ging es schon um die Beseitigung der Mitglieder der Führung. Man benutzte dazu als Vorwand die Enthüllungskampagne über Machtmißbrauch und Korruption.« Vgl. H. Möbis, S. 292 f.

388 H. Teltschik berichtet (S. 40), daß ihn Portugalow über die Meinung in der sowjetischen Führung informierte, daß Krenz nicht den Außerordentlichen Parteitag der SED überstehen werde (ebd., S. 44). Die Mitteilung von Németh über Krenz wird auch von Kohl bestätigt. Vgl. H. Kohl (Diekmann/Reuth), S. 156. Auch F. Elbe teilt mit, daß Falin Ende Oktober 1989 zu Willi Brandt in Moskau geäußert habe, daß Krenz höchstens eine Frist von einem Monat hätte. Vgl. R. Kiessler/F. Elbe, S. 45; vgl. hierzu auch H. Modrow (H.-D. Schütt), S. 348.

389 Ebd., S. 358; dazu: Gespräch mit H.-J. Willerding am 29.8.1996.

390 Das Beschlußprotokoll der Politbürositzung vom 21.11.1989 befindet sich in: BArch SAPMO, ZPA-SED, J IV 2/2/2363; Gespräch mit E. Krenz am 1.7.1996.

391 Gespräch mit W. Herger am 4.12.1995; vgl. M. Wolf, In eigenem Auftrag, S. 272 und S. 279 f.

392 Vgl. die Ausführungen des Ministerpräsidenten Hans Modrow anläßlich der Amtseinführung von Generalleutnant Dr. Wolfgang Schwanitz als Leiter des Amtes für Nationale Sicherheit vom 21.11.1989, in: Interne Dokumente, S. 253 ff.; Gespräch mit W. Schwanitz am 24.1.1996 und H. Modrow (H.-D. Schütt), S. 335 und S. 371.

393 W. Kotschemassow, Meine letzte Mission, S. 183.

394 Vgl. die Expertise von Ilko-Sascha Kowalczuk, ›Artikulationsformen und Zielsetzungen von widerständigem Verhalten in verschiedenen Bereichen der Gesellschaft‹ für die Eppelmann-Kommission, in: Materialien, Bd. VII, S. 1203 ff.; vgl. auch Ludwig Mehlhorn, Der politische Umbruch in Ost- und Mitteleuropa und seine Bedeutung für die Bürgerbewegung in der DDR, ebd., S. 1409 ff. und Ehrhart Neubert, Eine protestantische Revolution, Osnabrück 1990.

395 M. Wolf, In eigenem Auftrag, S. 260.

Anmerkungen zum Kapitel III

1 Sahra Wagenknecht, Antisozialistische Strategien im Zeitalter der Systemauseinandersetzung, Bonn 1995, S. 12 ff.

2 Vgl. Philip Zelikow/Condoleezza Rice, Sternstunden der Diplomatie. Die deutsche Einheit und das Ende der Spaltung Europas, Berlin 1997, S. 104 ff.

3 Helmut im Glück, in: Der Spiegel, Hamburg (1998)24, S. 54 ff. Die These, daß Joachim Gauck die Niederlage der antisozialistischen Kräfte von 1953 im Jahre 1989 »zusammen mit seinen Mitkämpfern« vollendet habe [Die ZEIT, Magazin (1998)28, S. 8] ist auch eine bemerkenswert selbstgefällige Legendenbildung.

4 Heiner Karuscheit, Eine Staatsmacht ohne Basis – der Untergang der DDR, in: Weißenseer Blätter, Berlin (1997)1, S. 53 f.; er übernimmt kritiklos die Thesen von Hartmut Zwahr, Ende einer Selbstzerstörung. Leipzig und die Revolution in der DDR, Göttingen 1993, S. 165 f. Zur sozialen Struktur der Leipziger Demonstranten vgl. Hans-Jürgen Sievers, Stundenbuch einer deutschen Revolution. Die Leipziger Kirchen im Oktober 1989, Göttingen 1990 sowie Neues Forum Leipzig: Jetzt oder nie – Demokratie. Leipziger Herbst '89, Leipzig 1989. Es gibt zu den Demonstrationen bei Zeitzeugen die Auffassung, daß auf den Straßen der DDR

vor dem 9.11.1989 weitgehend kleinbürgerliche Schichten und nach dem 9.11.1989 ein west-deutscher Demonstrations-Import dominierte. Ende September 1989 vermutete der Leiter der Ständigen Vertretung der BRD in der DDR noch, daß sich die SED-Führung auf die Arbeiterklasse mehr verlassen könnte, als auf die NVA. Fernschreiben Berteles an Seiters vom 22.9.1989, in: Akten des Bundeskanzleramtes (vgl. Anm. 16 zum Vorwort), S. 415.

5   Vgl. Anm. 152 zum I. Kapitel.

6   Vgl. Anm. 372 zum II. Kapitel.

7   H. Zwahr, a.a.O.; dazu: Gabriele Lindner, Die Eigenart der Implosion. Lange Genese bis zu Modrows Regierung und Rundem Tisch in der DDR, Berlin 1994.

8   Vgl. Anlage B der Vorlage Teltschiks für Kohl vom 17.11.1989: Haltung der drei Westalliier-ten zur deutschen Frage und die Entwicklung in der DDR, in: Akten des Bundeskanzleramtes, S. 546 ff. und ebd., S. 548 ff. die anonyme Vorlage für Kohl (ohne Datum) über den Parteitag der CDU der DDR und über die Stimmung bei den »Leitfiguren der Protest- und Erneue-rungsbewegung«. Dazu: Francois Mitterrand, Über Deutschland, Leipzig 1996, S. 44 ff.; vgl. auch Jacques Attali, Verbatim III, Chronique des années 1988-1991, Paris 1995, Auszüge in: Der Spiegel, Hamburg (1995)42, S. 166. Zu dem Buch von J. Attali vgl. Ph. Zelikow/C. Rice, S. 19. Vgl. Hanns Jürgen Küsters, Entscheidung für die deutsche Einheit, Einführung in die Edition Akten des Bundeskanzleramtes, S. 66 f.

9   Hans-Dietrich Genscher, Erinnerungen, Berlin 1995, S. 623 ff.

10 Horst Teltschik, 329 Tage. Innenansichten der Einigung, Berlin 1991, S. 42.

11 Schreiben von J. Kwizinskij an E. Czichon vom 13.5.1996. Vgl. Hans Modrow, Die Perestroi-ka. Wie ich sie sehe. Persönliche Erinnerungen und Analysen eines Jahrzehnts, das die Welt verändert. Unter Mitarbeit von Bruno Mahlow, Berlin 1998, S. 103.

12 H. Teltschik, S. 42-48; vgl. die Zuschrift von N. Portugalow zum Erinnerungsbuch von H. Kohl (Helmut Kohl, Ich wollte Deutschlands Einheit. Dargestellt von Kai Diekmann und Ralf Georg Reuth, Berlin 1996), in: Der Spiegel, Hamburg (1996)45, S. 10; vgl. die Schilderung von Portugalow über die Vorbereitung seiner Mission im ZK der KPdSU mit A. Tschernajew und Falin, in: Ekkehard Kuhn, Gorbatschow und die deutsche Einheit. Aussagen der wich-tigsten russischen und deutschen Beteiligten, Bonn 1993, S. 81 f. Der Text des Schreibens in: Akten des Bundeskanzleramtes, S. 616-618 (das Dokument ist interessanterweise nicht chronologisch eingeordnet); dazu: Ph. Zelikow/C. Rice, S. 175 f. und Richard Kiessler/Frank Elbe, Der diplomatische Weg zur deutschen Einheit, Baden-Baden 1996, S. 67.

13 Antworten von V. Falin auf Fragen vom 4.2.1996; vgl. dazu V. Falin, in: E. Kuhn, Gorbatschow und die deutsche Einheit, S. 84: »Dieser Besuch von Portugalow war von mir persönlich initi-iert.« Bei Hans Modrow (Ich wollte ein neues Deutschland [Mit Hans-Dieter Schütt], Berlin 1998, S. 348) liegt ein Irrtum vor, Portugalow brachte den Kaukasus in diesem Gespräch nicht in die Debatte.

14 H. Teltschik, S. 43; dazu: E. Kuhn, Gorbatschow, S. 81 f. und S. 83 f.

15 H. Teltschik, S. 36; Wortlaut des Telefongesprächs in: Akten des Bundeskanzleramtes, S. 538 ff.

16 H. Teltschik, S. 45 f. Niederschrift des Gesprächs in: Akten des Bundeskanzleramtes, S. 550 ff.

16 H.-D. Genscher, S. 664; H. Teltschik, S. 47 f.

17 Ebd., 47 f.; vgl. H.-D. Genscher, S. 664 ff. und Margaret Thatcher, Downing Street No. 10. Die Erinnerungen, Düsseldorf-Wien-New York-Moskau 1993, S. 1096 ff.

18 H. Teltschik, S. 48.

19 H. Teltschik, S. 49-53. Teltschik zeichnet die einzelnen Phasen der Entstehung des Zehn-Punkte-Deutschland-Planes präzise nach (Tagebucheintragungen vom 23.-27.11.1989). H. Kohl vermeidet es in seinem Buch »Ich wollte Deutschlands Einheit«, auf die Mission von Portugalow als Initiator seines Zehn-Punkte-Planes einzugehen, wie er überhaupt die Genese des Planes nur sehr verbal und auf sich bezogen beschreibt (S. 159-160). Vgl. J. A. Baker, S. 158 f. und R. Kiessler/F. Elbe, S. 49 ff.

20 H,-D. Genscher, S. 671; H. Teltschik, S. 57.

21 J. A. Baker, S. 159; dazu: F. Mitterrand, S. 53 ff.; M. Thatcher, S. 1100 f. Thatcher stellt hier die Frage, ob die »Zukunft Deutschlands in einem ›integrierten‹ Europa« oder ob »die Wiedervereinigung nur langsam und schrittweise zustande kommen« würde. Sie konnte es sich nicht vorstellen, wie schnell Gorbatschow bereit war, die DDR aufzugeben.

22 Markus Wolf, In eigenem Auftrag. Bekenntnisse und Einsichten, München 1991, S. 286.

23 H. Kohl (Diekmann/Reuth), S. 160-178; Rede Kohls vor dem Deutschen Bundestag, in: Gebhard Diemer/Eberhart Kurt, Kurze Chronik der Deutschen Frage, München 1994, S. 230 ff.; vgl. E. Kuhn, Gorbatschow, S. 85; Ph. Zelikow/C. Rice, S. 176 ff.

24 Valentin Falin, Konflikte im Kreml. Zur Vorgeschichte der deutschen Einheit und Auflösung der Sowjetunion, München 1997, 151.

25 Ph. Zelikow/C. Rice, S. 179 f. und S. 182.

26 V. Falin, Konflikte, S. 149 ff.

27 Vgl. Anm. 123 zum I. Kapitel.

28 Gespräch mit W. Herger am 4.12.1995.

29 Valentin Falin, Antworten von V. Falin auf Fragen vom 4.2.1996.; vgl. E. Kuhn, Gorbatschow und die deutsche Einheit, S. 74 ff. Portugalow meint, Falin wollte bei diesem Gespräch »mal auf den Busch klopfen und die deutsche Reaktion sehen« (S. 77).

30 Gespräch mit H. Modrow am 30.10.1995 und H. Modrow., Aufbruch und Ende, S. 118 f. Modrow hatte die Vertragsgemeinschaft in seiner Regierungserklärung vom 17.11.1989 vorgeschlagen; dazu seine Vorstellung von einer Vertragsgemeinschaft im Gespräch mit E. Kuhn, Gorbatschow, S. 71. Teltschik sagt im gleichen Gespräch (ebd., S. 85), daß die Bundesregierung dem Vorschlag von Modrow für eine Vertragsgemeinschaft zugestimmt hätte, »obwohl niemand von uns so recht wußte, was das eigentlich sein sollte.«

31 Nach der Aufzeichnung von Egon Krenz von diesem Gespräch, die er den Autoren auszugsweise vorlas; vgl. Gespräch mit E. Krenz am 13.1.1996. Falin hatte recht, die NATO-Mitgliedschaft eines vereinigten Deutschlands war von Bush in Übereinstimmung mit dem NSC-Stab zur Doktrin erhoben worden. Hertle verweist darauf, daß Krenz am 28.11.1989 das Politbüro des ZK der SED über diese Unterredung informierte (Hans-Hermann Hertle/Gerd-Rüdiger Stephan, Das Ende der SED. Die letzten Tage des Zentralkomitees, Berlin 1997, S. 88) und Oskar Fischer beauftragte, »sich mit sowjetischen Genossen über mögliche Konzeptionen zu einer Konföderation ... zu verständigen.«

32 Antworten von V. Falin auf Fragen vom 4.2.1996. Vgl. Gespräch V. Falins mit H.-H. Hertle am 27.8.1992, wo er argumentierte: »Ich glaubte, es sei nötig, im Eiltempo die Konföderation, wenn überhaupt die Zeit nicht zu spät ist, zu forcieren.« Hans-Hermann Hertle, Der Fall der Mauer. Die unbeabsichtigte Selbstauflösung des SED-Staates, Opladen: 1996, S. 360. Zu den Umständen des Besuchs Falins vgl. N. Portugalow bei E. Kuhn, Gorbatschow, S. 77. Offenbar

erinnert sich Falin nur selektiv.; vgl. R. Biermann, S. 331 f. Gespräch mit H. Modrow am 30.10.1995. In seinen Erinnerungen (S. 348) teilt Modrow nur das Treffen mit und blendet jede Inhaltswiedergabe aus. In seinem Gespräch mit H.-H. Hertle am 4.1.1995 soll er aber bestätigt haben, daß Falin die Vertragsgemeinschaft in Richtung auf eine Konföderation gesehen habe, die »weitergehen könnte«. Vgl. H.-H. Hertle/G.-R. Stephan, Das Ende der SED, S. 88.

33 J. Kwizinskij, Vor dem Sturm. Erinnerungen eines Diplomaten, Berlin 1993, S. 16 f. und Schreiben von Kwizinskij an E. Czichon vom 13.5.1996; vgl. Ph. Zelikow/C. Rice, S. 185. H.-H. Hertle/G.-R. Stephan schreiben (Das Ende der SED, S. 87), daß von Moskau aus die Idee einer Konföderation zweier unabhängiger (deutscher) Staaten über »informelle Kanäle« propagiert wurde. Er bestätigt, daß die SED-Führung dabei zunächst übergangen wurde, verschweigt aber, wie diese »informellen Kanäle« arbeiteten. Der Vorschlag von Hartmann am 17.11.1989 in der Volkskammer (vgl. Anm. 368 zum II. Kapitel) korrespondierte mit diesen Bestrebungen. Auch Modrow meinte in seinem Interview (Der Spiegel vom 4.12.1989) >ein Deutschland in den Grenzen von 1989 nicht länger für ausgeschlossen<: »Wenn eine Konföderation solche Wege zeigt und in die Entwicklung in Europa eingebunden ist.« Vgl. H. Teltschik, S. 67.

34 Gespräch mit W. Schwanitz am 24.1.1996. Seine Angaben wurden von Herger und Grossmann bestätigt. Gespräch mit Werner Grossmann am 12.2.1998. Das MfS führte die Abberufung Titows auf dessen Karrierestreben zurück, der in Jasenow, dem Sitz der KGB-Aufklärung bei Moskau, die Leitung der Spionageabwehr übernahm.

35 Vgl. Jeffrey T. Richelson, A Century of Spies. Intelligence in the Twentieth Century, Oxford: University Press 1995; Amy Knight, Spies without Cloaks. The KGB's Successors; Princeton: University Press 1996.

36 V. Falin, Antworten auf Fragen vom 4.2.1996.

37 Gespräch mit E. Krenz am 13.1.1996.

38 Gregor Gysi/Thomas Falkner, Sturm aufs Große Haus. Der Untergang der SED, Berlin 1990, S. 50 ff. Wir stützen uns im Nachfolgenden auf dieses aufregende Bekenntnis sowie auf Gregor Gysis autobiographische Notizen: Das war's. Noch lange nicht, Düsseldorf: 1995. Wir stimmen jenen Zeitzeugen zu, die meinen, daß diese beiden Bücher lesenswert sind, wenn versucht werden sollte, Gysis politische Verhaltensweisen in der Gegenwart zu verstehen.

39 Siegfried Prokop, Das SED-Politbüro, Aufstieg und Ende (1949-1989), Berlin 1996, S. 31. Er meint ebenso wie Falkner, daß die »SED-Basis selbst die Zerschlagung der alten Partei auf die Tagesordnung gesetzt hatte«. Vgl. Thomas Falkner, >Putsch< oder >Sturm aufs Große Haus?< In: Lothar Bisky/Jochen Czerny/Herbert Mayer/Michael Schumann (Hg.), Die PDS – Herkunft und Selbstverständnis. Eine politisch-historische Debatte, Berlin 1996, S. 151. Auch Karl Schirdewan schreibt: »Diese SED mußte erst zerschlagen werden, um ein freies Denken zu ermöglichen«, in: Karl Schirdewan, Aufstand gegen Ulbricht, Berlin 1994, S. 165.

40 G. Gysi/Th. Falkner, S. 55.

41 Die einzelnen Entwürfe in: S. Prokop (Hrsg.), Die kurze Zeit der Utopie, S. 214 ff.; dazu: Gespräch mit Lothar Hertzfeldt am 13.10.1995. Thomas Falkner mißfiel, daß dieser Aufruf »Für unser Land« auch von Krenz unterzeichnet wurde. Vgl. G. Gysi/Th. Falkner, S. 51.

42 M. Wolf, In eigenem Auftrag, S. 285.

43 Das Beschlußprotokoll der Politbürositzung vom 28.11.1989 befindet sich in: BArch SAPMO, ZPA-SED, J IV 2/2/23. Über Modrow auf den Sitzungen des Politbüros gibt es verschiedene

Einschätzungen; alle befragten Zeitzeugen meinen, daß er sich demonstrativ desinteressiert zeigte, einige vermuten, er wollte sich vom Politbüro nicht gängeln lassen, Schabowski schreibt (in: Der Absturz, Berlin 1991, S. 321), daß er Modrows Verhalten als eine Taktik deutet, die Parteiführung sich abwirtschaften zu lassen. Vgl. H. Modrow (H.-D. Schütt), S. 312.

44   G. Gysi/Th. Falkner, S. 56.

45   Gespräch mit Harry Kupfer am 20.05.1999.

46   G. Gysi/Th. Falkner, S. 55.

47   J. W. Stalin, Was brauchen wir? [in: Rabotschi Putj Nr. 44 vom 24.10.1917], siehe: Werke Bd. 3, Berlin 1951, S. 364 ff.; dazu: Geschichte der Kommunistischen Partei der Sowjetunion (Bolschewiki), Kurzer Lehrgang (Ausgabe 1938), Berlin 1952, S. 259; Geschichte des Bürger-krieges in der UdSSR, 2. Band, Moskau 1949, S. 250 f.

48   G. Gysi/Th. Falkner, S. 56.

49   Ebd., S. 59 f.

50   Ebd., S. 66 f.

51   Ebd., S. 65. Falkner weiter: »Die Plattform WF agierte in Berlin, im Nervenzentrum des zen-tralistischen Systems.« Und ebd.: »Der Kampf um die Macht hat begonnen.«

52   Ebd., S. 66.

53   Volkskammer der Deutschen Demokratischen Republik, 9. Wahlperiode – 13. Tagung –, Frei-tag, der 1.12.1989. Stenografische Niederschrift, S. 320 (Gesetz zur Veränderung der Verfas-sung der DDR) und S. 352 f. (Rede von Hans Modrow); dazu: H. Modrow, Aufbruch, S. 56. Als Modrow den Antrag in der Volkskammer stellte, aus Artikel 1 der Verfassung den Passus »...unter Führung der Arbeiterklasse und ihrer marxistisch-leninistischen Partei« zu streichen, weil er »mit unserem Wirken aus ›nationaler Verantwortung‹ (Kursiv v. d. Aut.) nicht mehr vereinbar war« notierte M. Wolf (In eigenem Auftrag, S. 287): »Es waren zunehmend andere Kräfte, die sich mit dem Ruf ›Deutschland, einig Vaterland‹ mit schwarzrotgoldenen Fahnen, aus denen das Wappen der DDR herausgeschnitten war, zur schnellen Vereinigung mit der Bundesrepublik bekannten.« H. Modrow (H.-D. Schütt), S. 364 f.

54   Gespräch mit Gerd Schulz am 10.1.1996.

55   Gespräch mit W. Schwanitz am 24.1.1996; dazu: H. Modrow (H.-D. Schütt), S. 362 ff. und S. 370.

56   G. Gysi/Th. Falkner, S. 69.

57   G. Gysi, Das war's, S. 82; es gibt für diesen Auftritt eine zweite Belegstelle, in: G. Gysi/Th. Falkner, S. 75. Hier schreibt er: »... am 2. Dezember wurde ich aufgefordert, zu sprechen. Das war die Rede, in der ich forderte, Politbüro und Zentralkomitee sollten zurücktreten. Sie hatten immerhin ihre Chance gehabt, sagte ich dazu. Ich war ja dafür, ihnen die eine Chance zu lassen – aber sie hatten diese Chance nicht genutzt und jetzt müßte Schluß sein. Und dann machten die das auch noch und traten zurück!« Das ist doch eine hübsch verpackte Naivität.

58   G. Gysi/Th. Falkner, S. 69.

59   Ebd., S. 67.

60   Die Waldsiedlung für die Mitglieder des Politbüros des ZK der SED in Wandlitz wurde im Herbst 1989 zu einem Popanz hochstilisiert und diente der Diskriminierung der DDR. Vgl. Peter Kirschey, Wandlitz, Waldsiedlung. Die geschlossene Gesellschaft. Versuch einer Repor-

tage. Gespräche. Dokumente, Berlin 1990; H.-U. Wendt meint (in: Die Zeit vom 12.5.1999) sogar, Wandlitz sei von »dicken hohen Mauern« umgeben gewesen. Dümmer geht es nicht. Eine sachliche Darstellung gibt Paul Bergner, Die Waldsiedlung. Ein Sachbuch über ›Wandlitz‹, Wandlitz (Privatdruck) 1996.

61 Gespräch mit W. Schwanitz am 24.1.1996.

62 Gespräch mit G. Schulz am 10.1.1996.

63 Beschlußprotokoll der Politbürositzung am 3.12.1989, in: Gerd-Rüdiger Stephan, »Vorwärts immer, rückwärts nimmer!« Interne Dokumente zum Zerfall von SED und DDR 1988/1989, Berlin 1994, S. 268; vgl. Neues Deutschland vom 4.12.1989. Vor der Sitzung hatte Modrow eine Beratung über die Flucht von Schalck-Golodkowski einberufen, die ebenfalls im ZK tagte, an der Gerhard Beil, Wolfgang Schwanitz, Uta Nickel, Harry Möbis, Markus Wolf, Heinz Wildenhain und Manfred Seidel teilnahmen. Vgl. H. Modrow (H.-D. Schütt), S. 370; Harry Möbis, Von der Hoffnung gefesselt. Zwischen Stoph und Mittag – unter Modrow, Frankfurt/ Oder 1999, S. 321. Schwanitz bestreitet (Gespräch am 3.2.1998) seine Teilnahme.

64 G. Gysi/Th. Falkner, S. 69.

65 Gespräch mit W. Herger am 4.12.1995.

66 Die Politbüro-Beschlüsse vom 3.12.1989 in: Interne Dokumente, S. 268; vgl. Neues Deutschland vom 5.12.1989. S. Prokop schreibt, daß Honecker auch später nicht begriff, daß es zum Rücktritt des Politbüros keine Alternative gab (S. Prokop, Das SED-Politbüro, S. 31 f.).

67 M. Wolf, In eigenem Auftrag, S. 288.

68 Gespräch mit Brigitte Zimmermann am 28.8.1995.

69 G. Gysi/Th. Falkner, S. 67 f.

70 Gespräch mit W. Herger am 4.12.1995; vgl. Heinrich Bortfeldt, Von der SED zur PDS. Wandlung zur Demokratie? Bonn-Berlin 1992, S. 132.

71 Unkorrigiertes Protokoll der 12. (außerordentlichen) Tagung des ZK der SED vom 3.12.1989, in: Interne Dokumente, S. 268 ff.; vgl. H.-H. Hertle/G.-R. Stephan, S. 461 ff.; hierzu: H.-D. Schütt im Neuen Deutschland vom 3.12.1997, S. 9. Seine Behauptung, Bernhard Quandt hätte die Wiedereinführung der Todesstrafe gefordert ist vom Grunde her falsch und zielt auf eine politische Denunziation. Die Rede von Quandt war übrigens bereits seit drei Jahren (bei G.-R. Stephan, Interne Dokumente, S. 276) publiziert.

72 Interne Dokumente, S. 271; Gespräch mit W. Eberlein am 12.5.1996.

73 Interne Dokumente, S. 280.

74 Ebd., S. 277. Zum Problem des Verhaltens der Arbeiterklasse vgl. Anm. 4 zu diesem Kapitel. Der Vorschlag von Bernhard Quandt, sich direkt mit einem Aufruf an die Arbeiterklasse zu wenden und seine Nichtbeachtung durch die ZK-Mitglieder, legt ein gravierendes Defizit der SED-Führung frei: sie hatte das Vertrauen in die Arbeiterklasse, zu den Werktätigen der DDR verloren.

75 Interne Dokumente, S. 280.

76 Gespräch mit Erich Postler am 6.2.1996; vgl. dazu Schreiben von E. Postler an E. Czichon vom 7.2.1997. Zu Tilo Fischer vgl. Gespräch mit Kurt Schneider am 22.7.1997.

77 G. Gysi/Th. Falkner, S. 71.

78 Ebd., S. 73.

79   Ebd., S. 70.

80   H. Bortfeldt, Von der SED zur PDS, S. 130.

81   H. Teltschik, S. 64. Bertele schreibt in dem Fernschreiben Nr. 2742 an Seiters (am 1.12.1989),
     daß die Trennung von Partei und Regierung unwiderruflich vollzogen wurde und die wichtig-
     sten Machtbefugnisse vom Politbüro und Sekretariat der SED auf die Regierung übergegan-
     gen sind, daß »die öffentlichen Untersuchungen über Machtmißbrauch« das Selbstvertrauen
     der bewaffneten Kräfte erschüttert habe und der Führungsanspruch der SED gefallen ist und
     daß die DDR in ihrer Verfaßtheit keine Hilfe von außen mehr erwarten kann. In: Akten des
     Bundeskanzleramtes, S. 590 ff.

82   Gespräch mit W. Eberlein am 12.9.1996 und am 30.9.1997; dazu der Bericht der Zentra-
     len Parteikontrollkommission an den außerordentlichen Parteitag der SED, in: Int.PArch.
     PDS, Nr. VI 1/11. P. Florin nannte im Gespräch am 6.1.1998 als ZK-Mitglied einen weiteren
     Rücktrittsgrund: die Neuwahl des ZK der SED auf dem einberufenen Parteitag sollte dadurch
     erleichtert werden.

83   G. Gysi/Th. Falkner, S. 71.

84   Ebd., S. 70.

85   Ebd., S. 86.

86   Günter Schabowski, Vor fünf Jahren barst die Mauer, in: FAZ vom 8.11.1994. Diese Facetten-
     Erzählung hat R. Biermann (S. 333) ungeprüft übernommen.

87   Michail Gorbatschow, Erinnerungen, Berlin 1995, S. 688 ff.; J. Baker, S. 73 ff.; Ph. Zelikow/
     C. Rice, S. 185 ff.; A. Tschernajew, S. 263 ff. und M. R Beschloss/St. Talbott, S. 202-217.
     Der jüngere Bruder von George Bush, William (Bucky) Bush hatte Malta vorgeschlagen. Er
     vermittelte dort für die italienische Hotelgesellschaft CIGA (gegen Provisionen) Investoren
     und war mit einer französischen Firma liiert, die Tiefkühlzellen für Lebensmittel nach Malta
     verkaufte. So konnte Bucky Bush vom Gipfeltreffen in Malta »nur profitieren«. Zum Bush-
     Clan vgl. auch Die Zeit vom 12.11.1998, S. 84.

88   J. Baker, S. 133-142; dazu: M. R Beschloss/St. Talbott, S. 144-160. Schewardnadse war nach
     dem Plenum des ZK der KPdSU vom 19. und 20.9.1989 in Washington eingetroffen. Auf
     dem Plenum waren »drei Konservative: Wladimir Schtscherbizki, Viktor Tschebrikow und
     Viktor Nikonow aus dem Politbüro ausgeschlossen worden« schätzte J. Baker ein, »so daß
     Jegor Ligatschow isoliert blieb« (S. 133). Wladimir Krjutschkow, der Leiter des KGB, wur-
     de Mitglied des KPdSU-Politbüros. Vgl. Kommuniqué, in: Presse der Sowjetunion, Berlin
     (1989)10. Kohl war über das Treffen von Bush bereits am 31.10.1989 informiert worden (in:
     Akten des Bundeskanzleramtes, S. 469).

89   M. R Beschloss/St. Talbott, S. 143. Der Brief enthielt drei Punkte: erstens, der Präsident »...
     unterstütze die Perestroika – persönlich und ohne Vorbehalte. Zweitens er lasse sich von Vor-
     hersagen, die sowjetischen Reformen würden jeden Augenblick in sich zusammenbrechen,
     nicht in Panik versetzen, und drittens stelle seine Politik gegenüber Osteuropa weder eine Be-
     drohung für die Sowjetunion dar, noch wolle er sich die Schwierigkeiten, in denen die Sowjets
     dort steckten, zunutze machen.« Vgl. M. Thatcher, Die Erinnerungen, S. 1096 ff.

90   M. R Beschloss/St. Talbott, S. 184 f.

91   Ebd., S. 186.

92   Vgl. CIA/SOV 89-20089X: The German Question and Soviet Policy (27.11.1989), zitiert bei:
     Ph. Zelikow/C. Rice, S. 186 f. und S. 550.

93 Ebd., B. Scowcroft an Bush: The Sowjets and the German Question (29.11.1989). Schreiben von Kohl an Bush vom 28.11.1989. Kohl schreibt, daß die Wirtschaftslage in der Sowjetunion »nach dem Urteil unserer Fachleute heute schlechter als je seit Gorbatschows Amtsantritt« sei und seine Popularität in der Bevölkerung sinkt. Zur DDR trägt Kohl vor, daß der SED-Parteitag im Dezember 1989 gemessen werden muß an seinen (am 8.11.1989 im Bundestag) aufgestellten Forderungen für Reformen in der DDR. In: Akten des Bundeskanzleramtes, S. 567 ff.

94 M. R Beschloss/St. Talbott, S. 198.

95 Ph. Zelikow/C. Rice, S. 184.

96 Georgi Arbatow, Das System. Ein Leben im Zentrum der Sowjetpolitik, Frankfurt am Main 1993, S. 324 ff.; dazu: M. R Beschloss/St. Talbott, S. 193.

97 Ebd., S. 193-195.

98 A. Tschernajew, S. 263 und S. 265.

99 Ludwig Mehlhorn sieht in seiner Expertise für die Eppelmann-Kommission den Fall der Mauer als Zusammenbruch der Ordnung von Jalta, in: Materialien der Enquete-Kommission (vgl. Anm. 9 zum Vorwort), Bd. VII, S. 1434 f. Zu den Vereinbarungen der höchsten historischer Bedeutung vgl. MfAA der UdSSR: Die Krim(Jalta)konferenz der höchsten Repräsentanten der drei alliierten Mächte – UdSSR, USA und Großbritannien (4.-11. Februar 1945), Dokumentensammlung, Moskau-Berlin 1986; Winston S. Churchill, Der zweite Weltkrieg, Bern-München-Wien 1995, S. 1016 ff.

100 M. Gorbatschow, Erinnerungen, S. 696; vgl. R. Biermann, S. 345 ff.

101 H. Teltschik, S. 64; M. R Beschloss/St. Talbott, S. 207: Kohl hatte seinen Zehn-Punkte-Plan Bush mit nach Malta gegeben; vgl. H. Kohl (Diekmann/Reuth), S. 168-170.

102 M. R. Beschloss/St. Talbott, S. 202.

103 M. Gorbatschow, Gipfelgespräche. Geheime Protokolle aus meiner Amtszeit, Berlin 1993, S. 126 ff. Zu dieser Diskussion vgl. J. Baker, S. 163 f.; M. R. Beschloss/St. Talbott, S. 213 f.; Ph. Zelikow/C. Rice, S. 190; vgl. Schreiben von Gorbatschow an Krenz vom 24.11.1989, bei: Detlef Nakath/Gero Neugebauer/Gerd-Rüdiger Stephan (Hg.), »Im Kreml brennt noch Licht«. Die Spitzenkontakte zwischen SED/PDS und KPdSU 1989-1991, Berlin 1998, S. 69 ff. Gorbatschow berichtet Krenz über seine Vorbereitung auf sein Treffen mit Bush auf Malta hinsichtlich der »deutschen Frage« und schreibt: »Als souveräner Staat, als Mitglied des Warschauer Vertrages war und bleibt die DDR unser strategischer Verbündeter in Europa.« Ebd., S. 71.

104 J. Baker, S. 164.

105 H. Teltschik, S. 62; Ph. Zelikow/C. Rice, S. 193.

106 H. Teltschik, S. 62 f. In der Darstellung dieses Gesprächs gibt es nuanciert interessante Unterschiede zwischen Teltschik und dem Bundeskanzler. Vgl. H. Kohl (Diekmann/Reuth), S. 187 f. Die Gesprächsniederschrift von Walter Neuer, in: Akten des Bundeskanzleramtes, S. 600-609; vgl. dazu ebd., S. 622-625 die Information von Baker an Genscher vom 7.12.1989. Im Fernschreiben von Bertele an Seiters vom 7.12.1989 wird um Mäßigung im Wiedervereinigungsprozeß nachgesucht, da die zunehmende Gewalt gegen staatliche Institutionen zu »furchtbaren Rückschlägen führen« können (ebd., S. 621 f.).

107 H. Teltschik, S. 62; dazu vgl. R. Kiessler/F. Elbe, S. 56 ff.

108 Ebd., S. 55 f.; vgl. F. Mitterrand, S. 44, S. 54 f. und S. 59 ff.; dazu: M. Thatcher, S. 1093 ff. De Maizière schreibt in: Anwalt der Einheit, auf der S. 70, daß er die Vorbehalte gegen die deutsche Einheit bei Mitterrand als politische Ungeschicklichkeit empfunden habe, die jedoch nicht so schlimm gewesen sei, wie die aggressiven Aussagen einer Mrs. Thatcher. Zur Frage der deutschen Ostgrenzen vgl. Anm. 169 und 171 zum IV. Kapitel.

109 H. Teltschik, S. 64 ff.; vgl. H. Kohl (Diekmann/Reuth), S. 185 ff.; Ph. Zelikow/C. Rice, S. 194 ff.

110 R. Kiessler/F. Elbe, S. 56 ff.

111 Ebd., S. 58. Vgl. Anm. 208 zum I. Kapitel. Zum Problem der Selbstbestimmungsrechts der Nationen schreibt Rosa Luxemburg in ihrer Schrift »Die Krise der Sozialdemokratie« [in: Gesammelte Werke Bd. 4 (August 1914 bis Januar 1919), Berlin 1974, S. 135]: es ist ein »wahrer Hohn, ... wenn die heutigen kapitalistischen Staaten als der Ausdruck dieses Selbst-bestimmungsrechts der Nationen hingestellt werden. In welchen dieser Staaten hat denn die Nation bis jetzt über die Formen und Bedingungen seines nationalen, politischen oder sozialen Daseins bestimmt?«

112 M. Gorbatschow, Erinnerungen, S. 712 ff.; vgl. dazu Teltschik, S. 67 f. A. Tschernjajew schreibt (S. 141): Gorbatschow erblickte in den ›10-Punkten‹ einen Versuch »den Gang der Ereignisse zu beschleunigen und daher auch die Gefahr einer Vereitelung seiner, Gorbatschows, Taktik in der deutschen Frage«, und weiter schreibt er, Gorbatschow war darüber erbost, daß ihn Kohl »über sein Auftreten mit den ›10-Punkten‹ nicht im voraus informierte und damit *gegen die Absprache verstieß* [kursiv v. d. Aut.].« Dazu: Bericht Genschers über seine Unterredung vor dem Auswärtigen und dem Innerdeutschen Ausschuß des Bundestages am 7.12.1989, Informationsvorlage von Teltschik für Kohl, in: Akten des Bundeskanzleramtes, S. 633 ff.; vgl. Ulrich Völklein/Alexandra Besymenski, Die DDR ist nicht zu halten, in: Focus, München (1996)51, S. 52 ff.; F. Mitterrand, S. 76 ff.; Ph. Zelikow/C. Rice, S. 199.

113 Gespräche mit H. Modrow am 30.10.1995 und mit E. Krenz am 1.7.1996 sowie das Gespräch mit O. Fischer am 11.7.1996; H. Modrow (H.-D. Schütt), S. 376 ff. Die Aufzeichnung vom 5.12.1989 der DDR-Delegation über das Treffen am 4.12.1989 bei: D. Nakath/G. Neugebauer/G.-R. Stephan, S. 74 ff. Aus dieser Aufzeichnung geht hervor, daß die sowjetische Delegation nicht in der Lage gewesen war, die strategische Taktik der Bush-Administration zu analysieren. Gorbatschow bezeichnete in seiner Rede die Idee einer Konföderation beider deutschen Staaten als eine »politisch unreife Doktrin« von der nichts Gutes kommen kann, »außer noch mehr Spannung und Verletzung der Stabilität« (ebd., S. 78). Modrow entgegnete: bestimmte Kreise in der DDR sprechen ebenfalls von einer Konföderation. Der SED gehe es gegenwärtig darum, eine volle Ausfüllung der Möglichkeiten der Vertragsgemeinschaft zu erreichen (ebd., S. 80).

114 Gespräch mit H. Modrow am 30.10.1995; Gespräch mit O. Fischer am 11.7.1996; vgl. Aktennotiz über ein Gespräch von Modrow mit Ryshkow am 4.12.1989, bei: D. Nakath/G.-R. Stephan, Countdown, S. 255 ff. Als Fundstelle wird angegeben: BArch P, DC 20, 4973. In diesem Gespräch sagte Ryshkow: »Die feste Position der Sowjetunion zur Frage der Konföderation zwischen der DDR und BRD besteht darin, daß diese nicht zugelassen werden darf.« Vgl. H. Modrow (B. Mahlow), S. 104.

115 H. Teltschik, S. 73 und S. 85. Zum Plenum des ZK der KPdSU am 8.12.1989 vgl. TASS vom 10.12.1989 (Rede von Gorbatschow), in: Neues Deutschland vom 11.12.1989 und das Gespräch mit G. König am 28.8.1996; vgl. R. Biermann, S. 267 f. Seine Darstellungsart, den chronologischen Ablauf zu unterbrechen, ermöglicht es ihm, politisch-historische Zusammenhänge zu differenzieren und ihnen auszuweichen.

116 Zitiert nach: Focus, München (1996)51, S. 52 ff.; hierzu: H.-D. Genscher, S. 681 ff.; H. Teltschik, S. 70; vgl. Schreiben von Gorbatschow an Kohl vom 19.12.1989 zu seiner Kritik an
Genscher, bei: D. Nakath/G. Neugebauer/G.-R. Stephan, S. 122 f.

117 H. Teltschik, S. 68. Genscher schätzt dieses Gespräch so ein: »Die sowjetische Führung hatte
sich auf die Unausweichlichkeit der deutschen Vereinigung eingestellt. Jetzt ging es um die
Umstände und um die Zeitachse.« (H.-D. Genscher, S. 687). Dieses Konzept verlief kontrovers zu den Vorstellungen von Magaret Thatcher. Sie schrieb an Bush, daß für sie die Vereinigung Deutschlands kein Thema sei und die »Einführung wahrhaft demokratischer Verhältnisse in der DDR« die Priorität habe (bei: M. Thatcher, S. 1098).

118 Alexander Galkin/Anatoli Tschernjajew, Die Wahrheit sagen, nur die Wahrheit. Gedanken zu
Valentin Falins politischen Erinnerungen, in: Utopie kreativ, Heft 47/48, S. 141.

119 Vgl. Anm. 4 zum I. Kapitel.

120 Zum Umgang Gorbatschows mit geschlossenen Verträgen vgl. V. Falin, Erinnerungen,
S. 454 f. und E. Honecker, Zu dramatischen Ereignissen, S. 7 sowie das Interview von
Gerd König, in: Der Spiegel (1990)9, S. 164 ff. A. Tschernajew berichtet (S. 266), daß Gorbatschow spürte, daß die »deutsche Wiedervereinigung unvermeidlich war«, er sich aber »über
die ›ideologischen Folgen‹ keine Sorgen machte. Zum Münchner Abkommen vgl. Dokumente
und Materialien aus der Vorgeschichte des zweiten Weltkrieges 1937-1939, Bd. 1: November
1937 – Dezember 1938, Moskau 1983, S. 275 ff.

Anmerkungen zum Kapitel IV

1 Wir empfehlen hierzu die Lektüre von W. I. Lenin, Wie die Bourgeoisie die Renegaten aus-
nutzt, in: Werke (Berliner Ausgabe) Bd. 30, S. 9 ff.

2 Thomas Falkner, Entschlossen und selbstbewußt, in: Neues Deutschland vom 20.11.1998,
S. 15. Vgl. auch André Brie, Der zweigeteilte Parteitag. Versuch eines Beitrags gegen neue Le-
genden, in: Lothar Bisky/Jochen Czerny/Herbert Mayer/Michael Schumann (Hg.), Die PDS
– Herkunft und Selbstverständnis, Berlin 1996, S. 57 f.

3 Unkorrigiertes Protokoll der 12. (außerordentlichen) Tagung des ZK der SED am 3.12.1989,
in: Gerd-Rüdiger Stephan. »Vorwärts immer, rückwärts nimmer«. Interne Dokumente zum
Zerfall von SED und DDR 1988/89, Berlin 1994, S. 271 f. und Hans-Hermann Hertle/
Gerd-Rüdiger Stephan, Das Ende der SED. Die letzten Tage des Zentralkomitees, Berlin
1997, S. 461 ff.; Gespräch mit Wolfgang Herger am 4.12.1995.

4 Gregor Gysi, Das war's. Noch lange nicht, Düsseldorf 1995, S. 84.

5 Schreiben von Dr. Gregor Gysi an Dr. Heinz Marohn vom 2.6.1997.

6 Die These von G. Gysi (in: Das war's, S. 89), daß die »Mehrheit der Ausschußmitglieder ...
weder gewählt noch durch ein gewähltes Gremium berufen worden (war)« ist ebenso falsch
wie die Legenden-Erzählung: »Sie hatten sich einfach zusammengefunden und von sich behauptet, nun anstelle des zurückgetretenen ZK die Amtsgeschäfte bis zum außerordentlichen
Parteitag zu führen.« Auch Modrow meint: »Der Arbeitsausschuß bildete sich selbständig,
ohne sich etwa vorher durch das ZK legitimieren zu lassen.« Hans Modrow, Ich wollte ein
neues Deutschland (Mit Hans-Dieter Schütt), Berlin 1998, S. 373. Auch das ist falsch.

7 Int.PArch.PDS, Nr. VI/1/1: Außerordentlicher Parteitag der SED. Hier befindet sich auch
die Liste der Mitarbeiter in diesen Arbeitsgruppen. **Arbeitsgruppe 1**: »Ursachen der Krise in
der Gesellschaft und in der Partei«; Leiter: Heinz Vietze. Als Ausschußmitglieder gehörten

ihr an: Markus Wolf und Ulrich Peck. **Arbeitsgruppe 2**: »Die nächsten Aufgaben der Partei«; Leiter: Heinz Albrecht. Als Ausschußmitglieder gehörten ihr an: Roland Wötzel und Andreas Thun. **Arbeitsgruppe 3**: »Der Beitrag der SED für eine neue sozialistische Gesellschaft – ihre Neuformierung zu einer modernen sozialistischen Partei«; Leiter: Dieter Klein. Als Ausschußmitglieder gehörten ihr an: Roland Claus und Norbert Kertscher; hier arbeiteten u. a. André Brie, Michael Brie, Rolf Reißig und Rainer Land mit. **Arbeitsgruppe 4**: »Wissenschaftlich-technische Revolution«; Leiter: Hansjoachim Hahn. Als Ausschußmitglied gehörte ihr Dagmar Hülsenberg an. **Arbeitsgruppe 5**: »Reform des politischen Systems der DDR«; Leiter: Wolfgang Berghofer. In dieser Arbeitsgruppe arbeitete Joachim Willerding mit. **Arbeitsgruppe 6**: »Die Politik der SED gegenüber den gesellschaftlichen Organisationen und Bewegungen – Frauen, Gewerkschaft, Jugend«; Leiterin: Eva Maleck-Lewy. **Arbeitsgruppe 7**: »Erneuerung des geistigen Lebens in Wissenschaft und Bildung, in Kultur, Kunst und Medien«; Leiter: Klaus Höpcke. Als Ausschußmitglieder gehörten ihr an: Hans-Jürgen Audehm, Lothar Bisky und Wolfgang Thiel; hier arbeiteten u. a. noch Helga Königsdorf und Gregor Schirmer mit. **Arbeitsgruppe 8**: »Entwurf eines neuen Statuts«; Leiter war Erich Postler, mit dem als Ausschußmitglied Bernd Meier zusammenarbeitete. Büros wurden eingerichtet für Markos Wolf und Gregor Gysi sowie für Brigitte Zimmermann. Vgl. Neues Deutschland vom 5.12.1989 und Gespräch mit Brigitte Zimmermann am 28.8.1995.

8   Das gesamte Material befindet sich in: Int.P.Arch.PDS, Nr. VI/1.

9   G. Gysi, Das war's, S. 87.

10 Ebd.; vgl. Gespräch mit W. Herger am 4.12.1995.

11 Gespräch mit Gerd Schulz am 10.1.1996; Gespräch mit Kurt Schneider am 22.7.1997. Für die Behauptung Gregor Gysis (in: Das war's, S. 87), daß es im ZK eine kleine Gruppe von Mitarbeitern gegeben habe, » die bereits Fälle von Korruption und Amtsmißbrauch recherchiert hatten«, fanden wir bisher keine Bestätigung.

12 Gespräch mit Heinz Wildenhain am 30.5.1996.

13 Vgl. Materialien, in: Int.PArch.PDS, Akten der Bundesschiedskommission: Akte Heinz Wildenhain und das Gespräch mit Gerd Schulz am 10.1.1996.

14 Schreiben von Dr. G. Gysi an Dr. H. Marohn vom 2.6.1997.

15 Int.PArch.PDS, Akten der Bundesschiedskommission: Akte Heinz Wildenhain: Aktennotiz von Gerd Schulz über die Verhaftung von Wildenhain.

16 Gespräch mit Kurt Schneider am 22.7.1997 und mit Günter Wendlandt am 9.7.1996. Schneider bestätigt, daß die Offiziere ein Papier in der Hand hatten, von dem er annahm, es sei ein Haftbefehl, eingesehen hatte er dieses Papier jedoch nicht. Walter Rudelt, Richter am Obersten Gericht der DDR, verweist darauf (Gespräch am 3.3.1999), daß kein Staatsanwalt einen Haftbefehl ausstellen durfte. Dazu waren nur Richter zugelassen. Beim Berliner Polizeipräsidium gab es einen Zentralen Haftrichterdienst. Ungeklärt bleibt, wer einen Haftbefehl ausstellte.

17 Holger Becker, Politbüroprozeß. Die Delegitimierung der DDR, in: Volksstimme, Wien, vom 4.9.1997, S. 11.

18 Gregor Gysi, Wenn wir alle für die neue Partei streiten, wird sie stark bleiben, in: Außerordentlicher Parteitag der SED/PDS, Berlin, Dezember 1989. Materialien, Berlin 1990, S. 18. Nun muß man entschuldigend in Rechnung stellen, daß er dieses Referat wie er (in: Das war's, S. 97 f.) beteuert, nur nach einem Packen handgeschriebener Zettel aus dem Stegreif hielt, die ihm Barbara Erdmann in die Hand drückte. Vgl. Int.PArch.PDS, Nr. VI/1/7, Stenografische Niederschrift der 2. (geschlossenen) Sitzung vom 9.12.1989, Bl. 58 f.

19 Abschrift des Schreiben von Heinz Wildenhain an Gregor Gysi (aus der Haftanstalt, handschriftliche Kopie) vom 14.12.1989, das Gysi nach seinen Aussagen nicht erhalten haben will.

20 Schreiben von Dr. G. Gysi an Dr. H. Marohn vom 2.6.1997.

21 Int.PArch.PDS, Nr. VI/2/1 Bd. 8: Stenografische Niederschrift der 4. Tagung des Parteivorstandes der SED/PDS am 20.1.1990, Bl. 26.

22 Int.PArch.PDS, Präsidium des Parteivorstandes, Mappen der Präsidiumssitzungen. Sie enthalten die Tagesordnung, das von Edwin Schwertner geführte Beschlußprotokoll sowie die entsprechenden (numerierten) Vorlagen; Mappe der 11. Sitzung vom 1.2.1990, Vorlage Nr. 102/90: Die Einnahmen- und Ausgabenrechnung der SED 1989, einschließlich Vermögensrechnung (handschriftlich korrigiertes Exemplar). Gysi war mit seinen haltlosen Behauptungen gegen Wildenhain in Bedrängnis geraten. Vom Zentralen Runden Tisch war im Dezember eine AG Parteifinanzierung gebildet worden, die von der SED/PDS die Offenlegung der Parteienfinanzen verlangte. Vgl. Uwe Thaysen/Unter Mitarbeit von Hans Michael Kloth, Der Runde Tisch und die Entmachtung der SED. Widerstände auf dem Weg zur freien Wahl, in: Materialien der Enquete-Kommission (Vgl. Anm. 9 zum Vorwort), Bd. VII, S. 1779 ff. und H. Modrow (H.-D. Schütt), S. 398 f.

23 Materialien der Enquete-Kommission, Bd. VII, S. 1779 und S. 1824 (Tabelle 2). Die CDU der DDR wurde aus dem Staatshaushalt subventioniert. Vgl. Protokoll der Zeugenvernehmung der Hauptbuchhalterin des Hauptvorstandes der CDU, Dorit Haenicke, vom 3.1.1990; das Vernehmungsprotokoll von Gerald Götting vom 9.1.1990 mit der Anlage 1 über die jährlichen Zuweisungen aus dem Staatshaushalt der DDR an die CDU von 1975 bis 1985 sowie die Anlage 2 über den Vergleich der Einnahmen der CDU im Jahre 1975 und 1988. Nach diesen Angaben erhöhten sich die Zuweisungen für die CDU von 12,4 Millionen M im Jahre 1975 auf 32,488 Millionen M im Jahre 1988 (im Privat-Archiv der Autoren).

24 Int.PArch.PDS, Präsidium, Mappe der Sitzung vom 1.2.1990, Vorlage Nr. 102/90: Die Einnahmen- und Ausgabenrechnung der SED 1989, einschließlich Vermögensrechnung.

25 Int.PArch.PDS, Bundesschiedskommission: Akte Heinz Wildenhain: Kopie des Schreibens von Günter Wieland an Sigrid Wildenhain vom 2.3.1990.

26 Int.PArch.PDS, Präsidium, Mappe der Sitzung vom 22.2.1990, Vorlage Nr. 132/90: handschriftlich korrigierter Bericht der Untersuchungskommission, Bl. 11 (der Name der Kommission wird unterschiedlich benannt); bei ihrer Beratung waren Manfred Wiedemann und Peter Mosch anwesend. Die Korruptions- und Machtmißbrauch-Vorwürfe gegen die Mitglieder des Politbüros (d. h. von »ungerechtfertigten Privilegien«) konzentrierten sich in diesem Bericht auf das Objekt Wandlitz, auf die personengebundene Benutzung staatlicher Jagdgebiete, auf Vorzugspreise beim Bau von Einfamilienhäusern für Verwandte und die Inanspruchnahme der Regierungsstaffel für Urlaubsreisen (5 % der Flüge wurden dafür ausgewiesen). Im Objekt Wandlitz wurde der Einkauf von importierten Industriegütern zu DDR-Preisen und die unentgeltliche Möglichkeit des Auftankens von Privat-PKW diesem Vorwurf zugerechnet. Außerdem wurde der private Verkauf von ausgedienten ZK-PKW an Abteilungsleiter des ZK als Vorwurf erhoben. Heinz Wildenhain wurde angerechnet, daß er aus dem Bestand des ZK 1 Kg Autolack »westlicher Produktion« für seinen privaten PKW entnommen hätte, ohne dafür zu bezahlen. Der Lack stellte sich später als Geschenk eines Mitgliedes des Parteivorstandes der SEW heraus. An der Arbeit der Kommission nahmen bis zu 12 »ausgewählte hauptamtliche Mitarbeiter und bis zu 9 ehrenamtliche Mitarbeiter« teil. Der im Ersten (Zwischen-)Bericht an den außerordentlichen Parteitag vom Dezember 1989 (vgl. Int.PArch.PDS, Nr. VI 1/Bd. 11) erhobene Vorwurf eines »parasitären Lebensstils« wurde dann im Abschlußbericht angesichts der Realitäten fallengelassen. Eine sachlich-kritische Analyse dieses Berichts steht noch aus.

27 Vgl. Neues Deutschland vom 5.3.1990 und vom 14.6.1990. Es erfolgte keine öffentliche Korrektur der falschen Tatsachenbehauptungen des Rechtsanwalts Gysis, daß die ZK-Kasse nicht gestimmt habe, daß kein ordnungsgemäßes Belegwesen vorhanden sei.

28 G. Gysi, Das war's, S. 89 f. Gysi will hier den Eindruck erwecken, als habe sich das Staatsoberhaupt der DDR als »blinder Passagier« in das Flugzeug geschmuggelt. Krenz nahm an der Sitzung des Politisch-Beratenden Ausschusses des Warschauer Vertrages auf Anforderung von Gorbatschow teil, der ihm diese Einladung am 3.12.1989 über den sowjetischen Botschafter gegen 21 Uhr über die Hochfrequenzleitung hatte mitteilen lassen (vgl. Gespräch mit Egon Krenz am 13.1.1996). Modrow berichtet, daß er nach Rücksprache mit Kroker die Legitimation des »Revolutionskomitees« (wie er den Arbeitsausschuß nannte) hatte und gegenüber von Krenz den Anspruch als Delegationsleiter erhob; vgl. Gespräch mit Hans Modrow am 20.8.1997. Vgl. Markus Wolf, In eigenem Auftrag. Bekenntnisse und Einsichten, München 1990, S. 296.

29 Horst Teltschik, 329 Tage. Innenansichten der Einigung, Berlin 1991, S. 67.

30 M. Wolf, In eigenem Auftrag, S. 292.

31 Gespräch mit Dr. Wolfgang Schwanitz am 24.1.1996.

32 Gespräch mit Lothar Bisky am 16.10.1995.

33 M. Wolf, In eigenem Auftrag, S. 295.

34 Gespräch mit W. Schwanitz am 24.1.1996; vgl. H. Modrow (H.-D. Schütt), S. 378.

35 Ellen Brombacher, Die Heilige Kuh der PDS, in: junge Welt vom 7./8.10.1995, S. 11.

36 M. Wolf, In eigenem Auftrag, S. 295; vgl. Neues Deutschland vom 5.12.1989.

37 M. Wolf, In eigenem Auftrag, S. 296; die Niederschrift des Gesprächs von Modrow mit Seiters um 15 Uhr im Ministerrat der DDR (an dem Oskar Fischer sowie Claus-Jürgen Duisberg und Manfred Speck teilnahmen) in: Akten des Bundeskanzleramtes, S. 609 ff. In dem Gespräch wurden vor allem Modalitäten der Vertragsgemeinschaft erörtert. Vgl. hierzu das Gespräch Seiters mit den Botschaftern Frankreichs, Großbritanniens und den USA am 7.12.1989 über diese Beratung mit Modrow (ebd., S. 641 ff.).

38 G. Gysi, Das war's, S. 90. Modrow schreibt: (in: Aufbruch und Ende, Hamburg 1991, S. 48), daß Krenz »angesichts der massiven Forderungen vieler Menschen« seinen Rücktritt erklären mußte. Vgl. Chronik der Ereignisse in der DDR (vom 3.8.1989 bis 4.6.1990, Edition Deutschland-Archiv, Köln 1990, S. 34 f. Was wir als eine hübsche Legendenbildung bewerten.

39 Gespräch mit W. Schwanitz am 24.1.1996.

40 Gespräch mit E. Krenz am 13.1.1986; die Erklärung von Krenz in: Neues Deutschland vom 7.12.1989. Modrow erwähnt den Rücktritt von Krenz mit einem Satz, aber nicht seine Mitwirkung und noch weniger seine Motivation; vgl. H. Modrow (H.-D. Schütt), S. 378.

41 G. Gysi, Das war's, S. 90 f.

42 Gespräch mit L. Bisky am 16.10.1995.

43 Gespräch mit B. Zimmermann am 28.8.1995.

44 M. Wolf, In eigenem Auftrag, S. 298 f.; Erich Postler an E. Czichon vom 7.2.1997.

45 Int.PArch.PDS, Nr. VI/1/1: Gedächtnisprotokoll (anonym) vom 6.12.1989; vgl. die noch erarbeiteten Diskussionsschwerpunkte zur Parteitagsvorbereitung, in Neues Deutschland vom 8.12.1989.

46 Uwe Thaysen, Der Runde Tisch. Oder: Wo blieb das Volk? Der Weg der DDR in die De-
mokratie, Opladen 1990, S. 25 ff.; vgl. Neues Deutschland vom 8.12.1989; vgl. ferner U.
Thaysen/H. M. Kloth, Der Runde Tisch und die Entmachtung der SED, in: Materialien der
Enquete-Kommission Bd. VII, S. 1706 ff.

47 M. Wolf, In eigenem Auftrag, S. 299. Er definiert den Runden Tisch als »aus der Einsicht
hervorgegangen, daß zur Erhaltung der Lebensgrundlagen im Lande ein Konsens in Kon-
fliktfragen gefunden werden müsse.« U. Thaysen sieht ihn realistischer als Instrument zur
Entmachtung der SED.

48 Telefonische Auskunft von Eva Maleck-Lewy.

49 Gespräch mit B. Zimmermann am 28.8.1995.

50 Int.PArch.PDS, Nr. VI/1/1: Außerordentlicher Parteitag der SED (der Name wurde von den
Autoren aus Datenschutzgründen verändert).

51 A. Brie, Der zweigeteilte Parteitag, S. 63 f.; Vgl. Anm. 195 zum II. Kapitel. Die Formulierung
Gysis auf dem Parteitag vom »vormundschaftlichen Staat«, der überwunden werden sollte, ist
von Rolf Henrich (Der vormundschaftliche Staat, Reinbek 1989) adaptiert.

52 Das gesamte Parteitagsmaterial befindet sich in: Int.PArch.PDS, Nr. VI/1 Bd. 5-7: Stenogra-
fische Niederschriften der Verhandlungen vom 8.-9.12.1989 (1.-3. Sitzung); ebd., Bd. 13-15:
Niederschriften der Verhandlungen vom 16.-17.12.1989 (4.-6. Sitzung); ebd., Nr. VI 1/Bd.
8: Konstituierung des Parteivorstandes und der Schiedskommission am 9.12.1989; ebd., Nr.
VI 2/1/2: Niederschrift der 2. Tagung des Parteivorstandes am 15.12.1989; ebd., Präsidium,
Mappe der Sitzung vom 12.12.1989, Mappe der Sitzung vom 15.12.1989 sowie Mappe der
Beratung des Präsidiums mit den 1. Sekretären der SED-Bezirksleitungen vom 14.12.1989
(Kurzprotokoll). Die veröffentlichte Broschüre (Außerordentlicher Parteitag der SED/PDS.
Partei des Demokratischen Sozialismus. Materialien, Berlin 1990) enthält lediglich eine stark
reduzierte Materialzusammenstellung. Sie ist nicht chronologisch geordnet und läßt nicht er-
kennen, auf welcher der sechs Sitzungen des Parteitages sie entstanden sind. Eine Kurzfassung
der »Materialien« wurde vom Parteivorstand der PDS ins Russische übersetzt und enthielt im
wesentlichen nur Gysis Referat. Zum Parteitag vgl. Heinrich Bortfeldt, Von der SED zur PDS,
Wandlung zur Demokratie? Bonn-Berlin 1992, S. 134 ff. Auszüge aus einzelnen Diskussionsbeiträgen auf dem Parteitag erschienen im Neuen Deutschland vom 11.12.1989 und in den
Ausgaben vom 18. und 19.12.1989 (gekürzt).

53 Int.PArch.PDS, Nr. VI 1/7: Stenografische Niederschrift der geschlossenen (Nacht) Sitzung
vom 9.12.1989 (von 1.04 Uhr bis 4.30 Uhr), Bl. 43 ff. Bericht der Mandatsprüfungskommis-
sion, vorgetragen von Kurt Meyer.

54 Int.PArch.PDS, Nr. VI 1/11; Günter Schabowski, Das Politbüro. Das Ende eines Mythos.
Eine Befragung, Reinbek 1990, S. 179 ff. Gysi schreibt (in: Das war's, S. 98): Der »Bericht
... verfiel allgemeiner Ablehnung und wurde von den Delegierten zurückgewiesen«. Wie die
»Zurückweisung« erfolgte, ist aus der stenografischen Niederschrift nicht zu ersehen. Auch der
Versuch von Hager, sich zur Diskussion zu melden, wurde von der Parteitagsregie »demokratisch« unterbunden. H. Bortfeldt bestätigt (S. 142), daß gar keine Diskussion zu dem Bericht
auf dem Parteitag stattfand.

55 G. Gysi, in: Neues Deutschland vom 27.11.1995. Er meint, daß dies alles damals »für einen
kleinen ostberliner Advokaten ein bißchen zuviel gewesen sei (vgl. Märkische Allgemeine vom
32.8.1994). Wir können ob eines solch freimütigen Selbstbekenntnisses nur darüber staunen,
was die »kleine Advokatenseele« an politischer Verantwortung übernahm und an Einschätzungen abgegeben hat.

56   Siegfried Prokop [Das SED-Politbüro, Aufstieg und Ende (1949-1989), Berlin 1996, S. 32]
     vertritt die Ansicht, daß der Erhalt der SED in der Form der SED/PDS altes Denken war
     und daß eine Rücktrennung in Ost-SPD und KPD zu einer anderen politischen Landschaft
     in Deutschland geführt hätte. Vgl. auch Manfred Uschner, Die roten Socken, Berlin 1995,
     S. 19.

57   H. Modrow, Ausführungen auf der Sitzung des ersten Beratungstages, nach: Materialien des
     Parteitages der SED-PDS, S. 33 ff.; vgl. H. Modrow (H.-D. Schütt), S. 379 f.

58   Ebd., S. 13 ff.; dazu: G. Gysi, Das war's, S. 97 ff.

59   Ebd., S. 102; die stenografische Niederschrift der Fragestellungen an Gregor Gysi befindet
     sich in: Int.PArch.PDS, Nr. VI/1 Bd. 7, ab Bl. 49 ff. (Aufstellung der Kandidatenliste, die
     von Siegmund Hawlitzky geleitet wurde). Die von uns zitierte Antwort von Gysi befindet sich
     auf Bl. 62; veröffentlicht bei: Gregor Gysi, Einspruch. Gespräche, Briefe, Reden, Hrg. von H.
     Harnisch und H. Heider, Berlin: 1992, S. 41 (dort ohne Quellenangabe). Zur Position des
     »dritten Weges« vgl. Werner A. Perger in: Die Zeit vom 11.3.1999, S. 3 sowie Anthony Gid-
     dens, Der Dritte Weg. Die Erneuerung der sozialen Demokratie, Frankfurt am Main 1999.
     Vgl. Anm. 123 zum V. Kapitel.

60   Materialien des Parteitages der SED-PDS, S. 14. G. Gysi schrieb später zu seiner Vision vom
     dritten Weg: »Der Gedanke war zwar richtig, aber – wie wir bald erfahren sollten – nicht
     realisierbar.« In: G. Gysi, Das war's, S. 99. Das ist eine interessante Logik; vgl. M. Wolf, In
     eigenem Auftrag, S. 315.

61   Ellen Brombacher bemerkt dazu, daß die Vision über den Kapitalismus hinaus, zunächst je-
     doch »in ihn zurückführte«. Vgl. E. Brombacher, Zum Sonderparteitag vom Dezember 1989,
     in: Die PDS – Herkunft und Selbstverständnis, S. 147 ff.

62   Int.PArch.PDS, Nr. VI/1 Bd. 7, Bl. 71 f. Gregor Gysi wurde bei seiner Vorstellung als Kandi-
     dat für den Parteivorsitz befragt, welche Privilegien er in der DDR durch seinen Vater hatte.
     Er antwortete: »Also erstens hatte ich ein Privileg ... ich hatte nämlich eine Parkkarte... Also
     ich hatte weder einen einzigen Tag meines Lebens im Regierungskrankenhaus verbracht ... ich
     habe niemals in einem Gästehaus der Partei oder des Ministerrats Urlaub gemacht. Was könn-
     te es noch sein? Ja, mehr fällt mir jetzt nicht ein.« Vgl. G. Gysi, Einspruch, S. 49. Was ihm
     damals vor den Delegierten nicht eingefallen ist, schrieb er am 17.4.1997 an den Immunitäts-
     Ausschuß des Deutschen Bundestages: Nachdem er im Januar 1988 seine Dienstreise nach
     Paris gemacht hatte erhielt er die Erlaubnis zu Dienstreisen nach Österreich, in die Türkei,
     nach Indien und in die BRD. In Westberlin unterhielt er ein »Westkonto«. Weiterhin hatte
     er über die Abteilung Staat und Recht des ZK der SED auch ein Dauervisum (gültig für ein
     Jahr) erhalten. Alles das war G. Gysi bei seiner Kandidatenvorstellung entfallen. Vgl. seine
     Interpretation dazu im Schreiben an E. Czichon vom 27.1.1998. Zeitzeugen kommentierten
     sein Verhalten so: Es war eine politisch motivierte Vergeßlichkeit, um zum Vorsitzenden der
     SED/PDS gewählt zu werden. Das wäre nachvollziehbar. Edzard Reuter verhielt sich vorsich-
     tiger. Er sagte in solchen heiklen Situationen immer: »Ich warne Sie, wir pflegen zu heucheln
     und zu lügen« (vgl. Der Spiegel, Hamburg, vom 26.1.1998, S. 89).

63   Int.PArch.PDS, Präsidium, Handmappe Gregor Gysi (rote Mappe), Vermerk der Abteilung
     Internationale Verbindungen (Sektor sozialistische Länder) vom 11. Dezember 1989 über
     ein Gespräch mit R. Fjodorow am 10.12.1989; vgl. Detlef Nakath/Gero Neugebauer/Gerd-
     Rüdiger Stephan (Hg.), »Im Kreml brennt noch Licht«. Die Spitzenkontakte zwischen SED/
     PDS und KPdSU 1989-1991, Berlin 1998, S. 83 ff. Die Dokumente in diesem Band, die
     aus dem Int.PArchiv.PDS stammen, sind ohne Signatur abgedruckt und sehr nachlässig
     ediert.

64 G. Gysi, Das war's, S. 109-111 und S. 127. Gysi zieht hier beide Telefongespräche mit Gorbatschow zusammen und datiert das Telefonat falsch; beide Telefongespräche sind dokumentiert bei: D. Nakath/G. Neugebauer/G.-R. Stephan, S. 89 ff. und S. 104 ff. Vgl. ferner Gero Neugebauer/Gerd-Rüdiger Stephan, »Eure Sorgen sind auch unsere Sorgen«, in: Deutschland-Archiv (1997), S. 880. Vgl. Gespräch mit Hans-Joachim Willerding am 29.8.1996, der beide Gespräche dolmetschte.

65 D. Nakath/G. Neugebauer/G.-R. Stephan, S. 97 ff.

66 Ebd., S. 104 ff. Vgl. Int.PArch.PDS, Präsidium, Handmappe Gysi. Hier befindet sich ein nicht signierter Vermerk (4 Blatt) über ein Telefongespräch zwischen dem Generalsekretär des ZK der KPdSU Gorbatschow und dem Vorsitzenden der SED, Gysi, am 14.12.1989. Die Grußbotschaft im Neuen Deutschland vom 18.12.1989, S. 1.

67 G. Gysi, Das war's, S. 113 f. Dazu die Gesprächsniederschrift bei: D. Nakath/G. Neugebauer/ G.-R. Stephan, S. 107 ff.; Gespräch mit H. Modrow am 30.8.1995.

68 M. Wolf, In eigenem Auftrag, S. 313 ff.; dazu: V. Falin, Antworten auf Fragen vom 4.2.1996.

69 Vgl. Materialien des Parteitages der SED-PDS, S. 75 ff. In diesem Referat versprach Gysi alles, was schön klang und populistisch war, bis zur Abschaffung des Paradeschritts bei der NVA. Zeitzeugen sprachen von einem »Warenhauskatalog«.

70 M. Wolf, In eigenem Auftrag, S. 313.

71 Patrick Moreau, PDS. Anatomie einer postkommunistischen Partei, Bonn-Berlin 1992, S. 43.

72 Materialien des Parteitages der SED-PDS, S. 76; vgl. dazu: G. Gysi, »Ich plädiere für die DDR«, im Neuen Deutschland vom 31.12.1989, S. 9.

73 Materialien des Parteitages der SED-PDS, S. 108.

74 Ebd., S. 104.

75 A. Brie, Der zweigeteilte Parteitag, S. 62; A. Brie wirft Ellen Brombacher Legendenbildung vor, um seine eigenen epischen Dichtungen ins rechte Licht zu setzen und dabei gleich noch ein wenig feinen Antikommunismus unterzubringen. Selbst Bortfeldt (in: Von der SED zur PDS, S. 142) bestätigt, daß alle auf dem Parteitag vertretenen Konzepte von der Prämisse der Eigenstaatlichkeit der DDR ausgingen. Eindeutig haben sich Modrow und Gysi und die Delegierten in ihren Beschlüssen für eine eigenstaatliche und souveräne DDR ausgesprochen. Vgl. in den Materialien des Parteitages der SED-PDS die entsprechenden Passagen, wie: »Die Zweistaatlichkeit der Deutschen ist zu einem unverzichtbaren Garanten für Frieden, Sicherheit und Stabilität in Europa geworden« (S. 102). Modrow erklärte, daß Gorbatschow gegenüber Bush eindeutig gesagt habe, daß keine Absicht bestehe, die Ereignisse in der DDR in Richtung Wiedervereinigung zu forcieren (ebd., S. 9); vgl. auch André und Michael Brie (u. a.), Für eine sozialistische Partei der DDR, im Neuen Deutschland vom 12.12.1989. Bemerkenswert ist Gysis flaue Ausrede in dieser Frage, bei seiner Vorbereitung für das Referat auf dem Parteitag (in: Gregor Gysi/Thomas Falkner, Sturm aufs Große Haus. Der Untergang der SED, Berlin 1990, S. 141): »... bekam (ich) keine Zuarbeit in Sachen Konföderation und so blieb alles zu allgemein«. Das alles will Brie vergessen haben?

76 Vgl. D. Nakath/G. Neugebauer/G.-R. Stephan, S. 118 ff. Gespräch mit G. König am 11.11.1998.

77 Dieter Klein, Fertige Lösungen – das wäre wieder der Anfang von alten Strukturen, in: Materialien des Parteitags der SED-PDS, S. 57 ff.; vgl. Rolf Reißig, Der Umbruch in der DDR und das Scheitern des »realen Sozialismus«, in: Das Ende eines Experiments. Umbruch in der

DDR und deutsche Einheit (Hrg. von Rolf Reißig und Gert-Joachim Glaeßner), Berlin 1991, S. 12-59; Dieter Klein, Die bürgerliche Gesellschaft vor der Reform zur überlebensfähigen Gesellschaft, in: Utopie kreativ, Heft 2 (1990), S. 6 ff. als Therapeut am Kapitalismus.

78 Michael Schumann, Wir brechen unwiderruflich mit dem Stalinismus als System, in: Materialien des Parteitags der SED-PDS, S. 41 ff. Dieses Referat war bereits von einer Arbeitsgruppe des Arbeitsausschusses diskutiert und ausgearbeitet worden. Mitgewirkt haben weiterhin: Ulrich Peck, Karl-Heinz Jahnke und Hermann Wandschneider. Zu einer differenzierenden Unterscheidung zwischen dem frühen Sozialismus als Gesellschaftssystem und einer von Stalin geprägten Herrschaftsform sowie zur Analyse deren Wechselbeziehungen drangen die Autoren nicht vor. Daher stigmatisierten sie den frühen Sozialismus mit der politischen Machtausübung Stalins und erleichterten damit ebenso politisch leichtfertig wie unwissenschaftlich den realen Sozialismus als »Stalinismus« zu verleumden.

79 Materialien des Parteitages der SED-PDS, S. 41 f. Für den »Machtmißbrauch der SED-Führung« werden folgende sechs Kriterien benannt: »(1.) – Konzentration der Macht in den Händen eines arroganten Alleinherrschers, (2.) – Steuerung der Wirtschaft durch eine Kommandozentrale... (3.) – Reglementierung und bürokratische Zentralisation von Kultur, Wissenschaft und Bildung... (4.) – politische Entmündigung der Bürger unserer Republik und Kriminalisierung Andersdenkender, (5.) – Verwandlung der Medienlandschaft in eine trostlose Informationswüste und eine widerliche Hofberichterstattung, [und (6.)] – Ausgrenzung der Parteibasis aus allen innerparteilichen Willensbildungs- und Entscheidungsprozessen.«

80 Für die DDR – für demokratischen Sozialismus, in: Materialien des Parteitages der SED-PDS, S. 125 ff.; Zu den nächsten Aufgaben der SED/PDS, ebd., S. 129 ff.

81 Int.PArch.PDS, Präsidium, Mappe der Sitzung vom 15.12.1989: Information für das Präsidium vom 12.12.1989. Diese internen Informationen wurden von der »Kommission Organisation und Parteileben« zu jeder Präsidiumssitzung zusammengestellt.

82 Gert-Joachim Glaeßner, Der Schwierige Weg zur Demokratie. Vom Ende der DDR zur deutschen Einheit, Opladen 1991, S. 79.

83 Lenin hatte nach der Niederlage der Revolution von 1905/07 in der einsetzenden Restaurationszeit für die SDAPR ebenfalls einen solchen Parteientyp als notwendig angesehen, um so linken, antikapitalistischen und verschiedenen sozialistischen Strömungen unter den neu entstandenen politischen Bedingungen eine Zusammenarbeit und gemeinsame Plattform zu ermöglichen. Vgl. W. I. Lenin, Beratung der erweiterten Redaktion des »Proletari« (Paris, Juni 1909), in: Werke (Berliner Ausgabe) Bd. 15, S. 432.

84 Materialien des Parteitages der SED-PDS, S. 131 ff. und S. 139 ff. Ebenso wie das Parteiprogramm wurde auch ein nochmals überarbeitetes Statut der PDS auf dem Wahlparteitag am 25.2.1990 beschlossen. Vgl. Partei des Demokratischen Sozialismus: dokumente, standpunkte, materialien (Auswahl), januar bis mai 1990, Berlin (Hg. vom Parteivorstand der PDS) 1990, S. 24 ff.

85 Int.PArch.PDS, Präsidium, Mappe der Sitzung vom 21.12.1989: Präsidiums-Information vom 19.12.1989: Erste Resonanz auf den Außerordentlichen Parteitag.

86 Ebd., S. 2. sowie die Information vom 21.12.1989.

87 Int.PArch.PDS, Präsidium, Mappe der Sitzung am 21.12.1989: Protokoll der 4. Sitzung des Präsidiums: Tagesordnungspunkt 10: Berichterstatter Peter Miethe: Beschlußvorlage der Abteilung Sicherheitsfragen vom 14.12.1989. In dieser Vorlage wird Bezug genommen auf den Diskussionsstandpunkt des Arbeitsausschusses vom 8.12.1989 (Neues Deutschland vom

9.12.1989) und auf den Vorschlag von Gregor Gysi in seiner Rede auf dem Außerordentlichen Parteitag der SED am 9.12.1989 (vgl. Materialien des Parteitag der SED-PDS, S. 25 f.), wo er die Kampfgruppen als nicht mehr »zeitgemäß« bezeichnete. Vgl. Gespräch mit W. Schwanitz am 24.1.1996.

88 U. Thaysen, Der Runde Tisch, S. 19 ff.; vgl. auch Vom Runden Tisch zum Parlament. Hgg. von Helmut Herles und Ewald Rose, Bonn 1990; dazu: U. Thaysen/H. M. Kloth, Der Runde Tisch und die Entmachtung der SED, in: Materialien der Enquete-Kommission, Bd. VII, S. 1712.

89 Schreiben von W. Medwedew, Moskau, an E. Czichon vom 21.2.1996.

90 Francois Mitterrand, Über Deutschland, Leipzig 1996, S. 44 ff.; vgl. Jacques Attali, Verbatim III (1988-1991), Paris 1995, Auszüge in: Der Spiegel (1995)42, S. 166.

91 V. Falin, Antworten auf Fragen vom 4.2.1996.

92 Margaret Thatcher, Downing Street No. 10. Die Erinnerungen, Düsseldorf-Wien 1993, S. 1097.

93 Int.PArch.PDS, Präsidium, Mappe der Sitzung vom 8.2.1990, Vorlage Nr. 105/90 von Hans-Joachim Willerding vom 5.2.1990, Anlage 2: Vermerk über das Gespräch des Parteivorsitzenden mit A. Jakowlew in Moskau; dokumentiert bei: D. Nakath/G. Neugebauer/G.-R. Stephan, S. 160 ff.

94 Vgl. Anm. 282 zum II. Kapitel.

95 Vgl. Peter Förster/Günter Roski, DDR zwischen Wende und Wahl. Meinungsforscher analysieren den Umbruch, Berlin 1990, S. 50 ff. Nach einer EMNID-Umfrage, in: Deutschland-Archiv, Chronik der Ereignisse in der DDR, S. 40; vgl. Hannes Bahrmann/Christoph Links, Wir sind das Volk, Die DDR zwischen 7. Oktober und 17. Dezember 1989. Eine Chronik, Berlin 1990, S. 138.

96 P. Förster/G. Roski, S. 53 f.

97 Deutschland-Archiv, Chronik, S. 38; ADN-Bericht vom 10.12.1989; vgl. Int.PArch. PDS, Präsidium, Mappe der Sitzung vom 21.12.1989: Präsidiums-Information vom 21.12.1989.

98 Deutschland-Archiv, Chronik, S. 45; vgl. H. Bahrmann/Ch. Links, Wir sind das Volk, S. 208 f.

99 Int.PArch.PDS, Präsidium, Mappe der Sitzung vom 21.12.1989: Information vom 21.12.1989. Manfred Krug schreibt: »Es gab ja auch ein paar Millionen DDR-Einwohner, die wollten die Einheit gar nicht. Die wußten, was sie an der DDR hatten, mollig warm war's da für viele Leute. Natürlich war das auch ein Gemisch von Motiven und Erwartungen. Sicher war nicht allen Leuten, die im Herbst 1989 für die Einheit demonstrierten, klar, was das alles bedeuten konnte...«, in: Der Spiegel, Hamburg (1997)34, S. 191.

100 P. Förster/G. Roski, S. 53, Tabelle 4.2. Diese Zahlen reflektieren die Veränderungen im Bewußtsein der Menschen zwischen Dezember 1989 und Februar 1990; vgl. dazu Konrad H. Jarausch, Die unverhoffte Einheit 1989-1990, Frankfurt am Main 1995, S. 138 f.

101 Ebd., S. 112 f. K. H. Jarausch führt dazu den Begriff »Bürgerrevolution« ein, und Erhard Neubert definiert den »Wandel« (in: Gesellschaftliche Kommunikation im sozialen Wandel, Berlin 1989, S. 705 ff.) gar als »protestantische Revolution«. Die Historische Kommission der PDS meint, daß die »friedliche Revolution« vom Herbst 1989 sogar, eine »Sternstunde der Demokratie« gewesen sei, in. Neues Deutschland vom 12.3.1999, S. 14. Modrow schreibt (in: Aufbruch und Ende, S. 69): »Für mich war der Runde Tisch mit Beginn seiner Existenz ein außerordentlich wichtiges Gremium der demokratischen Erneuerung unseres Landes.«

Dennoch räumte Modrow später ein, daß er nicht ausschließen könne, daß von Bonn aus zunehmend auf den Runden Tisch Einfluß genommen wurde. Gespräch mit H. Modrow am 20.8.1997; vgl. auch H. Modrow (H.-D. Schütt), S. 383 ff. sowie 400 f.

102 Materialien des Parteitages der SED-PDS, S. 90; dazu: H. Modrow (H.-D. Schütt), S. 412. Modrow relativiert Gysis Verhältnis zur Verfassung der DDR, betont aber, daß auch Gysi der Auffassung war, daß der Zentrale Runde Tisch »in diesen Zeiten des Umbruchs« verfassungsrechtlich nicht einzuordnen gewesen wäre.

103 H. Bahrmann/Ch. Links, Wir sind das Volk, S. 178 f.; vgl. Gespräch mit E. Krenz vom 1.7.1996. Im Deutschland-Archiv, Chronik, S. 27. Vom Politbüro des ZK der SED wurde am 22.11.1989 allen politischen Parteien und anderen politischen Kräften ein Dialog am »Runden Tisch« vorgeschlagen, bei dem »ein neues Wahlgesetz und eine Verfassungsreform« erörtert werden könnten; am 28.11.1989 hatte das Politbüro dann (ebd., S. 31) für das erste Treffen am Runden Tisch den 7.12.1989 angeboten.

104 Hierzu die Studie von U. Thaysen, Die Verfassungspolitik in der DDR 1989/90, in: Materialien der Enquete-Kommission, Bd. VII, S. 1827 ff.

105 Verfassung der Deutschen Demokratischen Republik vom 6.4.1968 in der Fassung des Gesetzes zur Ergänzung und Änderung der Verfassung vom 7.10.1974, Berlin 1974, S. 11.

106 U. Thaysen, Der Runde Tisch, S. 25 ff. K. H. Jarausch meint (S. 119 f.), daß mit dem Runden Tisch Strömungen der Bürgeropposition Kooperationsbereitschaft zeigten. Das sollte nicht bestritten werden, gezählt aber hat die politische Wirksamkeit, und sie lief auf die Institutionalisierung einer Doppelherrschaft hinaus, um jene Kräfte zu lähmen, die versuchen könnten die DDR zu verteidigen und wieder zu stabilisieren.

107 U. Thaysen, Der Runde Tisch, S. 32 ff.; vgl. H. Modrow, Aufbruch, S. 66 und H. Modrow (H.-D. Schütt), S. 383 ff.

108 U. Thaysen, Der Runde Tisch, S. 32 ff., zur Sitzverteilung S. 47; vgl. G.-J. Glaeßner, Der Schwierige Weg zur Demokratie, S. 89 ff.

109 Diese Informationen über das ZK-Plenum der KPdSU rezipiert Kohl in seinen Erinnerungen (Helmut Kohl, Ich wollte Deutschlands Einheit. Dargestellt von Kai Diekmann und Ralf Georg Reuth, Berlin 1996, S. 193). Zum KPdSU-Plenum vgl. H. Teltschik, S. 73 f. Gorbatschow bezog sich in seiner Rede auf die zwischen ihm und Modrow abgestimmte »Vertragsgemeinschaft« zwischen der DDR und der BRD, der ja formal auch Kohl zugestimmt hatte. Daher irritierte Gorbatschow auf dem Plenum jene, die sich bereits auf eine schnelle deutsch-deutsche Einigung orientiert hatten, wie Sergej Tarassenko, der Leiter des Generalsekretariats im Außenministerium der UdSSR. Vgl. Philip Zelikow/Condoleezza Rice, Sternstunden der Diplomatie. Die deutsche Einheit und das Ende der Spaltung Europas, Berlin 1997, S. 217.

110 Ebd., S. 205 f. und S. 223 f.; H. Teltschik, S. 72; James Baker, Drei Jahre, die die Welt veränderten. Erinnerungen, Berlin 1996, S. 165; Hans-Dietrich Genscher, Erinnerungen, Berlin 1995, S. 695 f.; Richard Kiessler/Frank Elbe, Der diplomatische Weg zur deutschen Einheit, Frankfurt am Main 1996, S. 73 ff. Vgl. die Information von Kotschemassow an Modrow über dieses Treffen, auszugsweise dokumentiert bei: D. Nakath/G. Neugebauer/G.-R. Stephan, S. 93 ff. und das Gespräch Seiters mit den Botschaftern Frankreichs, Großbritanniens und den USA am 13.12.1989, in: Akten des Bundeskanzleramtes, S. 641 ff.

111 M. Thatcher, S. 1101 f.; F. Mitterrand, S. 59 und S. 61 ff.; dazu: H.-D. Genscher, S. 676 ff. und S. 692; H. Kohl (Diekmann/Reuth), S. 198; H. Teltschik, S. 72 und S. 75; vgl. Lothar de Maizière, Anwalt der Einheit, Berlin 1995, S. 70. Dazu die Niederschrift des Arbeitsfrüh-

stücks von Kohl mit Mitterrand am 9.12.1989 in Straßburg, in: Akten des Bundeskanzler-amtes, S. 628 ff.; H. Kohl (Diekmann/Reuth), S. 198 ff. Ein Zeitzeuge sagte, er sei darüber erschrocken gewesen, daß sowohl Mitterrand als auch Thatcher nicht begriffen, daß Gor-batschow aus imperialer Sicht, die DDR schon längst aufgegeben hatte.

112 Diese Übersicht ist von den Autoren nach U. Thaysen (Der Runde Tisch) und U. Thaysen/ H. M. Kloth (Materialien der Enquete-Kommission, Bd. VII, S. 1799 ff.) zusammengestellt.

113 Ph. Zelikow/C. Rice, S. 207.

114 Ebd., S. 208. Die Rede in: Europa-Archiv (Dokumente) 1990/4: D 77-D 84; vgl. J. Baker, S. 166 f. (die Rede Bakers war von Robert Zoellick geschrieben worden).

115 Ph. Zelikow/C. Rice, S. 208. Es gehört schon eine gehörige dogmatische Blindheit dazu, die-sen Prozeß als »Sternstunde der Demokratie« zu interpretieren, wie das von der Historischen Kommission der PDS gesehen wird (Neues Deutschland vom 12.3.1999, S. 14).

116 Ebd., S. 211; J. Baker, S. 165; dazu: Aufzeichnung des Gesprächs von Kohl mit Baker in Berlin (West) am 12.12.1989, in: Akten des Bundeskanzleramtes, S. 636 ff.

117 Zum Besuch Bakers in der DDR vgl. H. Modrow, Aufbruch, S. 94 f. und H. Modrow (H.-D. Schütt), S. 391; dazu: J. Baker, S. 168 f.; das Gespräch mit H. Modrow am 30.10.1995; Gespräch mit Oskar Fischer am 11.7.1996; vgl. Ph. Zelikow/C. Rice, S. 211 ff.

118 Ebd., S. 212 sowie S. 557, Anm. 121; vgl. Vernon A. Walters, Die Vereinigung war vorausseh-bar. Hinter den Kulissen eines entscheidenden Jahres, Berlin 1994, S. 92. Vgl. die Aufzeich-nung des Gesprächs zwischen Kohl und Németh am 16.12.1989 in Budapest, in: Akten des Bundeskanzleramtes, S. 651-657.

119 J. Baker, S. 169.

120 H. Modrow, Aufbruch, S. 94. Beim Problem der Vertragsgemeinschaft ging Modrow von der Prämisse aus, daß die DDR als ein sich »demokratisch wandelnder« und ein sich »marktwirt-schaftlich öffnender Staat« weiterbestehen würde. Vgl. Karl-Heinz Arnold/Hans Modrow, Von Dresden über Davos nach Bonn, in: Detlef Nakath (Hg.), Deutschlandpolitiker der DDR er-innern sich. Spurensicherung, Berlin 1995, S. 44; vgl. dazu die »Gemeinsame Mitteilung über die Gespräche von DDR-Ministerpräsident Modrow und Bundeskanzler Kohl in Dresden«, in: Blätter für deutsche und internationale Politik, Bonn (1990)2, S. 232 ff.

121 J. Baker, S. 167; vgl. H. Kohl (Diekmann/Reuth), S. 156. Kohl hatte es eilig, sich mit dem DDR-Ministerpräsidenten zu treffen, als er aus dem Élysée-Palast hörte, daß Francois Mitter-rand zu einem offiziellen Besuch in die DDR reisen wollte. Daraufhin entschloß er sich, dem französischen Staatspräsidenten »zuvorzukommen, um die befürchtete internationale Aufwer-tung der neuen SED-Führung zu unterlaufen.« Vgl. H. Teltschik, S. 60 f.

122 Ebd., S. 68.

123 Ebd., S. 90, Teltschik notiert die Sicht der BRD-Delegation über den Auftritt Modrows; vgl. H. Kohl (Diekmann/Reuth), S. 213 ff.; dagegen: K.-H. Arnold/H. Modrow, S. 43 ff. sowie H. Modrow (H.-D. Schütt), S. 390. Vgl. Neues Deutschland vom 20.12.1989.

124 H. Modrow, Aufbruch, S. 97; H. Kohl (Diekmann/Reuth), S. 215 ff. Das Ziel einer Konföde-ration, so sagte H. Kohl, sei kein Thema, obgleich er davon überzeugt sei, daß die Entwicklung in diese Richtung gehe, aber für eine Finanzhilfe in Milliardenhöhe müsse die DDR erst die Rahmenbedingungen schaffen, die er gefordert habe.

125 H. Kohl (Diekmann/Reuth), S. 217; dazu: Int.PArch.PDS, Präsidium, Mappe der Sitzung am

21.12.1989: Präsidiums-Information vom 20.12.1989 mit der Information des Bezirksvorstandes Dresden über den Besuch von Kohl.

126 Akten des Bundeskanzleramtes, S. 625 ff.; dazu: Modrow, Aufbruch, S. 97 f.; H. Kohl (Diekmann/Reuth), S. 215; H. Teltschik, S. 91; Gespräch mit Karl-Heinz Arnold am 21.4.1997. Bereits am 7.12.1989 hatte der Leiter der Gruppe 42 im Bundeskanzleramt Johannes Ludewig eine Vorlage an Seiters zur Frage »Kapitalhilfe« an die DDR (für den bevorstehenden Besuch Kohls in der DDR) ausgearbeitet (in: Akten, S. 625 ff.), die der Leiter des Arbeitsstabes 20 (Deutschlandpolitik) Duisberg am 18.12.1989 in seinem Vorschlag für dessen Gesprächslinie in Dresden stark relativierte und die Kohl von Zugeständnissen Modrows abhängig machen sollte (ebd., S. 663 ff.). Die von Duisberg verfaßte Aufzeichnung des Gesprächs (ebd., S. 668 ff.) differiert mit den Darlegungen Modrows.

127 H. Teltschik, S. 94. Kohl berichtete dem Bundesrat über die Ergebnisse seiner Gespräche mit Modrow. Dabei wiederholt er seine Zusage, die Vertragsgemeinschaft mit der DDR noch vor den freien Wahlen anzustreben; wörtlich: »Die Menschen in der DDR sollen erkennen, daß den Worten der zehn Punkte auch Taten folgen. Nach den Wahlen soll mit dem Aufbau konföderativer Strukturen begonnen werden.«

128 F. Mitterrand, S. 96 ff.; dazu: H. Teltschik, S. 95, der den Besuch von Mitterrand in der DDR als anachronistisch tadelte; vgl. auch H. Modrow (H.-D. Schütt), S. 393.

129 H. Modrow, Aufbruch, S. 156 ff. (Wortlaut des Ministerratsbeschlusses).

130 U. Thaysen, Der Runde Tisch, S. 56; ders., in: Materialien der Enquete-Kommission, Bd. VII, S. 1836 ff.

131 H. Teltschik, S. 94.

132 Christa Luft, Zwischen WEnde und Ende. Eindrücke, Erlebnisse, Erfahrungen eines Mitglieds der Modrow-Regierung, Berlin 1991, S. 145 f.

133 U. Thaysen, Der Runde Tisch, S. 46. Thaysen räumt die unzulängliche demokratische Legitimation des Zentralen Runden Tischs als dessen Hauptproblem ein.

134 Gespräch mit W. Schwanitz am 24.1.1996.

135 Ch. Luft, S. 147.

136 H. Modrow, Aufbruch, S. 71. Die Formulierung der »Qualität der Arbeit des Runden Tisches« ist eine Schönschreibung dessen zielgerichteter Politik zur Destabilisierung der DDR und zur Entmachtung der SED. Vgl. dazu U. Thaysen/H. M. Kloth, S. 1706 ff.

137 U. Thaysen, Der Runde Tisch, S. 56 ff. Als Zweck des Kampfes gegen das Ministerium für Staatssicherheit benennt U. Thaysen bis Mitte Januar 1990 vielfach die Furcht, »die SED könne sich erholen und ihr faktisches Machtmonopol behaupten.« Einerseits würde diese Ansicht den Schluß zulassen, daß Gysi und der Parteivorstand der SED/PDS überschätzt wurden, andererseits aber kommt in dieser Haltung bereits der feste Wille zum Ausdruck, die DDR zu liquidieren. Vgl. U. Thaysen/H. M. Kloth, S. 1741 ff.

138 M. Wolf, In eigenem Auftrag, S. 324; vgl. Markus Wolf, Die Kunst der Verstellung. Dokumente. Gespräche. Interviews, Berlin 1998, S. 141 f.

139 M. Wolf, In eigenem Auftrag, S. 322.

140 Ebd., S. 327 ff.

141 Int.PArch.PDS, Präsidium, Mappe der Sitzung vom 4.1. und vom 18.1.1990: Präsidiums- In-

formationen vom 4.1.1990, S. 7; vom 11.1.1990, S. 5; vom 17.1.1990, S. 8; dazu: H. Bahr-mann/Ch. Links, Wir sind das Volk, S. 32.

142 Int.PArch.PDS, Präsidium, Mappe der Sitzung vom 11.1.1990; Präsidiums-Information vom 11.1.1990.

143 Wjatscheslaw Kotschemassow, Meine letzte Mission. Fakten/Erinnerungen/Überlegungen, Berlin 1994, S. 203 f.

144 Int.PArch.PDS, Präsidium; die Informationen vom 4. und 11.1.1990. Im Problem, wieweit der »Vereinigungsprozeß« durch Gewalt stimuliert werden solle, reflektierten sich die takti-schen Differenzen zwischen dem State Department mit dem NSC-Stab einerseits sowie der CIA und Vernon Walters andererseits.

145 Gespräch mit H. Mirtschin am 10.6.1997. Die These der PDS von der »friedlichen Revo-lution« (Neues Deutschland vom 12.3.1999, S. 14) halten wir für eine antisolidarische und antihumanistische Sicht. Vgl. Harry Möbis, Von der Hoffnung gefesselt. Zwischen Stoph und Mittag – unter Modrow, Frankfurt/Oder 1999, S. 329. Es war weder eine »Revolution« noch eine »friedliche« Konterrevolution.

146 Gespräch mit G. Wendland am 30.10.1996; dazu: Deutschland-Archiv, Chronik, S. 169 f. und Neues Deutschland vom 6.12.1989.

147 Modrow hat im Gespräch am 20.8.1997 dargelegt, daß die Staatsanwaltschaft und die Ge-richte der DDR der Volkskammer und nicht dem Ministerrat unterstellt waren und damit deren Untersuchungsausschuß gegen Amtsmißbrauch und Korruption, der von Heinrich To-eplitz geleitet wurde. Die Verfolgung und Verhaftung von Politbüromitgliedern wurde von der Staatsanwaltschaft veranlaßt. Gespräch mit Walter Rudelt am 3.3.1999. Besonders fragwürdig war die Verhaftung von Gerhard Schürer, nachdem er aus dem Ministerrat ausgeschieden war. Diese Kampagne zur Kriminalisierung der SED-Führung blieb primär politisch motiviert; in seinen Erinnerungen geht Modrow auf diese Problematik nicht ein. Kohl wertete diese Verhaf-tungen lediglich »als vordergründige Manöver«. Vgl. H. Kohl (Diekmann/Reuth), S. 246.

148 Int.PArch.PDS, Präsidium; vgl. die Informationen vom 4. und 17.1.1990.

149 Gespräch mit H. Modrow am 20.8.1997; vgl. H. Möbis, S. 330.

150 Int.PArch.PDS, Nr. VI 2/1/10: Kundgebung am 3.1.1990 in Berlin-Treptow; ebd., Präsidi-um, Mappe der Sitzung vom 4.1.1990: Präsidiums-Information vom 4.1.1990: In ihr heißt es, Bürger aller Bevölkerungsschichten begrüßen die von der SED/PDS initiierte Demonstration gegen rechts und schließen sich der Forderung an, eine Einheitsfront gegen den drohenden Neofaschismus zu bilden; in der Information vom 11.1.1990 heißt es, daß viele Genossen durch die Kundgebung in Treptow wieder Mut gefaßt hätten, wodurch die Handlungsbereit-schaft der Parteibasis wieder wachse. Anders sah das Gysi (in: G. Gysi/Th. Falkner, S. 113). Er distanzierte sich später von der Kundgebung, weil er »aus dem alten Trott herauskommen wollte« und weiter: »... diese Aspekte der Treptower Veranstaltung waren für die Partei schon eine schlimme Sache.« Vgl. auch H. Kohl (Diekmann/Reuth), S. 246.

151 Int.PArch.PDS, Nr. VI 2/1 Bd. 8, Stenografische Niederschrift der 4. Tagung des Partei-vorstandes der SED/PDS am 20.2.1990, Rede von Gysi, Bl.15.

152 H. Teltschik, S. 100.

153 Am 12.1.1990 mahnte Kotschemassow Walters in einem Gespräch die vereinbarte gewaltlose Vorgesehensweise in der »deutschen Frage« an. Vgl. die Information von Kotschemassow an Modrow über sein Gespräch mit dem Botschafter der USA Vernon Walters am 12.1.1990, bei: D. Nakath/G. Neugebauer/G.-R. Stephan, S. 130 ff.

154 Schreiben von Kohl an Gorbatschow vom 14.12.1989 (Akten des Bundeskanzleramtes, S. 645 ff).

155 W. Kotschemassow, S. 212 f.

156 Vgl. Wjatscheslaw Keworkow, Der geheime Kanal. Moskau, der KGB und die Bonner Ostpolitik, Berlin 1995.

157 H. Teltschik, S. 76.

158 Ebd., S. 100 f. J. Kwizinskij bestreitet in einem Brief an E. Czichon vom 13.5.1996, daß es sich bei diesen Verhandlungen um »symbolische Preise« gehandelt habe. USA-Diplomaten bewerteten die Lebensmittelhilfe als ein Junktim mit der Zustimmung Gorbatschows zur »deutschen Einigung«, weil diese Lebensmittelhilfe von der Bundesregierung mit 220 Mill. DM subventioniert wurde. Vgl. Ph. Zelikow/C. Rice, S. 235.

159 H. Teltschik, S. 101. Welchen politischen Stellenwert der Bundeskanzler dieser Hilfe einräumte, vgl. H. Kohl (Diekmann/Reuth), S. 281.

160 H. Teltschik, S. 105.

161 Volkskammer der Deutschen Demokratischen Republik, 9. Wahlperiode – 14.Tagung –, Donnerstag, den 11.1.1990, Stenografische Niederschrift, S. 361 ff.; vgl. H. Modrow, Aufbruch, S. 72 und H. Bahrmann/Ch. Links, Chronik der Wende 2, Berlin 1995, S. 52 f. Auf der Tagung schieden Gerhard Schürer, Wolfgang Schwanitz, Hans-Joachim Heusinger und Hans Reichelt aus dem Ministerrat aus (ebd., S. 369); die Verfassungsänderung (Drucksache 52) und die Begründung von Christa Luft (S. 370 ff.): Modrow gibt die Auflösung des Amtes für Nationale Sicherheit bekannt (S. 415).

162 Vgl. hierzu H. Modrow, Aufbruch, S. 50 f.; Ch. Luft, S. 85 ff.; dazu vgl. Gespräch mit G. Schürer vom 19.3.1997 und mit H. Modrow am 20.8.1997.

163 Der Spiegel (1995)42, S. 166: »Dem Satz ›Das ist das Ende. Die DDR existiert nicht mehr‹« fügt Attali noch die Bemerkung von Pierre Bérégovoy hinzu: »Und die Europäische Gemeinschaft ist tot. Deutschland wird alles dominieren. Sieht er (Mitterrand, Anm. d. Aut.) das nicht?«

164 F. Mitterrand, S. 127. Zwar bezieht Mitterrand hier die Haltung von Gorbatschow und Margaret Thatcher ein. Zur Haltung von Mitterrand in der DDR vgl. Gespräch mit K.-H. Arnold am 21.4.1997.

165 Int.PArch.PDS, Nr VI 2/1 Bd. 8, Stenografische Mitschrift der 3. Tagung des Parteivorstandes am 6.1.1990, Bl. 169; vgl. Ch. Luft, S. 96. In Bonn war zeitgleich eine Expertenrunde bei Seiters über Wirtschafts- und Währungsfragen der DDR zusammengetreten. Vgl. den Ergebnisvermerk über die Beratung am 9.1.1990 vom Leiter des Referats 421 im Bundeskanzleramt Dr. Horst Westerhoff, in: Akten des Bundeskanzleramtes, S. 691 ff.

166 Ch. Luft, S. 101 ff. Tyll Necker hat wenige Tage später in der Sitzung der CDU/CSU-Fraktion des Bundestages den Vorschlag unterbreitet, bis zum 31.12.1992 eine deutsch-deutsche Wirtschafts- und Währungsunion herzustellen. Vorlage von Johannes Ludewig für Seiters vom 24.1.1990, in: Akten des Bundeskanzleramtes, S. 703 ff.

167 Int.PArch.PDS, Präsidium; vgl. die Informationen vom 4.1.1990, Anlage S. 4; vom 11.1.1990, S. 5; vom 17.1.1990, S. 2.

168 H. Teltschik, S. 106.

169 Ebd., S. 105. Politisch zielte diese Argumentation darauf, ein »vereinigtes Deutschland« in

der NATO zu behalten; in dieser Frage gab es eine einheitliche Strategie von Bush mit Kohl. Vgl. J. Baker, S. 175 f. F. Mitterrand (S. 112.) sah dagegen die bedingungslose Anerkennung einer deutschen Ostgrenze nach dem Status von 1945 als vorrangig an. Gespräch zwischen Kohl und Mitterrand am 4.1.1990 in Latsché, in: Akten des Bundeskanzleramtes, S. 687. Vgl. dazu Niederschrift des Gesprächs von G. Gysi mit F. Falin am 18.5.1990, in: D. Nakath/G. Neugebauer/G.-R. Stephan, S. 194 ff.

170 H. Teltschik, S. 106.

171 F. Mitterrand, S. 88, S. 112 ff. und S. 120 ff.; M. Thatcher, S. 1098 f. Sie berichtet, daß Kohl eine »Grenzdiskussion« vermeiden wollte. Vgl. Hanns Jürgen Küsters, Der Preis für die Einheit, in: FAZ vom 6.7.1998, S. 10. Vgl. Ph. Zelikow/C. Rice, S. 305 ff.

172 H. Modrow, Aufbruch, S. 72 ff.; vgl. hierzu U. Thaysen/H. M. Kloth, S. 1743 ff.

173 Unter den Zeitzeugen, die wir befragten, gab es Differenzen darüber, wieweit der Ministerpräsident der DDR die Verfassung eingehalten hat. Peter-Michael Diestel sieht das so, daß alles was seit dem Herbst 1989 in der DDR geschah, »sowohl in der Modrow-Etappe als in der Etappe, in der ich Verantwortung getragen habe, im hohen Maße der Rechtsordnung der DDR widersprach.« Konkret, Hamburg, Heft 8/1997, S. 3. Modrow sagte, daß er einer solchen Bewertung nicht widersprechen würde. Gespräch mit H. Modrow am 20.8.1997. Vgl. U. Thaysen, Die Verfassungspolitik, in: Materialien der Enquete-Kommission, Bd. VII, S. 1827 ff.

174 H. Modrow, Aufbruch, S. 72 ff. und H. Modrow (H.-D. Schütt), S. 401.

175 Int.PArch.PDS, Präsidium: im Januar 1990 trat das Präsidium der SED/PDS am 4.1. (5. Sitzung), am 11.1. (6. Sitzung), am 13.1. (7. Sitzung) und am 18.1. (8. Sitzung) zusammen.

176 Int.PArch.PDS, Präsidium; Mappe der Sitzung am 4.1.1990; Anlage zur Information der 4.1.1990, S. 3; dazu die Präsidiums-Information vom 17.1.1990.

177 Int.PArch.PDS, Nr. VI 2/1 Bd. 4: Stenografische Niederschrift 3. Sitzung des Parteivorstandes der SED/PDS am 6.1.1990, Bl. 18; die Tagesordnung umfaßte: 1. die Begründung der Wahlkampfplattform durch Gysi, 2. einen Bericht von Wolfgang Pohl über die Vorbereitung des 1. Parteitages sowie 3. Berichte der Kommissionen des Parteivorstandes. Diese Auszüge aus der Rede von Gregor Gysi hat er bisher in seinen Publikationen nicht aufgenommen. Zur 3. Tagung des Parteivorstandes vgl. auch: H. Bortfeldt, Von der SED zur PDS, S. 153 f.

178 Die im Neuen Deutschland vom 20./21.1.1990 veröffentlichten Auszüge von Gysis Rede betrafen das »Sicherheitsmodell 2000«, mit dem er sich offenbar an ähnliche Ideen Gorbatschows anlehnte und das genau so realitätsfern war.

179 Gregor Gysi, Einspruch! Gespräche, Briefe, Reden. Hgg. von Hanno Harnisch und Hannelore Heider, Berlin 1992; Irene Runge/Uwe Stellbrink, Gregor Gysi: Ich bin Opposition, Berlin 1990; Wolfgang Sabbath, Gregor Gysi, Berlin 1993.

180 Int.PArch.PDS, Nr. VI 2/1 Bd. 4, Bl. 150 f. Roland Wötzel wies in seinem Diskussionsbeitrag auf zwei Erscheinungen hin: einmal zeichnen sich in der DDR-Intelligenz vorauseilende Anpassungen an künftige Entwicklungen ab, zum anderen läge die DDR wie ein offenes Buch vor allen westlichen Geheimdiensten (ebd., Bl. 140a), das gleiche Problem hatte Gysi in einem Zwischenruf angesprochen, als er (vgl. Bl. 109) sagte: »Wir sind zum absoluten Tummelplatz westlicher Geheimdienste geworden.«

181 Int.PArch.PDS, Nr. VI 2/1 Bd. 5, Bl. 113.

182 Ebd., Bl. 155.

183 Ebd., Bl. 168 ff.

184 Ebd., Bl. 105a.

185 H. Bahrmann/Ch. Links, Chronik der Wende 2, S. 43; dazu: Int.PArch.PDS, Präsidium, Mappe der Sitzung am 4.1.1990; Präsidiums-Information vom 4.1.1990; vgl. hierzu auch H. Teltschik, S. 113.

186 Int.PArch.PDS, Präsidium, Mappe der Sitzung am 11.1.1990: Präsidiums-Information vom 11.1.1990, S. 4.

187 H. Bahrmann/Ch. Links, Chronik der Wende 2, S. 59 ff.; U. Thaysen, Der Runde Tisch, S. 66 ff.; vgl. den Bericht im Neuen Deutschland vom 16.1.1990 über die 7. Sitzung des Zentralen Runden Tisches; dazu: H. Modrow (H.-D. Schütt), S. 407 ff. Die Hintergründe und die Vorbereitung des »Sturms auf das Ministerium für Staatssicherheit« wären noch zu untersuchen.

188 Stenografische Berichte des Deutschen Bundestages, Sitzung vom 18.1.1990. Plenarprotokoll 11/197. Die Rede, ebd., S. 14508 ff.; vgl. H. Kohl (Diekmann/Reuth), S. 248; H. Teltschik, S. 110. Die von Kohl für seine Aufkündigung der Vertragsgemeinschaft vorgetragene Argumentation war geradezu lächerlich. Vgl. H. Teltschik, S. 108; H. Bahrmann/Ch. Links, Chronik der Wende 2, S. 62. Vgl. die Anm. 127 zu diesem Kapitel.

189 H. Modrow, Aufbruch, S. 170-183 (Vertrag vom 17.1.1990); der Vertragsentwurf der Bundesregierung (vom 18.1.1990) in: Akten des Bundeskanzleramtes, S. 695 ff. Zu Modrows Verständnis der Vertragsgemeinschaft vgl. Anm. 120 zu diesem Kapitel.

190 H. Teltschik, S. 109. Der Vertragsentwurf wurde bereits am 17.1.1990 in der »Morgenlage« im Kanzlerbungalow besprochen.

191 Ebd., S. 110.

192 Ph. Zelikow/C. Rice, S. 237 f. Bonn und Washington waren übereingekommen, daß die Vereinigung schneller vonstatten gehen sollte, dabei hätte eine Vertragsgemeinschaft mit der DDR den »Einigungsprozeß« nur verzögert. Dieser Annahme stimmt uns auch J. Kwizinskij zu (Fax vom 25.6.1997 an E. Czichon). Vgl. dazu den Auszug aus dem Gespräch zwischen Kohl und Walters vom 24.1.1990, in: Akten des Bundeskanzleramtes, S. 699 ff.

193 J. Baker, S. 178.

194 H. Teltschik, S. 110 f.

195 Vgl. Anm. 282 im II. Kapitel.

196 PDS: 2. Parteitag, 2. Tagung (Berlin, 21. bis 23. Juni 1991), Arbeitsmaterial 6: Strukturen, politische Aktivitäten und Motivationen in der PDS (Mitgliederbefragung. Verantwortlich: Dietmar Wittich), Forschungsbericht (Diskussionsfassung), S. 39, Tabelle 13 und S. 40.

197 H. Kohl (Diekmann/Reuth), S. 237.

198 Nachdem sich Ende November die »Plattform WF« (als Aufstandsstab) gegründet hatte, entstand nach dem Außerordentlichen Parteitag der SED am 31.12.1989 die Kommunistische Plattform. Ihr folgte die Bildung eines Sozialdemokratischen Studienkreises und einer Plattform »Demokratischer Sozialismus« an der Karl-Marx-Universität in Leipzig. Michael Brie und Rainer Land gründeten in Berlin schließlich eine Plattform »Dritter Weg« (zum »Dritten Weg« vgl. die Anm. 59 zu diesem Kapitel). Zu den Plattformen vgl. Heinz Albrecht/Peter Zotl, Plattformen in der Partei, in: Neues Deutschland vom 17.1.1990, und- G. Gysi/Th. Falkner, S. 123 f.; Manfred Behrend, Der schwere Weg der Erneuerung, von der SED zur PDS, Berlin 1991, S. 299-310:

199 P. Moreau, S. 70 ff.

200 Int.Part.Archiv.PDS, Präsidium, Mappe der Sitzung am 18.1.1990, an der Sitzung nahmen
teil: Gysi, Modrow, Wolfgang Pohl, Klaus Höpcke, Jochen Willerding, Klaus Steinitz, Marlies
Deneke und Helmar Hegewald, sowie als Gäste neben den Vorsitzenden der Bezirksverbände
u. a. Dieter Klein, Günther Wieland, Katja Niederkirchner und Wolfgang Spickermann.

201 Ebd., Informationen vom 11.1. und vom 17.1.1990.

202 Ebd., H. Bortfeldt, Von der SED zur PDS, S. 159. Zeitzeugen weisen darauf hin, daß diese
»Parteisäuberung« der Gysi-Reformer bei weitem die von Stalin bekannt gewordenen analogen
Maßnahmen in den 30er Jahren übertraf.

203 Int.PArch.PDS, Präsidium, Mappe der Sitzung am 18.1.1990, Anlage zum Nachtrag der Information zum 17.1.1990; vgl. Neues Deutschland vom 18.1.1990, S. 3.

204 G. Gysi/Th. Falkner, S. 125 ff. Die Parteiauflöser griffen auf die Pläne vom Dezember 1989
zurück, eine neue Sozialistische Partei der DDR zu gründen, die von der Plattform WF favorisiert wurde (vgl. Neues Deutschland vom 12.12.1989 und vom 14.12.1989, S. 3).

205 Gespräch mit L. Hertzfeldt am 13.10.1995.

206 G. Gysi/Th. Falkner, S. 125.

207 Ebd., S. 126 f.

208 Gespräch mit H.-J. Willerding am 29.8.1996.

209 R. Land, in: Neues Deutschland vom 23./24.4.1994.

210 Int.PArch.PDS, Präsidium, Mappe der Sitzung am 18.1.1990: Präsidiums-Information vom
17.1.1990, S. 2.

211 Am 19.1.1990 protestierten in Berlin Vertreter der Parteibasis gegen den Putsch-Versuch einiger Plattformen. Vgl. G. Gysi/Th. Falkner, S. 127; H. Bortfeldt, Von der SED zur PDS,
S. 161 f.; P. Moreau, S. 67.

212 Gespräche mit L. Hertzfeldt am 13.10.1995 und mit H.-J. Willerding am 29.8.1996.

213 Neues Deutschland vom 20./21.1.1990; ebd., S. 3: Erklärung des Sprechers des SED/PDS-
Parteivorstandes, Manfred Walters, Über die Situation im Land und in der Partei. Vgl. M.
Behrend, Der schwere Weg, S. 316 ff.

214 Int.PArch.PDS, Präsidium, Mappe der Sitzung vom 25.1.1990; Information für das Präsidium vom 24.1.1990, Zur Lage in der Partei, mit Information des Kontaktbüros der Initiativgruppe PDS, in der herbe Kritik am Parteivorstand geübt wird; er wird vielfach für den
desolaten Zustand der Partei verantwortlich gemacht; dazu: M. Behrend, Der schwere Weg,
S. 326 ff. Gysi geht in seinen autobiographischen Notizen hierauf nicht ein, er berichtet dafür,
wie in diesen Tagen André Brie an seine Tür klopfte, und seine Hilfe anbot. Vgl. G. Gysi, Das
war's, S. 139.

215 Int.PArch.PDS, Nr. VI 2/1 Bd. 8: Stenografische Niederschrift der 4. Tagung des Parteivorstandes der SED/PDS am 20.2.1990, Rede von Gysi, Bl. 6 ff.; dazu vgl. H. Bortfeldt, Von
der SED zur PDS, S. 163 ff.

216 Int.PArch.PDS, Nr. VI 2/1 Bd. 8, Bl. 19. Das Problem scheint uns aber nicht der Zeitfaktor
zu sein, den Gysi hier lediglich vorschiebt. Er sollte lediglich die Unfähigkeit des Präsidiums
zur politischen Analyse verdecken. Ein Zeitzeuge sagte uns bissig: »Zum Nachdenken gehörte
zumindest ein Kopf...«.

217 Int.PArch.PDS, Nr. VI 2/1 Bd. 8, Bl. 37 ff.

218 Ebd., Bl. 42 f. Ihm folgte Roland Claus (Bl. 46 ff.), der eine linkssozialdemokratische Partei als Ziel der Erneuerung wollte und dafür eintrat, darüber eine Entscheidung der Basis herbeizuführen, sowie das Parteieigentum umgehend an den Staat abzugeben; beide Vorschläge kamen aber nicht zur Abstimmung.

219 Int.PArch.PDS, Nr. VI 2/1 Bd. 8, Bl. 53 ff.

220 Ebd., Bl. 65 a.

221 Ebd., Bl. 69 ff.; die Reaktion von Modrow vgl. Bl. 82 ff. In seinen Erinnerungen erwähnt auch Modrow diese Parteivorstandssitzung und sein Verhalten nicht.

222 Int.PArch.PDS, Nr. VI 2/1 Bd. 8, Bl. 99; vgl. H. Bortfeldt, Von der SED zur PDS, S. 164. Roland Wötzel trat am 30.1.1990 nach einem Mißtrauensantrag im PDS-Bezirksvorstand Leipzig zurück. Vgl. P. Moreau, PDS, S. 68.

223 Int.PArch.PDS, Nr. VI 2/1 Bd. 8, Bl. 104 ff.

224 Ebd. (Nach der Mittagspause wurde die Diskussion tonbandtechnisch mitgeschnitten; die Tonbandabschrift hat eine neue Seitennumerierung.) Claus Römer (Bl. 20 ff.) sagte, daß sich die Genossen der Kommunistischen Plattform zurückhaltender äußern sollten, denn das »Komintern-Konzept« habe sich doch nirgends bewährt, »das wollen wir doch einmal eindeutig feststellen«. Er regte an, daß sich die erneuerte Partei eindeutig zur revolutionären Sozialdemokratie bekennen sollte.

225 Ebd., Bl. 68 ff. (Michael Brie sprach nach Bernd Rump, Bl. 55 ff. und Bernd Meier, Bl. 62 ff.) Bereits im Dezember 1989 hatte sich auch André Brie für die Auflösung der SED eingesetzt. Vgl. André Brie, Ich tauche nicht ab. Selbstzeugnisse und Reflexionen, Berlin 1996, 148; auf der S. 156 zitiert A. Brie auch seinen ND-Kommentar vom 20.1.1990.

226 Die Diskussionsrede von Thomas Falkner vgl. Int.PArch.PDS, Nr. VI 2/1 Bd. 8, Niederschrift der Vormittagssitzung, Bl. 53 ff.

227 Ebd., Niederschrift der Nachmittagssitzung, Bl. 73.

228 Ebd., Bl. 95.

229 Int.PArch.PDS, Nr. VI 2/1 Bd. 9, enthält die Beschlußentwürfe; vgl. H. Bortfeldt, Von der SED zur PDS, S. 165; der Wortlaut des Beschlusses in: Neues Deutschland vom 22.1.1990.

230 Neues Deutschland vom 23./24.4.1994.

231 Int.PArch.PDS, Nr. VI 2/1 Bd. 9. Herger berichtet (Gespräch am 14.4.1997), daß Gysi ihn in dem Moment als Mitarbeiter (ohne jede Kündigungsfrist) entlassen hatte, als er vom Runden Tisch geladen worden war.

232 H. Bahrmann/Ch. Links, Chronik der Wende 2, S. 71; S. Prokop schreibt (in: Das SED-Politbüro, S. 30): »Mittlerweile ist bekannt, daß Wolfgang Berghofer in einem Treffen mit Henning Voscherau (SPD-West) und Martin Gutzeit (SPD-Ost) den Übertritt der gesamten Dresdner PDS-Führung zur SPD vereinbart (habe).« Vgl. zu Berghofer H. Modrow (H.-D. Schütt), S. 327, S. 359 und S. 396. Vgl. Wolfgang Berghofer in der Jungen Welt, Berlin, vom 19.4.1990.

233 H. Bortfeldt, Von der SED zur PDS, S. 167 f.; G. Gysi, Das war's, S. 137 ff.

234 Int.PArch.PDS, Bundesschiedskommission, Abschrift des Tonbandprotokolls der Sitzung der

Zentralen Schiedskommission der SED/PDS vom 20. bis 21.1.1990, dazu H. Bortfeldt, Von der SED zur PDS, S. 166; zur Situation dieses Ausschlußverfahrens vgl. Gespräch mit Alfred Neumann am 23.10.1995 (und Tonbandprotokollabschrift, S. 103 ff.) sowie Gespräch mit Kurt Hager am 8.7.1996. Das Tonbandprotokoll ist von der PDS bisher nicht veröffentlicht worden. Es ist nur eine auszugsweise nichtoffizielle Veröffentlichung im »Spiegel« erfolgt, die mit der Tonbandabschrift im wesentlichen identisch ist. Die Verhandlung war von jeder Sachkenntnis ungetrübt. Die von Peter Kirchey (Wandlitz/Waldsiedlung – die geschlossene Gesellschaft, Berlin 1990, S. 73 ff.) veröffentlichten Auszüge sind falsch. Unserer Meinung nach lag eine gewollte Falschinformation der Parteibasis vor.

235 Int.PArch.PDS, Nr. VI 2/1 Bd. 8, Bl. 55.

236 Int.PArch.PDS, Nr. VI 2/2 Bd. 1, Stenografische Mitschrift der Rede von Gysi. Daraus: »Die KPdSU baut auf unsere Partei, baut auf unsere Einigkeit und Pflicht, diesen zweiten revolutionären Aufbruch unseres Volkes mitzugestalten... Aus dieser historischen und weltpolitischen Verantwortung können wir uns einfach nicht entlassen. Und gleichzeitig liegt doch in dieser weltpolitischen Verantwortung ein wichtiger Stützpfeiler und Garant der Perestroika auf deutschem Boden. Die KPdSU ist mit uns.« (Bl. 3); vgl. die veröffentlichte Version in: Neues Deutschland vom 1.2.1990, S. 3.

237 Reinhold Andert/Wolfgang Herzberg, Der Sturz. Honecker im Kreuzverhör, Berlin-Weimar 1990, S. 39; dazu: H. Bahrmann/Ch. Links, Chronik der Wende 2, S. 78 und Neues Deutschland vom 5.12.1990: Die SED ist weg – die PDS ist eine neue Partei. Zeitzeugen fragten, ob Gysi für diese Handlung eine demokratische Vollmacht der Parteibasis besaß; wir meinen, daß Gysi zwar immer über Demokratie spricht, sich aber selbst in der PDS wenig nach demokratischen Regeln richtete.

238 Darauf verwiesen Zeitzeugen, darunter Werner Eberlein und Werner Hübner. Ihnen ist insofern nur zuzustimmen, als sich das politische Fluidum von Gysi in jenen Wochen gewissermaßen als ein Katalysator für die Stabilität der Mitgliedschaft der SED/PDS erwies.

239 Int.PArch.PDS, Nr. VI 2/1 Bd. 11, Stenografische Mitschrift der Rede von Gysi am 4.2.1990 auf der 4. Tagung des SED/PDS-Parteivorstandes, Bl. 28.

Anmerkungen zum Kapitel V

1 Horst Teltschik, 329 Tage. Innenansichten der Einigung, Berlin 1991, S. 112; dazu: Eduard Schewardnadse, Die Zukunft gehört der Freiheit, Berlin 1991, S. 123 ff.

2 Michael R. Beschloss/Strobe Talbott, Auf höchster Ebene. Das Ende des Kalten Krieges und die Geheimdiplomatie der Supermächte (1989-1991), Düsseldorf 1994, S. 317; hierzu: Philip Zelikow/Condoleezza Rice, Sternstunden der Diplomatie. Die deutsche Einheit und das Ende der Spaltung Europas, Berlin 1997, S. 39 f.

3 Vgl. Anm. 188 zum IV. Kapitel.

4 H. Teltschick, S. 113. Wie brisant die Lage in der UdSSR zu diesem Zeitpunkt war, bezeugt der im Kaukasus ausgebrochene Bürgerkrieg (Neues Deutschland vom 20./21.1.1990) und der Artikel von M. Gorbatschow, Es geht um das Schicksal der Perestroika, in: Neues Deutschland vom 7.2.1990, S. 3. Vgl. Rafael Biermann, Zwischen Kreml und Kanzleramt. Wie Moskau mit der deutschen Einheit rang, Paderborn-München 1997, S. 259 ff. In diesen Tagen hatten Boris Jelzin, Gawril Popow und Viktor Afanasjew in der KPdSU eine »Sozialdemokratische Plattform« gebildet.

5   Detlef Nakath/Gerd-Rüdiger Stephan, Countdown zur deutschen Einheit, Berlin 1996,
    S. 278 ff. Die Niederschrift befindet sich im BArchP, DC 20, 4973; Gespräch mit Oskar Fi-
    scher am 11.7.1996 und mit Gerd König am 28.8.1996.

6   Vgl. Anm. 88 zum III. Kapitel. James A. Baker schreibt (in: Drei Jahre, die die Welt verän-
    derten. Erinnerungen, Berlin 1995, S. 176), daß zwischen Sergej Tarassenko und Denis Ross
    (dem Berater Bakers im State Department) ein inoffizieller »Kanal« bestand.

7   Ph. Zelikow/C. Rice, S. 40 f.

8   Gespräch mit O. Fischer am 23.4.1997.

9   Ph. Zelikow/C. Rice, S. 217 f. und 412 f.; dazu: Fax von J. Kwizinskij an E. Czichon vom
    25.6.1997. Kwizinskij: »Ich habe meine Überlegungen zum Entwurf der Rede von Scheward-
    nadse in Brüssel nach Moskau geschickt, und sie sind berücksichtigt worden.« Vgl. auch R.
    Biermann, S. 365 ff. Vgl. Vorlage für Kohl vom 20.12.1989 über die Deutschlandpolitischen
    Passagen von Schewardnadses Rede in Brüssel, in: Akten des Bundeskanzleramtes (vgl. Anm.
    18 zum Vorwort), S. 676 ff.

10 D. Nakath/G.-R. Stephan, Countdown, S. 280.

11 Ebd., S. 281.

12 Ebd., S. 283.

13 Hans Modrow, Aufbruch und Ende, Hamburg 1991, S. 79 ff. und Hans Modrow, Ich wollte
    ein neues Deutschland (Mit Hans-Dieter Schütt), Berlin 1998, S. 410. Modrow sagte vor
    dem Zentralen Runden Tisch: »In meiner Tätigkeit als Ministerpräsident sehe ich mich aus-
    schließlich in meiner Verantwortung gegenüber dem Volk und nicht gegenüber einer Partei.
    Dehalb brauche ich den Rat und – das ist mein Wunsch – die Unterstützung aller Parteien
    und nicht nur einer Partei.« Vgl. Neues Deutschland vom 23.1.1990, S. 1; Uwe Thaysen, Der
    Runde Tisch. Oder: Wo blieb das Volk? Der Weg der DDR in die Demokratie, Opladen 1990,
    S. 80 f.

14 Karl-Heinz Arnold, Die ersten hundert Tage des Hans Modrow, Berlin 1990, S. 75; Gespräch
    mit K.-H. Arnold am 21.4.1997.

15 H. Teltschik, S. 113.

16 Ebd., S. 114. Zum BILD-Interview von N. Portugalow vgl. Gespräch Kohls mit USA-Bot-
    schafter Vernon Walters am 24.1.1990, in: Akten des Bundeskanzleramtes, S. 700.

17 Zum Lebensmittelgeschäft (Anm. 158 zum IV. Kapitel) vgl. Helmut Kohl, Ich wollte Deutsch-
    lands Einheit. Dargestellt von Kai Diekmann und Ralf Georg Reuth, Berlin 1996, S. 281 und
    Schreiben von J. Kwizinskij an E. Czichon vom 22.2.1996.

18 Gespräche mit Gerhard Schürer am 19.3.1997 und Hans Modrow am 20.8.1997. Vgl. Anm.
    147 zum IV. Kapitel.

19 Reinhold Andert/Wolfgang Herzberg, Der Sturz. Honecker im Kreuzverhör, Berlin-Weimar
    1990, S. 43 ff.; dazu das Verhörprotokoll von E. Honecker vom 29.1.1990, in: Iswestija, Mos-
    kau, vom 18.3.1990.

20 H. Teltschik, S. 114 f. Die Gesprächslinie für Seiters für die Verhandlungen mit Modrow be-
    findet sich im BArch, B 136/20576, 221-35014 Ge 33 Bd. 3.

21 H. Teltschik, S. 115; H. Modrow (H.-D. Schütt), S. 41; der DDR-Bericht über das Gespräch
    bei: D. Nakath/G.-R. Stephan, Countdown, S. 284 ff., die BRD-Gesprächsniederschrift von
    C.-J. Duisberg in: Akten des Bundeskanzleramtes, S. 707 ff. Modrow teilt in seinen Erinne-

rungen (S. 411) mit, daß er von der CDU aufgefordert wurde, seine Mitgliedschaft und seine Ämter in der PDS ruhen zu lassen. Er war dieser Aufforderung nachgekommen. Vgl. Anm. 13 zu diesem Kapitel.

22 Akten des Bundeskanzleramtes, S. 709 f. und bei D. Nakath/G.-R. Stephan, Countdown, S. 284 mit unterschiedlicher Akzentuierung, vgl. H. Teltschik, S. 115.

23 Modrow bei Ekkehard Kuhn, Gorbatschow und die deutsche Einheit, Bonn 1993, S. 91 f.; vgl. R. Biermann, S. 385.

24 Wjatscheslaw Kotschemassow, Antwort auf vier Fragen von E. Czichon vom 10.6.97.

25 H. Teltschik, S. 116. Die NATO-Mitgliedschaft des vereinigten Deutschlands war zur »Bush-Doktrin« erhoben worden. Vgl. Henry A. Kissinger, Die sechs Säulen der Weltordnung, Berlin 1994, S. 142 ff.

26 H. Teltschik, S. 115 f.; dazu die Vorlage Teltschiks für Kohl mit einem »Reaktionsvorschlag«, in: Akten des Bundeskanzleramtes, S. 719 f.; vgl. Margaret Thatcher, Downing Street No. 10. Die Erinnerungen, Düsseldorf-Wien-New York-Moskau 1993, S. 1103 f.

27 Valentin Falin, Politische Erinnerungen, München 1993, S. 489 und ders. bei E. Kuhn, Gorbatschow, S. 94.

28 Wjatscheslaw Kotschemassow, Antwort auf vier Fragen vom 10.6.1997.

29 Michail Gorbatschow, Erinnerungen. Berlin 1995, S. 714 ff., ders. »Schön, ich gab die DDR weg«, Interview in: der Spiegel, Hamburg (1995)40, S. 66 ff.; ders., Die Einheit war die Sache der Deutschen, in: FAZ vom 17.3.1998, S. 9; ders. bei E. Kuhn, Gorbatschow, S. 102 f.; Anatoli Tschernajew, Die letzten Jahre einer Weltmacht. Der Kreml von innen, Stuttgart 1993, S. 296 ff.; Georgi. Schachnasarow, Der Preis der Freiheit, Bonn 1996, S. 150 f.; Falin bei E. Kuhn, S. 94. Dazu: Ph. Zelikow/C. Rice, S. 233-235 und R. Biermann, S. 388 ff.

30 A. Tschernajew, S. 297; M. Gorbatschow, Erinnerungen, S. 715.

31 R. Biermann, S. 389. Der Autor bezieht sich auf ein Gespräch mit Tschernajew vom 14.4.1994.

32 J. Kwizinskij an E. Czichon vom 22.2.1996.

33 W. Kotschemassow, Antwort auf vier Fragen vom 10.6.1997; H. Modrow (H.-D. Schütt), S. 413. Modrow vermutet (ebd., S. 414), daß Gorbatschow es auch bewußt unterlassen habe, seinen Botschafter in der DDR zu unterrichten. Werner Grossmann berichtet (Gespräch am 26.1.1998), daß auch die HVA des MfS vom KGB nicht informiert wurde.

34 Ph. Zelikow/C. Rice, S. 232.

35 H. Modrow, Aufbruch, S. 107; Gespräch mit Karl-Heinz Arnold vom 21.4.1997.

36 R. Biermann, S. 389. Schewardnadse hatte das sowjetische Interesse, »Modrow in Kürze zu offiziellen Gesprächen zu empfangen« am 20.1.1990 gegenüber Fischer ohne eine Terminfestlegung ausgesprochen (D. Nakath/G.-R. Stephan, Countdown, S. 283).

37 H. Modrow, Aufbruch, S. 119. Kirill Anatoljewitsch Toropow war, wie das Verzeichnis des in der DDR akkreditierten diplomatischen Korps vom Oktober 1989 (S. 140) ausweist, einer der 1. Sekretäre der Botschaft der UdSSR.

38 Wjatscheslaw Kotschemassow, Meine letzte Mission. Fakten/Erinnerungen/Überlegungen. Berlin 1994, S. 213.

39 H. Modrow bei E. Kuhn, Gorbatschow, S. 102.

40   H. Modrow, Aufbruch, S. 120 ff.; zum Ziel »seiner« politischen Initiative argumentiert Modrow (bei E. Kuhn, Gorbatschow, S. 105): »... mir schien ein richtiger Weg zu sein, daß hier in Gleichheit zwischen beiden Staaten nicht ein Vertrag der Anfang ist, sondern daß der Anfang darin besteht, daß zunächst beide Staaten eine Annäherung zueinander finden ...«.

41   Gespräch mit O. Fischer am 11.7.1996. Vgl. das Interview mit Lothar de Maizière, in: Der Spiegel (1990)6, S. 20. Als Stellvertreter des Ministerpräsidenten war de Maizière von der »Initiative« erst nach der Rückkehr Modrows aus Moskau von ihm informiert worden. Vgl. Manfred Gerlach bei E. Kuhn, Gorbatschow, S. 103.

42   Gespräch mit K.-H. Arnold am 21.4.1997.

43   W. Kotschemassow, Antwort vom 1.7.1998 an E. Czichon auf zwei Fragen.

44   Ph. Zelikow/C. Rice, S. 235: »Der ostdeutschen Führung wurde diese neue politische Linie vermittelt, als Modrow am 30. Januar nach Moskau kam.« Vgl. Foreign Broadcast Information Service, Soviet Union 90-020 30.1.1990, S. 22.

45   Harry Möbis, Von der Hoffnung gefesselt. Zwischen Stoph und Mittag – unter Modrow, Frankfurt/Oder 1999, S. 333 ff.

46   Ebd. Im »Dokument« des Ministerrats werden folgende Kriterien zur Lage der DDR benannt: 1. Die Regierungskoalition erweist sich nach dem Rücktritt der drei CDU-Minister (am 25.1.1990) als instabil; 2. die sozialen Spannungen nehmen zu, es werden Forderungen nach Erhöhungen der Löhne, Gehälter und Renten erhoben, die 3. von der ökonomischen Lage der DDR nicht zu tragen sind, da gleichzeitig Streiks und befristete Arbeitsniederlegungen sowie andere Produktionsausfälle die ökonomische Lage belasten (sie sei besorgniserregend); 4. sich die örtlichen Volksvertretungen auflösen bzw. nur noch beschränkt handlungsfähig sind; 5. die geltenden Rechtsvorschriften gröblichst verletzt werden; 6. die Unruhe in der Nationalen Volksarmee wächst; 7. die starke Ausreisewelle unvermindert anhält; 8. die DDR »einer großen politischen und ökonomischen Einflußnahme durch äußere Kräfte, insbesondere aus der BRD, ausgesetzt« ist und 9. aus den zunehmenden Angriffen auf die SED/PDS eine bedrohliche Lage entstanden ist. Vorgeschlagen wird: 1. In die Regierung der DDR sollten alle am Runden Tisch beteiligten oppositionellen Parteien und Organisationen einbezogen werden; 2. die Mitarbeiter dieser Parteien und Organisationen sollten in die Arbeit des Staatsapparates einbezogen werden und 3. die Beschlüsse des Ministerrats vom 25.1.1990 sind ohne Zeitverzug der Volkskammer zu unterbreiten.

47   R. Biermann (S. 386) bezieht sich auf Gespräche mit Valentin Koptelzew vom 12.10.1993 und mit Igor Maximytschew am 4.4.1994.

48   J. Kwizinskij an E. Czichon vom 22.2.1996.

49   W. Kotschemassow, Antwort vom 1.7.1998.

50   Zur Sitzung des Zentralen Runden Tischs am 28.1.1990 vgl. H. Arnold, Die ersten hundert Tage, S. 76 f. und Gespräch mit K.-H. Arnold am 21.4.1997; H. Modrow (H.-D. Schütt), S. 411 f. und U. Thaysen, Der Runde Tisch, S. 90 ff.; zur Tagung der Volkskammer am 29.1.1990 vgl. Volkskammer der Deutschen Demokratischen Republik, 9. Wahlperiode – 16. Tagung –, Montag, den 29.1.1990, Stenografische Niederschrift, S. 422 (Erklärung von Hans Modrow); vgl. H. Modrow, Aufbruch, S. 82 und H. Teltschik, S. 118. Das von Hans Modrow neu gebildete Kabinett wurde nach seiner Rückkehr aus Moskau von der Volkskammer bestätigt. Volkskammer der Deutschen Demokratischen Republik, 9. Wahlperiode – 17. Tagung –, Montag, den 5.2.1990, Stenografische Niederschrift, S. 454 ff.; vgl. H. Modrow, Aufbruch, S. 82 und H. Modrow (H.-D. Schütt), S. 413; vgl. H. Kohl (Diekmann/Reuth),

S. 250. Der Bundeskanzler bewertete die Regierungserklärung rasch als einen »Offenbarungs-eid«. An diesem Tag werden Kohl zwei Vorlagen vorgelegt: von Teltschik über den Stand der BRD-Beziehungen zur UdSSR (Akten des Bundeskanzleramtes, S. 722 ff.) sowie eine Auf-zeichnung von Peter Hartmann über die Deutschlandpolitik nach den DDR-Wahlen im März 1990 (ebd., S. 727 ff.) in der vorgeschlagen wird, Modrows Vorschläge für eine Vertragsge-meinschaft zu überspringen und eine bundesstaatliche Ordnung anzuvisieren.

51 H. Modrow, Aufbruch, S. 119 f.

52 H. Modrow (H.-D. Schütt), S. 415. König erinnert sich, daß er zu Falin ins ZK der KPdSU gebeten wurde. Anwesend waren u. a. Koptelzew und Portugalow. Falin hat ihm Hinweise zum Text der »Initiative Für Deutschland, einig Vaterland« gegeben, die er Modrow noch mit-teilen sollte. Was auch in einem Telegramm erfolgte. Gespräch mit G. König am 11.11.1998.

53 W. Kotschemassow, Antwort auf vier Fragen vom 10.6.1997.

54 Gespräch mit H.-J. Willerding am 29.8.1996.

55 Gregor Gysi/Thomas Falkner, Sturm aufs Große Haus. Der Untergang der SED, Berlin 1990, S. 140.

56 Schreiben von G. Gysi an H. Marohn vom 2.6.1997. Gysi ergänzt, daß er aber keine Gele-genheit hatte, mit Modrow über diese Idee ausführlich zu sprechen. Gysi meint, daß er sich am Dienstagabend mit Modrow traf, weil dieser am darauffolgenden Donnerstag in Moskau mit Gorbatschow jenes Konzept beraten wollte, das Modrow ihm an diesem Dienstagabend zeigte. Richtig ist, daß Gysi zwei Tage vor der Abreise durch Modrow über seine »Initiative« informiert wurde und das war Sonntagabend.

57 In unserem Gespräch mit Lothar Bisky am 16.10.1995 beschwerte er sich, daß Modrow seine Initiative mit dem Präsidium des Parteivorstandes der SED/PDS nicht abgesprochen hatte. Willerding (Gespräch mit 14.6.1996) bestätigt, daß Gysi kein Präsidiumsmitglied über die ihm bekannten Pläne von Modrow informierte. Erst während der Präsidiumssitzung am 2.2.1990 habe Gysi ihm in der Sitzungspause eingestanden, schon vor der Abreise Modrows informiert gewesen zu sein.

58 G. Gysi/Th. Falkner, S. 128.

59 Schreiben von G. Gysi an H. Marohn vom 2.6.1997.

60 W. Kotschemassow, Antwort auf vier Fragen vom 10.6.1997. Der Text von Kotschemassow wi-derspricht nicht nur den Versuchen Gysis, seine Reisevorbereitung nach Moskau auf eine Ter-minabsprache in der Botschaft zu reduzieren, sondern auch seiner sich selbst bemitleidenden Darstellung in der Märkischen Allgemeinen vom 31.8.1994 und im Neuen Deutschland vom 27.11.1995, in diesem Machtpoker nur eine »kleine Berliner Advokatenseele« gewesen zu sein.

61 Schreiben von G. Gysi an E. Czichon vom 27.1.1998. Gysi schreibt: »Ich hatte natürlich zahl-reiche Gespräche mit dem Botschafter, die auch inhaltlicher Natur waren. Insofern kann man sie auch als längerfristige Vorbereitung auf eine solche Reise betrachten. Konkret vor dieser Reise gab es aber keine inhaltliche Abstimmung, so wie ich das gesagt habe.«

62 Michail Gorbatschow/Vadim Sagladin/Anatoli Tschernajew, Das Neue Denken. Politik im Zeitalter der Globalisierung, München 1997, S. 68 f.

63 Michail Gorbatschow, »Schön, ich gab die DDR weg« (»... ich finde, ich verdiene ein Lob«), in: Der Spiegel, Hamburg (1995)40, S. 66 ff.

64 K.-H. Arnold, Die ersten hundert Tage, S. 96 f.

65 H. Modrow, Aufbruch, S. 120.

66 Niederschrift des Gesprächs von Modrow mit Gorbatschow am 30.1.190, in: D. Nakath/G.-R. Stephan, Countdown, S. 288-298; als Quelle wird angegeben: BArch P, DC 20, I/3-2904, Bl. 44 ff. Ein Protokollführer ist nicht verzeichnet. Vgl. die Interpretation des Gespräches bei R. Biermann, S. 393 ff. Er behauptet, das Wortprotokoll des Gespräches würde sich in »privater Hand« von Gorbatschow und Modrow befinden. Modrow hat das uns gegenüber dementiert. Modrow berichtet ausführlich in Aufbruch, S. 121 ff. und sehr gerafft in seinen Memoiren, S. 415; vgl. weiterhin seine Ausführungen bei E. Kuhn, Gorbatschow, S. 100 f. und in der 26. Sitzung der Enquete-Kommission, (vgl. Anm. 9 zum Vorwort), Materialien Bd. II, S. 449 f.

67 M. Gorbatschow, Erinnerungen, S. 714, vgl. Anm. 170 zu diesem Kapitel.

68 H. Modrow, Aufbruch, S. 121 f.

69 Gespräch mit Hans Modrow am 20.8.1997; H. Modrow, Aufbruch, S. 122 f. Gorbatschow sagte im TV-Gespräch mit Kuhn (S. 102): »Unsere Analyse wurde durch die Erwägungen von Modrow nur bestätigt.«

70 D. Nakath/G.-R. Stephan, Countdown, S. 292; die Darstellung der Unterredung Modrows mit Gorbatschow bei:R. Biermann (S. 396 ff.) ist teilweise spekulativ und verzerrend.

71 D. Nakath/G.-R. Stephan, Countdown, S. 295 f.

72 Ebd., S. 294. Vor der Eppelmann-Kommission (Materialien Bd. II, S. 449 f.) sagte Modrow: »... in der Taktik, die wir in Moskau beraten haben (ergab sich), daß es zu einer persönlichen Initiative geworden ist...« Trotz dieser Interpretation meinen wir, daß der Vorschlag »Für Deutschland, einig Vaterland« exakter als »Falin-Modrow-Plan« bezeichnet werden sollte.

73 H. Teltschik, S. 118 ff.

74 Ebd., S. 121 f.

75 Ebd., S. 122. Am 7. Februar 1990 wird dann der »Kabinettausschuß ›Deutsche Einheit‹ unter Vorsitz des Bundeskanzlers, oder in seiner Vertretung von Seiters als des Chefs des Bundeskanzleramtes, gebildet« (Tischvorlage von Seiters für die Kabinettsitzung zum 7.2.1990); vgl Akten des Bundeskanzleramtes, S. 759.

76 Gespräch mit O. Fischer am 11.7.1996. Peter Florin sagte uns im Gespräch am 6.1.1998, daß Modrow ihm auf seine Fragen hin das Konzept »Für Deutschland, einig Vaterland« schwer erklären konnte.

77 Interview mit Lothar de Maizière in: Der Spiegel, Hamburg (1990) 6, S. 20.

78 Wortlaut der Erklärung bei H. Modrow, Aufbruch, S. 184 ff.

79 Wortlaut der Konzeption »Für Deutschland, einig Vaterland« bei H. Modrow, Aufbruch, S. 186 ff.

80 J. Kwizinskij an E. Czichon am 22.6.1996.

81 H. Teltschik, S. 124.

82 Int.PArch.PDS, Präsidium, Mappe der Sitzung vom 1.2.1990 (das Präsidium tagte ab 13 Uhr bis 20.50 Uhr). Auf der Tagesordnung standen u. a. die Änderung des Namens der Partei als Beschlußvorlage für die zum 4.2.1990 einberufene Tagung des Parteivorstandes, die Ausgabe neuer Mitgliedskarten und die Jahresabrechnung für 1989.

83 Gespräch mit L. Bisky am 16.10.1995.

84   Die Rede von G. Gysi auf der 5. Tagung des Parteivorstandes der SED/PDS in: Int.PArch.
     PDS, Nr. VI 2/1 Bd. 11, Bl. 1-28.

85   Ebd., Nr. VI 2/1 Bd. 4: Stenografische Niederschrift 3. Sitzung des Parteivorstandes der SED/
     PDS am 6.1.1990, Bl. 155.

86   Int.PArch.PDS, Präsidium, Mappe der Sitzung vom 1.2.1990. Die Erklärung des Präsidiums
     war offiziell nicht vorbereitet und entstand während der Sitzung; dazu: das Gespräch mit H.-J.
     Willerding vom 29.8.1996. Vgl. Neues Deutschland vom 2.2.1990; in dieser Ausgabe ist auch
     die Erklärung »Für Deutschland, einig Vaterland« veröffentlicht.

87   Edzard Reuter, Sozialdemokrat und Vorstandsvorsitzender des Daimler-Benz-Konzerns, der in
     seinen Erinnerungen (Schein und Wirklichkeit, Berlin 1998, S. 38) Hans Modrow als einen
     deutschen Patrioten (S. 457) und als einen aufrechten Kommunisten schätzt, kommentiert
     Modrows Zielstellung, daß er dem Staat für den er sich verantwortlich fühlte, während einer
     längeren Übergangszeit ein Mindestmaß an Selbständigkeit sichern wollte und kommt zu dem
     Schluß: »Gegen die Übermacht und die Hemdsärmligkeit, mit denen die Entwicklung über
     ihn hinwegfegte, hatte er keine Chance.«

88   Ph. Zelikow/C. Rice, S. 237 f.

89   H. Modrow, Aufbruch, S. 121 ff.; Markus Wolf, In eigenem Auftrag. Bekenntnisse und Ein-
     sichten, München 1991, S. 24. Lothar de Maizière schreibt (in: Anwalt der Einheit, Berlin
     1996, S. 75), daß Umfragen 53% der Stimmen für die SPD ergeben hätten. Hierzu: Nie-
     derschrift über ein Gespräch von Modrow mit Gorbatschow am 6.3.1990 in Moskau, bei:
     Detlef Nakath/Gero Neugebauer/Gerd.-Rüdiger Stephan, »Im Kreml brennt noch Licht«.
     Die Spitzenkontakte zwischen SED/PDS und KPdSU 1989-1991, Berlin 1998, S. 180. Diese
     Fehlanalyse ging von der überholten Information aus, daß sich die SPD im »wahlstrategi-
     schen Aufwind« und Kohl auf dem Tiefpunkt seiner Karriere befindet Vgl. Karl Rudolf Kor-
     te, Deutschlandpolitik, in Helmut Kohls Kanzlerschaft. Regierungsstil und Entscheidungen
     1982-1989, Stuttgart 1988, S. 464 f.

90   H. Kohl (Diekmann/Reuth), S. 286 f.; H. Teltschik, S. 118.

91   Die »Allianz für Deutschland« wurde offiziell am 5.2.1990 gegründet. Vgl. H. Teltschik,
     S. 129 und L. de Maizière, S. 73 ff.

92   Von den Anfängen. Eine illustrierte Chronik der PDS, 1989-1993 (Otfried Arnold, Frank
     Schumann, Edwin Schwertner u. a.), Berlin 1994, S. 21 f.

93   Int.PArch.PDS, Präsidium, Mappe der Sitzung vom 11.1.1990; beschlossen wurde u. a. eine
     Reise Gysis in die USA vom 29.1. bis zum 2.2.1990. Am Montag den 29.1.1990 kam das
     SED/PDS-Präsidium zu einer außerordentlichen Sitzung zusammen. Zum Punkt 1 der Ta-
     gesordnung wurde das Ergebnis der Gespräche Modrows mit dem Zentralen Runden Tisch
     zur Kenntnis genommen, zum 2. Punkt wurde dann die Reise von Gysi am 2.2.1990 zum
     Generalsekretär des ZK der KPdSU nach Moskau beraten und daher die Reise in die USA
     abgesagt und schließlich wurde zum 4.2.1990 die 5. Tagung des Parteivorstandes einberu-
     fen. Auf ihr sollte Gysi zur aktuellen Situation sprechen, W. Pohl über die Vorbereitung des
     Wahlparteitages, Bisky über den Wahlkampf und Dieter Klein sollte über den Entwurf des
     Parteiprogramms berichten.

94   Schreiben von G. Gysi an H. Marohn vom 2.6.1997.

95   H. Modrow in der Diskussion mit Zeitzeugen auf der 25. Sitzung der Eppelmann-Kommis-
     sion am 26.1.1993, in: Materialien, Bd. II, S. 507; vgl. Günter Schabowski, Der Absturz,
     Berlin 1991, S. 515; vgl. Gespräch mit H. Modrow am 30.8.1995.

96   G. Gysi/Th. Falkner, S. 137.

97   Ebd., S. 143 f. und Gregor Gysi, Das war's. Noch lange nicht! Autobiographische Notizen, Düsseldorf 1995, S. 128 ff.

98   Ebd.

99   Int.PArch.PDS, Präsidium, Mappe der Sitzung vom 8.2.1990: Vorlage Nr. 105/90 von Hans-Joachim Willerding vom 5.2.1990, betrifft Reise des Vorsitzenden der PDS am 2.2.1990 in die UdSSR, Anlage 1: Niederschrift über das Gespräch des Genossen Gregor Gysi mit Genossen Michail Gorbatschow, Generalsekretär des ZK der KPdSU und Vorsitzender des Obersten Sowjets der UdSSR, am 2.2.1990 in Moskau; vgl. die Dokumentation dieses Gespräches bei Gero Neugebauer/Gerd-Rüdiger Stephan, in: Deutschland-Archiv (1997), S. 879-895 (ohne Nachweis der Signatur im Int.P.Archiv.PDS) und bei D. Nakath/G. Neugebauer/G.-R. Stephan, Im Kreml, S. 134 ff.; vgl. R. Biermann, S. 402 f. Das Referat von Gysi auf der Tagung des Parteivorstandes am 4.2.1990 befindet sich in: Int.PArch.PDS, Nr. VI 2/1 Bd. 11, Bl. 1-28.

100 Gespräch mit H.-J. Willerding am 29.8.1996 und Gespräche mit G. König am 28.8.1996 und am 11.11.1998.

101 G. Gysi/Th. Falkner, S. 144.

102 Vgl. Anm. 99 zu diesem Kapitel. Wir folgen der Publikation bei D. Nakath/G. Neugebauer/ G.-R. Stephan, Im Kreml, S. 134 ff.

103 Nicht einmal die von Gerd König vorbereitete Diskussionsrede zur Frage einer deutsch-deutschen Konföderation ist auf dem Parteitag vorgetragen und auch in jenen Wochen nicht publiziert worden. Vgl. Anm. 75 zum IV. Kapitel.

104 Bericht von Bruno Mahlow über Konsultationen im ZK der KPdSU vom 2.-10.2.1990, in: D. Nakath/G. Neugebauer/G.-R. Stephan, Im Kreml, S. 164 ff.

105 Vgl. Anm. 201 zu diesem Kapitel.

106 G. Gysi, Das war's, S. 128 ff.

107 Int.PArch.PDS, Nr. VI 2/1 Bd. 11, Bl. 16 f.

108 G. Gysi, Das war's, S. 130.

109 Int.PArch.PDS, Nr. VI 2/1 Bd. 11, Bl. 8 ff.

110 Ebd., Bl. 11.

111 Ebd., Bl. 15.

112 G. Gysi, Das war's, S. 143.

113 Int.PArch.PDS, Nr. VI 2/1 Bd. 11, Bl. 5.

114 Gespräch zwischen Kohl und Kwizinskij am 2.2.1990, in: Akten des Bundeskanzleramtes, S. 747 f. und ebd., S. 748 das Schreiben Gorbatschows an Kohl vom 2.2.1990.

115 H. Teltschik, S. 124.

116 Neues Deutschland vom 31.1.1990; vgl. H. Kohl (Diekmann/Reuth), S. 253.

117 H. Bortfeldt, Von der SED zur PDS, S. 171.

118 Int.PArch.PDS, Nr. VI 2/1 Bd. 11, Bl. 26. Vgl. Anm. 239 zum IV. Kapitel.

119 Vgl. Anm. 89 zu diesem Kapitel.

120 Wir konnten diese Prozesse nur knapp an einigen parallelen Erscheinungsformen zu den Vorgängen in der DDR andeuten. Die Zerstörungsprozesse in den einzelnen Ländern Osteuropas sind noch detaillierter zu untersuchen; dazu: R. Biermann, S. 264 ff. Zur Frage, warum es wenigstens beim Auslandsaufklärungsdienst der DDR keine Analyse der USA-Politik gab, antwortete uns Werner Grossmann, daß es zwischen der HVA des MfS und dem KGB in dieser Frage eine koordinierte Arbeitsteilung gab und sich die HVA in diesem Problemfeld auf die Informationsanalysen des KGB verließ. Gespräch mit W. Grossmann am 12.2.1998. Falin schreibt: »Die Ereignisse in allen sogenannten sozialistischen Ländern, die UdSSR nicht ausgenommen, vollzogen sich unter aktiver Einflußnahme von außen.« V. Falin, Antwort auf Fragen von E. Czichon vom 4.2.1996.

121 In der Expertise von Bernhard Marquardt, Die Zusammenarbeit zwischen MfS und KGB, für die Eppelmann-Kommission (in: Materialien, Bd. VIII, S. 323) wird die Behauptung aufgestellt, daß die »Gruppe Lutsch« in der CSSR die »Wende« in Prag aktiv unterstützt habe. Zur Lage in der KPTsch vor ihrem außerordentlichen Parteitag am 20./21.12.1989 vgl. den Bericht von Bruno Mahlow vom 20.12.1989 an G. Gysi, in: Int.PArch.PDS, Präsidium, Handmappe Gysi (rote Mappe).

122 Ebd., Präsidiums-Information vom 12.12.1989 (Information zu den jüngsten Entwicklungen in Bulgarien) sowie die Information vom Bruno Mahlow über die aktuelle Lage in Bulgarien vom 20.12.1989; vgl. Todor Shiwkow, Die Geschichte wird das Urteil fällen, Interview in: Neues Deutschland vom 8.9.1997.

123 Vgl. Anm. 59 zum IV. Kapitel. Gregor Gysi (Hg.), Wir brauchen einen dritten Weg, Hamburg 1990; ders., Interview in der Freien Presse vom 22.8.1998, S. 3: »Wir brauchen ein Konzept für einen Dritten Weg. So wird es unterschiedliche Eigentumsformen geben, also auch Kapitalverwertungsinteressen. Sie dürfen aber nicht dominieren.« Analog V. Falin in seinem Interview in der Berliner Zeitung vom 29./30.3.1997, als er nach einer sozial gerechten Gesellschaft befragt wurde, antwortete er: »Wenn unter Sozialismus nicht Antikapitalismus verstanden wird, sondern die Entwicklung und Fortsetzung des Kapitalismus.« Auch Walter Momper sah 1989 den »dritten Weg« als das Zukunftsmodell für die DDR. Vgl. H. Kohl (Diekmann/Reuth), S. 108.

124 Jegor Ligatschow, Zagadka Gorbatschowa, Nowosibirsk 1992, S. 89 f.; Prawda vom 7.2.1990; vgl. Don Oberdorfer, The Turn. From the Cold War to a New Era. The United States and the Soviet Union, 1983-1990, New York 1991, S. 389 ff. Auch Georgi Kornienko, der ehemalige Stellvertreter Gromykos, und Falin forderten, daß Gorbatschow, Schewardnadse und Jakowlew daran gehindert werden müßten, Deutschland den Amerikanern zu überlassen. Nach: M. R. Beschloss/St. Talbott, S. 246; J. Baker, S. 187. Jegor Ligatschow spielt auf das Münchner Abkommen vom 29.9.1938 an, in dem von Hitler, Mussolini, Daladier und Chamberlain über die territoriale Integrität der Tschechoslowakei entschieden wurde, ohne daß sich die mit ihr verbündeten Staaten, Großbritannien und Frankreich, konsultiert hatten. Vgl. Dokumente und Materialien aus der Vorgeschichte des zweiten Weltkrieges 1937-1939, Bd. 1, Moskau 1983, S. 284 ff.

125 Das KPdSU-ZK-Plenum fand vom 5.-7.2.1990 statt. Vgl. M. R. Beschloss/St. Talbott, S. 235 f. Gorbatschow schlug vor, die Verfassung der UdSSR zu ändern und das Präsidentenamt einzuführen. Zur »deutschen Frage« auf dem KPdSU-Plenum vgl. V. Falin, Antwort auf Fragen vom 4.2.1996; R. Biermann, S. 406 ff.

126 H. Teltschik, S. 133.

127 Gespräch Kohl mit Modrow am 3.2.1990 (Niederschrift von Walter Neuer), in: Akten des Bundeskanzleramtes, S. 753 ff.; vgl dazu ebd., S. 749 ff. die Vorlage von Michael Mertes

(Referat 521 im Bundeskanzleramt) über die weiteren Schritte zur deutschen Einheit um einen »heilsamen Entscheidungsdruck« zu erzeugen; H. Modrow, Aufbruch, S. 107 ff.; Karl-Heinz Arnold/Hans Modrow, Von Dresden über Davos nach Bonn, in:Detlef Nakath (Hg.), Deutschlandpolitiker der DDR erinnern sich, Berlin 1995, S. 53 ff.; H. Kohl (Diekmann/ Reuth), S. 257. Kohl schreibt, daß er in Davos den Eindruck hatte, daß Modrow sich die DDR immer noch nicht abgeschrieben habe.

128 Vgl. den Vermerk Nehrings zur WWU mit der DDR vom 6.2.1990, in: Akten des Bundes-kanzleramtes, S. 761, das Konzept Waigels zur WWU: »Währungsunion und Wirtschaftsre-form« vom 7.2.1990, ebd., S. 768 ff. und die Vorlage Seiters vom 5.2. für die Kabinettssitzung am 7.2.1990. ebd., S. 759. Vgl. H. Teltschik, S. 126 und S. 130 ff.

129 Vorlage von Peter Hartmann an Teltschik über das Gespräch mit Philip John Weston am 5.2.1990, in: Akten des Bundeskanzleramtes, S. 760 f.

130 Ph. Zelikow/C. Rice, S. 237 ff.

131 Ebd., S. 240, S. 274 f. und S. 562. vgl. das Ross/Zoellick- Memorandum an Baker »Germany: Game Plan for Two plus Four Powers Talk« vom 30.1.1989; dazu: Elizabeth Pond, Beyond the Wall. Germany's Road to Unification, Washington DC 1993, S. 176 ff. Sowohl Scowcroft als auch Blackwill meinten, daß diese Formel »die Vereinigung nicht in dem von den Deutschen gewählten Tempo« ermöglichen würde. J. Baker (S. 188 f.) gibt die Diskussion von Raymond Seitz und Robert Zoellick mit Hurd über die Relevanz der Umkehrung von Vier-plus-Zwei auf Zwei-plus-Vier wieder. Vgl. H.-D. Genscher, S. 716. Gegen die Formel Zwei-plus-Vier trat Valentin Falin auf (in: Konflikte im Kreml. Zur Vorgeschichte der deutschen Einheit und Auflösung der Sowjetunion, München 1997, S. 161). Er forderte eine Vier-plus-Zwei-Ver-handlungskonzeption und meinte, Gorbatschow habe den politischen Unterschied zwischen beiden Formeln (Zahlenkombinationen) und deren Tragweite nicht einmal verstanden.

132 Ph. Zelikow/C. Rice, S. 243 f. und S. 247 f.; M. R. Beschloss/St. Talbott, S. 249. Teltschik befürchtete noch immer die Möglichkeit einer Achse Thatcher-Mitterrand-Gorbatschow. Vgl. R. Biermann, S. 352 ff.

133 Genscher griff in seiner Rede vor der Evangelischen Akademie in Tutzing formal den Ross-Zoel-lick-Vorschlag auf (Ph. Zelikow/C. Rice, S. 249 f. und Hans-Dietrich Genscher, Erinnerungen, Berlin 1995, S. 713 ff.), um die deutschlandpolitische Initiative nicht allein Kohl zu überlassen (mit dem er seine Rede auch nicht abgestimmt hatte) und um diplomatischen Handlungsspiel-raum gegenüber Gorbatschow zu gewinnen. Er trat zwar für die NATO-Mitgliedschaft des vereinigten Deutschland ein regte aber zugleich Sechsmächteverhandlungen (in einer Zwei-plus-Vier-Version) über die deutsche Vereinigung an, mit der er sich auch durchsetzte.

134 Ph. Zelikow/C. Rice, S. 253 f.; vgl. Manfred Behrend, Ostdeutsche Parteien und Bewegun-gen vor und nach der »Wende« von 1989, in: Hannah Behrend (Hrsg.), Die Abwicklung der DDR. Wende und deutsche Vereinigung von innen gesehen, Köln 1996, S. 66 f. und H. Kohl (Diekmann/Reuth), S. 135 f.

135 Valentin Falin, Konflikte im Kreml. Zur Vorgeschichte der deutschen Einheit und Auflösung der Sowjetunion, München 1997, S. 156 ff. und S. 314 ff.

136 Ebd., S. 160 f.

137 Ph. Zelikow/C. Rice, S. 245 f., vgl. M. R. Beschloss/St. Talbott, S. 234. Bush befürchtete zu die-sem Zeitpunkt noch immer, daß Gorbatschow gestürzt werden könnte. Gorbatschow, so betonte Bush, sei aus der Sicht der USA »wirklich die größte Hoffnung ... ich meine, wir müßten das allergrößte Interesse daran haben, weiterhin mit diesem Mann zu tun zu haben« (ebd., S. 233).

138 Ph. Zelikow/C. Rice, S. 246. Gleichzeitig hatte Bush Gorbatschow angerufen, um einen Be-
    such von Baker zu arrangieren und ihm sein Abrüstungsangebot mündlich mitzuteilen. Vgl.
    M. R. Beschloss/St. Talbott, S. 234 f.

139 Ph. Zelikow/C. Rice, S. 249 ff. und S. 252 f.; vgl. Anm. 133 zu diesem Kapitel.

140 Vgl. Unterredung Teltschiks mit Walters am 4.2.1990, in: Akten des Bundeskanzleramtes,
    S. 756; vgl. Ph. Zelikow/C. Rice, S. 254.

141 Ebd., S. 255 ff.

142 J. Baker 176 ff. und Ph. Zelikow/C. Rice, S. 256 ff. Baker flog über Irland, wo er sich mit Ro-
    land Dumas traf, über Prag (wo er mit Vaclav Havel und Alexander Dubcek zusammenkam)
    nach Moskau. Sein Rückflug führte ihn nach Sofia und Bukarest.

143 J. Baker; S. 180 ff.; Ph. Zelikow/C. Rice, S. 255 ff. und M. R. Beschloss/St. Talbott, S. 236 ff.
    Am Abend des 8.2.1990 war Baker von Schewardnadse zum Abendessen geladen. Nach der
    Unterredung sagte Baker: »Wir gehen kein Risiko ein, wenn wir unser Herz an Gorbatschow
    hängen. Solange es ihn gibt, sollten wir uns auf ihn konzentrieren.« (Ebd., S. 241) Peter Florin
    bezeichnete Schewardnadse als einen Politiker (Gespräch mit 6.1.1998), der die »deutsche
    Teilung« nach 1945 als einen Fehler analysiert hat und bedingungslos bereit war, sie zu über-
    winden.

144 Ph. Zelikow/C. Rice, S. 259 ff. (auf der Grundlage des von Denis Ross geführten Protokolls)
    und J. Baker, S. 183 ff.; die Darstellung von M. R. Beschloss/St. Talbott, S. 241 ff. soll unge-
    nau sein.

145 Ph. Zelikow/C. Rice, S. 259 f.

146 Ebd., S. 262; J. Baker, S. 183.

147 H. Modrow (H.-D. Schütt), S. 416 f.; Gespräch mit H. Modrow am 20.8.1997. Modrow
    sagte, daß er zunächst die Tragweite dessen, was sich in Gorbatschows Denken nach dem
    Gespräch mit Baker verändert hatte, nicht begreifen konnte: Gorbatschow hatte die DDR
    entgegen den zuvor gemeinsam besprochenen politischen Grundsätzen frei gegeben, nichts
    weniger und nichts mehr. Er war den Weg gegangen, vor dem Ligatschow und Falin gewarnt
    hatten. Vgl. Anm. 124 zu diesem Kapitel.

148 V. Falin, Konflikte, S. 162; vgl. H. Modrow (H.-D. Schütt), S. 417.

149 W. Kotschemassow, Antwort auf vier Fragen vom 10.6.1997.

150 M. R. Beschloss/St. Talbott, S. 247; vgl. Alexander Jakowlew, Offener Schluß. Ein Reformer
    zieht Bilanz, Leipzig-Weimar 1991, S. 100 f.

151 Ph. Zelikow/C. Rice, S. 263.

152 Richard Kiessler/Frank Elbe, Der diplomatische Weg zur deutschen Einheit, Frankfurt am
    Main 1996, S. 98. Kohl war über diesen »törichten Ausrutscher« Teltschiks außer sich und
    habe »ihm bald den Kopf abgerissen«.

153 Ph. Zelikow/C. Rice, S. 263 ff.; H. Kohl (Diekmann/Reuth), S. 265 ff. Bush schien sehr be-
    sorgt zu sein, daß Kohl in Moskau auch das »Augenmaß« behielt und erinnerte ihn noch
    einmal an seine Übereinkunft mit Gorbatschow auf Malta. Auszüge aus dem überreichten
    Brief: ebd., S. 268 ff.; der Text, in: Akten aus dem Bundeskanzleramt, S. 784 ff.

154 Ph. Zelikow/C. Rice, S. 264.

155 Zitiert nach: H. Teltschik, S. 137 f.; Wortlaut in: Akten des Bundeskanzleramtes, S. 793 ff.

Vgl. H. Kohl (Diekmann/Reuth), S. 268 f.; J. Baker, S. 184; Ph. Zelikow/C. Rice, S. 266. Die USA-Diplomaten meinen: »Kohl reiste mit einer außergewöhnlichen Garantie der amerikanischen Unterstützung nach Moskau, die nicht deutlicher hätte formuliert werden können.« (ebd., S. 265)

156 H. Kohl (Diekmann/Reuth), S. 281. Das Regierungsabkommen war am 8.2.1990 unterzeichnet worden. Vgl. BGBl 1990 II, 297 (vgl. Anm. 158 zum IV. Kapitel)

157 H. Teltschik, S. 131.

158 Dr. h.c. Horst Teltschik war 1996 Mitglied des Vorstandes der BMW AG mit einem Jahresgrundsalär von ca 2 Mio DM: nach. Vgl. Rüdiger Liedke, Wem gehört die Republik. Ihre Konzerne und ihre Verflechtungen. Namen/Zahlen/Fakten '98, Frankfurt am Main 1997, S. 104. Insofern nehmen wir an, daß er »Deutschland« mit seinen Interessen und denen des deutschen Finanzkapitals verwechselte.

159 In den Akten des Bundeskanzleramtes ausführlich dokumentiert: Gesprächspunktation von Teltschik für Kohl (S. 786 ff.), Gespräch Kohls mit Gorbatschow [anwesend A. Tschernajew und H. Teltschik, zwei Dolmetscher, Dauer von 16.30 Uhr bis 18.30 Uhr] (S. 795-807), Delegationsgespräch [mit den Außenministern, 18.40 Uhr bis 19.15 Uhr (S. 808-811); Falin berichtet, daß Gorbatschow die Niederschrift nicht autorisierte und sie nur Jakowlew zeigte: V. Falin, Konflikte, S. 161; die Presseerklärung Kohls (Akten, S. 812 f.); dazu: H. Teltschik, S. 137-143 (diese Zusammenfassung ist unexakt); H. Kohl (Diekmann/Reuth), S. 270-276; H.-D. Genscher, S. 722 ff.; und: M. Gorbatschow, Erinnerungen, S. 716 f.; sowie: Ph. Zelikow/C. Rice, S. 267 ff. und R. Biermann, S. 408 ff. M. Thatcher beklagte (S. 1105), daß Kohl wieder einmal nach Moskau reiste ohne Absprache mit seinen Verbündeten, was von Teltschik bestätigt wird (H. Teltschik, S. 128). Kohl telefonierte lediglich mit Mitterrand über seine bevorstehende Reise.

160 Akten des Bundeskanzleramtes, S. 797.

161 Ebd., 799.

162 Ebd., 801.

163 H. Kohl, S. 276 beschreibt die Szene: am Tisch des Katharinensaals saßen neben Alexander Jakowlew noch Julij Kwizinskij, Valentin Falin, Alexander Bondarenko und Sergej Kowaljow.

164 H. Teltschik, S. 142.

165 H. Kohl (Diekmann/Reuth), S. 279 f. Kohl hatte nach den Verhandlungen im Kreml mit Genscher einen Bummel über den Moskauer Arbat gemacht. R. Biermann schätzt zu den Entscheidungen in Moskau ein (S. 782), daß Gorbatschow die »großen Entscheidungen persönlich fällte«, Schewardnadse den Weg wies und das Einlenken Gorbatschows im wesentlichen auf den Einfluß Tschernajews zurückging.

166 H. Teltschik, S. 143; H. Kohl (Diekmann/Reuth), S. 282. Die 30 Flaschen Krimsekt hatte der Bundeskanzler am Morgen in Moskau kaufen lassen. Falin bemerkt, daß mit diesem Ergebnis am 10.2.1990 »die Vereinigung Deutschlands« als eine de facto gelöste Aufgabe gelten konnte und Kohl eine Carte blanche erhalten hatte. Vgl. V. Falin, Konflikte, S. 162.

167 R. Kiessler/F. Elbe, S. 98. Die Tageszeitung Neues Deutschland vom 12.2.199 titelte: »Kohl: Der Weg zur Vereinigung ist frei.«

168 Wir halten die Charakterisierung als »Freiheitsrevolution« für treffend, weil im Ergebnis dieser Ereignisse alle Freiheiten für das Kapital und die alten Großgrundbesitzer auf dem ehemaligen DDR-Gebiet wiederhergestellt und Millionen Menschen von ihrem Arbeitsplatz befreit wurden.

169 Neues Deutschland vom 12.3.1999, S. 14. Eine Konterrevolution als eine »Sternstunde der Demokratie« zu interpretieren, bedarf wahrlich intellektueller wie dogmatischer Enge.

170 M. Gorbatschow, Erinnerungen, S. 718. Am 30.1.1990 in dem Gespräch mit Modrow hatte Gorbatschow noch festgestellt, daß er den Eindruck habe, daß sich die Mehrheit in der DDR nach wie vor für den Erhalt ihres Arbeiterstaates einsetze. Die Minderheit scheine jedoch sehr geschickt oder sehr frech zu agieren. In: D. Nakath/G.-R. Stephan, Countdown, S. 289.

171 Das Projekt »open sky« (vgl. Gespräch mit O. Fischer am 23.2.1997) war (nach M. R. Beschloss/St. Talbott, S. 94) von der CIA seit Jahren ausgearbeitet und von Bush im Mai 1989 reaktiviert worden (J Baker, S. 187). Ph. Zelikow/C. Rice, S. 271 ff.; J. Baker, S. 187 ff.; R. Kiessler/F. Elbe, S. 99 ff.; R. Biermann, S. 421 ff.

172 H.-D. Genscher, S. 724 f.

173 R. Kiessler/F. Elbe, S. 99.

174 J. Baker, S. 191.

175 Gespräch mit O. Fischer am 23.4.1997.

176 V. Falin, Konflikte, S. 162.

177 Ebd., S. 163.

178 Gespräch mit O. Fischer am 23.4.1997. Vgl. H.-G. Genscher, S. 727: »Bei dem letzten Gespräch mit Schewardnadse, in dem wir uns bis ins Detail einigten, sagte er, es gebe einen Sechsten, mit dem wir noch nicht gesprochen hätten: Das sei der DDR-Außenminister...«. Zur Rückwirkung dieser Haltung Schewardnadses auf die UdSSR schreibt Falin, daß diese außenpolitisch in eine ausweglose Situation geriet, zumal mit dem Ausfall der DDR der Warschauer Pakt endgültig zerstört war. Vgl. V. Falin, Erinnerungen, S. 491 ff.

179 M. R. Beschloss/St. Talbott, S. 252.

180 Der Text der Vereinbarung bei: H.-D. Genscher, S. 730 und bei: J. Baker, S. 195.

181 Gespräch von Kohl mit Modrow am 13.2.1990 in Bonn, in: Akten des Bundeskanzleramtes, S. 814 ff., Delegationsgespräch Kohls (ebd., S. 821 ff.) Telefongespräch Kohls mit Bush (ebd., S. 826 ff.), Gespräch Seiters mit den Botschaftern der Drei Mächte am 14.2.1990 (ebd., S. 831 ff.). Bericht an den Ministerrat der DDR über den Besuch einer Regierungsdelegation am 13./14.2.1990 in Bonn, bei: D. Nakath/G.-R. Stephan, Countdown, S. 299-311 (nach: BArchP, DC 20, I/3-2904); vgl. Modrow (in: D. Nakath, Deutschlandpolitiker, S. 58 ff.) über den Verlauf des Aufenthaltes in Bonn.

182 Niederschrift über ein Gespräch von Modrow mit Gorbatschow am 6.5.1990 in Moskau, bei: D. Nakath/G. Neugebauer/G.-R. Stephan, S. 179 ff.; vgl. dazu die Gesprächswiedergabe bei H. Modrow (H.-D. Schütt), S. 430 ff. und den Vermerk über das Delegationsgespräch mit Gorbatschow am 6.3.1990, in: D. Nakath/G.-R. Stephan, Countdown, S. 320 ff.

183 In einem Expertengespräch Anfang März im Außenministerium der UdSSR in Moskau (vgl. Vermerk des DDR-Außenministeriums, bei: D. Nakath/G.-R. Stephan, Countdown, S. 318) wurde den DDR-Vertretern gesagt, die Hauptaufgabe der UdSSR sei nunmehr, einen Anschluß der DDR nach Artikel 23 GG zu verhindern. Portugalow teilte Teltschik dann aber am 28.3.1990 in einem Gespräch mit, daß sich die sowjetische Führung darüber im klaren sei, die Anwendung von Art. 23 GG nicht abwehren zu können. Portugalow sagte: »Das sei für sie nicht so tragisch, weil auch damit keine Vereinnahmung durch die Bundesrepublik verbunden sei.« Vgl. Akten des Bundeskanzleramtes, S. 981.

184 Delegationsgespräch Kohl mit Modrow, in: Akten des Bundeskanzleramtes, S. 823. Beil sagte in diesem Gespräch (S. 825) außerdem noch, daß noch bis zum 18.3.1990 Regelungen zu schaffen wären, die den »Prozeß zur sozialen Marktwirtschaft« in der DDR unumkehrbar machen sollen.

185 Niederschrift eines Gesprächs von Gregor Gysi mit Valentin Falin am 18.5.1990 vgl. D. Nakath/G. Neugebauer/G.-R. Stephan, Kreml, S. 190 ff.

186 G. Schachnasarow, S. 151; zum Geschichtsfatalismus vgl. W. I. Lenin, Der ökonomische Inhalt der Volkstümlerrichtung und die Kritik an ihr..., in: Werke (Berliner Ausgabe) Bd. 1, S. 363.

187 Nach dem 18.3.1990 wurde umgehend die Verfassung der DDR geändert, die mit dem Gesetz zur Änderung und Ergänzung der Verfassung der DDR vom 17.6.1990 (GBl der DDR I, Nr. 33, S. 299) einen gewissen Abschluß fand und mit der die Verfassungswirklichkeit gewendet wurde. Vgl. U. Thaysen, Die Verfassungspolitik in der DDR 1989/90, in: Materialien der Enquete-Kommission, Bd. VII/2, S. 1827 ff. Zur kritischen Beurteilung der Koalitionsvereinbarung der Fraktionen der CDU, DSU, dem DA, der Liberalen und der SPD in der Volkskammer vom 12.4.1990 vgl. die Vorlagen von Duisberg und von Nehring an Kohl vom 17.4.1990, in: Akten des Bundeskanzleramtes, S. 1012 ff.

188 H. Teltschik, S. 347. Vgl. im Gespräch Kohls mit Gorbatschow am 10.2.1990, die zitierte Passage zur Anm. 160 zu diesem Kapitel.

189 L. de Maizière, Anwalt der Einheit, S. 209.

190 Ebd., S. 112 ff.

191 H. Modrow am 13.2.1990 in seiner Unterredung mit Kohl, in: Akten des Bundeskanzleramtes, S. 817. Die Behauptung, mit der DDR hätte die Bundesregierung ein »bankrottes Industrieland auf Kredit eingekauft« (Hans-Peter Martin/Harald Schumann, Die Globalisierungsfalle, Reinbek 1996, S. 85) dürfte nicht nur eine Unkenntnis dokumentieren.

192 So die Analyse der US-Diplomaten Ph. Zelikow/C. Rice, S. 363; zu den Krediterwartungen Gorbatschows, ebd., S. 355-360 und M. R. Beschloss/St. Talbott, S. 277 f.; J. Baker, S. 220 ff.

193 Zur Problematik vgl. die Vorlage Teltschiks für Kohl vom 8.5.1990 in: Akten des Bundeskanzleramtes, S. 1096 ff. und (ebd., S. 1114 ff.) das Gespräch Teltschiks mit Gorbatschow am 14.5.1990 in Moskau und Schreiben Kohls an Gorbatschow vom 22.5.1990 (ebd., S. 1136 f.).

194 Gespräch Kohls mit Kwizinskij am 22.3.1990, in: Akten des Bundeskanzleramtes, S. 966. In diesem Gespräch ist die Meinung Kohls brisant, der Botschafter solle seine Meinung »an den Betonköpfen in Moskau« vorbei, direkt an Gorbatschow leiten und nicht den Dienstweg einhalten. Vgl. weiterhin Gespräch Teltschik mit Portugalow am 28.3.1990 (ebd., S. 981 ff.; und Vorlage Teltschiks für Kohl vom 30.5.1990 (ebd., S. 1165 ff.); dazu: Francois Mitterrand, Über Deutschland, Leipzig 1996, S. 112 ff., seine Differenzen mit Kohl in dieser Frage S. 120 ff.; vgl. Hanns Jürgen Küsters, Der Preis für die Einheit, in: FAZ vom 6.7.1998, S. 10.

195 Zur Problemstellung die Vorlage Teltschiks für Kohl vom 23.2.1990, in: Akten des Bundeskanzleramts, S. 970 ff. W. Daschitschew hat in einem BILD-Interview vom 18.3.1990 dümmlich-naiv erklärt: »... wenn das Volk Deutschlands den Wunsch äußert, das Land solle Mitglied der NATO werden, wird sich diesem Wunsch niemand widersetzen können«. Das »Volk Deutschlands« ist danach niemals befragt worden. Vgl. R. Biermann, S. 523 ff. Kohl stand mit seinen deutschlandpolitischen Arbeitsstäben in seinem operativen Entscheidungsverhalten zwischen normativer Kooperation und pragmatischer Dissenz gegenüber seinen Verbündeten und dem BRD-Außenminister. Vgl. K. R. Korte, S. 463 ff.; ebenso Hanns Jürgen

Küsters, Entscheidung für die deutsche Einheit, in: Einleitung zu den Akten des Bundeskanz-
lerkanzleramtes, S. 77. Dazu: Ph. Zelikow/C. Rice, S. 239; vgl. dazu das Gespräch Kohls mit
dem stellvertretenden US-Außenminister Eagleburger am 30.1.1990, in: Akten des Bundeskanzleramtes, S. 739 ff. und ebd., S. 756 ff. Gespräch Seiters mit Walters am 4.2.1990.

196 Ph. Zelikow/C. Rice, S. 375-394; M. R. Beschloss/St. Talbott, S. 285-303; M. Gorbatschow,
Erinnerungen, S. 728 ff., J. Baker, S. 225 ff.; vgl. R. Biermann, S. 496 ff.

197 M. R. Beschloss/St. Talbott, S. 285 und S. 291 f.

198 Zur Litauen-Krise vgl. M. Gorbatschow, Erinnerungen, S. 492 ff.; A. Tschernajew, S. 289 ff.

199 Sowohl Mitterrand als auch das Bundeskanzleramt gingen von der Annahme aus, daß Gor-
batschow diese Zustimmung nicht so schnell geben werde. Vgl. Schreiben von Mitterrand an
Kohl vom 30.5.1990, in: Akten des Bundeskanzleramtes, S. 1164 f. und ebd., S. 1162 ff. die
Vorlage von Hartmann an Kohl vom 30.11.1990 sowie (ebd., S. 1161 f.) das Telefongespräch
Kohls mit Bush am 30.5.1990. Dazu: A. Tschernajew, S. 298;. Ph. Zelikow/C. Rice, S. 390 ff.
und M. R. Beschloss/St. Talbott, S. 301.

200 Ph. Zelikow/C. Rice, S. 387: Telefonat vom 1.6.1990; dazu das Fernschreiben von Bush an
Kohl vom 4.6.1990, in: Akten des Bundeskanzleramtes, S. 1178 ff. und das Delegationsgespräch von Kohl mit Bush an 8.6.1990 in Washington (ebd., S. 1191 ff.).

201 M. R. Beschloss/St. Talbott, S. 294 f. Gysi hatte Gorbatschow schon am 2.2.1990 gebeten, er
möge während seines USA-Aufenthaltes im Juni 1990 den Martin-Luther-King-Friedenspreis
entgegennehmen. Vgl. Anm. 105 zu diesem Kapitel.

202 M. R. Beschloss/St. Talbott, S. 303 ff.; J. Baker, 228; H.-D. Genscher, S. ff. Ph. Zelikow/C.
Rice, S. 391 ff.

203 H. Teltschik, S. 259 f. und S. 261 (Gespräch von de Maizière mit Seiters und Schäuble); vgl.
das Gespräch Wladislaw Terechows (Botschafter der UdSSR in Bonn, der Julij Kwizinskij
abgelöst hatte) mit Teltschik am 22.6.1990, in: Akten des Bundeskanzleramtes, S. 1200 f.; vgl.
dazu Ph. Zelikow/C. Rice, S. 422.

204 Schreiben von Bush an Kohl vom 13.6.1990, in: Akten des Bundeskanzleramtes, S. 1212 f.

205 J. Baker, S. 221; Ph. Zelikow/C. Rice, S. 356; M. R. Beschloss/St. Talbott, S. 278 und S. 313 f.
C. Rice teilt mit, daß in dieser Frage zwischen den USA und der BRD eine gewisse Arbeitsteilung verabredet gewesen sei mit dem Ziel, Gorbatschow zu veranlassen, in der NATO-Frage
nachzugeben.

206 M. R. Beschloss/St. Talbott, S. 314 f.

207 H. Teltschik, S. 234 und S. 254; Ph. Zelikow/C. Rice, S. 358.

208 Schreiben von Gorbatschow an Kohl vom 14.6.1990, in: Akten des Bundeskanzleramtes,
S. 1224 f. Zum 28. Parteitag der KPdSU: Vorlage von Teltschik an Kohl vom 4.7.1990, ebd.,
S. 1297 ff. und R. Biermann S. 665 ff.; Falin schreibt, (Konflikte, S. 188), daß er von der Vor-
bereitung des Treffens mit Kohl in Archys keine Informationen erhielt, da sie direkt zwischen
Teltschik und Tschernajew liefen, und auch nicht über das Außenministerium gingen. Vgl. die
Vorlage von Falin für Gorbatschow zum Treffen mit Kohl (ebd., S. 314 f.).

209 H. Teltschik, S. 316 ff.; Gespräch Kohls mit Gorbatschow am 15.7.1990 in Moskau, (Niederschrift) in: Akten des Bundeskanzleramtes, S. 1340 ff.; Delegationsgespräch, ebd., S. 1352 ff.;
Gespräch in Archys (im erweiterten Kreis) am 16.7.1990, ebd., S. 1355 ff. Vgl. H.-D. Genscher, S. 830 ff. und H. Kohl (Diekmann/Reuth), S. 421 ff. H. Teltschik (S. 338 ff.) berichtet:

»Gorbatschow hat überraschenderweise zugestimmt, daß nach der Einigung Deutschlands Verbände der Bundeswehr auf dem ehemaligen Territorium der DDR und in Berlin stationiert und diese nach Abzug der sowjetischen Truppen in die NATO integriert werden können.« Das gehört schon zur Kohlschen Legendenbildung.

210 V. Falin, Konflikte, S. 188; ders., Erinnerungen, S. 493 ff.

211 H. Kohl (Diekmann/Reuth), S. 468. L. de Maizière schreibt (S. 91), daß die Stationierungs-kosten 5,2 Milliarden DM und die Kosten für Wohnungsbauten für die Sowjetarmee 7,8 Milliarden DM betragen hätten. Hierzu die Notiz des Referatsleiters Westerhof (Bundeskanz-leramt, Referat 421) für Seiters vom 6.9.1990 zum Überleitungsabkommen mit der UdSSR, in: Akten des Bundeskanzleramtes, S. 1526 und ebd., S. 1536 das Finanztableau zum Über-leitungsvertrag als Anlage B zum Schreiben von Horst Köhler (Bundesministerium der Finan-zen) an Kohl vom 9.9.1990 (ebd., S. 1534 und S. 1536).

212 V. Falin, Erinnerungen, S. 495 f.; vgl. das Schreiben von Gorbatschow an Kohl vom 26.9.1990, in: Akten des Bundeskanzleramtes, S. 1550 f.

213 Vgl. Anm. 200 und 202 zu diesem Kapitel. H. Kohl (Diekmann/Reuth), S. 435; dazu: M. R. Beschloss/St. Talbott, S. 315. Gorbatschow sagte nur das, was er am 12.6.1990 vor dem Obersten Sowjet schon bekundet hatte. Tschernajew meint (S. 297 ff.), daß Gorbatschow von vornherein dafür eingetreten war, das vereinigte Deutschland in der NATO zu akzeptieren, »um den Ereignissen nicht hinterher zu laufen«, und er in dieser Frage zeitweilig nur auf seine Kritiker im Politbüro Rücksicht nehmen mußte.

214 H. Teltschik, S. 338 f.

215 Der Spiegel, Hamburg (1990)30, S. 19.

216 Telefongespräch Kohls mit Gorbatschow am 7.9.1990, in: Akten des Bundeskanzleramtes, S. 1527 ff. und ebd., S. 1541 f. Gespräch Teltschiks mit W. Terechow am 15.9.1990.

217 H. Bahrmann/Ch. Links, Chronik der Wende 2, S. 282.

218 Wir haben die einzelnen Phasen und Facetten der Zwei-plus-Vier-Außenminister-Verhand-lungen nicht nachgezeichnet. Vgl. R. Biermann, S. 469 ff.

219 Der Wortlaut des Vertrages in: BGBl II (1990), S. 1318. H.-D. Genscher, S. 873 ff.; H. Telt-schik, S. 363 ff. Ph. Zelikow/C. Rice, S. 491 f. sowie J. Baker, S. 277. Der ›Vertrag über die abschließende Regelung in bezug auf Deutschland‹ wurde 4.3.1991 gegen 19 Stimmen im Obersten Sowjet der UdSSR angenommen. Am 15.3.1991 wurde die sowjetische Ratifikati-onsurkunde in Bonn hinterlegt. Hier sollte an W. Molotow erinnert sein, der Berijas Versuch der Liquidation der DDR als ein defätistisches Unternehmen charakterisierte: »... es hätte bedeutet, auf das zu verzichten, was mit dem Blut unserer Soldaten, mit dem Blut unseres Volkes in dem schweren Kampf gegen den Hitlerfaschismus erreicht worden ist.«

220 H. Teltschik, S. 355. Wolfgang Schäuble, Der Vertrag. Wie ich über die Einheit verhandelte, Bonn 1991; L. de Maizière, Anwalt der Einheit, S. 78.

221 H. Bahrmann/Ch. Links, Chronik der Wende 2, S. 299. 62 Abgeordnete der Volkskammer der DDR (Fraktion der PDS) stimmten gegen den Vertrag.

222 H. Teltschik, S. 267.

223 Zu den alliierten völkerrechtlichen Vorbehalten hinsichtlich der Hoheitsrechte für Deutsch-land (vgl. Anm. 2 zum I. Kapitel) vgl. Rechte und Verantwortlichkeiten der vier Mächte. Die 2+ 4-Gespräche. Dokumente. Berlin–Freiburg i. Br. 1990. Die Regierung der BRD ging vom Konzept eines »neu erworbenen Teilgebiets« und der BRD als »Staatennachfolge des Deut-

schen Reiches« aus, wobei sie bestrebt war, für das »geeinte Deutschland bereits in seiner Entstehung (›in statu nascendi‹), und unabhängig von einer gesamtdeutschen Souveränität, Grundsatzentscheidungen mit Bindungswirkung zu erreichen, »selbst wenn eine völkerrechtliche Verbindlichkeit im eigentlichen Sinne nicht in jedem Fall gegeben ist«. Vgl. Vorlage von Teltschik an Kohl vom 28.2.1990, in: Akten des Bundeskanzleramtes, S. 895. Zu den Verhandlungen über die Suspendierung der Vier-Mächte-Rechte vgl. R. Biermann, S. 712 ff. und Reinhard Müller (Hg.), Rechte und Verantwortlichkeiten der vier Mächte. Die 2+4 Gespräche. Dokumente, Berlin 1990, S. 53 ff.

224 Die Vereinbarung in: BGBl. (1990) II, 885 (Gesetz vom 23.9.1990); zum »Einigungsvertrag« vgl. BGBl. (1990) II, S. 885 ff. und GBL d. DDR I, S. 1627 ff. (Ausgabe Nr. 64 vom 28.9.1990). Als Druck in 2 Bänden erschienen: Baden-Baden 1990. Zur Völkerrechtslage des Beitritts der DDR zur BRD nach Art. 23 GG vgl. Helmut Ridder, Über Deutschlands immerwährender Flucht vor der Geschichte und ihre juristischen Vehikel, in: Wirtschaft und Medienrecht in der offenen Demokratie, Freundesgabe für Friedrich Kübler, hrsg. v. Heinz-Dieter Aßmann, Heidelberg 1997, S. 130 ff., der den »Beitritt« nach Art. 23 GG als eine politische und juristische Legende qualifiziert (vgl. Anm. 4 zum Vorwort). Dagegen die Publikation: Der rasche, sichere und zuverlässige Weg des Verfassungsrechts zur deutschen Einheit, vom Presse- und Informationsamt der Bundesregierung, Bonn (März) 1990. Auch die Historische Kommission der PDS hat nunmehr diese Beitrittslegende übernommen (Neues Deutschland vom 12.3.1999, S. 14).

225 G. Schachnasarow bei E. Kuhn, Gorbatschow, S. 112. Auf die Frage eines Journalisten an den Berliner Maler Walter Womacka, was er unter Verrat empfindet, antwortete Womacka: »Gorbatschow«; in: Neues Deutschland vom 18./19.7.1998, S. 24.

226 H. Teltschik, S. 38. Vgl. H. Kohl (Diekmann/Reuth), S. 284. L. de Maizière teilt (in: Anwalt der Einheit, S. 17) mit, daß – als er in seiner Rede auf dem CDU-Parteitag am 15./16.12.1989 gesagt habe, die CDU müsse sich vom Sozialismus lösen –, daraufhin 3.500 »wichtige« Leute die Partei verlassen hätten. L. de Maizière meint auch (ebd., S. 155), »Wenn ein Ideal untergegangen ist, braucht man nicht alle Ideale wegzuwerfen.«

227 Ebd., S. 87; dazu: H. Kohl (Diekmann/Reuth), S. 453.

228 L. de Maizière, Anwalt der Einheit, S. 220. Er schreibt (S. 91 und S. 103), daß seiner Ansicht nach die Eigentumsverhältnisse in der DDR hätten eingefroren und die Entschädigung zum Prinzip erhoben werden sollen. Doch eine solche Ansicht setzte sich politisch nicht durch. Damit hat dieser Einigungsprozeß »in hohem Maße restaurativen Charakter bekommen«. Zu den Eigentumsfragen vgl. die Information über ein Gespräch von Modrow mit Falin am 24.7.1990 in Moskau, dokumentiert bei D. Nakath/G. Neugebauer/G.-R. Stephan, S. 224 ff., die Vorlage über offene Vermögensfragen vom 11.6.1990, in: Akten des Bundeskanzleramtes, S. 1201 f.

229 L. de Maizière, Anwalt der Einheit, S. 87 und S. 130 ff. Falin informierte Gysi in dem bereits zitierten Gespräch am 18.5.1990 darüber, daß die westlichen Geheimdienste »gut über die Kontakte de Maìzières zu den Sicherheitsorganen in der DDR unterrichtet seien. Solche Informationen lägen (auch) über Ibrahim Böhme ... und einen weiteren Vertreter der heutigen Führung der DDR vor. Er könne aber nicht sagen, ob man auch über Dokumente verfüge. Genosse Gysi bemerkte, der Westen sei sehr erbost darüber, daß man über ihn bisher kein belastendes Materials gefunden habe.« In: Deutschland-Archiv (1997), S. 898; dokumentiert bei D. Nakath/G. Neugebauer/G.-R. Stephan, Kreml, S. 199.

230 L. de Maizière, Anwalt der Einheit, S. 199.

Quellen
Zeitzeugen, Akten, Dokumentationen und Literatur

1. Befragte Zeitzeugen

Arnold, Karl-Heinz – Persönlicher Mitarbeiter des Ministerpräsidenten der DDR Hans Modrow – Gespräch am 21.4.1997.

Beck, Anna – Funktionärin einer Grundorganisation der SED – Manuskript: Tagebuch einer Sozialistin.

Bisky, Prof. Dr. Lothar – Mitglied des Arbeitsausschusses der SED vom Dezember 1989 – Gespräch am 16.10.1995.

Eberlein, Werner – Mitglied des Politbüros des ZK der SED, 1. Sekretär der SED- Bezirksleitung Magdeburg – Gespräche am 12.9.1996 und 30.9.1997.

Falin, Valentin – Mitglied des ZK der KPdSU, Leiter der Internationalen Abteilung des ZK der KPdSU – Antwort auf Fragen vom 4.2.1996.

Fischer, Oskar – Mitglied des ZK der SED, Minister für Auswärtige Angelegenheiten der DDR – Gespräche am 11.7.1996 und 22.2.1997, Gespräch am 2.10.1996.

Florin, Peter – Mitglied des ZK der SED, Mitglied des Staatsrates der DDR – Gespräch am 6.1.1998.

Geggel, Heinz – Mitglied des ZK der SED, Leiter der Abteilung Agitation des ZK der SED – Gespräche am 29.8.1995, 2.10.1996 und 24.2.1997.

Geißler, Otfried – Sektorenleiter in der Abteilung Finanzen des ZK der SED – Gespräch am 10.10.1995.

Großmann, Werner – Leiter der Hauptverwaltung Aufklärung im Ministerium für Staatssicherheit der DDR, Generaloberst – Gespräch am 12.2.1998.

Gysi, Dr. Gregor – Vorsitzender des Rates der Vorsitzenden der Kollegien der Rechtsanwälte in der DDR, Mitglied des Arbeitsausschusses der SED vom Dezember 1989, Vorsitzender der SED/PDS – Schreiben vom 2.6.1997 und 27.1.1998.

Hager, Prof. Dr. h.c. Kurt – Mitglied des Politbüros und Sekretär des ZK der SED – Gespräche am 8.7.1996 und 18.3.1997.

Herger, Dr. Wolfgang – Mitglied des ZK der SED, Leiter der Abteilung Sicherheitsfragen des ZK der SED, seit November 1989 Mitglied des Politbüros des ZK der SED – Gespräche am 4.12.1995, 14.4.1997 und 5.6.1996.

Hertzfeldt, Dr. Lothar – Mitbegründer der Kommunistischen Plattform der SED/PDS – Manuskript: Bezugspunkt Sowjetunion und die Umgestaltung der DDR (Juli 1990). – Gespräch am 13.10.1995.

Herrmann, Frank-Joachim – Mitglied des ZK der SED, Sekretär des Generalsekretärs des ZK der SED Erich Honecker, Staatssekretär – Gespräche am 29.7.1996 und am 22.3.1997.

Hübner, Werner – Sektorenleiter der Abteilung Sicherheitsfragen des ZK der SED, General-leutnant – Gespräche am 13.6.1996 und 13.7.1996.

Keßler, Heinz – Mitglied des Politbüros des ZK der SED, Minister für Nationale Verteidi-gung der DDR, Armeegeneral – Gespräch am 25.4.1997, Schreiben vom 17.1.1998.

König, Gerd – Mitglied des ZK der SED, Botschafter der DDR in der UdSSR – Gespräche am 28.8.1996 und 11.11.198.

Kotschemassow, Wjatscheslaw Iwanowitsch (Moskau) – Mitglied des ZK der KPdSU, Botschaf-ter der UdSSR in der DDR – Antwort auf vier Fragen vom 10.6.1997; Antwort auf Fragen vom 1.7.1998.

Krenz, Egon – Generalsekretär des ZK der SED, Vorsitzender des Staatsrates der DDR, Vor-sitzender des Nationalen Verteidigungsrates der DDR – Gespräche am 23.1.1996 und 1.7.1996.

Kupfer, Harry – Arbeiter im Werk für Fernsehelektronik (WF), Berlin-Köpenick – Gespräch am 20.5.1999.

Kwizinskij, Julij (Moskau) – Mitglied des ZK der KPdSU, Botschafter der UdSSR in der BRD, Stellvertretender Außenminister der UdSSR – Antwort auf Fragen vom 13.5.1996, Schreiben vom 22.6.1996 und Fax vom 25.6.1997.

Mahlow, Bruno – Stellv. Leiter der Abteilung Internationale Verbindungen des ZK der SED – Gespräche am 28.11.1995 und am 5.8.1996.

Maleck-Levy, Eva – Stellv. Leiterin des Arbeitsausschusses der SED vom Dezember 1989 – Telefonat am 2.8.1997.

Martynow, Alexander Iwanowitsch (Moskau) – Sektionsleiter DDR in der Abteilung Verbin-dung mit den sozialistischen Ländern im ZK der KPdSU – Schreiben vom 5.10.1995, 18.2.1996, 30.11.1997, 6.4.1998 sowie Gespräch am 27.2.1998.

Medwedew, Wadim (Moskau, Gorbatschow-Fond) – Mitglied des Politbüros und Sekretär des ZK der KPdSU – Schreiben vom 21.2.1996.

Meyer, Wolfgang – Minister und Pressesprecher der Regierung der DDR – Gespräch am 10.11.1995.

Mebel, Prof. Dr. Moritz – Mitglied des ZK der SED, Vorsitzender des Komitees »Ärzte der DDR zur Verhütung eines Nuklearkrieges« – Gespräch am 5.9.1995.

Mirtschin, Heinz – Mitglied des ZK der SED, Leiter der Abteilung Parteiorgane des ZK der SED – Gespräche am 19.3.1997, 10.6.1997 und 1.7.1997.

Modrow, Dr. Hans – Mitglied des ZK der SED, seit November 1989 Mitglied des Politbüros des ZK der SED, Vorsitzender des Ministerrats der DDR – Gespräche am 30.8.1995 und 1.7.1997 und Schreiben vom 29.8.1996.

Neumann, Alfred – Mitglied des Politbüros des ZK der SED, Erster Stellvertretender Vorsit-zender des Ministerrats der DDR – Gespräch am 23.10.1995.

Postler, Erich – Mitglied des ZK der SED, 1. Sekretär der SED-Bezirksleitung Gera, Mitglied des Arbeitsausschusses der SED vom Dezember 1989 – Gespräch am 6.2.1996 und Schreiben vom 7.2.1997.

Rätz, Kurt – Persönlicher Mitarbeiter von Kurt Hager – Gespräch am 24.4.1997.

Rudelt, Walter – Senator beim Obersten Gericht der DDR – Gespräch am 3.3.1999.

Rausch, Friedhelm – Polizeipräsident von Berlin – Gespräch am 25.12.1995.

Salpius, Bodo – Funktionär einer SED-Kreisleitung – Schreiben vom 2.2.1997.

Schirmer, Gregor – Stellvertr. Leiter der Abteilung Wissenschaft – Gespräch am 30.1.1999.

Schneider, Kurt – Sekretär der Parteiorganisation im ZK der SED – Gespräch am 22.7.1997.

Schwanitz, Dr. Wolfgang – Kandidat des ZK der SED, Stellvertretender Minister für Staatssicherheit der DDR, Minister und Leiter des Amtes für Nationale Sicherheit, Generalleutnant – Gespräch am 24.1.1996 und Gespräch am 9.2.1996 und am 28.1.1998.

Schwertner, Edwin – Leiter des Büros des Politbüros des ZK der SED, Leiter des Büros des Vorsitzenden der SED/PDS Gregor Gysi – Gespräch am 30.3.1995.

Schürer, Dr. h.c. Gerhard – Kandidat des Politbüros des ZK der SED, Stellvertretender Vorsitzender des Ministerrats der DDR, Vorsitzender der Staatlichen Plankommission der DDR – Gespräch am 19.3.1997.

Schulz, Gerd – Mitglied des ZK der SED, Leiter der Abteilung Jugend des ZK der SED, Stellvertretender Vorsitzender der Schiedskommission der SED/PDS – Gespräch am 10.1.1996.

Sieber, Günter – Mitglied des ZK der SED, Leiter der Abteilung Internationale Verbindungen des ZK der SED – Gespräch am 14.12.1995.

Singer, Horst – Stellvertretender Vorsitzender der Gewerkschaft Kunst im FDGB – Gespräch am 14.12.1995.

Streletz, Fritz – Mitglied des ZK der SED, Chef des Hauptstabes der Nationalen Volksarmee, Generaloberst – Gespräch am 25.4.1995.

Wendland, Günter – Kandidat des ZK der SED, Generalstaatsanwalt der DDR – Gespräch am 30.10.1996.

Wessel, Harald – Stellv. Chefredakteur des neuen Deutschland – Schreiben vom 5.2.1998.

Wildenhain, Heinz – Leiter der Abteilung Finanzverwaltung und Parteibetriebe des ZK der SED – Gespräch am 30.5.1996.

Willerding, Hans-Joachim (Jochen) – Mitglied des Politbüros und Sekretär des ZK der SED, Mitglied des Präsidiums des Parteivorstandes der SED/PDS, Leiter der Kommission für Internationale Beziehungen – Gespräche am 14.6., 27.7. und 29.8.1996 und am 11.2.1997.

Zimmermann, Brigitte – Mitglied des Arbeitsausschusses der SED vom Dezember 1989 (Pressesprecherin) – Gespräch am 28.8.1995.

2. Ausgewählte Zeugnisschriften

Achromejew, S. F./Kornienko, G. M.: Glasami marschala i diplomata. Kritischeski wsgljad na wneschnjuju politiku SSSR do i posle 1985 goda. Moskwa 1992.

Aleksandrow-Agentow, A. M.: Ot kollontai do Gorbatschowa. Moskwa 1994.

Arbatow, Georgi: Das System. Ein Leben im Zentrum der Sowjetpolitik. Frankfurt/Main 1993.

Arnold, Karl-Heinz/Modrow, Hans: Von Dresden über Davos nach Bonn. Drei deutsch-deutsche Begegnungen und ihr politisches Umfeld, in: Detlef Nakath, Deutschlandpolitiker der DDR erinnern sich. Berlin 1995, S. 39-60.

Attali, Jacques: Verbatim III, Chronique des années 1988-1991. Paris 1995.

Axen, Hermann: Ich war ein Diener der Partei, Autobiographische Gespräche mit Harald Neubert. Berlin 1996.

Baker, James: Drei Jahre, die die Welt veränderten. Erinnerungen. Berlin 1996.

Beil, Gerhard, Marketing statt Marxisismus, in: Mathiopoulos, Margarita, Das Ende der Bonner Republik. Stuttgart 1993, S. 121-127.

Bobkow, Filipp D.: KGB i vlast', Moskva: »Veteran MP« 1995.

Boldin, W.: Kruschenie p'edestala. Schtrichi portretu M. S. Gorbatschewa. Moskwa 1995.

Brie, André: Ich tauche nicht ab. Selbstzeugnisse und Reflexionen. Berlin 1996.

Brie, André/Brie, Michael/Land, Rainer/Segert, Dieter: Sozialismus am Scheideweg. Fragen an eine neue Konzeption. Berlin 1990.

Bush, George/Scowcroft, Brent: A World Transformed. New York 1998.

Chruschtschow erinnert sich, Herausgegeben von Strobe Talbott. Reinbek 1971.

Corvalan, Luis: Der Zusammenbruch der Sowjetmacht. Berlin 1995.

Datschitschew, Wjatscheslaw: Ot totalitarnoj k demokratitscheskoj politike v nemeckom voprosa, in: Sbonik Rossija i Germaniaja v gody vojna i mira. Moskwa 1995.

Eberlein, Werner: Anhörung vor dem Volkskammerausschuß zur Untersuchung von Korruption und Amtsmißbrauch (am 9.1.1990), in: Volker Klemm, Korruption und Amtsmißbrauch in der DDR. Stuttgart 1991, S. 141-152.

Ders.: Ansichten, Einsichten, Aussichten. Berlin 1994.

Ders.: Programmierte Niederlage, in: ohnMacht. DDR-Funktionäre sagen aus. Hgg. von Brigitte Zimmermann und Hans-Dieter Schütt. Berlin 1992, S. 44-67.

Ehmke, Horst: Mittendrin. Von der Großen Koalition zur Deutschen Einheit. Berlin 1993.

Eichner, Klaus/Dobbert, Andreas: Headquarters Germany. Die USA-Geheimdienste in Deutschland. Berlin 1997.

Elbe, Frank/Kiessler, Richard: Der diplomatische Weg zur deutschen Einheit [Ein runder Tisch mit scharfen Ecken. Baden-Baden: Nomos 1993]. Frankfurt/Main 1996.

Eppelmann, Rainer: Fremd im eigenen Haus. Mein Leben im anderen Deutschland. Köln 1993.

Falin, Valentin: Konflikte im Kreml. Zur Vorgeschichte der deutschen Einheit und Auflösung der Sowjetunion. München 1997.

Ders.: Politische Erinnerungen. München 1993.

Genscher, Hans-Dietrich: Erinnerungen. Berlin 1995.

Ders.: Unterwegs zur Einheit. Reden und Dokumente aus bewegter Zeit. Berlin 1991.

Gerlach, Manfred: Mitverantwortlich. Als Liberaler im SED-Staat. Berlin: Morgenbuch 1991.

Ders.: Für »Generalpardon«, Staatsrat – letztes Kapitel, in: Siegfried Prokop (Hrg.), Die kurze Zeit der Utopie. Die 'zweite DDR' im vergessenen Jahr 1989/90. Berlin 1994, S. 155-165.

Gorbatschow, Michail: Ausgewählte Reden und Aufsätze. Bd. 1-5 (1967-1987). Berlin 1987/1989 [M. S. Gorbatschew, Isbrannye retschi i sta'i, t. 1-5. Moskwa 1987/1988].

Ders.: Erinnerungen. Berlin 1995.

Ders.: Das gemeinsame Haus Europa und die Zukunft der Perestrojka. Mit Beiträgen sowjetischer Wissenschaftler und Politiker. Düsseldorf 1989.

Ders.: Umgestaltung und neues Denken für unser Land und für die ganze Welt. Berlin 1987 [M. S. Gorbatschew, Perestoika i novoe myschlenie dlja naschej strany i dlja vsego mira. Moskwa 1987].

Gorbatschow, Michail/Sagladin, Vadim/Tschernajew, Anatoli: Das neue Denken. Politik im Zeitalter der Globalisierung. München 1997.

Greenwald, G. Jonathan: Berlin Witness. An American Diplomat's Chronicle of East Germany 's Revolution. Pennssylvania 1993.

Gromyko, Andre: Erinnerungen. Stuttgart 1989.

Gysi, Gregor: Das war's. Noch lange nicht. Autobiographische Notizen. Düsseldorf 1995.

Ders.: Freche Sprüche. Berlin 1995.

Ders.: Ich bin Opposition [Irene Runge/Uwe Stelbrink, Zwei Gespräche mit Gregor Gysi]. Berlin 1990.

Ders.: Einspruch. Gespräche – Briefe – Reden. Berlin 1992.

Ders.: Nicht nur freche Sprüche. Berlin 1998.

Gysi, Gregor/Falkner, Thomas: Sturm aufs Große Haus. Berlin 1990.

Hager, Kurt: Aktualität und Lebenskraft des Hauptwerkes von Karl Marx, Vortrag zu den Karl-Marx-Tagen am 4.5.1987. Berlin 1997.

Ders.: Anhörung vor dem Volkskammerausschuß zur Untersuchung von Korruption und Amtsmißbrauch (am 4.1.1990), in: Volker Klemm, Korruption und Amtsmißbrauch in der DDR. Stuttgart 1991, S. 120-133.

Ders.: Erinnerungen. Leipzig 1996.

Henrich, Rolf: Der vormundschaftliche Staat. Mit einem Gespräch zwischen Kurt Masur und Rolf Henrich. Leipzig-Weimar 1990.

Herger, Wolfgang: Im Gespräch, in: Rieker, Ariane/Schwarz, Anett/Schneider, Dirk, Stasi intim, Gespräche mit ehemaligen MfS-Angehörigen. Leipzig: Forum 1990, S. 109-132.

Ders.: Gespräch mit Hans-Hermann Hertle am 5.3.1992, in: Hans-Hermann Hertle, Der Fall der Mauer. Die unbeabsichtigte Selbstauflösung des SED-Staates. Opladen 1996, S. 336-352.

Ders.: Schild und Schwert der Partei, in: Jan Villain, Die Revolution verstößt ihre Väter. Aussagen und Gespräche zum Untergang der DDR. Bern 1990, S. 104-130.

Herger, Wolfgang/Streletz, Fritz: Anhörung vor dem Volkskammerausschuß zur Untersuchung von Korruption und Amtsmißbrauch (am 18.1.1990), in: Volker Klemm, Korruption und Amtsmißbrauch. Stuttgart 1991, S. 177-202.

Herrmann, Frank-Joachim: Der Sekretär des Generalsekretärs. Berlin 1996.

Herrmann, Joachim: Anhörung vor dem Volkskammerausschuß zur Untersuchung von Korruption und Amtsmißbrauch (am 17.1.1990), in: Volker Klemm, Korruption und Amtsmißbrauch. Stuttgart 1991, S. 152-164.

Hörz, Herbert: Monopolisierung der Meinungen, in: ohnMacht. DDR-Funktionäre sagen aus. Hgg. von Brigitte Zimmermann und Hans-Dieter Schütt. Berlin 1992, S. 91-114.

Hoffmann, Hans-Joachim: Haupttätigkeit – Schlimmes verhüten, in: ohnMacht. DDR-Funktionäre sagen aus. Hgg. von Brigitte Zimmermann und Hans-Dieter Schütt. Berlin 1992, S. 115-129.

Honecker, Erich: Auf höchster Stufe. Gespräche. Hg. von Jochen Staadt. Berlin 1995.

Ders.: Aus meinem Leben. Berlin 1980.

Ders.: Der Sturz [Reinold Andert/Wolfgang Herzberg: Erich Honecker im Kreuzverhör]. Berlin-Weimar 1990.

Ders.: Moabiter Notizen. Letztes schriftliches Zeugnis. Berlin 1994.

Ders.: Zu dramatischen Ereignissen. Hamburg 1992.

Honecker/Gorbatschow: Vieraugengespräche. Daniel Küchenmeister (Hg.). Unter Mitarbeit von Gerd-Rüdiger Stephan. Berlin 1993.

Honecker, Margot: Anhörung vor dem Volkskammerausschuß zur Untersuchung von Korruption und Amtsmißbrauch (am 20.12.1989), in: Volker Klemm, Korruption und Amtsmißbrauch. Stuttgart 1991, S. 99-112.

Horn, Gyula: Freiheit, die ich meine. Erinnerungen des ungarischen Außenministers, der den Eisernen Vorhang öffnete. Hamburg 1991.

Jahsnowski, Franz: Eine Kaßler-Frage, in: ohnMacht. DDR-Funktionäre sagen aus. Hgg. von Brigitte Zimmermann und Hans-Dieter Schütt. Berlin 1992, S. 130-143.

Jakowlew, Alexander: Offener Schluß. Ein Reformer zieht Bilanz. Leipzig-Weimar 1992.

Ders.: Muki protschtenija bytija. Perestroika: nadeshda i realnost. Moskwa 1991.

Ders.: Predislowie. Obwal. Posleslowie. Moskwa 1992.

Jaruzelski, Wojciech: Mein Leben für Polen. Erinnerungen. München-Zürich 1992.

Jung, Heinz: Abschied von einer Realität. Zur Niederlage des Sozialismus und zum Abgang der DDR. Ein Politisches Tagebuch (Sommer 1989 bis Herbst 1990). Frankfurt am Main 1990.

Kenntemich, Wolfgang/Durniok, Manfred/Karlauf, Thomas (Hg.): Das war die DDR. Eine Geschichte des anderen Deutschlands. Berlin 1993.

Keßler, Heinz: Zur Sache und zur Person. Erinnerungen. Berlin 1996.

Ders.: Die Sache aufgeben, heißt sich selbst aufgeben. Das geht nicht mit mir. Erklärungen im und zum politischen Prozeß vor dem Berliner Landgericht. Hamburg (1991).

Kohl, Helmut: Ich wollte Deutschlands Einheit [Dargestellt von Kai Diekmann und Ralf Georg Reuth]. Berlin 1996.

Ders.: Reden und Erklärungen zur Deutschlandpolitik Bonn: Presse- und Informationsamt 1990.

Kotschemassow, Wjatscheslaw: Meine letzte Mission. Fakten – Erinnerungen – Überlegungen. Berlin 1994.

Ders.: Moskau interessiert sich nicht mehr für die DDR, in: Moskau News (1993)1, S. 4.

Krenz, Egon: Der 9. November. Unfall oder Logik der Geschichte? In: Siegfried Prokop (Hrg.), Die kurze Zeit der Utopie. Berlin 1994, S. 71-87.

Ders.: Referat auf der 10. Tagung des ZK der SED. 8. November 1989, in: Schritte zur Erneuerung. (Heft 1) Berlin 1989, S. 3-63.

Ders.: Wenn Mauern fallen. Die friedliche Revolution: Vorgeschichte – Ablauf – Auswirkungen. Unter Mitarbeit von Hartmut König und Gunter Rettner. Wien 1990.

Krolikowski, Werner: Handschriftliche Aufzeichnungen vom 16. Januar 1990, in: Peter Przybylski, Tatort Politbüro. Die Akte Honecker. Berlin 1991, S. 321-339.

Kuhn, Ekkehard: Gorbatschow und die deutsche Einheit. Aussagen der wichtigsten russischen und deutschen Beteiligten. Bonn 1993.

Kusmin, Iwan N.: Germanija jedina? Moskva 1993

Kuczynski, Jürgen: Dialog mit meinem Urenkel. Neunzehn Briefe und ein Tagebuch. Berlin 1996.

Ders.: Schwierige Jahre – mit einem besseren Ende? Tagebuchblätter 1987-1989. Berlin 1990.

Ders.: Vom Zickzack der Geschichte. Letzte Gedanken zu Wirtschaft und Kultur seit der Antike. Köln 1996.

Kwizinskij, Julij: Vor dem Sturm. Erinnerungen eines Diplomaten. Berlin 1993.

Lafontaine, Oskar: Deutsche Wahrheiten. Die nationale und die soziale Frage. München 1992.

Land, Rainer: Die real existierende postsozialistische Gesellschaft (Brandenburgische Landeszentrale für politische Bildung); auszugsweiser Abdruck: R. Land, Unvereinbar: Avantgardismus und Modernismus, in: Neues Deutschland vom 23./24.4.1994, S. 10 und ders. in: Neues Deutschland vom 30.4./1.5.1994, S. 10.

Land, Rainer/Kirchner, Lutz (Hrsg.): Sozialismus in der Diskussion 2. Texte zu Politik und Staat. Berlin 1990.

Lauter, Gerhard: Gespräch mit Hans-Hermann Hertle am 24.2..1992, in: Hans-Hermann Hertle, Der Fall der Mauer, Die unbeabsichtigte Selbstauflösung der SED-Staates. Opladen 1996, S. 322-335.

Leonhard, Wolfgang: Spurensuche. 40 Jahre nach 'Die Revolution entläßt ihre Kinder'. Köln 1994.

Ligatschow, Jego: Sagadka Gorbatschowa, Nowosibirsk 1992.

Ders.: Inside Gorbachev's Kremlin. The Memoirs of Yegor Ligachev. New York 1993.

Lorenz, Siegfried: Die Faust leider nur in der Tasche, in: ohnMacht. DDR-Funktionäre sagen aus. Hgg. von Brigitte Zimmermann und Hans-Dieter Schütt. Berlin 1992, S. 144-158.

Luft, Christa: Schocktherapie statt Prophylaxe. DDR und RGW 1989/90. in: Siegfried Prokop (Hrg.), Die kurze Zeit der Utopie. Berlin 1994, S. 111-122.

Dies.: Zwischen WEnde und Ende. Eindrücke, Erlebnisse, Erfahrungen eines Mitglieds der Modrow-Regierung. Berlin 1991.

Dies.: Abbruch oder Aufbruch? Warum der Osten unsere Chance ist. Berlin 1998.

Maleuda, Günther: Entdeckter Parlamentarismus. Die Volkskammer der DDR im Prozeß der »Wende«, in: Siegfried Prokop (Hrg.), Die kurze Zeit der Utopie. Berlin 1994, S. 140-154.

Maizière, Lothar de: Anwalt der Einheit. Ein Gespräch mit Christine de Mazières [Paris]. Berlin 1996.

Matlock, Jack: Autopsy on an Empire. The Americam Ambassador's Account of the Collaps of the Soviet Union. New York 1995.

Maximytschew, Igor: Kruschenije. Rekwijem po GDR. Moskwa 1993.

Ders.: Poslednii god GDR. Moskwa 1993.

Medwedew, W.(adim): Kak on nasrewal w »mirowoj sisteme sozialisma«. Moskwa 1994.

Ders.: W Komande Gorbatschewa. Wsgljad isnutri. Moskwa 1994.

Menge, Marlies: Ohne uns läuft nichts mehr. Die Revolution in der DDR. Vorwort von Christa Wolf. Stuttgart 1990.

Meyer, Wolfgang: Deutsch-deutsche Widersprüchlichkeiten. Aus der Sicht eines DDR-Sprechers, in: Detlef Nakath, Deutschlandpolitiker der DDR erinnern sich. Berlin 1995, S. 61-94.

Mies, Herbert: Fremdbestimmt? Abhängigkeit und Unabhängigkeit der DKP. Mannheim 1995.

Minetti, Hans-Peter: Erinnerungen. Berlin 1997.

Mittag, Günter: Um jeden Preis. Im Spannungsfeld zweier Systeme. Berlin-Weimar 1991.

Mittig, Rudi: Im Gespräch, in: Rieker, A./Schwarz, A./Schneider, D., Stasi intim. Leipzig: 1990, S. 163-194.

Mitterrand, Francois: Über Deutschland. Frankfurt/Main-Leipzig 1996.

Möbis, Harry: Von der Hoffnung gefesselt. Zwischen Stoph und Mittag – unter Modrow. Frankfurt/Oder 1999.

Modrow, Hans: Aufbruch und Ende. Hamburg 1991.

Ders.: (Hg.) Das Große Haus. Insider berichten aus dem ZK der SED. Berlin 1994.

Ders.: (Hg.) Das Große Haus von außen. Erfahrungen im Umgang mit der Machtzentrale in der DDR. Berlin 1996.

Ders.: Ich wollte ein neues Deutschland. Mit Hans-Dieter Schütt. Berlin 1998.

Ders.: Die Perestroika. Wie ich sie sehe. Persönliche Erinnerungen und Analysen eines Jahrzehnts, das die Welt veränderte. Unter Mitarbeit von Bruno Mahlow. Berlin 1998.

Modrow, G.: Wslet i padenie. Moskwa 1993.

Momper, Walter: Grenzfall. Berlin im Brennpunkt der deutschen Geschichte. München 1991.

Mückenberger, Erich: Anhörung vor dem Volkskammerausschuß zur Untersuchung von Korruption und Amtsmißbrauch (am 9.1.1990), in: Volker Klemm, Korruption und Amtsmißbrauch. Stuttgart 1991, S. 133-141.

Müller, Werner: Aktuelle Antworten auf Fragen zur Verfälschung der Geschichte der deutschen Arbeiterbewegung. Berlin 1995.

Neumann, Alfred: Poltergeist im Politbüro. Siegfried Prokop im Gespräch mit Alfred Neumann. Franfurt/Oder 1996.

Nitsche, Rudolf: Das verflixte siebte Jahr. Eine andere Betrachtung des Einigungsprozesses. Schkeuditz 1998.

Poßner, Wilfried: Immer bereit! Parteiauftrag: kämpfen, spielen, fröhlich sein. Berlin 1995.

Reichelt, Hans: Anhörung vor dem Volkskammerausschuß zur Untersuchung von Korruption und Amtsmißbrauch (am 18.1.1990), in: Volker Klemm, Korruption und Amtsmißbrauch. Stuttgart 1991, S. 165-177.

Rüddenklau, Wolfgang: Störenfried. DDR-Opposition 1986-1989. Berlin 1992.

Ryshkow, Nikolaj: Perestrojka: Istorija predatel'stw. Moskwa 1992.

Sagladin, Wadim: Und jetzt Welt-Innenpolitik. Die Außenpolitik der Perestroika. Rosenheim 1990

Schabowski, Günter: Der Absturz. Berlin 1991.

Ders.: Anhörung vor dem Volkskammerausschuß zur Untersuchung von Korruption und Amtsmißbrauch (am 23.1.1990), in: Volker Klemm, Korruption und Amtsmißbrauch. Stuttgart 1991, S. 203-224.

Ders.: Das Politbüro. Ende eines Mythos. Eine Befragung. Reinbek 1990.

Schachnasarow, Georgi: Preis der Freiheit. Eine Bilanz von Gorbatschows Berater. Bonn 1996.

Ders.: Zena swobody. Moskwa 1994.

Schäuble, Wolfgang: Der Vertrag. Wie ich über die Einheit verhandelte. Bonn 1991.

Schewardnadse, Eduard: Der Zukunft gehört die Freiheit. Reinbek 1991.

Ders.: Moy wy bot. V saschtschitu demokratii i swobody, Moskwa 1991.

Schindler, Hans: Deutsch-deutsche Gipfeltreffen. Etappen der Beziehungen zwischen der DDR und der BRD 1981 bis 1990, in: Detlef Nakath, Deutschlandpolitiker der DDR erinnern sich. Berlin 1995, S. 223-248.

Ders.: Deutsche Diplomaten in Deutschland – Fakten und Erinnerungen, in: Detlef Nakath, Deutschlandpolitiker der DDR erinnern sich. Berlin 1995, S. 285-300.

Schmidt, Helmut: Handeln für Deutschland. Wege aus der Krise. Berlin 1993.

Schnitzler, Karl-Eduard von: Provokation. Berlin 1993.

Schorlemmer, Friedrich: Selig sind die Verlierer. Im Gespräch mit Meinhard Schmidt-Degenhard. Zürich 1996.

Ders.: Träume und Alpträume. Einmischungen 1982 bis 1990. Berlin 1990.

Ders.: Worte öffnen Fäuste. Die Rückkehr in ein schwieriges Vaterland. München 1992.

Schröder, Richard: Vom Gebrauch der Freiheit. Stuttgart 1996.

Schürer, Gerhard: Gespräch mit Hans-Hermann Hertle am 21.2.1992, in: Hans-Hermann Hertle, Der Fall der Mauer. Die unbeabsichtigte Selbstauflösung der SED-Staates. Opladen 1996, S. 313-321.

Ders.: Gewagt und verloren. Eine deutsche Biographie. Franfurt/Oder 1996.

Ders.: Die weit verschüttete Demokratie, in: ohnMacht. DDR-Funktionäre sagen aus. Hrsg. von Brigitte Zimmermann und Hans-Dieter Schütt. Berlin 1992, S. 178-189.

Schwanitz, Wolfgang/Mittig, Rudi: Anhörung vor dem Volkskammerausschuß zur Untersuchung von Korruption und Amtsmißbrauch (am 9.1.1990), in: Volker Klemm, Korruption und Amtsmißbrauch. Stuttgart 1991, S. 224-244.

Sieber, Günter: Schwierige Beziehungen, in: Das große Haus. Berlin 1994, S. 71-95.

Ders.: Ustinow tobte, Gorbatschow schwieg, in: ohnMacht. DDR-Funktionäre sagen aus. Hrsg. von Brigitte Zimmermann und Hans-Dieter Schütt. Berlin 1992, S. 217-234.

Semjonow, Waldimir S: Von Stalin bis Gorbatschow. Ein halbes Jahrhundert in diplomatischer Mission (1939-1991). Mit einem Nachwort von Julj Kwizinskij. Berlin 1995.

Sindermann, Horst: Anhörung vor dem Volkskammerausschuß zur Untersuchung von Korruption und Amtsmißbrauch (am 4.1.1990), in: Volker Klemm, Korruption und Amtsmißbrauch. Stuttgart 1991, S. 112-120.

Ders. »Wir sind keine Helden gewesen«. Interview mit Werner Harenberg, in: Der Spiegel. Hamburg (1990)19, S. 53-66.

Stolpe, Manfred: Den Menschen Hoffnung geben. Reden, Aufsätze, Interviews aus zwölf Jahren. Berlin 1991.

Ders.: Schwieriger Aufbruch. Berlin 1992.

Strauß, Franz-Josef: Erinnerungen. Berlin 1989.

Sudoplatow, Pawel A./Sudoplatow, Anatolij: Der Handlanger der Macht. Enthüllungen eines KGB-Generals. Unter Mitarbeit von Jerrold L. und Leona P. Schecter. Düsseldorf 1994.

Thatcher, Margaret: Downing Street No. 10. Die Erinnerungen. Düsseldorf 1993.

Teltschik, Horst: 329 Tage. Innenansichten der Einigung. Berlin 1991.

Toledo, Alfonso Alvarez de: Nachrichten aus einem Land, das niemals existierte. Tagebuch des letzten Spanischen Botschafters in der DDR. Berlin 1992.

Tschernajew, Anatoli: Die letzten Jahre einer Weltmacht. Der Kreml von innen. Stuttgart 1993.

Ders.: Schest let s Gorbatschowym. Po dnewikowym sapisjam. Moskwa 1993.

Uschner, Manfred: Die zweite Etage. Funktionsweise eines Machtapparates. Berlin 1993.

Wagner, Karl-Heinz: Nebenaußenpolitik? Zu den Verhandlungen zwischen SED und SPD aus der Sicht eines Teilnehmers an den Gesprächen, in: Detlef Nakath, Deutschlandpolitiker der DDR erinnern sich. Berlin 1995, S. 249-270.

Walters, Vernon A.: Die Vereinigung war voraussehbar. Hinter den Kulissen eines entscheidenden Jahres. Aufzeichnungen des amerikanischen Botschafters. Berlin 1994.

Wenzel, Siegfried: Plan und Wirklichkeit. Zur DDR-Ökonomie. Dokumentation und Erinnerung. St. Katharinen 1998.

Wolf, Markus: In eigenem Auftrag. Bekenntnisse und Einsichten. München 1991.

Ders.: Po sobstwennomy sadaniju. Moskwa 1992.

Ders.: Spionagechef im geheimen Krieg. Erinnerungen. Düsseldorf-München 1997.

Ders.: Die Troika. Geschichte eines nichtgedrehten Films. Berlin-Weimar 1989.

Ders.: Die Kunst der Verstellung. Dokumente. Gespräche. Interviews. Berlin 1998.

Wünsche, Wolfgang (Hg.): Rührt euch! Zur Geschichte der NVA. Berlin 1998.

Viett, Inge: Nie war ich furchtloser. Autobiographische Notizen. Hamburg 1997.

Dies.: Einsprüche. Briefe aus dem Gefängnis. Hamburg 1996.

Zelikow, Philip/Rice, Condoleezza: Sternstunden der Diplomatie. Die deutsche Einheit und das Ende der Spaltung Europas. Berlin 1997.

Zimmermann, Brigitte: Vergiften geht wirklich leichter, in: ohnMacht. DDR-Funktionäre sagen aus. Hg. von Brigitte Zimmermann und Hans-Dieter Schütt. Berlin 1992, S. 235-258.

3. Akten im Internen Parteiarchiv der PDS

Dokumente des Außerordentlichen Parteitages der SED-PDS

IV 1/1:   AG des Arbeitsausschusses/Berichte/Konsultations- und Informationszentrum.

IV 1/5:   Stenografische Niederschrift der 1. (öffentlichen) Sitzung am 8.12.1989.

IV 1/6:   Stenografische Niederschrift der Fortsetzung der 1. Sitzung vom 9.12.1989.

IV 1/7:   Stenografische Niederschrift der 2. (geschlossenen Nacht-) Sitzung am
             9.12.1989.

IV 1/9:   Stenografische Niederschrift der 3. (öffentlichen) Sitzung am 9.12.1989.

IV 1/11:   Rechenschaftsberichte an den Außerordentlichen Parteitag der SED.

IV 1/12:   Stenografische Niederschrift der 4. (öffentlichen) Sitzung am 16.12.1989.

IV 1/13:   Stenografische Niederschrift der Fortsetzung der 4. Sitzung am 16.12.1989.

IV 1/14:   Stenografische Niederschrift der 5. (geschlossenen) Sitzung am 17.12.1989.

IV 1/15:   Stenografische Niederschrift der 6. (öffentlichen) Sitzung am 17.12.1989.

IV 1/17:   Materialien der Antragskommission, Pressereaktionen, Wahlunterlagen.

Parteivorstandssitzungen der SED-PDS (Stenografische Niederschriften)

IV 2/1/1:   Konstituierende Sitzung am 9.12.1989.

IV 2/1/2:   2. Tagung des Parteivorstandes der SED-PDS am 15.12.1989.

IV 2/1/3-6: 3. Tagung des Parteivorstandes der SED-PDS am 6.1.1990.

IV 2/1/7-9: 4. Tagung des Parteivorstandes der SED-PDS am 20.1.1990.

IV 2/1/10:   Kundgebung am 3.1.1990 in Treptow: Rede von Gregor Gysi.

IV 2/1/11:   5. Tagung des Parteivorstandes der SED-PDS am 4.2.1990.

IV 2/2/1:   Beratung am 26.1.1990 mit den Bezirks- und Kreisorganisationen der
             SED-PDS.

Präsidium des Parteivorstandes der SED/PDS (bzw. der PDS)

Material-Mappen zur 1.-17. Sitzung des Präsidiums (Dezember 1989 bis März 1990)
Informationsmappe für den Vorsitzenden (Gysi) [Rote Mappe].

Akten der Zentralen Schiedskommission der SED/PDS

Stenografische Niederschrift der konstituierenden Sitzung
   der (Zentralen) Schiedskommission der SED-PDS am 9.12.1989.

Abschrift des Tonbandmitschnittes der Sitzung
   der (Zentralen) Schiedskommission der SED-PDS am 20. und 21.12.1990.

Personalakten Alfred Neumann, Heinz Wildenhain, Wilhelm Zaisser.

4. Ausgewählte Dokumentationen

Außerordentlicher Parteitag der SED/PDS. Partei des Demokratischen Sozialismus. 8./9.
   und 16./17. Dezember 1989. Materialien. Berlin 1990.

Behrend, Manfred/Meier, Helmut (Hg.): Der schwere Weg der Erneuerung. Von der SED
   zur PDS. Eine Dokumentation. Berlin 1991.

Bundesministerium des Innern (Hg.): Deutsche Einheit. Dokumente zur Deutschland-politik. Sonderedition aus den Akten des Bundeskanzleramtes 1989/90. Bearbeitet von Hanns Jürgen Küsters und Daniel Hofmann. München 1998.

Bundespresse- und Informationsamt (Hg.): Die Vereinigung Deutschlands im Jahre 1990. Verträge, Vereinbarungen und Erklärungen. Bonn 1991.

Bundespresse- und Informationsamt (Hg.): Dokumentation 1989/90 zur Deutschen Einheit (13 Bde.). Bonn 1991.

Bundespresse- und Informationsamt (Hg.): Kohl, Helmut: Bilanzen und Perspektiven. Regierungspolitik 1989-1991. Bonn 1992.

Bundespresse- und Informationsamt (Hg.): Bundeskanzler Helmut Kohl: Reden und Er-klärungen zur Deutschlandpolitik. Bonn 1990.

Bundespresse- und Informationsamt (Hg.): Nationale Solidarität mit den Menschen in der DDR. Bonn 1990.

Dahn, Daniela/Kopka, Fritz-Jochen (Red.): Report der unabhängigen Untersuchungs-kommission zu den Ereignissen vom 7./8. Oktober 1989 in Berlin (»Und diese ver-dammte Ohnmacht«). Berlin 1991.

Einigungsvertrag (Band 1: Einigungsvertrag; Band 2: Erläuterungen zum Einigungsvertrag). Sonderdruck aus der Sammlung: das Deutsche Bundesrecht. Baden-Baden 1990.

Gorbatschow, Michail (Hg.): Gipfelgespräche. Geheime Protokolle aus meiner Amtszeit. Berlin 1993.

Grosser, Dieter/Bierling, Stephan/Neuss, Beate: Bundesrepublik und DDR 1969-1990. Stuttgart 1996.

Hertle, Hans-Hermann/Stephan, Gerd-Rüdiger (Hg.): Das Ende der SED. Die letzten Tage des Zentralkomitees. Berlin 1997.

Klemm, Volker: Korruption und Amtsmißbrauch in der DDR. Stuttgart 1991.

Küchenmeister, Daniel: Honecker – Gorbatschow. Vieraugengespräche. Berlin 1993.

Materialien der Enquete-Kommission »Aufarbeitung von Geschichte und Folgen der SED-Diktatur in Deutschland« (12. Wahlperiode des Deutschen Bundestages). Herausgege-ben vom Deutschen Bundestag, Bd. I–IX [in 18 Teilbänden]. Frankfurt/Main 1995.

Mitter, Armin/Wolle, Stefan (Hg.): Befehle und Lageberichte des MfS Januar–November 1989 (»Ich liebe euch doch alle...«). Berlin 1990.

Nakath, Detlef/Stephan, Gerd-Rüdiger (Hg.): Countdown zur deutschen Einheit. Eine dokumentierte Geschichte der deutsch-deutschen Beziehungen 1987-1990. Berlin 1996.

Nakath, Detlef/Neugebauer, Gero/Stephan, Gerd-Rüdiger (Hg.): »Im Kreml brennt noch Licht«. Die Spitzenkontakte zwischen der SED/PDS und KPdSU 1989-1991. Berlin 1998.

Protokoll der 10. Tagung des Zentralkomitees der SED, 8.-10.11.1989. Hgg. vom Büro des Politbüros, Teil I-III. Berlin 1989.

Stephan, Gerd-Rüdiger (Hg.): »Vorwärts immer, rückwärts nimmer!« Interne Dokumente zum Zerfall von SED und DDR 1988/89. Berlin 1994.

Tagungen des ZK der SED:

7. Tagung des ZK der SED (1./2.12.1988):

Heft 1: Mit dem Blick auf den XII. Parteitag die Aufgaben der Gegenwart lösen. Aus dem Bericht des Politbüros an das Zentralkomitee der SED. Berichterstatter: Erich Honecker.

Heft 2: Aus den Diskussionsreden. Berlin 1988.

8. Tagung des ZK der SED (22./23.6.1989):

Heft 1: Aus dem Bericht des Politbüros an das Zentralkomitee der SED. Berichterstatter: Joachim Herrmann.

Heft 2: Aus den Diskussionsreden. Berlin 1989.

10. Tagung des ZK der SED (8.-10.11.1989): Schritte zur Erneuerung.

Heft 1: Egon Krenz, Referat auf der 10. Tagung des ZK der SED/Aktionsprogramm/Diskussionsreden.

Heft 2: Schriftlich eingereichte Diskussionsbeiträge. Berlin 1989.

Temperamente. Blätter für junge Literatur: Oktober 1989. Texte. Berlin (1990)1.

Verfassung der Deutschen Demokratischen Republik. Vom 6.4.1968 in der Fassung des Gesetzes zur Ergänzung und Änderung der Verfassung vom 7.10.1974. Berlin 1974.

5. Video- und Tondokumente

Fernsehen der DDR: Internationale Pressekonferenz am 9.11.1989 [Video-Mitschnitt].

ARD: Der Maueröffner (Sendung vom 6.10.1996) [Video- Mitschnitt].

Bayerisches Fernsehen: Auf höchster Ebene. Dokumentation von Michael R. Beschloss und Stefan Talbott [Video-Mitschnitt].

Deutschlandfunk: Sendung vom 8.11.1997 »Götterdämmerung im Zentralkomitee. Tonprotokolle aus den letzten Sitzungen des ZK der SED« (Auszüge) [CD-Überspielung].

6. Ausgewählte Literatur

Albrecht, Ulrich: Die Abwicklung der DDR. Opladen 1992.

Badstübner, Olaf: 25 Thesen zum Scheitern des Frühsozialismus. Chemnitz 1992.

Bahrmann, Hannes/Links, Chrstopher: Wir sind das Volk. Die DDR zwischen 7. Oktober und 17. Dezember 1989. Berlin-Weimar 1990.

Dies.: Chronik der Wende 2. Stationen der Einheit. Die letzten Monate der DDR. Berlin 1995.

Behrend, Hanna (Hg.): Die Abwicklung der DDR. Wende und deutsche Vereinigung von innen gesehen. Köln 1996.

Beschloss, Michael R./Talbott, Strobe: Auf höchster Ebene. Das Ende des Kalten Krieges und die Geheimdiplomatie der Supermächte 1989-1991. Düsseldorf 1994.

Beyme, Klaus: Systemwechsel in Osteuropa. Frankfurt am Main 1994.

Biermann, Rafael: Zwischen Kreml und Kanzleramt. Wie Moskau mit der deutschen Einheit rang. Paderbon 1995.

Bisky, Lothar/Czerny, Jochen/Mayer, Herbert/Schumann, Michael (Hg.): Die PDS – Herkunft und Selbstverständnis. Eine politisch-historische Debatte. Berlin 1996.

Blumenwitz, Dieter: Die Überwindung der deutschen Teilung und die vier Mächte. Berlin 1990.

Brie, Michael/Herzig, Martin/Koch, Thomas (Hg.): Die PDS. Empirische Befunde & kontroverse Analysen. Köln 1995.

Bortfeldt, Heinrich: Von der SED zur PDS. Bonn 1991.

Ders.: Washington – Bonn – Berlin. Die USA und die deutsche Einheit. Bonn 1993.

Brahm, Heinz: Sowjetpolitik unter Gorbatschow. Berlin 1991.

Ditfurth, Christian v.: Ostalgie oder linke Alternative. Meine Reise durch die PDS. Köln 1998.

Dornheim, A.: Politischer Umbruch in Erfurt 1989/90. Weimar 1995.

Dümcke, Wolfgang/Vilmar, Fritz (Hrsg.): Kolonialisierung der DDR. Kritische Analysen und Alternativen des Einigungsprozesses. Münster 1996.

Eichner, Klaus/Dobbert, Andreas: Headquarters Germany. Die USA-Geheimdienste in Deutschland. Berlin 1997.

Elvert, Jürgen/Salewski, Michael: Der Umbruch in Osteuropa. Stuttgart 1993.

Fischer, Gerhard/Krusch, Hans-Joachim/Modrow, Hans/Richter, Wolfgang/Steigerwald, Robert (Hrsg.): Gegen den Zeitgeist. Zwei deutsche Staaten in der Geschichte. Schkeuditz 1999.

Forster, Peter/Rosli, Günter: DDR zwischen Wende und Wahl. Meinungsforscher analysieren den Umbruch. Berlin 1990.

Fritsch-Bournazel, Renata: Europe and German Unification. New York-Oxford 1992.

Gedmin, Jeffrey: The Hidden Hand. Gorbacev and the Collaps of Eastern Europe. Washington D.C. 1992.

Gerner, Manfred: Partei ohne Zukunft? Von der SED zur PDS. München 1994.

Glaeßner, Gert-Joachim: Der schwierige Weg zur Demokratie. Vom Ende der DDR zur deutschen Einheit. Opladen 1991.

Ders.: Eine deutsche Revolution. Der Umbruch in der DDR, seine Ursachen und Folgen. Frankfurt am Main 1992.

Glaeßner, Gert-Joachim/Reißig, Rolf: Umbruch in der DDR und deutsche Einheit. Berlin 1991.

Görtemaker, Manfred: Unifying Germany 1989-1990. New York 1994.

Grünberg, A.: Wir sind das Volk! Der Weg der DDR zur deutschen Einheit. Stuttgart o.J.

Hajnicz, Artur: Polens Wende und Deutschlands Vereinigung. Die Öffnung zur Normalität 1989-1992. Paderborn 1995.

Heber, Norbert/Lehmann, Johannes: Keine Gewalt. Der friedliche Weg zur Demokratie. Berlin 1990.

Hertle, Hans-Hermann: Der Fall der Mauer. Die unbeabsichtigte Selbstauflösung der SED-Staates. Opladen 1996.

Ders.: Chronik des Mauerfalls. Die dramatischen Ereignisse um den 9. November 1989. Berlin 1996.

Hofmann, Jürgen/Nakath, Jürgen: Konflikt – Konfrontation – Kooperation. Deutsch-deutsche Beziehungen in vierzig Jahren Zweistaatlichkeit. Schkeuditz 1998.

Hutchings, Robert L.: Als der Kalte Krieg zu Ende war. Ein Bericht aus dem Innern der Macht. Berlin 1999.

Huyn, Hans Graf: Die deutsche Karte. München 1991.

Jäger, Wolfgang: Entscheidung im Kanzleramt. Helmut Kohl und die Wiedervereinigung. Stuttgart 1996.

Jarausch, Konrad H.: Die unverhoffte Einheit 1989/90. Frankfurt am Main 1995.

Joas, Hans/Kohli, Martin (Hg.): Der Zusammenbruch der DDR. Frankfurt am Main 1993.

Joseph, Detlef: Der Rechtsstaat und die ungeliebte DDR. Schkeuditz 1997.

Kahlweit, Christian: Architekten des Umbruchs. Frankfurt am Main 1993.

Kalt, Hans: Stalins langer Schatten. Das Scheitern des sowjetischen Modells. Köln 1994.

Karls, Rainer: Allein bezahlt? Die Reparationsleistungen der SBZ/DDR 1945-53. Berlin 1993.

Kenntemich, Wolfgang: Das war die DDR. Berlin 1993.

Knappe, Jens: Die USA und die deutsche Einheit. München 1996.

Koepke, Ch.: Der Untergang des SED-Regimes. Machtpathologien und Systemzusammen-bruch in der DDR. Münster 1996.

Korte, Karl-Rudolf: Die Chance genutzt? Die Politik zur Einheit Deutschlands. Frankfurt am Main 1994.

Krum, Horsta/Prokop, Siegfried: Das letzte Jahr der DDR. Implosion-Einigungsvertrag-»distinct society«. Berlin 1994.

Kuby, Erich: Der Preis der Einheit. Hamburg 1990.

Kus'min, Iwan N.: Kruschenie GDR. Istorija – Posledstvija. Moskwa 1996.

Lapp, Peter Joachim: Ausverkauf. Das Ende der Blockparteien. Berlin 1998.

Lemke, Ch.: Die Ursachen des Umbruchs 1989. Politische Sozialisation in der ehemaligen DDR. Opladen 1991.

Lindnenau, Gisela: Abschied von einer sozialen Vision. Berlin 1990.

Löw, Konrad (Hg.): Beharrung und Wandel. Die DDR und die Reformen des Michael Gorbatschow. Berlin 1990.

Loth, Wilfried: Stalins ungeliebtes Kind. Warum Moskau die DDR nicht wollte. Berlin 1994.

Marcuse, P.: A German War of Revolution. Tagebuch eines Amerikaners. Berlin 1990.

Mathiopoulos, Margarita: Das Ende der Bonner Republik. Stuttgart 1993.

Maximytschew, Iwan: Kruschenie Rekwiem po GDR. Moskwa 1993.

McAdams, A. James: Germany Divided. From the Wall to Reunification. Princton 1991.

Markovits, Andrei S./Reich, Simon: The German Predicament. Memory and Power in the New Europe. Ithaca and London 1997.

Maier, Charls S.: Dissolution. The Crises of Communism and the End of East Germany. New Jersey 1997.

Ders.: Das Verschwinden der DDR und der Untergang des Kommunismus, Frankfurt am Main 1999.

Mitter, Armin/Wolle, Stefan: Untergang auf Raten. Unbekannte Kapitel der DDR-Geschichte. München 1993.

Moreau, Patrick: PDS – Anatomie einer postkommunistischen Partei. Bonn-Berlin 1992.

Müller-Mertens, Eckhard: Politische Wende und deutsche Einheit. Fixierung und Reflexion der Ereignisse in der DDR 1989/1990. Berlin 1997.

Neues Forum Leipzig: Jetzt oder nie – Demokratie! Leipziger Herbst 1989. Leipzig 1989.

Nick, Harry: Warum die DDR wirtschaftlich gescheitert ist. (Hefte zur ddr-Geschichte). Berlin 1994.

Oberdorfer, Don: The Turn. From The Cold War To A New Era. The United States And The Soviet Union 1983-1990. New York 1991.

Oldenburg, Fred: Die Implosion des SED-Regimes. Köln 1991.

Ders.: Moskau und die Wiedervereinigung Deutschlands. Köln 1991.

Ders: Die Deutschlandpolitik Gorbatschows 1985-1991. Köln 1992.

Opp, Karl-Dieter/Voß, Peter: Die volkseigene Revolution. Stuttgart 1993.

Pond, Elizabeth: Beyond the Wall. Germany's Road to Unification. Washington D.C. 1993.

Prokop, Siegfried: Ostdeutsches Geschichtsforum am 20. Oktober 1993 mit Egon Krenz, Günther Maleuda, Christa Luft, Lothar de Maizière, Peter-Michael Diestel, in: S. Prokop (Hrg.), Die kurze Zeit der Utopie. Die 'zweite DDR' im vergessenen Jahr 1989/90. Berlin 1994, S. 207-213.

Ders.: Das SED-Politbüro. Aufstieg und Ende 1949-1989 (Hefte zur ddr-Geschichte). Berlin 1996.

Ders.: Die kurze Zeit der Utopie. Die »zweite« DDR im vergessenen Jahr 1989/1990. Berlin 1994.

Reuth, Ralf/Bönte, Andreas: Das Komplott. Wie es wirklich zur deutschen Einheit kam. München 1993.

Rosenberg, Tina: Die Rache der Geschichte. Erkundungen im neuen Europa. München-Wien 1997.

Ross Range, Peter: Wen Walls Come Tumbling Down: Covering The East German Revolution. Washington D.C. 1991.

Schneider, Michael: Die abgetriebene Revolution. Von der Staatsfirma in die DM-Kolonie. Berlin 1991.

Schneider, R.: Frühling im Herbst. Notizen vom Untergang der DDR. Göttingen 1991.

Simon, Gerhard/Simon, Nadja: Verfall und Untergang des sowjetischen Imperiums. München 1993.

Szabo, Stephen F.: The Diplomacy of German Unification. New York 1992.

Thaysen, Uwe: Der Runde Tisch. Oder: Wo bleibt das Volk. Opladen 1990.

Villain, Jan: Die Revolution verstößt ihre Väter. Aussagen und Gespräche zum Untergang der DDR. Bern 1990.

Wettig, Gerhard: Das Ende der DDR 1989/90. Ergebnis geschichtlichen Zerfalls? Köln 1994.

Ders.: Der Wandel der sowjetischen Standpunkte zur Vereinigung Deutschlands. Köln 1990.

Wilhelmy, Frank: Der Zerfall der SED-Macht. Zur Erosion des marxistisch-leninistischen Legitimitätsanspruches in der DDR. Münster-Hamburg 1995.

Ders.: Der rätselhafte Modus des DDR-Zusammenbruchs (Hefte zur ddr-Geschichte). Berlin 1996.

Wolf, Friedrich: Verlorene Prozesse 1953-1998. Meine Verteidigungen in politischen Verfahren. Baden-Baden, 1999.

Wolf, Herbert: Hatte die DDR je eine Chance. Hamburg 1991.

Zwahr, Hartmut: Ende einer Selbstzerstörung. Leipzig und die Revolution in der DDR. Göttingen 1993.

Abkürzungen

ADN	Allgemeiner Deutscher Nachrichtendienst (der DDR)
a. D.	außer Dienst
ABM	Arbeitsbeschaffungsmaßnahme
AdW	Akademie der Wissenschaften (der DDR)
AfNS	Amt für Nationale Sicherheit (der DDR)
AG	Aktiengesellschaft
Anm.	Anmerkung
ANSA	Agenzia Nationale Stampa Associazione
APO	Abteilungsparteiorganisation
ARD	Arbeitsgemeinschaft der öffentlich-rechtlichen Rundfunkanstalten in der Bundesrepublik Deutschland
Art.	Artikel
BArch	Bundesarchiv
Bd.	Band
BEK	Bund Evangelischer Kirchen
BGBl.	Bundesgesetzblatt
BL	Bezirksleitung der SED
BND	Bundesnachrichtendienst, Auslandsnachrichtendienst der BRD
BRD	Bundesrepublik Deutschland
BStU	Der Bundesbeauftragte für die Unterlagen des Staatssicherheitsdienstes der ehemaligen DDR
BPO	Betriebsparteiorganisation der SED
BZG	Beiträge zur Geschichte der Arbeiterbewegung
CDU	Christlich-Demokratische Union
CIA	Central Intelligence Agency
CSFR	Ceska an Slovenská Federativná Republika
CSSR	Ceskoslovenská Socialistická Republika
CSU	Christlich soziale Union
DA	Demokratischer Aufbruch
DBD	Demokratische Bauernpartei Deutschlands
DDR	Deutsche Demokratische Republik
DKP	Deutsche Kommunistische Partei
dpa	Deutsche Presse-Agentur
EMNID	Meinungsforschungsinstitut
FAZ	Frankfurter Allgemeine Zeitung
FGDB	Freier Deutscher Gewerkschaftsbund

FDJ   Freie Deutsche Jugend

FDP   Freie Demokratische Partei

f./ff.   folgenden, folgende und nachfolgende

GBl   Gesetzblatt

GdA   Geschichte der Deutschen Arbeiterbewegung

GDR   German Democratic Republic

GO   Grundorganisation der SED

GÜST   Grenzübergangsstelle

Hg./Hgg./Hrg./Hrsg. Herausgeber, herausgegeben

HVA   Hauptverwaltung Aufklärung im Ministerium für Staatssicherheit der DDR

IG   Industriegewerkschaft

ILO   International Labor Organization

IM   Informeller Mitarbeiter

INR   Bureau of Intelligence and Research im State Department

Int.PArch.PDS Internes Parteiarchiv der PDS

IPW   Institut für Politik und Wirtschaft

JCF   Joint Chiefs of Staff (Vereinigte Stabschefs)

KDK   Kreisdelegiertenkonferenz der SED

KGB   Komitet Gossudarstwenoj Besopastnosti

Komintern Kommunistische Internationale

KPD   Kommunistische Partei Deutschlands

KPdSU   Kommunistische Partei der Sowjetunion

KPF   Kommunistische Plattform der PDS

KI   Kommunistische Internationale

KPR (B)   Kommunistische Partei Rußlands (Bolschewiki)

(KPČ)   (=KPTsch) Kommunistische Partei der Tschechoslowakischen Republik

KSZE   Konferenz für Sicherheit und Zusammenarbeit in Europa

LDPD   Liberal-Demokratische Partei Deutschlands

MD   Ministerialdirektor

MdI   Ministerium des Innern der DDR

MEW   Marx-Engels-Werke (Berliner Ausgabe)

MfS   Ministerium für Staatssicherheit der DDR

MR   Ministerialrat

NATO   Nord-Atlantik-Pakt (North Atlantic Treaty Organization)

NBC   Britische Nachrichten- und Fernsehgesellschaft
           (National broadcasting Company)

ND   Neues Deutschland

NDPD   National-Demokratische Partei Deutschlands (der DDR)

NKWD	Noradnyj komissariat wnutrennich del Volkskommissariat für innere Angelegenheiten
NSC	National Security Council (Nationale Sicherheitsrat der USA)
NVA	Nationale Volksarmee der DDR
OEB	Organisationseigene Betriebe
OibE	Offizier im besonderen Einsatz
PArch	Privatarchiv der Autoren
PDS	Partei des Demokratischen Sozialismus
PBA	(= WTO) Politisch-Beratender Ausschuß der Staaten des Warschauer Vertrages
RGW	(= COMECON) Rat für gegenseitige Wirtschaftshilfe
RKP(B)	Russische Kommunistische Partei (Bolschewiki)
SAPMO	Stiftung Archiv der Parteien und Massenorganisationen der DDR
SDAPR	Sozialdemokratische Arbeiterpartei Rußlands
SED	Sozialistische Einheitspartei Deutschlands
SED/PDS	Sozialistische Einheitspartei Deutschlands/Partei des Demokratischen Sozialismus
SKK	Sowjetische Kontroll-Kommission
SMAD	Sowjetische Militärverwaltung in Deutschland
SOVA	UdSSR-Abteilung der CIA
SPD	Sozialdemokratische Partei Deutschlands
SU	Sowjetunion (= UdSSR)
UdSSR	Union der Sozialistischen Sowjetrepubliken
USA	United States of America (Vereinigte Staaten von Amerika)
USAP	Ungarische Sozialistische Arbeiterpartei
UVR	Ungarische Volksrepublik
VEB	Volkseigener Betrieb
VELK	Vereinigte Evangelische-Lutherische Kirchen der DDR
VKSE	Verhandlungen über konventionelle Streitkräfte in Europa
vgl.	vergleiche
VL	Vereinigte Linke
VR	Volksrepublik
VVS	Vertrauliche Verschlußsache
WF	Werk für Fernmeldewesen (in Berlin-Köpenick)
WWU	Währungs- und Wirtschaftsunion
ZDF	Zweites Deutsches Fernsehen
ZIAG	Zentrale Informations- und Auswertungsgruppe im Ministerium für Staatssicherheit der DDR
ZK	Zentralkomitee
ZPA	Zentrale Parteiarchiv der SED
ZPKK	Zentrale Parteikontrollkommission

Personenregister

Georg Fülberth
Finis Germaniae
Deutsche Geschichte seit 1945

Hardcover; 319 Seiten; € 19,90 [D]
ISBN 978-3-89438-360-2

Prägnant arbeitet Georg Fülberth in seinem konzentrierten und verlässlichen Überblick die grundlegenden politischen und gesellschaftlichen Prozesse in den vier Besatzungszonen 1945-1949, in den beiden deutschen Staaten 1949-1990 sowie in der vergrößerten Bundesrepublik seit 1990 heraus. Dabei entsteht ein Beleg für folgende These: Der deutsche Nationalstaat ist – dem staatlichen Selbstverständnis zum Trotz – zwar 1945 untergegangen, aber 1990 nicht neu entstanden. Vielmehr muss jetzt von »Finis Germaniae« gesprochen werden. Die deutsche Geschichte hat aufgehört, Nationalgeschichte zu sein. Heute lebt sie fort als Regionalgeschichte des Kapitalismus. Und was war sie vor dem Beitritt der DDR zur Bundesrepublik? Auch nicht viel mehr, sondern lediglich ergänzt durch eine Regionalgeschichte des Sozialismus, der aber auch nur ein Einschluss im Kapitalismus gewesen ist.

»Deutsche Geschichte auf links gestrickt« *(Süddeutsche Zeitung)*

PapyRossa Verlag
Luxemburger Str. 202, 50937 Köln, Tel. (0221) 44 85 45, Fax 44 43 05
mail@papyrossa.de – www.papyrossa. de

Peter Jung (Hg.)
AufBRUCH

9. November '89 –
Leserbriefe aus der DDR

Paperback; 220 Seiten; € 14,90 [D]
ISBN 978-3-89438-416-6

Im Herbst 1989 schwoll die Briefflut an die Tageszeitungen in der krisengeschüttelten DDR an. So auch am 9. November an die »Junge Welt«. Ihre Leser schrieben, ohne zu ahnen, dass abends ein Genosse Schabowski während einer Pressekonferenz die Staatsgrenze öffnen würde. Sonst wären einige Zuschriften vermutlich anders ausgefallen. Aber auch so offenbaren sie mit kritischen Meinungen zum Erscheinungsbild des Sozialismus eine neue Qualität. Die Leser erwarteten Antworten auf dessen und ihre eigene Perspektive. Etliche bekannten sich zu seiner Erneuerung, votierten für eine flexiblere Ökonomie und für die öffentliche Diskussion. Andere wollten ausschließlich selbstbestimmt leben, freilich mit dem Wegweiser zu den Ämtern, um ihre Rechte einzufordern. Einige hielten das sozialistische Experiment für gescheitert. Manche schienen die Brisanz des Geschehens nicht zu spüren, reichten nach altem Muster weiterhin Vorschläge ein. Euphorie wechselte mit Verunsicherung, aber ein Mauerfall stand nicht zur Debatte.

PapyRossa Verlag
Luxemburger Str. 202, 50937 Köln, Tel. (0221) 44 85 45, Fax 44 43 05
mail@papyrossa.de – www.papyrossa. de